KB174068

한국 고대 인명사전

한양대학교 한국학연구소 인문학총서 [1]

한국 고대 인명사전

장 세 경

이 작은 책을 나를 낳아 키워 주시고 가르쳐 주신
아버님 장지영 님과 어머님 지명희 님의 영전에 바칩니다.

머리말

내가 고대국어에 관심을 가지고 공부한 지가 꽤 오래 되었으나 그동안 여러 시간을 자료찾기에 소모하였다. 우선 역사책에 나오는 고유명사가 한자빌려적기(漢字借用表記)이고 그 가운데 상당수가 복수표기(複數表記, 한 쪽은 한자의 음을 빌려 적고 한 쪽은 한자의 뜻말의 소리를 빌려 적는 표기, 예를 들면 居柒夫와 荒宗은 같은 사람 곧 /*거칠ᄆᆞᄅᆞ/ 또는 /*거칠보/를 적은 것이다)로 나온다. 따라서 이를 제대로 해독하면 완전치는 못하지만 그 당시의 형태에 접근할 수는 있겠기에 <삼국사기>와 <삼국유사>에 나오는 사람 이름, 땅 이름, 벼슬 이름들을 찾기 시작했다. 지루한 작업 끝에 사람 이름 2천여 개를 카드로 작성하고 그 후 이것을 중심으로 어설프게나마 한 권의 책으로 엮어 낸 바 있다. 정년퇴임 후 그 카드를 정리하다가 그냥 버리기 아까워 고대 인명사전을 계획하게 되었고, 중국 사적이나 일본 사적에도 우리 고대인의 이름이 나오므로 찾을 수 있는데까지 찾아 한데 모으기로 하였다. 내 나름대로 해독 가능한 것을 재구성해 보았다. 이미 노경에 들고 혼자 힘으로 작업하기가 어려웠고 힘이 미치지 못함이 많아 내놓기 망설여지는데 더 미루기도 그렇고 해서 대충 마무리 지어 세상에 내어 놓으니 동학 여러분의 바로잡음을 기다릴 뿐이다.

지금까지 근 50년을 같이 살아오면서 항상 나의 힘이 되어준 아내 이숙영 님에게 고마운 뜻을 표한다. 또 나의 작업에 여러 가지 편의를 준 한양대학교 백남학술정보관의 여러 선생께도 감사를 드린다. 끝으로 여러 가지로 어려운 때 이 책이 세상에 나와 빛을 보게 해 주신 도서출판 역락의 이대현 사장님과 까다로운 내용을 편집하여 고운 책을 만들어 주신 이소희 님, 그리고 그밖의 여러분께 감사한다.

2007. 11.
저자 씀

차 례

일러두기

1. 제 1 부는 사전, 제 2 부는 복수인명의 표기법과 해독 시도로 나누었다.

2. 우선 〈삼국사기〉, 〈삼국유사〉에 나오는 인명을 ㄱ, ㄴ, ㄷ… 순으로 배열하고 내용을 적은 다음에는 출전을 밝혔다. 삼국사기(三國史記)는 정덕본(正德本), 삼국유사(三國遺事)는 민추본(民推本, 민족문화추진회 교감본)을 대본으로 하였다. 다음에 〈고려사〉, 우리나라 금석문, 중국사서, 일본사적에 나오는 삼국(주로 신라)의 인명을 실었다. 출전 약호는 다음과 같다.

   삼국사기 → 사기, 삼국유사 → 유사, 고려사 → 고려사, 일본서기 → 서기 등이다.

3. 〈사기〉, 〈유사〉에 공통되는 인명은 〈사기〉, 〈유사〉의 순으로 싣고 내용이 같으면 출전만 표시하고 〈유사〉에서 추가할 것이 있으면 그 부분만 적었다.

4. 음만 다른 이표기, 예를 들면 숙명(叔明)과 숙명(夙明)은 다른 항목을 만들지 않고 숙명(叔(夙)明)으로 처리하였고 음이나 글자가 다른 경우는 항목을 달리 하였다. 또 음과 글자가 같고 사람이 다른 경우는 ①, ②로 구분하였다.

5. 한 사람이 여러 이름으로 적혔을 경우에는 각 이름에는 간단한 인적 사항만 적고 대표 이름을 →로 표시하였다. 자세한 것은 대표 이름을 찾으시면 된다. 예를 들면 궁복, 궁복, 궁파(弓福, 弓伏, 弓巴) 등은 장보고(張保皐)에서 설명하였고 →표로 인도하였다

6. 〈삼국사기〉, 〈삼국유사〉에 같은 이름이 나올 때는 한 항목에 넣고 출전 표시만 했다. 표기가 다른 것은 다른 항목으로 처리하되 역시 →표로 연결하였다.

7. 〈고려사〉에 나오는 인명도 같이 섞을 생각이었으나 분리하는 것이 편할 것 같아 따로 넣었다. 그런데 여기에 나오는 인물들은 그 국적을 파악하기 힘든 것이 있다. 한 사람이 신라, 후고려(궁예), 후백제(견훤) 등에 동시에 해당하는 경우가 많다. 일단 구별은 했으나 정확을 기하기 어려웠다.

8. 금석문은 국내 자료이지만 판독의 어려움이 있어 분리하였다.

9. 중국 사서에 나오는 인명은 표기법의 문제나 판독의 어려움 때문에 따로 분리했다.

10. 일본사적에 나오는 인명은 우리나라에서 다니러 간 사람과 그곳에 터잡고 사는 사람과의 구분이 어려운 경우가 있고 표기법도 다르기 때문에 역시 따로 분리했다. 일본에서 1977년 길천홍문관(吉川弘文館)에서 낸 죽내리삼(竹內理三), 산전영웅(山田英雄), 평야방웅(平野邦雄)이 편찬한 일본고대인명사전(日本古代人名辭典)이 있어 많은 도움이 되었으며 또 신찬성씨록(新撰姓氏錄), 만엽집(萬葉集), 고사기(古事記) 등에서도 자료를 얻었다.

11. 맨 뒤에 복수인명(複數人名)들은 해독이 가능한 것들은 해독을 시도했다. 지은이가 1990년에 낸 고대차자복수인명표기연구(古代借字複數人名表記研究)에서 한 작업을 초록한 것이다. 본문의 해당인명 기사 끝에 해독이 있음을 ☞표로 알렸다.

12. 모든 한자음(漢字音)의 표기는 현대 한자음으로 통일하였다.

13. 성(姓)을 붙인 이름과 안 붙인 이름이 섞여 있는데 양쪽 다 실었다.
예) 김인문 : 인문, 연개소문 : 개소문 등

제1부 사전

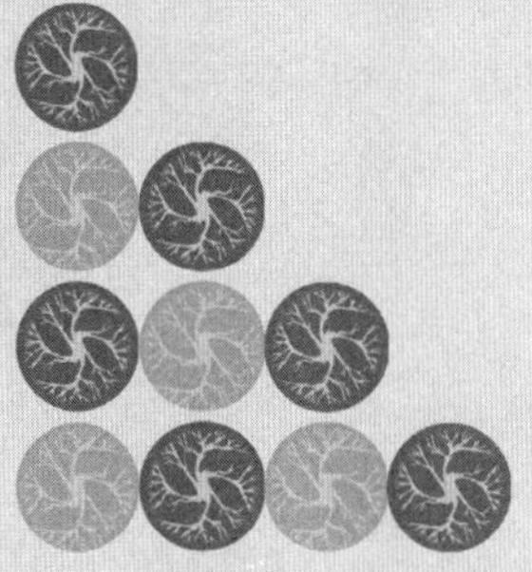

국내자료

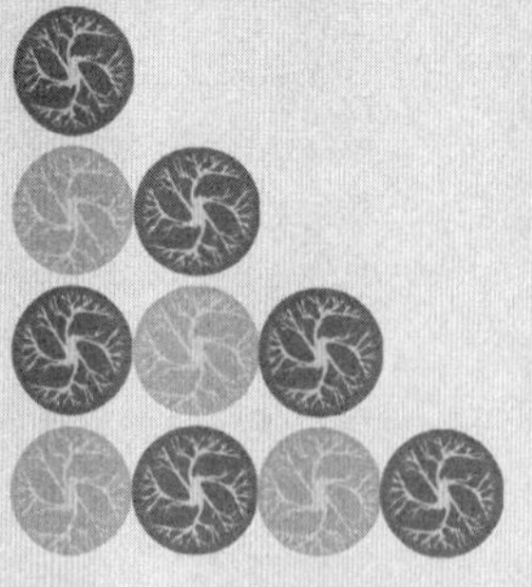

1. 삼국사기, 삼국유사

가귀 可歸 [신라] 고승 승전(勝詮)이 경상도 개녕군경(開寧郡境)에 정사(精舍)를 개창하고 화엄경(華嚴經)을 강술하였는데 가귀가 대단히 총명하고 도리를 알아 전등(傳燈=佛脈을 알아 전하는 것)을 계승하고 심원장(心願章)을 찬술하였다. 〈유사 4 의해 5 승전촉루〉

가실 嘉實 [신라] 신라 26대 진평왕(眞平王) 때 사람으로 설씨 설화에 나오는 사람. 설씨(薛氏)와 혼인하기 위하여 그의 아버지 대신 방추(북방 적을 막고 지키는 일)를 6년 간 살고 돌아와 소원대로 설씨녀와 혼인하였다. 〈사기 48 열전 8 설씨〉

가실왕 嘉實王 [가야] 대가야국(大伽倻國)의 왕. 사기(史記) 신라본기 24대 진흥왕(眞興王) 12년조에는 가실왕(嘉悉王)으로 적혔으며 신라고기(新羅古記)에 따르면 우륵(于勒)으로 하여금 가야금곡을 짓게 했다. 〈사기 32 잡지 1 악〉

가실왕 嘉悉王 [가야] 대가야(고령)의 왕. 〈사기 4 신라 4 진흥왕〉 → 가실왕(嘉實王)

가을목 加乙木 [신라] 신라 성사(聖師) 관기(觀機)와 도성(道成) 등 9성(聖)이 있었는데 그중 첩사(䙴師)가 있다. 첩(䙴)은 우리말로 '갈나무', 곧 加乙木이라 했다 〈유사 5 피은 8 포산이성〉

각가 覺伽 [백제] 31대 의자왕(義慈王) 때 좌평(佐平). 백제의 왕자가 각가로 하여금 글을 당장군에게 보내 퇴병을 애걸하였다. 〈사기 5 신라 5 태종무열왕〉

각덕 覺德 [신라] 신라인으로 당 유학승. 진흥왕(眞興王) 10년(549년) 양(梁)이 신라의 유학승 편에 불사리(佛舍利)를 보냈다. 〈사기 4 신라 4 진흥왕〉

간(양)성 懇(良)誠 [신라] 33대 성덕왕(聖德王) 때 김지성(金志誠)의 아우. 김지성이 돌아간 부모 등을 위하여 아우 간성 누이 등이 감산사(甘山寺)와 석미륵(石彌勒) 1구(軀)를 만들고 경영하였다. 〈유사 3 탑상 4 남월산〉 ☞ 586쪽

간원경 間元卿 [가야] 수로왕(首露王)의 진손(眞孫) 규림(圭林)의 아들. 수로왕릉의 제전(祭奠)이 영규(英規)란 자에 의해 음사(淫祠)를 지내다가 화를 입고 왕의 진손인 규림이 종전대로 제사를 지냈고 규림이 88세에 죽고 그 아들 간원경이 상속하여 제사를 지냈다. 〈유사 2 기이 2〉

간유 偘遊 [고려] 정종(定宗) 원년(945년) 강주계(康州界) 임도대감주첩(任道大監柱貼)에 선종백암사(禪宗伯巖寺)는 초팔현(草八縣)에 있는데 사승(寺僧) 간유는 39세라고 하였다. 〈유사 3 탑상 4 백암사 석탑사리〉

간주리 干朱里 [고구려] 고구려 24대 양원왕(陽原王) 13년(557년) 환도성 사람 간주리가 모반했다가 복주되었다. 〈사기 19 고구려 7 양원왕〉

간진 侃珍 [신라] 32대 효소왕(孝昭王) 때 사람. 죽지랑(竹旨郎)의 낭도(郎徒) 득오실(得烏失)을 찾으러 가서 당전(幢典) 익선아간(益宣阿干)에게 득오실의 몸값을 주고 풀어내려는데 익선이 듣지 않자 사리(使吏) 간진이 받아 가던 조(租) 30석을 낭을 위하여 익선

에게 준다고 했으나 받아들여지지 않았다. 〈유사 2 기이 2 효소왕대 죽지랑〉

갈거로 葛居盧 [고구려] → 갈로 〈태평어람〉

갈로 葛盧 [고구려] 20대 장수왕(長壽王) 24년(436년) 위(魏)가 북연(北燕)의 백랑성(白狼城)을 공략하자 왕이 갈로와 맹광(孟光) 등 장수에게 수만 군사를 이끌고 가서 연을 돕게 하였다. 〈사기 18 고구려 6 장수왕〉 <위서(魏書)>에는 갈만로(葛蔓盧), <태평어람(太平御覽)>에는 갈거로(葛居盧)라고 하였다.

갈만로 葛蔓盧 [고구려] → 갈로 〈위서〉

갈사왕 曷思王 [부여] 부여왕. 그의 손자 도두(都頭)가 고구려에 내항(來降)하였다. 〈사기 15 고구려 3 대조대왕〉

감질허 邯帙許 [신라] 28대 진덕왕(眞德王) 2년(648년) 당에 입조(入朝)하고 있었는데 당 현종(玄宗)이 신라가 따로 연호(年號)를 쓰는 것에 대하여 묻자 감질허가 당에서 역서(曆書)를 주지 않았으므로 법흥왕(法興王) 때부터 연호를 쓰게 된 것인데 당왕이 쓰지 말라면 그렇게 하겠다고 대답하였다. 〈사기 5 신라 5 진덕왕〉

강고내말 强古乃末 [신라] 35대 경덕왕(景德王) 때 본피부(本彼部) 사람. 분황사(芬皇寺) 약사여래상(藥師如來像)을 만든 장인(匠人)이다. 〈유사 3 탑상 4 분황사약사〉

강구려 康仇麗 [신라] 19대 눌지마립간(訥祇痲立干) 때 사람. 박(김)제상(朴(金)堤上)이 미해(美海=未斯欣)를 빼돌려 귀국시킬 때 마침 왜국에 와 있던 강구려로 하여금 수종(隨從)케 하였다. 〈유사 1 기이 2 김제상〉

강상왕 岡上王 [고구려] 16대 고국원왕(故國原王). 국원왕(國原王)이라고도 하며 휘(諱)는 쇠(釗) 또는 사유(斯由)이다. 〈유사 1 왕력 1〉

강세 康世 [신라] 16대 흘해니사금(訖解尼師今) 36년(345년) 이벌찬(伊伐

湌)을 삼았다. 〈사기 2 신라 2 흘해니사금〉

강수 强首 [신라] 30대 문무왕(文武王) 13년(673년) 사찬(沙湌)을 삼고 벼 200석을 주었다. 〈사기 7 신라 7 문무왕 하〉 일명 우두(牛頭)라고도 하였다. 중원경 사량부(中原京 沙梁部) 사람인데 아버지는 석체내마(昔諦奈麻). 태어날 때부터 머리 뒤에 높은 뼈가 있었고 영특하여 학문과 문장에 뛰어나 국가 간에 왕래하는 글을 작성하였다. 29대 태종무렬왕(太宗武烈王)이 즉위하자 당의 사자가 조서(詔書)를 가져 왔는데 알기 어려운 데가 있어 강수를 불러 물으니 막힘없이 해석 설명하자 왕이 그의 이름을 물으니 우두(牛頭)선생이라 하므로 태종이 강수(强首)선생이라 하는 것이 좋겠다고 하였다. 문장으로 중국, 고구려, 백제의 뜻을 전했기 때문에 우호를 맺는데 성공하였고 선왕이 당에 청병하여 고구려와 백제를 평정하는데도 강수의 공이 크다. 〈사기 46 열전 6 강수〉 문무왕 때 당이 김인문(金仁問)을 옥에 가두고 놓아주지 않자 강수에게 인문의 석방을 청하는 표문(表文)을 짓게 하여 당에 보냈다. 〈유사 2 기이 2 문호왕법민〉

강심 江深 [신라] 30대 문무왕(文武王) 7년(667년) 이동혜(尒同兮) 촌주(村主). 당장(唐將) 이적(李勣)이 고구려 평양시 근처에 이르러 강심을 시켜 거란(契丹) 기병 등과 신라 29대 무열왕에게 도착을 알렸다. 나중에 급찬(級湌) 벼슬을 주었다. 동 11년(671년) 당장 이적의 사인(使人)으로 신라왕에게 평양으로 병량(兵糧)을 공급하라는 뜻을 전했다. 〈사기 6, 7 신라 6, 7 문무왕 상, 하〉

강훤 康萱 [신라] 10대 내해니사금(奈解尼師今) 32년(277년) 파진찬(波珍湌) 강훤을 이찬(伊湌)을 삼았다. 〈사기 2 신라 2 내해니사금〉

개금 蓋金 [고구려] 고구려 말의 태대대로(太大對盧) → 개소문 〈사기 41 열전 1 김유신 상〉 연개소문(淵蓋蘇文)의 다른 이름. 성이 개(盖)이고 이름이 금(金)이다. <唐書>에 따르면 양명(羊皿)이라는 수(隋)의 부장(副將)이 고구려에게 진 것이 분하여 자기가 죽어서 고구려의 대신이 되어 그 나라를 망하게 하여 원수를 갚겠다고 하였다. <高麗古記>에 따르면 수 양제(煬帝)가 고구려를 치러 왔을 때 고구려 26대 영양왕(嬰陽王) 25년(614년) 왕이 국서를 보내 항복을 청할 때에 사신을 따라간 한 사람이 품속에 소노(小弩)를 품고 가 양제에게 쏘아 맞혀 죽게 되었는데 이때 우상(右相) 양명(羊皿)이 자기가 죽어서 고구려의 대신이 되어 그 나라를 망하게 하여 원수를 갚겠다고 하였다. 과연 고구려에 태어났는데 그가 개금이다. 15세 때 이미 총명하고 신무(神武)하였다. 왕의 사랑을 받아 소문(蘇文)의 지위에 올랐으며 도교(道敎)를 도입했다. 〈유사 3 흥법 3 보장봉로 보덕이암〉 ☞ 580쪽

개로왕 蓋鹵王 [백제] 21대 왕(재위 455~474년). 20대 비유왕(毗有王)의 장자. 이름은 경사(慶司). 근개루(近蓋婁)라고도 한다. 고구려의 핍박이 심해지자 위(魏)의 도움을 청하였으나 거절당하고 고구려 장수왕(長壽王)의 장수(將帥)에 의해 살해되었다. 〈사기 25 백제 3 개로왕〉, 〈유사 1 왕력 1〉 <일본서기(日本書紀)>에는 가수리군(加須利君) ☞ 603쪽

개루왕 蓋婁王 [백제] 백제 4대왕(재위 128~166년). 3대 기루왕(己婁王)의 아들. 신라의 망명자 길선(吉宣)을 받아 주어 신라의 공격을 받았다. 〈사기 23 백제 1 개루왕〉, 〈유사 1 왕력 1〉

개릉 愷隆 [신라] 43대 희강왕(僖康王)의 휘(諱)인데 제옹(悌顒)이라고도 한다. <사기>에는 제릉(悌隆)이라고 하였다. → 희강왕 〈유사 1 왕력 1〉

개성대왕 開聖大王 [신라] 37대 선덕왕(宣德王)의 아버지 파진찬 효방(孝芳)의 추봉명(追封名)이다. 〈사기 9 신라 9 선덕왕〉, 〈유사 1 왕력 1〉

개소문 蓋蘇文 [고구려] 27대 영류왕(榮留王) 때 서부대인(西部大人). 후에 태

대로(太大盧). 성은 천씨(泉氏). 외양이 웅위(雄偉)하고 의기가 호방하였는데 아버지를 이어 대대로(大對盧)가 되었는데 성질이 잔포(殘暴)하고 무도한 짓을 했으며 마침내 영류왕 25년(642년) 왕을 시해하고 왕제(王弟)의 아들 장(臧)을 세워 왕을 삼고 스스로 막리지(莫離支)가 되었다. 신라의 요청으로 당(唐) 태종이 고구려를 쳤으나 개소문에게 번번이 패하였다. 28대 보장왕(寶藏王) 25년(666년)에 죽었다. 아들로 남생, 남건, 남산(男生, 男建, 男産)이 있다. 개금(蓋金)이라고도 한다. 〈사기 20 고구려 8 영류왕〉, 〈사기 49 열전 9 개소문〉 ☞ 580쪽

개심 開心 [고구려] 28대 보장왕(寶藏王) 때 왕이 도교를 믿게 되자 보덕화상(普德和尙)이 여러 차례 간(諫)하였으나 듣지 않으므로 신력(神力)으로 방장(方丈)을 날려 완산주(完山州)로 이거했는데 그의 고제(高弟) 중의 한 사람이다. 〈유사 3 흥법 3 보장봉로 보덕이암〉

개씨 蓋氏 [고구려] 개소문(蓋蘇文)을 지칭한 말. → 개금 〈유사 3 흥법 3 보장봉로 보덕이암〉

개운 个雲 [고구려] 21대 문자명왕(文咨明王)의 휘(諱)가 명리호(明理好) 또는 개운 또는 고운(高雲)이다. 〈유사 1 왕력 1〉 ☞ 565쪽

개원 愷元 [신라] 29대 무열왕(武烈王)의 서자. 2년(654년)에 이찬(伊湌)을 삼았다. 〈사기 5 신라 5 태종무열왕〉 30대 문무왕(文武王) 8년(668년) 대아찬(大阿湌) 개원을 대당총관(大幢摠管)으로 봉했다. 〈사기 6 신라 6 문무왕〉 각간 개원 등은 모두 문희(文姬)가 낳았다. 〈유사 1 기이 2 태종춘추공〉 신라 성덕왕(聖德王) 18년(719년) 김지성(金志誠)이 개원 들을 위하여 감산사(甘山寺)를 지었다. 주(註)에 개원은 무열왕(武烈王)의 6자로 각간(角干)이며 문희의 아들이라 하였다. 〈유사 3 탑상 4 남월산〉

개원화상 開原和尙 [고구려] 28대 보장왕(寶藏王) 때 보덕법사(普德法師)의 고제(高

弟) 11명 중의 한 사람이다. 개원사(開原寺)를 창건하였다. 〈유사 3 흥법 3 보장봉로 보덕이암〉

개지문 皆知文 [신라] 29대 무열왕(武烈王)의 서자로서 급간(級干)이었다. 〈유사 1 기이 2 태종춘추공〉

갱세 賡世 [신라] 30대 문무왕(文武王) 때 사람으로 김수로왕(金首露王)의 17대손. 왕이 가락국왕(駕洛國王)의 사당(祠堂)을 종묘(宗廟)에 합하려고 사자를 그곳에 보내 사당에 가까운 밭을 공영(供營)의 자(資)로 하여 왕위전(王位田)이라 하니 17대손 갱세 급간이 그 전지(田地)를 주장(主掌)하여 세시(歲時)마다 제향(祭享)을 끊이지 않았다. 〈유사 2 기이 가락국기〉

거도 居道 [신라] 4대 탈해니사금(脫解尼師今) 때 우시산국(于尸山國 : 蔚山)과 거칠산국(居柒山國 : 東萊)이 이웃에 접경하여 불편할 때 거도가 변경의 관장이 되어 속으로 두 곳을 병합할 생각을 가지고 평소에 군사들에게 말달리기를 시키다가 두 나라 사람들이 방심한 사이에 일시에 두 나라를 쳐서 멸하였다. 말달리기를 좋아 했다 해서 마숙(馬叔)이라고도 했다. 〈사기 44 열전 4 거도〉

거등공 居登公 [가야] 수로왕(首露王)의 태자. 어머니는 허황옥 왕후(許黃玉王后)이다. → 거등왕 〈유사 2 기이 2 가락국기〉

거등왕 居登王 [가야] 2대왕. 수로왕(首露王)의 태자(재위 199?~253년). 왕비는 천부경(泉府卿) 신보(申輔)의 딸 모정(慕貞)이다. 〈유사 1 왕력 1, 2 기이 2 가락국기〉

거련 巨連(璉) [고구려] 20대 장수왕(長壽王)의 휘(諱). 연(連)은 연(璉)이라고도 적었다. 19대 광개토대왕의 큰아들 → 장수왕 〈사기 3 신라 3 자비마립간, 18 고구려 6 장수왕〉

거렬낭 居烈郎 [신라] 26대 진평왕(眞平王) 때 화랑. 거열랑 등 세 화랑이 풍악(楓岳)에 놀러 갔을 때 혜성(彗星)이 대성(大星)의 중심을 범하므로 여행을 중지하려고 했는데 융천사(融天師)가 혜성가를 지어 부르자 괴성이 없어지고 왜병(倭兵)이 물러갔다. 〈유사 5 감통 7 융천사혜성가〉

거시지 居尸知 [신라] 30대 문무왕(文武王) 16년(676년) 당병이 도림성(道臨城)을 치매 현령인 거시지가 맞아 싸우다가 전사하였다. 〈사기 7 신라 7 문무왕 하〉

거인 巨仁 [신라] 51대 진성왕(眞聖王) 때 문인(文人). 대야주(大耶州)의 은자(隱者). 진성왕의 시정(時政)을 비방한 사람으로 지목돼 감옥에 가두었는데 감옥 벽에 억울함을 글로 썼더니 갑자기 운무(雲霧)가 끼고 뇌박(雷雹)이 쏟아져 왕이 석방하였다. 열전에는 그의 이름만 전하고 사적이 전하지 않는다고 하였다. 〈사기 11 신라 11 진성왕〉, 〈사기 46 열전 6 설총〉 <삼국유사>에는 왕거인(王居仁) ☞ 567쪽

거진 擧眞 [신라] 28대 진덕왕(眞德王) 원년(647년) 백제가 침공했을 때 김유신(金庾信)의 부하 비녕자(丕寧子)의 아들로 적진에 뛰어들어가 싸우다가 죽었는데 이를 보고 여러 군사가 분전하여 이겼다. 비녕자는 앞서 아들에게 어미를 부탁하고 먼저 죽었는데 이를 본 거진도 적진에 뛰어든 것이다. 〈사기 5 신라 5 진덕왕, 41 열전 1 김유신 상, 47 열전 7 비녕자〉

거질미 居叱彌 [가야] 5대 이품왕(伊品王)의 아버지이다. → 거질미왕 〈유사 1 왕력 1〉

거질미왕 居叱彌(弥)王 [가야] 4대왕(재위 291~346년). 금물(今勿)이라고도 한다. 3대 마품왕(麻品王)의 아들이며 어머니는 호구(好仇), 비(妃)는 아궁아간(阿躬阿干)의 손녀 아지(阿志)이다. 〈유사 1 왕력 1, 2 기이 2 가락국기〉 ☞ 593쪽

거천 巨川 [고려] 고려 태조(太祖) 때의 경주(慶州) 호장(戶長) 거천의 어머니는 아지녀(阿之女)인데 뒤에 신인사(神印寺, 明朗法師가 창

건함)에 귀의(歸依)하였다. 〈유사 5 신주 6 명랑신인〉

거칠부 居柒夫 [신라] 대아찬(大阿飡). 신라 24대 진흥왕(眞興王) 6년(584년) 이찬(伊飡) 이사부(異斯夫)의 진언으로 거칠부 등에게 국사 편찬을 명하였다. 〈사기 4 신라 4 진흥왕〉 황종(荒宗)이라고도 하며 내물니사금(奈勿尼師今) 5대손으로 잉숙(仍宿)의 손자이고 물력(勿力)의 아들이다. 처음에는 중이 되었고 고구려를 정찰하고 돌아와 진흥왕(眞興王) 6년 국사 편찬을 하고 파진찬(波珍飡)이 되었다. 동 12년(590년) 대각찬(大角飡), 장군이 되어 고구려를 침공하고 고구려에서의 은인 혜량법사(惠亮法師)를 데리고 신라에 왔다. 25대 진지왕(眞智王) 원년(576년) 상대등(上大等)이 되고 78세로 일생을 마쳤다. 〈사기 4 신라 4 진흥왕, 44 열전 4 거칠부〉 ☞ 580쪽

거타지 居陀知 [신라] 51대 진성왕(眞聖王) 때 왕의 막내아들인 아찬(阿飡) 양패(良貝)가 당에 봉사(奉使)하러 갈 때 백제의 해적(海賊)이 진도(津島)에서 길을 막고 있다고 해서 궁사(弓士) 50인을 따르게 하였는데 풍랑이 심해 점을 치니 그 섬에 신지(神池)가 있으니 제사를 지내라고 하여 제사를 지내고 나서 그날 밤 꿈에 노인이 나타나 활 잘 쏘는 사람 하나를 이 섬에 남겨 두라고 했다. 목간(木簡)으로 제비를 뽑아 거타지가 남게 되었다. 섬에 남은 거타지에게 노인이 나타나 자기는 해신(海神)인데 자기 자손들이 중에게 간장(肝腸)을 빼먹혀 죽었으니 그에게 활을 쏘아 달라고 부탁하므로 그 중을 쏘아 죽이니 그 중은 늙은 여우였다. 해신은 거타지에게 딸을 주어 귀국하여 같이 살았다. 〈유사 2 기이 2 진성여대왕 거타지〉

건무(성) 建武(成) [고구려] 27대 영류왕(榮留王)의 휘(諱) → 영류왕 〈사기 20 고구려 8 영류왕〉 영류왕이 개금(盖金)의 어짊을 듣고 불러 들여 신하로 삼고 지위가 소문(蘇文)의 직까지 올라갔다. 〈유사 1 왕력 1, 3 흥법 3 보장봉로 보덕이암〉 ☞ 593쪽

건운 乾運 [신라] 36대 혜공왕의 휘(諱) → 혜공왕(惠恭王) 〈사기 9 신라 경덕왕, 혜공왕〉 35대 경덕왕(景德王)이 아버지 33대 성덕왕(聖德王)을 위하여 종(鐘)을 만들다가 이루지 못하고 돌아가매 아들 혜공왕이 771년에 완성하여 봉덕사(奉德寺)에 안치하였다. 〈유사 1 왕력 1, 3 탑상 4 황룡사종, 분황사 약사, 봉덕사 종〉

건품 乾品 [신라] 백제 30대 무왕(武王) 때 백제가 신라를 공격할 때 나와 싸운 신라의 장군이다. 〈사기 27 백제 5 무왕, 45 열전 5 귀산〉

걸루 桀婁 [고구려] 백제 21대 개로왕(蓋鹵王)이 고구려의 장수 걸루에게 잡혀 죽었다. 〈사기 25 백제 3 개로왕, 문주왕〉

걸숙용(이)찬 乞淑用(伊)飡 [신라] 15대 기림니사금(基臨尼師今)의 아버지. 성격이 관후(寬厚)하였다 한다. 일설에는 걸숙이 11대 조분니사금(助賁尼師今)의 손자라고 하였다. 〈사기 2 신라 2 기림니사금〉

걸해니즐금 乞解尼叱今 [신라] 16대 왕(재위 310~356년). 석씨(昔氏). 우로음각간(于老音角干)의 아들이다. 김용행(金用行)의 아도비(阿道碑)에는 이차돈(異次頓)이 걸해대왕의 증손이라 하였다. 〈유사 1 왕력 1, 3 흥법 3 원종흥법 염촉멸신〉 흘해니사금(訖解尼師今)의 달리 적음이다. → 흘해니사금

걸해대왕 乞解大王 [신라] → 걸해니즐금 〈유사 3 흥법 3 원종흥법 염촉멸신〉

검군 劍君 [신라] 26대 진평왕(眞平王) 때의 사인(舍人). 구문대사(仇文大舍)의 아들. 진평왕 49년(627년) 기상이 나빠 이듬해 흉년이 들어 사인들이 관곡을 훔쳐 나눠 가졌는데 검군만은 화랑정신을 강조하면서 받지 않았다. 그래서 사인들이 술에 약을 타서 먹여 죽였다. 〈사기 48 열전 8 검군〉

검람대한지등허각간 儉攬代漢只登許角干 [신라] 22대 지증마립간(智證麻立干) 비(妃) 영제 부인(迎帝夫人)의 아버지이다. 〈유사 1 왕력 1〉

검모 黔牟 [신라] 41대 헌덕왕(憲德王) 6년(814년) 대사(大舍) 검모의 처가

3남을 낳았다. 〈사기 10 신라 10 헌덕왕〉

검모잠 劍牟岑 [고구려] 고구려가 망한 후 고구려를 부흥시키려 한 장수. 당의 관리 등을 죽이고 남하하다 왕의 외손 안순(安舜)을 만나 그를 왕으로 추대했는데 당이 쳐내려오자 순이 검모잠을 죽였다. 〈사기 22 고구려 10 보장왕 하〉

검용 黔用 [신라] 52대 효공왕 9년(905년) 평양(平壤) 성주(城主)인 검용이 궁예(弓裔)에게 항복하였다. 〈사기 50 열전 10 궁예〉

검일 黔日 [신라] 29대 무열왕(武烈王) 7년(660년) 모척(毛尺)과 함께 신라의 대야성(大耶城)에 백제병을 인도하여 창고에 불을 지르고 식량을 없앴으며 성의 도독(都督)인 품석(品釋) 부부를 죽게 하고 백제인과 더불어 신라를 공격한 죄로 잡아 죽였다. 검일은 도독 품석의 부하였는데 품석이 검일의 처를 빼앗았으므로 이를 한스럽게 여긴 검일이 복수하였던 것이다. 〈사기 5 신라 5 태종무열왕, 47 열전 7 죽죽〉

검필 黔弼 [고려] 신라 56대 경순왕(敬順王) 8년(934년) 견훤(甄萱)이 고려 태조가 운주(運州 : 지금의 洪城)에 주둔한 것을 알고 쳐들어왔는데 검필이 기병 수천명을 데리고 무찔렀다. 훤이 항복하자 검필 등을 시켜 맞게 했으며 태조가 신검(神劍)의 군사를 맞아 싸울 때도 대상(大相)으로 참여했다. 〈사기 50 열전 10 견훤〉

견권 堅權 [고려] 고려의 장수, 대상(大相). 신라 54대 경명왕(景明王) 때 말갈(靺鞨)이 북변을 침공하자 고려 태조의 장수 견권이 맞아 크게 이겼다. 〈사기 12 신라 12 경명왕, 50 열전 10 견훤〉

견성 堅成 [후백제] 견훤(甄萱)의 큰아들 신검(神劍)의 다른 이름이다. 어머니는 상원부인(上院夫人)이다. 〈유사 2 기이 2 후백제 견훤〉 ☞ 598쪽

견훤 甄萱 [신라] 상주(尙州) 사람으로 본성은 이씨(李氏). 뒤에 견씨(甄氏)

로 바꾸었다. 24대 진흥왕비(眞興王妃)의 후손인 아자개(阿玆个)의 아들이다(<고기>에 광주(光州) 북촌에 살던 부자의 딸에게 한 자색(紫色) 옷을 입은 남자가 침실에 와서 교혼(交婚)하였는데 그 남자의 정체는 큰 지렁이였고 이윽고 아들을 낳으니 곧 견훤이라 하였다라고 기록하였다). 51대 신라 진성왕(眞聖王) 6년(852년) 나라가 어지러워지자 완산(完山)에 근거하여 스스로 나라를 세우고 후백제(後百濟)라 하고 무주(武州) 동남의 군현(郡縣)들을 다 항속(降屬)시켰다. 자주 신라를 공격하다가 55대 경애왕(景哀王) 4년(927년) 경주로 쳐들어가서 포석정(鮑石亭)에서 놀던 왕을 습격하여 왕은 스스로 죽고 비빈(妃嬪) 등을 간음하고 왕의 종제(從弟) 부(傅)를 왕으로 세웠다. 곧 56대 경순왕(敬順王)이다. 54대 경명왕(景明王) 2년(918년) 철원에서 고려 태조가 즉위하자 태조와 일진일퇴 싸우다가 결국 56대 경순왕(敬順王) 8년(934년) 신검(神劍) 등 세 아들의 반역으로 금산사(金山寺)에 갇혀 있다가 도망하여 태조에게 항복하고 태조의 힘을 얻어 고려 태조 19년(936년) 반역한 아들을 처리하였다. 훤은 분한 나머지 등창이 나서 죽었다. 〈사기 11 신라 11 진성왕, 12 신라 12 효공왕, 경명왕, 경애왕, 경순왕, 50 열전 10 견훤〉, 〈유사 1 왕력 1, 2 기이 2 김부대왕, 후백제 견훤, 3 탑상 4 삼소관음 중생사〉

겸뇌 謙腦 [후백제] 견훤(甄萱)의 둘째 아들. 태사(太師). 이선가기(李蟬家記)에 나온다. 〈유사 2 기이 2 후백제 견훤〉

겸모잠 鉗牟岑 [고구려] → 모잠 〈구당서〉

겸이대후 鉗耳大侯 [고구려] 신라의 30대 문무왕(文武王) 12년(673년) 왕이 급찬 원천(原川) 등과 신라에 억류중이던 병선랑장(兵船郎將) 겸이대후 등을 보내 신라가 당의 허락 없이 백제를 공략한데 대한 사죄의 표(表)를 올렸다. 〈사기 7 신라 7 문무왕 하〉

겸지왕 鉗知王 [신라] 가락국(駕洛國) 9대왕. 영명 10년(492년)에 즉위하여 30년간 재위하였고 왕비는 출충각간(出忠角干)의 딸 숙(淑)이고 아들은 구충왕(仇衝王)이다. 〈유사 1 왕력 1, 2 기이 2 가락국기〉 ☞ 593쪽

경 慶 [백제] 21대 개로왕(蓋鹵王)의 휘(諱) 경사(慶司)의 약칭인 듯→개로왕 〈사기 3 신라 3 자비마립간〉

경덕왕 景德王 [신라] 35대 왕(재위 742~764년). 휘(諱)는 헌영(憲永). 효성왕(孝成王)의 동모제(同母弟). 비는 이찬 순정(順貞)의 딸. 동 16년(757년) 고유어로 된 지명을 한자어로 바꾸었다. 〈사기 9 신라 9 경덕왕〉 아버지는 헌덕왕(憲德王). 충담사(忠談師)에게 안민가(安民歌)를 짓게 하였고 백율사(栢栗寺)에서 사방불(四方佛)이 새겨진 돌을 찾아내 굴불사(掘佛寺)라 하였다. 동 16년 백월산남사(白月山南寺)을 창건하는 등 불사(佛事)와 관계된 기사가 많다. 〈유사 1 왕력 1, 2 기이 2 경덕왕 충담사 표훈대덕, 3 탑상 4 사불산 굴불산 만불산, 민장사〉

경명왕 景明王 [신라] 54대 왕(재위 917~924년). 휘(諱) 승영(昇英). 53대 신덕왕(神德王)의 태자. 〈사기 12 신라 12 경명왕〉 어머니는 자성(資成)이고 비는 장사댁(長沙宅)이다. 〈유사 1 왕력 1〉

경목왕후 景穆王后 [신라] 35대 경덕왕(景德王)의 후비(後妃) 만월부인(滿月夫人)의 시호(諡號)가 경수왕후(景垂王后)인데 수(垂)를 목(穆)이라고도 쓴다. → 만월부인 〈유사 1 왕력 1〉 ☞ 593쪽

경문왕 景文王 [신라] 48대 왕(재위 861~875년). 휘(諱) 응렴(膺廉(膺을 凝이라 적기도 함). 아버지는 43대 희강왕(僖康王)의 아들인 계명(啓明) 아찬이며 어머니는 박씨 광화부인(光和夫人), 비는 김씨 영화부인(寧花夫人)이다. 〈사기 11 신라 11 경문왕〉 궁예(弓裔)의 아버지라는 설이 있다. 〈사기 50 열전 10 궁예〉 아버지 계명의 추봉명(追封名)은 의(의)공대왕(義(懿)恭大王)이며 어머니는 신호

(무)왕(神虎(武)王)의 딸이다. 비는 문자왕후(文資王后) 헌안왕(憲安王)의 딸이다. 동 8년(868년) 황룡사(皇龍寺)가 벼락을 맞았다. 〈유사 1 왕력 1, 3 탑상 4 황룡사구층탑〉

경사 慶司 [백제] 21대 개로왕(蓋鹵王)의 휘(諱) → 개로왕 〈사기 25 백제 3 개로왕〉 송서(宋書)에는 여경(餘慶)이라 나온다. 근개로왕(近蓋鹵王)이라고도 한다. 〈유사 1 왕력 1〉

경수왕후 景垂王后 [신라] 35대 경덕왕(景德王) 후비(後妃)의 시호(謚號). 경목왕후라고도 한다. → 만월부인 〈유사 1 왕력 1, 2 기이 2 경덕왕〉 ☞ 593쪽

경순왕 敬順王 [신라] 56대 왕(재위 927~935년). 휘는 부(傅). 46대 문성대왕(文聖大王)의 후손, 이찬 효종(孝宗)의 아들. 견훤(甄萱)에 의해 왕위에 올랐다. 동 9년(935년) 군신과 회의하여 고려에 항복하였고 고려 태조는 낙랑공주(樂浪公主)로써 그의 아내를 삼았다. 끝까지 대항하지 않고 항복하여 그의 종족은 물론 국민이 해를 입지 않게 한 점이 평가된다. 〈사기 12 신라 12 경순왕〉 아버지 효종의 추봉명(追封名)은 신흥대왕(新興大王), 할아버지는 의흥대왕(懿興大王), 어머니는 계아대후(桂娥大后) 49대 헌강왕(憲康王)의 딸이다. 〈유사 1 왕력 1, 3 탑상 4 삼소관음 중생사〉

경신 敬信(愼) [신라] 37대 선덕왕(宣德王) 때 상대등(上大等). 38대 원성왕(元聖王)의 휘. 17대 내물니사금(奈勿尼師今)의 12세 손. 36대 혜공왕(惠恭王) 때 반신(叛臣) 김지정(金志貞)을 주(誅)하였고 선덕왕이 돌아가자 후사가 없으므로 중의(衆議)에 의해 왕위를 계승하였다. 〈사기 9 신라 9 혜공왕, 선덕왕, 10 원성왕〉 성은 김씨(金氏), 경신(敬愼)이라고도 적었다. 〈유사 1 왕력 1, 2 가이 2 원성대왕〉

경애왕 景哀王 [신라] 55대 왕(재위 924~927년). 휘는 위응(魏膺). 54대 경명왕(景明王)의 동모제(同母弟). 동 4년(927년) 견훤(甄萱)이 경주

에 있는 포석정(鮑石亭)을 덮쳤을 때 마침 잔치를 하다가 당하였으므로 황급히 몸을 숨겼다가 잡혀 왕은 견훤의 강요로 자살하고 왕비와 비첩들은 욕을 당하였다. 〈사기 12 신라 12 경애왕〉 어머니는 자성왕후(資成王后). 동 원년 황룡사(皇龍寺)에 백좌설경(百座說經)을 설(設)하고 선승(禪僧) 300명에게 음식을 먹이고 왕이 친히 향을 파우고 불공을 드리니 이것이 백좌로 선교(禪敎)를 통설(通說)한 시초이다. 동 3년에 황음일락(荒淫逸樂)에 빠져 궁인(宮人)과 근신(近臣)들과 포석정(鮑石亭)에서 주연(酒宴) 중 견훤(甄萱)의 습격을 받아 훤의 강압으로 자진(自盡)하였다. 〈유사 1 왕력 1, 2 기이 2 경애왕, 김부대왕〉

경영 慶永 [신라] 32대 효소왕(孝昭王) 때 이찬(伊湌). 경현(慶玄)이라고도 한다. 동왕 9년(700년) 모반하다가 복주(伏誅)되었다. 〈사기 8 신라 8 효소왕〉

경응 慶膺 [신라] 46대 문성왕(文聖王)의 휘(諱) →문성왕 〈사기 10 신라 11 문성왕〉, 〈유사 1 왕력 1〉

경조 慶祖 [신라] 35대 경덕왕(景德王) 때 모량리(牟粱里)의 가난한 여인으로 김대성(金大城)의 전생 어머니이다. 주인집에서 보시(布施)하는 것을 보고 어머니에게 보시할 것을 권해 주인이 준 밭을 보시하고 얼마 있다가 대성이 죽었다. 바로 국상 김문량(金文亮)의 아들로 환생한 대성은 현세의 부모를 위하여 불국사를 세우고 전생의 부모를 위하여 석불사(石佛寺=石窟庵)를 세우는 등 많은 불사(佛事)를 하였다. 〈유사 5 효선 9 대성효이세부모〉

경즉 敬則 [신라] 38대 원성왕(元聖王)의 휘(諱)가 경신(敬愼) 또는 경신(敬信)인데 당서(唐書)에는 경즉이라 하였다. 〈유사 1 왕력 1〉

경현 慶玄 [신라] →경영(慶永) 〈사기 8 신라 8 효소왕〉

경휘 景暉 [신라] 53대 신덕왕(神德王)의 휘(諱). 〈사기 12 신라 12 신덕왕〉 <유사 왕력>에는 42대 흥덕왕(興德王)의 명(名)이라 하였다.

☞ 586쪽

경휘 景徽 [신라] 42대 흥덕왕(興德王)의 휘(諱). 처음에는 수종(秀宗)이라 하였다 함. <유사 왕력>에는 53대 신덕왕(神德王)의 명(名)이라 하였다. 혼동이 되나 <사기> 쪽을 따르겠다. 〈사기 10 신라 10 흥덕왕〉 ☞ 586쪽

경흥 憬興 [신라] 31대 신문왕(神文王) 때 대덕(大德). 성(姓)은 수씨(水氏). 능천주인(能川州人). 18세에 출가(出家)하여 삼장(三藏)에 통달하니 681년 신문왕이 즉위하자 문무왕(文武王)의 고명(顧命)으로 경흥을 국로(國老)로 삼고 삼랑사(三郎寺)에 머물게 하였다. 병이 들어 여러 약이 효험이 없었는데 한 여승(女僧)이 와서 우로(憂勞)를 떨쳐 버리라고 우스운 모습을 연출하니 병이 곧 나았다. 왕궁에 들어가는데 말을 타고 가려 하자 한 거사(居士)의 가르침을 받아 다시는 말을 타지 않았다. 성인(聖人)을 만나 깨달음을 얻은 것이다. 〈유사 5 감통 7 경흥우성〉

계 季 [백제] 28대 혜왕(惠王)의 휘(諱). 26대 명왕(明王=聖王)의 둘째 아들이다. 〈사기 27 백제 5 혜왕〉 계(季) 또는 헌왕(獻王)이라 한다. 〈유사 1 왕력 1〉 ☞ 593쪽

계강 繼康 [신라] 52대 효공왕(孝恭王) 때 아찬(阿湌). 시중(侍中). 53대 신덕왕(神德王) 원년(912년) 상대등(上大等)이 되었다. 〈사기 10 신라 12 효공왕, 신덕왕〉

계고 階古 [신라] 24대 진흥왕(眞興王) 13년(552년) 왕이 계고, 법지(法知), 만덕(萬德) 등을 시켜 우륵(于勒)에게 음악을 배우게 했는데 계고는 금(琴)을 배웠다. 〈사기 4 신라 4 진흥왕〉 대내마(大奈麻)로 기록되었다. 〈사기 32 잡지 1 가야금〉

계기 啓其 [신라] 5대 파사니사금(婆娑尼師今) 14년(93년)에 파진찬(波珍湌)이 되었다. 〈사기 1 신라 1 파사니사금〉

계명 啓明 [신라] 48대 경문왕(景文王)의 아버지. 아찬(阿湌). 43대 희강왕(僖康王)의 아들이다. 〈사기 11 신라 11 경문왕〉 계명각간을 추봉(追封)하여 의공대왕(義(懿)恭大王)이라 하였다. 〈유사 1 왕력 1〉

계백 堦(階, 偕)伯 [백제] 30대 의자왕(義慈王) 때 장군, 달솔(達率). 동 19년(659년) 나당연합군이 백강(白江)과 탄현(炭峴)을 넘어 협공을 하자 왕은 계백에게 5천 군사로 황산(黃山)에서 대전케 했는데 선전하였으나 결국 패하고 계백은 전사하였다. 신라의 관창(官昌)이 단기로 돌진하자 잡아보니 너무 어리므로 놓아 주었더니 다시 돌진하므로 잡아 목 베었는데 이에 분기한 신라군의 기세에 눌리고 말았다. 〈사기 5 신라 5 태종무열왕, 28 백제 6 의자왕, 47 열전 7 계백〉, 〈유사 1 기이 2 태종춘추공〉

계수 罽須 [고구려] 9대 고국천왕(故國川王)의 왕자. 한(漢)의 요동태수가 고구려를 치매 왕은 왕자 계수를 보내어 막게 하였으나 이기지 못하였다. 산상왕(山上王)의 아우 〈사기 16 고구려 4 고국천왕, 산상왕〉

계아태후 桂娥太后 [신라] 56대 경순왕(敬順王)의 어머니이다. 〈사기 12 신라 12 경순왕〉 49대 헌강왕(憲康王)의 딸이다. 〈유사 1 왕력 1〉

계오부인 繼烏夫人 [신라] 38대 원성왕(元聖王)의 어머니. 일길찬(一吉湌) 효양(孝讓)의 아내이다. 〈사기 10 신라 10 원성왕〉 ☞ 593쪽

계왕 契王 [백제] 12대왕(재위 344~346년). 10대 분서왕(汾西王)의 큰아들. 분서왕이 돌아갔을 때 어려서 왕위에 오르지 못했으나 11대 비류왕(比流王)이 돌아가자 그 뒤를 이었다. 〈사기 24 백제 2 계왕〉, 〈유사 1 왕력 1〉

계원 繼元 [신라] 8대 아달라니사금(阿達羅尼師今) 때 원년(154년) 이찬이 되고 동 15년에 죽었다. 〈사기 2 신라 2 아달라니사금〉

계원 桂元 [신라] 48대 경문왕(景文王) 때의 국선(國仙). 계원 등이 금란(金蘭)을 유람하며 임금을 위하여 치국(治國)의 뜻을 가져 노래

3수를 짓고 다시 심필사지(心弼舍知)를 시켜 대구화상(大矩和尙)에게 노래를 짓게 하였다. 현금포곡, 대도곡, 문군곡(玄琴抱曲, 大道曲, 問群曲) 3곡을 지어 임금에게 아뢰었다. 〈유사 2 기이 2 사십팔 경문대왕〉

계육 契育 [고구려] 28대 보장왕(寶藏王) 때 보덕법사(普德法師)의 고제(高弟) 중의 한 사람. 사대(四大) 등과 중대사(中臺寺)를 창건하였다. 〈유사 3 흥법 3 보장봉로 보덕이암〉

계홍 啓弘 [신라] 46대 문성왕(文聖王) 때 아찬(阿湌). 동 6년(844년) 혈구진(穴口鎭 : 江華)의 진두(鎭頭)가 되었다. 〈사기 11 신라 11 문성왕〉

계화 桂花 [가락국] 10대 구충왕(仇衝王)의 비(妃)로 분질수이질(分叱水尒叱)의 딸이다. 아들 셋을 낳았다. 〈유사 2 기이 2 가락국기〉

계화부인 桂花夫人 [신라] 39대 소성왕(昭聖王)의 비. 김씨. 대아찬 숙명(叔明)의 딸이다. 〈사기 10 신라 10 소성왕〉 비는 계화왕후이며 숙명공(夙明公)의 딸이다. 〈유사 1 왕력 1〉

계흥 季興 [신라] 48대 경문왕(景文王) 때 윤흥(允興)의 아우. 동 6년(866년) 윤흥 등과 모반하다가 잡혀 참수 당하였다. 〈사기 11 신라 11 경문왕〉

고구 高仇 [고구려] 20대 장수왕(長壽王) 때의 장수. 동 26년(438년) 왕명으로 북연왕(北燕王) 풍홍(馮弘)을 죽이니 송 태조(宋 太祖)가 왕백구(王白駒)를 보내 고구를 죽이었다. 〈사기 18 고구려 6 장수왕〉

고국양왕 故國壤王 [고구려] 18대 왕(재위 384~391). 휘(諱)는 이련(伊連) 또는 어지지(於只支). 17대 소수림왕(小獸林王)의 아우. 소수림왕이 아들이 없으므로 왕위를 계승함. 동 2년(372년) 요동군을 공략했으며 3년 백제를 침략했고 9년(379년) 신라와 수호(修好)하였다. 불교를 숭상할 것을 명하였다. 〈사기 18 고구려 6 고국양

왕〉, 〈유사 1 왕력 1〉 ☞ 584쪽

고국원왕 故國原王 [고구려] 16대왕(재위 331~371년). 국강상왕(國罡上王)이라고도 하며 휘(諱)는 사유(斯由) 또는 유(劉). 15대 미천왕(美川王)의 아들로 여러 차례 연(燕)의 침공을 받았고 동 12년(342년)에는 크게 패했다. 동 41년(371년) 백제와 싸우다가 전사했다. 〈사기 18 고구려 6 고국원왕〉 ☞ 584쪽

고국천왕 故國川王 [고구려] 9대 왕(재위 179~197) 혹은 국양왕(國襄王)이라고도 한다. 휘(諱)는 남무(男武) 또는 이이모(伊夷謨)라고도 한다. 8대 신대왕(新大王) 백고(伯固)의 둘째 아들이다. 처음에는 국양왕이었는데 평양(平壤) 천도 후에는 고(故) 자를 얹었다. 동 6년(184년) 한(漢)이 침공했는데 격파했다. 동 13년(191년) 왕후의 친척들이 세력을 잡고 교치(驕侈)가 심하므로 널리 현량자(賢良者)를 천거토록 한 결과 안류(晏留)를 알게 되고 안류는 다시 을파소(乙巴素)를 초빙 국상(國相)을 삼았다. 그리하여 정교(政敎)가 밝아졌고 어려운 사람을 찾아내어 구휼하였다. 〈사기 16 고구려 4 고국천왕〉 명(名) 남호(男虎) 또는 이모(夷謨). 국양(國壤)이라고도 한다. 〈유사 1 왕력 1〉 ☞ 585쪽

고노자 高奴子 [고구려] 14대 봉상왕(烽上王) 때 신성태수(新城太守). 동 2년(293년) 선비족(鮮卑族)의 추장 모용외(慕容廆)가 침공했을 때 국상 창조리(倉助利)의 추천으로 신성태수 북부소형(北部小兄)인 고노자가 물리쳤다. 〈사기 17 고구려 5 봉상왕, 49 열전 9 창조리〉

고도녕 高道寧 [고구려] 아도화상(我道和尙)의 어머니. 정시년간(正始年間, 504~507년) 조위인(曹魏人) 아굴마(我堀摩)가 고구려에 사신으로 왔다가 고도녕과 사통하고 돌아갔는데 그로 인해 낳은 아들이다. 아도가 5세 때 출가하고 16세에 위에 가서 고승의 강석(講席)에 참여하다가 19세에 돌아와 어머니를 뵈었는데 어머니는 아

들에게 지금부터 삼천여월(三千餘月)이 되면 신라에서 불교가 일어날 것이니 그곳에 가서 대교(大敎)를 전파하고 절을 창건하라고 일렀다. 〈유사 3 흥법 3 아도길라〉

고로 高老 [고구려] 21대 문자명왕(文咨明王) 16년(507년) 왕이 장수 고로를 시켜 말갈(靺鞨)과 함께 백제를 공략하려고 하였다. 〈사기 19 고구려 7 문자명왕, 26 백제 4 무녕왕〉

고로리 古老里 [신라] 33대 성덕왕(聖德王) 18년(719년) 중아찬(重阿湌) 김지성(金志誠)의 전처(前妻). 김지성이 돌아간 부모를 위하여 감산사(甘山寺)를 지을 때 동시에 형제, 누이, 전처 등을 위하여 이 일을 경영하였다. 〈유사 3 탑상 4 남월산〉

고무 高武 [고구려] 27대 영류왕(榮留王)을 당 태종이 일컬은 이름. 연개소문이 영류왕을 시해했는데 그 신하들이 소문의 부하로 당나라에 오자 꾸짖으면서 영류왕을 이렇게 불렀다. 〈사기 21 고구려 9 보장왕 상〉

고문 高文 [고구려] 25대 보장왕(寶藏王) 7년(648년) 당 태종이 군사를 보내 쳐들어왔을 때 장군 고문이 오골(烏骨), 안지(安地) 여러 성의 군사 3만여를 거느리고 맞아 싸웠으나 이기지 못하였다. 〈사기 22 고구려 10 보장왕 하〉

고복장 高福章 [고구려] 6대 대조대왕(大祖大王) 71년(123년) 우보(右輔)가 되었고 동 94년(146년) 고복장이 왕에게 왕제 수성(遂成)이 반(叛)하려 한다고 아뢰었으나 왕이 듣지 않고 수성에게 양위하니 이가 7대 차대왕(次大王)인데 즉위하자 바로 고복장을 죽이었다. 〈사기 15 고구려 3 대조대왕〉

고비 姑比 [후백제] 견훤(甄萱)의 애첩(愛妾). 고려 태조 18년(935년) 훤이 아들, 첩과 더불어 태조에게 귀부(歸附)하였다. 〈사기 50 열전 10 견훤〉

고비녀 古比女 [후백제] 견훤(甄萱)의 시녀(侍女). 신검(神劍) 등이 견훤을 금산사(金山寺)에 가두었을 때 같이 있던 시비(侍婢)이다. 고비(姑比)와 같은 인물인 것 같다. 〈유사 2 기이 2 후백제 견훤〉

고수 高壽 [백제] 7대 고이왕(古爾王) 28년(261년)에 위사좌평(衛士佐平)이 되었다. 〈사기 24 백제 2 고이왕〉

고순 高純 [신라] 30대 문무왕(文武王) 원년(661년) 장수로서 남천주 총관(南川州 摠管)이 되었다. 〈사기 6 신라 6 문무왕 상〉

고승 高勝 [고구려] 26대 영양왕(嬰陽王) 때의 장군. 동 14년(603년) 신라의 북한산성을 쳤으나 신라병이 많아 퇴군하였다. 〈사기 20 고구려 8 영양왕〉

고씨 高氏 [고구려] 시조 주몽(朱蒙)의 성(姓). 원래 해씨(解氏)인데 자칭 천제(天帝)의 아들로서 일광(日光)을 받아 태어났으므로 고씨라 하였다. 〈유사 1 기이 2 고구려〉

고양 高陽 [고구려] 25대 평원왕(平原王)을 <南史>에서 고양이라 하였다. →평원왕 〈유사 1 왕력 1〉

고연무 高延武 [고구려] 장군. 태대형(太大兄). 신라 30대 문무왕(文武王) 10년(670년) 사찬(沙湌) 설오유(薛烏儒)와 더불어 압록강을 건너 말갈병(靺鞨兵)과 싸우러 갔다. 〈사기 6 신라 6 문무왕 상〉

고연수 高延壽 [고구려] 28대 보장왕(寶藏王) 3년(644년) 북부살찬(北部薩湌). 당(唐)이 안시성(安市城)을 치니 고연수 등이 고구려병과 말갈병을 이끌고 안시를 구하려 했으나 당군에 패해 항복하였고 당으로부터 홍려경(鴻臚卿)의 벼슬을 받았다. 평양을 취할 방안을 당왕에게 알렸다 한다. 〈사기 21 고구려 9 보장왕 상〉

고우도도 高于都刀 [신라] 백제가 관산성(管山城)을 침공하므로 신주 군주 김무력(金武力)이 맞아 싸울 때 그의 비장인 삼년산군(三年山郡)의 고우도도가 갑자기 쳐서 백제왕을 죽이었다. 이에 신라군이 대승하였다. →도도 〈사기 4 신라 4 진흥왕〉

고우루 高優婁 [고구려] 10대 산상왕(山上王) 7년(203년) 국상(國相)이 됨. 11대 동천왕(東川王) 4년(229년) 죽었다. 〈사기 16 고구려 4 산상왕, 17 고구려 5 동천왕〉

고운 高雲 [고구려] 21대 문자명왕(文咨明王)의 휘(諱)의 하나→문자명왕 〈유사 1 왕력 1〉 ☞ 567쪽

고이만년 古爾萬年 [백제] 20대 개로왕(蓋鹵王) 21년(475년) 고구려의 대로(對盧). 고이는 복성(複姓). 고구려 장수왕(長壽王)이 백제를 칠 때 고구려 장수로서 참전 북성(北城 : 서울의 창의문)과 남성(南城 : 남한산성)을 쳐 함락시켰다. 〈사기 25 백제 3 개로왕〉

고이왕 古爾王 [백제] 8대 왕(재위 234~286년). 4대 개루왕(蓋婁王)의 둘째 아들. 6대 구수왕(仇首王)이 죽고 그의 왕자 사반(沙伴)이 계승하였으나 어려서 물러나고 5대 초고왕(肖古王)의 모제(母弟)인 고이(古爾)가 즉위하였다. 동 27년(260년)에 내신, 내두, 내법, 위사, 조정, 병관(內臣, 內頭, 內法, 衛士, 朝廷, 兵官) 등 육좌평(六佐平)과 달솔(達率), 은솔(恩率)에서 극우(克虞)까지 16품(品)을 정했다. 자주 신라를 침공하였다. 〈사기 24 백제 2 고이왕〉, 〈유사 1 왕력 1, 2 기이 2 전백제〉

고익 高翼 [고구려] 20대 장수왕(長壽王) 원년(413년) 장사(長史)로서 왕명으로 동진(東晋)에 가서 국서(國書)를 전했다. 〈사기 18 고구려 6 장수왕〉

고장 高臧 [고구려] 28대 보장왕(寶藏王)의 신라에서의 칭호이다. 〈사기 5 신라 5 선덕왕〉

고장왕 高藏王 [고구려] 28대 보장왕(寶藏王). 성이 고씨이므로 이렇게 부른 것이다. →보장왕 〈유사 2 기이 2 문호왕법민〉

고정의 高正義 [고구려] 28대 보장왕(寶藏王) 때 대로(對盧). 북부욕살(北部褥薩) 고연수(高延壽)에게 당군과 싸워 이길 계획을 알려 주었으나 연수가 듣지 않았다. 〈사기 21 고구려 9 보장왕 상〉

고주리 高朱利 [고구려] 4대 민중왕(閔中王) 4년(47년) 동해인(東海人) 고주리가 고래를 잡아 바치었다. 〈사기 14 고구려 2 민중왕〉

고타소랑 古陀炤娘 [신라] 27대 선덕왕(善德王) 때 춘추공(春秋公)의 딸. 장군 품석(品釋)의 아내. 품석 장군이 선덕왕 11년(642년) 백제와의 싸움에서 전사하자 따라 죽었다. 〈사기 41 열전 1 김유신 상〉

고파리 古巴里 [신라] 33대 성덕왕(聖德王) 18년(719년) 중아찬(重阿湌) 김지성(金志誠)의 누이. 김지성이 돌아간 부모를 위하여 감산사(甘山寺)를 지을 때 동시에 형제, 누이, 전처 등을 위하여 이 일을 경영하였다. 〈유사 3 탑상 4 남월산〉

고혜진 高惠眞 [고구려] 28대 보장왕 때 남부 욕살(南部 褥薩). 당이 안시성(安市城)을 치니 고연수(高延壽)와 더불어 고구려병과 말갈병을 이끌고 안시를 구하려 했는데 당군에 패해 항복하였고 당으로부터 사농경(司農卿)의 벼슬을 받았다. 〈사기 21 고구려 9 보장왕 상〉

고흘 高紇 [고구려] 24대 양원왕(陽原王) 7년(551년) 돌궐병(突厥兵)이 침공하자 왕이 고흘장군으로 나가 싸우게 하여 승리하였다. 〈사기 19 고구려 7 평원왕〉

고흥 高興 [백제] 13대 근초고왕(近肖古王, 재위 316~375년) 때의 박사(博士). 국사책인 <서기(書記)>를 편찬했다. 백제 개국 이래 처음 이때에 서기를 갖게 된 것이다. 〈사기 24 백제 2 근초고왕〉

곡오 谷烏 [신라] →득오 〈유사 2 기이 2 효소왕대 죽지랑〉 ☞ 581쪽

곤노 昆奴 [백제] 8대 고이왕(古爾王) 28년(261년) 조정좌평(朝廷佐平)이 되었다. 〈사기 24 백제 2 고이왕〉

곤우 昆優 [백제] 2대 다루왕(多婁王) 4년(31년) 고목성(高木城) 사람으로 말갈과 싸워 크게 이겼다. 〈사기 23 백제 1 다루왕〉

곤지 昆支 [백제] 22대 문주왕(文周王) 3년(477년) 4월 내신좌평(內臣佐平)

이 되었으나 동 7월에 죽었다. 문주왕의 아우이다. 〈사기 26 백제 4 문주왕〉

골번 骨番 [신라] <신라고기(新羅古記)>에 문장가로 적히었다. 〈사기 46 열전 6 강수〉

골정 骨正 [신라] 9대 벌휴니사금(伐休尼師今, 재위 184~196)의 태자인데 일찍 죽었다. 〈사기 2 신라 2 내해니사금〉 11대 조분니사금(助賁尼師今)의 아버지이다. 혹 홀쟁(忽爭)이라고도 쓴다. 〈신라 2 조분왕〉 12대 첨해니사금(沾解尼師今)이 즉위하자 아버지 골정을 세신갈문왕(世神葛文王)으로 봉했다. 〈신라 2 첨해왕〉

공굉장로 孔宏長老 [신라] 35대 경덕왕(景德王) 때 직장(直長) 이준(李俊, 高僧傳에는 李純)의 법명(法名)이다. 별기(別記)에 동 7년(748년) 단속사(斷俗寺)를 창건하고 자신도 삭발하고 들어가 산 지 20년 만에 죽었다. 〈유사 5 피은 8 신충괘관〉

공목 工目 [신라] 23대 법흥왕(法興王) 때 조신(朝臣)이라고 <鄕傳>에 기록되어 있는데 벼슬 이름일 수도 있다. 〈유사 3 흥법 3 원종흥법〉

공영 恭永 [신라] 신라 후기의 유명한 현금(玄琴) 주자(奏者) 옥보고(玉寶高)의 아버지이다. 〈사기 32 잡지 1 악〉

공직 龔直 [후백제] 견훤(甄萱)의 신하. 용감하고 지략이 있었는데 신라 경순왕(敬順王) 6년(932년) 고려 태조에게 항복하니 견훤이 공직의 두 아들과 딸을 잡아다가 벌주었다. 〈사기 50 열전 10 견훤〉

공한 功漢 [신라] 23대 법흥왕(法興王) 때 김용행(金用行)이 지은 아도비(阿道碑)에 사인(舍人) 이차돈(異次頓)의 할아버지라고 하였다. 〈유사 3 흥법 3 원종흥법〉

공훤 公萱 [고려] 왕건의 장군으로 후백제의 신검(神劍)의 군사를 치러 갔을 때(936년) 공훤이 선봉장으로 진격하자 신검군이 항복하였다. 〈사기 50 열전 10 견훤〉, 〈유사 2 기이 2 후백제 견훤〉

관기 觀機 [신라] 성사(聖師). 도성(道成)과 포산(包山)에 은거(隱居)하였는데 서로 떨어져 있으면서 구름을 헤치고 달을 노래하며 늘 서로 왕래하였다. 산속의 나무가 어느 쪽으로 기울면 서로가 찾는 것으로 알고 찾았다. 어느 날 몸이 하늘로 날아가 간 곳이 없었다. 〈유사 5 피은 8 포산이성〉

관나부인 貫那夫人 [고구려] 12대 중천왕(中川王)의 애첩(愛妾). 얼굴이 곱고 머리가 길었는데 왕비 연씨(椽氏)가 투기하여 왕에게 관나부인을 서위(西魏)나라에 보내려 하였는데 왕이 듣지 않았다. 그러자 관나부인은 왕비가 자기를 가죽주머니에 넣어 바다에 버리려고 한다고 하니 왕이 거짓임을 알고 동 4년(251년) 관나를 사람을 시켜 바다에 던지었다. 〈사기 17 고구려 5 중천왕〉

관장 官長 [신라] 31대 신문왕(神文王) 7년(687년) 파진찬(波珍飡)으로 사벌주(沙伐州)의 총관(摠管)이 되었다. 〈사기 8 신라 8 신문왕〉

관장 官狀 [신라] →관창(官昌) 〈5 신라 5 태종무열왕, 사기 47 열전 7 관창〉

관창 官昌 [신라] 관장(官狀)이라고도 쓴다. 29대 무열왕(武烈王) 때 품일(品日) 장군의 아들. 동 6년(660년) 백제와의 싸움에서 아버지 품일이 불러 삼군의 모범이 되라고 하자 16살의 관창이 혼자 적진에 돌진하여 잡혀 백제의 장수 계백(堦伯) 앞에 끌려갔는데 그가 소년임을 알고 살려 보냈는데 관창이 도로 적진에 달려갔으나 목이 잘려 돌려보내졌다. 이를 본 신라군이 분전하여 크게 이겼고 계백은 전사하였다. 관창에게는 급찬(級飡)이 추증되었다. 〈사기 5 신라 5 태종무열왕, 47 열전 7 관창〉

관초리부인 觀肖里夫人 [신라] 33대 성덕왕(聖德王) 때 김지성(金志誠)의 어머니. 김지성이 돌아간 부모를 위하여 감산사(甘山寺)를 창건하였다. 〈유사 3 탑상 4 남월산〉

관흔 官昕 [후백제] 견훤(甄萱)의 장군. 신라 경순왕(敬順王) 2년(928년)

견훤의 명으로 양산(陽山)에 성을 쌓았는데 고려군에게 격파되었다. 〈사기 12 신라 12 경순왕, 50 열전 10 견훤〉

광개토왕 廣開土王 [고구려] 19대 왕(재위 391~413년). 휘(諱) 담덕(談德). 고국양왕(故國壤王)의 아들. 체격이 크고 뜻이 고상하였다. 고구려를 강대하게 만드는데 주력하였다. 능비(陵碑)에는 국강상 광개토경 평안호태왕(國岡(罡)上 廣開土境 平安好太王)으로 되어 있는데 보통 호태왕 또는 영락(永樂=年號)대왕이라 한다. 백제를 비롯 연(燕)을 공략하여 남북으로 국토를 넓히었다. 만주 집안(集安)에 있는 광개토대왕비에 그의 업적이 기록되어 있다. 〈사기 18 고구려 6 광개토왕〉, 〈유사 1 왕력 1〉

광겸 光謙 [신라] 13대 미추니사금(味鄒尼師今) 20년(281년) 사찬(沙湌)이 되었다. 〈사기 2 신라 2 미추니사금〉

광덕 廣德 [신라] 30대 문무왕(文武王) 때 사문(沙門). 신라가요(=鄕歌) 원왕생가(願往生歌)를 지었다. 〈유사 5 감통 7 광덕 엄장〉

광명낭 光明娘 [신라] → 광명부인 〈유사 1 왕력 1〉

광명부인 光明夫人 [신라] 13대 미추니사금(味鄒尼師今)의 비(妃). 석씨(昔氏). 11대 조분니사금(助賁尼師今)의 딸이다. 〈사기 신라 2 미추니사금〉

광의부인 光義夫人 [신라] 48대 경문왕(景文王)의 어머니 광화부인(光和夫人)의 다른 이름이다. 〈사기 11 신라 11 경문왕〉 ☞ 594쪽

광의왕태후 光懿王太后 [신라] 48대 경문왕(景文王)이 즉위 후 모후 광화부인(光和夫人)을 추봉(追封)한 이름이다. 〈사기 11 신라 11 경문왕〉

광학 廣學 [고려] 태조(太祖) 때 해적(海賊)이 나타나 소요(騷擾)하므로 안혜(安惠)와 낭융(朗融)의 후예인 광학(廣學), 대연(大緣) 등 두 대덕(大德)을 청하여 불양진압(祓禳鎭壓)할 법을 지으니 모두 명랑의 계통이었다. 돌백사주첩주각(堗白寺柱貼注脚)에 따르면 광학과 대연은 형제간이라 한다. 적리녀(積利女)가 어머니이다.

〈유사 5 신주 6 명랑신인〉

광화부인 光和夫人 [신라] 48대 경문왕(景文王)의 어머니. 일명 광의(光義)라고 한다. 43대 희강왕(僖康王)의 아들 계명(啓明)의 부인이다. 경문왕이 즉위 후(861년) 광의왕태후(光懿王太后)로 추봉되었다. 〈사기 11 신라 11 경문왕〉 신호왕(神虎王＝神武王)의 딸이다. 〈유사 1 왕력 1〉 ☞ 594쪽

괴유 怪由 [고구려] 3대 대무신왕(大武神王) 4년(21년) 12월 왕이 부여(扶餘)를 치러 가는데 장대한 사람이 나타나 자기는 북명인(北溟人) 괴유인데 종군하여 부여왕의 머리를 취하여 오겠다고 하여 허락하였다. 동 5년 2월 부여국 남쪽에 진군하여 가다가 진수렁에 빠져 진퇴가 어렵게 되었는데 괴유가 칼을 빼들고 적진에 돌진하여 적군이 어지러이 흩어지자 괴유가 직진하여 부여왕의 머리를 베었다. 동년 10월에 죽었다. 왕은 그 공로를 생각하여 후히 장사를 치렀다. 〈사기 14 고구려 2 대무신왕〉

교정낭 皎貞娘 [신라] 24대 진흥왕(眞興王) 때 원화(原花)의 한 사람. <사기>에는 준정(俊貞) → 준정 〈유사 3 탑상 4 미륵선화〉 ☞ 602쪽

교체 郊彘 [고구려] 10대 산상왕(山上王)의 태자. 동 12년(208년) 주통촌녀(酒桶村女) 사이에서 태어났다. 동 17년(213년) 왕태자가 되었고 227년 11대 동천왕(東川王)이 되었다. 위(魏)의 관구검(毌丘儉)의 침공을 받아 크게 고초를 받았다. → 동천왕 〈사기 16 고구려 4 산상왕, 17 고구려 5 동천왕〉

구근 仇近 [신라] 김유신의 휘하의 장사(壯士). 30대 문무왕(文武王) 2년(662년) 고구려를 치러 북진하는데 거의 도달한 후 당군에게 그 사실을 알리기 위해 열기(裂起)를 보냈는데 구근 등이 함께 하여 소정방(蘇定方)에게 군량(軍糧)이 가까이 왔음을 알렸다. 〈사기 42 열전 2 김유신 중〉

구기 仇杞 [신라] 30대 문무왕(文武王) 8년(668년) 부양인(斧壤人) 장군 구

기에게 고구려 원정의 공로로 술간(述干)의 위(位)와 속(粟) 700 석을 주었다. 〈사기 6 신라 6 문무왕 상〉

구덕 丘德 [고구려] 신라 42대 흥덕왕(興德王) 때 고구려의 승(僧)으로 당에 갔다가 동 2년(827년) 경(經)을 가져왔으므로 왕이 각 절의 승을 소집하여 맞았다. 그 당시 금마저(金馬渚=益山)에 봉(封)한 고구려왕에 딸린 사람일 것이다. 〈사기 10 신라 10 흥덕왕〉, 〈유사 3 탑상 4 전후소장사리〉

구도 仇道 ① [신라] 8대 아달라니사금(阿達羅尼師今) 19년(172년) 파진찬(波珍湌)이 되고 9대 벌휴니사금(伐休尼師今) 5년(188년) 백제가 모산성(母山城)을 치므로 왕은 구도에게 막게 했다. 〈사기 2 신라 2 아달라니사금, 벌휴니사금〉

② [신라] 13대 미추니사금(味鄒尼師今)의 아버지로 욱보(郁甫)의 아들이다. 17대 내물니사금(奈勿尼師今)은 구도의 손자이다. 〈사기 2 신라 2 미추니사금, 3 신라 3 내물니사금〉

구도 仇刀 [신라] →구도(仇道) ② 〈유사 1 기이 2 김알지 탈해왕대〉

구도 俱道 [신라] 구도(仇刀)의 다른 적음→구도(仇道) ② 〈유사 1 기이 2 김알지 탈해왕대〉

구도 仇都 [고구려] 3대 대무신왕(大武神王) 15년(32년) 대신 구도(仇都), 일구(逸句), 분구(焚句) 등 세 사람은 비류부(沸流部)의 장(長)으로 탐욕(貪慾)하고 비루(鄙陋)하여 백성을 괴롭히므로 내쫓아 서인(庶人)을 삼았다. 〈사기 14 고구려 2 대무신왕〉

구도갈문왕 仇道葛文王 13대 미추니질금(味鄒尼叱今)의 아버지→구도 ② 〈유사 1 왕력 1〉

구례마 俱(仇)禮馬 진한(辰韓) 육촌(六村) 중 무산대수촌(茂山大樹村)의 촌장. 이 사람이 모량부(牟梁部) 손씨(孫氏)의 조상이 되었다. 〈유사 1 기이 2 신라시조 혁거세왕〉

구륜공 仇輪公 [신라] 이제가기(李磾家記)에 따르면 24대 진흥왕(眞興王)의 셋째 아들이며 그 후손이 견훤(甄萱)이다. 〈유사 2 기이 2 후백제 견훤〉

구률 求律 [신라] 30대 문무왕(文武王) 8년(668년) 고구려를 칠 때 아산(牙山) 출신 사찬(沙湌) 구률은 사천전(蛇川戰)에서 크게 이겼으나 군령(軍令) 없이 위지(危地)에 들어갔으므로 비록 공(功)은 제일이나 녹(錄)에 오르지 못하자 분김에 목을 매었으나 옆사람의 구조로 죽지 못하였다. 〈사기 6 신라 6 문무왕 상〉

구리내 仇里迺 [신라] 19대 눌지마립간(訥祇麻立干) 때 왕이 아우 미사흔(未斯欣)의 구출 방법을 묻자 일리촌주(一利村主) 구리내가 제상(堤上)을 추천했다. 〈사기 45 열전 5 박제상〉

구리지 仇梨知 [신라] 24대 진흥왕(眞興王, 재위 540~576년) 때 화랑(花郞) 사다함(斯多含)의 아버지이다. 급찬(級湌) 〈사기 44 열전 4 사다함〉

구문 仇文 [신라] 26대 진평왕(眞平王 재위 579~632년) 때 대사(大舍). 화랑도(花郞徒) 검군(劍君)의 아버지이다. 〈사기 48 열전 8 검군〉

구본 求本 [신라] 인도(印度) 유학승(留學僧). 승 아리나(阿離那)가 중국을 거쳐 인도에 가서 율론(律論)에 대한 공부를 많이 하다가 죽고 그 뒤를 이어 구본 등 여러 법사가 인도에 가서 불법을 전심으로 공부하였는데 그 종신(終身)은 알 수 없다. 〈유사 4 의해 5 귀축 제사〉

구부 丘夫 [고구려] 16대 고국원왕(故國原王)의 태자로 17대 왕이 된 소수림왕(小獸林王)의 휘(諱)이다. 〈사기 18 고구려 6 고국원왕, 소수림왕〉, 〈유사 1 왕력 1〉

구수왕 仇首王 [백제] 6대왕(재위 214~234년). 혹은 귀수(貴須)라고도 한다. 5대 초고왕(肖古王)의 맏아들이다. 키가 크고 위의(威儀)가 남달랐다. 신라와 말갈(靺鞨)과 자주 충돌하였다. 〈사기 24 백제 2 구수왕〉 7대 사반왕(沙伴王), 11대 비류왕(比流王) 두 아들이 왕

이 되었다. 〈유사 1 왕력 1, 2 기이 2 남부여 전백제 북부여〉

구수혜 仇須兮 [신라] 8대 아달라니사금(阿達羅尼師今) 19년(172년) 일길찬(一吉湌). 9대 벌휴니사금(伐休尼師今) 2년(185년)에 군주(軍主)가 되었다. 〈사기 2 신라 2 아달라니사금, 벌휴니사금〉

구이신왕 久爾辛王 [백제] 19대 왕(재위 420~426년). 17대 전지왕(腆支王)의 맏아들. 송서(宋書) 백제전(百濟傳)에 따르면 송과의 통교(通交)를 활발하게 하였다. 〈사기 25 백제 3 구이신왕, 비유왕〉, 〈유사 1 왕력 1〉

구일 丘日 [신라] 30대 문무왕(文武王) 4년(664년) 왕의 명으로 악인(樂人) 구일(丘日)등 28인을 웅진부성(熊津府城)에 보내 당악(唐樂)을 배우게 하였다. 〈사기 6 신라 6 문무왕 상〉

구족부인 具足夫人 [신라] 37대 선덕왕(宣德王 재위 780~785년)의 비(妃). 각간(角干) 양품(良品)의 딸이다. 〈사기 9 신라 9 선덕왕〉 각간 양품(粮品)의 딸이다. 〈유사 1 왕력 1〉

구진 仇珍 [신라] 24대 진흥왕(眞興王) 12년(551년) 왕이 대아찬(大阿湌) 거칠부(居柒夫), 대각찬(大角湌) 장군(將軍) 구진 등에게 명하여 백제와 더불어 고구려를 침공하였다. 〈사기 44 열전 4 거칠부〉

구진천 仇珍川 [신라] 30대 문무왕(文武王 재위 661~681년) 때 사찬(沙湌)으로 노사(弩師). 9년(669년) 당의 사신이 와서 조서(詔書)를 전하고 노사인 구진천을 데리고 가서 목노(木弩)를 만들게 하였는데 힘이 약하므로 그 이유를 물으니 나무의 재질 때문이라 해서 그 연락을 받고 신라왕이 내마(奈麻) 복한(福漢)을 시켜 나무를 보냈다. 그러나 역시 성능이 약하자 당제가 그 이유를 물었으나 나무가 바다를 건너오는 동안 습기가 찼기 때문이라 하였다. 〈사기 6 신라 6 문무왕 상〉

구차휴 仇次休 [가야] → 구해(仇亥) 〈사기 41 열전 1 김유신 상〉 ☞ 586쪽

구참공 瞿昌公 [신라] 26대 진평왕(眞平王) 때 국선(國仙). 구참공이 사냥을 좋아 하자 승 혜숙(惠宿)이 그 잘못을 지적하여 깨우치게 하였다. 구참공이 산에 가서 놀다가 석혜공(釋惠公)이 산길에 죽어 그 시체가 썩은 것을 보고 슬퍼하다가 돌아왔는데 성내에서 혜공이 시중에서 대취하여 가무(歌舞)하는 것을 보았다. 〈유사 4 의해 5 이혜동진〉

구추 句鄒 [고구려] 2대 유리왕(瑠璃王, 재위 BC 19~18년)이 된 유리태자(類利太子)를 따라 졸본(卒本)으로 간 사람이다. 〈사기 13 고구려 1 유리명왕〉

구추 仇鄒 [신라] 9대 벌휴니사금(伐休尼師今 재위 184~196년)의 아버지. 성(姓)은 석씨(昔氏). 탈해니사금(脫解尼師今)의 아들이며 각간(角干)이다. 〈사기 2 신라 2 벌휴니사금〉

구충 仇衡 [가야] 수로왕(首露王)의 9대손. 9대 겸지왕(鉗知王)의 아들. 가락국(駕洛國)의 10대왕. 마지막 왕이다(재위 521~532년). 신라 30대 문무왕(文武王)의 어머니 문명황후는 구충의 외손녀이다. 〈유사 1 기이 2 가락국기〉 ☞ 586쪽

구칠 仇柒 [신라] 26대 진평왕(眞平王, 재위 579~632년) 때 대세(大世)와 더불어 나라 밖으로 가서 넓은 세상에서 신선이 되려고 하여 남해에서 배를 타고 떠났는데 그 간 곳을 모른다. 〈사기 4 신라 4 진평왕〉 → 대세(大世)

구태 仇台 [백제] 이병도(李丙燾) 님에 따르면 삼국지(三國志) 동이전 부여조(東夷傳 夫餘條)에 나오는 부여왕 위구태(尉仇台)로 비정(比定)되기도 하고 수서(隋書) 등에 나오는 우태(優台)로 비정되기도 하는데 이 구태는 '구이'라고 음독할 것으로 바로 백제 8대 고이왕(古爾王)에 해당하는 것이다. 고이왕은 백제의 진정한 건국주(建國主)로 추대받을 인물이다. 〈사기 23 백제 1 온조왕 조 이병도의 주〉

구해 仇亥 [가야] 수로왕(首露王)의 9대손. 구차휴(仇次休)라고도 하고 구충(仇衝)이라 함을 보아 구해도 구충(仇充)의 잘못 적음일 것이다. 김유신의 증조(曾祖)이다. 〈사기 41 열전 김유신 상〉 ☞ 586쪽

국강상왕 國罡上王 [고구려] 16대 고국원왕(故國原王)의 다른 이름이다. → 고국원왕 〈사기 18 고구려 6 고국원왕〉 ☞ 584쪽

국강왕 國罡王 [고구려] 16대 고국원왕(故國原王)의 다른 이름 〈사기 24 백제 2 근구수왕〉

국교 國教 [신라] 27대 선덕왕(善德王) 때 사간(沙干) 재량(才良)의 아들로 명랑법사(明朗法師)의 맏형. 대덕(大德)이었다. 〈유사 5 신주 6 명랑신인〉

국기안갈문왕 國其安葛文王 [신라] 28대 진덕왕(眞德王)의 아버지로 26대 진평왕(眞平王)의 아우이다. → 국반 〈유사 1 왕력 1〉 ☞ 586쪽

국대부인 國大夫人
① [신라] 19대 눌지마립간(訥祗麻立干) 때 제상(堤上)의 부인에게 책봉한 명칭이다. 제상이 왕제(王弟) 미사흔(未斯欣)을 무사히 살려 보내고 본인은 잡혀 소살(燒殺) 당하자 남편을 사모하다가 죽어 치술신모(鵄述神母)가 되었다. 〈유사 1 기이 2 김제 상, 실성왕〉
② [후백제] 견훤(甄萱)의 딸이다. 〈유사 2 기이 2 후백제 견훤〉

국량 國良 [신라] 9대 벌휴니사금(伐休尼師今) 9년(192년) 아찬(阿湌)이 되었다. 〈사기 2 신라 2 벌휴니사금〉

국반 國飯 [신라] 26대 진평왕의 동모제(同母弟). 동 원년(579년) 진안갈문왕(眞安葛文王)이 되고 28대 진덕왕(眞德王)의 아버지이다. 국분(國芬)이라고도 한다. 〈사기 4 신라 4 진평왕, 5 진덕왕〉 ☞ 586쪽

국분 國芬 [신라] → 국반(國飯) 〈사기 5 신라 5 진덕왕〉

국양왕 國壤王 [고구려] 9대왕. 고국천왕(故國川王)의 다른 이름이다. 〈사기

16 고구려 4 고국천왕〉→ 고국천왕 〈유사 1 왕력 1〉 ☞ 585쪽

국원왕 國原王 [고구려] 16대왕. 이름은 쇠(釗) 또는 사유(斯由) 또는 강상왕(岡上王)이다. 평양성(平壤城)을 증축하고 안시성(安市城=丸都城)으로 이도(移都)하였다. → 고국원왕 〈유사 1 왕력 1〉

국육 國育 [신라] 29대 무열왕(武烈王)때 법사(法師) 명랑(明朗)의 자(字)이다. 금광사(金光寺)를 창건하였다. 〈유사 5 신주 6 명랑신인〉

국조왕 國祖王 [고구려] 6대 대조대왕(大祖大王)의 다른 이름이다. → 대조대왕 〈사기 15 고구려 3 대조대왕〉, 〈유사 1 왕력 1〉 ☞ 595쪽

국지모 國知(智)牟 [백제] 고구려 26대 영양왕(嬰陽王) 23년(612년) 백제 신하로서 수(隋)가 고구려를 침공했을 때 국지모는 백제 무왕(武王)의 명으로 수나라에 가서 서로 협력할 것을 의논했는데 실제로는 고구려와 내통하였다. 〈사기 20 고구려 12 영양왕, 27 백제 5 무왕〉

군관 軍官 [신라] 30대 문무왕(文武王) 4년(664년) 아찬(阿湌)으로 한산주 도독(漢山州 都督)이 되었다. 〈사기 6 신라 6 문무왕 상〉

군승 軍勝 [신라] 30대 문무왕(文武王) 2년(662년) 김유신(金庾信)의 서자(庶子)로 유신이 당군을 도우러 고구려 쪽으로 갔을 때 김인문(金仁門) 등과 당영(唐營)으로 가 왕의 뜻을 전했다. 군승은 아찬(阿湌)이었다. 〈사기 42 열전 2 김유신 중, 43 열전 3 김유신 하〉

궁 宮 [고구려] 6대 대조대왕(大祖大王)의 휘(諱)이다. 〈사기 15 고구려 3 대조대왕〉, 〈유사 1 왕력 1〉

궁복 弓福 [신라] 42대 흥덕왕(興德王 재위 826~836년) 때 청해대사(淸海大使) → 장보고(張保皐) 〈사기 10 신라 10 흥덕왕〉

궁예 弓裔 [신라] 47대 헌안왕(憲安王) 또는 48대 경문왕(景文王)의 아들로 전한다. 그가 태어나자 여러 가지 현상이 일어나자 일관(日

官)이 장차 국가에 이롭지 못할 것이니 기르지 말라고 하여 중사(中使)를 보내어 죽이라고 하여 그가 아이를 루(樓)에서 던졌는데 밑에서 유모인 비자(婢子)가 받아 숨어서 길렀다. 나이 10여세 되면서 유희(遊戲)가 심하므로 유모가 장차의 일을 걱정하자 홀로 떠나 풍덕에 있는 세달사(世達寺 : 지금의 興敎寺)로 가 중이 되어 선종(善宗)이라 하였다. 자라서는 승려의 계율(戒律)에 구애하지 않고 기상(氣像)이 활발하며 담기(膽氣)가 있었다. 나라가 어지러워지자 진성왕(眞聖王) 5년(891년) 적괴(賊魁) 기훤(箕萱)에 귀의했는데 예우하지 않으므로 동 6년 북원(北原 지금의 原州)의 도적인 양길(梁吉)에게 가서 부장(部將)이 되어 강원도 일대의 현성(縣城)을 격파하고 군사의 위세가 높아지자 52대 효공왕(孝恭王) 5년(901년) 스스로 개국하고 국호를 고려라 하였다가 동 8년 국호를 마진(摩震, 이병도 님은 摩訶震旦 곧 大東方國이라 해석함), 연호를 무태(武泰)라 하였다. 동 15년(911년) 국호를 태봉(泰封)이라 하고 연호를 수덕만세(水德萬歲)라 하였다. 54대 경명왕(景明王) 2년(918년) 궁예는 의심이 많아지고 포악해져 보좌관을 비롯 평민에 이르기까지 죄없이 주륙(誅戮)당하는 사람이 자주 생기자 민심이 변하므로 도망가다가 부하에게 피살되었다. 〈사기 11 신라 11 진성왕, 12 효공왕, 신덕왕, 50 열전 10 궁예〉 → 양길(良吉=梁吉) 〈유사 1 왕력 1, 2 기이 2 견훤〉

궁파 弓巴 [신라] 장보고(張保皐)의 다른 이름. → 장보고. 45대 신무왕(神武王)이 잠저시(潛邸時) 내 원수를 없애주면 장차 왕이 되어 네 딸을 왕비로 삼겠다고 약속했으나 왕이 된 후 신하들의 반대로 그 약속을 못 지키자 난을 일으키려 했는데 장군 염장(閻長)이 거짓 귀부하는 척하고 안심시킨 후 칼로 베어 죽였다. 〈유사 2 기이 2 신무대왕 염장 궁파, 사십팔 경문대왕〉

귀금선생 貴金先生 [신라] 신라 때 현금(玄琴) 주자(奏者) 옥보고(玉寶高)의 제자인 속명득(續命得)의 제자. 지리산에 들어가 나오지 않아 신라왕(景文王?)이 금도(琴道)가 끊어질까 근심하여 윤흥(允興)에게 명하여 안장(安長)과 청장(淸長) 두 소년을 뽑아 귀금을 만나 전수받게 하였다. 〈사기 32 잡지 1 악〉

귀보부인 貴寶夫人 [신라] 44대 민애왕(閔哀王)의 어머니 박씨(朴氏). 왕이 된 후 선의태후(宣懿太后)로 추시(追諡)하였다. 〈사기 10 신라 10 민애왕〉

귀산 貴山 [신라] 26대 진평왕(眞平王) 때 사량부(沙梁部) 출신 장군 무은(武殷)의 아들로 어려서부터 뜻이 높아 친구 추항(箒項)과 함께 원광법사(圓光法師)에게서 세속오계(世俗五戒)를 배웠다. 동 24년(602년) 백제가 침공했을 때 소감직(少監職)으로 아버지 무은을 따라 참전했는데 백제군의 복병을 만나 무은이 말에서 떨어지자 귀산과 추항이 나가 싸워 이겼으나 많이 다쳐 결국 죽었다. 내마(奈麻)로 추서(追敍)되었다. 〈사기 4 신라 4 진평왕, 27 백제 5 무왕, 45 열전 5 귀산〉, 〈유사 4 의해 5 원광서학〉

귀수 貴須 [백제] 6대 구수왕(仇首王)의 다른 적음→구수왕 〈사기 24 백제 2 구수왕〉, 〈유사 1 왕력 1〉

귀승낭 貴勝娘 [신라] 41대 헌덕왕(憲德王)의 비(妃). 시호(諡號)는 황아왕후(皇娥王后). 충공각간(忠恭角干)의 딸이다. 밑의 귀승부인과 같은 인물인데 아버지의 이름이 다르다. <사기>에 따르면 충공은 헌덕왕의 아우로 그 부인은 귀보부인이다. 〈유사 1 왕력 1〉

귀승부인 貴勝夫人 [신라] 41대 헌덕왕(憲德王)의 비(妃). 예영(禮英 왕의 숙부) 각간(角干)의 딸이다. 〈사기 10 신라 10 헌덕왕〉

귀진 貴珍 [신라] 35대 경덕왕(景德王) 때 아간(阿干). 강주(康州=晋州)의 선사(善士)들이 극락(極樂)에 뜻을 두어 미타사(彌陀寺)를 창건하였는데 이때에 귀진집의 비녀(婢女) 욱면(郁面)이 예불하다가 부처가 되어 하늘로 날아갔다. 귀진은 욱면이 나온 집이므로 그 터에 절을 짓도록 희사하고 법왕사(法王寺)를 창건했으며 그 후 대사 회경(懷鏡) 등이 발원하여 큰 절로 번창하였는데 경(鏡)이 귀진의 후신(後身)이라 한다. 〈유사 5 감통 7 욱면비염불 서승〉

귀파부인 貴巴夫人 [신라] 44대 민애왕(閔哀王)의 어머니. 귀보부인(貴寶夫人)이라고도 한다. 혜충왕(惠忠王, 追封名)의 딸. 시호(謚號)는 선의왕후(宣懿王后)이다. 〈유사 1 왕력 1〉

규림 圭林 [신라] 가야 수로왕(首露王)의 직계손이다. 30대 문무왕(文武王)이 수로왕이 자기의 15대조가 된다고 그의 사당(祠堂)을 종묘에 합사(合祀)하였는데 신라말 충지잡간(忠至匝干)이 금관성(金官城) 성주 장군이 되자 영규아간(英規阿干)이 장군의 위세를 빌어 묘향(廟享)을 빼앗아 음사(淫祀)를 지내더니 대들보가 무너져 죽고 장군이 후회하고 진영(眞影)을 그려 제사했으나 눈물을 흘리므로 태우고 나서 왕의 진손(眞孫)인 규림을 불러 나는 죽을 것이고 그대가 맡아 제사를 지내라고 하였다. 〈유사 2 기이 2 가락국기〉

균정 均貞 [신라] 40대 애장왕(哀莊王) 3년(802년) 균정에게 대아찬(大阿飡)의 위를 주고 가왕자(假王子)를 삼아 일본에 볼모로 보내려 하자 균정이 사양했다. 41대 헌덕왕(憲德王) 4년(812년) 시중(侍中)이 되었으며 42대 홍덕왕(興德王)이 돌아가자(836년) 균정과 제륭(悌隆)이 후사를 다투었는데 결국 제륭의 병사에게 살해되었다. 〈사기 10 신라 10 애장왕, 헌덕왕, 44 열전 4 김양〉 45대 신호왕(神虎王)의 아버지. 왕이 된 후 성덕대왕(成德大王)으로 추봉(追封)하였다. 〈유사 1 왕력 1〉

극상 克相 [신라] 신라 때 현금(玄琴) 주자(奏者). 안장(安長)의 아들이다. 〈사기 32 잡지 1 악〉

극정 極正 [신라] 42대 홍덕왕(興德王) 때 사찬(沙飡). 동 4년(829년) 당성진(唐城鎭)의 진수(鎭守)가 되었다. 〈사기 10 신라 10 홍덕왕〉

극종 克宗 ① [신라] 12대 첨해니사금(沾解尼師今) 15년(261년) 내마(奈麻)로서 달벌성(達伐城)의 성주가 되었다. 〈사기 2 신라 2 첨해니사금〉
② [신라] 48대 경문왕(景文王) 때쯤 현금(玄琴) 주자(奏者). 안장(安長)의 아들이다. 거문고곡 일곱 곡을 지었다. 〈사기 32 잡지 1 악〉

극충 克忠 [가야] 가락국 5대 이시품왕비(伊尸品王妃) 정신(貞信)의 아버지. 사농경(司農卿) 〈유사 2 기이 2 가락국기〉

근개로왕 近蓋鹵王 [백제] 21대 개로왕(蓋鹵王)의 다른 이름→개로왕 〈유사 1 왕력 1〉 ☞ 603쪽

근개루 近蓋婁 [백제] →개로왕(蓋鹵王) 〈사기 25 백제 3 개로왕〉

근구수왕 近仇首王 [백제] 14대 왕(재위 375~383년). 휘(諱)는 수(須)이다. 13대 근초고왕(近肖古王)의 아들이다. 고구려와 자주 싸웠다. 〈사기 24 백제 2 근구수왕〉, 〈유사 1 왕력 1〉 ☞ 604쪽

근랑 近郎 [신라] 26대 진평왕(眞平王) 때 의리와 정직을 지키기 위하여 죽은 검군(劍君)이 따르던 화랑(花郎). 대일(大日) 이찬(伊飡)의 아들이다. 〈사기 48 열전 12 검군〉

근악 近岳 [신라] 신라 때 백엄사(伯嚴寺) 주지 수립(秀立)이 오층 석탑을 세우고 호법경승(護法敬僧) 엄흔(嚴欣), 백흔(伯欣), 근악 등 5위 앞에는 보(寶)를 세워 매년 공양하라는 원중상규십조(院中常規十條)를 정하였다. 〈유사 3 탑상 4 백엄사 석탑사리〉

근종 近宗 ① [신라] 7대 일성니사금(逸聖尼師今) 3년(136년) 일길찬(一吉飡)이 되었다. 〈사기 1 신라 1 일성니사금〉
② [신라] 48대 경문왕(景文王) 14년(874년) 사찬(沙飡)이던 근종이 모반하여 대궐을 범했으나 관군에게 패하여 거열(車裂)을 당하였다. 〈사기 11 신라 11 경문왕〉

근초고왕 近肖古王 [백제] 13대 왕(재위 316~375년). 11대 비류왕(比流王)의 둘째 아들로 12대 계왕(契王)이 죽자 뒤를 이은 것이다. 고구려와 자주 싸웠으며 서울을 한산(漢山)으로 옮겼다. <진서(晋書)>에는 여구(餘句), <고사기(古事記)>에는 조고왕(照古王), <일본서기(日本書紀)>에는 초고왕(肖古王), <신찬성씨록(新撰姓氏錄)>에는 속고왕(速古王) 등 이표기(異表記)가 많다. 5대 초고왕(肖古王)과 구별하기 위하여 근(近) 자를 붙인 것이다. 〈사기 24 백제 2 근초고왕〉, 〈유사 1 왕력 1, 2 기이 2 남부여 전백제〉

금강 金剛
① [신라] 29대 무열왕(武烈王) 2년(655년) 이찬(伊湌) 금강을 상대등(上大等)으로 높였다. 〈사기 5 신라 5 태종무열왕〉
② [후백제] 견훤(甄萱)의 넷째 아들. 건장하고 지략이 많았으므로 후계자로 생각했는데 그 형인 신검(神劍) 등이 알고 음모하여 훤(萱)을 금산불사(金山佛寺)에 가두고 금강을 죽였다. 〈사기 50 열전 10 견훤〉, 〈유사 2 기이 2 후백제 견훤〉

금륜 金輪 [신라] 25대 진지왕(眞智王)의 휘(諱) → 진지왕 〈사기 4 신라 4 진지왕〉 사륜(舍輪)이라고도 한다. 〈유사 1 왕력 1〉 ☞ 582쪽

금모 今毛 [신라] 54대 경명왕(景明王) 7년(923년) 황룡사(皇龍寺) 탑(塔)의 그림자가 금모 사지(舍知)의 집 뜰에 한달이나 거꾸로 서 있었다. 〈유사 2 기이 2 경명왕〉

금물 今勿 [가야] 4대 거질미왕(居叱彌王)의 다른 이름이다. → 거질미왕 〈유사2 기이 2 가락국기〉 ☞ 593쪽

금물녀 今勿女 [신라] 포산(包山) 산중에 있던 9성(聖) 중의 한 사람이다. 〈유사 5 피은 8 포산이성〉

금와 金蛙 [동부여] 북부여왕 해부루(解夫婁)가 동부여로 피하고 부루가 돌아간 후 금와가 뒤를 이었다. 이때 태백산(太白山) 남쪽 우발수(優渤水)에서 하백(河伯)의 딸 유화(柳花)를 만났는데 사정이 딱함을 듣고 그를 데려다 방속에 가두었는데 해가 비치고 얼

마 있다 큰 알을 하나 낳았다. 곧 주몽의 탄생이다. 〈유사 2 기이 2 고구려〉

금천 金川 [신라] 30대 문무왕(文武王) 15년(675년) 아달성(阿達城 : 강원도 安峽) 성주. 소나(素那)라고도 한다. 말갈병(靺鞨兵)이 쳐들어와 약탈하므로 성주가 나가 싸우다가 전사하였다. → 소나 〈사기 7 신라 7 문무왕 하, 47 열전 7 소나〉

급리 急利 [신라] 16대 흘해니사금(訖解尼師今) 3년(312년) 왜국(倭國) 왕이 아들의 혼인을 청하므로 아찬(阿飡) 급리의 딸을 보내 주었다. 〈사기 2 신라 2 흘해니사금〉

급한 及漢 [신라] 33대 성덕왕(聖德王) 때 김지성(金志誠)이 감산사(甘山寺)를 경영할 때 부모뿐만 아니라 서족(庶族)인 급한도 같이 했다. 〈유사 3 탑상 4 남월산〉

긍양화상 兢讓和尙 [신라] 을유년에 희양산(曦陽山) 긍양화상이 백엄사(伯嚴寺)에 와서 10년을 살다가 돌아갔다. 〈유사 3 탑상 4 백엄사 석탑사리〉

긍준 兢俊 [고려] 장군이며 대상(大相)이다. 고려 태조가 신검(神劍)의 군사를 맞아 싸울 때 참여하였다. 〈사기 50 열전 10 견훤〉

기루 己婁 [백제] 2대 다루왕(多婁王)의 원자(元子) → 기루왕(己婁王) 〈사기 23 백제 1 다루왕〉

기루왕 己婁王 [백제] 2대 다루왕(多婁王)의 원자로 3대 왕이 되었다(재위 77~128년). 의지와 식견이 넓었다. 〈사기 23 백제 1 기루왕〉, 〈유사 1 왕력 1〉

기리 企利 [신라] → 이리부인(伊利夫人) 〈사기 3 신라 3 실성니사금〉

기림니사금 基臨尼師今 [신라] 15대 왕(재위 298~310년). 기립(基立)이라고도 한다. 석씨(昔氏). 11대 조분니사금(助賁尼師今)의 손자이고 이찬(伊飡) 걸숙(乞淑)의 아들이다. 성격이 관후하였다. 동 10년(307년) 국호를 신라(新羅)라 하였다(사실은 22대 지증왕 때의 일이다).

〈사기 2 신라 2 기림니사금〉 어머니는 아이(혜)부인(阿尒(兮)夫人)이다. 〈유사 1 왕력 1〉

기립 基立 [신라] →기림니사금(基臨尼師今) 〈사기 2 신라 2 기림니사금〉, 〈유사 1 왕력 1〉

기보갈문왕 期寶葛文王 [신라] 21대 비처마립간(毘處麻立干)의 비 선혜부인(善兮夫人)의 아버지이다. 〈유사 1 왕력 1〉 ☞ 597쪽

기언 奇彦 [고려] 후백제의 신검(神劍)이 군사를 거느리고 고려 태조군에 대치했을 때 태조의 장군으로 보기병(步騎兵) 3만명을 거느리고 좌익(左翼)을 맡았다. 〈사기 50 열전 10 견훤〉

기오공 起烏公 [신라] 25대 진지왕(眞智王)의 비(妃) 여도부인(如刀夫人) 박씨(朴氏)는 기오공의 딸이다. 〈유사 1 왕력 1, 1 기이 1 도화녀 비형랑〉

기용황후 旡容皇后 [신라] 44대 민애왕(閔哀王)의 비(妃). 영공각간(永公角干)의 딸이다. 〈유사 1 왕력 1〉

※ 旡자는 무(无)로도 볼 수 있겠다.

기종 起宗 [신라] 24대 진흥왕(眞興王) 17년(556년) 사찬(沙湌)으로 감문주(甘文州)의 군주(軍主)가 되었다. 〈사기 4 신라 4 진흥왕〉

기파랑 耆婆郞 [신라] 35대 경덕왕(景德王) 때 화랑(花郞). 왕이 충담사(忠談師)를 만나 기파랑을 찬미하는 노래를 지은 것을 확인하고 자신을 위하여 안민가(安民歌)를 짓게 하였다. 〈유사 2 기이 2 경덕왕 충담사〉

기훤 箕萱 [신라] 궁예(弓裔)가 51대 진성왕(眞聖王) 5년(891년) 죽주(竹州)의 적괴(賊魁) 기훤에게 귀의하러 갔는데 기훤이 업신여기었으므로 그의 부하인 원회(元會) 등과 결탁하여 친구가 되었다. 〈사기 50 열전 10 궁예〉

긴주 緊周 [신라] 30대 문무왕(文武王) 8년(668년) 고구려의 항복을 받고

돌아오는 도중 대아찬(大阿飡) 용장(龍長)이 베푼 연회에 내마(奈麻) 긴주의 아들 능안(能晏)이 가야(伽倻)의 춤을 추었다. 〈사기 6 신라 6 문무왕 상〉

길나 吉那 [신라] 29대 태종무열왕(太宗武烈王) 6년(659년) 급찬(級飡)으로 당장(唐將) 유인원(劉仁願)이 사비성(泗沘城)을 진수(鎭守)할 때 길나 등이 병 7,000명으로 보좌하였다. 〈사기 5 신라 5 태종무열왕〉

길달 吉達 [신라] 26대 진평왕(眞平王) 때 사람. 왕이 비형랑(鼻荊郎)에게 귀신(鬼神) 가운데 인간에 나타나서 정사(政事)를 도울 자가 있느냐고 묻자 바로 길달을 추천하였는데 왕이 불러다 집사(執事)를 시키니 충직하게 일을 잘 하므로 각간 임종(林宗)의 양자로 삼았다. 임종이 흥륜사(興輪寺) 남쪽에 문루(門樓)를 짓고 길달을 그 위에 가서 자게 했는데 하루는 여우로 변해 도망가니 비형이 귀신을 시켜 잡아 죽였다. 〈유사 1 기이 1 도화녀 비형랑〉

길문 吉門 [신라] 4대 탈해니사금(脫解尼師今) 21년(77년) 길문이 가야(伽倻) 병과 싸워 큰 전공을 세워 파진찬(波珍飡)이 되었다. 〈사기 1 신라 1 탈해니사금〉

길보낭 吉寶娘 [신라] 33대 성덕왕(聖德王) 때 중 진표(眞表)의 어머니이다. 〈유사 4 의해 5 진표전간〉

길선 吉宣 [신라] 8대 아달라니사금(阿達羅尼師今) 12년(165년) 아찬(阿飡) 길선이 모반(謀叛)하다가 발각되어 백제로 도망하였다. 〈사기 2 신라 2 아달라니사금, 23 백제 1 개루왕〉

길숙 吉叔 [신라] 31대 신문왕(神文王) 3년(683년) 아찬(阿飡). 왕이 김흠운(金欽運)의 딸을 비(妃)로 삼고 모셔 올 때 길숙 등을 시켜 그를 맞는 행사를 하게 하였다. 〈사기 8 신라 8 신문왕〉

길승 吉升 [신라] 23대 법흥왕(法興王) 때. 김용행(金用行)이 지은 아도비(阿道碑)에 사인(舍人) 이차돈(異次頓)의 아버지라 하였다. 〈유사

3 흥법 3 원종흥법 염촉멸신〉

길원 吉元 [신라] 5대 파사니사금(婆娑尼師今) 6년(85년) 아찬(阿飡)이 되었다. 동 15년(94년) 가야적(伽倻賊)이 침공하므로 길원이 나가 쳐서 쫓았다. 〈사기 1 신라 1 파사니사금〉

길이 吉伊 [신라] 30대 문무왕(文武王) 6년(666년) 어느 집 비녀(婢女) 길이가 세 쌍둥이를 낳았다. 〈유사 2 기이 2 문호왕법민〉

길환 吉奐 [후백제] 신라 56대 경순왕(敬順王) 2년(928년) 고려 태조(太祖)가 견훤(甄萱)의 글에 대한 회답문 중에 후백제 장수 길환을 목베었다 하였다. 〈사기 50 열전 10 견훤, 유사 2 기이 2 후백제 견훤〉

김개원 金愷元 [신라] → 개원 〈유사 3 탑상 4 남월산〉

김겸왕 金鉗王 [가야] 가락국 겸지왕 → 겸지왕 〈유사 2 기이 2 가락국기〉 ☞ 593쪽

김경신 金敬信 [신라] 36대 혜공왕(惠恭王) 때 대신. 김유신(金庾信) 묘에 선풍(旋風)이 일어났는데 왕이 듣고 놀라 상신(上臣) 김경신을 보내 사죄하고 공을 위하여 공덕보전(功德寶田) 30결(結)을 취선사(鷲仙寺)에 내려 명복을 빌게 하였다. 뒤에 38대 원성왕(元聖王)이 되었다. → 경신 〈유사 1 기이 2 미추왕과 죽엽군〉

김계명 金啓明 [신라] 46대 문성왕(文聖王) 10년(848년) 파진찬(波珍飡) 김계명(희강왕(僖康王)의 아들)이 시중(侍中)이 되었다. 〈사기 11 신라 11 문성왕〉

김구해 金仇亥 [가야] 신라 23대 법흥왕(法興王) 19년(532년) 김구해가 비(妃)와 세 아들을 데리고 신라에 내항(來降)하였다. 신라에서는 상등(上等)의 위(位)를 주었다. 김유신전에는 구차휴(仇次休)로 나오며 <삼국유사>에는 구충(仇衝) 또는 구형(仇衡)으로 되어 있다. 〈사기 4 신라 4 법흥왕〉

※ 형(衡)은 충(衝)의 잘못 적음이요, 차휴(次休)는 충(衝)의 반절(反切) 표기로 본다면 해(亥)는 충(充)의 잘못 적음이 아닐까? 따라서 구충(仇充)이 바른 표기로 봄직하다.

김군관 金軍官 [신라] 30대 문무왕(文武王) 20년(680년) 김군관을 상대등(上大等)으로 삼았다. →군관 〈사기 7 신라 7 문무왕 하〉

김귀 金貴 [신라] 44대 민애왕(閔哀王) 원년(838년) 이찬(伊湌)으로 상대등(上大等)을 삼았다. 〈사기 10 신라 10 민애왕〉

김근질 金釿質 [신라] 33대 성덕왕(聖德王) 25년(726년) 왕의 아우로 당(唐)에 조공사(朝貢使)로 갔다. 〈사기 8 신라 8 성덕왕〉

※ 〈冊府元龜〉에는 흠(欽)으로 나온다.

김기 金耆 [신라] 35대 경덕왕(景德王) 14년(755년) 이찬(伊湌) 김기를 시중(侍中)으로 삼았다. 〈사기 9 신라 9 경덕왕〉

김뇌 金惱 [신라] 38대 원성왕(元聖王) 9년(793년) 내마(奈麻) 김뇌가 백치(白雉)를 바쳤다. 〈사기 10 신라 10 원성왕〉

김능유 金能儒 [신라] 42대 흥덕왕(興德王)의 아들. 동 6년(831년) 승려 9인과 함께 당(唐)에 보내졌다. 〈사기 10 신라 10 흥덕왕〉

김단갈단 金端竭丹 [신라] 33대 성덕왕(聖德王) 33년(734년) 왕이 대신(大臣) 김단갈단을 당에 보내 신년하례(新年賀禮)를 했다. 〈사기 8 신라 8 성덕왕〉

김대검 金大黔 [후고려] 궁예(弓裔)의 부하. 신라 51대 진성왕(眞聖王) 8년(894년) 사상(舍上)이 되어 부하들과 더불어 동쪽을 공략하였다. 〈사기 50 열전 10 궁예〉

김대문 金大問 [신라] 33대 성덕왕(聖德王) 때(702~737년)의 귀족학자(貴族學者). 3년(704년) 한산주(漢山州) 도독(都督)이 되었다. 약간의 전기(傳記)가 남았는데 고승전, 화랑세기, 계림잡전, 악본, 한산기

(高僧傳, 花郎世記, 鷄林雜傳, 樂本, 漢山記) 등이다. 〈사기 1 신라 1 남해차차웅, 4 신라 4 법흥왕, 46 열전 6 설총, 47 열전 7 김흠운〉 차차웅(次次雄), 니사금(尼師今) 등 왕칭(王稱)에 대한 언급이 가끔 인용되었다. 〈유사 1 기이 2 제이 남해왕〉

김대성 金大城 [신라] 31대 신문왕(神文王) 때 모량리(牟梁里)에 사는 가난한 여인 경조(慶祖)에게는 대성(大城)이라는 아들이 있었는데 가난하여 부자 복안(福安)의 집에서 품팔이를 하던 중 개사(開士) 점개(漸開)가 불사(佛事)를 위하여 복안의 집에 와서 시주하기를 권하면서 만배의 이익이 있을 것이라 하매 대성이 어머니께 말해 복안이 준 밭을 보시하였는데 대성은 곧 죽고 국상 김문량(金文亮)의 집에 환생하였다. 불국사(佛國寺)는 대성이 김문량 부부를 위해 세운 절이고 전생의 부모를 위하여는 석불사(石佛寺=石窟庵)를 세웠다. 〈유사 5 효선 9 대성효이세부모〉

김둔산 金遁山 [신라] 30대 문무왕(文武王) 6년(666년) 고구려의 항복을 받은 후 논공행상(論功行賞)을 할 때 김둔산 장군에게 서당당주(誓幢幢主)로서 고구려 평정의 공으로 사찬(沙湌)의 위(位)와 조(租) 7백석을 주었다. 〈사기 6 신라 6 문무왕 상〉

김락 金樂

① [고려] 태조의 장군으로 신라 56대 경순왕 원년(927년) 견훤(甄萱)과의 싸움에서 전사하였다. 〈사기 50 열전 10 견훤〉 신라 56대 경순왕(敬順王) 1년(927년) 견훤의 군사와 싸우다가 전사하였다. 〈유사 2 기이 2 후백제 견훤〉

② [신라] 54대 경명왕(景明王) 7년(923년) 창부시랑(倉部侍郎)인 김락을 후당(後唐)에 보내 방물(方物)을 전하였다. 〈사기 12 신라 12 경명왕〉

김량도 金良圖 [신라] 27대 선덕왕(善德王) 때 승상(丞相)인데 어려서 갑자기 입이 붙고 몸이 굳어 말도 못하고 몸도 쓰지 못하였는데 밀본법사(密本法師)가 오자 병이 나아 그 후에 불교를 독실히 믿었다. 〈유사 5 신주 6 밀본최사〉 29대 무열왕(武烈王) 때 재보(宰輔) 양도가 두 딸을 사예(寺隷)로 바쳤다. → 양도 〈유사 3 흥법 3 원종흥법 염촉멸신〉

김량상 金良相 [신라] 36대 혜공왕(惠恭王)은 37대 선덕왕(宣德王)과 양상에 의해 시해(弑害)되었다. 〈유사 2 기이 2 찬기파랑가〉

김량순 金亮詢 [신라] 43대 희강왕(僖康王) 3년(838년) 김양(金陽)이 균정(均貞)을 받들어 왕으로 하고 제륭(悌隆=僖康王) 쪽과 싸울 때 김양순은 아주(鵝州) 군사로서 가담하였다. 〈사기 44 열전 4 김양〉

김력기 金力奇 [신라] 40대 애장왕(哀莊王) 9년(808년) 견당사(遣唐使)로 김력기를 보내 조공(朝貢)하고 39대 소성왕(昭聖王)의 책봉서(冊封書)를 찾아 왔다. 〈사기 10 신라 10 애장왕〉

김령윤 金令胤 [신라] 사량부인(沙梁部人) 흠춘(欽春)의 손자, 급찬(級湌) 반굴(盤屈)의 아들이다. 29대 태종 7년(660년) 흠춘이 백제와의 싸움에서 불리해지자 아들 반굴에게 충효(忠孝)를 다할 것을 말하자 적진에 돌격하여 싸우다가 죽었다. 31대 신문왕(神文王) 때 그의 아들 영윤은 고구려 잔적(殘賊)과의 싸움에서 홀로 적진으로 달려가 싸우다가 죽었다. 〈사기 47 열전 7 김영윤〉

김륙진 金陸珍 [신라] 40대 애장왕(哀莊王) 때 화가(畵家). 동 10년(809년) 당(唐)에 사신으로 가서 전년 소성왕(昭聖王 39대)의 책봉(冊封)의 은혜를 사하고 방물(方物)을 바쳤다. 경주 무장사(鍪藏寺) 아미타여래 조상사적비(阿彌陀如來 造像事跡碑)는 그의 필적(筆跡)이다. 〈사기 10 신라 10 애장왕〉

김률 金律 [신라] 54대 경명왕(景明王) 4년(920년) 아찬(阿湌)으로 견훤(甄萱)의 군사가 쳐들어 왔을 때 왕은 김률을 고려에 보내 원조를 구하였다. 〈사기 12 신라 12 경명왕, 50 열전 10 견훤〉

김립지 金立之 [신라] 41대 헌덕왕(憲德王) 17년(825년) 당 유학생인데 국자감

(國子監)에 배치되어 학업을 닦았다. 〈사기 10 신라 10 헌덕왕〉

김명 金明 [신라] 42대 흥덕왕(興德王) 때 대아찬(大阿飡). 왕제(王弟) 충공(忠恭)의 아들이며 후에 44대 민애왕(閔哀王)이 되었다. 흥덕왕이 죽자 균정(均貞)과 제륭(悌隆 : 뒤에 僖康王)이 후사(後嗣) 다툼을 할 때 제륭 쪽에 서서 싸워 이겼다. 〈사기 10 신라 10 흥덕왕, 민애왕, 44 열전 4 김양〉

김무력 金武力 [신라] 24대 진흥왕(眞興王) 15년(554년) 백제가 침공하자 신주 군주(新州軍主) 김무력이 교전하는데 그의 비장(裨將) 도도(都刀)가 백제왕을 죽였다. 〈사기 4 신라 4 진흥왕〉

김무알 金武謁 [신라] 19대 눌지마립간(訥祗麻立干) 3년(419년) 고구려에서 왕자 보해(寶海)를 보내 줄 것을 원하자 내신(內臣) 김무알을 보좌로 딸려 보냈는데 고구려 장수왕(長壽王)이 억류해 두고 보내지 않았으므로 데려올 계책을 세웠다. 〈유사 1 기이 2 내물왕 김제상〉

김무훈 金武勳 [신라] 33대 성덕왕(聖德王) 23년(724년) 견당사(遣唐使)로 당에 다녀왔다. 〈사기 8 신라 8 성덕왕〉

김문량 金文亮 [신라] 35대 경덕왕(景德王) 때 국상(國相). 모량리(牟梁里)에 사는 가난한 여인 경조(慶祖)에게는 대성(大城)이라는 아들이 있었는데 가난하여 부자 복안(福安)의 집에서 품팔이를 하던 중 개사(開士) 점개(漸開)가 불사(佛事)를 위하여 복안의 집에 와서 시주하기를 권하면서 만 배의 이익이 있을 것이라 하매 대성이 어머니께 말해 복안이 준 밭을 보시하였는데 대성은 곧 죽고 국상 김문량의 집에 환생하였다. 불국사(佛國寺)는 대성이 김문량 부부를 위해 세운 절이다. 〈유사 5 효선 9 대성효이세부모〉

김문영 金文穎 [신라] 29대 태종무열왕(太宗武烈王) 7년(660년) 김유신(金庾信) 휘하의 군사가 당 소정방(蘇定方)의 진영에 이르자 정방이 기약일(期約日)을 어겼다고 신라 독군(督軍) 김문영을 목베려 하자 유신이 죄 없이 욕을 볼 수는 없으니 당과 먼저 싸워 결판을 내겠다고 함에 정방은 문영을 놓아 주었다. 영(穎)은 영(永)이라고도 적었다. 〈사기 5 신라 5 태종무열왕〉

김문울 金文蔚 [신라] 52대 효공왕 10년(906년) 입당(入唐) 급제(及第)한 김문울이 공부원외랑(工部員外郎)과 기왕부자의참군(沂王府諮議參軍)의 관에 올라 책명사(冊命使)에 임명되어 귀국했다. 〈사기 12 신라 12 효공왕〉

김민주 金敏周 [신라] 44대 민애왕(閔哀王) 원년(838년) 대감(大監). 김양(金陽) 등이 군사를 이끌고 무진주(武珍州)에 다다르자 왕명으로 맞아 싸웠으나 거의 섬멸당하였다. 〈사기 10 신라 10 민애왕, 44 열전 4 김양〉

김보가 金寶嘉 [신라] 30대 문무왕 11년(671년) 대감(大監). 신라가 고구려를 공략할 때 김보가가 해로(海路)를 통해 요동으로 가 당 영공(英公=李勣)을 만나서 신라는 바로 평양으로 가서 만나자는 처분을 받았다. 〈사기 7 신라 7 문무왕 하〉

김봉휴 金封休 [신라] 56대 경순왕(敬順王) 9년(935년) 왕이 군신들과 의론하여 고려 태조에게 귀부(歸附)키로 정하고 시랑(侍郎) 김봉휴에게 국서(國書)를 가지고 가서 태조에게 청하게 하였다. 〈사기 12 신라 12 경순왕〉, 〈유사 1 기이 2 김부대왕〉

김부 金傅 [신라] 56대 경순왕의 휘(諱) → 경순왕 〈사기 12 신라 12 경순왕, 50 열전 10 견훤〉, 〈유사 1 왕력 1, 1 기이 1 낙랑국, 2 기이 2 김부대왕〉

김불 金昢 [신라] 56대 경순왕 6년(932년) 집사시랑(執事侍郎) 김불 등을 후당(後唐)에 보내 조공(朝貢)하였다. 〈사기 12 신라 12 경순왕〉

김사란 金思蘭 [신라] 33대 성덕왕(聖德王) 32년(733년) 신라의 왕족이며 당에 숙위(宿衛) 중인 대복원외경(大僕員外卿) 벼슬을 하고 있는 김사란을 귀국시켜 발해족(渤海族)의 침공을 막게 하였는데 마침

큰 눈이 오고 산세(山勢)가 험하여 공 없이 돌아왔다. 〈사기 8 신라 8 성덕왕, 46 열전 6 최치원〉

김사신 金士信 [신라] 41대 헌덕왕(憲德王) 원년(809년)에 40대 애장왕(哀莊王)이 돌아가자 당 헌종(憲宗)이 신라의 질자(質子) 김사신을 부사(副使)로 보내어 절(節)을 가지고 가서 조제(弔祭)케 하였다. 〈사기 10 신라 10 헌덕왕〉

김사양 金思讓 [신라] 33대 성덕왕(聖德王) 2년(703년) 아찬(阿湌) 김사양을 당에 보냈는데 동 3년 귀국할 때 최승왕경(最勝王經)을 가져와서 헌상(獻上)하였다. 〈사기 8 신라 8 성덕왕〉

김사인 金思仁 [신라] 34대 효성왕(孝成王) 5년(741년) 김사인 등에게 명하여 노병(弩兵)을 검열하였고 35대 경덕왕(景德王) 4년(745년) 상대등(上大等)을 삼았고 동 15년 재이(災異)가 심하므로 시정(時政)의 득실(得失)을 극론(極論)하매 왕이 받아들였다. 〈사기 9 신라 9 효성왕, 경덕왕〉

김사종 金嗣宗 [신라] 33대 성덕왕(聖德王)의 아우. 동 27년(728년) 당(唐)에 방물(方物)을 전하고 당에서 당부병관(唐府兵官)이란 벼슬을 받고 숙위(宿衛)로 머물렀다. 〈사기 8 신라 8 성덕왕〉

김산 金山 [고려] 고려 태조가 견훤(甄萱)과 함께 관병(觀兵)하고 대상(大相) 김산 등으로 좌익(左翼)을 삼아 행렬하였다. 〈사기 50 열전 10 견훤〉

김삼조 金三朝 [신라] 38대 원성왕(元聖王) 13년(797년) 시중(侍中)이 되었다. 〈사기 10 신라 10 원성왕〉

김상 金相

① [신라] 33대 성덕왕(聖德王) 35년(736년) 왕이 종제(從弟) 김상을 당에 보냈는데 중도에서 죽었다. 〈사기 8 신라 8 성덕왕〉

② [고려] 고려의 장수. 신라 56대 경순왕(敬順王) 2년(928년) 김상이 초팔성(草八城)의 적 흥종(興宗)과 싸워 이기지 못하고 전사하였다. 〈사기 12 신라 12 경순왕〉

③ 가락국 8대 질지왕비(銍知王妃) 방원(邦媛)의 아버지. 사간(沙干) 〈유사 2 기이 2 가락국기〉

김상경 金相京 [신라] 30대 문무왕(文武王) 8년(668년) 한산주(漢山州) 소감(少監). 고구려를 공략할 때 사천(蛇川) 전사자의 제일 공훈자(功勳者)로 일길찬(一吉湌)의 위(位)를 주고 조(租) 1,000석을 내렸다. 〈사기 6 신라 6 문무왕 상〉

김상랑 金相郎 [신라] 24대 진흥왕(眞興王) 때 법주(法主) 김상랑 등이 이차돈(異次頓)의 무덤을 수축하였다. 〈유사 3 흥법 3 원종흥법 염촉멸신〉

김생 金生 [신라] 33대 성덕왕(聖德王) 때의 서예가(書藝家). 80세가 넘도록 붓을 놓지 않고 여러 서체(書體)에 다 신묘한 경지에 이르렀다. 중국 진(晉)의 명필 왕희지(王羲之)와 비견될 만한 명필이었다. 〈사기 48 열전 8 김생〉

김성 金成 [신라] 52대 효공왕(孝恭王) 10년(906년) 상대등(上大等)이 되고 54대 경명왕(景明王) 3년(919년) 각찬(角粲)이 되었다. 〈사기 12 신라 12 효공왕, 경명왕〉

김소연 金逍衍 [신라] 29대 태종무열왕(太宗武烈王) 때 태대각간(太大角干) 김유신(金庾信)의 아버지 서현(舒玄)의 다른 이름. 유신비문(庾信碑文)에 김소연으로 나왔다. 〈사기 41 열전 1 김유신 상〉

김수종 金秀宗 [신라] 41대 헌덕왕(憲德王) 14년(822년) 상대등(上大等)이 되었다. 흥덕왕(興德王) 1년(826년) 42대 왕이 되었는데 그의 휘(諱)이며 수승(秀升)이라고도 한다. 〈사기 10 신라 10 헌덕왕, 흥덕왕, 45 열전 5 녹진〉

김수충 金守忠 [신라] 33대 성덕왕(聖德王) 13년(714년) 왕자(王子)인 수충을 당에 보내 숙위(宿衛)케 하였다. 〈사기 8 신라 8 성덕왕〉

김수훈 金垂訓 [신라] 학자이며 문인인데 그 사적이 전하지 않는다. 〈사기 46

열전 6 설총〉

김숙정 金叔貞 [신라] 41대 헌덕왕(憲德王) 17년(825년) 대학생(大學生). 이미 당에 있던 김숙정 등 대학생을 새로 간 학자와 교체해 귀국케 하였다. 〈사기 10 신라 10 헌덕왕〉

김순 金純 [신라] 29대 무열왕(武烈王) 8년(660년) 장군으로서 신라군이 백제군에 밀렸을 때 증원군의 일원으로 참가하였다. 〈사기 5 신라 5 태종무열왕〉

김순 金順 [신라] 36대 혜공왕(惠恭王) 11년(775년) 이찬(伊湌) 김순을 시중(侍中)으로 삼았다. 〈사기 9 신라 9 혜공왕〉

김순원 金順元 [신라] 34대 효성왕(孝成王) 3년(739년) 왕비가 된 혜명(惠明)의 아버지. 이찬(伊湌) 〈사기 9 신라 9 효성왕〉

김순종 金順貞 [신라] 35대 경덕왕(景德王)의 선비(先妃) 김씨(金氏)의 아버지이다. 〈사기 9 신라 9 경덕왕〉

※ 〈일본속기〉에 나온 김순정과 같은 사람이 아닐까 생각된다.

김술종 金述宗 [신라] 속언(俗諺)에 안혜(安惠) 등 사대덕(四大德)이 김유신(金庾信), 김의원(金義元), 김술종 등과 함께 발원(發願)하여 원원사(遠源寺)를 창건하였다. 〈유사 5 신주 6 명랑신인〉

김숭빈 金崇斌 [신라] 41대 헌덕왕(憲德王) 원년(809년) 상대등(上大等)이 되고 동 11년 사망하였다. →崇斌 〈사기 10 신라 10 헌덕왕〉

김식 金式 [신라] 46대 문성왕(文聖王) 11년(849년) 이찬(伊湌). 배반했다가 복주(伏誅)되었다. 〈사기 11 신라 11 문성왕〉

김씨 金氏
① [신라] 김알지(金閼智)가 금궤(金櫃)에서 나왔으므로 김씨라 하였다. 〈사기 1 신라 1 탈해니사금, 2 신라 2 미추니사금〉
② [신라] 김수로(金首露)가 귀봉(龜峰)에 올라가 가락(駕洛) 구촌(九村)을 바라보고 그곳에 나라를 열고 가야(加耶)라 하였는데 신라 사람들이 자칭 소호김천씨(少昊金天氏)의 후예이

므로 성을 김(金)이라 한다고 하였다. 〈사기 41 열전 1 김유신 상〉

김악 金岳 [신라] 54대 경명왕(景明王) 8년(924년) 조산대부(朝散大夫) 창부시랑(倉部侍郞) 김악을 후당(後唐)에 보내어 조공(朝貢)하였는데 당왕이 벼슬을 주었다. 〈사기 12 신라 12 경명왕〉

김악 金渥 [후백제] 고려 태조 13년(930년) 고려와 싸우던 견훤(甄萱)의 시랑(侍郞). 훤이 패하자 잡히었다. 〈유사 2 기이 2 후백제 견훤〉

김안 金安 [신라] 47대 헌안왕(憲安王) 원년(857년) 이찬 김안을 상대등(上大等)을 삼았다. 〈사기 11 신라 11 헌안왕〉

김알지 金閼智 [신라] →알지 〈유사 1 기이 2 신라시조 혁거세왕, 김알지 탈해왕대, 미추왕 죽엽군〉

김양 金陽 [신라] 43대 희강왕(僖康王) 때 사람으로 자(字)는 위흔(魏昕)이고 29대 태종무열왕의 9대손이다. 아버지는 파진찬(波珍湌) 정여(貞茹)이다. 42대 흥덕왕(興德王)이 후사 없이 돌아가자(희강왕 원년=836년) 왕의 사촌아우 균정(均貞)과 그의 형 헌정(憲貞)의 아들 제륭(悌隆)이 후사를 다툴 때 김양은 균정을 받들어 제륭과 싸우다가 반대편의 화살을 맞고 도망하였다. 균정은 죽고 제륭이 즉위하여 희강왕(僖康王)이 되었다. 동 3년(838년) 상대등(上大等) 김명(金明) 등이 흥병작란(興兵作亂)하여 왕을 핍박하여 스스로 죽게 하였다. 김명이 즉위하니 44대 민애왕(閔哀王)이다. 이 소식을 들은 우징(祐徵 : 균정의 아들)이 청해진(淸海鎭)에 가서 궁복(弓福=장보고)과 결탁하여 원수를 갚으려 하자 김양은 병사를 이끌고 합세하여 무주(武州)를 습격하는 등 계속 왕실군을 공격해 마침내 44대 민애왕(閔哀王)은 김양의 군사에게 살해되고 우징(祐徵)을 맞아 즉위케 하니 곧 45대 신무왕(神武王)이다. 김양은 소판(蘇判) 겸 창부령(倉部令) 곧 시중과 병부령(侍中 兵部令)에 전임되었다. 46대 문성왕(文聖王) 19

년(857년) 죽었다. 〈사기 10 신라 10 희강왕, 44 열전 4 김양〉

김억렴 金億廉 [신라] 고려 태조의 비(妃)가 된 신성왕후(神成王后)의 아버지. 56대 경순왕(敬順王)의 백부(伯父)이다. 〈유사 2 기이 2 김부대왕〉

김언 金言 [신라] 38대 원성왕(元聖王) 7년(791년) 내성시랑(內省侍郞) 김언으로 삼중아찬(三重阿湌)을 삼았다. 〈사기 10 신라 10 원성왕〉

김여 金茹 [신라] 46대 문성왕(文聖王) 6년(844년) 대아찬 김여로 시중(侍中)을 삼았다. 〈사기 11 신라 11 문성왕〉

김영 金榮 [신라] 33대 성덕왕(聖德王) 34년(735년) 부사(副使)로 당(唐)에 갔다가 죽었다. 〈사기 8 신라 8 성덕왕〉

김예 金銳 [신라] 48대 경문왕(景文王) 8년(868년) 모반(謀叛)하다가 복주(伏誅)되었다. 〈사기 11 신라 11 경문왕〉

김옹 金邕 [신라] 35대 경덕왕(景德王) 19년(760년) 시중(侍中)이 되었다. 〈사기 9 신라 9 경덕왕〉

김요 金蕘 [신라] 50대 정강왕(定康王) 2년(887년) 이찬(伊湌)으로 모반(謀叛)하다가 복주(伏誅)되었다. 〈사기 11 신라 11 정강왕〉

김용행 金用行 [신라] 23대 법흥왕(法興王) 때 한내마(韓奈麻=大奈麻). 김대문(金大問)의 <계림잡전(鷄林雜傳)>에 의하면 아도화상비(我道和尙碑)를 찬(撰)하였다 한다. 〈사기 4 신라 4 법흥왕〉, 〈유사 3 흥법 3 원종흥법 염촉멸신〉

김우징 金祐徵 [신라] 42대 흥덕왕(興德王) 3년(828년) 시중(侍中)이 됨. 흥덕왕의 종제(從弟)인 균정(均貞)의 아들이고 왕의 종질(從姪). 흥덕왕이 돌아가자 균정과 다른 종제의 아들인 제륭(悌隆)이 후사(後嗣)를 다투었는데 우징은 김양(金陽)과 더불어 아버지 균정을 받들었는데 김양이 화살에 맞아 우징과 함께 도망하여 궁복(弓福)에 의지하였다. 서기 839년 김양, 궁복의 힘으로 45대 신무왕(神武王)이 되었다. → 신무왕 〈사기 10 신라 10 흥덕왕〉

김운경 金雲卿 [신라] 문인(文人). 사적은 전하는 것이 없다. 〈사기 46 열전 6 설총〉

김운공 金運公 [신라] 31대 신문왕(神文王)의 비(妃) 신목왕후(神穆王后)의 아버지이다. → 김흠운. <사기>에는 흠돌(欽突)이라 하였다. → 흠돌 〈유사 1 왕력 1〉

김웅렴 金雄廉 [신라] 55대 경애왕(景哀王) 때 국상(國相). 후백제(後百濟) 견훤(甄萱)이 고려 태조에게 보낸 글월 속에 나온다. 〈사기 50 열전 10 견훤〉, 〈유사 2 기이 2 후백제 견훤〉

김웅원 金雄元 [신라] 41대 헌덕왕(憲德王) 11년(819년) 순천군장군(順天軍將軍). 당(唐)의 이사도(李師道)가 반(叛)하자 당이 우리나라 병마(兵馬)를 징발(徵發)하니 왕이 김웅원에게 갑병(甲兵) 3만을 거느리고 가서 돕게 하였다. 〈사기 10 신라 10 헌덕왕〉

김원전 金元全 [신라] 38대 원성왕(元聖王) 2년(786년) 견당사(遣唐使)로 가서 방물(方物)을 전하였다. 〈사기 10 신라 10 원성왕〉

김원태 金元泰 [신라] 33대 성덕왕(聖德王) 3년(704년) 승부령(乘府令) 소판(蘇判) 김원태의 딸을 비(妃)로 삼았다. 〈사기 8 신라 8 성덕왕〉

김원현 金元玄 [신라] 34대 효성왕(孝成王) 2년(738년) 당(唐)에 신년하례사(新年賀禮使)로 보내졌다. 〈사기 9 신라 9 효성왕〉

김유경 金幼卿 [신라] 54대 경명왕(景明王) 7년(923년) 왕이 녹사참군(錄事參軍) 김유경 등을 후당(後唐)에 보내 방물(方物)을 전했다. 〈사기 12 신라 12 경명왕〉

김유돈 金儒敦 [신라] 30대 문무왕(文武王) 10년(671년) 고구려가 당(唐)의 관리를 모두 죽이자 신라가 백제와 함께 치기 위하여 발병할 일을 상의하자며 교질(交質)을 하기로 하고 김유돈 등을 보내어 의론케 하였다. 〈사기 7 신라 7 문무왕 하〉

김유신 金庾信 [신라] 가야국(伽倻國) 김수로왕(金首露王)의 후손으로 소연(逍

衍=舒玄)의 아들로 26대 진평왕(眞平王) 12년(595년)에 태어났다. 동 51년(629년) 고구려와 싸울 때 그 용맹을 발휘하였으며, 27대 선덕왕(善德王) 11년(642년) 김춘추(金春秋)와 의형제를 맺고 고구려에 간 춘추가 인질로 잡히자 상장군(上將軍)으로 군사를 이끌고 구하러 떠나자 고구려왕이 춘추를 놓아 주었다. 그 후 계속 백제와 싸워 이기고 고구려와도 싸워 이겼다. 상주행군대총관(上州行軍大摠管), 대장군(大將軍), 문무왕(文武王) 8년(668년)에는 태대서발한(太大舒發翰=太大角干) 등 최고위를 누리다가 동 8년에 죽었다. 〈사기 5 신라 5 선덕왕, 7 신라 7 문무왕, 28 백제 6 의자왕, 41 열전 1 김유신 상, 중, 하〉 김유신(金庾信)은 전생이 고구려 점쟁이 추남(楸南)이었고 억울하게 죽게 되자 내가 죽은 다음에 신라의 대장이 되어 고구려를 멸하겠다고 하였다. 신라 장군이 된 후 고구려 첩자(諜者)에 이끌려 가 죽을 뻔했는데 삼소(三所=奈林, 穴禮, 骨火)의 호국신(護國神)의 도움으로 살아났고 첩자 백석(白石)을 죽였다. 〈유사 1 기이 1 김유신, 태종춘추공, 2 기이 2 문호왕 법민, 남부여 전백제, 후백제 견훤, 5 신주 6 밀본최사, 명랑신인〉

김윤 金胤 [신라] 48대 경문왕(景文王)의 아들. 소판(蘇判). 동 9년(869년) 당(唐)에 보내어 사은(謝恩)하고 많은 방물(方物)을 바쳤다. 〈사기 11 신라 11 경문왕〉

김윤부 金允夫 [신라] 41대 헌덕왕(憲德王) 17년(825년) 당(唐) 유학생. 먼저 가 있던 사람과 교체하였다. 〈사기 10 신라 10 헌덕왕〉

김융 金融 [신라] 36대 혜공왕(惠恭王) 6년(770년) 대아찬(大阿湌). 모반(謀叛)하다가 복주(伏誅)되었다. 〈사기 9 신라 9 혜공왕〉

김은거 金隱居 [신라] 36대 혜공왕(惠恭王) 3년(767년) 이찬(伊湌). 당(唐)에 보내 방물(方物)을 바치고 책명(冊命)을 청하였다. 〈사기 9 신라 9 혜공왕〉

김의 金嶷 [신라] 41대 헌덕왕(憲德王) 9년(817년) 파진찬(波珍湌). 국통(國統) 혜륭(惠隆), 법주(法主) 효원(孝圓) 들과 이차돈(異次頓)의 무덤을 수축하고 큰 비(碑)를 세웠다. 〈유사 3 흥법 3 원종흥법 염촉멸신〉

김의관 金義官 [신라] 30대 문무왕(文武王) 20년(680년) 잡찬(迊湌). 일설(一說)에 고구려 보덕왕(報德王) 안승(安勝)에게 딸을 시집보냈다고 한다. 〈사기 7 신라 7 문무왕 하〉

김의원 金義元 [신라] 속언(俗諺)에 안혜(安惠) 등 사대덕(四大德)이 김유신(金庾信) 김의원 등과 함께 발원(發願)해서 원원사(遠源寺)를 창건하였다. 〈유사 5 신주 6 명랑신인〉

김의종 金義琮 [신라] 42대 흥덕왕(興德王)의 아들. 동 11년(836년) 당(唐)에 보내져 사은(謝恩)하고 숙위(宿衛)케 하였다. 희강왕(僖康王) 2년(837년) 귀국하였다. 〈사기 10 신라 10 흥덕왕, 희강왕〉

김의충 金義忠 [신라] 33대 성덕왕(聖德王) 34년(733년) 신년하례사(新年賀禮使)로 당에 갔으며 34대 효성왕(孝成王) 원년(737년) 중시(中侍)가 되고 동 3년 죽었다. 35대 경덕왕(景德王) 2년(743년) 서불감(舒弗邯) 김의충의 딸을 왕비(王妃)로 삼았다. 〈사기 8 신라 8 성덕왕, 9 신라 9 효성왕, 경덕왕〉

김인 金因 [신라] 48대 경문왕(景文王) 10년(871년) 사찬(沙湌). 당(唐)에 보내 숙위(宿衛)케 하였다. 〈사기 11 신라 11 경문왕〉

김인문 金仁問 [신라] 29대 무열왕(武烈王)의 둘째 아들. 28대 진덕왕(眞德王) 5년(651년) 파진찬(波珍湌), 각간(角干). 당(唐)에 조공사(朝貢使)로 가서 숙위(宿衛)하였고 29대 무열왕(武烈王) 7년(660년) 당에서 출병하자 당에 있던 김인문을 신구도행군 부대총관(神丘道行軍 副大摠管, 총관은 당장 소정방)을 삼았다. 백제와의 싸움이 끝나자 다시 당으로 가서 숙위하였다. 30대 문무왕(文武王) 원년 당 고종(高宗)이 인문에게 고구려를 치려 하니 고국에 돌아가 국왕에게 말하여 참여케 하라 하므로 돌아와 고구려전에 참가하였고 싸움이 끝난 후에는 당에 돌아가 전의 관직을 맡아 지내다가 32대 효소왕(孝昭王) 3년(695년) 당에서 죽었다. 효소왕은 태대각간(太大角干)을 추증(追贈)하였다. 유가서(儒家書)를 많이 읽었고 장·노·불(莊·老·佛)의 설도 섭렵(涉獵)하고 서예 등 여러 기예(技藝)에 익숙하고 식견(識見)과 도량(度量)이 넓어 세상 사람의 추앙을 받았다. 〈사기 5 신라 5 선덕왕, 진덕왕, 무열왕, 6 문무왕, 8 효소왕, 22 고구려 10 보장왕 하, 42 열전 2 김유신 중, 44 열전 4 김인문〉 고구려를 멸한 후 당병이 남아 신라를 도모하려 하므로 신라왕이 군사를 발하자 당 고종(高宗)이 인문을 불러 꾸짖고 옥에 가두었다. 강수(强首)가 석방을 청하는 표문(表文)을 지어 보내니 인문을 놓아 보냈다. 〈유사 1 기이 2 태종춘추공, 2 기이 2 문호왕 법민, 4 의해 5 의상전교〉

김인일 金仁壹 [신라] 33대 성덕왕(聖德王) 21년(722년) 대내마(大奈麻). 당(唐)에 신년하례사(新年賀禮使)로 가서 방물(方物)을 바쳤다. 〈사기 8 신라 8 성덕왕〉

김인태 金仁泰 [신라] 30대 문무왕(文武王) 때 장군, 이찬(伊湌), 왕서제(王庶弟). 동 7년(667년) 당 고종(高宗)이 김인태 등에 명하여 고구려 공격을 위하여 비열도(卑列島)로 모이게 하였다. 〈사기 6 신라 6 문무왕 상〉

김장 金璋 [신라] 36대 혜공왕(惠恭王) 16년(780년) 왕과 후비(后妃)가 난병(亂兵)에게 피살되었는데 차비(次妃)는 김장의 딸이다. 〈사기 9 신라 9 혜공왕〉

김장 金將 [신라] 36대 혜공왕(惠恭王)의 비(妃) 창사부인(昌思夫人)의 아버지. 각간(角干) 〈유사 1 왕력 1〉

김장렴 金張廉 [신라] 41대 헌덕왕(憲德王) 9년(817년) 당 조공사(朝貢使)로 가

는 도중에 표풍(飄風)에 밀려 명주(明州=浙江省)에 도착하였는데 관원이 당경(唐京)으로 보냈다(최치원의 글 속에서). 〈사기 10 신라 10 헌덕왕, 46 열전 6 최치원〉

김정 金正 [신라] 48대 경문왕(景文王) 2년(862년) 이찬(伊湌) 김정으로 상대등(上大等)을 삼았다. 동 14년(874년)에 죽었다. 〈사기 11 신라 11 경문왕〉

김정고 金貞高 [신라] 32대 효소왕(孝昭王) 2년(693년) 창고지기. 왕이 신적(神笛)을 천존고(天尊庫)에 넣어 두었는데 갑자기 서운(瑞雲)이 덮치더니 금(琴)과 적(笛)이 없어져 고직인 김정고를 가두었는데 도로 찾았다. 사연인즉 앞서 국선(國仙) 부례랑(夫禮郎)이 말갈에 잡혀가 있는데 어느 중이 금과 저를 가져와 부례랑에게 이것을 타고 바다를 건너게 하여 금적(琴笛)과 함께 무사히 돌아왔다. 김정고 등도 풀려나 5급(級)을 받았다. 〈유사 3 탑상 4 백률사〉

김정란 金井蘭 [신라] 38대 원성왕(元聖王) 8년(792년) 당(唐)에 바친 국색(國色)으로 몸에 향기(香氣)가 났다 한다. 〈사기 10 신라 10 원성왕〉

김정알 金正謁 [신라] →김무알 〈유사 1 기이 2 내물왕 김제상〉

김정종 金貞宗 [신라] 33대 성덕왕(聖德王) 12년(713년) 견당사(遣唐使)로 당에 가 있다가 귀국했는데 당제(唐帝)의 조서(詔書)를 가져왔다. 〈사기 8 신라 8 성덕왕〉

김제상 金堤上 [신라] 삽라군태수(揷羅郡太守). <사기>에는 박씨(朴氏)로 나오는데 무슨 착오인지 모르겠다. →박제상 〈유사 1 기이 2 내물왕 김제상〉 ☞ 588쪽

김주벽 金宙碧 [신라] 40대 애장왕(哀莊王) 때 아찬(阿湌). 동 3년(802년) 딸을 후궁(後宮)으로 들이었다. 〈사기 10 신라 10 애장왕〉

김주원 金周元 [신라] →주원 〈사기 9 신라 9 혜공왕, 44 열전 4 김양〉 29대

무열왕(武烈王)의 6대손. 37대 선덕왕(宣德王)이 돌아가자 국인이 상대등(上大等) 주원을 왕으로 삼으려 했는데 마침 큰 비가 와서 내를 건너지 못하자 다시 각간 경신(敬信)을 세워 즉위하였다. 곧 38대 원성왕(元聖王)이다. 주원은 강릉에 은거하였다. 〈유사 2 기이 2 원성대왕 〉

김준 金峻 [신라] 51대 진성왕(眞聖王) 7년(893년) 추성군 태수(樞城郡太守). 병부시랑 김처회(金處誨)가 당에서 물에 빠져 죽었으므로 곧 김준을 고주사(告奏使)로 임명하였다. 〈사기 46 열전 6 최치원〉

김지량 金志良 [신라] 33대 성덕왕(聖德王) 30년(731년) 당에 신년하례사(新年賀禮使)로 갔는데 당 현종(玄宗)이 벼슬을 주고 귀국할 때 신라왕에게 보내는 조서(詔書)를 보냈다. 〈사기 8 신라 8 성덕왕〉

김지성 金志誠 [신라] 김지전의 다른 적음이다. 〈유사 3 탑상 4 남월산〉

김지전 金志全 [신라] 33대 성덕왕(聖德王) 때 중아찬(重阿湌). 전망성(全忘誠), 김지성(金志誠)으로도 적혀 있는데 선고(先考) 인장 일길찬(仁章一吉湌)과 선비(先妣) 관초리부인(觀肖里夫人)을 위하여 감산사(甘山寺)를 창건하고 석미륵(石彌勒) 일구(一軀)를 만들었다. 미타불(彌陀佛) 화강후기(火光後記)에 중아찬 김지전이라 나온다. 〈유사 3 탑상 4 남월산〉

김지정 金志貞 [신라] 36대 혜공왕(惠恭王) 16년(780년) 이찬(伊湌). 모반(謀叛)하여 도중(徒衆)을 모아 궁궐(宮闕)을 에워쌌으나 상대등(上大等) 김량상(金良相) 등에 의해 주(誅) 당하였다. 왕과 왕비는 난병(亂兵)에게 피해되었다. 〈사기 9 신라 9 혜공왕〉

김직량 金直諒 [신라] 49대 헌강왕(憲康王) 8년(882년) 입조사(入朝使)로 입당(入唐)했으나 황소(黃巢)의 난으로 길이 막혀 초주(楚州)에 상륙하여 헤맸는데 고태위(高太尉 : 당의 고관)가 감시 압송(監視押送)하여 서천(西川)에 이르렀다(최치원이 당 대사시중(大師侍中)에게 보낸 글 속에 나옴). 〈사기 46 열전 6 최치원〉

김진주 金眞珠 [신라] 30대 문무왕(文武王) 10년(670년) 한성주총관(漢城州摠管) 수세(藪世)가 본국을 배반하자 대아찬(大阿飡) 진주를 보내어 주(誅)하였다. 동 15년(675년) 아들 숙위학생(宿衛學生) 풍훈(風訓)의 아버지 진주가 모반(謀反)하다가 복주(伏誅)되었다는 소식이 전해지자 당에서 풍훈을 향도(嚮導) 삼아 신라를 침공하였다. 〈사기 6 신라 6, 7 문무왕 상, 하〉

김질 金銍 [가야] 가락국 8대 질지왕(銍知王)의 다른 적음이다. 아버지는 취희왕(吹希王), 어머니는 인덕(仁德)이다. → 질지왕 〈유사 1 왕력 1, 2 기이 2 가락국기〉 ☞ 602쪽

김질왕 金叱王 [가야] 가락국 6대 좌지왕(坐知王)의 다른 적음이다. → 좌지왕 〈유사 2 기이 2 가락국기〉

김창남 金昌南 [신라] 41대 헌덕왕(憲德王) 원년(809년) 이찬(伊飡)으로 당(唐)에 40대 애장왕(哀莊王)의 상(喪)을 알렸다. 〈사기 10 신라 10 헌덕왕〉

김처회 金處誨 [신라] 51대 진성왕(眞聖王) 7년(893년) 병부시랑(兵部侍郎). 당(唐)에 정절(旌節)을 반납하러 가다가 물에 빠져 죽었다. 〈사기 11 신라 11 진성왕〉

김천존 金天尊 [신라] 30대 문무왕(文武王) 때 각간(角干). 당 고종(高宗)이 신라가 당을 침해하려 한다 하여 인문(仁問)을 옥에 가두고 있을 때 김천존이 명랑법사(明朗法師)에게 물어볼 것을 아뢰었다. 〈유사 2 기이 2 문호왕 법민〉

김철 金鐵 [고려] 태조가 견훤(甄萱)과 관병(觀兵)할 때 대상(大相)으로 우익(右翼)을 담당 행렬을 지어 나갔다. 〈사기 50 열전 10 견훤〉

김춘질(일) 金春質(日) [신라] 31대 신문왕(神文王) 때 사람. 작은 산이 감은사(感恩寺)로 향하여 오락가락한다는 보고를 받고 왕이 일관(日官) 김춘질에게 점을 치게 하니 돌아간 문무왕(文武王)은 해룡(海龍)이 되어 삼한을 지키고 김유신(金庾信)은 천신이 되어 나라를 지

키며 보배를 줄 것이라 하였다. 떠 있는 산에 대나무 하나가 있어 그것으로 저를 만들어 부니 적병이 물러가고 병이 없고 풍우가 평정하였다. 그래서 만파식적(萬波息笛)이라 이름하였다. 〈유사 2 기이 2 만파식적〉

김춘추 金春秋 [신라] 29대 태종무열왕(太宗武烈王)의 휘(諱) → 태종무열왕 〈사기 5 신라 5 선덕왕〉

김충공 金忠恭 [신라] 41대 헌덕왕(憲德王) 9년(817년) 왕제(王弟)이며 이찬(伊飡)에서 시중(侍中)이 되었다. 동 15년 김헌창(金憲昌)의 난(亂)을 진압하는데 참가하였다. 그 당시는 각간(角干). 44대 민애왕(閔哀王)의 아버지다. 〈사기 10 신라 10 헌덕왕〉

김충신 金忠臣(信) [신라] 33대 성덕왕(聖德王) 25년(726년) 성덕왕(聖德王)의 종제(從弟). 신년하례사(新年賀禮使)로 가서 동 33년까지 숙위(宿衛)로 있다가 말갈(靺鞨) 토평(討平)의 임무를 띠고 귀국하였다. 당시 당의 벼슬은 재당숙위좌령군위원외장군(在唐宿衛左領軍衛員外將軍) 〈사기 8 신라 8 성덕왕〉

김충신 金忠信 [신라] 43대 희강왕(僖康王) 2년(837년) 당(唐)에서 숙위(宿衛) 중 당 문종이 금채(金彩)를 주었다. 〈사기 10 신라 10 희강왕〉

김취 金趣 [신라] 신라 28대 진덕왕(眞德王) 때 보덕법사(普德法師 : 고구려가 도교를 숭상하고 불교를 홀대하자 신력(神力)으로 절을 신라로 옮긴 승)의 고제(高弟) 무상화상(無上和尙)의 제자. 보덕의 제자들이 스승의 뜻을 잇기 위하여 금동사(金洞寺)를 창건하였다. 〈유사 3 흥법 3 보장봉로 보덕이암〉

김토왕 金吐王 [가야] 가락국 6대 좌지왕(坐知王)의 다른 이름 → 좌지왕 〈유사 1 왕력 1〉 ☞ 602쪽

김포질 金抱質 [신라] 33대 성덕왕(聖德王) 36년(737년) 사찬(沙飡). 신년하례사(新年賀禮使)로 당(唐)에 가서 방물(方物)을 전하고 돌아왔다.

〈사기 8 신라 8 성덕왕, 9 효성왕〉

김표석 金標石 [신라] 36대 혜공왕(惠恭王) 8년(772년) 이찬(伊湌). 당(唐)에 신년하례사(新年賀禮使)로 갔는데 당이 벼슬을 주었다. 〈사기 9 신라 9 혜공왕〉

김품석 金品釋 [신라] 29대 무열왕(武烈王)의 사위. 27대 선덕왕(善德王) 11년(642년) 대야성 도독(大耶城 都督)으로 있다가 백제 장군 윤충(允忠)에 의해 패해 처자와 더불어 죽임을 당하였다(자살했다고도 함). 김유신(金庾信)이 그들의 유골을 찾아 왔다. 〈사기 5 신라 5 선덕왕, 28 백제 6 의자왕, 41 열전 1 김유신 상, 47 열전 7 죽죽〉

김풍후 金楓厚 [신라] 33대 성덕왕(聖德王) 14년(715년) 견당사(遣唐使)로 가서 조공(朝貢)하였다. 〈사기 8 신라 8 성덕왕〉

김필월 金弼粤 [신라] 35대 경덕왕(景德王) 때 조산대부(朝散大夫) 전태자사의랑(前太子司議郎) 한림랑(翰林郎) 김필월이 36대 혜공왕(惠恭王) 6년(770년) 왕명을 받들어 봉덕사(奉德寺) 종의 종명(鐘銘)을 지었다. 〈유사 3 탑상 4 황룡사종 분황사약사 봉덕사종〉

김헌숭 金憲崇 [신라] 44대 민애왕(閔哀王) 원년(838년) 아찬(阿湌)인데 시중(侍中)이 되었다. 〈사기 10 신라 10 민애왕〉

김헌장 金憲章 [신라] 41대 헌덕왕(憲德王) 2년(809년) 왕자(王子)인 헌장을 당(唐)에 보내 금은불상(金銀佛像)과 불경(佛經) 등을 바치며 고당왕(故唐王)을 위해서의 기복(祈福)이라고 하였다. 〈사기 10 신라 10 헌덕왕〉

김헌정 金憲貞 [신라] → 김헌창 〈사기 10 신라 10 애장왕, 헌덕왕〉

김헌창 金憲昌 [신라] 40대 애장왕(哀莊王) 8년(807년) 이찬(伊湌). 시중(侍中)이 되었다(김주원(金周元)의 아들). 41대 헌덕왕(憲德王) 14년(821년)에 반란을 일으켰으나 관군에게 패하였다. 김헌정(金憲貞)이라고도 적었다. 〈사기 10 신라 10 애장왕, 헌덕왕〉

김헌충 金獻忠 [신라] 40대 애장왕(哀莊王) 7년(806년) 당 헌종(憲宗)이 숙위왕자(宿衛王子 : 어느 왕의 아들인지는 모름)를 귀국케 하고 벼슬을 주었다. 〈사기 10 신라 10 애장왕〉

김현 金鉉 [신라] 48대 경문왕(景文王) 8년(868년) 이찬(伊飡) 김현이 모반(謀叛)하여 복주(伏誅)되었다. 〈사기 11 신라 11 경문왕〉

김현 金現 [신라] 38대 원성왕(元聖王) 때 사람. 김현이 흥륜사(興輪寺)에서 탑(塔)돌이를 하던 중 한 처녀의 유혹에 빠져 정을 통하고 그 집에 가니 호랑이 소굴이었다. 그 때 세 마리 호랑이가 돌아 와서 사람 냄새가 난다며 잡아먹겠다고 하자 하늘에서 부르는 소리가 있어 "호랑이들이 생명을 무수히 죽인 죄로 하나를 베겠다"는 말에 그 처녀가 세 형 대신 자기가 속죄하겠다고 하여 이튿날 저자거리에 나타나 김현이 공을 세우도록 하고 김현의 칼에 죽었다. 〈유사 5 감통 7 김현감호〉

김효방 金孝方 [신라] 33대 성덕왕(聖德王) 33년(734년) 당(唐)에서 숙위(宿衛) 중 죽었다. 〈사기 8 신라 8 성덕왕〉

김후직 金后稷 [신라] 22대 지증왕(智證王)의 증손(曾孫). 26대 진평왕(眞平王)에게 사냥을 하지 말라고 충간(忠諫)하였는데 왕이 듣지 않아 실의 속에 살다가 죽게 되자 왕의 사냥 길가에 묻어 달라고 했는데 왕이 사냥을 나가자 먼 소리로 가지 말라고 하니 왕이 뉘우쳐 사냥을 그만 두었다고 한다. 〈사기 45 열전 5 김후직〉

김흔 金昕 [신라] 41대 헌덕왕(憲德王) 17년(825년) 왕자로서 당(唐)에 가 조공(朝貢)하고 인솔해 간 대학생의 전임과의 교체와 학생들의 국자감(國子監) 배치 등을 당왕에게 요청하여 허락을 받고 돌아왔다. 〈사기 10 신라 10 헌덕왕〉

김흔공 金昕公 [신라] 세규사(世逵寺)의 지장(知莊 : 절의 莊舍 관리인)에 조신(調信)을 삼았는데 조신이 그곳(溟洲捺李郡) 태수 김흔공의 딸을 좋아해 낙산 이성(洛山 二聖)에게 빌었으나 그 낭자가 출가하자 슬피 울다가 잠들었는데 꿈에 그의 허황함을 일깨워 주므로 제 자리로 돌아와 선행을 하다가 죽었다. 〈유사 3 탑상 4 낙산이성 관음정취 조신〉

김흠돌 金欽突 [신라] 31대 신문왕(神文王) 원년(681년) 모반(謀叛)하다가 복주(伏誅)되었다. → 흠돌(欽突) 〈사기 8 신라 8 신문왕〉

김흠순 金欽純 [신라] → 흠춘(欽春) 〈사기 7 신라 7 문무왕 하〉 30대 문무왕(文武王) 때 김유신(金庾信)의 아우. 동 8년(668년) 당군과 합세하여 고구려를 멸하는데 공이 컸다. 〈유사 11 기이 2 김유신, 2 기이 2 문호왕 법민〉 신라의 승상(丞相) 흠순 등이 당에 갇혀 있을 때 당이 신라를 치려 한다는 사실을 의상대사(義湘大師)를 통해 본국에 알렸다. 〈유사 4 의해 5 의상전교〉

김흠운 金欽運 [신라] 일길찬(一吉湌). 흠운(歆運)이라고도 썼다. 17대 내물니사금(奈勿尼師今)의 8세손(世孫). 달복 잡찬(達福 迊湌)의 아들이며 화랑(花郎) 문노(文努)의 문하에서 낭도들이 전사했다는 소리만 들리면 흠모하는 모습을 보였는데 29대 무열왕(武烈王) 2년(655년) 백제와의 싸움에서 낭당대감(郎幢大監)으로 참전했다가 전사하였다. 31대 신문왕(神文王) 3년(683년) 왕이 김흠운의 딸을 왕비로 맞이했다. 〈사기 8 신라 8 신문왕, 47 열전 7 김흠운〉

김흠운 金歆運 [신라] → 김흠운(金欽運) 〈사기 47 열전 7 김흠운, 8 신라 8 효소왕〉

김희 金喜 [가야] 가락국 7대 취희왕(吹希王)의 다른 이름이다. → 취희왕 〈유사 1 왕력 1〉

나밀 那密 [신라] → 내물니사금(奈勿尼師今) 〈사기 3 신라 3 내물니사금〉 나밀왕(那密王) 17대 내물왕(奈勿王)의 다른 적음이다. 〈유사 1 기이 2 내물왕 김제상〉

나운 羅雲 [고구려] 21대 문자명왕(文咨明王)의 휘(諱)이다. → 문자명왕 〈사기 19 고구려 7 문자명왕〉

낙금 駱金 [신라] 43대 희강왕(僖康王) 때 김양(金陽)의 휘하 장수. 우징(祐徵)의 명으로 민애왕 원년(838년) 44대 민애왕(閔哀王)을 핍박하였다. 〈사기 10 신라 10 민애왕, 44 열전 4 김양〉

낙랑공주 樂浪公主 [고려] 태조 왕건(王建)의 장녀. 신라 56대 경순왕(敬順王)의 비(妃)이다. 〈사기 12 신라 12 경순왕〉

날음 捺音 [신라] 10대 내해니사금(奈解尼師今)의 손자. 포상(浦上) 8국(창원, 사천, 고성 등)이 아라국(阿羅國 : 지금의 함안)을 치므로 왕이 날음(捺音)으로 하여금 구하게 하였다. 〈사기 48 열전 8 물계자〉 본기 2 신라 2 내해니사금 조에 나오는 이음(利音 또는 내음(奈音))과 같은 사람일지도 모른다.

남간부인 南澗夫人 [신라] 27대 선덕왕(善德王) 때 명랑법사(明朗法師)의 어머니. 혹은 법승낭(法乘娘)이라고도 하며 소판(蘇判) 무림(茂林)의 딸이다. 김씨(金氏). 자장법사(慈藏法師)의 누이이다. 〈유사 5 신주 6 명랑신인〉 ☞ 594쪽

남건 男建 [고구려] 막리지(莫離支) 개소문(蓋蘇文)의 둘째 아들이며 남생(男生)의 아우. 28대 보장왕(寶藏王) 25년(666년) 형 남생이 막리지로 여러 성을 순수(巡狩)할 때 사람들이 형제간에 이간을 붙였다. 남생이 돌아오지 않자 남건이 막리지가 되었다. 한편

당주(唐主)는 남생에게 평양도안무대사(平壤道安撫大使)를 명하고 현토군공(玄免郡公)에 봉(封)하였다. 〈사기 22 고구려 10 보장왕 하〉 신라 문무왕(文武王) 8년(668년) 고구려가 패망하여 당(唐)의 이적(李勣) 장군이 고구려 왕과 남건 등을 데리고 당으로 돌아갔다. =천남건 〈사기 7 신라 7 문무왕 하, 44 열전 4 김인문〉

남모 南毛

[신라] 24대 진흥왕(眞興王) 37년(576년) 원화(源花)를 처음 받들게 되면서 두 여자를 뽑았는데 준정(俊貞)이 남모를 시기하여 술을 먹여 강물에 던져 죽였다. 이로 인해 원화(源花) 제도는 없어지고 남자를 뽑아 화랑(花郎)이라 하여 받들게 했다.〈사기 4 신라 4 진흥왕〉 남모낭(南毛娘)과 교(준)정(姣(俊)貞)을 뽑았다. 〈유사 3 탑상 4 미륵선화 미시랑 진자사〉 신라는 씨족제(氏族制)가 계속되면서 상호부조와 협동정신이 강력하여 모든 면에서 화합과 충성의 덕을 존중하고 일족의 명예를 중히 여기며 나라에 대한 충성심, 명랑, 담백, 염결을 좋아하는 풍조가 퍼지자 자연발생적으로 생긴 것이 원화도(源花道), 화랑도라는 민간 청년단체이다.

남무 男武

[고구려] 8대 신대왕(新大王) 12년(176년) 왕태자가 되었다. 이이모(伊夷謨)라고도 한다. → 고국천왕 〈사기 16 고구려 4 신대왕〉 ☞ 594쪽, 605쪽

남복 男福

[고구려] 28대 보장왕(寶藏王)의 태자. 복남을 <신당서>에서 남복이라 적었다. 〈사기 22 고구려 10 보장왕상〉

남산 男產

[고구려] 28대 보장왕(寶藏王) 때 개소문(蓋蘇文)의 셋째 아들로 고구려가 패망한 후 당에 잡혀갔다. 신라 30대 문무왕(文武王) 8년(668년) 고구려 왕이 남산을 당장(唐將)에게 보내 항복을 청하였다. =천남산 〈사기 6 신라 6 문무왕 상〉, 〈사기 22 고구려 10 보장왕 하, 44 열전 4 김인문, 49 열전 9 개소문〉

남생 男生 [고구려] 28대 보장왕 때 개소문의 큰아들. 자(字)는 원덕(元德). 개소문이 죽자 동 24년(665년)에 막리지(莫離支)가 되었는데 국정을 맡고 여러 성을 순수(巡狩)하는 동안 사람들이 형제간에 이간질하여 생명의 위협을 느껴 당으로 도망하였다. 당에서는 남생에게 평양도행군대총관 겸 지절안무대사(平壤道行軍大摠管 兼 持節按撫大使)를 제수하고 다시 요동대도독 현토군공(遼東大都督 玄免郡公)으로 봉해 평양을 공격케 했다. 46세에 죽었는데 순후하고 예절이 있고 무예에 능하였다.＝천남생 〈사기 22 고구려 10 보장왕 하, 44 열전 4 김인문, 49 열전 9 개소문〉

남원부인 南院夫人 [신라] 후백제 견훤(甄萱)의 어머니. 아자개(阿玆蓋)의 둘째 부인이다. 〈유사 2 기이 2 후백제 견훤〉

남해차차웅 南解次次雄 [신라] 2대 왕(재위 4~24년). 혁거세왕(赫居世王)의 적자(嫡子). 몸이 크고 성격은 침착하며 지략(智略)이 많았다. 어머니는 알영부인(閼英夫人), 비(妃)는 운제부인(雲帝夫人) 또는 아루부인(阿婁夫人)이다. 〈사기 1 신라 1 남해차차웅〉, 〈유사 1 왕력 1, 1 기이 1 남해왕〉

남호 男虎 [고구려] 9대 고국천왕(故國川王)의 휘(諱). 이모(夷謨)라고도 한다. → 고국천왕 〈유사 1 왕력 1〉 ☞ 594쪽, 605쪽

낭융 朗融 [신라] 사대덕(四大德)의 한 사람으로 원원사(遠願寺)를 창건하는데 참여했다. 그 후예가 대덕 광학(廣學), 대연(大緣)이다. 고려 태조(太祖)가 창업할 무렵 해적이 와서 소요하므로 광학 등을 청하여 도적들을 진압하는 법을 지었다. 〈유사 5 신주 6 명랑신인〉

낭지법사 朗智法師 [신라] 23대 법흥왕(法興王) 14년(527년) 영취산(靈鷲山)에 법장(法場)을 열었다.〈유사 3 흥법 3 원종흥법 염촉멸신〉 삽량주(歃良州) 영취산(靈鷲山)의 사(師)로 법화경(法華經)을 강(講)하며 신통력(神通力)이 있었다. 지통(智通)이라는 제자와 자주 교류하

였다. 〈유사 5 피은 8 낭지승운 보현수〉

내례길포 內禮吉怖 [신라] 17대 내물니사금(奈勿尼師今)의 비 → 보반부인(保反夫人) 〈사기 3 신라 3 실성니사금〉 ☞ 596쪽

내례부인 內禮夫人 ① [신라] 8대 아달라니사금(阿達羅尼師今)의 비(妃). 박씨(朴氏), 6대 지마니사금(祇摩尼師今)의 딸이다. 〈사기 2 신라 2 아달라니사금〉

② [신라] 10대 내해니사금(奈解尼師今)의 어머니. 이매(伊買)의 부인이다. 〈사기 2 신라 2 내해니사금〉

내례희부인 內禮希夫人 [신라] 19대 눌지마립간(訥祇麻立干)의 어머니. 김씨. 13대 미추왕(味鄒王)의 딸이다. 〈유사 1 왕력 1〉

내로 奈老 [신라] 3대 유리니사금(儒理尼師今)의 아우. 5대 파사니사금(婆娑尼師今)의 아버지라고도 한다. 〈사기 1 신라 1 파사니사금〉

내물니사금 奈勿尼師今 [신라] 17대 왕(재위 356~402년). 나밀(那密) 또는 내밀(奈密)이라고도 한다. 김씨(金氏). 구도갈문왕(仇道葛文王)의 손자, 각간 말구(末仇)의 아들. 어머니는 휴례부인(休禮夫人), 비(妃)는 김씨(金氏). 13대 미추니사금(味鄒尼師今)의 딸이다. 〈사기 3 신라 3 내물니사금, 44 열전 4 사다함〉

내물마립간 奈勿麻立干 [신라] 17대 왕. 아버지는 구도갈문왕(仇道葛文王). 또는 미소왕(未召王=味鄒王)의 아우 말구(末仇) 각간이라고도 한다. 〈유사 1 왕력 1〉

※ 〈사기〉에는 마립간이라는 왕칭을 19대 눌지마립간(訥祇麻立干) 때부터 썼다.

내밀왕 奈密王 [신라] → 내물니사금. 사다함(斯多含)의 7대조 〈사기 44 열전 4 사다함〉

내숙 乃宿 [신라] 21대 조지마립간(照知麻立干) 왕비(王妃) 선혜부인(善兮夫人)의 아버지. 조지마립간 8년(486년) 이벌찬(伊伐湌)이 되었

다. 〈사기 3 신라 3 조지마립간〉

내음 奈音 [신라] 10대 내해니사금(奈解尼師今)의 왕자. 동 12년(205년) 이벌찬(伊伐湌)이 되었다. 11대 조분니사금비(助賁尼師今妃)의 아버지. 14대 유례니사금(儒禮尼師今)의 외조부. 이음(利音)이라고도 한다. 〈사기 2 신라 2 내해니사금, 유례니사금〉

내음 㮈音 [신라] 내음(奈音)과 같은 사람이다. 10대 내해왕 17년(212년) 보라국(保羅國), 고자국(古自國＝固城), 사물국(史勿國＝泗川) 등 8국이 힘을 합해 변경을 내침하자 왕이 태자 내음과 장군 일벌(一伐) 등에게 명하여 군사를 거느리고 막게 하니 모두 항복하였다. 제일 공이 큰 물계자(勿稽子)는 태자가 미워해 상을 주지 않았다. 〈유사 5 피은 8 물계자〉

내지왕 內只王 [신라] 19대 눌지마립간(訥祗麻立干)의 다른 적음이다. → 눌지마립간 〈유사 1 왕력 1〉

내진주지 內珍朱智 [가야] → 이진아시(伊珍阿豉 : 대가야국 시조) 〈사기 34 잡지 3 지리 1〉

내해니사금 奈解尼師今 [신라] 10대 왕(재위 196~230년). 9대 벌휴니사금(伐休尼師今)의 손자. 어머니는 내례부인(內禮夫人)이고 아버지는 벌휴니사금(伐休尼師今)의 둘째 아들 이매(伊買). 비(妃)는 석씨(昔氏). 조분니사금(助賁尼師今)의 누이이다. 가끔 백제와 싸웠다. 〈사기 2 신라 2 내해니사금〉 니질금(尼叱今). 16대 결해왕(乞解王)의 할아버지 〈유사 1 왕력 1, 5 피은 8 물계자〉

노각(구) 奴各(久) [고구려] 20대 장수왕(長壽王) 59년(471년) 백성인 노각(구)(奴各(久))이 위(魏)에 투항(投降)하여 위에서 전택(田宅)을 주었다. 〈사기 18 고구려 6 장수왕〉

노례니질금 弩禮尼叱今 [신라] 3대 왕(재위 24~57년). 儒理尼師今의 다른 적음이다. 비(妃)는 사요(辭要 : 許婁王의 딸이다) → 유리니사금 〈유사 1 왕력 1, 1 기이 2 신라시조 혁거세왕, 노례왕, 탈해왕〉

노리부 弩里夫 [신라] 26대 진평왕(眞平王) 원년(579년) 상대등(上大等)을 삼았다. 〈사기 4 신라 4 진평왕〉

노부 奴夫 [신라] 24대 진흥왕(眞興王) 12년(551년) 왕이 거칠부(居柒夫), 노부 등 8장군을 명하여 백제와 더불어 고구려를 침공했다. 위(位)는 파진찬(波珍湌)이다. 〈사기 44 열전 4 거칠부〉

노종 奴宗 [가야] 신라 23대 법흥왕(法興王) 19년(532년) 금관가야(金官伽倻=本伽倻)의 국주(國主) 김구해(金仇亥)가 비(妃)와 아들 노종 등을 데리고 내항(來降)하였다. 〈사기 4 신라 4 법흥왕〉 ☞ 581쪽, 589쪽

노차(단) 老且(旦?) [신라] 29대 무열왕(武烈王)의 아들. 동 2년(655년) 해찬(海湌)을 삼았다. 〈사기 5 신라 5 태종무열왕〉 각간(角干). 문희(文姬)의 아들이다. 〈유사 2 기이 2 태종춘추공〉

노추 奴追 [신라] 28대 진덕여왕(眞德女王) 어머니 아니부인(阿尼夫人)의 아버지. 갈문왕(葛文王) 〈유사 1 왕력 1〉

노힐부득(등) 努肹夫得(等) [신라] 33대 성덕왕(聖德王) 때의 성인(聖人). 백월산(白月山) 동남쪽에 선천촌(仙川村)에 두 사람이 있었는데 노힐부득과 달달박박(怛怛朴朴)이다. 노힐부득의 아버지는 월장(月藏)이요 어머니는 미승(味勝)이라 하였다. 둘 다 풍골(風骨)이 비범(非凡)하고 세상 밖에서 놀려는 뜻이 있어 동북쪽 법적방(法積房)에 가서 중이 되었다. 그 후 백월산(白月山)으로 옮겨 각각 떨어진 곳에 암자를 만들고 있었는데 밤에 한 부녀가 와서 머물게 해 달라고 청하므로 들어 주었더니 그는 관음보살(觀音菩薩)이어서 그의 도움으로 미륵보살(彌勒菩薩)이 되었다. 〈유사 3 탐상 4 남백월이성 노힐부득 달달박박〉

녹진 祿眞 [신라] 성(姓)이나 자(字)는 알 수 없다. 41대 헌덕왕(憲德王) 14년(822년) 헌창(憲昌)이 아버지 주원(周元)이 왕위에 오르지 못한 것을 이유로 반란(叛亂)을 일으켰는데 녹진도 토벌에 공이

있어 대아찬(大阿湌)의 위를 주었다. 녹진은 일길찬(一吉湌) 수봉(秀奉)의 아들로 동 10년 집사시랑(執事侍郎)이었다. 동 14년 왕이 사자(嗣子)가 없으므로 아우 수종(秀宗)으로 태자를 삼고 각간 충공(忠恭)이 상대등(上大等)이 되어 정사(政事)를 맡았는데 지쳐 병이 들었다. 이때 녹진이 찾아가 병의 원인이 과로에서 온 것이라며 지극한 말과 높은 담론으로 고칠 수 있다며 인재(人材)를 가려 적재적소(適材適所)에 배치하고 형정(刑政)이 밝고 믿음직하면 국가가 화평하여 공(公)이 즐겨도 된다고 하였다. 충공은 그 말을 듣고 병이 나았으며 왕이 알게 되고 헌창의 반군을 토벌하는데도 공이 있으므로 대아찬(大阿湌)을 준 것이다. 〈사기 10 신라 10 헌덕왕, 45 열전 5 녹진〉

녹풍 鹿風 [신라] 24대 진흥왕(眞興王) 무렵의 대통(大統). 동 5년(544년) 대흥륜사(大興輪寺)를 이룩하고 그 후 혜륭(惠隆), 녹풍 등이 이차돈(異次頓)의 무덤을 수축하고 큰 비(碑)를 세웠다. 〈유사 2 흥법 3 원종흥법 염촉멸신〉

뇌음신 惱音信 [고구려] 신라 29대 무열왕(武烈王) 8년(661년)이자 고구려 28대 보장왕(寶藏王) 20년 장군 뇌음신이 말갈(靺鞨) 장군 생해(生偕)와 연합하여 신라 북한산성을 침략하여 신라군이 고전하다가 신라 성주 동타천(冬陀川)이 하늘에 빌었더니 갑자기 큰 별이 적진에 떨어지고 뇌우(雷雨)가 심하여 적군이 물러갔다. 〈사기 5 신라 5 태종무열왕, 22 고구려 10 보장왕 하〉

누리 累利 [고구려] 2대왕 유리왕(瑠璃王)의 다른 적음이다. → 유리왕 〈유사 1 왕력 1〉

눌지마립간 訥祇麻立干 [신라] 19대 왕(재위 417~458년). 17대 내물니사금(奈勿尼師今)의 아들. 어머니 보반부인(保反夫人 : 內禮吉怖라고도 함), 비(妃)는 실성니사금(實聖尼師今)의 딸 아로부인(阿老夫人)이다. 앞서 내물니사금(奈勿尼師今)이 실성을 고구려에 볼모로 보냈었는데 돌아와 왕이 되면서 원수를 갚으려고 그 아들 눌지를 죽이려고 고구려 사람을 시켰는데 눌지를 본 고구려인이 그의 용모와 기상이 명랑하고 단아하여 군자의 풍이 있으므로 돌아가자 눌지는 실성을 죽이고 스스로 왕이 되었다. 실성이 볼모로 고구려와 왜에 보냈던 아우 복호(卜好)와 미사흔(未斯欣)을 신하의 도움으로 탈출케 하였다. 〈사기 3 신라 3 눌지마립간〉 내지왕(內只王)이라고도 한다. 어머니는 내례희부인(內禮希夫人) 김씨. 13대 미추왕(味鄒王)의 딸이다. 동 10년(426년) 삽라군 태수(歃羅郡太守) 제상(堤上)을 시켜 아우들을 찾아왔다. 〈유사 1 왕력 1, 1 기이 2 내물왕 김제상, 3 흥법 3 아도기라 원종흥법 염촉멸신, 3 탑상 4 고려영탑사〉

눌최 訥催 [신라] 26대 진평왕(眞平王) 46년(624년) 백제군이 6성을 침공했는데 그중 3성(烽岑, 櫻岑, 旗懸)은 급찬(級湌) 눌최가 사수하다가 이기지 못하고 뒤로 돌아 온 적의 도끼를 맞고 전사하였다. 대내마(大奈麻) 도비(都非)의 아들이다. 〈사기 4 신라 4 진평왕, 47 열전 7 눌최〉

능문 能文 [신라] 55대 경애왕 2년(925년) 고울부(高鬱府)의 장군. 고려 왕건(王建)에게 내투(來投)하였다. 〈사기 12 신라 12 경애왕〉

능신 能申 [신라] 30대 문무왕(文武王) 12년(672년) 고구려 여당(餘黨) 토벌을 위하여 남은 당군(唐軍)이 평양성 주변을 치자 신라병과 고구려 반군(叛軍)이 맞아 싸웠는데 능신 등 여러 장수가 전사하였다. 〈사기 7 신라 7 문무왕 하〉

능안 能晏 [신라] 30대 문무왕(文武王) 8년(668년) 왕이 고구려와의 싸움에 이기고 돌아오던 중 욕돌역(褥突驛)에 이르렀는데 국원경(國原京=忠州)의 사신(仕臣 : 지방의 위급) 대아찬 용장(龍長)이 연석(宴席)을 베풀었는데 음악이 연주되자 내마(奈麻) 긴주(緊周)의 15살 아들 능안이 가야(伽倻)의 춤을 추었다. 〈사기 6 신라 6 문무왕 상〉

능애 能哀 [후백제] 견훤(甄萱)의 아우. 아버지 아자개(阿玆蓋), 어머니 남원부인(南院夫人)의 둘째 아들이다. 〈유사 2 기이 2 후백제 견훤〉

능예남 能乂男 [후백제] 견훤(甄萱)의 나인(內人). 견훤이 아들 신검(神劍)에 의해 금산사(金山寺)에 감금될 때 함께 감금된 나인이다. 〈유사 2 기이 2 후백제 견훤〉

능인 能仁 [신라] 28대 진덕왕(眞德王) 무렵 의상대사(義湘大師)의 제자 10대덕(大德) 중 한 사람. 모두 아성(亞聖)이다. 〈유사 4 의해 5 의상전교〉

능절 能節 [신라] 32대 효소왕(孝昭王) 때 추화군(推火郡)에 살던 사람이다. 〈유사 2 기이 2 효소왕대 죽지랑〉

능준대사 能俊大師 [신라] 35대 경덕왕(景德王) 때 연승(緣僧)이며 월명대사(月明大師)의 스승이다. 〈유사 5 감통 7 월명사두솔가〉

능환 能奐 [신라] 견훤(甄萱)이 넷째 아들 금강(金剛)에게 전위(傳位)할 뜻이 있음을 안 신검, 양검, 용검(神劍, 良劍, 龍劍) 등이 자기들이 후계자가 되지 못할 것을 알고 번민(煩悶)하고 있을 때 이찬(伊湌) 능환이 사람을 시켜 강주(康州)와 무주(武州)로 가서 양검 등과 음모하였다. 그리하여 훤을 금산사(金山寺)에 가두고 금강은 죽였다. 고려 태조가 19년(936년) 신검 군을 공격하자 신검, 양검, 능환이 항복하였다. 〈사기 50 열전 10 견훤〉 태조가 다른 사람은 다 놓아 주었으나 능환은 앞서 견훤을 감금한 주모자라 해서 목 베었다. 〈유사 2 기이 2 후백제 견훤〉

니문 尼文 [신라] 24대 진흥왕 12년(551년) 가야금(伽倻琴) 제작자이며 우륵(于勒)의 제자인데 왕이 궁(宮)에 머물게 하여 그들에게 음악 연주를 시켰는데 새 가곡 오·서·순(烏·鼠·鶉) 세 곡을 만들어 아뢰었다. 〈사기 4 신라 4 진흥왕, 32 잡지 1 악〉

니문 泥文 [신라] → 니문(尼文) 〈사기 32 잡지 1 악〉

다루 多婁 [백제] 시조 온조왕(溫祚王)의 원자(元子). 온조왕 28년(10년) 태자가 되었다. 〈사기 23 백제 1 시조 온조〉

다루왕 多婁王 [백제] 백제 2대 왕(재위 28~77년). 온조왕(溫祚王)의 원자.〈사기 23 백제 1 다루왕〉 온조왕의 둘째 아들. 관후(寬厚)하고 위망(威望)이 있었다. 〈유사 1 왕력 1, 2 기이 2 남부여 전백제 북부여〉

다미공 多美公 [신라] 29대 무열왕(武烈王) 7년(660년) 당(唐)이 백제가 망한 후 신라를 침략하려고 꾀하므로 왕이 그 대책을 물었을 때 다미공이 아군을 백제군으로 위장하여 싸움을 걸면 당이 대전할 것이므로 자연스럽게 싸움이 될 것이라는 계책을 말하였다. 왕은 당과 싸우는 것이 옳지 않다고 받아들이지 않았다. 〈사기 42 열전 2 김유신 중〉

다식 多式 [고구려] 신라 30대 문무왕(文武王) 때 고구려 소형(小兄). 동 10년(670년) 고구려의 수림성인(水臨城人) 대형(大兄) 모잠(牟岑)이 유민(遺民)을 이끌고 남하하다가 고구려 대신(大臣) 연정토(淵淨土)의 아들 안승(安勝)을 만나 그를 임금으로 세우고 다식을 신라에 보내 신라의 속국이 되기를 청하였다. 〈사기 6 신라 6 문무왕 상〉

다우 多優 [고구려] 11대 동천왕(東川王) 20년(246년) 위(魏) 관구검(毌丘儉) 군(軍)이 침공하여 왕이 남옥저(南沃沮)로 달아날 새 위기에 처한 왕을 구하기 위해 위계(僞計)로 적진에 들어가 적장을 찔러 죽인 유유(紐由)의 아들로 왕이 대사자(大使者)를 삼았다. 〈사기 17 고구려 5 동천왕〉

단군 檀君 [고조선] 옛날 환인(桓因)의 아들 환웅(桓雄)이 천하에 뜻을 두고 인세(人世)를 탐내므로 아버지가 삼위(三危 : 지금의 妙香山) 태백(太白)을 내려다보고 홍익인간(弘益人間)할만 한 땅이라 보고 천부인(天符印) 세 개를 주어 세상에 내려 보냈다. 환웅이 인세를 다스리고 있는데 곰 한 마리와 호랑이 한 마리가 사람으로 태어날 것을 간절히 원하므로 신령스러운 쑥 한 자래와 마늘 20개를 먹고 100일 동안 햇볕을 쐬지 않으면 사람이 될 수 있다고 하였다. 곰만 여자의 몸이 되어 환웅과 혼인하여 아들을 낳으니 이가 곧 단군왕검(檀君王儉)이다. 단군은 평양성(平壤城)에 도읍하고 조선(朝鮮)이라 일컬었다. 〈유사 1 왕력 1, 기이 1 고조선〉

단오 端午 [신라] 29대 무열왕(武烈王)의 서자(庶子) 차득공(車得公)이 지방 순찰 중 자칭 단오라 하였는데 속(俗)에 단오를 차의(車衣)라 한다고 하였다. → 차득 〈유사 2 기이 2 문호왕 법민〉

달가 達賈

① [고구려] 6대 대조대왕(大祖大王) 20년(72년) 관나부 패자(貫那部 沛者) 달가를 보내 조나(藻那)를 쳤다. 〈사기 15 고구려 3 대조대왕〉

② [고구려] 13대 서천왕(西川王) 11년(280년) 숙신(肅愼)이 내침하여 피해가 생기므로 군신(群臣)들이 왕제(王弟)인 달가를 장으로 추천하여 달가는 승리를 거두어 안국군(安國君)을 삼았다. 14대 봉상왕(烽上王) 원년(292년) 왕이 안국군을 죽이었다. 그에 대한 백성들의 신망이 두려웠기 때문이다. 〈사기 17 고구려 5 서천왕, 봉상왕〉

달관 達官 [신라] 30대 문무왕(文武王) 원년(661년) 당(唐)이 고구려를 치게 되자 왕이 군대를 편성하였는데 김유신(金庾信)을 대장군으로 삼고 달관을 수약주(首若州) 총관(摠管)을 삼았다. 〈사기 6 신라 6 문무왕 상〉

달달박박 怛怛朴朴 [신라] 33대 성덕왕(聖德王) 때의 성인(聖人). 백월산(白月山) 동남쪽에 선천촌(仙川村)에 두 사람이 있었는데 노힐부득(努肹夫得)과 달달박박(怛怛朴朴)이다. 달달박박의 아버지는 수범(修梵)이요 어머니는 범마(梵摩)라 하였다. 둘 다 풍골(風骨)이 비범(非凡)하고 세상 밖에서 놀려는 뜻이 있어 동북쪽 법적방(法積房)에 가서 중이 되었다. 그 후 백월산(白月山)으로 옮겨 각각 떨어진 곳에 암자를 만들고 있었는데 밤에 부득에게 한 부녀가 와서 머물게 해달라고 청하므로 들어 주었더니 그는 관음보살(觀音菩薩)이어서 그의 도움으로 미륵보살(彌勒菩薩)이 되었다. 처음에 관음보살을 알아보지 못하고 내쳤던 박박도 부득의 도움으로 미타불이 되었다. 〈유사 3 탑상 4 남백월이성 노힐부득 달달박박〉

달복 達福 [신라] 29대 무열왕(武烈王) 때의 잡찬(迊飡). 17대 내물니사금(奈勿尼師今)의 17세손. 일길찬(一吉飡) 김흠운(金歆運)의 아버지이다. 〈사기 47 열전 7 김흠운〉

달이 達已 [백제] 26대 성왕(聖王) 28년(550년) 장군으로서 고구려의 도살성(道薩城)을 공취(攻取)하였다. 〈사기 26 백제 4 성왕〉

담날 談捺 [신라] 학자 설총(薛聰)의 할아버지이며 위(位)는 내마(奈麻). 원효(元曉)의 아버지이다. 〈사기 46 열전 6 설총〉, 〈유사 4 의해 5 원효불기〉

담능 淡凌 [신라] 김유신(金庾信)의 아들 원술(元述)의 보좌역(輔佐役). 30대 문무왕(文武王) 때 당군(唐軍)이 쳐들어오자 원술이 죽음을 무릅쓰고 전지에 들어가려고 하자 담능이 후일을 기약하라며 한사코 말려 후퇴하였는데 부모는 원술을 외면하여 뒤에 공을 세웠어도 벼슬에 나아가지 않고 원능을 원망하며 숨어 살았다. 〈사기 43 열전 3 김유신 하〉

담덕 談德 [고구려] 18대 고국양왕(故國壤王)의 아들. 동 3년(386년) 태자로 책봉→광개토왕 〈사기 18 고구려 6 고국양왕, 광개토왕, 25

백제 3 진사왕〉, 〈유사 1 왕력 1〉

담수 淡水 [신라] 26대 진평왕(眞平王) 9년(587년) 중으로 대세(大世)의 친구인데 대세가 초세간(超世間)의 뜻을 두어 같이 가기를 권했으나 따르지 않았다. 날현인(捺絃引)을 지었다. 〈사기 4 신라 4 진평왕, 32 잡지 1 악〉

담육 曇育 [신라] 26대 진평왕(眞平王) 18년(596년) 수(隋)에 가서 불법(佛法)을 구한 고승(高僧)이다. 〈사기 4 신라 4 진평왕〉

당원 幢元 [신라] 32대 효소왕(孝昭王) 7년(698년) 중시(中侍). 퇴로(退老)하였다. 〈사기 8 신라 8 효소왕〉

당천 當千 [신라] 30대 문무왕(文武王) 11년(671년) 급찬(級湌). 당(唐)의 운송선(運送船) 70여 척을 습격하여 대전과를 올렸는데 당천의 전공(戰功)을 1위로 인정하여 사찬(沙湌)을 주었다. 〈사기 7 신라 7 문무왕 하〉

대공 大恭 [신라] 36대 혜공왕(惠恭王) 4년(768년) 일길찬(一吉湌). 대공이 아우 대렴(大廉)과 함께 모반(謀叛)하였으나 왕군(王軍)이 토평(討平)하여 9족을 주(誅)하였다. 〈사기 9 신라 9 혜공왕〉 모반하다가 져서 크게 망하고 보물 등 가재(家財)를 왕궁에 옮겼다. 〈유사 2 기이 혜공왕〉

대구 大矩 [신라] 51대 진성왕(眞聖王) 2년(888년) 화상(和尙) 대구가 각간(角干) 위홍(魏弘)과 함께 신라가요(新羅歌謠=鄕歌)를 수집하여 삼대목(三代目)이란 책을 냈다. 〈사기 11 신라 11 진성왕〉 국선(國仙) 요원랑(邀元郞), 계원(桂元) 등이 임금을 위하여 치국(治國)의 뜻을 가져 노래 3수를 짓고 다시 대구화상에게 노래 3수를 짓게 하니 현금포곡(玄琴抱曲), 대도곡(大道曲), 문군곡(問群曲)이었다. 〈유사 2 기이 2 사십팔 경문대왕〉

대당 大幢 [신라] 30대 문무왕(文武王) 원년(661년) 일모산군태수(一牟山郡太守) 대당이 상주 총관 품일(上州 摠管 品日)과 함께 백제성을

쳐서 승리하였다. 〈사기 6 신라 6 문무왕 상〉

대렴 大廉 ① [신라] 36대 혜공왕(惠恭王) 때 반도(叛徒) 대공의 아우→대공 〈사기 9 신라 9 혜공왕〉
② [신라] 42대 흥덕왕(興德王) 3년(828년) 견당사(遣唐使)로 갔다가 돌아올 때 차(茶)의 씨를 가져 왔는데 왕이 지리산(地理山)에 심게 했다. 〈사기 10 신라 10 흥덕왕〉

대룡부인 大龍夫人 [신라] 38대 원성왕(元聖王)의 다섯 손주 중 막내 손녀이다. 〈유사 2 기이 2 원성대왕〉

대무신왕 大武神王 [고구려] 3대왕(재위 18~44년). 혹은 대해주류왕(大解朱留王)이라고도 하며 휘(諱)는 무휼(無恤)이고 2대 유리왕(琉璃王)의 셋째 아들이다. 총명하였고 어머니는 송씨(松氏, 다물국왕(多勿國王) 송양(松讓)의 딸)이다. 동 15년(32년) 부여국(夫餘國)을 쳐 이기고 낙랑왕(樂浪王)이 항복하였다. 왕자 호동(好童)은 낙랑왕(樂浪王) 최리(崔理)의 사위가 되었으나 귀국하여 은밀히 공주에게 낙랑의 신기한 고각(鼓角, 적병이 오면 저절로 울었다)을 부수면 예로 맞이하겠다고 하자 공주가 그렇게 해서 낙랑국은 망하였다. 호동은 원비(元妃)의 모략으로 자살하고 공주는 최리가 죽였다. 동 11년(28년) 한(漢)의 요동 태수(遼東 太守)의 침공을 꾀로 물러가게 했다. 〈사기 14 고구려 2 대무신왕〉 ☞ 594쪽

대문 大文 [고구려] 신라 31대 신문왕(神文王) 4년(684년) 고구려 안승(安勝 : 고구려 보장왕의 서자로 신라에서 보덕왕(報德王)을 삼았다)의 족자(族子). 장군으로 금마저(金馬渚)에서 모반하다가 복주(伏誅)되었다. 혹은 실복(悉伏)이라고도 했다. 〈사기 8 신라 8 신문왕〉 ☞ 594쪽

대상 大常 [신라] 31대 신문왕(神文王) 3년(683년) 파진찬(波珍飡). 왕이 김흠운(金歆運)의 딸을 왕비로 책봉하여 대상 등 고관에게 각

기 처낭(妻娘)을 비롯 그 고을 부인들을 데리고 왕비가 될 부인을 맞아 오도록 했다. 〈사기 8 신라 8 신문왕〉

대서지 大西知 [신라] 17대 내물니사금(奈勿尼師今) 37년(392년) 알지(閼智)의 예손(裔孫)이며 이찬(伊湌) 대서지의 아들 실성(實聖)을 고구려에 볼모로 보냈다. 실성은 돌아와 18대 왕이 되었다. 〈사기 3 신라 3 내물니사금, 실성니사금〉 미추왕(味鄒王)의 아우. 각간(角干) 〈유사 1 왕력 1〉

대선 大宣 [신라] 7대 일성니사금(逸聖尼師今) 18년(151년) 이찬(伊湌)을 삼아 중외(中外)의 군사(軍事)를 겸장(兼掌)케 했다. 〈사기 1 신라 1 일성니사금〉

대세 大世 [신라] 26대 진평왕(眞平王) 9년(587년) 내물니사금(奈勿尼師今) 7세손인 동대(冬臺)의 아들로 자질이 준수하고 어려서부터 초세간(超世間)의 뜻을 두어 담수(淡水)와 같이 탈출하자고 권유했으나 따르지 않으므로 구칠(仇柒)과 더불어 남해에서 배를 타고 떠난 후 소식이 없었다. 〈사기 4 신라 4 진평왕〉

대소 帶素 [고구려] 부여왕 금와(金蛙)의 맏아들. 금와왕의 부인 유화(柳花 하백의 딸)가 낳은 알에서 나온 주몽(朱蒙)이 용맹함을 염려한 대소가 부왕에게 주몽을 없애라고 하였으나 왕이 듣지 않으므로 은근히 위해를 가하므로 주몽의 어머니 유화가 탈출케 하여 졸본으로 가서 고구려를 건국하게 되었다. 2대 유리명왕(琉璃明王) 14년(BC 6년) 대소는 유리명왕에게 질자(質子)를 교환하자고 하였으나 유리왕의 아들 도체(都切)가 무서워 가지 않으므로 대소는 고구려를 침범했으나 눈과 추위 때문에 물러갔다. 〈사기 13 고구려 1 시조 동명성왕, 유리명왕〉 3대 대무신왕(大武神王)이 북부여(北夫餘)를 쳐서 대소를 죽이니 북부여는 망하였다. 〈유사 1 기이 2 고구려〉

대승 戴升 [고구려] 고구려 4대 민중왕(閔中王) 4년(47년) 잠우(지)락부(蠶

友(支)落部)의 대가(大家(加)) 대승 등 일만 여가가 낙랑(樂浪)에 가서 한(漢)에 귀부(歸附)하였다. 〈사기 14 고구려 2 민중왕〉

대안법사 大安法師 [신라] 31대 신문왕(神文王) 때 원효대사(元曉大師)가 해룡(海龍)의 유도(誘導)로 조(詔)를 노상(路上)에서 받아 삼매경소(三昧經疏)를 지었는데 그 때 붓과 벼루를 소의 두 뿔 위에 놓았으므로 각승(角乘)이라 했다. 이것은 자각(自覺)과 각타(覺他)의 숨은 뜻을 나타낸 것인데 대안법사가 종이를 붙이자 또한 음(音)을 알고 화창(和唱)하였다. 〈유사 4 의해 5 원효불기〉

대양 大讓 [신라] 33대 성덕왕(聖德王) 26년(727년) 급찬(級湌)에서 사찬(沙湌)이 되었다. 〈사기 8 신라 8 성덕왕〉

대양왕 大陽王 [고구려] 28대 보장왕(寶藏王)의 아버지. 27대 영류왕(榮留王)의 아우이다. 〈사기 21 고구려 9 보장왕 상〉

대연 大緣 [고려] 태조(太祖) 때 해적(海賊)이 나타나 소요(騷擾)하므로 안혜(安惠)와 낭융(朗融)의 후예인 광학(廣學), 대연 등 두 대덕(大德)을 청하여 불양진압(祓禳鎭壓)할 법을 지으니 모두 명랑의 계통이었다. 돌백사주첩주각(堗白寺柱貼注脚)에 따르면 광학과 대연은 형제간이라 한다. 적리녀(積利女)가 어머니이다. 〈유사 5 신주 6 명랑신인〉

대원 大元 [고구려] 26대 영양왕(嬰陽王)의 휘(諱). 또는 원(元)이라고도 한다. 25대 평원왕(平原王)의 아들이다. 〈사기 20 고구려 8 영양왕〉 영양왕 또는 평양(平陽) 〈유사 1 왕력 1〉 ☞ 604쪽

대원 大原 [신라] 고구려 보덕법사(普德法師)의 고제(高弟) 11인 중의 하나로 일승(一乘) 심정(心正)과 함께 대원사(大原寺)를 창건하였다. 〈유사 3 흥법 3 보장봉로 보덕이암〉

대인 大因 [신라] 26대 진평왕(眞平王) 51년(629년) 왕이 이찬(伊湌) 임영리(任永里), 소판(蘇判) 대인 등을 시켜 군사를 거느리고 고구려

낭비성(娘臂城)을 공격했으나 패하였다. 〈사기 41 열전 1 김유신 상〉

대일 大日 [신라] 26대 진평왕(眞平王) 49년(627년) 당시 이찬(伊湌). 그의 아들이 화랑(花郞)이 되어 근랑(近郞)이라 하였다. 〈사기 48 열전 8 검군〉

대장 大莊(將) [신라] 31대 신문왕(神文王) 6년(686년) 이찬(伊湌)으로 중시(中侍)가 되었다. 장(莊)을 장(將)이라고도 썼다. 〈사기 8 신라 8 신문왕〉

대정 大正 [신라] 35대 경덕왕(景德王) 4년(745년) 이찬(伊湌)으로 중시(中侍)로 삼았다. 동 9년 사직하였다. 〈사기 9 신라 9 경덕왕〉

대조대왕 大祖大王 [고구려] 6대왕(재위 53~146년). 혹은 국조왕(國祖王)이라고도 한다. 휘(諱)는 궁(宮)이고 아명(兒名)은 어수(於漱)이다. 2대 유리왕(琉璃王)의 아들 고추가(古雛加) 재사(再思)의 아들이다. 어머니는 부여사람이다. 재위 90년의 장수한 왕이고 끊임없이 북경(北境)의 족속들과 싸우면서 영토를 넓혀 나갔다. 7대 차대왕(次大王)의 형으로 동 94년(146년) 차대왕에게 양위(讓位)하고 109세에 돌아갔다. 〈사기 15 고구려 3 대조대왕〉 ☞ 595쪽

대존 大尊 [신라] 54대 경명왕(景明王) 비(妃)의 아버지. 각간(角干). 추봉명(追封名)은 성희대왕(聖僖大王)이다. 〈유사 1 왕력 1〉

대주도금 大主刀金 [후백제] 아자개(阿玆蓋)의 딸이며 견훤(甄萱)의 누이이다. 〈유사 2 기이 2 후백제 견훤〉

대주류왕 大朱留王 [고구려] 3대 대무신왕(大武神王)의 다른 이름→대무신왕. 호태왕비(好太王碑)에는 대주류왕(大朱留王)이라 되어 있다. 〈사기 14 고구려 2 대무신왕〉 ☞ 594쪽

대토 大吐 [신라] 30대 문무왕(文武王) 13년(673년) 당시 아찬(阿湌)이었는데 모반(謀叛)하여 당(唐)에 붙으려 하다가 발각되어 복주(伏

誅)되었다. 〈사기 7 신라 7 문무왕 하〉

대해주류왕 大解朱留王 [고구려] 3대 대무신왕(大武神王)의 다른 이름 → 대무신왕. 호태왕비(好太王碑)에는 대주류왕(大朱留王)이라 되어 있다. 〈사기 14 고구려 2 대무신왕〉 ☞ 591쪽, 594쪽

※ '대주류왕'은 고구려말이며 대무신왕은 이것의 한역어(漢譯語)일 것이다. 解는 解慕 곧 '갬'의 약어로 武(원 뜻은 熊=곰)에 당하고 朱留는 마치 가야(伽倻)의 首露와 같이 신성(神聖)의 말인 '수리'에 당한다고 본다. 〈유사〉의 미류(味留)는 朱의 잘못 적음이라 본다. 〈이병도 님의 주에 따름〉

대현 大賢 [신라] 35대 경덕왕(景德王) 때 유가종(瑜伽宗)의 대덕(大德). 총혜(聰慧)하고 명변(明辯)하고 정민(精敏)하여 판단이 분명하였다. 법상종(法相宗)은 그 주지(主旨)와 이치가 그윽하고 깊어 해부(解剖)와 분석이 어려운데 대현은 모든 이치에 통달하였다. 어느 날 내전(內殿)의 우물이 마르자 대현이 금광경(金光經)을 강(講)하자 우물물이 솟아 나왔는데 그 이름을 금광정(金光井)이라 불렀다. 자호(自號)를 청구사문(青丘沙門)이라 하였다. 〈유사 4 의해 5 현유가 해화엄〉

대현 大玄 [신라] 32대 효소왕(孝昭王) 원년(692년) 왕이 사찬(沙湌) 대현의 아들 부례랑(夫禮郞)을 국선(國仙)으로 삼았다. → 부례랑 〈유사 3 탑상 4 백률사〉

대호신왕 大虎神王 [고구려] 3대 대무신왕(大武神王)의 다른 적음이다. 고려 혜종(惠宗)의 이름을 기휘(忌諱)하여 무(武)대신 호(虎)자를 쓴 것이다. → 대무신왕 〈유사 1 왕력 1〉

대흔 大昕 [신라] 44대 민애왕(閔哀王) 2년(839년) 궁복(弓福)의 지원을 받은 김양(金陽)의 군사가 달벌(達伐=대구)에 이르자 이찬(伊湌) 대흔 등에게 맞아 싸우게 했는데 이기지 못하고 왕은 김양 군사에게 살해되었다. 46대 문성왕(文聖王) 11년(849년) 배반하

다가 복주(伏誅)되었다. 〈사기 10 신라 10 민애왕, 11 문성왕〉

덕남 德男 [고구려] 28대 보장왕(寶藏王)의 아들. 신라 30대 문무왕(文武王) 8년(668년) 고구려가 항복하자 당장(唐將) 이적(李勣)이 보장왕과 왕자 복남(福男), 덕남 그리고 대신(大臣) 등을 거느리고 당에 돌아갔다. 〈사기 6 신라 6 문무왕 상〉

덕만 德曼 [신라] 27대 선덕왕(善德王)의 휘(諱) → 선덕왕 〈사기 5 신라 5 선덕왕〉, 〈유사 1 왕력 1〉

덕만 德萬 [신라] 27대 선덕왕(善德王)의 휘(諱) 덕만(德曼)의 다른 적음이다. → 선덕왕 〈유사 1 기이 2 선덕여왕지기삼사〉

덕무 德武 [고구려] 28대 보장왕(寶藏王)의 아들. 당왕(唐王)이 699년 안동도독(安東都督)을 삼았는데 그 후 스스로 나라를 세우고 원화(元和) 13년(818년)에는 사신을 당(唐)에 보내 악공(樂工)을 바쳤다. 〈사기 22 고구려 10 보장왕 하〉

덕복전 德福傳 [신라] 30대 문무왕(文武王) 14년(674년) 대내마(大奈麻)로 입당숙위(入唐宿衛)하던 그가 역술(曆術)을 학습하고 돌아와서 역법(曆法)을 개정하였다. 〈사기 7 신라 7 문무왕 하〉

덕술 德述 [후백제] 견훤(甄萱)의 장군. 고려 태조(太祖)가 19년(936년) 후백제의 잔병(殘兵)을 토벌하려고 발병했을 때 마주 포진(布陣)했던 덕술 등이 자기 편의 군세(軍勢)가 약함을 알고 와서 항복했다. 〈사기 50 열전 10 견훤〉, 〈유사 2 기이 2 후백제 견훤〉

덕지 德智 [신라] 20대 자비마립간(慈悲麻立干) 6년(463년) 왜병이 침노하자 덕지에게 명하여 군사를 거느리고 가서 섬멸하였다. 동 16년(495년) 급찬(級湌)으로 좌우장군(左右將軍)이 되었다. 〈사기 3 신라 3 자비마립간〉 백제 24대 동성왕(東城王) 17년(495년) 고구려가 백제를 침공하므로 왕이 신라(新羅)에게 구원을 청하자 신라왕이 덕지를 보내 구하게 했다. 〈사기 26 백제 4 동성왕〉

덕창 德昌 [고구려] 27대 선덕왕(善德王) 때 고구려의 중이며 첩자(諜者). 고구려가 김춘추(金春秋)를 잡아 두자 김유신(金庾信)이 구출하려고 결사대를 뽑아 출발하려고 하는데 덕창이 그 사실을 고구려왕에게 알려 김춘추를 놓아 주었다. 〈사기 41 열전 1 김유신 상〉

도녕 道寧 [가야] 가락국(駕洛國) 6대 좌지왕(坐知王)의 비(妃) 복수(福壽)의 아버지. 대아간(大阿干)이다. 〈유사 1 기이 2 가락국기〉

도도 都刀 [신라] 24대 진흥왕(眞興王) 15년(554년) 백제가 침공하여 대항해 싸우다가 신주 군주 김무력(新州軍主金武力)이 주병(州兵)을 이끌고 교전하게 되자 그의 비장(裨將)인 도도가 갑자기 쳐서 백제왕(26대 성왕)을 죽이었다. 〈사기 4 신라 4 진흥왕〉

도동음률(진) 徒冬音律(津) [탐라] 신라 30대 문무왕(文武王) 2년(662년) 탐라국주 좌평도동음률(耽羅國主 佐平徒冬音律)이 내항(來降)하였다. 〈사기 6 신라 6 문무왕 상〉

도두 都頭 [부여] 고구려 6대 대조대왕(大祖大王) 16년(68년) 갈사왕(曷思王)의 손자인 도두가 나라를 들어 고구려에 내항(來降)하였다. 갈사왕은 부여 왕족 대소(帶素)의 아우이다. 〈사기 15 고구려 3 대조대왕〉

도림 道琳 [고구려] 백제 20대 개로왕(蓋鹵王) 21년(475년) 고구려의 승(僧)으로 백제에 간첩으로 가서 백제왕을 속여 바둑을 두면서 성곽, 궁실, 백성의 가옥(城郭, 宮室, 百姓의 家屋) 등을 새로 지으라고 권해 왕이 그렇게 하다가 창름(倉廩)이 비고 백성이 곤궁(困窮)하게 되니 도림은 고구려왕에게 고하여 백제를 치니 백제군은 쉽게 무너지고 왕은 고구려군에게 잡혀 갖은 수모(羞侮)를 겪고 죽임을 당하였다. 〈사기 25 백제 3 개로왕〉

도미 都彌 [백제] 도미는 의리를 알며 그 아내는 아름답고 절행(節行)이 있었는데 4대 개루왕(蓋婁王, 이병도 님은 개루왕이 아니고 21

대 개로왕(蓋鹵王) 때의 일인 것 같다고 함)이 위계로 도미의 처를 범하려 했으나 도미의 처에게 속자 도미의 눈을 빼고 배에 실어 물에 띄어 보냈다. 그리고 다시 도미의 처를 강제로 상관하려 했는데 도미 처는 다시 꾀를 써 도망하여 도미를 만나 고구려로 망명하여 구차히 살았다 한다. 〈사기 48 열전 8 도미〉

도비 都非 [신라] 26대 진평왕(眞平王) 때 대내마(大奈麻). 눌최(訥催)의 아버지 → 눌최(訥催) 〈사기 47 열전 7 눌최〉

도성 道成 [신라] 성사(聖師). 관기(觀機)와 함께 포산(包山)에 은거(隱居)하였는데 기는 남령(南嶺)에 암자(庵子)를 짓고 성은 북혈(北穴)에 살았는데 구름을 헤치고 달을 노래하며 늘 왕래하였다. 몇 해 후 도성이 뒷산 바위 위에서 치솟아 공중에 날려 간 곳을 몰랐다. 기도 뒤따랐는데 그 후 이들이 있던 곳에 여러 가지 상서(祥瑞)가 있었다. 〈유사 5 피은 8 포산이성〉

도옥 道玉 [신라] 신라 30대 문무왕(文武王) 11년(671년) 무렵 내마(奈麻) 취복(聚福)의 둘째 아들 취도(驟徒)의 법명(法名) → 취도 〈사기 47 열전 7 취도〉

도유 都儒 [신라] 30대 문무왕(文武王) 8년(668년) 대아찬(大阿湌). 당군이 도래(到來)하매 왕이 군을 정비할 때 한성주 행군총관(漢城州行軍摠管)이 되었다. 〈사기 6 신라 6 문무왕 상〉

도융 道融 [신라] 30대 문무왕(文武王) 때 의상대사(義湘大師)의 제자로 십대덕(十大德)의 한 사람으로 아성(亞聖)이다. 〈유사 4 의해 5 의상전교〉

도의 道義 [신라] 포산이성(包山二聖)을 포함한 구성인(九聖人)의 하나이다. 〈유사 5 피은 8 포산이성〉

도조 都祖 [고구려] 주몽(朱蒙)의 아들 유리(類利, 2대 유리왕)가 아버지가 숨겨 놓은 유물(遺物)을 찾아 졸본(卒本)으로 아버지를 찾아갈

때 수행한 사람 중의 하나이다. 〈사기 13 고구려 1 유리명왕〉

도증 道證 [신라] 32대 효소왕(孝昭王) 원년(692년) 고승(高僧)으로 당(唐)에서 돌아와 천문도(天文圖)를 바쳤다. 〈사기 8 신라 8 효소왕〉

도체 都切 [고구려] 2대 유리명왕(琉璃明王)의 아들. 유리왕 14년(BC 6년) 부여왕 대소(夫餘王 帶素)가 고구려에 볼모를 교환하자고 청했는데 왕이 태자 도체를 보내려 했으나 도체가 가지 않아 대소가 노하여 고구려를 침공했다가 추위와 눈에 물러갔다. 〈사기 13 고구려 1 유리명왕〉

도침 道琛 [백제] 신라 30대 문무왕(文武王) 3년(663년) 백제의 구장(舊將) 복신(福信 : 백제 무왕의 종자(從子)라고도 하고 <일본서기>에는 귀실복신(鬼室福信)이라 나옴)과 중 도침이 구왕자(舊王子) 부여풍(夫餘豊)을 영립(迎立)하여 당군을 공격하였는데 후에 복신이 도침을 죽이고 세력을 확충했다. 〈사기 6 신라 6 문무왕 상〉

도화녀(낭) 桃花女(娘) [신라] 26대 진평왕(眞平王) 때 사량부(沙梁部)에 얼굴이 고운 서녀(庶女). 왕이 듣고 불러 상관하려 했으나 도화는 갖은 협박에도 불구하고 불사이부(不事二夫)를 내세웠다. 왕이 죽은 후 도화의 남편도 죽자 밤중에 왕이 여자의 방에 나타나 7일간 머물다가 없어졌는데 도화는 바로 임신하여 아이를 낳아 비형(鼻荊)이라 하였다. 〈유사 1 기이 2 도화녀 비형랑〉

돌고 咄固 [고구려] 14대 봉상왕(烽上王)의 아우. 동 2년(293년) 이심(異心)이 있다하여 왕에게 죽임을 당하였다. 그의 아들 을불(乙弗)은 야외로 달아났다가 후에 15대 미천왕(美川王)이 되었다. → 미천왕 〈사기 17 고구려 5 봉상왕〉

돌처랑 突處郞 [신라] 26대 진평왕(眞平王) 때 화랑(花郞) → 실처랑(實處郞) 〈유사 5 감통 7 융천사 혜성가 진평왕대〉 ☞ 589쪽

동대 冬臺 [신라] 26대 진평왕(眞平王) 9년(587년) 대세(大世)와 구칠(仇柒)

이 해외로 달아났는데 대세는 내물니사금(奈勿尼師今)의 7세손 이찬 동대(伊湌 冬臺)의 아들이다. 〈사기 4 신라 4 진평왕〉

동륜 銅輪 [신라] 24대 진흥왕(眞興王)의 태자(太子)인데 동 33년(572년) 죽었다. 26대 진평왕(眞平王)의 아버지이다. 동륜(東輪)이라고도 한다. 〈사기 4 신라 4 진흥왕, 진평왕〉

동륜 東輪 [신라] 26대 진평왕(眞平王)의 아버지이다. →동륜(銅輪) 〈유사 1 왕력 1〉

동명 東明 [고구려] →동명성왕. 신라 시조 혁거세 거서간(赫居世居西干) 21년(37년) 고구려 동명이 왕이 되었다. 〈사기 1 이병도 님의 해설〉

동명성왕 東明聖王 [고구려] 시조(始祖, 재위 BC 37~19년). 성은 고씨(高氏), 휘(諱)는 주몽(朱蒙 또는 추모(鄒牟) 또는 상해(象解)). 부여왕 해부루(解夫婁)의 아들 금와(金蛙)가 하백(河伯)의 딸 유화(柳花)를 만났는데 그 여자는 천제(天帝)의 아들 해모수(解慕漱)와 관계하여 그 아버지가 귀양 보낸 것이라 하므로 데려다 두었더니 햇빛이 그의 몸에 비치었는데 피해도 따라오더니 큰 알을 낳았는데 그 알에서 태어난 것이 주몽이다. 자라면서 영특하여 7살부터 활과 살을 만들어 쏘면 백발백중이었다. 그래서 주몽(朱蒙=善射者)이라 하였다. 금와왕의 아들들의 박해로 부여를 떠나 졸본으로 가서 고구려를 건국하였다(신라 혁거세왕 21년의 일이다). 비(妃)는 예씨부인(禮氏夫人)이다. 〈사기 12 고구려 1 시조 동명성왕〉 단군(檀君)의 아들. 고구려의 시조. 유리왕(琉璃王), 백제의 온조왕(溫祚王)이 모두 동명의 아들이다. 추모(鄒蒙)이라고도 적었다. 〈유사 1 왕력 1, 1 기이 2 마한, 고구려, 변한 백제, 남부여 전백제, 3 흥법 3 보장봉로 보덕이암, 3 탑상 4 요동성육왕탑〉

동성왕 東城王 [백제] 22대 문주왕(文周王)의 아우 곤지(昆支)의 아들이며 24

대 왕(재위 479~501년). 휘(諱)는 모대(牟大 또는 摩牟(摩帝의 잘못)). 담력이 빼어나고 활을 잘 쏘았다. 신라와 자주 싸웠으며 환락을 즐기다가 동 23년(501년) 가림성 진주(加林城 鎭主) 위사좌평(衛士佐平) 백가(苩加)가 보낸 자객(刺客)에 의해 살해되었다. 〈사기 26 백제 4 동성왕〉 마제(麻帝) 또는 여대(餘大)라고도 한다. 23대 삼근왕(三斤王)의 당제(堂弟)이다. 〈유사 1 왕력 1〉

동소 東所 [신라] 26대 진평왕(眞平王) 48년(626년) 주재성성주(主在城城主)로 백제의 공격을 받아 전사하였다. 〈사기 4 신라 4 진평왕, 27 백제 5 무왕〉

동천왕 東川王 [고구려] 11대왕(재위 227~248년). 휘(諱) 우위거(憂位居), 소명(小名) 교체(郊彘). 10대 산상왕(山上王)의 아들. 어머니는 주통촌인(酒桶村人). 위(魏) 관구검(毌丘儉)의 침공을 받아 여러 번 위기를 겪었으나 밀우(密友), 유유(紐由) 등의 용맹과 계략으로 위기를 벗어날 수 있었다. 〈사기 17 고구려 5 동천왕〉, 〈유사 1 왕력 1〉

동타천 冬陁川 [신라] 29대 무열왕(武烈王) 8년(661년) 북한산성 성주(北漢山城城主). 대사(大舍). 고구려군이 침공했을 때 성안의 남녀 2,800여 인을 데리고 강한 적과 20여 일을 대적했다. 후에 대내마(大奈麻)가 되었다. 〈사기 5 신라 5 태종무열왕〉

두로 杜魯 [고구려] 5대 모본왕(慕本王) 6년(53년) 왕을 좌우에서 시측(侍側)하던 모본인(慕本人) 두로가 왕을 시해(弑害)했다. 〈사기 14 고구려 2 모본왕〉

두사지 豆斯支 [신라] 27대 선덕왕(善德王) 11년(642년) 김춘추(金春秋)가 고구려로 청병하러 가는 길에 대매현(代買縣) 사람 사간(沙干) 두사지가 청포(青布) 300보(步, 대개 주척(周尺) 6척을 1보라 함)를 주었다. 〈사기 41 열전 1 김유신 상〉

두선 豆善 [신라] 30대 문무왕(文武王) 12년(672년) 고구려 여당(餘黨) 토벌에 나선 당장(唐將) 고간(高侃)과 싸우다가 전사하였다. 당시 아찬(阿湌) 〈사기 7 신라 7 문무왕 하〉

두지 豆知 [백제] 16대 진사왕(辰斯王) 3년(387년) 은솔(恩率)이 되었다. 〈사기 25 백제 3 진사왕〉

두질 豆迭 [신라] 29대 무열왕(武烈王) 7년(660년) 고구려 침공에 대항해 싸우다가 전사하였다. 군사(軍師)에서 고간(高干)으로 올렸다. 〈사기 5 신라 5 태종무열왕〉

득래 得來 [고구려] 11대 동천왕(東川王) 20년(246년) 패자(沛者). 고구려가 위(魏) 관구검(毌丘儉)의 침공에 대항해 싸울 때에 신하 득래가 왕이 중국을 침범하는 것에 대하여 간(諫)하였으나 왕이 듣지 않자 장차 이 나라가 쑥대밭이 될 것이라며 굶어 죽었다. 관구검이 이 소식을 듣고 득래의 처자(妻子)를 놓아 보냈다. 〈사기 17 고구려 5 동천왕〉

득오 得烏 [신라] 32대 효소왕(孝昭王) 때 주지랑(竹旨郎)의 낭도(郎徒)로 급간(級干). 모량부(牟梁府) 당전(幢典) 익선아간(益宣阿干)이 데려다 종처럼 부리므로 죽지랑이 많은 쌀과 물건을 주고 빼내왔다. 혹 곡오(谷烏)라고도 적었는데 이는 得과 谷의 뜻말이 같기 때문에 같은 사람의 이름일 것이다. 〈유사 2 기이 2 효소왕대 죽지랑〉 ☞ 581쪽

득오실 得烏失 [신라] 위의 득오(得烏)와 같은 사람인데 실(失)은 '득곡(得谷)'의 뜻말의 발음표기자이다. 〈유사 2 기이 2 효소왕대 죽지랑〉

득훈 得訓 [신라] 7대 일성니사금(逸聖尼師今) 16년(149년) 사찬(沙湌)이 되었다. 〈사기 1 신라 1 일성니사금〉

등보 登保 [신라] 18대 실성마립간(實聖麻立干)의 어머니 이리부인(伊利夫人)의 아버지이다. → 석등보 〈사기 3 신라 3 실성니사금〉

※ 같은 사람인데 〈유사〉에는 예생부인(禮生夫人) 석씨(昔氏)의 아버지 등야아간(登也阿干)이라 하였다.

등야아간 登也阿干 [신라] 18대 실성마립간(實聖麻立干)의 어머니 예생부인(禮生夫人) 석씨(昔氏)의 아버지이다. 〈유사 1 왕력 1〉

등허각간 登許角干 [신라] → 등흔 〈유사 1 왕력 1〉

등흔 登欣 [신라] 22대 지증마립간(智證麻立干)의 비(妃) 연제부인(延帝夫人)의 아버지. 이찬(伊飡) 〈사기 4 신라 4 지증마립간〉

마득 馬得 [신라] 29대 태종무열왕(太宗武烈王)의 서자(庶子). 아간(阿干) 〈유사 1 기이 2 태종춘추공〉

마라난타 摩羅難陀 [진(晉)] 백제 15대 침류왕(枕流王) 때 호승(胡僧) 마라난타(摩羅難陀)가 진(晉)에서 왔는데 왕이 궁내에 두고 예경(禮敬)하니 불법(佛法)이 이로부터 비롯하였다. 〈사기 24 백제 2 침류왕〉 즉위(卽位)한 해(384년) 호승 마라난타가 오자 한산주(漢山州)에 불사(佛寺)를 지으니 백제 불법의 시초이다. 〈유사 1 왕력 1, 3 흥법 3 난타벽제〉

마려 馬黎 [백제] 시조 온조(溫祚)가 고구려의 유리태자(類利太子)에게 용납되지 못할 것을 염려하여 남행(南行)할 때 수행한 사람 중의 하나이다. 〈사기 23 백제 1 시조 온조〉, 〈유사 2 기이 2 남부여 전백제〉

마로 麻盧 [고구려] 3대 대무신왕(大武神王) 4년(21년) 왕이 부여(夫餘)를

칠 때 적곡인(赤谷人)이라며 대왕의 길을 인도하겠다고 자원했다. 〈사기 14 고구려 2 대무신왕〉

마리 摩離 [고구려] 부여(夫餘)의 왕자 대소(帶素)가 주몽(朱蒙)을 모살(謀殺)하려고 하자 주몽은 어머니가 이 곳을 떠나라고 하는 말을 듣고 마리 등 세 사람과 도망갔다. 〈사기 13 고구려 1 시조 동명성왕〉

마모 摩牟 [백제] 24대 동성왕(東城王)의 휘(諱)가 모대(牟大)인데 마모라고도 한다. 이것은 摩帝의 잘못일 것이고 이들 이표기(異表記)는 동음이사(同音異寫)일 것이다. → 모대 〈사기 26 백제 4 동성왕〉 ☞ 586쪽

마숙 馬叔 [신라] 4대 탈해니사금(脫解尼師今) 때 거도(居道)의 별명 → 거도 〈사기 44 열전 4 거도〉

마야부인 摩耶夫人 [신라] 26대 진평왕비(眞平王妃). 김씨(金氏). 복승 갈문왕(福勝葛文王)의 딸이며 27대 선덕왕(善德王)의 어머니이다. 〈사기 4 신라 4 진평왕, 5 선덕왕〉 진평왕의 선비(先妃) 김씨. 이름은 복힐구(福肸口) 〈유사 1 왕력 1〉

마제 摩帝 [신라] 6대 지마니사금(祗摩尼師今)의 왕비(王妃) 애례부인(愛禮夫人)의 아버지. 갈문왕(葛文王) 〈사기 1 신라 1 지마니사금〉

마제 麻帝 [백제] 24대 동성왕(東城王)의 휘(諱). 모대(牟大) 또는 여대(餘大)라고도 한다. 〈유사 1 왕력 1〉

마질차 摩叱次 [신라] 38대 원성왕(元聖王)의 오대조(五代祖) 법선(法宣 追封名玄聖大王)의 아버지이다. 잡간(匝干) 〈유사 2 기이 2 조설〉

마품왕 馬品王 [가야] → 마품왕(麻品王) 〈유사 2 기이 2 가락국기〉

마품왕 麻品王 [가야] 가락국 3대왕. 2대 거등왕(居登王)의 아들. 어머니는 천부경(泉府卿) 신보(申輔)의 딸 모정부인(慕貞夫人)이다. 마품(馬品)이라고도 적었다. 〈유사 2 기이 2 가락국기〉

막고해 莫古解 [백제] 14대 근구수왕(近仇首王) 때 장군(將軍). 왕이 태자시절 고구려군을 격파하면서 더 북쪽으로 쫓아가자 욕심을 부리지 말고 족(足)한 줄을 알면 욕되지 않는다고 간(諫)하였다. 왕이 옳게 여겨 추격을 그쳤다. 〈사기 24 백제 2 근구수왕〉

막근 莫勤 [고구려] 6대 대조대왕(大祖大王)의 원자(元子). 삼촌인 7대 차대왕(次大王)이 동 3년(148년) 사람을 시켜 조카인 태자 막근을 죽였다. 동생 막덕은 스스로 목매 죽었다. 〈사기 15 고구려 3 차대왕〉

막덕 莫德 [고구려] 6대 대조대왕(大祖大王)의 아들로 삼촌인 7대 차대왕(次大王)이 동 3년(148년) 사람을 시켜 조카인 태자 막근을 죽였다. 동생 막덕은 스스로 목매 죽었다. 〈사기 15 고구려 3 차대왕〉

만 曼 [신라] 51대 진성왕(眞聖王)의 휘(諱) → 진성왕 〈사기 11 신라 11 진성왕〉 ☞ 604쪽

만내 萬內 [신라] 26대 진평왕(眞平王)의 어머니 → 만호부인(萬呼夫人) 〈사기 4 신라 4 진평왕〉 ☞ 595쪽

만녕부인 萬寧夫人 [신라] 26대 진평왕(眞平王)의 어머니는 입종갈문왕(立宗葛文王)의 딸 만호부인(萬呼夫人)인데 만녕부인이라고도 한다. 〈유사 1 왕력 1〉 ☞ 595쪽

만덕 萬德 [신라] 24대 진흥왕(眞興王) 13년(552년) 대사(大舍). 계고, 법지(階古 法知) 등과 함께 우륵(于勒)에게 춤과 음악을 배우게 했는데 만덕은 춤을 배웠다. 〈사기 4 신라 4 진흥왕, 32 잡지 1 악〉

만명 萬明 [신라] 29대 무열왕(武烈王), 30대 문무왕(文武王) 대의 대장군 김유신(金庾信)의 어머니. 가야(伽倻)의 서현(舒玄 : 김유신의 아버지)이 갈문왕(葛文王) 입종(立宗)의 아들인 숙흘종(肅訖宗)의 딸 만명을 보고 꾀어 야합하여 임신하여 26대 진평왕(眞平王) 12년(590년) 유신을 낳았다. 〈사기 41 열전 1 김유신 상〉

만세 萬世 [신라] 26대 진평왕(眞平王) 26년(604년) 대내마(大奈麻)로 수(隋)에 입조(入朝) 하였다. 〈사기 4 신라 4 진평왕〉

만세 萬歲 [고려] 후백제의 견훤(甄萱)이 가족을 이끌고 금산사(金山寺)에서 도망해 고려(高麗) 태조(太祖)를 만나고자 하므로 태조가 검필(黔弼)과 만세를 보내 맞아들이었다(고려 태조 18년(935년)). 〈사기 50 열전 10 견훤〉

만월부인 滿月夫人 [신라] 35대 경덕왕(景德王)의 후비(後妃)이며 36대 혜공왕(惠恭王)의 어머니. 각간(角干) 김의충(金義忠)의 딸이다. 〈사기 9 신라 9 혜공왕〉 시호(謚號)는 경수왕후(景垂(穆)王后), 의충각간(依忠角干)의 딸이다. 〈유사 1 왕력 1, 2 기이 2 찬기파랑가〉

만종 萬宗 [신라] 35대 경덕왕(景德王) 23년(764년) 이찬(伊湌) 만종을 상대등(上大等)으로 삼았다. 〈사기 9 신라 9 경덕왕〉

만헌 曼憲 [신라] 51대 진성왕(眞聖王)의 휘(諱) 〈유사 1 왕력 1〉 ☞ 604쪽

만호부인 萬呼夫人 [신라] 26대 진평왕(眞平王)의 어머니. 김씨(金氏). 갈문왕(葛文王) 입종(立宗)의 딸이다.=만녕부인 〈사기 4 신라 4 진평왕〉, 〈유사 1 왕력 1〉 ☞ 595쪽

말구 末仇 [신라] 14대 유례니사금(儒禮尼師今) 8년(291년) 이벌찬(伊伐湌)이 되었는데 충정(忠貞)하고 지략(智略)이 있어 왕이 늘 정사(政事)의 요강(要綱)을 물었다. 17대 내물니사금(奈勿尼師今)의 아버지이며 13대 미추니사금(味鄒尼師今)의 아우이다. 〈사기 2 신라 2 유례니사금, 3 신라 3 내물니사금〉

맹광 孟光 [고구려] 20대 장수왕(長壽王) 때 장수(將帥). 동 24년(436년) 위(魏)가 북연(北燕)의 백낭성(白狼城)을 공격하여 함락시켰는데 왕은 맹광 등으로 하여금 수만의 무리를 이끌고 연왕(燕王)을 도왔다. 〈사기 18 고구려 6 장수왕〉

명 明 ① [신라] 44대 민애왕(閔哀王)의 휘(諱)이다. 〈유사 1 왕력 1〉

② [백제] 26대 성왕(聖王)의 휘(諱)이다. 〈유사 1 왕력 1〉
③ [백제] 27대 위덕왕(위덕왕)의 휘 〈유사 1 왕력 1〉 ☞ 603쪽

명귀 明貴 [신라] 52대 효공왕(孝恭王) 9년(906년) 적의. 황의족(赤衣.黃衣族) 명귀 등이 궁예(弓裔)에게 와서 항복하였다. 〈사기 50 열전 10 궁예〉

명기 明基 [신라] 41대 헌덕왕(憲德王) 14년(822년) 화랑(花郎). 김헌창(金憲昌)이 반란(叛亂)을 일으키자 왕이 군사를 정비 분할 수비토록 했는데 화랑 명기 등이 종군을 청하여 명기에게는 그 도중(徒衆)과 함께 황산(黃山)으로 향하도록 하였다. 〈사기 10 신라 10 헌덕왕〉

명길 明吉 [후백제] 견훤(甄萱)군의 장군. 고려 태조의 군세를 보고 항복하였다. 〈사기 50 열전 10 견훤〉, 〈유사 2 기이 2 후백제 견훤〉

명농 明穠 [백제] 26대 성왕(聖王)의 휘(諱)이다. → 성왕 〈사기 26 백제 4 성왕, 4 신라 4 진흥왕〉

명농왕 明穠王 [백제] 26대 성왕(聖王)의 휘(諱)이다. 신라 문무왕(文武王)의 회고담에 나온다. 〈사기 43 열전 3 김유신 하〉 25대 무녕왕(武寧王)의 아들이다. 〈유사 1 왕력 1〉

명덕 明德 [고구려] 28대 보장왕(寶藏王) 때 보덕법사(普德法師)의 고제(高弟)중의 한 사람. 연구사(燕口寺)를 창건하였다. 〈유사 3 흥법 3 보장봉로 보덕이암〉

명덕대왕 明德大王 [신라] 38대 원성왕(元聖王)의 아버지. 일길찬(一吉湌) 효양(孝讓)의 추봉명(追封名)이다. 〈사기 10 신라 10 원성왕〉 경주(慶州) 무장사(鍪藏寺)는 명덕대왕이 숙부(叔父) 파진찬(波珍湌)을 추숭(追崇)하여 세운 것이다. 〈유사 1 왕력 1, 3 탑상 4 무장사미타전〉

명랑법사 明朗法師 [신라] 문무왕(文武王) 때 법사(法師). 신인종(神印宗)의 조사(祖師). 금강사(金剛寺)를 창건하고 낙성식을 하였는데 혜공(惠空)

이 오지 않자 명랑이 분향 기도하니까 나타났다. 당이 신라 승상(丞相) 흠순(欽純)과 양도(良圖) 등을 가두고 신라를 치려 하자 흠순이 비밀히 의상대사(義湘大師)에게 본국에 알리도록 하였는데 나라에서는 명랑에게 명하여 밀단법(密壇法)을 가설(假設)하고 풀이하여 국난을 면했다. 당에서 돌아올 때 용궁(龍宮)에 가서 비법을 전하고 황금(黃金) 천량을 받아 와 금광사(金光寺)를 창건하였다. 휘(諱)는 명랑, 자(字)는 국육(國育)인데 사간(沙干) 재량(才良)의 아들이며 어머니는 남간부인(南澗夫人) 또는 법승낭(法乘娘)이라고도 하는데 소판(蘇判) 무림(茂林)의 딸이며 자장법사(慈藏法師)의 누이이다. 〈유사 2 기이 2 문호왕법민, 4 의해 5 이혜동진, 의상전교, 5 신주 6 혜통강룡 명랑신인〉

명리호 明理好 [고구려] 21대 문자명왕(文咨明王)의 휘(諱). 나운(羅雲), 개운(个雲), 고운(高雲)이라고도 한다. 〈유사 1 왕력 1〉 ☞ 586쪽, 595쪽

명림답부 明臨答夫 [고구려] 7대 차대왕(次大王) 20년(165년) 연나부(椽那部) 조의(皁衣) 명림답부가 백성의 고통을 덜어 준다며 왕을 시해(弑害)했다. 8대 신대왕(新大王) 때 국상(國相). 패자(沛者)가 되어 병마사(兵馬事)를 맡게 되었다. 동 8년(172년) 한(漢)이 침공하자 성을 굳게 지키어 적이 굶주리고 피폐(疲弊)했을 때 칠 것을 건의, 결국 한군을 물리쳤다. 〈사기 15 고구려 3 차대왕, 45 열전 5 명림답부〉

명림어수 明臨於漱 [고구려] 11대 동천왕(東川王) 4년(230년) 국상(國相)이 되었다. 12대 중천왕(中川王) 3년(250년) 병마사(兵馬事)를 겸장(兼掌)하였다. 〈사기 17 고구려 5 동천왕, 중천왕〉

명림홀도 明臨笏覩 [고구려] 12대 중천왕(中川王) 9년(256년) 연나부(椽那部)의 명림홀도에게 공주(公主)를 취(娶)케 하여 부마도위(駙馬都尉)를 삼았다. 〈사기 17 고구려 5 중천왕〉

명선 明宣 [신라] 5대 파사니사금(婆娑尼師今) 5년(84년) 이찬(伊飡)을 삼

왔다. 〈사기 1 신라 1 파사니사금〉

명식 明式 [고려] 신라 경순왕(敬順王) 2년(928년) 견훤(甄萱)이 신라의 부곡성(缶谷城)을 쳐서 빼앗았을 때 장군으로 견훤(甄萱)에게 항복했다. 〈사기 50 열전 10 견훤〉

명왕 明王 [백제] 26대 성왕(聖王)의 휘(諱)이다. 〈사기 27 백제 4 혜왕, 성왕〉

명원부인 命元夫人 [신라] 16대 흘해니사금(訖解尼師今)의 어머니. 11대 조분니사금(助賁尼師今)의 딸이다. 〈사기 2 신라 2 흘해니사금〉

명주녀 明珠女 [신라] 신인종(神印宗)에 귀의한 대덕(大德) 광학(廣學), 삼중(三重) 대연(大緣) 두 형제는 적리녀(積利女)의 아들인데 명주녀는 적리녀의 딸이다. 경주(慶州) 호장(戶長) 거천(巨川)의 외할머니이다. 〈유사 5 신주 6 명랑신인〉

명지 明之 [신라] 31대 신문왕(神文王)의 휘(諱)의 별칭(別稱) → 신문왕 〈사기 8 신라 8 신문왕〉

명치호왕 明治好王 [고구려] 21대 문자명왕(文咨明王)의 다른 이름 → 문자명왕 〈사기 19 고구려 7 문자명왕〉 ☞ 585쪽, 595쪽

모 募 [신라] 23대 법흥왕(法興王)의 휘(諱)를 원종(原宗)이라 했는데 <책부원귀(冊府元龜)>에는 성(姓)이 모이고 이름은 진(秦)이라 하였다. 〈유사 1 왕력 1, 3 흥법 3 원종흥법 염촉멸신〉

모대 牟大 [백제] 24대 동성왕(東城王)의 휘(諱). 마모(摩牟)라고도 한다. → 동성왕. 신라 21대 조지마립간(照知麻立干) 15년(493년) 백제왕 모대(牟大)가 혼인을 청하니 이벌찬(伊伐湌) 비지(比智)의 딸을 보냈다. 〈사기 3 신라 3 조지마립간, 26 백제 4 동성왕〉 마제(麻帝) 또는 여대(餘大)라고도 한다. 〈유사 1 왕력 1〉 ☞ 586쪽

모랑 毛郎 [신라] → 모례 〈유사 3 흥법 3 원종흥법 염촉멸신〉

모량 慕良 [가야] 가락국(駕洛國) 수로왕비(首露王妃)의 신하 조광(趙匡)의

부인이다. 〈유사 2 기이 2 가락국기〉

모례 毛禮 [신라] 23대 법흥왕(法興王) 때 일선군(一善郡) 사람. 19대 눌지마립간(訥祗麻立干) 때 묵호자(墨胡子)라는 고구려 중이 일선군에 왔는데 모례가 자기집 토굴(土窟)에 모셔 두었다. 양(梁)나라에서 보낸 향(香)의 소용을 몰라 묻고 다니는데 호자가 알려주었고 왕녀(王女)의 병도 향을 사르고 축원(祝願)하여 고쳐 주고는 떠나 버렸다. 21대 소지(조지)마립간(炤知麻立干, 照知=毗處麻立干) 때 아도(阿道)라는 중이 모례 집에 왔는데 호자와 비슷했다. 이들이 신라에 불교(佛敎)를 정착시킨 셈이다. 〈사기 4 신라 4 법흥왕〉, 〈유사 3 흥법 3 아도기라〉 ☞ 587쪽

모록 毛祿 [신라] →모례 〈유사 3 흥법 3 아도기라〉 ☞ 587쪽

모말 毛末 [신라] 박제상(朴堤上)의 다른 이름→박제상 〈사기 45 열전 5 박제상〉 ☞ 581쪽

모본왕 慕本王 [고구려] 5대왕(재위 48~52). 휘(諱)는 해우(解憂) 또는 해애루(解愛婁). 3대 대무신왕(大武神王)의 원자(元子)인데 위인이 사납고 어질지 못하여 국사(國事)를 잘 살피지 못하였다. 사람을 쉽게 죽이고 신하의 간(諫)도 듣지 않았다. 그러던 중 동 5년(52년) 왕의 좌우(左右)에서 시측(侍側)하던 두로(杜魯)에 의해 시해(弑害)되었다. 〈사기 14 고구려 2 모본왕〉 애류(愛留) 또는 우류(憂留)라고도 한다. 〈유사 1 왕력 1〉

모잠 牟岑 [고구려] 신라 30대 문무왕(文武王) 때 고구려 수림성인(水臨城人). 대형(大兄)(史記에는 牟岑이라 적었는데 잘못이다. 고구려기(高句麗記)의 劍牟岑, 구당서(舊唐書)의 鉗牟岑이 그 사람이다). 동 10년(670년) 모잠이 고구려 유민(遺民)을 수습하여 남쪽으로 내려오다 사야도(史冶島 : 지금의 덕적도 부근의 섬)에서 고구려 대신(大臣) 연정토(淵淨土 : 蘇文의 아우)의 아들 안승(安勝)(보장왕의 서자로 본다)을 만나 임금을 삼고 신라왕에

게 속국(屬國)이 되기를 간청하여 허락을 받아 금마저(金馬渚 : 지금의 益山)에 있게 되었다. 〈사기 6 신라 6 문무왕 상〉

모정 慕貞 [가야] 가락국(駕洛國) 수로왕비(首露王妃)의 신하 신보(申輔)의 부인이다. → 모정부인 〈유사 2 기이 2 가락국기〉

모정부인 慕貞夫人 [가야] 가락국 3대 마품왕(麻品王)의 어머니. 천부경(泉府卿) 신보(申輔)의 딸이다(왕력에서는 신보의 딸이라 하고 가락국기에서는 신보의 부인이라 했다가 끝에 가서는 딸이라 하니 어느 쪽이 옳은지 모르겠다). 〈유사 1 왕력 1, 2 기이 2 가락국기〉

모지 謀支 [신라] 29대 무열왕(武烈王) 7년(660년) 백제가 망한 후 고구려 군사가 칠중성(七重城)을 공격했을 때 현령(縣令)인 필부(匹夫)가 성을 지켰는데 상간(上干=大舍), 모지 등이 같이 싸웠다. 〈사기 47 열전 7 필부〉

모진 募秦 [신라] 23대 법흥왕(法興王)의 성명(姓名). <책부원귀(冊府元龜)>에 성은 모, 이름은 진이라 나온다. 〈유사 1 왕력 1, 3 흥법 3 원종흥법 염촉멸신〉

모척 毛尺 [신라] 29대 무열왕(武烈王) 7년(660년) 신라인으로 변심하여 백제로 도망하였었는데 대야성(大耶城)의 도독(都督) 김품석(金品釋)의 막객(幕客)인 검일(黔日)과 공모하여 백제군을 인도하여 대야성을 공략하여 함락케 하였으므로 모척을 잡아 죽였다. 〈사기 5 신라 5 태종무열왕〉 가족이 사예(寺隷)가 되었다. 〈유사 3 흥법 3 원종흥법 염촉멸신〉

모초 毛肖 [신라] 38대 원성왕(元聖王) 5년(789년)에 왕이 자옥(子玉)이라는 사람을 양근현(楊根縣)의 소수(小守)로 삼으려 하자 집사사(執事史)로서 모초가 반박하기를 자옥은 문예로 출신(出身)한 것이 아니므로 지방행정을 맡길 수 없다고 하였다. 왕이 듣지 않았는데 사신(史臣)은 그를 크게 칭찬하였다. 〈사기 10 신라 10 원성왕〉

모흔 毛昕 [후고려] 신라 51대 진성왕(眞聖王) 8년(894년) 궁예(弓裔)가 강원도 지방에서 싸울 때 장수 중의 하나이다. 〈사기 50 열전 10 궁예〉

목도루 穆度婁 [고구려] 6대 대조대왕(大祖大王) 71년(123년) 패자(沛者) 목도루를 좌보(左輔)로 삼았다. 동 80년(132년) 왕제(王弟) 수성(遂成)의 이심(異心)을 알고 병을 칭탁(稱託)하여 벼슬에 나가지 않았다. 7대 차대왕(次大王) 2년(147년) 병을 칭탁 퇴로(退老) 하였다. 〈사기 15 고구려 3 대조대왕, 차대왕〉

목협만치 木劦滿致 [백제] 21대 개로왕(蓋鹵王) 21년(475년) 고구려 장수왕(長壽王)이 백제의 왕도(王都) 한성(漢城)을 공격해와 성이 위태로워지자 왕은 아들 문주(文周)에게 살아서 나라를 지키고 백성을 살리라고 하는 바람에 문주는 목협만치 등과 남으로 가 신라에 구원을 청하였다. 〈사기 25 백제 3 개로왕〉

묘법 妙法 [신라] 23대 법흥왕비(法興王妃)의 법명(法名)이다. 영흥사(永興寺)에 살다가 돌아갔다. 〈유사 3 흥법 3 원종흥법 염촉멸신〉

묘정 妙正 [신라] 38대 원성왕(元聖王) 때 사미승(沙彌僧). 매양 금광정(金光井)에서 바릿대를 씻을 때 자라 한 마리가 나타나므로 남은 밥을 주었더니 작은 구슬을 하나 주었는데 그것을 몸에 지니면 남의 귀여움을 받았다. 당에 갔을 때 당제(唐帝)가 자기가 잃은 구슬임을 밝혀내고 빼앗으니 그 구슬이 없게 되자 묘정을 사랑하는 이가 없어졌다. 〈유사 2 기이 2 원성대왕〉

무 武

① [고구려] 16대 고국원왕(故國原王)의 아우. 연(燕)이 고구려를 치매 왕은 아우 무에게 정병(精兵) 5만명을 인솔하여 북도(北道)를 막게 하였다. 〈사기 17 고구려 6 고국원왕〉

② [고려] 태조(太祖)의 태자(太子). 동 19년(936년) 견훤(甄萱)이 역자(逆子)를 주(誅)해 달라는 요청을 하자 왕은 태자 무와 술희(述希)를 보내 천안부(天安府)로 나아가서 신검(神劍)

의 군사와 대진했다. 〈사기 50 열전 10 견훤〉, 〈유사 2 기이 2 후백제 견훤〉

무강 武康 [백제] 30대 무왕(武王) 의 휘(諱). 또는 헌병(獻丙)이라 하고 소명(小名)은 일기사덕(一耆篩德)이라 한다. 고본(古本)에 무강이라 한 것은 잘못이니 백제에는 무강이 없다. 〈유사 1 왕력 1, 2 기이 2 무왕〉 ☞ 587쪽

무골 武骨 [고구려] 시조 주몽(朱蒙)이 졸본부여(卒本夫餘)로 가는 길에 만난 세 사람 중 하나. 납의(衲衣)를 입은 사람인데 주몽이 중실씨(仲室氏)라는 성(姓)을 주고 이들 세 현인(賢人)을 데리고 졸본으로 가 나라를 세웠다. 〈사기 13 고구려 1 시조 동명성왕〉

무관랑 武官郎 [신라] 24대 진흥왕(眞興王) 때 화랑(花郎) 사다함(斯多含)의 친구로 죽음을 같이 하자고 약속했는데 무관랑이 일찍 병으로 죽자 사다함이 곡읍(哭泣)하다가 7일 만에 죽었다. 그 때 사다함의 나이는 17세였다. 〈사기 44 열전 4 사다함〉

무령왕 武寧王 [백제] 25대 왕(재위 501~523년). 휘(諱)는 사마(斯摩) 또는 융(隆). 모대왕(牟大王=東城王)의 둘째 아들. 키가 크고 미목(眉目)이 그림 같고 인자관후(仁慈寬厚)하여 민심이 순종하였다. 고구려의 끊임없는 침공을 잘 막아냈다. 〈사기 26 백제 4 무령왕〉, 〈유사 1 왕력 1〉

※ 〈일본서기〉에는 시마왕(斯麻王) 또는 도왕(嶋王 : 섬에서 낳았다고 해서)이라고 기록하고 있다.

무덕 武德 [가야] 신라 23대 법흥왕(法興王) 19년(532년) 금관국주(金官國主=本伽倻) 김구해(金仇亥)가 일비(一妃)와 세 아들을 데리고 신라에 항복하였는데 무덕은 둘째 아들이다. 〈사기 4 신라 4 법흥왕〉

무덕왕 武德王 [백제] 27대 위덕왕(威德王). 탐라국은 무덕왕 이래 백제의 신

하되었다. → 위덕왕 〈사기 6 신라 6 문무왕 상〉

무도 茂刀 [가야] 가락국 10대 구형(충)왕(仇衡(衝)王)의 둘째 아들이다. → 무덕 〈유사 2 기이 2 가락국기〉

무득 茂得 [가야] 가락국 10대 구형(충)왕(仇衡(衝)王)의 셋째 아들이다. → 무력 〈유사 2 기이 2 가락국기〉

무력 武力 [가야] 신라 23대 법흥왕(法興王) 19년(532년) 금관국주(金官國主=本伽耶) 김구해(金仇亥)가 일비(一妃)와 세 아들을 데리고 신라에 항복하였는데 무력은 셋째 아들이다. 조정에 벼슬하여 각간(角干)이 되었고 진흥왕(眞興王) 14년(553년) 신주도(新州道)의 행군총관(行軍摠管)이 되어 백제군과 싸워 이겼다. 김유신의 할아버지이다. 〈사기 4 신라 4 법흥왕, 진흥왕, 41 열전 1 김유신 상〉

무리굴 武梨屈 [신라] 26대 진평왕(眞平王) 19년(602년) 파진찬(波珍湌). 장군(將軍). 백제가 침공했을 때 군사를 이끌고 대항하였다. 〈사기 45 열전 5 귀산〉

무림 茂林 [신라] 27대 선덕왕(善德王) 때 자장법사(慈藏法師)의 아버지이고 명랑법사(明朗法師)의 외조부이다. 김씨. 소판(蘇判). 진한(辰韓)의 진골(眞骨)이다. 〈유사 4 의해 5 자장 정률, 5 신주 6 명랑신인〉

무상화상 無上和尙 [신라] 고구려 28대 보장왕(寶藏王) 때 도교를 신봉하려는데 반대했으나 받아들이지 않자 보덕화상(普德和尙)이 암자를 날려 완산주(完山州=전주)로 옮겼는데 무상은 법사의 고제(高弟) 중의 한 사람으로 제자 김취(金趣) 등과 함께 금동사(金洞寺)를 창건하였다. 〈유사 3 흥법 3 보장봉로 보덕이암〉

무선 武仙 [신라] 30대 문무왕(文武王) 21년(681년) 사찬(沙湌)으로 정병(精兵) 3,000명으로 비열홀(比列忽)을 진수(鎭戍)하였다. 〈사기 7 신라 7 문무왕 하〉

무수 武守 [백제] 신라 29대 무열왕(武烈王) 7년(660년) 백제에게 이기고 돌아와 논공행상(論功行賞)할 때 백제인에게도 상을 주었는데 은솔(恩率) 무수에게 대내마(大奈麻)의 위(位)를 주고 대감(大監)의 직(職)에 보(補)하였다. 〈사기 5 신라 5 태종무열왕〉

무양 武陽 [고구려] 36대 영양왕(嬰陽王) 때 수 양제(隋 煬帝)에게 항복국서(降服國書)를 보내는데 한 사람이 소노(小弩)를 지니고 따라가 양제를 쏘아 죽이자 우상(右相) 양명(羊皿)이 자기가 죽어 고구려에 태어나 대신(大臣)이 되어 그 나라를 망하게 하겠다고 하여 과연 그 나라에 태어났는데 당시 왕이 무양이라 하였다. 실제로는 27대 영류왕(榮留王) 때이다. 양명(羊皿)은 합해서 개(盖)로 성(姓)이 되고 이름은 금(金)이라 하였다. 곧 연개소문(淵蓋蘇文)이 된 것이다. → 개소문 〈유사 3 흥법 3 보장봉로 보덕이암〉

무오 武烏 [신라] 38대 원성왕(元聖王) 2년(786년) 대사(大舍) 무오가 병법(兵法) 15권과 화령도(花鈴圖) 2권을 바치매 굴압현령(屈押縣令)에 임명하였다. 〈사기 10 신라 10 원성왕〉

무왕 武王 [백제] 30대 왕(재위 600~641년). 휘(諱)는 장(璋). 29대 법왕(法王)의 아들. 풍모(風貌)가 영특(英特)하고 지기(志氣)가 뛰어났다. 수, 당(隋, 唐)과는 좋은 관계를 유지하며 신라와 고구려와는 끊임없이 싸움을 했다. 〈사기 27 백제 5 무왕〉 이름은 장(璋). 그 어미가 과부가 되어 남지변(南池邊)에 살면서 용(龍)과 교통하여 아들을 낳고 서동(薯童)이라 하였다. 신라 26대 진평왕(眞平王)의 셋째 공주 선화(善花)를 사모하여 신라에 가서 아이들을 마(薯)로 매수하여 서동요(薯童謠)를 부르게 하니 결국 공주가 대궐에서 쫓겨나고 서동이 맞아 백제로 데려갔는데 서동은 왕위에 오르니 곧 무왕이다. 휘(諱)가 무강(武康), 또는 헌병(獻丙), 소명(小名)이 일기사덕(一耆篩德)이라 했다. 〈유사 1 왕력 1, 2 기이 2 무왕, 3 흥법 3 법왕금살〉 ☞ 587쪽

무용왕후 无容王后 [신라] 44대 민애왕비(閔哀王妃). 영공각간(永公角干)의 딸이다. 〈유사 1 왕력 1〉 ☞ 590쪽

※ 〈사기〉에는 윤용왕후(允容王后)로 나온다.

무은 武殷 [신라] 장군. 백제 30대 무왕(武王) 3년(602년=신라 26대 진평왕) 신라 장군 무은이 백제군에게 항전하다 복병을 만나 무은이 말에서 떨어지자 아들 귀산(貴山)이 자기 말로 아버지를 피신시키고 자신은 적진에 쳐들어가 전사했다. 〈사기 27 백제 5 무왕, 45 열전 5 귀산〉

무훌 武欻 [신라] 29대 무열왕(武烈王) 8년(661년) 장군 무훌을 백제의 잔군(殘軍)이 사비성(泗泌城)을 내공(來攻)했을 때 남천대감(南川大監)에 임명해 사비성을 구원케 했다. 〈사기 5 신라 5 태종무열왕〉

무휼 無恤 [고구려] 2대 유리왕(琉璃王)의 셋째 아들. 3대 대무신왕(大武神王)의 휘(諱). <위서(魏書)> 고구려전에는 여률(如栗). 왕자 때부터 총명하고 영특하여 유리왕(琉璃王) 28년(9년)에는 부여왕의 잘못을 지적하였고, 32년에는 부여인이 내침하자 장군으로 군사를 거느리고 나가 막았다. 〈사기 13 고구려 1 유리명왕, 14 고구려 2 대무신왕〉 3대 대호신왕(大虎神王). 휘(諱)는 무휼 또는 미류(味留). 성은 해씨(解氏). 5년(22년) 동부여(東夫餘)를 쳐서 왕 대소(帶素)를 죽이니 그 나라가 없어졌다. 〈유사 1 왕력 1, 1 기이 2 낙랑국, 고구려〉 ☞ 595쪽

※ 고려 2대 혜종(惠宗)의 휘 무(武)를 기하여 대신 호(虎)를 쓴 것이다.

묵거 默居 [고구려] 시조 주몽(朱蒙)이 부여의 대소(帶素)를 피해 남하하다가 모둔곡(毛屯谷)에서 만난 수조의(水藻衣)를 입은 사람. 소실씨(少室氏)라는 성(姓)을 주고 재능에 따라 일을 맡기었다. 〈사기 13 고구려 1 시조 동명성왕〉

묵호자 墨胡子 [고구려] 승(僧). 신라 23대 법흥왕(法興王) 15년(528년) 불법(佛

法)을 처음 시행했는데 앞서 19대 눌지마립간(訥祗麻立干) 때 고구려에서 온 중이다. 양(梁) 나라에서 준 향(香)이 무엇인지 알려 주었으며 왕녀(王女)의 병을 고쳐 주고 곧 어디론가 사라졌다. 〈사기 4 신라 4 법흥왕〉 <해동고승전(海東高僧傳)>에는 흑호자(黑胡子)라 썼음. 신라에 처음 와서 일선군(一善郡)의 모례(毛禮)의 도움을 받았다. 양(梁)에서 보낸 향(香)의 실체를 알려 주었고 왕녀의 병을 기도로 고쳐 주었다. 왕이 예물을 주자 갑자기 간 곳이 없어졌다. 〈유사 3 흥법 3 아도기라〉

묵화상 默和尙 [신라] 56대 경순왕(敬順王) 2년(929년) 묵화상이 후당(後唐)에 가서 대장경(大藏經)을 싣고 왔다. 〈유사 3 탑상 4 전후소장사리〉

문관 文官 [신라] 53대 신덕왕(神德王)의 할아버지. 해간(海干) 〈유사 1 왕력 1〉

문노 文努(弩) [신라] 29대 무열왕(武烈王) 때 김흠운(金歆雲)이 따르던 화랑(花郎). 문노(文弩)라고도 한다. 〈사기 47 열전 7 김흠운〉

문덕 文德 [고구려] →을지문덕(乙支文德) 〈사기 20 고구려 8 영양왕, 43 열전 3 김유신 하, 44 열전 4 을지문덕〉

문량 文良 [신라] 33대 성덕왕(聖德王) 5년(706년) 대아찬(大阿湌)으로 중시(中侍)가 되었고 동 10년 죽었다. 〈사기 8 신라 8 성덕왕〉

문림 文林 [신라] 33대 성덕왕(聖德王) 19년(720년) 파진찬(波珍湌)으로 중시(中侍)가 되었고 동 21년 죽었다. 〈사기 8 신라 8 성덕왕〉

문명 文明 [백제] 22대 문주왕(文周王)의 다른 적음으로 문명이라고도 한다 하였는데 문주가 옳은 표기일 것이다. 〈유사 1 왕력 1〉 ☞ 587쪽

문명왕후(부인) 文明王后(夫人) [신라] 29대 무열왕(武烈王)의 비(妃). 각찬(角粲) 서현(舒玄)의 딸이며 김유신(金庾信)의 누이인 문희(文姬)이다. 30대 문무왕(文武王)의 어머니이다. 〈사기 5 신라 5 태종무열왕, 6 문무왕〉

휘(諱)는 훈제부인(訓帝夫人)이고 시호(謚號)는 문명왕후. 가락국 10대 구충왕(仇衝王)의 아들 세종(世宗)의 손자 서운(庶云) 잡간(匝干)의 딸이다. 〈유사 1 왕력 1, 1 기이 2 태종춘추공, 가락국기〉 ☞ 595쪽

문목부인 文穆夫人 [신라] 43대 희강왕(僖康王)의 비(妃). 갈문왕(葛文王) 충공(忠恭)의 딸이다. 〈사기 10 신라 10 희강왕〉 문목왕후. 충효(忠孝) 또는 중공(重恭) 각간의 딸이다. 〈유사 1 왕력 1〉 두 책이 다른데 충공, 충효, 중공은 같은 사람인 것 같다.

문무(호)왕 文武(虎)王 [신라] 30대왕(재위 661~681년). 휘(諱)는 법민(法敏). 무열왕(武烈王)의 맏아들. 외모가 영특(英特)하고 머리가 총명하고 지략(智略)이 많았다. 아버지 무열왕(武烈王)을 따라 백제를 평정할 때 공을 세우고 왕위에 오른 것이다. 동 8년(668년) 고구려가 망한 후에도 계속 백제, 고구려의 잔당(殘黨)을 진압하는데 힘썼으며 당(唐)의 부당한 처사에도 대항하였다. 동 21년(681년) 돌아가자 동해(東海) 대왕암(大王岩)에 장사지냈다. 〈사기 6 신라 6 문무왕, 46 열전 6 강수〉 어머니는 훈제부인(訓帝夫人)이고 비(妃)는 자의(慈義) 또는 자눌(慈訥)왕후. 선품(善品) 해간(海干)의 딸이다. 가락국 수로왕(首露王)의 후예이며 31대 신문왕(神文王)의 아버지이다. 아버지 무열왕(武烈王)과 백제와 고구려를 멸하고 삼국의 통일을 이룩하였다. 그 후에는 민정을 잘 살피며 선정을 베풀었다. 〈유사 1 왕력 1, 1 기이 2 김유신, 만파식적, 2 기이 2 가락국기, 3 흥법 3 아도기라, 탑상 4 대산오만진신, 4 의해 5 원효불기, 5 신주 6 명랑신인, 5 감통 7 광덕 엄장〉

※ 고려 2대 혜종(惠宗)의 휘 무(武)를 피해 호(虎)로 적었다.

문사 文思 [백제] 31대 의자왕(義慈王) 20년(660년) 당병(唐兵)이 사비성(泗沘城)을 에워 싸자 왕과 태자 효(孝)는 북쪽으로 달아나고 둘째 아들 태(泰)가 왕이라 하고 성을 굳게 지키자 태자의 아

들 문사가 그 부당함을 말하고 줄을 타고 성 밖으로 나갔다. 백성이 따르니 태도 성문을 열고 항복하였다. 〈사기 28 백제 6 의자왕〉, 〈유사 1 기이 2 태종춘추공〉

문선 文善 [신라] 원효대사(元曉大師) 때의 은사(隱士) 〈유사 5 피은 8 낭지승운 보현수〉

문성왕 文聖王 [신라] 46대 왕(재위 839~857년). 휘(諱)는 경응(慶膺). 45대 신무왕(神武王)의 태자. 어머니는 정계부인(貞繼夫人) 또는 정종태후(定宗太后). 비(妃)는 위흔(魏昕)의 딸 소명부인(昭明夫人). 동 8년(846년) 궁복(弓福)이 반기(叛旗)를 들자 용맹(勇猛)한 무주(武州)의 염장(閻長)이 위계(僞計)로 궁복의 목을 베었다. 동 19년(856년) 후사(後嗣)로 숙부(叔父)인 의정(誼靖 47대 헌안왕)을 지목하고 죽었다. 〈사기 11 신라 11 문성왕〉 어머니는 정종대후(貞從大后), 비는 소명왕후(炤明王后). 견당사(遣唐使) 원홍(元弘)이 문성왕 시절에 불아(佛牙)를 가져 왔다. 〈유사 1 왕력 1, 3 탑상 4 전후소장사리〉

문영 文穎 [신라] 30대 문무왕(文武王) 원년(661년) 당(唐)이 고구려를 침략하면서 당의 요청으로 출병할 때 장군 문영을 수약주(首若州 : 지금의 春川) 총관(摠管)을 삼았다. 〈사기 6 신라 6 문무왕〉

문영 文英 [고려] 학자(學者) 최언위(崔彦僞)가 죽은 후 문영이라는 시호(諡號)를 내렸다. → 최언휘 〈사기 46 열전 6 설총〉

문왕 文王 [신라] 29대 무열왕(武烈王)의 셋째 아들. 28대 진덕왕(眞德王) 2년(648년) 왕이 김춘추(金春秋)의 아들 문왕을 당(唐)에 입조(入朝)케 하였다. 무열왕 8년(661년) 백제의 잔족(殘族)이 사비성(泗沘城)을 공격하므로 잡찬(迊湌) 문왕 등으로 품일(品日) 장군을 도와 사비성을 구원케 하였다. 문무왕(文武王) 5년(665년) 죽었다. 〈사기 5 신라 5 진덕왕, 무열왕, 6 문무왕 상, 42 열전 2 김유신 중〉, 〈유사 1 기이 2 태종춘추공〉

문원각간 文元角干 [신라] 53대 신덕왕(神德王)의 아버지. 추봉명(追封名) 흥렴이간(興廉伊干)이다. 〈유사 1 왕력 1〉

문의왕비 文懿王妃 [신라] 48대 경문왕(景文王)의 비(妃). 김씨(金氏). 영화부인(寧花夫人)을 동 6년(866년) 문의왕비로 봉(封)하였다. 49대 헌강왕(憲康王)의 어머니이다. 〈사기 11 신라 11 경문왕, 헌강왕〉 ☞ 587쪽

문자명왕 文咨明王 [고구려] 21대 왕(재위 491~549년). 명치호왕(明治好王)이라고도 한다. 휘(諱)는 나운(羅雲). 20대 장수왕(長壽王)의 손자이고 아버지는 왕자(王子) 고추대가(古鄒大加) 조다(助多)인데 조다가 일찍 죽으매 장수왕이 대손(大孫)으로 삼아 길렀는데 왕위에 즉위하게 되었다. 즉위 후에는 주로 위(魏)와 자주 공(貢)을 바치며 가깝게 지냈다. 〈사기 19 고구려 7 문자명왕〉 휘(諱)는 명리호왕(明理好王) 또는 나운(羅雲) 또는 개운(个雲) 또는 고운(高雲)이다. 〈유사 1 왕력 1〉 ☞ 595쪽

문자황후 文資皇后 [신라] 48대 경문왕(景文王)의 비(妃). 헌안왕(憲安王)의 딸이다 〈유사 1 왕력 1〉 ☞ 587쪽 그런데 52대 효공왕(孝恭王)의 어머니도 문자왕후(文資王后)라 하였으니 알 수 없다. 〈유사 1 왕력 1〉 <사기>에는 경문왕의 비는 영화부인(寧花夫人)이라 했는데 그 아들 49대 헌강왕(憲康王)의 어머니를 문의왕후(文懿王后)라 하였으니 갈피를 잡기 힘들다. ☞ 600쪽

※ 〈사기〉에는 문의왕비(文懿王妃)라 하였다. → 문의왕후

문정왕후 文貞王后 [신라] 29대 태종무열왕(太宗武烈王)의 어머니 천명부인(天明夫人)의 시호(諡號)이다. 26대 진평왕(眞平王)의 딸이다. 〈유사 1 왕력 1〉

문주 汶洲, 文州 [백제] 22대 문주왕(文周王)의 다른 이름 → 문주왕 〈사기 26 백제 4 문주왕〉

문주왕 文周王 [백제] 22대 왕(재위 475~477년). 21대 개로왕(蓋鹵王)의 아

들. 개로왕이 즉위(卽位)하자 문주는 상좌평(上佐平)으로 아버지를 도왔는데 고구려가 침공하여 한성(漢城)이 포위되자 문주로 하여금 신라에 군사를 청하게 하였다. 개로왕이 고구려 장수 걸루(桀婁) 등에 잡혀 죽임을 당하자 즉위하였다. 동 3년(477년) 병관좌평(兵官佐平) 해구(解仇)가 사냥나가 있는 왕을 살해했다. 〈사기 25 백제 3 개로왕, 4 문주왕, 3 신라 3 자비마립간〉 문주(文州) 또는 문명(文明)이라고도 한다. 〈유사 1 왕력 1, 2 기이 2 남부여 전백제〉 ☞ 587쪽

※ 〈일본서기〉에는 문근왕(文斤王)으로 나온다.

문창후 文昌侯 [신라] 고려 현종(顯宗) 14년(1023년) 최치원(崔致遠)에게 문창후라는 시호(諡號)를 추증(追贈)하였다. 〈사기 46 열전 6 최치원〉

문천 文泉 [신라] 29대 무열왕(武烈王) 7년(660년) 당(唐)에 청병(請兵)하러 갔던 김인문(金仁問)이 소정방(蘇定方)과 함께 덕물도(德物島 : 德積島)에 와서 종자(從者) 문천을 시켜 왕에게 알렸다. 문무왕(文武王) 원년(661년) 왕은 태감(太監) 문천을 보내 소정방에게 서신을 전하고 돌아와 정방의 말을 전했다. 〈사기 42 열전 2 김유신 중〉

문충 文忠 [신라] 29대 무열왕(武烈王) 2년(655년) 파진찬(波珍湌) 문충으로 중시(中侍)를 삼았다. 〈사기 5 신라 5 태종무열왕〉

문품 文品 [신라] 29대 무열왕(武烈王) 8년(661년) 백제의 잔적(殘賊)이 사비성(泗沘城)을 내공(來攻)하므로 문품을 서당장군(誓幢將軍)에 임명하여 사비성을 구원케 했다. 〈사기 5 신라 5 태종무열왕〉

문호왕 文虎王 [신라] 30대 문무왕(文武王). 고려 혜종(惠宗)의 휘(諱)가 무(武)이므로 호(虎)로 바꿔 쓴 것이다. 〈유사 1 왕력 1, 기이 2 제사 탈해왕, 태종 춘추공〉

문훈 文訓 [신라] 30대 문무왕(文武王) 원년(661년) 당이 고구려를 침공할

때 하서주총관(河西州摠管)이 되었다. 동 2년 중시(中侍)가 되었고 동 15년(675년) 당장(唐將) 설인귀(薛仁貴)가 역도(逆徒) 김진주(金眞珠)가 복주(伏誅)된 것을 이유로 천성(泉城)을 내공할 때 문훈 등이 싸워 이겼다. 고구려의 공격 때도 장군으로 참가했다. 〈사기 6 신라 6 문무왕 상, 7 문무왕 하, 42 열전 2 김유신 중〉

문흥대왕 文興大王 [신라] 29대 무열왕(武烈王)의 아버지 용수(龍樹) 각간(角干)의 추봉명(追封名)이다. 〈유사 1 기이 2 태종춘추공〉

문희 文姬(熙) [신라] 김유신(金庾信)의 작은 누이. 소명(小名)은 아지(阿之). 29대 무열왕비 문명황후의 휘(諱)이다. → 문명부인 〈유사 1 기이 2 김유신, 태종춘추공, 3 탑상 4 남월산〉 ☞ 568쪽

물계자 勿稽子 [신라] 10대 내해니사금(奈解尼師今) 때 사람. 집안이 미미하였지만 활달하고 장한 뜻이 있었다. 포상(浦上) 8국이 아라국(阿羅國)을 치자 왕손(王孫) 내음(㮈音)의 군사가 격파하였는데 물계자의 공이 컸고 그 후 골포(骨浦) 등 3국의 침공 때에도 크게 공을 세웠는데도 그 공이 알려지지 않자 머리를 풀고 금(琴)을 가지고 산에 올라갔다. 〈사기 48 열전 8 물계자〉 내해니사금(奈解尼師今) 17년(212년)과 20년의 일이다. 〈유사 5 피은 8 물계자〉

물력 勿力 [신라] 24대 진흥왕(眞興王) 때 대아찬(大阿飡) 거칠부(居柒夫)의 아버지. 내물니사금(奈勿尼師今)의 4대손. 이찬(伊飡)이었다. 잉숙(仍宿) 각간의 아들이다. 〈사기 44 열전 4 거칠부〉

물품 勿品 [신라] 박제상의 아버지이며 파진찬(波珍飡). 아도갈문왕(阿道葛文王)의 아들이며 파사니사금(婆娑尼師今)의 4대손이다. 〈사기 45 열전 5 박제상〉

미고 未古 [신라] 13대 미추니질금(未鄒尼叱今)을 미조(未祖) 또는 미고라고도 하는데 김알지(金閼智)의 7세손이다. 〈유사 1 기이 2 미추왕 죽엽군〉

미구각간 未仇角干 [신라] 17대 내물마립간(奈勿麻立干)의 아버지로서 13대 미추왕(味鄒王)의 아우라고도 한다. → 말구각간 〈유사 1 왕력 1〉

미도부인 美道夫人 [신라] 43대 희강왕(僖康王)의 어머니. 심내부인(深乃夫人) 또는 파리무인(巴利夫人)이라고도 하며 시호(諡號)는 순성대후(順成大后)인데 충연대아간(忠衍大阿干)의 딸이다. 〈유사 1 왕력 1〉 ☞ 603쪽

※ 〈사기〉에는 포도부인(包道夫人)이라고도 했다.

미류 味留 [고구려] 3대 대호신왕(大虎神王)의 휘(諱)는 무휼(無恤)인데 미류라고도 한다. → 대무(호)신왕 〈유사 1 왕력 1〉 ☞ 591쪽, 595쪽

미사품 未斯品 [신라] 18대 실성니사금(實聖尼師今) 2년(403년) 서불감(舒弗邯). 군국사(軍國事)를 맡기었다. 〈사기 3 신라 3 실성니사금〉

미사흔 未斯欣 [신라] 17대 내물니사금(奈勿尼師今)의 아들. 18대 실성니사금(實聖尼師今) 원년(402년) 왕이 왜(倭)에 볼모로 보냈고 19대 눌지마립간(訥祗麻立干) 2년(418년) 박제상(朴堤上)에 의해 일본에서 도망해 왔다. 동 17년(433년) 죽었다. 서불감(舒弗邯)을 증(贈)하였고 20대 자비마립간(慈悲麻立干) 4년(461년) 미사흔의 딸로 왕비를 삼았다. 〈사기 3 신라 3 실성니사금, 눌지마립간, 자비마립간, 45 열전 5 박제상〉

미소 未召 [신라] 13대 미추니질금(味鄒尼叱今)의 휘(諱)는 미소(味炤), 미조(未祖), 미고(未古), 미소라고도 한다. 〈유사 1 왕력 1〉

미소 味炤 [신라] 13대 미추니질금(味鄒尼叱今)의 휘(諱)는 미소, 미조(未祖), 미고(未古), 미소(未召)라고도 한다. 〈유사 1 왕력 1〉

미승 味勝 [신라] 33대 성덕왕(聖德王) 때 남백월산(南白月山)의 성인(聖人) 중의 한 사람 노힐부득(努肹夫得)의 어머니이다. 〈유사 3 탑상 4 남백월이성 노힐부득 달달박박〉

미시랑 未尸郞 [신라] 25대 진지왕(眞智王) 때 미륵선화(彌勒仙花). 흥륜사(興輪

寺)의 중 진자(眞慈)가 미륵상(彌勒像) 앞에서 발원(發願)하기를 부처님이 화랑(花郎)으로 화신(化身)해 달라고 하였는데 수원사(水源寺)에 가면 미륵선화를 볼 수 있다고 하여 찾아다니다가 만난 사람이다. 데려다가 왕에 보이니 국선(國仙)을 삼았다. 낭도와 화목하고 예의(禮儀), 풍교(風敎)가 달랐다. 7년이 지난 후 홀연히 사라졌는데 어떤 사람이 말하기를 미시(未尸)는 미륵(彌勒)을 가탁(假託)한 것으로 진자(眞慈)의 정성의 결과라고 하였다. 〈유사 3 탑상 4 미륵선화 미시랑 진자사〉

미유 彌儒 [고구려] 6대 대조대왕(大祖大王) 80년(132년) 관나군인(貫那郡人) 우태(于台) 미유가 왕자 수성(遂成)에게 왕위를 승습할 것을 권하였다. 7대 차대왕(次大王) 2년 (147년) 패자(沛者) 미유가 좌보(左輔)가 되었다. 〈사기 15 고구려 3 대조대왕, 차대왕〉

미제 美齊 [신라] 29대 무열왕(武烈王) 7년(660년) 고구려가 칠중성(七重城)을 공격하자 현령(縣令)인 필부(匹夫)와 상간(上干) 미제 등이 힘들게 싸우다가 죽었다. 〈사기 47 열전 7 필부〉

미조 未祖 [신라] 13대 미추니질금(味鄒尼叱今)의 휘(諱)는 미소(未炤), 미조(未祖), 미소(未召), 미고(未古)라고도 한다. 〈유사 1 왕력 1, 1 기이 2 미추왕 죽엽군〉

미지활 未知活 [신라] 29대 무열왕(武烈王) 7년(660년) 고구려가 칠중성(七重城)을 공격했을 때 무관(武官)으로 참전 승리한 후 관직을 받았다. 〈사기 5 신라 5 태종무열왕〉

미진부 未珍夫 [신라] 24대 진흥왕(眞興王) 12년(551년) 백제와 더불어 고구려를 침공했을 때 장군의 하나이다. 〈사기 44 열전 4 거칠부〉

미질희각간 未叱希角干 [신라] 20대 자비마립간(慈悲麻立干)의 비(妃)는 파호갈문왕(巴胡葛文王)의 딸이다. 파호는 미질희각간, 또는 미흔각간(未欣角干)이라고도 한다. 〈유사 1 왕력 1〉

미천왕 美川王 [고구려] 15대 왕(재위 300~331년). 호양왕(好讓王)이라고도 한다. 휘(諱)는 을불(乙弗) 또는 우불(憂弗)이다. 13대 서천왕(西川王)의 둘째 아들이 고추가(古鄒加) 돌고(咄固)인데 그의 아들이다. 14대 봉상왕(烽上王 : 곧 돌고의 형)이 돌고를 의심하여 죽였는데 을불은 간신이 피신하여 어렵게 목숨을 부지하다가 국상(國相) 창조리(倉助利)에 의해 봉상왕을 폐하고 왕으로 즉위하였다. 〈사기 17 고구려 5 미천왕〉 우불(優弗)이라고도 한다. 〈유사 1 왕력 1〉 ☞ 585쪽

미추니사금 味鄒尼師今 [신라] 13대 왕(재위 262~284년). 김씨(金氏). 아버지는 구도(仇道 : 곧 閼智의 후손이다). 어머니는 갈문왕(葛文王) 이칠(伊柒)의 딸이고 비(妃)는 석씨(昔氏) 11대 조분니사금(助賁尼師今)의 딸 광명부인(光明夫人)이다. 최초의 김씨 왕이다. 〈사기 2 신라 2 미추니사금〉 미추니질금(味鄒尼叱今). 휘(諱)는 미소(未炤), 미조(未祖), 미소(未召)라고도 한다. 〈유사 1 왕력 1, 1 기이 2 미추왕 죽엽군〉

미토희 未吐喜 [신라] 왕자(王子) → 미해 〈유사 1 기이 2 내물왕 김제상〉

미해 美海 [신라] 17대 나밀왕(那密王=내물왕) 36년(390년) 왜왕의 요구를 들어 셋째 아들 미해(美海, 또는 미토희라 함)를 보냈는데 30년이 되도록 억류하고 보내지 않으므로 눌지마립간(訥祗麻立干) 9년(425년) 제상(堤上)을 보내 구출해 왔다. 〈유사 1 기이 2 내물왕 김제상〉

미혜 美盻 [신라] 32대 효소왕(孝昭王) 8년(699년) 신촌인(新村人)으로 무게 백푼(百分)이 되는 황금(黃金)을 얻어 나라에 바치자 남변제일(南邊第一)의 위품(位品)을 주었다. 〈사기 8 신라 8 효소왕〉

미흔각간 未欣角干 [신라] 20대 자비마립간(慈悲麻立干)의 비(妃)는 파호갈문왕(巴胡葛文王)의 딸이다. 파호는 미질희각간(未叱希角干), 또는 미흔각간(未欣角干)이라고도 한다. 〈유사 1 왕력 1〉 ☞ 605쪽

민공 敏恭 [신라] 49대 헌강왕(憲康王) 6년(880년) 이찬(伊湌)인 민공을 시중(侍中)으로 삼았다. 〈사기 11 신라 11 헌강왕〉

민극 閔郤 [후백제] 신라 54대 경명왕(景明王) 2년(918년) 고려 태조(高麗太祖)가 즉위하자 견훤(甄萱)이 일길찬(一吉湌) 민극을 하례사(賀禮使)로 보냈다. 〈사기 50 열전 10 견훤〉

민애왕 閔(敏)哀王 [신라] 44대 왕(재위 838~839년). 휘(諱) 명(明). 김씨(金氏). 38대 원성대왕(元聖大王)의 증손(曾孫)이고 대아찬(大阿湌) 충공(忠恭)의 아들이다. 시중(侍中) 이홍(利弘)과 더불어 희강왕(僖康王)을 핍박하여 죽게 하고 왕이 되었다. 아버지 충공은 선강대왕(宣康大王), 어머니 박씨(朴氏) 귀보부인(貴寶夫人)을 선의태후(宣懿太后), 처 김씨를 윤용왕후(允容王后)로 봉(封)하였다. 즉위 후 김양(金陽)에게 끊임없이 공격을 받았는데 원래 흥덕왕(興德王)의 후사(後嗣)를 놓고 왕의 종제(從弟)인 균정(均貞)과 같은 종제의 아들 제륭(悌隆)이 각기 왕이 되려고 하였는데 결국 제륭(悌隆) 곧 희강왕(僖康王)이 즉위하였고 그를 받들던 김명의 반란으로 살해되고 김명이 즉위한 것이다. 이때 김양(金陽 : 균정의 아들)은 우징(祐徵)을 받들었는데 뜻을 이루지 못하다가 청해진 대사 궁복(淸海鎭大使弓福)의 도움으로 왕궁을 습격하여 그의 병사가 왕을 시해(弑害)하였다. 〈사기 10 신라 10 민애왕〉 민애왕(敏哀王)이라고도 쓰며 어머니 혜충왕(惠忠王)의 딸 귀파부인(貴巴夫人)을 선의왕후(宣懿王后)로 추봉(追封)했으며 비(妃)는 무용왕후(无容王后). 영공각간(永公角干)의 딸이다. 〈유사 1 왕력 1〉

민장각간 敏藏角干 [신라] 35대 경덕왕(景德王) 때 사람. 집을 희사(喜捨)해서 민장사(敏藏寺)를 지었다. 〈유사 3 탑상 4 민장사〉

민중왕 閔中王 [고구려] 4대왕(재위 44~48년). 휘(諱)는 해색(읍)주(解色(邑)朱). 3대 대무신왕(大武神王)의 아우 〈사기 14 고구려 2 민중

왕〉, 〈유사 1 왕력 1〉

밀본 密本

[신라] 27대 선덕왕(善德王) 때 고승(高僧). 선덕왕이 병이 들어 오래 가자 밀본이 가서 약사경(藥師經)을 읽자 육환장(六環杖)이 침실로 들어가 늙은 여우를 찔러 뜰 아래 내던지니 왕의 병이 나았다. 김양도(金良圖)를 괴롭히던 귀신도 쫓아냈다. 일찍 금곡사(金谷寺)에 거주하였다. 또 김유신(金庾信)의 친척 수천(秀天)의 병도 고쳤다. 〈유사 5 신주 6 밀본최사〉

밀우 密友

[고구려] 11대 동천왕(東川王) 20년(246년) 위(魏)의 관구검(毌丘儉) 군이 환도성(丸都城)을 무찌르고 추격할 때 동부(東部)의 밀우가 결사대를 조직하여 적과 싸우며 왕이 달아나도록 하였다. 왕이 사람을 시켜 밀우를 찾았는데 하부(下部)의 유옥구(劉屋句)가 실신한 밀우를 찾아 왔는데 곧 깨어났다. 싸움이 끝나고 왕이 상으로 땅을 주었다. 〈사기 17 고구려 5 동천왕, 45 열전 5 밀우〉

박경한 朴京漢

[신라] 30대 문무왕(文武王) 8년(668년) 장군으로 한산주소감(漢山州少監)인데 평양성(平壤城) 내에서 그 성의 군주 술탈(述脫)을 죽인 공로자로 일길찬(一吉湌)이 되고 조(租) 일천석을 받았다. 〈사기 6 신라 6 문무왕 상〉

박계업 朴季業

[신라] 41대 헌덕왕(憲德王) 17년(825년) 대학생(大學生). 당(唐)에 숙위(宿衛)로 가 있다가 돌아왔다. 〈사기 10 신라 10 헌덕왕〉

박노례니질금 朴弩禮尼叱今 [신라] 3대왕. 유례니질금(儒禮尼叱今)이라고도 한다. → 유리니사금(儒理尼師今) 〈유사 1 기이 2 노례왕〉

박뉴 朴紐 [신라] 30대 문무왕(文武王) 원년(661년) 김인문(金仁問)의 휘하로 전사한 각간(角干)이다. 〈사기 44 열전 4 김인문〉

박도유 朴都儒 [신라] 30대 문무왕(文武王) 11년(671년) 당장(唐將) 설인귀(薛仁貴)가 문무왕(文武王)에게 보낸 편지에 대한 왕의 답서 가운데 웅진(熊津)에 주둔한 당군이 백제의 부녀를 신라 한성도독 박도유에게 주고 그와 동모(同謀)하여 신라의 병기를 도취(盜取)하려다 발각되어 도유는 즉참(卽斬)해서 그들의 계획이 어그러졌다고 하였다. 〈사기 7 신라 7 문무왕 하〉

박량지 朴亮之 [신라] 41대 헌덕왕(憲德王) 17년(825년) 당 유학생(留學生). 새로 당에 숙위(宿衛)케 되었고 국자감(國子監)에서 학업을 닦았다. 〈사기 10 신라 10 헌덕왕〉

박문준 朴文俊 [신라] 30대 문무왕(文武王) 때 사람. 당(唐)이 조헌(趙憲)으로 장수를 삼아 신라에 내침하였는데 명랑법사(明朗法師)가 문두루비밀(文豆婁秘密)의 법을 지으니 풍낭(風浪)이 일어나 당의 배가 모두 침몰하자 당 고종이 옥중(獄中)에 있던 한림랑(翰林郎) 박문준에게 너의 나라에 무슨 비법이 있느냐고 물었는데 문준이 상국(上國)의 은혜로 삼국통일을 이룩하였으니 그 덕을 갚으려고 천왕사(天王寺)를 지어 황제의 황수만년(皇壽萬年)을 빌었을 뿐이라고 대답했다. 〈유사 2 기이 2 문호왕 법민〉

박사람 朴沙覽 [신라] 17대 내물니질금(奈勿尼叱今) 36년(390년) 왕자 미해(美海)를 왜(倭)에 볼모로 보낼 때 나이 10세로 언사(言辭)와 행동이 구비(具備)치 못하였으므로 내신(內臣) 박사람으로 부사(副使)를 삼아 같이 보냈다. 〈유사 1 기이 2 내물왕 김제상〉

박숙청 朴夙淸 [신라] 31대 신문왕(神文王) 2년(682년) 해관(海官) 박숙청이 아뢰되 동해 중에 작은 산이 떠서 감은사(感恩寺)를 향하여 온다고 하였다. 왕이 일관(日官) 김춘질(金春質)에게 점을 치게 하니 돌아간 문무왕(文武王)은 해룡(海龍)이 되어 삼한을 지키고 김유신(金庾信)은 천신(天神)이 되어 나라를 지키며 보배를 줄 것이라 하였다. 떠 있는 산에 대나무 하나가 있어 그것으로 저(=笛)를 만들어 부니 적병이 물러가고 병이 없고 풍우가 평정하였다. 그래서 만파식적(萬波息笛)이라 이름하였다. 〈유사 2 기이 2 만파식적〉

박술홍 朴術洪 [신라] 55대 경애왕(景哀王) 4년(927년) 당(唐)이 부사(副使) 병부낭중(兵部郎中) 박술홍에게 겸어사중승(兼御史中丞) 벼슬을 주었다. 〈사기 12 신라 12 경애왕〉

박씨 朴氏 [신라] 시조 혁거세왕(赫居世王)이 큰 알에서 태어났는데 그 알이 박(=瓠)과 같아서 성(姓)을 박이라 하였다. 〈유사 1 기이 2 신라시조 혁거세왕〉

박아도 朴阿道 [신라] 7대 일성니사금(逸聖尼師今) 15년(148년) 갈문왕(葛文王)이 되었다(신라에서 추봉왕(追封王)을 모두 갈문왕이라 하는데 그 뜻은 모르겠다). 〈사기 1 신라 1 일성니사금〉

박원도 朴元道 [가야] 가락국 6대 좌지왕(坐知王)의 신하. 신라가 이 나라를 치려하였는데 왕이 여자를 좋아해서 이런 환란이 온다고 박원도가 왕에게 간(諫)하여 왕이 개과천선하였다. 〈유사 2 기이 2 가락국기〉

박유 朴裕 [신라] 33대 성덕왕(聖德王) 13년(714년) 급찬(級湌)이었는데 당(唐)에 신년하례사(新年賀禮使)로 갔다. 〈사기 8 신라 8 성덕왕〉

박이종 朴伊宗 [신라] 22대 지철로왕(智哲老王=지증왕(智證王)) 때 우릉도(于陵島)의 오랑캐가 조공을 하지 않으므로 이찬(伊湌) 박이종을 시켜 토벌하였으며 이종을 그 주의 장관으로 삼았다. 〈유사 1 기이 2 지철로왕〉

※ 〈사기〉의 이사부(異斯夫)이다.

박인범 朴仁範 [신라] 열전에서 설총(薛聰)에 대하여 기술하고 끝에 문명(文名)이 남은 사람들의 이름을 들어 놓았는데 그 중의 한 사람이다. 사적은 알 수 없다. 〈사기 46 열전 6 설총〉

박제상 朴堤上 [신라] 19대 눌지마립간(訥祗麻立干) 때의 충신(忠臣). 5대 파사니사금(婆娑尼師今)의 5대손으로 모말(毛末)이라고도 한다. 할아버지는 아도갈문왕(阿道葛文王), 아버지는 물품(勿品)이다. 18대 실성니사금(實聖尼師今)이 즉위하자 17대 내물니사금(奈勿尼師今)의 아들 미사흔(未斯欣)을 왜에 볼모로 보냈는데 눌지마립간이 즉위하자(417년) 지혜있고 용기있는 사람을 찾았는데 박제상은 삽량주간(歃良州干)으로 수주촌간(水酒村干) 벌보말(伐寶靺) 등 3신(臣)의 추천으로 왜에 가서 미사흔을 구해 오도록 했다. 제상은 거짓 항복하여 왜왕을 안심시킨 후 꾀를 써서 미사흔을 도망시키고 자기는 잡혀 불에 타 죽었다. 왕이 대아찬(大阿飡)을 추증(追贈)하고 제상의 딸을 미사흔의 아내로 삼았다. 〈사기 45 열전 5 박제상〉 ☞ 581쪽, 588쪽

박혁거세 朴赫居世 [신라] 시조→혁거세왕 〈유사 1 왕력 1〉

반굴 盤屈 [신라] 29대 무열왕(武烈王) 7년(660년) 장군 흠순(欽純)의 아들로 화랑(花郎)이다. 신라가 백제와 싸워 이기지 못하고 있을 때 신하로서 충성하라는 아버지의 말을 듣고 적진에 뛰어 들어가 싸우다가 전사하였다. 이어 관창(官昌)의 전사로 분기한 신라군이 계백(堦伯) 장군이 이끄는 백제군을 대파하였다. 31대 신문왕(神文王) 때 고구려의 잔적(殘賊)과 싸우다가 전사한 김령윤(金令胤)의 아버지이다. 〈사기 5 신라 5 태종무열왕, 47 열전 7 김령윤〉

반길 潘吉 [신라] 35대 경덕왕(景德王) 때 효자 향덕(向德)의 자(字)이다. →향덕 〈사기 47 열전 8 향덕, 성각〉

반사 㮽師 [신라] 9성인(聖人)의 한 사람. 포산(包山) 산중에 9성에 대한

기록이 있는데 그 중에 반사가 들어 있다. 반(搬)은 우리말로는 우목(雨木)이다. 〈유사 5 피은 8 포산이성〉

발기 拔奇 [고구려] 발기(發岐)라고도 한다. 8대 신대왕(新大王) 백고(伯固)의 큰아들이나 불초(不肖)하므로 둘째 남무(男武, 伊夷模라고도 함)를 왕으로 세웠다. 곧 9대 고국천왕(故國川王)이다. 이에 앙심을 품은 발기는 소노가(消奴加)와 더불어 백성 3만여 호를 거느리고 요동태수(遼東太守) 공손강(公孫康)에게 항부(降付)하였다. 고국천왕이 19년(197년) 돌아가자 왕비 우씨(于氏)가 발기를 먼저 찾아가 왕위 계승을 권했으나 거절하므로 다시 아우 연우(延優)에게 권하여 산상왕이 되었다. 발기는 한병(漢兵)을 이끌고 10대 산상왕(山上王)을 치려했으나 뜻을 이루지 못하고 스스로 목숨을 끊었다. 〈사기 16 고구려 4 고국천왕〉

발기 發岐 [고구려] 9대 고국천왕(故國川王)의 형이다(산상왕(山上王)조에는 왕제(王弟)라 하였다). 발기(拔奇)와 같은 사람일 것이다. 고국천왕이 돌아가자 왕비 우씨(于氏)가 상사를 알리지 않고 왕제를 차례로 찾아가 의중을 떠보았는데 발기는 나무라고 연우(延優 : 곧 山上王)는 왕비의 뜻을 따르기로 하여 왕궁으로 돌아가 즉위하니 발기는 크게 노하여 궁중을 에워쌌으나 당하지 못하고 요동태수(遼東太守) 공손강(公孫康)에게 항부(降付)하였다. 한병(漢兵)을 이끌고 산상왕(山上王)을 치려했으나 뜻을 이루지 못하고 스스로 목숨을 끊었다. 〈사기 16 고구려 4 산상왕〉

발마 跋摩 [신라] <구법고승전=求法高僧傳>에 신라의 승 아리나(야)(阿離那(耶)) 발마는 정교(正敎)를 구하기 위하여 중국을 거쳐 인도까지 가서 율론(律論)에 관한 책을 많이 보고 그것을 나무 잎에 베껴 가며 고국에 가고 싶은 마음이 간절했으나 갑자기 죽었다. 〈유사 4 의해 5 귀축제사〉

발휘 發暉 [신라] 9대 벌휴니사금(伐休尼師今)의 별칭(別稱)이다. 〈사기 2

신라 2 벌휴니사금〉

방원 邦媛 [가야] 가락국 9대 겸지왕(鉗知王)의 어머니. 8대 질지왕(銍知王)의 비(妃)이며 김상사간(金相沙干)의 딸이다. 〈유사 1 왕력 1, 2 기이 2 가락국기〉

배부 裵賦 [신라] 33대 성덕왕(聖德王) 19년(720년) 상대등(上大等)이 되었다. 동 26년(727년) 퇴로(退老)를 청하였으나 허락지 않고 궤장(几杖)을 내렸다. 〈사기 8 신라 8 성덕왕〉

배소왕후 陪昭王后 [신라] 33대 성덕왕(聖德王)의 선비(先妃). 시호(諡號)는 엄정(嚴貞), 원대아간(元大阿干)의 딸이다. 〈유사 1 왕력 1〉

배씨 裵氏 [신라] 금산가리촌(金山加里村)의 촌장 지타(祗沱)가 명활산(明活山)에 내려와 한기부(漢岐部) 배씨의 조상이 되었다. 〈유사 1 기이 2 신라시조 혁거세왕〉

배현경 裵玄慶 [고려] 아명은 백옥(白玉). 궁예(弓裔)의 장군인데 정개(政開) 5년(918년) 다른 장군과 의론하여 고려 태조에게 귀부(歸附)하였다. 〈사기 50 열전 10 궁예〉

배훤백 裵萱伯 [신라] 43대 희강왕(僖康王) 원년(836년) 42대 흥덕왕(興德王)이 돌아가자 왕의 종제(從弟) 균정(均貞)과 또다른 종제 헌정(憲貞)의 아들 제륭(悌隆)이 서로 왕이 되려고 다툴 때 제륭을 받든 사람인데 균정파인 김양(金陽)을 쏘아 다리를 맞추었다. 〈사기 10 신라 10 희강왕, 44 열전 4 김양〉

백가 苩加 [백제] 24대 동성왕(東城王) 8년(486년) 위사좌평(衛士佐平)을 삼았다. 동 23년(501년) 처음에 가림성(加林城)을 쌓고 백가로 진수(鎭戍)케 하였으나 백가가 가려고 하지 않았는데 왕이 허락지 않았다. 그런 후에 왕이 사냥을 나갔는데 왕을 원망하던 백가가 사람을 시켜 왕을 칼로 찔렀다. 〈사기 26 백제 4 동성왕〉 백제 25대 무녕왕(武寧王) 원년(501년) 좌평 백가(苩加)가 가림성(加林城)에서 반(叛)하니 왕이 병마(兵馬)를 거느리고 우두성(牛頭城)에 이르러 간솔(杆率) 해명(解明)을 명하여 치게 하니 백가가 항복하였다. 〈사기 26 백제 4 무녕왕〉

백결선생 百結先生 [신라] 20대 자비마립간(慈悲麻立干) 때 작곡가 겸 연주가. 본명은 전하지 않으며 몹시 가난하여 옷을 누덕누덕 기워 입었다 하여 백결선생이라 불렀다. 거문고를 잘 탔고 세모(歲暮)에 아내가 떡방아 소리를 듣고 탄식하자 거문고를 타서 방아소리를 냈다 한다(대악(碓樂)). 〈사기 32 잡지 1 악, 48 열전 8 백결선생〉

백고 伯固 [고구려] 6대 대조대왕(大祖大王)의 아우. 백구(伯句)라고도 한다. 사냥에 정신없는 형 수성(遂成)에게 자제할 것을 간(諫)하였으나 듣지 않고 있다가 동 94년(146년) 형의 죽음을 기다릴 수 없다고 거사를 계획하였는데 왕이 수성에게 양위(讓位)하고 죽으니 곧 7대 차대왕(次大王)이 됐고 동 20년(145년) 신하가 시해(弑害)하자 아우 백고가 왕위에 오른 것이다. 곧 8대 신대왕(新大王)이다. → 신대왕 〈사기 15 고구려 3 대조대왕, 16 고구려 4 신대왕〉, 〈유사 1 왕력 1〉

백구 伯句 [고구려] 8대 신대왕(新大王)의 이름 → 백고 〈사기 16 고구려 4 신대왕〉, 〈유사 1 왕력 1〉

백기 苩奇 [백제] 30대 무왕(武王) 17년(616년) 달솔(達率) 백기를 명하여 군사 8천을 이끌고 신라의 모산성(母山城)을 쳤다. 〈사기 27 백제 5 무왕〉

백룡 白龍 [신라] 26대 진평왕(眞平王) 51년(629년) 왕이 파진찬(波珍飡) 백룡 등을 시켜 고구려의 낭비성(娘臂城)을 공격하였다. 〈사기 41 열전 1 김유신 상〉

백반 伯飯 [신라] 26대 진평왕(眞平王)의 동모제(同母弟). 동 원년(579년) 진정갈문왕(眞正葛文王)으로 봉(封)해졌다. 〈사기 4 신라 4 진평왕〉

백산 伯山 [신라] 30대 문무왕(文武王) 4년(664년) 웅주도독(熊州都督)이 백제군의 반란에 대항하다가 안개 때문에 싸우기가 힘드므로 부하 백산을 시켜 김유신에게 사연을 알렸다. 〈사기 43 열전 3 김유신 하〉

백석 白石 [고구려] 28대 보장왕(寶藏王) 때 신라에 첩자(諜者)로 와서 김유신(金庾信)을 유인하려 하였는데 그 이유는 고구려 점쟁이 추남(楸南)이 억울하게 죽어 원수를 갚으려고 화신이 되어 김유신이 된 것을 알고 고구려에서 백석을 보내 김유신을 잡아가려고 한 것이다. 〈유사 1 기이 2 김유신〉

백숭부인 白駥夫人 [신라] 이제가기(李磾家記)에 의하면 24대 진흥왕(眞興王)의 비(妃) 사도(思刀)의 시호(謚號)이다. 〈유사 2 기이 2 후백제 견훤〉

백어 伯魚 [신라] 38대 원성왕(元聖王) 6년(790년) 일길찬(一吉湌) 백어를 북국(=渤海)에 사신으로 보냈다. 〈사기 10 신라 10 원성왕〉

백영 白永 [신라] 41대 헌덕왕(憲德王) 18년(826년) 우잠(牛岑 : 황해 금천) 태수 백영에게 명하여 한산(漢山) 이북의 인민들을 징발(徵發)하여 예성강(禮成江) 장성(長城) 300리를 쌓게 했다. 〈사기 10 신라 10 헌덕왕〉

백옥 白玉 [고려] 고려 배현경(裵玄慶)의 아명 → 배현경 〈사기 50 열전 10 궁예〉

백정 白淨 [신라] 26대 진평왕(眞平王)의 휘(諱) → 진평왕 〈사기 4 신라 4 진평왕〉, 〈유사 1 왕력 1, 1 기이 2 천사옥대〉

백탁 白卓 [고려] 궁예(弓裔) 때(신라 경명왕 2년(918년)) 어떤 기괴(奇怪)한 사람이 상객(商客) 왕창근(王昌瑾)에게 거울을 팔았는데 그 거울 속에 글자가 있어 왕(궁예)이 백탁 등 문인에게 풀게 하였다. 〈사기 50 열전 10 궁예〉

백흔 伯欣 [신라] 52대 효공왕(孝恭王) 때 백암사(伯巖寺)를 지은 사람으로 석(釋) 수립(秀立)이 원중상규(院中常規) 10조 중에 백암사의 호법경승(護法敬僧)인 엄흔(嚴欣)과 백흔과 근악(近岳) 등 삼위(三位) 앞에 보(寶)를 세워 공양(供養)할 것이라 하였다. 이들은 사재를 내어 절을 지었기 때문에 호법신을 삼은 것이다. 〈유사 3 탑상 4 영취사〉

번완 繁完 [신라] 32대 효소왕(孝昭王) 때 준영랑(俊永郎)의 낭도(郎徒)이다. 〈유사 3 탑상 4 백률사〉

벌보말 伐寶靺 [신라] 19대 눌지마립간(訥祇麻立干) 때 수주촌주(水酒村主). 눌지마립간이 외국에 볼모로 잡혀 있는 두 아우를 구출하기 위하여 찾은 말 잘하는 세 사람 중 한 사람이다. 〈사기 45 열전 5 박제상〉

벌지 伐智 [신라] 20대 자비마립간(慈悲麻立干) 6년(463년) 때 아찬(阿湌). 왜군(倭軍)이 침노하였을 때 군사를 끌고 중로에서 왜병을 크게 깨뜨리었다. 동 16년(473년) 좌우장군(左右將軍)이 되었다. 〈사기 3 신라 3 자비마립간〉

벌휴니사금 伐休尼師今 [신라] 9대왕(재위 184~196년). 발휘(發暉)라고도 한다. 석씨(昔氏). 4대 탈해니사금(脫解尼師今)의 왕자 구추각간(仇鄒角干)의 아들. 어머니는 지진내례부인(只珍內禮夫人) 김씨(金氏). 점(占)을 잘해 성인(聖人)이라 하였다. 여러 차례 백제의 침공을 받았으나 물리쳤다. 〈사기 2 신라 2 벌휴니사금〉 벌휴니질금(伐休尼叱今) 〈유사 1 왕력 1〉

범교사 範敎師 [신라] 47대 헌안왕(憲安王) 때 국선(國仙) 응렴(膺廉)의 낭도(郎徒) 중 상수(上首)이었다. 헌안왕이 응렴의 어짊을 알고 그에게 두 딸 중 한 공주를 하가(下嫁)시키겠다고 하였다. 가족들은 둘째공주가 예쁘니 그를 택하자 하였으나 범교사가 맏공주를 취하면 세 가지 좋은 일이 있을 것이라고 말했는데 그대로 따르자 왕이 되고 두 공주를 다 취하게 되었다. 곧 경문왕(景文王)

이며 범교사에게 대덕(大德) 승직(僧職)을 주었다. 〈유사 2 기이 2 경문대왕〉

범마 梵摩 [신라] 33대 성덕왕(聖德王) 때 후에 부처가 된 달달박박(怛怛朴朴)의 어머니이다. 〈유사 3 탑상 4 노힐부득 달달박박〉

범문 梵文 [신라] 41대 헌덕왕(憲德王) 17년(825년) 역도(逆徒) 헌창(憲昌)의 아들. 고달산족(高達山族) 수신(壽神) 등과 모반하여 한산주(漢山州)를 치매 한산주 도독 총명(聰明)이 맞아 그를 잡아 죽였다. 〈사기 10 신라 10 헌덕왕〉

범일 梵日 [신라] 42대 흥덕왕(興德王) 때 굴산조사(堀山祖師) 범일이 당에 건너가 명주(明州) 개국사(開國寺)에서 만난 중의 부탁을 들어 낙산(洛山)에 절을 지었다. 〈유사 3 탑상 4 낙산이대성 관음 정취 조신〉

법공 法空 [신라] 23대 법흥왕(法興王)의 법명(法名)은 법운(法雲)이고 자(字)는 법공이다. 〈유사 3 흥법 3 원종흥법 염촉멸신〉

법류 法流 [신라] 23대 법흥왕(法興王)의 비(妃) 파도부인(巴刀夫人)의 법명(法名)이다. 〈유사 1 왕력 1〉

법민 法敏 [신라] 30대 문무왕(文武王)의 휘(諱) → 문무왕〈사기 5 신라 5 진덕왕, 42 열전 2 김유신 중〉 조상인 수로왕(首露王)의 능인 수릉왕묘(首陵王廟)를 만들어 제사를 지내던 중 문무왕에 이르러 그 사당(祠堂)을 종묘(宗廟)에 합하여 제향(祭享)이 끊이지 않았다. 죽은 후 동해(東海)에 장사지냈다. 〈유사 1 왕력 1, 2 기이 2 문호왕법민, 가락국기, 3 탑상 4 남월산〉

법민왕 法敏王 [신라] → 문무왕 〈사기 43 열전 3 김유신 하〉

법선 法宣 [신라] 38대 원성왕(元聖王) 원년(785년) 왕의 고조(高祖)인 대아찬(大阿湌) 법선을 현성대왕(玄聖大王)으로 추봉하였다. 〈사기 10 신라 10 원성왕〉, 〈유사 2 기이 2 원성대왕〉

법승낭 法乘娘 [신라] 27대 선덕왕(善德王) 때 명랑법사(明朗法師)의 어머니 남간부인(南澗夫人)의 다른 이름이다. 소판(蘇判) 무림(茂林)의 딸 김씨(金氏)이며 자장법사(慈藏法師)의 누이이다. 〈유사 5 신주 6 명랑신인〉 ☞ 594쪽

법왕 法王 [백제] 29대왕(재위 599~600년) 휘(諱)는 선(宣) 또는 효순(孝順). 28대 혜왕(惠王)의 큰아들이다. 〈사기 27 백제 5 법왕〉 살생을 금하고 사비성(泗沘城)에 왕흥사(王興寺)의 터를 닦다가 돌아갔다. 〈유사 1 왕력 1, 3 흥법 3 법왕금살〉

법운 法雲 [신라] 23대 법흥왕(法興王)의 법명(法名)이다. 〈유사 3 흥법 3 원종흥법 염촉멸신〉

법지 法知 [신라] 24대 진흥왕(眞興王)때 우륵(于勒)에게 노래를 배우게 했다. 32 잡지(雜志)에는 대내마 주지(注知)로 되어 있는데 본기의 기록이 옳을 것이다. 〈사기 4 신라 4 진흥왕〉

법척 法惕 [신라] 27대 선덕왕(善德王) 때 흥륜사(興輪寺)의 중으로 선덕왕이 병이 나서 병간호를 했는데 잘 낫지 않자 밀본법사(密本法師)를 불렀더니 왕의 침실 밖에서 약사경(藥師經)을 읽었는데 끝나자마자 가지고 있던 육환장(六環杖)이 날아 들어가 늙은 여우 한 마리와 법척을 찔러 뜰아래 거꾸로 내던져지매 왕의 병이 나았다. 〈유사 5 신주 6 밀본최사〉

법해 法海 [신라] 35대 경덕왕(景德王) 13년(754년) 대덕(大德) 법해가 왕의 청으로 황룡사(皇龍寺)에서 화엄경(華嚴經)을 강(講)했는데 왕이 은근히 전해에 대현법사(大賢法師)의 이적(異蹟)을 말하며 그대의 법도(法道)는 어떠냐고 묻자 동해(東海)를 기울이고 경사(京師)를 물에 잠기게 할 수 있다고 하고 그리 하자 왕이 공경하였다. 〈유사 4 의해 5 현유가 해화엄〉

법흥왕 法興王 [신라] 23대 왕(재위 514~540년). 휘(諱)는 원종(原宗)(<冊府元龜>에는 성 募, 명 秦이라 나온다). 22대 지증마립간(智證麻立

干)의 원자(元子)로 어머니는 연제부인(延帝夫人), 비(妃)는 박씨 보도부인(保刀夫人)이다. 키가 크고 관후(寬厚)하고 남을 사랑했다. 이차돈(異次頓)의 순교(殉敎) 등을 계기로 불법(佛法)을 처음 받아 들였다. 재임시 금관가야 국주(金官伽倻 國主)인 김구해(金仇亥)가 비(妃)와 세 아들을 데리고 투항하였다. 동 23년(546년) 건원(建元)이란 연호를 썼다. 〈사기 4 신라 4 법흥왕〉 어머니는 영제부인(迎帝夫人)이고 비(妃)는 파도부인(巴刀夫人)인데 출가하여 법류(法流)라는 법명(法名)을 썼다. 율령(律令)을 시행했다. 동 14년(527년) 이차돈(異次頓)이 불교를 위하여 순교(殉敎)하니 그 때부터 불교가 공식으로 퍼졌다. 〈유사 1 왕력 1, 1 기이 2 진흥왕, 3 흥법 3 아도기라, 원종흥법 염촉멸신〉

벽화 碧花 [신라] 21대 조지마립간(照知麻立干) 22년(500년) 왕의 소실. 날기군(捺已郡) 파로(波路)의 딸인데 왕이 날기군에 행행(行幸)하였을 때 왕에게 받쳐져 왕이 몹시 총애하여 미복(微服)으로 수차례 찾아 갔다가 어느 노파의 말을 듣고 궁에 데려다 별실을 두고 한 아들을 낳았다고 한다. 〈사기 3 신라 3 조지마립간〉

변산 邊山 [신라] 30대 문무왕(文武王) 12년(672년) 백제가 침범하므로 당의 허락 없이 군사를 내어 토벌한데 대한 당의 노여움을 풀기 위해 내마(奈麻) 변산을 보내 사죄케 했다. 〈사기 7 신라 7 문무왕 하〉

변품 邊品 [신라] 26대 진평왕(眞平王) 40년(618년) 한산주(漢山州)의 군주(軍主)로서 가잠성(椵岑城)을 회복하려 하여 병(兵)을 내어 백제와 싸웠다. 〈사기 4 신라 4 진평왕, 27 백제 5 무왕, 47 열전 7 해론〉

병천 兵川 [신라] 29대 무열왕(武烈王) 때 신하. 신라가 당의 요청으로 군자(軍資)를 수송해 주고 다시 당군과 연합해 군사를 일으키려 할 때 김유신(金庾信)은 연기(然起)와 병천을 당에 보내 회기(會期)를 물었다. 〈유사 1 기이 2 태종춘추공〉

보개 寶蓋 [후백제] 아자개(阿慈介)의 아들이며 견훤(甄萱)의 넷째 아우이다. 〈유사 2 기이 2 후백제 견훤〉

보개 寶開 [신라] 35대 경덕왕(景德王) 때 여자. 옹금리(禺金里)의 가난한 여자 보개에게는 장춘(長春)이라는 아들이 있었다. 동 4년(745년) 해상(海商)을 따라 나선 아들이 오랫동안 소식이 없어 민장사(敏藏寺)에 기도하였더니 아들이 돌아왔다. 〈유사 3 탑상 4 민장사〉

보과 寶菓 대방(帶方)의 왕녀. 백제 9대 책계왕(責稽王)의 비(妃)라 하는데 이 당시는 백제와 대방이 혼인관계를 맺을 수 없는 상태이므로 11대 비류왕(比流王) 때라고 보는 것이 옳겠다. 〈사기 24 백제 2 책계왕〉

보금 寶金 [신라] 18대 실성마립간(實聖麻立干)의 다른 적음인데 실주왕(實主王)이라고도 한다. 아버지는 13대 미추왕(味鄒王)의 아우 대서지각간(大西知角干)이고 어머니는 예생부인(禮生夫人) 석씨(昔氏) 등야아간(登也阿干)의 딸이고 비는 아류부인(阿留夫人)이다. → 실성마립간 〈유사 1 왕력 1〉

보덕 普德

① [고구려] 28대 보장왕(寶藏王) 때 중으로 연개소문(淵蓋蘇文)이 도교(道敎)를 들여오도록 왕을 달래자 왕에게 말도록 간했으나 듣지 않으므로 신력(神力)으로 방장(方丈)을 날려 남쪽 완산주(完山州)로 옮겼다. → 보덕화상 〈유사 3 흥법 3 보장봉로 보덕이암〉

② [고구려] 용강(龍岡)사람으로 평양(平壤)에 살고 있었는데 산방(山房)의 노승이 강경(講經)을 청하므로 열반경(涅槃經) 40여권을 강하고 성서 대보산 암혈(城西 大寶山 巖穴) 아래 선관사(禪觀寺)에 이르러 땅 속에 석탑(石塔)이 있다고 하여 파 보니 팔면칠급(八面七級)의 석탑이 있어 영탑사(靈塔寺)를 짓고 살았다. 〈유사 3 탑상 4 고려영탑사〉

보덕왕 報德王 [고구려] 28대 보장왕(寶藏王)의 왕자 안승(安勝)을 신라 30대 문무왕(文武王) 14년(674년) 보덕왕을 삼았고 동 20년(680년) 왕의 누이(사실은 조카)를 안승에게 하가(下嫁)시켰다. 〈사기 7 신라 7 문무왕 하〉

보덕화상 普德和尙 [고구려] 28대 보장왕(寶藏王) 9년(650년) 반룡사(盤龍寺)의 승(僧). 국가에서 도교(道敎)를 받들고 불법(佛法)을 믿지 않는다고 하여 암자를 날려 남쪽 완산군(完山郡) 고대산(孤大山)으로 옮겨 갔다. 〈사기 22 고구려 10 보장왕 하, 유사 3 흥법 3 보장봉로 보덕이암〉

보도부인 保刀夫人 [신라] 23대 법흥왕비(法興王妃) 박씨(朴氏) 〈사기 4 신라 4 법흥왕〉

보동랑 寶同郞 [신라] 26대 진평왕(眞平王) 때 화랑(花郞). 다른 두 화랑과 무리들이 풍악(楓岳)에 놀러 가려고 할 때 혜성(彗星)이 심대성(心大星)을 침범하므로 여행을 중지하였다. 융천사(融天師)가 가요(歌謠=鄕歌) 혜성가(彗星歌)를 지어 부르자 괴성(怪星)이 없어지고 왜병(倭兵)이 물러갔으므로 왕이 낭도들을 풍악에 놀러 보냈다. 〈유사 5 감통 7 융천사혜성가〉

보량법사 寶良法師 [신라] 24대 진흥왕(眞興王) 12년(551년) 고구려 혜량법사(惠亮法師)로 국통(國統)을 삼고 보량법사로 대도유나(大都維那)를 삼았다. 〈유사 4 의해 5 자장정률〉

보명 普明 [고구려] 28대 보장왕(寶藏王) 때 보덕법사(普德法師)의 고제(高弟) 11명 중의 한 사람이다. 〈유사 3 흥법 3 보장봉로 보덕이암〉

보반부인 保反夫人 [신라] 17대 내물니사금비(奈勿尼師今妃). 19대 눌지마립간(訥祗麻立干)의 어머니. 내례길포(內禮吉怖)라고도 하며 13대 미추니사금(味鄒尼師今)의 딸이다. 〈사기 3 신라 3 눌지마립간〉 ☞ 596쪽

보양 寶壤 [신라] 고려 시대 기록에 따르면 청도군(淸道郡)의 대작갑(大鵲

岬), 소작갑(小鵲岬) 등 5갑의 절이 모두 없어졌는데 중 보양이 중국에서 법을 전수하고 돌아 올 때 서해에서 용이 그를 맞아 자기의 아들을 딸려 보내며 작갑에 돌아가 절을 지으면 수년이 못되어 반드시 불법(佛法)을 보호하는 현군(賢君)이 나와 삼국을 평정할 것이라 하였다. 그래서 작갑사를 창건하였다. 그 후 고려의 태조가 건국하게 된다. 보양의 이적(異蹟)은 여기저기에서 나타난다. 〈유사 4 의해 5 보양이목〉

보연 寶延 [고구려] 23대 안원왕(安原王)의 휘(諱)이다. → 안원왕 〈사기 19 고구려 7 안원왕〉

보영 寶迎 [고구려] 23대 안원왕(安原王) 휘(諱) 보연의 다른 적음이다. → 안원왕 〈유사 1 왕력 1〉

보요선사 普耀禪師 [신라] 신라말의 중. 두 번이나 오월(吳越=南中國)에 가서 장경(藏經)을 싣고 왔다. 그는 해룡왕사(海龍王寺)의 개산조(開山祖)이다. 처음 남월에서 대장경을 구하여 돌아올 때 해풍이 갑자기 일어 배가 파도 사이에 출몰하자 신룡(神龍)이 장경을 탐내는 것이라고 생각해 주문(呪文)으로 축원해 용까지 겸해 받들고 돌아와 해룡왕사에 안치하니 불교의 동점(東漸)이 이때에 시작된 것이다. 〈유사 3 탑상 4 전후소장사리〉

보용나 寶用那 [신라] 29대 태종무열왕 2년(655년) 보기당주(步騎幢主). 백제와 싸울 때 낭당대감(郎幢大監) 흠운(歆運)이 부하의 만류를 뿌리치고 적과 싸우다 전사하자 그 부하 보용나가 그 소식을 듣고 전지에 들어가 싸우다가 죽었다. 〈사기 47 열전 7 김흠운〉

보원 寶元 [고구려] 당(唐) 고종(高宗)이 수공(垂拱) 2년(686년) 고구려 28대 보장왕(寶藏王)의 손자인 보원을 조선군왕(朝鮮郡王)으로 삼았다. 〈사기 22 고구려 10 보장왕 하〉

보장왕 寶藏王 [고구려] 28대 왕(재위 612~668년). 휘(諱)는 장(臧)이다. 27대 영류왕(榮留王 : 휘(諱)는 건무(建武))의 아우 태양왕(太陽王)의 아들이다. 연개소문(淵蓋蘇文)이 영류왕을 죽이고 장을 왕으로 세운 것이다. 재임 중 당과 신라군의 침공을 받아 싸우다가 동 27년(668년) 당장(唐將)에게 항복해 고구려는 망하고 왕은 당으로 끌려갔다. 〈사기 21 고구려 9 보장왕 상, 44 열전 4 김인문〉 재임 중 연개소문의 건의에 따라 도교(道敎)를 받아 들였다. 〈유사 1 왕력 1, 1 기이 2 김유신, 3 흥법 3 보장봉로 보덕이암〉 ☞ 604쪽

보재 保齋 [신라] 5대 파사니사금(婆娑尼師今) 23년(102년) 수로왕(首露王)을 이바지하는 자리에 한지부(漢祇部)만 지위가 낮은 사람을 보냈으므로 수로가 노(奴)를 시켜 한지부주인 보재를 죽였다. 〈사기 1 신라 1 파사니사금〉

보종 寶宗 [신라] 35대 경덕왕(景德王) 때 석진표(釋眞表)의 제자 중 한 사람으로 산문(山門)의 개조(開祖)가 되었다. 〈유사 4 의해 5 진표전간〉

보질도 寶叱徒 [신라] → 보천 〈유사 3 탑상 4 명주오대산보질도태자전기〉 ☞ 585쪽

보천 寶川 [신라] 31대 신문왕(神文王 : 淨神大王?)의 두 아들. 아우는 효명(孝明). 보천과 효명이 하서군(河西郡)에 가 놀다가 갑자기 세속(世俗) 밖의 뜻을 약속하고 오대산(五臺山)에 들어갔다. 보천은 중대(中臺) 청련(靑蓮) 꽃이 핀 데에 암자(庵子)를 짓고 보천암이라 하였다. 효명은 북대(北臺)에 암자를 짓고 있었는데 신문왕이 돌아가자 나라에서 두 왕자를 찾았는데 보천이 울면서 사양하므로 효명이 왕이 되었으니 곧 효소왕(孝昭王)이다. 왕이 즉위하면서 진여원(眞如院)을 개창하고 많은 후원을 하였다. 보천은 만년에 육신(肉身)이 공중을 날아 다녔고 장천굴(掌天窟)에 이르러 수구타라니(隨求陀羅尼)를 송(誦)하였고 신성굴(神聖窟)에서 50년간 진전(眞詮)을 닦았는데 임종 때 나라를 도울 행사를 기록해 두었다. 그 내용은 오대에 암자를 짓고 모실 부처님과 공부할 불경과 암자 이름을 정해 주었다. 〈유사 3 탑상

4 대산오만진신, 명주오대산보질도태자전기〉 ☞ 585쪽

보해 寶海 [신라] 19대 눌지마립간(訥祗麻立干)의 아우이고 17대 내물니질금(奈勿尼叱今)의 아들이다. 눌지마립간 3년(419년) 고구려 장수왕(長壽王)이 사신을 보내 서로 친하기 위하여 왕의 아우를 고구려에 보내주기를 원해 보냈는데 장수왕이 억류하고 놓아 주지 않으므로 동 10년 여러 신하의 의견을 들어 제상(堤上)을 고구려에 보내 보해를 빼내어 왔다. →복호 〈유사 1 기이 2 내물왕 김제상〉

보홍이 寶弘伊 [신라] 29대 무열왕(武烈王) 7년(660년) 왕이 백제와의 싸움에서 이기고 돌아와 논공행상(論功行賞)할 때 관직을 주었다. 〈사기 5 신라 5 태종무열왕〉

보희 寶姬 [신라] 30대 문무왕(재위 661~681년) 때 김유신(金庾信) 장군의 맏누이. 김춘추(金春秋)와 만날 기회가 없어 아우인 문희(文姬)가 무열왕비(武烈王妃)가 되었다. 〈사기 6 신라 6 문무왕〉 김유신의 맏누이. 소명(小名)은 아해(阿海)이다. 처음에 보희가 꿈에 서악(西岳)에서 오줌을 누니 서울에 가득 찼다. 문희가 듣고 그 꿈을 팔라고 해서 팔았다. 유신이 춘추공과 공을 차다가 일부러 춘추공의 옷 끈을 떨어뜨리고 집에 데려와 보희에게 달아 주라고 하자 싫다고 하고 아우 문희에게 시켰는데 그 후 둘이 자주 만나 혼인하게 되었다. 〈유사 1 기이 2 김유신, 태종춘추공〉

복남 福男 [고구려] 28대 보장왕(寶藏王)의 태자. 신라 문무왕(文武王) 8년(668년) 고구려가 망하면서 당장(唐將)에게 잡혀 왕과 함께 당(唐)으로 끌려갔다. 〈사기 6 신라 6 문무왕 상〉 고구려 보장왕(寶藏王) 25년(666년) 왕의 명으로 당 태산(泰山)의 봉선(封禪)에 따라 갔다(<新唐書>에는 男福이라고 나옴). 〈사기 22 고구려 10 보장왕 하〉

복사귀 卜沙貴 [후고려] 궁예(弓裔) 군의 장군 복지겸(卜知謙)의 아명(兒名)이다. →복지겸 〈사기 50 열전 10 견훤〉

복세 福世 [신라] 30대 문무왕(文武王) 8년(668년) 아찬(阿湌) 복세를 비열도(卑列道) 총관(摠管)을 삼았다. 31대 신문왕(神文王) 5년(685년) 대아찬(大阿湌) 복세를 청주(菁州)를 분립하여 총관(摠管)을 삼았다. 〈사기 6 신라 6 문무왕 상, 8 신라 8 신문왕〉

복수 福壽 [가야] 가락국 6대 좌지왕(坐知王)의 비(妃). 도녕대아간(道寧大阿干)의 딸이고 7대 취희왕(吹希王)의 어머니이다. 〈유사 1 왕력 1, 2 기이 2 가락국기〉

복승 福勝 [신라] 26대 진평왕(眞平王)의 왕비 김씨(金氏) 마야부인(摩耶夫人)의 아버지이다. 갈문왕(葛文王) 〈사기 4 신라 4 진평왕〉

복신 福信 [백제] 백제의 장군. 신라 문무왕(文武王) 2년(662년) 백제가 망한 후 중 도침(道琛)과 함께 구왕자(舊王子) 부여풍(夫餘豊)을 영입하여 웅진성(熊津城)을 공격하였다. 퇴각 후에는 도침을 죽이고 백제의 잔병(殘兵)을 모아 세력을 강화하였다. 〈사기 6 신라 6 문무왕 상〉 백제 무왕(武王) 28년(627년) 왕이 조카 복신을 당에 보내 조공하였다. 〈27 백제 5 무왕〉

복안 福安 [신라] 35대 경덕왕(景德王) 때 모량리(牟梁里)의 부자(富者). 김대성(金大城)의 어머니 경조(慶祖)가 품팔이하던 집. 개사(開士) 점개(漸開)가 육륜회(六輪會)를 베풀고자 시주(施主)하기를 권하여 복안이 시주하자 이를 본 대성이 어머니에게 말하여 복안이 준 베 50필을 보시(布施)하였다. 〈유사 5 효선 9 대성효이세부모〉

복지겸 卜知謙 [후고려] 궁예(弓裔) 때 장군. 아명은 복사귀(卜沙貴). 복지겸 등 4인이 비밀히 모의하고 고려(高麗) 태조에게 가서 혼주(昏主)를 태봉국(泰封國) 정개(政開) 5년(918년) 폐(廢)하고 명왕(明王)이 되라고 간청하였다. 〈사기 50 열전 10 궁예〉

복한 福漢 [신라] 30대 문무왕(文武王) 9년(669년) 당 고종(高宗)이 신라의 노사(弩使) 구진(仇珍)을 데려가서 목노(木弩)를 만들게 했는데 힘이 약하므로 그 이유를 물으니 나무의 재질 때문이라 해서 그 연락을 받고 신라왕이 내마(奈麻) 복한(福漢)을 시켜 나무를 보냈다. 〈사기 6 신라 6 문무왕 상〉

복호 卜好 [신라] 17대 내물니사금(奈勿尼師今)의 아들. 18대 실성니사금(實聖尼師今) 11년(412년) 고구려에 볼모로 보내졌다. 19대 눌지마립간(訥祗麻立干) 2년(418년) 고구려에서 돌아왔다. 실성니사금은 내물니사금이 자기를 볼모로 보낸 것이 한이 되어 내물니사금의 아들을 볼모로 보냈던 것이다. <유사>에는 보해(寶海)로 나온다. → 보해 〈사기 3 신라 3 실성니사금, 눌지마립간, 45 열전 5 박제상〉

복힐구 福肹口 [신라] 26대 진평왕(眞平王)의 선비(先妃) 마야부인(摩耶夫人)의 휘(諱)이다. 〈유사 1 왕력 1〉

본득 本得 [신라] 30대 문무왕(文武王) 8년(668년) 전쟁이 끝나고 대당소감(大幢少監)인 본득을 사천전(蛇川戰)의 제1공로자로 일길찬(一吉湌)을 삼았다. 〈사기 6 신라 6 문무왕 상〉

본숙 本宿 [신라] 29대 무열왕(武烈王) 7년(660년) 상간(上干=大舍). 고구려가 칠중성(七重城)을 공격하자 끝까지 항쟁하다가 현령(縣令)인 필부(匹夫)와 같이 전사하였다. 급찬(級湌)의 벼슬을 받았다. 〈사기 46 열전 7 계백〉

봉상왕 烽上王 [고구려] 14대왕(재위 292~300년). 치갈(雉葛)이라고도 하며 휘(諱)는 상부(相夫) 또는 삽시루(歃矢婁)라고도 한다. 13대 서천왕(西川王)의 태자로 교만하고 의심이 많아 숙부 달가(達賈)와 아우 돌고(咄固)를 이심(異心)이 있다고 하여 죽였다. 재임중 천재지변(天災地變)이 일어나도 궁실(宮室)을 수리하는 등 민심이 이반(離反)하였으므로 국상(國相) 창조리(倉助利)가 군신과 모의하여 전왕을 폐(廢)하고 서천왕의 아들 돌고의 아들인 을불(乙弗)을 찾아 왕으로 세웠다. 폐왕은 스스로 목숨을 끊었다. 〈사기 17 고구려 5 봉상왕〉, 〈유사 1 왕력 1〉 ☞ 596쪽

부 傅 [신라] 56대 경순왕(敬順王)의 휘(諱)이다. → 경순왕 〈사기 12 신라 12 경순왕〉, 〈유사 1 왕력 1〉

부과 夫果 [신라] 사량부(沙梁部) 사람으로 내마(奈麻) 취복(聚福)의 큰아들이며 먼저 전사한 취도(驟徒)의 형이다. 30대 문무왕(文武王) 11년(671년) 당주(幢主)로서 백제와 싸우다가 전사하였다. 〈사기 7 신라 7 문무왕 하, 47 열전 7 취도〉

부궤화상 負簣和尙 [신라] 중 혜공(惠空)의 별명(別名)이다. 혜공은 천진공(天眞公) 집에 고용살이 하던 노파의 아들로 아명은 우조(憂助). 어려서부터 영이(靈異)하였는데 출가(出家)하여 작은 절에 살면서 미친 것처럼 술에 취해 삼태기(=簣)를 지고 거리를 가무(歌舞)하며 다닌 까닭에 부궤화상(삼태기를 진 중)이라 한 것이다. 그가 있던 절을 부개사(夫蓋寺)라 한 것도 같은 이유이다. 우물 속에 들어가 두어 달 씩 있다가 나오곤 하였으며 원효대사(元曉大師)도 사(師)에게 묻곤 하였으며 그 밖에 여러 영적(靈迹)이 있으며 죽을 때에도 공중(空中)에 떠서 입적(入寂)하였다. 〈유사 4 의해 5 이혜동진〉

부달 富達 [후백제] 견훤(甄萱) 휘하의 장군. 고려 태조에 의해 후백제가 마지막 패할 때(고려 태조 19년~936년) 신검(神劍)과 함께 항복하였다. 〈사기 50 열전 10 견훤〉, 〈유사 2 기이 2 후백제 견훤〉

부도 夫道 [신라] 12대 첨해니사금(沾解尼師今) 5년(251년) 한지부(漢祇部) 사람으로 집이 가난한 데도 남에게 아첨하지 않고 서(書)와 산(算)을 잘 하므로 불러서 아찬(阿湌)을 삼고 물장고(物藏庫)의 사무를 맡기었다. 〈사기 2 신라 2 첨해니사금〉

부량 富良 [신라] 48대 경문왕(景文王) 2년(862년) 아찬(阿湌)이었는데 견

당사(遣唐使)로 가다 바다에서 익사하였다. 〈사기 11 신라 11 경문왕〉

부례랑 夫禮郞 [신라] 32대 효소왕(孝昭王) 원년(692년) 대현살찬(大玄薩湌)의 아들 부례랑을 국선으로 삼으니 낭도(郞徒)가 1,000명이 넘었다. 금란(金蘭=강원도 통천)으로 놀러갔다가 적적(狄賊)에게 잡혀 갔다. 동시에 내고(內庫)에 있던 금(琴)과 적(笛)이 없어졌다. 그의 부모가 백율사(栢栗寺) 대비상(大悲像) 앞에서 여러 날 기도를 올렸더니 잃어버린 금과 적이 향탁(香卓) 위에 얹히고 부례랑이 불상 뒤에 와 있었다. 돌아온 사연을 물으니 적중에 가서 목자(牧子)가 되어 있었는데 갑자기 한 중이 나타나 해변으로 데려가 가져온 적에 태워 여기까지 왔다고 하였다. 왕이 부례랑을 대각간(大角干)으로 봉(封)하고 적에게도 만만파파식적(萬萬波波息笛)이라 하였다. 〈유사 2 기이 2 만파식적, 3 탑상 4 백율사, 4 의해 5 자장정률〉

부루 夫(扶)婁 [북부여] 해모수(解慕漱)왕의 아들이다. 성(姓)은 해씨(解氏)이고 북부여에 살다가 천제(天帝)가 꿈에 나타나 이곳은 장차 내 자손으로 나라를 세우려 하니 동해 쪽으로 옮기라고 하였다. 그래서 옮기고 동부여(東夫餘)라 하였다. <단군기>에는 단군(檀君)이 하백(河伯)의 딸과 친하여 아들 부루를 낳았다고 하였다. 이렇다면 부루와 주몽은 이복형제(異腹兄弟)가 된다. 〈유사 1 기이 2 북부여, 동부여, 고구려〉

부분노 扶芬奴 [고구려] 시조 동명성왕(東明聖王) 6년(32년) 왕이 오이(烏伊)와 부분노에게 명하여 백두산(白頭山) 동남(東南)의 행인국(荇人國)을 쳐서 그 땅을 빼앗았다. 〈사기 13 고구려 1 시조동명왕〉

부여경 夫餘慶 [백제] 21대 개로왕(蓋鹵王)의 휘(諱). 신라 20대 자비마립간(慈悲麻立干) 17년(474년) 고구려 20대 장수왕(長壽王)이 백제를 치매 백제왕 경이 아들 문주(文周)를 신라에 보내 구원을 청했는데 경(慶)은 이미 고구려군에게 해를 입었다. 〈사기 3 신라 3 자비마립간, 25 백제 3 개로왕〉 고구려 20대 장수왕(長壽王) 63년(475년) 왕이 군사를 이끌고 백제를 침공하여 한성(漢城=廣州)을 함락하고 백제왕 경을 죽였다. 〈사기 18 고구려 6 장수왕〉

※ 신라본기와 고구려본기의 기록에 1년의 차이가 있는데 백제본기에 개로왕 21년(475년)으로 되어 있으므로 475년이 맞을 것이다.

부여륭 夫餘隆 [백제] 31대 의자왕(義慈王)의 아들. 신라 30대 문무왕 4년(664년) 각간 김인문(金仁問)과 이찬(伊湌) 천존(天存)이 당의 칙사(勅使) 유인원(劉仁願)과 백제의 부여륭(夫餘隆)과 더불어서 웅진(熊津)에서 화친(和親)의 서맹(誓盟)을 하였다. 융은 당에서 돌아올 때 당주(唐主)로부터 웅진도독(熊津都督)으로 임명되었다. 〈사기 6 신라 6 문무왕 상〉 백제 31대 의자왕(義慈王) 20년(660년) 당장 손인사(孫仁師), 유인원(劉仁願)과 문무왕은 백제를 치기 위하여 주류성(周留城)으로 향하고 유인궤(劉仁軌), 부여륭 등은 수군(水軍)과 양선(糧船)을 이끌고 금강(錦江)에서 손인사 등과 만났다. 〈사기 28 백제 6 의자왕〉, 〈유사 1 왕력 1, 1 기이 2 태종춘추공〉

부여씨 夫餘氏 고기(古記)에 천제(天帝)가 흘승골성(訖升骨城)에 내려와 도읍을 정하여 북부여(北夫餘)라 하고 해모수(解慕漱)라 하고 해(解)로 성(姓)을 삼았다. 그 후 동부여로 옮아가고 그 자리에 동명제(東明帝)가 북부여에 이어 졸본부여(卒本夫餘)를 세웠다. 〈유사 1 기이 1 북부여〉

부여장 夫餘璋 [백제] 30대 무왕(武王). 신라 30대 문무왕(文武王) 5년(665년) 백제 무왕이 고구려와 화친(和親)하여 신라의 강역(疆域)을 침범하였다 한다. →무왕 〈사기 6 신라 6 문무왕 상〉

부여충승 夫餘忠勝 [백제] 31대 의자왕(義慈王) 20년(660년) 백제왕 풍(豊)이 달아나자 왕자인 충승과 충지(忠志) 등이 그 무리들을 거느리고 왜

인(倭人)과 함께 항복하였다. 〈사기 28 백제 6 의자왕〉

부여충지 夫餘忠志 [백제] 백제왕 풍(豊)의 아들→부여충승 〈사기 28 백제 6 의자왕〉

부여풍 夫餘豊 [백제] 백제의 구왕자(舊王子). 왜국에 볼모로 갔었다. 복신(福信) 등이 풍을 영립(迎立)하여 당군과 싸웠으나 이기지 못하고 도망갔다. 〈6 신라 6 문무왕 상〉 31대 의자왕(義慈王) 20년(660년) 무왕(武王)의 조카인 복신(福信)이 영립하여 왕이 되었는데 뒤에 사이가 벌어져 복신을 엄살(掩殺)하였는데 결국 문무왕이 이끄는 신라병과 당병에 의해 주류성(周留城)이 함락하자 도망갔다. 〈사기 28 백제 6 의자왕〉

부위염 扶尉猒 [고구려] 시조 동명성왕(東明聖王) 10년(28년) 왕이 부위염에게 명하여 북옥저(北沃沮)를 쳐서 멸하였다. 〈사기 13 고구려 1 시조 동명성왕〉

부이 鳧伊 [신라] 51대 진성왕 때 사람→부호부인 〈유사 2 기이 2 진성여대왕〉 ☞ 596쪽

부정 負鼎 [고구려] 3대 대무신왕(大武神王) 4년(21년) 한 장부(壯夫)에게 내린 성(姓)이다. 왕이 부여를 칠 때 비류강(沸流江) 가에서 솥을 얻었는데 그 때 나타나 그 솥이 자기의 누이 것이라며 그 솥을 짊어지고 따라가기를 원하므로 왕이 그에게 부정이란 성을 내렸다. 〈사기 14 고구려 2 대무신왕〉

부호부인 鳧好夫人 [신라] 51대 진성왕(眞聖王)의 유모(乳母)이다. 남편은 위홍잡간(魏弘匝干) 〈유사 2 기이 2 진성대왕 거타지〉 ☞ 596쪽

북거 北渠 [신라] 30대 문무왕(文武王) 8년(668년) 고구려를 패망시킨 후 여러 사람에게 벼슬을 내릴 때 남한산인(南漢山人) 군사(軍師) 북거에게 평양성(平壤城) 북문전(北門戰)의 제일 공로로 술간(述干 沙湌에 해당)의 위와 속(粟) 700석을 주었다. 〈사기 6 신라 6 문무왕 상〉

분구 焚求 [고구려] 3대 대무신왕(大武神王) 15년(32년) 대신(大臣), 구도(仇都), 일구(逸句), 분구 등이 비류부(沸流部)의 장으로 있을 때 탐욕(貪慾)이 많고 비루(鄙陋)하여 남의 처첩이나 우마 재화를 빼앗는 혹독한 일을 많이 한 까닭에 내쫓아 서민을 삼았다. 〈사기 14 고구려 2 대무신왕〉

분서왕 汾西王 [백제] 10대 왕(재위 298~304년). 9대 책계왕(責稽王)의 태자. 동 7년(304년) 낙랑태수(樂浪太守)가 보낸 자객(刺客)에게 해를 입어 죽었다. 〈사기 24 백제 2 분서왕〉, 〈유사 1 왕력 1〉

분질수이질 分叱水爾叱 [가야] 가락국(駕洛國) 10대 구충왕(仇衝王)의 비(妃) 계화(桂花)의 아버지이다. 〈유사 2 기이 2 가락국기〉

불구내 弗矩內 [신라] 시조 혁거세왕(赫居世王)의 다른 적음이다. 신라말인데 '밝은 빛으로 누리를 다스린다'는 뜻이다. 〈유사 1 기이 2 신라 시조 혁거세왕〉 ☞ 584쪽

불타 佛陀 [신라] 36대 혜공왕(惠恭王) 때 진표률사(眞表律師)가 고향에 돌아오자 속리산(俗離山) 대덕(大德) 영심(永深), 융종(融宗), 불타(佛陀) 등이 함께 진표률사(眞表律師)에게 가서 계법(戒法)을 구하여 비법(秘法)과 경(經) 등을 받은 뒤 속리산에 길상사(吉祥寺)를 짓고 점찰법회(占察法會)를 설(設)하였다. 〈유사 4 의해 5 진표전간, 관동풍악발연수석기〉

비녕자 丕寧子 [신라] 김유신(金庾信)의 부하. 28대 진덕왕(眞德王) 원년(647년) 김유신이 백제와 싸우다 기운이 다할 때 비녕자와 그의 아들 거진(擧眞)이 적진에 들어가 격투하다가 죽었다. 그에 감동한 신라군이 다투어 나가 크게 이겼다. 비녕자가 적진에 들어가기 전 종 합절(合節)에게 아들 거진을 보호할 것을 부탁했으나 거진은 그대로 적진에 쳐들어가 죽고 합절도 그 주인의 뒤를 따랐다. 〈사기 5 신라 5 진덕왕, 41 열전 1 김유신 상, 47 열전 7 비녕자〉

비담 毗曇 [신라] 27대 선덕왕(善德王) 14년(645년) 상대등(上大等). 28대 진덕왕(眞德王) 원년(647년) 왕이 즉위(卽位)하자 염종(廉宗)과 같이 여왕은 정사를 잘못한다고 군사를 일으켰는데 김유신(金庾信)에 의해 토벌되었다. 〈사기 5 신라 5 선덕왕, 진덕왕, 41 열전 1 김유신 상〉

비랑 羆郞 [신라] →파랑 〈유사 1 기이 2 장춘랑, 파랑〉

비류 沸流 [백제] 고구려 주몽(朱蒙)이 졸본부여(卒本夫餘)에 내려와서 얻은 아들. 주몽이 북부여에 있을 때 낳은 유류(孺留=琉璃)가 와서 태자가 되자 아우 온조(溫祚)와 더불어 남행했는데 비류는 미추홀(彌鄒忽)에 가서 살았다. 그런데 그곳은 땅이 습하고 물이 짜서 더 살지 못하고 온조에게 왔는데 너무 안정된 것을 보고 부끄럽고 후회스러워 죽었다. 이설에는 우태(優台 : 북부여 해부루의 서손)와 소서노(召西奴 : 졸본 연타발(延陀勃)의 딸) 사이에서 난 아들이라 한다. 〈사기 23 백제 1 시조 온조왕〉, 〈유사 2 기이 2 남부여 전백제〉

비류왕 比流王 [백제] 11대왕(재위 304~344년) 6대 구수왕(仇首王)의 둘째 아들. 성품이 너그럽고 인자하며 힘이 세었다. 10대 분서왕(汾西王)이 아들이 어리므로 비류(比流)가 신민(臣民)의 추대로 왕이 되었다. 〈사기 24 백제 2 비류왕〉 7대 사반왕(沙伴王)의 아우이다. 〈유사 1 왕력 1〉

비리야 比梨耶 [신라] 26대 진평왕(眞平王) 19년(602년) 급찬(級湌)으로 백제가 크게 군사를 일으켜 아막성(阿莫城)을 포위하자 군사를 거느리고 나가 싸웠다. 〈사기 45 열전 5 귀산〉

비삽 比歃 [신라] 29대 무열왕(武烈王) 7년(660년) 대내마(大奈麻). 고구려가 칠중성(七重城)을 공략하였는데 신라가 졸연히 무너질 것 같지 않아 회군하려 할 때 역신(逆臣) 비삽이 성안의 사정을 내통하자 고구려 군이 다시 공격하였는데 성주(城主) 필부(匹

夫)가 그 사실을 알고 비삽을 목베어 성밖으로 던지고 군사를 격려하여 끝까지 싸웠다. 성주는 전사하였다. 〈사기 47 열전 7 필부〉

비서 非西 [신라] 24대 진흥왕(眞興王) 12년(551년) 장군이며 잡찬(迊湌). 왕이 백제와 더불어 고구려를 침공할 때 거칠부(居柒夫)를 비롯한 8장군 중의 한 사람으로 참전하였다. 〈사기 44 열전 4 거칠부〉

비유왕 毗有王 [백제] 20대 왕(재위 427~455년). 19대 구이신왕(久爾辛王)의 큰아들. 외모가 아름답고 구변이 좋았다. 〈사기 25 백제 3 비유왕〉, 〈유사 1 왕력 1〉

비조부 比助夫 [신라] 23대 법흥왕(法興王) 9년(522년) 가야국(伽倻國)의 왕이 혼인을 청하므로 이찬(伊湌) 비조부의 누이를 보냈다. 〈사기 4 신라 4 법흥왕〉

비지 比智 [신라] 21대 조지마립간(照知麻立干) 15년(493년) 백제 24대 동성왕(東城王)이 혼인을 청하므로 이벌찬(伊伐湌) 비지의 딸을 보냈다. 〈사기 3 신라 3 조지마립간, 26 백제 4 동성왕〉

비차부 比次夫 [신라] 24대 진흥왕(眞興王) 12년(551년) 파진찬(波珍湌). 고구려를 침공할 때 거칠부(居柒夫)를 비롯한 8장군 중의 한 사람으로 참전하였다. 〈사기 44 열전 4 거칠부〉

비처마립간 毗處麻立干 [신라] 21대 왕. 소지마립간(炤知麻立干)이라고도 한다. 자비마립간(慈悲麻立干)의 셋째 아들이며 어머니는 미흔각간(未欣角干)의 딸이다. 동 10년(488년) 천천정(天泉亭)에 거동하였을 때 까마귀가 울며 따라 오라고 하므로 따라 가는데 놓지고 한 노인이 글을 주는데 겉봉에 '떼어 보면 두 사람이 죽고 떼어 보지 않으면 한 사람이 죽는다'라고 써 있어 왕이 떼어 보지 않으려고 하자 일관(日官)이 그 한 사람은 임금이라 하므로 떼어 보니 금갑(琴匣)을 쏘라고 써 있었다. 곧 돌아와 금갑을 쏘니 내전(內殿)에서 분수(焚修=修道)하는 중이 궁주(宮主)와 상간(相奸)하고 있어 둘 다 복주(伏誅)하였다. 이때부터 15일을 오기일(烏忌日)이라 하여 찰밥으로 제사 지냈다. 이 왕 때 아도화상(我道和尙)이 시자(侍者) 세 사람과 모례(毛禮)의 집에 왔는데 묵호자(墨胡子)와 모습이 비슷했다. 〈유사 1 왕력 1, 1 기이 2 사금갑, 3 흥법 3 아도기라〉 ☞ 582쪽

비타 毗陀 [백제] 24대 동성왕(東城王) 20년(498년) 사정성(沙井城)을 쌓고 간솔(杆率) 비타로 진수(鎭守)케 하였다. 〈사기 26 백제 4 동성왕〉

비태 比台 [신라] 24대 진흥왕(眞興王) 12년(551년) 각찬(角湌). 고구려를 침공할 때 거칠부(居柒夫)를 비롯한 8장군 중의 한 사람으로 참전하였다. 〈사기 44 열전 4 거칠부〉

비허사 備(毗)虛師 [신라] 고려 태조 무렵 보양화상(寶壤和尙)과 석굴사(石窟寺)의 비허사가 형제가 되어 봉성(奉聖), 운문(雲門), 석굴 등 세 절이 연봉(連峰)에 즐비하여 서로 교통 왕래하였다. 비허사(毗虛師)라고도 쓴다. 〈유사 4 의해 5 보양이목〉

비형랑 鼻荊郎 [신라] 25대 진지왕(眞智王)이 사량부(沙梁部)의 서녀(庶女) 도화낭(桃花娘)을 넘보자 낭이 남편 핑계를 대고 거절하였는데 왕이 죽은 후 낭을 찾아가 7일 동안 머물고 사라진 후 도화낭이 아들을 낳았다. 이 아이가 비형랑이다. 26대 진평왕(眞平王)이 듣고 궁중에 데려다 키웠는데 낭이 자라면서 밤마다 귀신들과 놀다가 돌아왔다. 왕이 알고 귀신을 시켜 여러 가지 실험을 하니 모두 잘 하였다. 그래서 쓸만한 귀신을 하나 추천하라고 하니 길달(吉達)을 추천하였는데 충직하므로 각간 임종(林宗)의 아들로 삼았다. 길달은 마침내 여우로 변하여 달아나니 비형이 귀신을 시켜 잡아 죽였다. 그 후 그들의 무리가 비형의 이름을 들으면 달아났다. 〈유사 1 기이 2 비형랑〉

사걸 沙乞 [백제] 장군. 신라 26대 진평왕(眞平王) 49년(627년) 백제 장군 사걸이 신라의 두 성을 함락시켰다. 〈사기 4 신라 4 진평왕〉 백제 30대 무왕(武王) 28년(627년) 왕의 명으로 신라 서쪽의 두 성을 쳐서 함락시켰다. 〈사기 27 백제 5 무왕〉

사공 思恭 [신라] 33대 성덕왕(聖德王) 17년(718년) 파진찬(波珍飡) 사공을 중시(中侍)로 삼았다. 동 27년(728년) 상대등(上大等)을 삼았다. 〈사기 8 신라 8 성덕왕〉

사구 奢句 [고구려] 12대 중천왕(中川王) 원년(248년) 모반(謀叛)하다가 복주(伏誅)되었다. 〈사기 17 고구려 5 중천왕〉

사기 斯紀 [백제] 13대 근구수왕(近仇首王) 원년(376년) 본시 백제인인데 죄를 지어 고구려로 도망하였다가 고구려가 백제를 침공하자 백제는 태자로 하여금 막게 하였는데 사기가 돌아와 고구려의 허실을 알려 백제가 이기게 하였다. 〈사기 24 백제 2 근구수왕〉

사다함 斯多含 [신라] 24대 진흥왕(眞興王) 33년(572년) 가야(伽倻)가 반(叛)하므로 왕이 이사부(異斯夫)를 시켜 칠 때 화랑(花郞)이며 15~6대 소년인 사다함이 지원했으나 나이가 어리다고 허락지 않다가 간절히 원하므로 허락, 귀당비장(貴幢裨將)이 되어 선봉(先鋒)으로 나가 선전 끝에 항복을 받았다. 왕이 양전(良田)과 부로(俘虜) 200인을 주었으나 사양하다가 생민(生民)은 다 놓아주고 밭은 전사에게 나누어 주었다. 〈사기 4 신라 4 진흥왕〉 17대 내물니사금(奈勿尼師今)의 7대 손으로 급찬(級飡) 구리지(仇梨知)의 아들이다. 화랑(花郞)이 되어 천여 명이 따랐으며 처음에 사우(死友)가 되자고 약속했던 무관랑(武官郞)이 병이 들

어 죽자 그도 7일 만에 죽었다. 〈사기 44 열전 4 사다함〉

사대 四大 [신라] 고구려 보덕법사(普德法師)의 고제(高弟) 11인 중의 한 사람으로 계육(契育) 등과 함께 중대사(中臺寺)를 창건하였다. 〈유사 3 흥법 3 보장봉로 보덕이암〉

사도 思刀 [신라] <이제가기(李磾家記)>에 따르면 24대 진흥왕비(眞興王妃). 시호(諡號)는 백숭부인(白鯎夫人)이다. <유사> '왕력'에는 진흥왕(眞興王)의 어머니를 지소부인(只召夫人) 또는 식도부인(息道夫人)이라 하고 비(妃)를 사도부인(思道夫人) 또는 색도부인(色刀夫人)이라 했고 견훤(甄萱)의 아버지 아자개(阿玆蓋)는 사도부인의 후손이다. 사도부인(思道夫人)도 같은 사람이다. 〈유사 1 왕력 1, 2 기이 2 후백제 견훤〉

※ 〈사기〉와 〈유사〉 사이에 혼동이 있어 정확히 파악하기가 어렵다.

사도부인 思道夫人 [신라] 24대 진흥왕비(眞興王妃) 박씨(朴氏). 25대 진지왕(眞智王)의 어머니 〈사기 4 신라 4 진흥왕, 진지왕〉

사동 蛇童 [신라] 원효대사(元曉大師) 때 과부의 아들인데 사복, 사파(蛇卜, 蛇伏, 蛇福, 蛇巴)라고도 하는데 모두 '아이'의 뜻이다. 그의 어머니가 죽자 원효대사에게 당신과 나의 옛날 경(經)을 실었던 암소가 죽었으니 자기 어머니의 장사를 같이 지내자고 하여 집에 와 보살수계(布薩授戒)를 함께 하고 활리산(活里山)에 메고 가 풀뿌리를 뽑으니 명랑(明朗)하고 청허(淸虛)한 세계가 열리고 사동은 어머니를 메고 사생이 모두 괴롭다는 말을 남기고 그 속에 들어갔다. 〈유사 4 의해 5 사복불언〉 ☞ 582쪽

사두 沙豆 [백제] 17대 아신왕(阿莘王) 7년(398년) 좌장(左將)이 되었다. 〈사기 25 백제 3 아신왕〉

사량부인 沙梁夫人 [신라] 35대 경덕왕(景德王)의 비(妃)인데 자식이 없으므로 폐하였다. 왕력에는 삼모부인(三毛夫人)으로 나온다. → 삼모부인

〈유사 1 왕력 1, 2 기이 2 찬기파랑가〉 ☞ 582쪽

사륜왕 舍輪王 [신라] →진지왕(眞智王) 〈사기 4 신라 4 진지왕〉 25대 진지왕(眞智王)의 휘(諱)가 금륜(金輪) 또는 사륜이다. 〈유사 1 왕력 1, 1 기이 2 도화녀 비형랑〉 ☞ 582쪽

사마 斯摩 [백제] 25대 무녕왕(武寧王)의 휘(諱)이다. <양서(梁書) 남사> 등에는 여륭(餘隆)으로 나오고 <日本書紀>에는 섬에서 태어났다 하여 斯麻(일본어로 '시마' 곧 '섬')라 한다. →무녕왕〈사기 26 백제 4 무녕왕〉 25대 호녕왕(虎寧王)의 휘(諱). 24대 동성왕(東城王)의 둘째 아들이다. 〈유사 1 왕력 1〉 ☞ 598쪽

사마법총 司馬法聰 [백제] 신라 30대 문무왕 12년(672년) 신라가 백제의 침공을 받았을 때 당왕(唐王)에게 미리 알리지 않고 군사를 내어 토벌한데 대해 증산인(曾山人) 사마법총 등을 당에 보내 표(表)를 올려 사죄하였다. 〈사기 7 신라 7 문무왕 하〉

사마이(칭)군 司馬禰(稱)軍 [백제] 신라 30대 문무왕(文武王)이 10년(671년) 백제 여중(餘衆)의 반복(反覆)을 의심하여 유돈(儒敦)을 웅진도독부(熊津都督府)에 보내 화(和)를 청하였으나 듣지 않고 이군을 보내어 엿보게 하므로 신라에서 그들을 잡아 두었다. 〈사기 6 신라 6 문무왕 상, 7 신라 7 문무왕 하〉

사물 沙勿 [고구려] 2대 유리명왕(琉璃明王) 21년(2년) 왕이 지세(地勢)를 살펴보고 돌아오던 중 사물택(沙勿澤)에 이르러 한 장부(丈夫)가 못 위 돌에 앉아 있다가 왕의 신하가 되고 싶다고 하자 왕이 허락하고 사물이란 이름과 위씨(位氏)란 성(姓)을 내렸다. 〈사기 13 고구려 1 유리명왕〉

사반왕 沙伴(泮)王 [백제] 7대왕(재위 234년). 6대 구수왕(仇首王)의 큰아들. 234년 즉위하였으나 나이가 어려서 폐위되었다. 〈사기 24 백제 2 고이왕〉

사복 蛇福(伏, 卜) [신라] →사동 〈유사 4 의해 5 사복불언〉 ☞ 582쪽

사부구 師夫仇 [고구려] 28대 보장왕(寶藏王) 26년(667년) 신성(新城) 사람으로 당병(唐兵)이 신성을 공격하자 신성주를 묶고 문을 열어 항복하였다. 〈사기 22 고구려 10 보장왕 하〉

사비 斯卑 [고구려] 2대 유리명왕(琉璃明王) 19년(BC 1년) 교시(郊豕 : 祭天용 돼지)가 달아나므로 사비 등으로 뒤쫓게 하였는데 장옥택(長屋澤) 가운데 이르러 그 돼지의 다리를 끊었다. 왕이 제천할 희생(犧牲)을 상하게 했다 하여 갱중(坑中)에 넣어 죽였다. 〈사기 13 고구려 1 유리명왕〉

사비왕 沙沸王 [백제] 사이왕(沙伊王)이라고도 한다. →사반왕 〈유사 2 기이 2 남부여 전백제〉

사성부인 史省夫人 [신라] 5대 파사니사금(婆娑尼師今)의 비. 김씨(金氏). 허루갈문왕(許婁葛文王)의 딸이다. 〈사기 1 신라 1 파사니사금〉 ☞ 588쪽

사소부인 四召(炤)夫人 [신라] 37대 선덕왕(宣德王)의 어머니. 김씨(金氏). 33대 성덕왕(聖德王)의 딸이다. 〈사기 9 신라 9 선덕왕〉 37대 선덕왕(宣德王)의 어머니이다. 33대 성덕왕(聖德王)의 딸이며 시호(諡號)는 정의태후(貞懿太后)이다. 〈유사 1 왕력 1〉

사약사 沙若思 [백제] 24대 동성왕(東城王) 6년(484년) 내법좌평(內法佐平) 사약사를 시켜 남제(南齊)에 가서 조공케 했는데 서해 중에서 고구려병을 만나 가지 못하였다. 〈사기 26 백제 4 동성왕〉

사오 沙烏 [백제] 25대 무녕왕(武寧王) 23년(523년) 좌평(佐平) 인우(因友), 달솔(達率) 사오 등을 시켜 한수(漢水) 이북 주군(州郡)의 15세 이상을 징발하여 쌍현성(雙峴城)을 쌓게 하였다. 〈사기 26 백제 4 무녕왕〉

사오왕 沙澳王 [백제] →사반왕 〈유사 1 왕력 1〉

사요왕 辭要王 [신라] 3대 노례왕(弩禮王=儒理尼師今)의 비(妃)는 사요왕(=許婁王)의 딸 김씨(金氏)이다. 〈유사 1 왕력 1〉 ☞ 601쪽

사유 斯由 [고구려] 16대 고국원왕(故國原王=國罔王)의 휘(諱)→고국원왕 〈사기 17 고구려 5 미천왕, 6 고국원왕, 24 백제 2 근초고왕, 근구수왕〉 16대 국원왕(國原王)의 이름은 쇠(釗) 또는 사유 또는 강상왕(罔上王)이라고도 한다. 〈유사 1 왕력 1〉 ☞ 588쪽

사이왕 沙伊王 [백제] →사반왕 〈유사 1 왕력 1〉

사진 思眞 [신라] 27대 선덕왕(善德王) 6년(637년) 이찬(伊湌) 사진을 서불감(舒弗邯)을 삼았다. 〈사기 5 신라 5 선덕왕〉

사초부인 史肖夫人 [신라] 5대 파사니질금(婆娑尼叱今)의 비(妃)이다. =사성부인 〈유사 1 왕력 1〉 ☞ 588쪽

사탁상여 沙矺相如 [백제] 백제 패망 후 백제 부흥군 흑치상지(黑齒常之)의 별부장(別部將). 662년 당나라와 싸우다가 역부족하여 항복하였고 당 유인궤(劉仁軌)가 이들에게 무기를 주어 지수신(遲受信)이 버티고 있는 임존성(任存城)을 치게 하였다. 〈사기 28 백제 6 의자왕〉

사파 蛇巴 ① [신라] 흥륜사(興輪寺) 금당(金堂) 서쪽 벽에 앉아 동쪽을 향한 십성(十聖) 니소(泥塑) 중의 하나이다. 〈유사 3 탑상 4 동경흥륜사금당십성〉
② [신라] →사동 〈유사 4 의해 5 사복불언〉 ☞ 582쪽

삭상 索湘 [고려] 후백제 견훤(甄萱)이 신라 56대 경순왕(敬順王) 원년(927년)에 고려 왕건(王建)에게 보낸 글 속에 나오는 인물로 도두(都頭) 삭상이 성산진(星山陣) 아래에서 손이 묶이었다고 한다. 〈사기 50 열전 10 견훤〉

산상왕 山上王 [고구려] 10대 왕(재위 197~237년). 휘(諱)는 연우(延優) 또는 위궁(位宮). 8대 신대왕(新大王)의 아들이며 9대 고국천왕(故國川王)의 아우. 비는 우씨(于氏)이다. 〈사기 16 고구려 4 산상왕〉, 〈유사 1 왕력 1〉

산세 山世 [신라] 30대 문무왕(文武王) 12년(672년) 사찬(沙湌)으로 당장(唐將) 고간(高侃)이 평양성에 이르러 더 남하하므로 신라군과 고구려의 반군(叛軍)이 나가 싸웠는데 산세는 전사하였다. 〈사기 7 신라 7 문무왕 하〉

삼걸왕 三乞王 [백제] 23대왕→삼근왕 〈유사 1 왕력 1〉

삼광 三光 [신라] 30대 문무왕(文武王) 6년(666년) 김유신(金庾信)의 맏아들. 내마(奈麻). 당에 숙위(宿衛)하였다. 이것은 당제가 칙명으로 삼광을 불러 좌무위익부중랑장(左武衛翊府中郎將)을 삼아 숙위케 한 것이다. 후에 정권을 잡았다. 〈사기 6 신라 6 문무왕, 43 열전 3 김유신 하, 47 열전 7 열기〉

삼근왕 三斤王 [백제] 23대 왕(재위 477~479년). 임걸(壬乞)이라고도 한다. 22대 문주왕(文周王)의 큰아들. 동 원년(477년) 13세로 왕위에 오르자 병관좌평(兵官佐平) 해구(解仇 : 문주왕을 시해하였음)가 정사 일체를 맡았는데 반(叛)하여 군사를 내어 격살하였다. 〈사기 26 백제 4 문주왕, 삼근왕〉, 〈유사 1 왕력 1〉 ☞ 588쪽

※ 〈유사〉에는 삼걸왕(三乞王), 〈일본서기〉에는 문근왕(文斤王)이라 하였다.

삼능산 三能山 [고려] 궁예(弓裔)의 신하였던 신숭겸(申崇謙)의 아명(兒名). 정개(政開) 5년(918년) 다른 사람과 모의하여 고려(高麗) 태조(太祖)에게 가서 왕이 되라고 권고하였다. 〈사기 50 열전 10 궁예〉

삼맥종 彡麥宗 [신라] →24대 진흥왕 〈사기 4 신라 4 진흥왕〉 심맥부(深麥夫)라고도 한다. 〈유사 1 왕력 1, 3 탑상 4 미륵선화 미시랑 진자사〉

삼모부인 三毛夫人 [신라] 35대 경덕왕(景德王)의 선비(先妃). 동 13년(754년) 왕이 황룡사종(皇龍寺鐘)을 주성(鑄成)하였는데 시주(施主)는 효정이왕(孝貞伊王) 삼모부인이다. 〈유사 1 왕력 1, 3 탑상 4 황룡사종 분황사약사 봉덕사종〉 ☞ 582쪽

삼순 三順 [고려] 고려 태조(太祖)가 견훤(甄萱)과 함께 신검(神劍)의 군사

와 마주 포진(布陣)했을 때 우익(右翼)에 낀 사람. 왕순(王順)이라고도 한다. 〈사기 50 열전 10 견훤〉

삼직 三直 [신라] 19대 눌지마립간(訥祗麻立干) 34년(450년) 고구려의 변장(邊將)이 실직(悉直 : 지금의 三陟) 들에 와서 사냥하므로 아슬라성주(阿瑟羅城主) 삼직이 습살(襲殺)하였는데 고구려는 이를 트집잡아 신라의 서변(西邊)을 침노하였다. 이로부터 신라와 고구려의 화목은 끊어졌다. 〈사기 3 신라 3 눌지마립간〉

삽시루 歃矢婁 [고구려] 14대 봉상왕(烽上王)의 휘(諱)이다. 〈사기 17 고구려 5 봉상왕〉 ☞ 596쪽

상군 上軍 [신라] 26대 진평왕(眞平王) 24년(602년) 대내마(大奈麻)로 수(隋)에 보내어 방물(方物)을 전하였다. 〈사기 4 신라 4 진평왕〉

상귀 相貴 [후백제] 견훤(甄萱)의 신하. 신라 56대 경순왕(敬順王) 6년(932년) 훤이 일길찬(一吉湌) 상귀를 보내 선병(船兵)을 거느리고 고려 예성강(禮成江)에 들어가 염, 백, 정(鹽, 白, 貞) 삼주(三州)의 배를 불태우고 말 300필을 잡아갔다.〈사기 50 열전 10 견훤〉

상달 尙達 [후백제] 견훤(甄萱)의 용장(勇將). 신라 56대 경순왕(敬順王) 원년(927년) 훤이 군사를 이끌고 왕건(王建) 태조가 있는 운주(運州 : 지금의 洪城郡)를 쳤으나 패하고 그 휘하의 상달 등이 태조에게 항복하였다. 〈사기 50 열전 10 견훤〉

상루 尙婁 [고구려] 13대 서천왕(西川王) 2년(271년) 국상(國相)이 되었다. 전 국상 음우(陰友)의 아들이다. 〈사기 17 고구려 5 서천왕〉

상봉 尙逢 [후백제] 견훤(甄萱)이 고려 태조에게 항복했을 때 휘하(麾下)의 장군이다. 〈유사 2 기이 2 후백제 견훤〉

상부 相夫 [고구려] 14대 봉상왕(烽上王)의 휘(諱)인데 혹은 삽시루(歃矢婁)라고도 한다. →봉상왕 〈사기 17 고구려 5 봉상왕〉 치갈왕(雉葛王)이라고도 한다. 〈유사 1 왕력 1〉 ☞ 596쪽

상부 尙父 [신라] 56대 경순왕(敬順王) 4년(930년) 재암성(載巖城)의 장군 선필(善弼)이 고려에 아부하여 태조가 신라와 우호를 통하려 할 때 인도하였으며 고려에 귀부(歸附)하자 상부(尙父)라고 칭하였다. → 선필 〈사기 12 신라 12 경순왕〉

상수 尙須 [고구려] 3대 대무신왕(大武神王) 13년(30년) 매구곡인(買溝谷人)으로 아우 위수(尉須)와 당제(堂弟) 우도(于刀) 등과 더불어 고구려에 내투(來投)하였다. 〈사기 14 고구려 2 대무신왕〉

상심 詳審 [신라] 49대 헌강왕(憲康王) 때 왕이 포석정(鮑石亭)에 행행(行幸)하였을 때 남산신(南山神)이 현형(現形)하여 춤을 추었는데 그 신의 이름이다. 〈유사 2 기이 2 처용랑과 망해사〉

상영 常永 [백제] 신라 29대 무열왕(武烈王) 7년(660년) 백제 좌평(佐平). 황산(黃山) 싸움에서 계백(堦伯)이 전사하고 상영들은 사로잡혔다. 신라왕이 이들을 일길찬(一吉湌)으로 삼았다. 〈사기 5 신라 5 태종무열왕, 28 백제 6 의자왕〉 백제 의자왕(義慈王) 때 달솔(達率). 나당연합군과 싸우고 있을 때 당군을 먼저 공격하자는 의견에 반대하며 신라의 예봉(銳鋒)을 꺾은 뒤에 당군과 싸워야 한다는 의견을 냈으나 받아들여지지 않았다. 〈유사 1 기이 2 태종춘추공〉

상원 相源 [신라] 의상대사(義湘大師)의 제자 십대덕(十大德) 중의 한 사람인데 모두 아성(亞聖)이다. 〈유사 4 의해 5 의상전교〉

상원부인 上院夫人 [후백제] 아자개(阿慈介)의 첫째부인으로 견훤(甄萱)의 어머니이다. 그런데 같은 기사 뒤쪽에는 견훤의 부인이라 하였다. 〈유사 2 기이 2 후백제 견훤〉

상율사 廂律師 [신라] 27대 선덕왕(善德王) 때 동축사(東竺寺)의 네 번째 주지(住持)이다. 〈유사 3 탑상 4 황룡사장륙〉

상해 象解 [고구려] → 주몽 〈사기 13 고구려 1 시조 동명성왕〉 ☞ 591쪽

색도부인 色刀夫人 [신라] 25대 진지왕(眞智王)의 어머니. 24대 진흥왕비(眞興王妃). 박씨 〈유사 1 왕력 1〉

색주 色朱 [고구려] 4대 민중왕(閔中王)의 이름. 성은 해씨(解氏). 대무신왕(大武神王)의 아우이다. →민중왕 〈유사 1 왕력 1〉

생의 生義 [신라] 27대 선덕왕(善德王) 때 중. 도중사(道中寺)에 거주하였는데 꿈에 한 중이 그를 데리고 남산에 올라가 한 곳에 표하면서 자기가 여기에 묻혔으니 파내어 영상(嶺上)에 안장해 달라고 했다. 꿈을 깨어 친구들을 데리고 표한 곳에 찾아가 파보니 석미륵(石彌勒)이 나왔으므로 삼화령(三花嶺)에 옮겨 놓았다. 선덕왕 13년(644년) 그곳에 생의사(生義寺)를 지었다. 〈유사 3 탑상 4 생의사석미륵〉

생호부인 生乎夫人 [신라] 13대 미추니질금(味鄒尼叱今)의 어머니. 술례부인(述禮夫人)이라고도 하며 이비갈문왕(伊非葛文王)의 딸이다. 〈유사 1 왕력 1〉 ☞ 596쪽

서당 誓幢 [신라] 원효대사(元曉大師)의 소명(小名). 또는 신동(新幢)이라 하였으며 幢은 속(俗)에 毛라 한다고 한 것을 보면 '*새돌'일 것 같다. 〈유사 4 의해 5 원효불기〉 ☞ 583쪽

서동 薯童 [백제] 30대 무왕(武王)의 이름은 장(璋)이고 아명이 서동이다. 어려서 과부 어머니와 살면서 마(=薯)를 캐어 팔았으므로 서동이라 하였다. 신라 26대 진평왕(眞平王)의 셋째 딸 선화공주(善花公主)를 사모하여 신라에 가서 마를 아이들에게 먹이면서 서동요(薯童謠)를 지어 부르게 하여 공주가 궁중에서 쫓겨나게 해 백제에 데려가 아내로 삼았다고 한다. 일설에는 29대 법왕(法王)의 아들이라고 한다. 〈유사 2 기이 2 무왕〉

서력부 西力夫 [신라] 24대 진흥왕(眞興王) 12년(551년) 파진찬(波珍湌). 왕이 거칠부(居柒夫)를 비롯한 서력부 등 8장군에게 명하여 백제와 더불어 고구려를 침공하였다. 〈사기 44 열전 4 거칠부〉

서양 西壤 [고구려] 13대 서천왕(西川王)의 다른 이름이다. 〈사기 17 고구려 5 서천왕〉

서운 庶云 [신라] 김유신(金庾信)의 아버지 서현(舒玄)의 다른 적음이다. 비(碑)에는 소연(逍衍)이라고도 적히었다. 잡간(匝干) 〈유사 2 기이 2 가락국기〉

서천 西川 [신라] 27대 선덕왕(善德王) 때 대야산도독(大耶山都督) 품석(品釋)의 보좌관(補佐官). 지지나(祗之那)라고도 한다. 백제장(百濟將) 윤충(允忠)에게 항복 의사를 말했는데 윤충의 감언에 속아 성문을 열고 나갔다가 복병을 만나 크게 패했다. 〈사기 47 열전 7 죽죽〉 ☞ 597쪽

서천왕 西川王 [고구려] 13대 왕(재위 270~292년). 또는 서양(西壤)이라고도 한다. 휘(諱)는 약로(藥盧) 또는 약우(若友)라고도 한다. 12대 중천왕(中川王)의 둘째 아들로 총명하고 어질었다. 〈사기 17 고구려 5 서천왕〉, 〈유사 1 왕력 1〉

서현 舒玄 [신라] 26대 진평왕(眞平王) 때의 대장군. 김유신(金庾信)의 아버지. 각찬(角粲). 소연(逍衍)이라고도 한다. 태종무열왕비(太宗武烈王妃) 문명부인(文明夫人)의 아버지로 백제와 싸울 때 양주총관(良州摠管)으로 여러 번 이겼다. 〈사기 4 신라 4 진평왕, 5 신라 5 태종무열왕, 41 열전 1 김유신 상, 43 열전 1 김유신 하〉 =서운(庶云) 〈유사 1 기이 2 김유신〉

석남오 石南烏 [신라] 38대 원성왕(元聖王) 14년(798년) 굴자군(屈自郡)의 석남오 대사(大舍)의 처가 3남 1녀를 낳았다. 〈사기 10 신라 10 원성왕〉

석등보(야) 昔登保(也) [신라] 17대 내물니사금(奈勿尼師今) 때의 아간(阿干). 18대 실성니사금(實聖尼師今)의 어머니 이리부인(伊利夫人)의 아버지이다. 〈사기 3 신라 3 실성니사금〉 ☞ 597쪽

석씨 昔氏 [신라] 4대 탈해니사금(脫解尼師今)이 전에 궤(櫃)에 담겨 바다

에 띄워져 흘러가다 아진포구(阿珍浦口－迎日)에 닿았는데 한 노파가 건졌다. 그 때 까치 한 마리가 궤짝을 따라 오면서 지저귀었으므로 이 아이의 성을 작(鵲)에서 석(昔)만을 취하여 석씨(昔氏)라 하였다 한다. 〈사기 1 신라 1 탈해니사금〉 용성국(龍城國) 함달파(含達婆)가 적성국(積城國)의 왕녀를 비(妃)로 삼아 오랫동안 아이가 없다가 7년 뒤에 큰 알을 낳으니 불길한 징조라 해서 배에 실어 띄워 보냈는데 계림(鷄林) 동쪽 해안에 닿아 궤를 열어 보니 남자 아이가 나왔다. 까치가 그 배를 호위하였다. 자라면서 꾀를 내어 남의 집을 자기 집이라 우겨 차지했다. 2대 남해차차웅(南解次次雄)이 슬기 있음을 알고 만공주를 아내로 삼게 했다. 옛집을 찾았으므로 석(昔)이라 하고 까치가 궤를 열게 했다 해서 작(鵲)에서 석(昔)을 떼어 석씨(昔氏)라 하였다는 설이 있다. 〈유사 1 왕력 1, 1 기이 2 제사탈해왕, 2 기이 2 김부대왕〉

석우로 昔于老 [신라] 10대 내해니사금(奈解尼師今)의 아들(혹은 각간 수로(角干水老)의 아들이라 함). 11대 조분니사금(助賁尼師今) 때 대장군이 되고 서불감(舒弗邯)이 되어 병마사(兵馬使)도 맡았다. 휘하(麾下) 군사에게 따뜻하게 대해 군사들도 잘 따랐다. 12대 첨해니사금(沾解尼師今) 7년(253년) 왜국 사신 앞에서 왜왕을 모독하는 말을 했다가 왜군의 침노를 받아 왜군에게 해명하러 갔다가 왜가 불에 태워 죽였다. → 우로 〈사기 45 열전 5 석우로〉

석체 昔諦 [신라] 29대 무열왕(武烈王) 때 학자 강수(强首)의 아버지. 내마(奈麻). 사량부(沙梁部) 사람이다. 〈사기 46 열전 6 강수〉

석총 釋聰 [신라] 52대 효공왕(孝恭王) 때의 중인데 동 15년(911년) 미륵불(彌勒佛)을 자칭(自稱)한 선종(善宗＝弓裔)이 강술한 내용이 사설, 괴담(邪說 怪談)으로서 가르칠 수 없다고 하다가 선종이 철퇴로 때려 죽였다. 〈사기 50 열전 10 궁예〉

석충 釋忠

[신라] 35대 경덕왕(景德王) 때 중 진표(眞表)의 제자로서 법(法)을 얻은 영수(領袖) 중의 한 사람. 산문(山門)의 개조(開祖)가 되었다. 〈유사 4 의해 5 진표전간〉

석품 石品

[신라] 26대 진평왕(眞平王) 53년(631년) 아찬(阿飡). 반란을 일으켜 도망갔다가 가족이 보고 싶어 위장하고 돌아왔으나 발각되어 사형되었다. 〈사기 4 신라 4 진평왕〉

선 善

[신라] 35대 경덕왕(景德王) 때 효자(孝子) 향덕(向德)의 아버지. 천성이 온순하여 향리(鄕里)에서 칭송을 받았다. 아들 향덕도 효순(孝順)으로 칭송을 받았다. 경덕왕 14년(755년) 부모가 병들자 향덕은 자기의 넓적다리 살을 베어 먹이고 어머니의 종기를 빨아내는 등 여러 가지로 애를 써서 모두 편안하게 되었다. 국가에서도 알아 벼와 밭을 주고 석비(石碑)를 세워 주었다. 〈사기 48 열전 8 향덕 성각〉

선 宣

[백제] 29대 법왕(法王)의 휘(諱)는 효순(孝順) 또는 선이다. 〈유사 1 왕력 1〉 ☞ 597쪽

선강(대)왕 宣康(大)王

[신라] 44대 민애왕(閔哀王)의 아버지 충공(忠恭). 아들 민애왕이 즉위하자 선강대왕으로 시(諡)하였다(838년). 47대 헌안왕(憲安王)의 어머니 소명부인(昭明夫人)의 아버지 〈사기 10 신라 10 민애왕, 11 헌안왕〉, 〈유사 1 왕력 1〉

선광 宣光

[신라] 30대 문무왕(文武王) 8년(668년) 파진찬(波珍飡). 고구려와의 대전에 대비하여 군을 정비할 때 선광 등을 하서주행군총관(河西州行軍摠管)을 삼았다. 〈사기 6 신라 6 문무왕 상〉

선극 宣極

[신라] 30대 문무왕(文武王) 8년(668년) 고구려와의 싸움에서 승리한 후 논공행상(論功行賞)할 때 흑악령(黑嶽令)인 선극을 평양성(平壤城) 대문전(大門戰)의 공로자로 일길찬(一吉飡)의 위(位)와 조(租) 1,000석을 주었다. 〈사기 6 신라 6 문무왕 상〉

선덕왕 善德王 [신라] 27대 왕(재위 632~647년). 휘(諱) 덕만(德曼(萬)). 26대 진평왕(眞平王)의 큰 딸. 어머니는 마야부인(摩耶夫人). 성품이 관인(寬仁)하고 명민(明敏)하였다. 백제군의 침공을 끊임없이 받았으나 김춘추, 김유신(金春秋, 金庾信) 등이 잘 막아내었다. 재위 16년 동안 세 가지 미리 알아차린 일이 있는데, 첫째, 당 태종이 보낸 모란 그림을 보고 이 꽃은 향기가 없을 것이라 하였고, 둘째, 영묘사 옥문지(玉門池)에 겨울에 개구리가 3~4일 동안 울자 그곳에 백제의 군사가 매복해 있음을 알고, 셋째, 자기가 죽을 날을 미리 신하들에게 알린 것이다 〈사기 5 신라 5 선덕왕〉 여러 곳에 절을 지은 기록이 있다. 〈유사 1 왕력 1, 기이 2 선덕왕지기삼사, 3 흥법 3 아도기라, 3 탑상 4 황룡사장륙, 영묘사장륙, 대산오만진신〉

선덕왕 宣德王 [신라] 37대 왕(재위 780~785년). 김씨(金氏). 휘(諱) 양상(良相). 17대 내물니사금(奈勿尼師今)의 10대손 해찬효방(海湌孝芳)의 아들. 어머니는 김씨 사소부인(四炤夫人). 33대 성덕왕(聖德王)의 딸이다. 〈사기 9 신라 9 선덕왕〉 휘는 양상(亮相), 아버지는 효방(孝方), 어머니는 사소부인(四召夫人)이고 비(妃)는 구족왕후(具足王后)이다. 〈유사 1 왕력 1, 2 기이 2 원성대왕〉

선도해 先道解 [고구려] 신라 27대 선덕왕(善德王) 11년(642년) 김춘추(金春秋)가 백제의 침공이 심해지자 고구려에 청병하러 갔는데 고구려에서 억류하자 고구려왕의 총신(寵臣)인 선도해를 매수하였는데 그가 귀토설(龜兎說)을 통해 탈출하는 방법을 알려 주어 춘추가 그대로 시행하여 살아 돌아왔다. 〈사기 41 열전 1 김유신 상〉

선률 善律 [신라] 망덕사(望德寺)의 중. 육백반야경(六百般若經)을 이루고자 하다가 일이 끝나기 전에 명부(冥府)에 잡혀 갔는데 인간(人間)에 돌아가 보전(寶典)을 끝내라고 놓아 주었다. 도중에 신라 여인의 사연을 듣고 돌아와 그 여자가 가르친 대로 하고 명복을 빌었다. 그리고 보전을 완성하였다. 〈유사 5 감통 7 선률환생〉

선백 仙伯 [신라] 30대 문무왕(文武王) 15년(675년) 당병(唐兵)이 석현성(石峴城)을 공격하자 현령(縣令) 선백 등이 힘써 싸우다가 전사하였다. 〈사기 7 신라 7 문무왕 하〉

선복 宣服 [신라] 29대 태종무열왕(太宗武烈王) 7년(660년) 계금(罽衿)이 죽자 선복을 급찬(級湌)으로 삼았다. 〈사기 5 신라 5 태종무열왕〉

선성대왕 宣聖(成)大王 [신라] 53대 신덕왕(神德王)의 아버지 예겸(乂兼)을 추존(追尊)한 봉명(封名)이다. 〈사기 12 신라 12 신덕왕〉 선성대왕(宣成大王)은 예겸(銳謙)의 추봉명(追封名)이다. 〈유사 1 왕력 1〉

선원 仙元 [신라] 31대 신문왕(神文王) 10년(690년) 아찬(阿湌)을 중시(中侍)로 삼았다. 〈사기 8 신라 8 신문왕〉

선의태후 宣懿太后 [신라] 44대 민애왕(閔哀王)이 어머니 박씨(朴氏) 귀보부인(貴寶夫人)을 추시(追謚)한 명칭이다. 〈사기 10 신라 10 민애왕〉 선의왕후는 민애왕의 어머니 귀파부인(貴巴夫人)의 시호이다. 〈유사 1 왕력 1〉

선종 善宗 [후고려] 궁예(弓裔)의 법명(法名) → 궁예 〈사기 50 열전 10 궁예〉

선종 宣宗 [신라] 33대 성덕왕(聖德王) 21년(722년) 이찬(伊湌)을 중시(中侍)로 삼았다. 〈사기 8 신라 8 성덕왕〉

선종랑 善宗郎 [신라] 선덕왕(善德王) 때 자장법사(慈藏法師)의 속명(俗名)이다. 아버지는 소판(蘇判) 무림(茂林). 후사(後嗣)가 없어 불교에 귀의하여 아들을 빌었더니 과연 석가(釋迦)와 같은 날 태어나 선종랑이라 이름하였는데 양친을 여의고 절로 들어가 고행(苦行)을 하였다. 나라에서 대신(大臣)으로 초빙했으나 굳이 사양하므로 왕이 출가를 허락해 수행(修行)하다가 꿈에 천인(天人)이 와서 오계(五戒)를 주므로 도읍(都邑)으로 나왔다. 다시 서쪽으로 가 큰 교화(敎化)를 받고자 하여 당(唐)에 건너가 거기서 만수대성(曼殊大聖)의 소상(塑像) 앞에서 기도하다가 범게(梵偈)를 받고 중국에서 수도하다가 선덕왕의 요청으로 본국에 돌아왔다. 그의 이적(異蹟)이 나타났으며 대국통(大國統)을 삼았다. 그 후 불법을 널리 전하고 절을 지었다. 〈유사 4 의해 5 자장정률〉

선충 宣忠 [신라] 7대 일성니사금(逸聖尼師今) 16년(149년) 내마(奈麻)가 되었다. 〈사기 1 신라 1 일성니사금〉

선품 善品 ① [신라] 30대 문무왕(文武王)의 비(妃) 자의왕후(慈儀王后)의 아버지. 파진찬(波珍飡) 〈사기 6 신라 6 문무왕 상〉

② [신라] 이제가기(李磾家記)에 따르면 24대 진흥왕(眞興王)의 셋째 아들 구륜공(仇輪公)의 아들이며 파진찬(波珍飡). 견훤(甄萱)의 외증조부(外曾祖父 혹은 후손) 〈유사 1 왕력 1, 2 기이 2 후백제 견훤〉

※ ①과 ②는 연대차가 많이 나므로(570년대와 860년대) 다른 사람이라 본다.

선필 善弼 [신라] 56대 경순왕(敬順王) 4년(930년) 재암성(載巖城)의 장군. 고려에 아부하여 태조가 신라와 우호를 통하려 할 때 인도하였으며 고려에 귀부(歸附)하자 상부(尙父)라고 칭하였다. 〈사기 12 신라 12 경순왕〉

선혜부인 善兮夫人 [신라] 21대 조지마립간(照知麻立干)의 비(妃). 내숙 이벌찬(乃宿伊伐飡)의 딸이다. 〈사기 3 신라 3 조지마립간〉

선화 善花(化) [신라] 26대 진평왕(眞平王)의 셋째 공주. 곱고 아름다웠는데 백제 30대 무왕(武王)을 따라 갔다. → 무왕 〈유사 2 기이 2 무왕〉

선회 善會 [고려] 고려 초의 대덕 대연(大緣)의 옛 이름이다. → 대연 〈유사 5 신주 6 명랑신인〉

설 薛 [신라] 원광법사(圓光法師)의 성(姓)이다. 〈유사 4 의해 5 원광서학〉

설계두 薛罽頭 [신라] '설'은 사(篩)라고도 한다. 신라 사대부(士大夫)의 자손이다. 평소 중국에 가서 큰 뜻을 펴고 부귀와 영달의 길을 열고 싶어 했다. 26대 진평왕(眞平王) 43년(621년) 몰래 해박(海船)을 따라 당에 들어갔다. 당 태종이 고구려를 친정(親征)하므로 자천(自薦)하여 좌무위과의(左武衛果毅)가 되어 요동(遼東)에 와서 고구려와 싸우던 중 깊숙이 들어가 빨리 치다가 전사하였다. 당 태종이 대장군의 관직을 주었다. 〈사기 47 열전 7 설계두〉

설례 碟禮 [백제] 17대 아신왕(阿莘王)의 셋째 아우. 왕이 죽자 원자(元子)인 전지왕(腆支王)이 일본에 볼모로 가서 돌아오지 못하는 사이에 섭정(攝政) 중인 둘째 형 훈해(訓解)를 죽이고 스스로 왕이 되었다. 전지왕이 돌아오자 국민이 설례를 죽이고 전지를 맞아 즉위케 했다. 〈사기 25 백제 3 전지왕〉

설부 薛夫 [신라] 10대 내해니사금(奈解尼師今) 19년(214년) 백제군이 와서 요거성(腰車城)을 쳐 성주(城主) 설부를 죽였다. 〈사기 2 신라 2 내해니사금〉 백제 5대 초고왕(肖古王) 39년(204년) 설부를 죽였다. 〈사기 23 백제 1 초고왕〉 두 기사에 10년의 차이가 있다.

설수진 薛秀眞 [신라] 30대 문무왕(文武王) 14년(674년) 왕이 열병식(閱兵式)을 거행할 때 아찬(阿湌) 설수진이 육진병법(六陣兵法)을 시범하였다. 〈사기 7 신라 7 문무왕 하〉

설씨 薛氏

① [신라] 26대 진평왕(眞平王) 때 사람으로 이름은 알려지지 않았다. 그의 아버지가 늙어서 방수(防戍)를 나가게 되자 사량부(沙梁部)의 가실(嘉實)이 설씨를 흠모하다가 이 소식을 듣고 찾아가 대신 가기를 원하니 그 아버지는 설씨와의 혼약을 허락했다. →가실 〈사기 48 열전 8 설씨〉

② [신라] 명활산(明活山) 고야촌장(高耶村長) 호진(虎珍)이 습비부(習比部) 설씨의 조(祖)가 되었다. 〈유사 1 기이 2 신라시조

혁거세왕〉

③ 원효대사(元曉大師)의 속성(俗姓)이다. 〈유사 4 의해 5 원효불기〉

설오유 薛烏儒 [신라] 30대 문무왕(文武王) 10년(671년) 사찬(沙湌)으로 고구려 태대형고연무(太大兄高延武 : 고구려 叛兵)와 같이 압록강에 이르러 말갈병(靺鞨兵)과 싸웠다. 〈사기 6 신라 6 문무왕 상〉

설원랑 薛原郞 [신라] 24대 진흥왕(眞興王) 때 최초의 화랑(花郞)이다. 〈유사 3 탑상 4 미륵선화 미시랑 진자사〉

설유 屑儒 [신라] 29대 무열왕(武烈王) 7년(660년) 무관(武官)으로서 왕이 백제에서 돌아와 논공행상(論功行賞)할 때 관직을 받았다. 〈사기 5 신라 5 태종무열왕〉

설유 薛儒 [고구려] 6대 대조대왕(大祖大王) 22년(74년) 환나부(桓那部) 패자(沛者) 설유를 보내 주나(朱那 : 부락명)를 쳐서 그 왕자 을음(乙音)을 사로잡았다. 〈사기 15 고구려 3 대조대왕〉

설중업 薛仲業 [신라] 설총의 아들. 일본에서 벼슬을 주었다. 〈사기 46 열전 6 설총〉

※ 〈일본서기〉에 나오는 살중업(薩仲業) 참고

설지 薛支

① [신라] 9대 벌휴니사금(伐休尼師今) 7년(190년) 백제와 싸우다가 실수한 구도(仇道)의 벼슬을 내리고 설지를 좌군주(左軍主)로 삼았다. 〈사기 2 신라 2 벌휴니사금〉

② [고구려] 2대 유리명왕(琉璃明王) 21년(2년) 희생(犧牲)을 맡은 사람. 교시(郊豕)가 달아나므로 뒤좇아 가 국내위나암(國內尉那巖)에서 잡았는데 돌아와 왕에게 국내(國內)가 도읍하기에 알맞은 곳이라고 진언(進言)하였다. 〈사기 13 고구려 1 유리명왕〉

설총 薛聰 [신라] 31대 신문왕(神文王) 때 학자, 문장가. 원효(元曉)의 아들. 천성이 명민하여 나면서 도(道)를 깨달았다. 우리말로 구경(九經)을 해독하여 후생을 훈도하였고 글을 잘 지었다. 신문왕의 요청으로 화왕계(花王戒)를 아뢰니 높은 관직을 주었다. 고려 현종(顯宗) 13년(1022년) 홍유후(弘儒侯)로 추증(追贈)되었다. 〈사기 46 열전 6 설총〉 어머니는 요석공주(瑤石公主)이다. 경사(經史)에 널리 통하고 십현(十賢) 중의 한 사람이다. 〈유사 4 의해 5 원효불기〉

설판관 薛判官 [신라] 설총(薛聰)의 아들로 본명은 설중업(薛仲業). 일본의 진인(眞人)이 원효대사를 만나지 못한 것을 한탄하다 마침 사신으로 온 그 손자 설중업을 만나게 되어 기쁜 나머지 시를 지어 주었다 한다. 〈사기 46 열전 6 설총〉

성각 聖覺 [신라] 33대 선덕왕(宣德王) 때의 효자. 절에 의지해 살다가 돌아와 어머니를 봉양하는데 늙고 병들어 잘 먹지 못하므로 다리 살을 베어 먹였다. 사후에는 지성껏 불공을 드리니 나라에서 조(租) 300석을 상으로 주었다. 〈사기 48 열전 8 향덕 성각〉

성국공주 成國公主 [신라] 13대 미추니질금(味鄒尼叱今) 3년(264년) 공주가 병이 들었는데 고구려승 아도(我道)가 궁에 들어가 공주의 병을 고치니 왕이 기뻐 소원을 물었는데 불사(佛寺)를 지어 달라고 했다. 그래서 흥륜사(興輪寺)를 지었다. 〈유사 3 흥법 3 아도기라〉

성달 城達 [신라] 54대 경명왕(景明王) 7년(923년) 명지성(命旨城)의 장군 성달이 고려 태조(太祖)에 귀부(歸附)하였다. 〈사기 12 신라 12 경명왕〉

성덕대왕 成德大王 [신라] 45대 신무왕(神武王)이 아버지 균정(均貞)을 추존(追尊)한 이름이다. 〈사기 10 신라 10 신무왕〉, 〈유사 1 왕력 1〉

성덕왕 聖德王 [신라] 33대 왕(재위 702~737년). 휘(諱)는 흥광(興光). 본명은 융기(隆基). 32대 효소왕(孝昭王)의 동모제(同母弟). 효소왕이 돌아가자 왕위를 계승하였다. 당과 우호 관계를 잘 유지하였다.

〈사기 8 신라 8 성덕왕〉 선비(先妃)는 배소왕후(陪昭王后) 시(諡)는 엄정(嚴貞) 원대아간(元大阿干)의 딸이며 후비(後妃)는 점물왕후(占勿王后) 시(諡)는 소덕(昭德) 순원각간(順元角干)의 딸이다. 동 5년(706년) 가뭄이 들어 백성을 구제하였다. 이때 시중(侍中)직을 처음 두었다. 35대 경덕왕이 아버지 성덕왕의 복을 빌기 위하여 큰 종을 주조하다가 마치지 못하고 그 아들 36대 혜공왕이 완성하여 봉덕사(奉德寺)에 안치하고 성덕대왕신종(聖德大王神鐘)이라 하였다. 〈유사 1 왕력 1, 2 기이 2 성덕왕, 수로부인, 3 탑상 4 황룡사종, 분황사종, 봉덕사종〉

성목태후 聖穆太后 [신라] 39대 소성왕(昭聖王) 어머니 김씨의 추봉명(追封名)이다. 〈사기 10 신라 10 소성왕〉, 〈유사 1 왕력 1〉

성범 成梵 [신라] 도성(道成)이라는 성사(聖師)가 있었던 터를 도성암(道成巖)이라 하였다. 그 밑 굴 아래에 절을 짓고 중 성범이 처음으로 와 살았는데 50여 년 간 여러 차례 상서(祥瑞)가 있었다. 산중구성(山中九聖)의 한 사람이다. 〈유사 5 피은 8 포산이성〉

성산 成山 [신라] 30대 문무왕(文武王) 10년(670년) 한기부(漢岐部) 일산(一山) 급간(級干)의 다른 이름. 그의 비(婢)가 1녀 3자를 낳아 나라에서 상으로 곡식 200석을 주었다. → 일산 〈유사 2 기이 2 문호왕법민〉

성왕 聖王 [백제] 26대 왕(재위 523~554년). 휘(諱) 명농(明穠 : <梁書>에는 명(明)). ☞ 533쪽 <일본서기>에는 명왕(明王) 또는 성명왕(聖明王)으로 나온다). 25대 무녕왕(武寧王)의 아들로 지혜와 식견이 뛰어나고 일에 결단성이 있었다. 동 16년(538년) 부여(夫餘)로 천도(遷都)하였으며 끊임없이 고구려, 신라와 싸웠다. 〈사기 26 백제 4 성왕〉, 〈유사 1 왕력 1, 2 기이 2 남부여 전백제, 3 탑상 4 요동성육왕탑〉

성정 成貞 [신라] 33대 성덕왕비(聖德王妃)의 휘(諱). 엄정(嚴貞)이라고도 한다. 동 15년(716년) 비를 궁에서 내보낼 때 채단(彩段), 밭, 조(租), 집 등을 주었다. 〈사기 8 신라 8 성덕왕〉 ☞ 597쪽

성종 成宗 [신라] 24대 진흥왕(眞興王) 17년(556년) 사찬(沙湌)으로 비열홀주(比列忽州)의 군주(軍主)를 삼았다. 〈사기 4 신라 4 진흥왕〉

성지전 誠志全 [신라] 김지성(金志誠)의 잘못 적음이다. → 김지성 〈유사 3 탑상 4 천룡사〉

성천 星川 [신라] 30대 문무왕(文武王) 2년(662년) 신라가 당(唐)의 군량을 공급하기 위하여 평양으로 가는 중 임진강(臨津江) 건너 산양(蒜壤)이란 곳에 이르렀는데 귀당제감(貴幢弟監) 성천 등이 이현(梨峴)에서 고구려병을 만나 그들을 격살하였다. 동 4년(664년) 왕이 성천 등을 웅진부성(熊津府城)에 보내 당악(唐樂)을 배우게 하였다. 〈사기 6 신라 6 문무왕 상〉

성충 成忠 [백제] 31대 의자왕(義慈王) 때 좌평(佐平). 충신(忠臣). 정충(淨忠)이라고도 한다. 동 16년(656년) 왕이 주색(酒色)에 빠져 헤어나지 못하자 극간(極諫)하다가 옥중에 갇혀 수사(瘦死)하게 될 때 적을 이기는 방책을 상서로 올렸으나 왕이 돌보지 않았다. 〈사기 28 백제 6 의자왕〉, 〈유사 1 기이 2 태종춘추공〉

성태 性泰 [고려] 중생사주(衆生寺主). 고려 성종(成宗) 11년(992년) 성태가 보살(菩薩) 앞에서 절의 소출이 없어 향사(香祀)를 계속할 수 없어 타처로 옮기겠다고 하자 꿈에 대성(大聖)이 권선(勸善)으로 사(祀)의 비용을 충당해 주겠다고 하더니 실제로 그리 했다. 〈유사 3 탑상 4 삼소관음 중생사〉

성한 星漢 [신라] 김씨(金氏)의 첫임금 미추니사금(味鄒尼師今)의 선조(先祖) 김알지(金閼智)의 아들 세한(勢漢)을 문무왕비(文武王碑)에는 성한(星漢)이라 적혀 있다. 〈사기 2 신라 2 미추니사금〉

성호대왕 成虎大王 [신라] 53대 신덕왕(神德王)의 어머니 정화부인(貞花夫人)의 아

버지 순홍각간(順弘角干)의 추시명(追諡名)이다. 〈유사 1 왕력 1〉

성희대왕 聖僖大王 [신라] 54대 경명왕비(景明王妃)는 장사댁(長沙宅)으로 대존각간(大尊角干)의 딸인데 대존을 추봉(追封)해서 성희대왕이라 하였다. 〈유사 1 왕력 1〉

세강 世强 [신라] 38대 원성왕(元聖王) 원년(785년) 이찬(伊飡) 세강을 시중(侍中)을 삼았다. 동 8년(792년) 상대등(上大等)을 삼았다. 〈사기 10 신라 10 원성왕〉

세리지 世理智 [신라] 14대 유례니질금(儒禮尼叱今)을 세리지왕(世理智王)이라고도 한다. 〈유사 1 왕력 1〉 ☞ 583쪽

세신갈문왕 世神葛文王 [신라] 12대 첨해니사금(沾解尼師今)이 아버지 골정(骨正)을 세신갈문왕(世神葛文王)으로 봉(封)하였다. 〈사기 2 신라 2 첨해니사금〉

세오녀 細烏女 [신라] 8대 아달라니질금(阿達羅尼叱今) 4년(157년) 동해(東海)가에 연오랑(延烏郞) 세오녀가 살았는데 하루는 바위가 연오랑을 싣고 일본에 가 왕이 되었으며 세오녀도 남편 따라 일본에 갔다. 그러자 신라의 일월(日月)이 광채를 잃었는데 일관(日官)이 일월의 정(精)이 일본으로 건너간 때문이라 하여 왕이 사자(使者)를 보내어 두 사람을 찾으니 연오랑이 자기가 여기 온 것이 하늘의 뜻이니 돌아갈 수 없다며 세오녀가 짠 비단을 주며 이것으로 제사를 지내면 좋으리라 하였다. 돌아와 그리 하니 일월이 전과 같아졌고 그 비단은 국보로 삼았다. 〈유사 1 기이 2 연오랑 세오녀〉

세조 世祖 [가야] 가야국 시조 김수로왕이다. 8대 질지왕이 선조 세조(수로왕)와 허황후의 명복을 빌기 위하여 왕후사를 지었다. 〈유사 2 기이 2 가락국기〉

세종 世宗 [신라] 25대 진지왕(眞智王) 2년(577년) 백제가 침범하므로 이찬(伊飡) 세종이 군사를 이끌고 가 맞아 싸워 이겼다. 〈사기 4

신라 4 진지왕〉 가락국(駕洛國) 최후의 왕 구충(仇衝)의 큰아들. 각간(角干). <사기>에는 노종(奴宗)이라 나온다. 〈유사 1 기이 2 가락국기〉 ☞ 581쪽

※ 두 책에 명시는 안 되었으나 같은 시기이므로 같은 사람으로 본다.

세한 勢漢 [신라] 김씨(金氏)의 첫 임금 13대 미추니사금(味鄒尼師今)의 선조(先祖) 김알지(金閼智)의 아들 〈사기 2 신라 2 미추니사금〉 문무왕비(文武王碑)에는 성한(星漢)이라 적혀 있다. ☞ 588쪽

세헌 世獻 [신라] 33대 성덕왕(聖德王) 때 정신대왕(淨神大王 : 신라에는 정신대왕이 없는데 여러 가지 정황으로 보아서 31대 神文王이라 여겨진다)의 태자 보천(寶川＝寶叱徒)과 효명(孝明) 형제가 하서부(河西府＝溟州)에 이르러 세헌 각간의 집에서 하룻밤을 잤다. 〈유사 3 탑상 4 대산오만진신, 명주오대산보질도태자전기〉

세활 世活 [신라] 30대 문무왕(文武王) 8년(668년) 고구려를 패망시킨 후 논공행상(論功行賞)을 할 때 비열홀(比列忽) 가군사(假軍師) 세활을 평양 소성전(少城戰)의 제일 공로자로 고간(高干)의 위와 속(粟) 500석을 내렸다. 〈사기 6 신라 6 문무왕 상〉

소개 小蓋 [후백제] 아자개(阿慈介)의 다섯째 아들. 견훤(甄萱)의 아우로 장군이다. 〈유사 2 기이 2 후백제 견훤〉

소고 素古 [백제] 5대 초고왕(肖古王)의 다른 적음→초고왕 〈사기 23 백제 1 초고왕〉, 〈유사 1 왕력 1〉

소나 素那 [신라] 30대 문무왕(文武王) 15년(675년) 아달성(阿達城 : 강원도 安峽) 성주. 금천(金川)이라고도 한다. 말갈병(靺鞨兵)이 쳐들어와 약탈하므로 성주가 나가 싸우다가 전사하였다. 그의 아버지는 심나(沈那)인데 아주 용장(勇將)이었으며 그의 아들 소나도 영걸(英傑)하여 풍도(風度)가 있었다. 소나는 말갈병의 화살을 맞고 전사하였는데 왕이 소나에게 잡찬(迊湌)을 추증(追

贈)하였다. 〈사기 7 신라 7 문무왕 하, 47 열전 7 소나〉

소노가 消奴加 [고구려] 9대 고국천왕(故國川王) 원년(179년) 8대 신대왕(新大王)이 돌아가자 장자 발기(拔奇 또는 發岐라고도 함)가 왕이 되지 못한 것을 원망하여 소노가와 더불어 하호(下戶) 3만여 구를 데리고 공손강(公孫康 : 요동태수?)에 항부(降附)하였다. 〈사기 16 고구려 4 고국천왕〉

소달 小達 [후백제] 장군. 고려 태조(太祖)가 견훤(甄萱)과 함께 후백제군을 칠새 대항하다 항복한 신검(神劍)의 부하이다. 〈사기 50 열전 10 견훤〉

소덕왕후 炤德王后 [신라] 33대 성덕왕(聖德王)의 후비(後妃). 동 23년(724년) 돌아갔다. 〈사기 8 신라 8 성덕왕〉 33대 성덕왕(聖德王)의 후비 점물왕후(占勿王后)의 시(諡). 소덕은 순원각간(順元角干)의 딸이다. 〈유사 1 왕력 1〉

소룡부인 小龍夫人 [신라] 38대 원성왕(元聖王)의 끝손녀 〈유사 2 기이 2 원성대왕〉

소명왕후 炤明王后 [신라] 46대 문성왕(文聖王)의 비(妃)이다. 〈유사 1 왕력 1〉

소문태후 昭文太后 [신라] 38대 원성왕(元聖王)이 어머니 박씨(朴氏)를 추봉(追封)하여 소문태후라 하였다. 〈사기 10 신라 10 원성왕〉 원성왕의 어머니는 지오부인(知烏夫人). 시(諡)는 소문왕후. 창근이이(昌近伊己)의 딸이다. 〈유사 1 왕력 1〉

소발 素勃 [고구려] 13대 서천왕(西川王)의 아우로 동 17년(286년) 모반(謀叛)하여 온갖 패역(悖逆)한 말을 하므로 위계(僞計)로 불러들여 죽였다. 〈사기 17 고구려 5 서천왕〉

소벌도리 蘇伐都利 [신라] 돌산고허촌장(突山高墟村長) 소벌도리가 처음에 형산(兄山)에 내려와 사량부(沙梁部) 정씨(鄭氏)의 조상이 되었다. 〈유사 1 기이 2 신라시조 혁거세왕〉

소부손 所夫孫 [고구려] 28대 보장왕(寶藏王) 7년(648년) 박작성주(泊灼城主)로서 당 태종(唐 太宗)이 장군을 보내어 침공하자 소부손은 성을 굳게 지켰다(중국 사서에는 성이 함락되고 소부손은 참수당했다고 한다). 〈사기 22 고구려 10 보장왕 하〉

소서노 召西奴 [백제] 비류왕(沸流王)의 어머니. 졸본인(卒本人) 연타발(延陁勃)의 딸. 우태(優台)에게 시집가서 두 아들 비류와 온조(溫祚)를 낳았는데 우태가 죽자 졸본(卒本)에서 지내다가 주몽(朱蒙)이 내려오자 그의 비(妃)가 되었으며 아들들은 유리태자(類利太子)가 내려오자 남쪽으로 내려가 각각 나라를 세웠다. 〈사기 23 백제 1 시조 온조왕〉

소성 昭成 [신라] 39대 소성왕(昭聖王)의 다른 표기→소성왕 〈사기 10 신라 10 소성왕〉

소성거사 小性(姓)居士 [신라] 진평왕(眞平王) 때 원효(元曉)가 실계(失戒)하여 설총(薛聰)을 낳은 후 속복(俗服)으로 바꿔 입고 스스로 소성거사라 하였다. 〈유사 4 의해 5 원효불기, 사기 46 열전 6 설총〉

소성왕 昭聖王 [신라] 39대왕(재위 798~800년). 휘(諱)는 준옹(俊邕). 38대 원성왕(元聖王)의 태자 인겸(仁謙)의 아들. 어머니는 김씨(金氏). 비(妃)는 김씨(金氏) 계화부인(桂花夫人)인데 대아찬(大阿湌) 숙명(叔明)의 딸이다. 〈사기 10 신라 10 소성왕〉 소성왕(昭成王)이라고도 하며 아버지는 혜충태자(惠忠太子), 어머니는 성목대후(聖穆大后), 비는 계화왕후 숙명공(夙明公)의 딸이다. 〈유사 1 왕력 1〉

소수림왕 小獸林王 [고구려] 17대 왕(재위 371~384년). 소해주류왕(小解朱留王)이라고도 한다. 휘(諱)는 구부(丘夫). 16대 고국원왕(故國原王)의 아들인데 몸이 장대(壯大)하고 웅략(雄略)이 있었으며 전진(前秦)과도 친밀한 관계를 맺어 진왕이 사절과 중 순도(順道)를 보내 불상(佛像)과 경문(經文)을 전하였는데 이로부터 불교가 고구려에 전해진 것이다. 또 대학(大學)을 세우고 자제를 교육시켰다. 동 2년(372년)의 일이다. 동 3년에는 율령(律令)을 반포하고, 4년에 중 아도(阿道)가 왔다. 동 5년에는 초(성)문사(肖(省)門寺)를 창설하여 순도를 두고 이불란사(伊弗蘭寺)를 개창(開創)하여 아도를 두니 이것이 해동(海東) 불법의 시초이다. 그 후 백제와 끊임없는 공방을 계속하였다. 〈사기 18 고구려 6 소수림왕〉, 〈유사 1 왕력 1, 3 흥법 3 순도조려〉 ☞ 597쪽

소실씨 少室氏 [고구려] 시조 주몽(朱蒙)이 졸본에 와서 세 사람을 만났는데 수조의(水藻衣)를 입은 묵거(默居)에게 소실씨라는 성(姓)을 주었다. 〈사기 13 고구려 시조 동명성왕〉

소연 逍衍 [신라] 김유신의 아버지 소판 서현(蘇判 舒玄)을 유신비문(庾信碑文)에 김유신의 아버지는 소판 김소연(金逍衍)이라 하였다. 〈사기 41 열전 1 김유신 상〉

소우 蕭友 [고구려] 15대 미천왕(美川王) 때 동부(東部) 사람. 국상(國相) 창조리(倉助利)가 봉상왕(烽上王)을 폐하려 하여 소우 등을 시켜 을불(乙弗=미천왕)을 찾게 하였는데 다행히 찾아 받들고 돌아왔다. 〈사기 17 고구려 5 미천왕〉

소지마립간 炤知麻立干 [신라] 21대왕 비처마립간(毗處麻立干)의 다른 적음이다. → 비처마립간 〈유사 1 왕력 1, 1 기이 2 사금갑〉

소해주류왕 小解朱留王 [고구려] 17대 소수림왕(小獸林王)의 다른 적음이다. → 소수림왕 〈사기 18 고구려 6 소수림왕〉 ☞ 597쪽

속명득 續命得 [신라] 48대 경문왕(景文王) 때(?) 현금 주자(玄琴奏者). 옥보고(玉寶高 : 신라 사찬 恭永의 아들)가 지리산(智異山) 운상원(雲上院)에 들어가 거문고를 배운지 50년에 신조(新調) 30곡을 자작하여 속명득에게 전하였고 속명득은 이것을 귀금선생(貴金先生)에게 전했다. 〈사기 32 잡지 1 악〉

손대음 孫代音 [고구려] 28대 보장왕(寶藏王) 3년(644년) 백암성(白巖城 : 지금

의 燕州城)의 성주(城主). 당 이세적(李世勣)이 공격해 오자 성주가 몰래 항복하기를 청하였다. 이를 허락한 당주(唐主)는 손대음을 자사(刺史)로 삼았다. 〈사기 21 고구려 9 보장왕 상〉

손문 孫文 [신라] 31대 신문왕(神文王) 3년(683년) 왕이 일길찬(一吉湌) 김흠운(金欽運)의 딸을 부인으로 삼으려 하여 파진찬(波珍湌) 손문 들에게 그들의 처낭(妻娘) 등을 데리고 맞이하도록 하였다. 〈사기 8 신라 8 신문왕〉

손수 孫漱 [고구려] 20대 장수왕(長壽王) 26년(438년) 북풍(北豊)에 와 있던 북연왕(北燕王) 풍홍(馮弘)이 고구려를 업수이 여기므로 그의 시인(侍人)을 빼앗고 태자 왕인(王仁)을 인질로 삼으니 풍홍이 송태조에게 맞아주기를 청하자 태조가 왕백구(王白駒) 등을 보내어 그를 맞게 하면서 고구려에게 치송(治送)하라고 했는데 풍홍이 남쪽으로 가는 것을 꺼린 고구려왕이 장수 손수 등을 시켜 북풍에서 죽였다. 왕백구가 도착하여 손수를 사로잡아 죽였다. 왕은 왕백구가 사람을 함부로 죽였다고 잡아 송으로 보냈다. 〈사기 18 고구려 6 장수왕〉

손순 孫順(舜) [신라] 42대 홍덕왕 때 모량리(牟梁里) 사람으로 품을 팔아 노모(老母)를 봉양하였는데 어린 아들이 늘 노모의 음식을 빼앗아 먹으므로 민망해서 아들을 묻으려고 취산(醉山) 북쪽으로 가서 땅을 파니 기이한 석종(石鐘)이 나왔다. 이래서 아이를 묻지 않고 종을 가지고 돌아와 종을 들보에 매달고 두드리니 그 종소리가 대궐까지 들려 왕이 그 종을 찾아 사실을 조사한 후 손순의 효도를 칭찬하고 집과 곡식을 주었는데 손순은 옛집을 바쳐 절을 삼고 홍효사(弘孝寺)라 하고 그 석종을 안치(安置)하였다. 〈유사 5 효선 9 손순 매아〉

손씨 孫氏 [신라] 무산대수촌장(茂山大樹村長) 구례마(俱禮馬)가 모량부(牟梁部) 손씨의 조상이 되었다. 26대 진평왕(眞平王)의 후비(後妃)

승만부인(僧滿夫人)의 성도 손씨이다. 〈유사 1 기이 2 신라시조 혁거세왕, 1 왕력 1〉

솔거 率居 [신라] 화가. 가난한 집에 태어나서 족계(族系)는 알 수 없다. 그림을 잘 그려 황룡사(皇龍寺) 벽에 노송(老松)을 그렸는데 까마귀, 솔개, 제비, 참새들이 부딪혀 죽었다. 경주 분황사(芬皇寺)의 관음보살(觀音菩薩), 진주(晉州) 단속사(斷俗寺)의 유마상(維摩像)이 모두 그의 필적이다. 〈사기 48 열전 8 솔거〉

솔우공 率友公 [가야] 가락국(駕洛國) 10대 구충왕(仇衝王)의 손자이며 김유신(金庾信)의 할아버지. 졸지공(卒支公)이라고도 쓴다. 〈유사 2 기이 2 가락국기〉 ☞ 589쪽

송씨 松氏 [고구려] 2대 유리왕비(琉璃王妃). 3대 대무신왕(大武神王)의 어머니. 다물국(多勿國) 송양(松讓)의 딸이다. 〈사기 14 고구려 2 대무신왕〉

송양 松讓 [비류국] 고구려 시조 주몽(朱蒙) 때 비류국왕(沸流國王). 주몽이 사냥을 하면서 비류국을 찾아가니 국왕 송양이 고구려가 비류국에 부속(附屬)할 것을 제의했으나 주몽이 화를 내며 활쏘기로 재주를 겨루어 보자 하여 송양이 항거하지 못하였다. 동 2년(BC 36년) 송양이 나라를 들어 항복해 왔으므로 그곳을 다물도(多勿都)라 하고 송양을 그곳의 주(主)로 삼았다. 〈사기 13 고구려 1 시조 동명성왕〉

송옥구 松屋句 [고구려] 3대 대무신왕(大武神王) 10년(27년) 우보(右輔)가 되었다. 한 요동태수(漢遼東太守)가 침입했을 때 이길 전략(戰略)을 아뢰었다. 〈사기 14 고구려 2 대무신왕〉

송함홍 宋含弘 [후고려] 궁예(弓裔) 때 문인. 상객(商客) 왕창근(王昌瑾)이 옛날 옷을 입은 사람이 나타나서 거울을 사라고 해서 샀는데 그 거울에 고시(古詩) 같은 것이 나타나므로 왕에게 고했다. 왕이 문인 송함홍 등에게 풀게 했는데 함홍 등이 해석해 보니 왕건(王

建)이 건국할 것이라는 내용이므로 왕에게는 적당히 말을 꾸며 고하였다. 〈사기 50 열전 10 궁예〉

쇠 釗 [고구려] 백제 21대 개로왕(蓋鹵王)이 18년(472년) 북위(北魏)에 보낸 글 속에서 고구려 16대 고국원왕(故國原王)을 쇠(釗)라 하였는데 이는 고국원왕의 휘(諱) 사유(斯由)의 반절(反切) 표기일 것이다. 고구려 본기에는 유(劉)로 나오는데 윗 기사나 중국 <진서(晋書)>를 비롯한 여러 사서(史書)로 미루어 쇠(釗)가 옳다. 〈사기 25 백제 3 개로왕〉 16대 국원왕(國原王)의 휘(諱)인데 사유(斯由) 또는 강상왕(岡上王)이라고도 한다. 〈유사 1 왕력 1〉

쇠(애)복 衰(哀)福 [후백제] 견훤의 딸. 고려 태조 18년(935년) 훤이 금산사(金山寺)에 갇혀 있다가 막내 동생 능예(能乂), 딸 쇠복 등과 함께 금성(錦城)으로 도망 와서 태조(太祖)에게 귀부(歸附)하였다. 〈사기 50 열전 10 견훤〉

수 遂 [고구려] 7대 차대왕(次大王)의 휘(諱)이다. 〈유사 1 왕력 1〉 ☞ 604쪽

수경 守卿 [후백제] 고려 태조(太祖) 19년(936년) 태조가 견훤과 함께 관병(觀兵)할 때 대상(大相)으로 우익(右翼)에 포진(布陣)하였다. 박씨 〈사기 50 열전 10 견훤〉

수덕개 首德皆 [신라] 31대 신문왕(神文王) 원년(681년) 고구려의 보덕왕(報德王=安勝)이 소형(小兄) 수덕개를 사신으로 보내 역적(逆賊) 김흠돌(金欽突)의 평정을 하례(賀禮)하였다. 〈사기 8 신라 8 신문왕〉

수로 水老 [신라] 석우로(昔于老)는 10대 내해니사금(奈解尼師今)의 아들인데 혹 각간(角干) 수로의 아들이라고도 한다. → 석우로 〈사기 45 열전 5 석우로〉

수로 首露 [가야] 본가야(本伽倻)의 중시조(中始祖). 그 근본은 잘 알지 못한다. 김유신(金庾信)의 12대조. 신라 3대 유리니사금(儒理尼師今) 19년(42년) 귀봉(龜峰)에서 나라를 세웠다. → 수로왕 〈사기

41 열전 1 김유신 상〉

수로부인 水路夫人 [신라] 33대 성덕왕(聖德王) 때 순정공(純貞公)이 강릉태수(江陵太守)로 부임할 때 그 부인 수로가 높은 석봉(石峰) 위에 핀 철죽꽃을 꺾어 오라고 하자 소를 끌고 지나가던 늙은이가 꺾어와서 헌화가(獻花歌)를 지어 함께 바쳤다. 그 후 해룡(海龍)이 수로부인을 끌고 바다 속으로 들어갔는데 여러 사람이 막대로 땅을 두드리며 노래를 하면 찾을 수가 있다고 해서 그리 했더니 부인이 돌아왔다. 그 노래는 창해가사(唱海歌詞)라 했다. 〈유사 2 기이 2 수로부인〉

수로왕 首露王 [가야] 신라 5대 파사니사금(婆娑尼師今) 23년(102년) 음즙벌국(音汁伐國)과 실직곡국(悉直谷國)이 다투다가 신라왕에게 재결(裁決)을 청하자 왕이 금관국(金官國)의 수로왕(首露王)이 연로(年老)하고 지식이 많다고 그를 불러 물었더니 소쟁지(所爭地)를 음즙벌국에 속하게 하였다. 〈사기 1 신라 1 파사니사금〉 금관국(金官國)의 왕으로 하늘에서 알로 내려와 사람이 되어 나라를 다스렸으므로 수로왕이라 하였다. 그곳은 아도간(我刀干) 등 9간(干)이 나라를 다스리고 있었는데 후한(後漢) 건무(建武) 18년(42년) 구지(龜旨)에서 소리가 나되 "자기가 황천(皇天)의 명으로 여기에서 나라를 세울 것이므로 구지가(龜旨歌)를 부르며 흙을 파라"고 하였다. 파보니 6개의 황금알이 나왔다. 잘 모셔 놓고 흩어졌다가 다시 와 보니 용모가 깨끗한 동자(童子)로 바뀌었으며 곧 구척장신(九尺長身)으로 자라나 왕으로 즉위하였다. 처음 나타났다고 휘(諱)를 수로라 하였다. 나라를 가야국(伽倻國) 또는 가락국(駕洛國)이라 하였다. 탈해(脫解)가 나타나 왕위를 빼앗고자 하여 기술로 다투었으나 탈해가 져 신라로 달아났다. 아유타국(阿踰陀國)의 공주 허황옥(許黃玉)이 수로를 바라 긴 항해 끝에 가야에 도착했으므로 비(妃)로 삼았다. 수릉(首陵)이라고도 한다. 〈유사 1 왕력 1, 1 기이 2 이서국, 2

기이 2 가락국기, 3 탑상 4 어산불영〉

수류 首留 [신라] 알지(閼智)의 손자 아도(阿道)의 아들. 참고로 알지의 세계를 보이면 알지－세한(勢漢)－아도－수류－욱보(郁甫)－구도(仇道)…－미추왕(味鄒王) 〈사기 2 신라 2 미추니사금〉 신라 탈해니질금(脫解尼叱今) 4년(60년) 호공(瓠公)이 월성(月城)을 지나다가 서기(瑞氣)가 서리고 금궤(金櫃)를 발견하여 열어 보니 동남(童男)이 있으므로 알지(閼智)라 이름하고 대궐로 데려다가 태자(太子)로 책봉했으나 파사(婆娑)에게 양보하였다. 성은 김씨(金氏). 알지는 세한을 낳고 수류는 그의 증손이고 13대 미추니질금(味鄒尼叱今)의 증조이다. 〈유사 1 기이 2 김알지 탈해왕〉

수릉 首陵 [가야] 수로왕(首露王)의 시호(諡號) → 수로 〈1 기이 2 가락국기〉

수립 秀立 [신라] 백암사(伯巖寺) 주지(住持). 백암사에 오층석탑을 세웠다. 〈유사 3 탑상 4 백암사 석가사리〉

수미 首彌 [백제] 신라 30대 문무왕(文武王) 11년(671년) 당(唐) 설인귀(薛仁貴)가 신라왕에게 보낸 편지에 대한 문무왕의 답서 가운데 나온 사람. 신라와 백제가 발병(發兵)에 대한 상의(商議)가 필요하니 관인(官人)을 보내 회의코자 해서 백제에서 보낸 관인이 수미이다. 〈사기 7 신라 7 문무왕 하〉

수미강 須彌强 [후백제] 신라 56대 경순왕(敬順王) 원년(924년) 견훤(甄萱)이 아들 수미강을 보내어 조물성(曹物城 : 安東과 尙州 사이?)을 공격하였는데 이기지 못하고 돌아왔다. 〈사기 50 열전 10 견훤〉

수미산 須彌山 [신라] 30대 문무왕(文武王) 10년(670년) 사찬(沙飡). 일길찬(一吉飡). 김씨(金氏). 왕이 수미산을 안승(安勝)에게 보내어 그를 고구려왕(高句麗王)으로 봉(封)하였다. 〈사기 6 신라 6 문무왕 상〉

수범 修梵 [신라] 33대 성덕왕(聖德王) 때 성인(聖人) 달달박박(怛怛朴朴)의 아버지이다. 〈유사 3 탑상 4 남백월이성 노힐부득 달달박박〉

수봉 秀奉 [신라] 41대 헌덕왕(憲德王) 때 사람으로 일길찬(一吉湌). 녹진(祿眞)의 아버지이다. 〈사기 45 열전 5 녹진〉

수성 遂成 [고구려] 6대 대조대왕(大祖大王)의 아우. 동 29년(81년) 한(漢)의 요동태수(遼東太守) 등이 내침하자 왕은 아우 수성을 시켜 막게 하였다. 왕은 수성에게 군국사(軍國事)를 통섭(統攝)케 하였다. 동 80년(132년) 수성이 사냥을 갔다가 연회를 하는데 관나부(貫那部) 우태 미유(于台 彌儒) 등이 왕위 계승을 쟁취하라고 권유하였으나 사양했다가 동 94년(146년) 거사하려고 했는데 대조대왕이 양위(讓位)하여 차대왕(次大王)이 되었다. →차대왕 〈사기 15 고구려 3 대조대왕〉 ☞ 604쪽

수세 藪世 [신라] 30대 문무왕(文武王) 원년(661년) 고구려 침공시 남천주(南川州 : 利川) 총관(摠管)이 되어 대왕을 따라 진격했다. 동 10년(670년) 한성주 총관(漢城州 摠管) 수세가 백제를 약취(略取)하고 본국을 배반하여 그곳에 가려다가 발각되어 복주(伏誅)되었다. 〈사기 6 신라 6 문무왕 상〉

수승 守勝 [신라] 28대 진덕왕(眞德王) 원년(647년) 대아찬(大阿湌)으로 우두주(牛頭州 : 春川) 군주(軍主)를 삼았다. 〈사기 5 신라 5 진덕왕〉

수승 秀昇 [신라] 40대 애장왕(哀莊王) 5년(804년) 이찬(伊湌)으로 시중(侍中)을 삼았다. 〈사기 10 신라 10 애장왕〉

수승 秀升 [신라] 42대 흥덕왕(興德王) 휘(諱) 수종(秀宗)의 다른 적음→흥덕왕 〈사기 10 신라 10 헌덕왕〉

수신 壽神 [신라] 41대 헌덕왕(憲德王) 17년(825년) 웅천주 도독(熊川州都督) 김헌창(金憲昌 : 金周元의 아들)의 아들 범문(梵文)이 고달산(高達山 : 驪州)의 적(賊) 수신 등과 모반(謀叛)하여 북한산주(北漢山州)를 치다가 한산주 도독 총명(聰明)에 의해 죽임을 당했다. 〈사기 10 신라 10 헌덕왕〉

수씨 水氏 [신라] 31대 신문왕(神文王) 때 대덕(大德) 경흥(憬興)의 성(姓)이다. 30대 문무왕(文武王)의 고명(顧命)으로 국사(國師)로 삼았다. 왕궁(王宮)에 가는 길에 말을 타고 가려 하자 한 중이 그 잘못을 꾸짖고 사라졌다. 경흥이 뉘우쳤다. → 경흥 〈유사 5 감통 7 경 흥우성〉

수오 隨晤 [후백제] 장수. 견훤(甄萱)이 고려 태조(太祖)에게 보낸 글에 대한 태조의 답서 가운데 나온 인물. 태조가 후백제를 칠 때 마리성(馬利城)에서 수오를 죽였다고 하였다. 〈사기 50 열전 10 견훤〉, 〈유사 1 기이 2 후백제 견훤〉

수을부 首乙夫 [신라] 26대 진평왕(眞平王) 10년(588년) 노리부(弩里夫)의 후임으로 이찬(伊湌) 수을부를 상대등(上大等)을 삼았다. 〈사기 4 신라 4 진평왕〉

수정 水淨 [고구려] 28대 보장왕(寶藏王) 때 보덕법사(普德法師)의 고제(高弟) 11인 중의 하나. 유마사(維摩寺)를 창건하였다. 〈유사 3 탑상 4 보덕이암〉

수종 秀宗 ① [신라] 42대 흥덕왕(興德王)의 휘(諱). 수승(秀升)이라고도 한다(憲德王 14년 조에). → 흥덕왕 〈사기 10 신라 10 헌덕왕, 흥덕왕〉 ☞ 570쪽

② [신라] 53대 신덕왕(神德王)의 본명(本名) → 신덕왕 〈유사 1 왕력 1〉

수종 水宗 [신라] 54대 경명왕(景明王)의 비(妃) 장사댁(長沙宅)의 아버지 대존(大尊)의 아버지. 이간(伊干)이다. 〈유사 1 왕력 1〉

수진 守眞 [신라] <신라고기>에 문장가(文章家)로 적혀 있는데 사적(事蹟)이 유실되어 전(傳)을 세울 수 없다. 〈사기 46 열전 6 강수〉

수천 秀天 [신라] 29대 무열왕(武烈王) 때 김유신(金庾信)의 친척. 수천이 오랜 동안 악질(惡疾)에 시달리자 유신이 교분이 있던 노거사(老居士) 밀본(密本)에게 진단을 부탁했는데 마침 수천의 친구

인혜사(因惠師)라는 사람이 와서 거사를 모욕하므로 신통력(神通力) 겨루기를 하자 인혜가 당하지 못하였다. 거사는 수천의 병을 고쳤다. 〈유사 5 신주 6 밀본최사〉

수품 水品 [신라] 27대 선덕왕(善德王) 4년(635년) 이찬(伊湌)으로 주군(州郡)을 순무(巡撫)케 하였다. 동 5년 상대등(上大等)을 삼았다. 〈사기 5 신라 5 선덕왕〉

수힐매 首肹買 [신라] 33대 성덕왕(聖德王) 때 김지성(金志誠)의 누이. 김지성이 부모 형제 자매를 위해 감산사(甘山寺)를 짓고 석미륵(石彌勒) 한 구(軀)를 만들었다. →김지성 〈유사 3 탑상 4 남월산〉

숙 淑 [가야] 가락국(駕洛國) 9대 겸지왕(鉗知王)의 비(妃). 출충각간(出忠角干)의 딸이며 10대 구충왕(仇衝王)의 어머니이다. 〈유사 2 기이 2 가락국기〉

숙명 叔(夙)明 [신라] 39대 소성왕(昭聖王)의 비(妃) 김씨(金氏) 계화부인(桂花夫人)의 아버지. 대아찬(大阿湌)이었다. 〈사기 10 신라 10 소성왕〉 숙명공(夙明公)〈유사 1 왕력 1〉

숙정부인 淑貞夫人 [신라] 38대 원성왕(元聖王)의 비(妃). 신술각간(神述角干)의 딸이다. 〈유사 1 왕력 1〉

숙종 叔宗 [신라] 48대 경문왕(景文王) 때 국선(國仙). 금란(金蘭)을 유람하며 임금을 위하여 치국(治國)의 뜻을 가져 노래 3수를 지었다. 〈유사 2 기이 2 경문대왕〉

숙흘종 肅訖宗 [신라] 갈문왕(葛文王) 입종(立宗)의 아들인데, 김유신(金庾信)의 어머니 만명부인(萬明夫人)의 아버지이다. 처음에는 그들이 야합(野合)하는 것을 반대하여 딸을 가두고 지켰는데 갑자기 벼락이 때리어 만명은 빠져나와 서현(舒玄 : 유신의 아버지)과 함께 만노군(萬弩郡)에 가 진평왕(眞平王) 12년(595년)에 유신을 낳았다. 〈사기 41 열전 1 김유신 상〉

숙흥 叔興 [신라] 48대 경문왕(景文王) 6년(866년) 이찬(伊湌) 윤흥(允興)이 아우 숙흥(叔興)과 계흥(季興)으로 더불어 모반(謀叛)하다가 잡혀 일족이 멸하였다. 〈사기 11 신라 11 경문왕〉

순경 順憬 [신라] 지원사(祇園寺)의 중. 김유신(金庾信)의 아들 삼광(三光)이 정권을 잡았을 때 열기(裂起 : 유신의 휘하로 보기감보행(步騎監輔行)으로 당 소정방에게 사명(使命)을 전하였다)가 군수(郡守)가 되기를 원하자 순경이 삼광에게 말해 삼년산군(三年山郡)의 태수(太守)를 제수하였다. 〈사기 47 열전 7 열기〉

순덕 純德 [신라] 26대 진평왕(眞平王) 때 대사(大舍). 동료의 모함으로 퇴출당한 실혜(實兮)의 아버지이다. 〈사기 48 열전 8 실혜〉

순도 順道 [고구려] 17대 소수림왕(小獸林王) 2년(372년) 진왕(秦王)이 순도를 보내어 불상과 경문(經文)을 전했으며 동 5년 왕이 초(성)문사(肖(省)門寺)를 창설하고 순도를 그곳에 두었다. 〈유사 3 흥법 3 순도조려〉

순선 順宣
① [신라] 6대 지마니사금(祇摩尼師今) 2년(113년) 급찬(級湌)이었다. 〈사기 1 신라 1 지마니사금〉
② [신라] 14대 유례니사금(儒禮尼師今) 14년(297년) 사찬(沙湌)을 삼았다. 〈사기 2 신라 2 유례니사금〉

순성태후 順成太后 [신라] 43대 희강왕(僖康王) 2년(837년) 어머니 박씨(朴氏)를 추봉(追封)한 칭호이다. 〈사기 10 신라 10 희강왕〉 미도부인(美道夫人)이라고도 한다. 〈유사 1 왕력 1〉

순식 順式 [신라] 54대 경명왕(景明王) 6년(922년) 명주(溟州) 장군 순식이 고려 태조(太祖)에 귀부(歸附)하였는데 태조가 왕씨(王氏) 성(姓)을 주었다. 태조가 견훤(甄萱)과 관병(觀兵)할 때는 대광(大匡) 순식을 중군(中軍)으로 삼았다. 〈사기 12 신라 12 경명왕, 50 열전 10 견훤〉

순영 順英 [고려] 고려 초의 관리. 청도군계리심사 대내말(淸道郡界里審師

大乃末) 순영과 수문(水文)의 주첩공문(柱貼公文)에 운문산 장생표(雲門山 長生標) 등에 대한 기록이 있다. 〈유사 4 의해 5 보양이목〉

순원 順元 ① [신라] 32대 효소왕(孝昭王) 7년(698년) 대아찬(大阿飡) 순원을 중시(中侍)를 삼았다. 동 9년 이찬(伊飡) 경영(慶永)의 모반(謀叛)에 연루(連累)하여 파면되었다. 〈사기 8 신라 8 효소왕〉
② [신라] 34대 효성왕(孝成王) 3년(739년) 이찬 순원이 딸 혜명을 바쳐 왕비를 삼았다. 〈사기 9 신라 9 효성왕〉
③ [신라] 33대 성덕왕(聖德王)의 후비(後妃) 점물왕후(占勿王后)의 아버지. 각간(角干) 〈유사 1 왕력 1〉

순장 純長 [신라] 30대 문무왕(文武王) 8년(668년) 고구려를 치기 위하여 전진(戰陣)을 가다듬을 때 아찬(阿飡) 순장을 하서주행군총관(河西州行軍摠管)을 삼았다. 〈사기 6 신라 6 문무왕 상〉

순정 順貞 ① [신라] 4대 탈해니사금(脫解尼師今) 11년(67년) 이벌찬(伊伐飡)으로 삼았다. 〈사기 1 신라 1 탈해니사금〉
② [신라] 35대 경덕왕(景德王)의 아버지. 이찬(伊飡) 〈사기 9 신라 9 경덕왕〉

순정공 純貞公 [신라] 33대 성덕왕(聖德王) 때 강릉태수(江陵太守). 수로부인(水路夫人)의 남편이다. 〈유사 2 기이 2 수로부인〉

순제법사 順濟法師 [신라] 33대 성덕왕(聖德王) 때 중. 금산사(金山寺)의 주지(住持)로 진표율사(眞表律師)에게 사미계법(沙彌戒法)과 책을 주며 미륵(彌勒)과 지장(地藏) 두 아성(亞聖) 앞에서 간구(懇求)와 참회(懺悔)를 하라는 가르침을 주어 큰 중이 되게 하였다. 〈유사 4 의해 5 관동풍악발연수석기〉

순지 順知 [신라] 31대 신문왕(神文王) 3년(683년) 중시(中侍)를 삼았다. 〈사기 8 신라 8 신문왕〉

순홍 順弘 [신라] 53대 신덕왕(神德王)의 어머니 정화부인(貞花夫人)의 아

버지. 성호대왕(成虎大王)으로 추시(追諡)되었다. 〈유사 1 왕력 1〉

술례부인 述禮夫人 [신라] 13대 미추니질금(味鄒尼叱今)의 어머니. 생호(生乎) 또는 술례부인인데 이비갈문왕(伊非葛文王)의 딸 박씨다. 〈유사 1 왕력 1〉 ☞ 596쪽

술명 述明 [신라] 9대 벌휴니사금(伐休尼師今) 9년(192년) 일길찬(一吉湌)을 삼았다. 〈사기 2 신라 2 벌휴니사금〉

술실 述實 [신라] 30대 문무왕(文武王) 원년(661년) 당이 고구려를 칠새 신라에서도 군사를 편성하면서 장군 술실을 수약주 총관(首若州摠管)을 삼았다. 〈사기 6 신라 6 문무왕〉

술종공 述宗公 [신라] 28대 진덕왕(眞德王) 때 알천공(閼川公), 술종공 등이 남산 우지암(亏知巖)에 모여 국사를 의논할 때 큰 호랑이가 나타나자 알천공이 호랑이의 꼬리를 붙잡아 땅에 메치어 죽였다. 또 술종공이 삭주도독사(朔州都督使)가 되어 임소(任所)로 가는 도중 여러 군사가 호위하고 가다가 죽지령(竹旨嶺)에 이르러 한 거사(居士)가 길을 닦고 있는 것을 마주쳤는데 두 사람 사이에는 교감(交感)하는 바가 있었다. 한 달 후 꿈에 거사가 공의 방에 들어 왔다. 이상하여 알아보니 그 거사가 죽었는데 술종공의 아들로 태어나서 죽지랑(竹旨郎)이 되었다. 〈유사 1 기이 2 진덕왕, 2 기이 2 효소왕대 죽지랑〉

술천 述川 [신라] 30대 문무왕(文武王) 2년(662년) 고구려 침공시 당(唐)의 군량미(軍糧米)를 싣고 가던 중 이현(梨峴)에서 고구려병을 만나 술천 등이 그들을 격살(擊殺)하였다. 〈사기 6 신라 6 문무왕 상〉

술탈 述脫 [고구려] 신라 30대 문무왕(文武王) 8년(668년) 고구려의 평양성(平壤城)의 군주(軍主)로 신라 한산주 소감(漢山州少監) 박경한(朴京漢)에 의해 전사하였다. 〈사기 6 신라 6 문무왕 상〉

술희 述希 [고려] 고려 태조의 장군. 태조 19년(936년) 견훤(甄萱)의 역자

(逆子)를 주살(誅殺)하기 위하여 신병(神兵)을 내어 달라는 요청을 받고 먼저 태자 무(武)와 장군 술희에게 군사 1만명을 이끌고 천안부(天安府)로 가게 했다. 박씨 〈사기 50 열전 10 견훤〉, 〈유사 2 기이 2 후백제 견훤〉

숭겸 崇謙 [고려] 고려 태조의 신하(臣下). 장군→신숭겸 〈사기 50 열전 10 궁예〉, 〈유사 2 기이 2 후백제 견훤〉

숭빈 崇斌 [신라] 38대 원성왕(元聖王) 8년(792년) 시중(侍中)이 되었고 동 10년에 사면하였다. 〈사기 10 신라 10 원성왕〉

숭신 崇信 [신라] 30대 문무왕(文武王) 8년(668년) 고구려 침공에 앞서 진격군 편성에 잡찬(迊湌) 숭신을 비열성행군총관(卑列城行軍摠管)으로 삼았다. 〈사기 6 신라 6 문무왕 상〉

숭정 崇正 [신라] 41대 헌덕왕(憲德王) 4년(812년) 급찬(級湌) 숭정을 사신으로 하여 북국(渤海)에 보냈다. 〈사기 10 신라 10 헌덕왕〉

숭제법사 崇濟法師 [신라] 성덕왕(聖德王) 때 순제법사의 다른 적음→순제법사 〈유사 4 의해 5 진표전간〉

습보갈문왕 習寶葛文王

① [신라] 22대 지증마립간(智證麻立干)의 아버지. 김씨(金氏). 갈문왕(葛文王) 〈사기 4 신라 4 지증마립간〉

② [신라] 23대 법흥왕(法興王) 때 이차돈(異次頓)의 증조(曾祖)이다. 〈유사 3 흥법 3 원종흥법 염촉멸신〉 ☞ 597쪽

※ 이 두 사람은 같은 사람일 가능성이 있다. 시기도 비슷하다.

승경 承慶 [신라] 33대 성덕왕(聖德王)의 아들로 동 23년(724년) 태자가 되고 737년 즉위한 효성왕(孝成王)의 휘(諱)이다. 〈사기 8 신라 8 성덕왕, 9 신라 9 효성왕〉, 〈유사 1 왕력 1〉

승로 承魯 [신라] 56대 경순왕(敬順王) 때. 최은성(崔殷誠)이 견훤(甄萱)의 침습을 당하여 아들을 중생사(衆生寺) 사자좌(獅子座) 밑에 감추고 달아났다가 반달이 지나 와 보니 아기가 더 깨끗하고 건

강하였다. 이 아이가 승로다. 자라면서 총혜(聰慧)하여 정광(正匡)에 이르렀다. 그 뒤 대가 끊이지 않았다. 그 손자 제안(齊顔)이 이 절을 중수(重修)하여 천룡사(天龍寺)라 하였다. 〈유사 3 탑상 4 삼소관음 중생사, 천룡사〉

승만 勝曼 [신라] 28대 진덕왕(眞德王)의 휘(諱) → 진덕왕 〈사기 5 신라 5 진덕왕〉, 〈유사 1 왕력 1〉

승만부인 僧滿夫人 [신라] 26대 진평왕(眞平王)의 후비(後妃). 손씨(孫氏)이다. 〈유사 1 왕력 1〉

승영 昇英 [신라] 53대 신덕왕(神德王)의 아들. 태자로 삼았다. 즉위하여 54대 경명왕(景明王)이 되었는데 승영은 그의 휘(諱)이다. → 경명왕 〈사기 12 신라 12 경명왕〉, 〈유사 1 왕력 1〉

승전법사 勝詮法師 [신라] 일찍 중국에 가서 여러 현수(賢首) 국사(國師)의 가르침을 받고 오묘한 것을 연구하고 깊이 탐색한 끝에 고국에 돌아오는데 의상대사(義湘大師)와 동문수학하던 현수가 승전 편에 여러 가지 책을 보냈다. 승전이 베껴 가지고 왔다. 이로써 중국의 원융(圓融)한 교훈이 전해졌다. 승전은 상주(尙州) 땅에 정사(精舍)를 짓고 석촉루(石髑髏)로 제자를 삼아 화엄경(華嚴經)을 강(講)하였다 이 절이 갈항사(葛項寺)이다. 〈유사 4 의해 5 의상전교, 승전촉루〉

승천 升千 [고구려] 21대 문자명왕(文咨明王)의 종숙(從叔). 원년(491년) 위(魏)가 세자(世子)를 입조(入朝)케 하라는 조서(詔書)를 보냈으나 세자가 병이 있어 종숙인 승천을 대신 보냈다. 〈사기 18 고구려 7 문자명왕〉

시득 施得 [신라] 30대 문무왕(文武王) 16년(676년) 사찬(沙飡)으로 선병(船兵)을 이끌고 기벌포(伎伐浦)에서 당장(唐將) 설인귀(薛仁貴)와 싸우기를 22회 거듭한 끝에 드디어 이겼다. 〈사기 7 신라 7 문무왕 하〉

식도부인 息道夫人 [신라] 24대 진흥왕(眞興王)의 어머니 지소부인(只召夫人)의 다른 적음이다. 모량리(牟梁里) 영사각간(英史角干)의 딸인데 임종 때 머리를 깎고 불교에 귀의하였다. 색도부인(色刀夫人)라고도 나온다(25대 진지왕의 어머니로). 〈유사 1 왕력 1〉 ☞ 602쪽

신강 信康 [후백제] 견훤(甄萱)이 항복하자 고려 태조는 그를 상부(尙父)라 대접하고 식읍(食邑)과 전장(田莊) 노비(奴婢)를 주었다. 앞서 항복한 신강으로 아전(衙前)을 삼았다. 〈유사 2 기이 2 후백제 견훤〉

신검 神劍 [후백제] 견훤(甄萱)의 큰아들. 견훤 곁에 있다가 고려 태조 18년(935년, 경순왕 9년) 아찬(阿飡) 능환(能奐)이 신검을 권하여 견훤을 금산불사(金山佛寺)에 가두고 자칭 대왕(大王)이라 하였다. 고려군(高麗軍)이 천안(天安)에 나아가 신검과 대치했는데 고려군이 일제히 공격하니 바로 무너져 신검 등이 항복하였다. 신검이 왕을 참칭(僭稱)한 것이 남의 협박으로 된 것으로 본심이 아니고 순순히 항복했으므로 죽음은 면했다. 〈사기 50 열전 10 견훤〉 ☞ 598쪽

신권 申權 [신라] 6대 지마니사금(祗摩尼師今) 2년(113년) 일길찬(一吉飡)을 삼았다. 〈사기 1 신라 1 지마니사금〉

신당 新幢 [신라] 원효대사(元曉大師)의 제명(第名?)이다. →서당(幢은 속(俗)에 毛라 한다) 〈유사 4 의해 5 원효불기〉 ☞ 583쪽

신대왕 新大王 [고구려] 8대왕(재위 165~179년). 휘(諱)는 백고(구)(伯固(句)). 6대 대조대왕(大祖大王)의 막내아우. 의표(儀表)가 영특(英特)하고 성품(性稟)이 너그러웠다. 전왕인 차대왕(次大王)이 무도(無道)하여 화란(禍亂)이 일어나면 자기에게 해(害)가 미칠까 염려하여 산곡(山谷)에 도망했는데 차대왕이 시해(弑害)되자 대신(大臣) 어지류(菸支留)가 군신(群臣)들과 의론하여 백고를 임금으로 모셨다. 77세에 왕위에 오른 것이다. 〈사기 16 고구려 4 신대

왕〉, 〈유사 1 왕력 1〉

신덕 新德 [후백제] 고려 태조(太祖) 18년(935년) 능환(能奐)의 음모에 따라 파진찬(波珍湌) 신덕 등이 신검(神劍)을 권하여 견훤을 금산 불사에 가두었다. 〈사기 50 열전 10 견훤〉

신덕왕 神德王 [신라] 53대왕(재위 912~917년). 박씨(朴氏). 휘(諱)는 경휘(景暉). 8대 아달라니사금(阿達羅尼師今)의 원손(遠孫)이다. 대아찬(大阿湌) 예겸(乂兼 또는 銳謙이라고도 한다)의 아들이다. 어머니는 정화부인(貞和夫人), 비는 김씨(金氏)로 49대 헌강왕(憲康王)의 딸로 의성왕후(義成王后)이다. 〈사기 12 신라 12 신덕왕〉 휘(諱)는 경휘(景徽)이고 본명은 수종(秀宗)이다. 어머니는 정화부인(貞花夫人) 순홍각간(順弘角干) 추시명(追謚名) 성호대왕(成虎大王)의 딸이다. 할아버지는 원린각간(元仏角干)으로 8대 아달라니질금(阿達羅尼叱今)의 원손(遠孫)이며 아버지는 문원각간(文元角干) 추봉명(追封名) 흥렴이간(興廉伊干)이며 할아버지는 문관해간(文官海干), 의부(義父)는 예겸각간(銳謙角干) 추봉명(追封名) 선성대왕(宣成大王)이고 비(妃)는 자성왕후(資成王后) 또는 의성(懿成) 또는 효자(孝資)이다. 〈유사 1 왕력 1〉

신득 身得 [신라] 24대 진흥왕(眞興王) 19년(558년) 내마(奈麻)로서 포(砲)와 노(弩)를 만들어 바쳤다. 〈사기 4 신라 4 진흥왕〉

신란공주 神鸞公主 [신라] 56대 경순왕(敬順王)의 비(妃). 고려 태조(太祖)가 경순왕에게 딸 낙랑공주를 하가(下嫁)시켰는데 시호(謚號)를 효목(孝穆)이라 했다. 〈유사 2 기이 2 김부대왕〉

신련 臣連 [고구려] 20대 장수왕(長壽王)의 휘(諱) 거련(巨連)의 잘못적음이다. → 장수왕 〈유사 1 왕력 1〉

신림 神琳 [신라] 35대 경덕왕(景德王) 때 김대성(金大城)이 현세(現世)의 양친(兩親)을 위해 불국사(佛國寺)를 세운 후 초청한 성사(聖師). 그곳에 거처(居處)케 했다. 〈유사 5 효선 9 대성효이세부모〉

신목왕후 神穆王后 [신라] 32대 효소왕(孝昭王)의 어머니. 일길찬(一吉湌) 김흠운(金欽運(雲))의 딸이다. 〈사기 8 신라 8 효소왕〉 31대 신문왕(神文王)의 비(妃)이다. 〈유사 1 왕력 1〉

신무왕 神武王 [신라] 45대 왕(재위 839년). 휘(諱)는 우징(祐徵). 38대 원성왕(元聖王)의 손자인 상대등(上大等) 균정(均貞)의 아들이며 43대 희강왕(僖康王)의 종제(從弟)이다. 김양(金陽)과 더불어 아버지 균정의 원수를 갚으려고 청해진(淸海鎭)에 가 궁복(弓福)과 결탁하여 출동하였다. 44대 민애왕(閔哀王) 2년(839년)에 대구에 도착하자 민애왕이 맞아 싸웠으나 이기지 못하여 민애왕은 살해되고 우징(祐徵)을 왕으로 세운 것이다. 왕의 조(祖) 이찬(伊湌) 예영(禮英)을 혜강대왕(惠康大王), 아버지 균정(均貞)을 성덕대왕(成德大王), 어머니 진교부인(眞矯夫人)을 헌목태후(憲穆太后)라고 추봉(追封)하였다. 이 해 등에 종기가 나서 죽었다. 〈사기 10 신라 10 신무왕, 44 열전 4 김양〉 왕이 되기 전에 협사(俠士) 궁파(弓巴)에게 자기의 원수(44대 민애왕)를 없애주면 왕이 되어 너의 딸을 왕비(王妃)로 삼겠다고 했는데 그 일이 성사되어 궁파의 딸로 왕비를 삼으려고 하자 여러 신하가 미천한 사람의 딸을 왕비로 삼는 것은 불가하다고 하니 왕이 그에 따랐다. 궁파가 원망하고 난을 일으키자 장군 염장(閻長)이 나서서 위계(僞計)로 궁파를 죽였다. 〈유사 2 기이 2 신무대왕〉

신문대왕 神文大王 [신라] 31대 왕 신문왕(神文王) 〈사기 46 열전 6 설총〉

신문왕 神文王 [신라] 31대 왕(재위 681~691년) 휘(諱)는 정명(政明). 30대 문무왕(文武王)의 큰아들. 어머니는 자의왕후(慈儀王后), 비는 김씨(金氏). 소판(蘇判) 흠돌(欽突)의 딸이다. 몇번 모반(謀叛)이 일어났으나 잘 진압하였다. 여러 지방을 정비하고 특히 백제 구토(舊土)를 정비하였다. 〈사기 8 신라 8 신문왕〉 이름은 정명(政明)이고 자(字)는 일소(日炤). 어머니는 자눌왕비(慈訥王妃)이고 비(妃)는 신목왕후(神穆王后) 김운공(金運公)의 딸이다. 〈유사 1

왕력 1〉

신방 信芳 [신라] 35대 경덕왕(景德王) 때 진표대사(眞表大師)의 제자 중 영수(領袖)의 한 사람. 산문(山門)의 개조(開祖)가 되었다. 〈유사 4 의해 5 진표전간〉

신보 申輔 [가야] 가락국 수로왕(首露王)의 신하. 2대 거등왕(居登王)의 장인이다. 〈유사 1 왕력 1〉

신보왕후 新寶王后 [신라] 36대 혜공왕(惠恭王)의 원비(元妃). 이찬(伊飡) 유성(維誠)의 딸인데 동 16년(780년) 김지정(金志貞)의 반군(叛軍)에게 왕과 함께 살해당했다. 〈사기 9 신라 9 혜공왕〉

신성 信誠 [고구려] 28대 보장왕(寶藏王) 27년(668년) 평양성(平壤城)이 당장(唐將) 이적(李勣)의 군사에게 포위되자 왕이 남산(男産)을 시켜 항복하였으나 남건(男建)은 오히려 성문을 닫고 저항하다가 승(僧) 신성에게 군사를 맡기었는데 신성은 소장(小將) 오사(烏沙) 등과 몰래 사람을 이적에게 보내 내응(內應)할 뜻을 전하고 며칠 뒤 성문을 열어 당병을 끌어 들였다. 이래서 왕과 남건은 당에 끌려갔는데 당주(唐主)는 신성의 공을 인정 은청광록대부(銀青光祿大夫)를 삼았다. 〈사기 22 고구려 10 보장왕 하〉

신성왕후 神成王后 [신라] 56대 경순왕(敬順王)의 백부(伯父) 김억렴(金億廉)의 딸로서 고려 왕건(王建)의 비(妃)가 되었다. 〈유사 2 기이 2 김부대왕〉

신술각간 神述角干 [신라] 38대 원성왕비(元聖王妃) 김씨(金氏)의 아버지이다. 〈사기 10 신라 10 원성왕〉 원성왕비 숙정부인(淑貞夫人)의 아버지이다. 〈유사 1 왕력 1〉

신숭겸 申崇謙 [고려] 고려 태조의 신하(臣下). 아명은 삼능산(三能山). 장군. 원래는 궁예의 신하였는데 정개(政開) 5년(918년 : 고려 태조 원년) 네 사람이 의론하여 고려 왕건에게 일을 도모하기를 권해 드디어 왕건이 의기(義旗)를 든 것이다. 신라 55대 경애왕(景哀王) 4년(927년) 고려 태조가 견훤(甄萱) 군과 공산(公山)에서 싸울 때 전사하였다. 〈사기 50 열전 10 궁예〉 고려 예종(睿宗)이 지은 도이장가(悼二將歌)의 주인공이다.

신영대왕 神英大王 [신라] 38대 원성왕(元聖王)이 증조(曾祖) 이찬(伊湌) 의관(義寬)을 추봉(追封)한 명칭 〈사기 10 신라 10 원성왕〉 의관(義官) 잡간(迊干)의 추봉명(追封名) 〈유사 2 기이 2 조설〉

신원선사 信元禪師 [고려] 태조(太祖) 때의 중. 운문산(雲門山) 선원(禪院)의 직세(直歲) 〈유사 4 의해 5 보양이목〉

신유 神猷 [신라] 36대 혜공왕(惠恭王) 4년(768년) 이찬(伊湌)으로 상대등(上大等)이 되었다. 〈사기 9 신라 9 혜공왕〉

신의 信義 [신라] 30대 문무왕(文武王) 때의 고승(高僧). 범일(梵日)의 문인인데 정암사(淨巖寺)에 와서 자장법사(慈藏法師)의 살던 곳을 찾아 암자(庵子)를 짓고 살았다. 그 뒤에 월정사(月精寺)로 중창(重創)되었다. 〈유사 3 탑상 4 대산오만진신〉

신정 信貞 [신라] 33대 성덕왕(聖德王) 4년(705년) 중시(中侍)를 삼았다. 〈사기 8 신라 8 성덕왕〉

신충 信忠 ① [신라] 34대 효성왕(孝成王) 3년(740년) 중시(中侍)를 삼았다. 35대 경덕왕(景德王) 16년(752년) 상대등(上大等)을 삼았다. 〈사기 9 신라 9 효성왕, 경덕왕〉 효성왕 때 현사(賢士). 왕이 잠저(潛邸) 때 잣나무를 걸고 자기가 왕이 되어도 결코 잊지 않겠다고 맹서하였는데 두어달 후 왕이 되어 공신(功臣)에게 상을 주었는데 신충을 빠뜨렸다. 신충이 원망하여 노래를 지어 잣나무에 붙였더니 나무가 갑자기 말라버렸다. 왕이 그 노래를 보고 놀라 그를 불러 작록(爵祿)을 주니 나무가 다시 소생하였다. 그 노래가 백수가(栢樹歌)이다. 신충은 그 후 두 벗과 약속하고 벼슬을 버리고 지리산(智異山)에 들어가 중이 되고 단속사(斷俗寺)를 세우고 종신토록 대왕의 복을 빌며 살았다. 〈유사 5 피은 8 신충괘관〉

② [신라] 31대 신문왕(神文王) 때 왕이 등에 종기(腫氣)가 났는데 혜통(惠通)에게 물으니 혜통이 주문을 외우고 나서 왕이 전생(前生)에 재상(宰相)이 되어 장인(藏人) 신충에게 억울한 판결을 내려 종이 되었으므로 신충이 환생(還生)할 때마다 보복하는 것이니 신충을 위하여 절을 세우라고 하니 왕이 절을 세우고 신충봉성사(信忠奉聖寺)라 하였다. 그러자 신충이 원(怨)이 풀렸다고 노래하였다. 〈유사 5 신주 6 혜통강룡〉

※ 이 두 사람이 같은 사람이라는 증거는 없으나 같은 시기에 왕의 측근이므로 같은 사람으로 본다.

신파부인 神巴夫人 [신라] 36대 혜공왕(惠恭王)의 선비(先妃). 위정각간(魏正角干)의 딸이다. →신보왕후 〈유사 1 왕력 1〉

신혜법사 信惠法師 [신라] 30대 문무왕(文武王) 9년(669년) 정관대서성(政官大書省)을 삼았다. 〈사기 6 신라 6 문무왕 상〉

신호왕 神虎王 [신라] 45대 왕. 신무왕(神武王)인데 武자가 고려 혜종의 휘(諱)와 같으므로 虎자를 쓴 것이다. 아버지는 균정(均貞) 각간(角干) 추봉(追封) 성덕대왕(成德大王)이고 어머니는 정교부인(貞矯夫人)이고 할아버지 예영(禮英)을 추봉(追封)하여 혜강대왕(惠康大王)이라 하고 비(妃)는 정종부인(貞從夫人) 또는 정계대후(貞繼大后) 명해□(明海□)의 딸이다. 〈유사 1 왕력 1〉

신홍 信弘 [신라] 49대 헌강왕(憲康王) 5년(879년) 일길찬(一吉湌)인데 반역하려다가 복주(伏誅)되었다. 〈사기 11 신라 11 헌강왕〉

신회 神會 [신라] 56대 경순왕(敬順王) 때 신라가 망하자 아간(阿干) 신회는 외직(外職)을 파(罷)하고 돌아와서 도성(都城)이 황폐한 것을 보고 수리리(黍離離 : 시경의 왕풍 편명)의 탄식을 하면서 노래를 지었다. 그 노래는 없어졌다. 〈유사 2 기이 2 김부대왕〉

신효거사 信孝居士 [신라] 연대를 알 수 없고 자장법사(慈藏法師) 이후의 사람이다. 혹은 유동보살(幼童菩薩)의 화신(化身)이라고도 한다. 그의 어머니가 고기가 아니면 먹지 않으므로 어머니를 위해 넓적다리 살을 베어 먹였다. 그리고는 출가(出家)하여 노부(老婦)가 가르쳐 준 대로 자장법사가 살던 모옥(茅屋)에 와서 살았는데 이것이 월정사(月精寺)이다. 〈유사 3 탑상 4 대산월정사오류성중〉

신훤 申煊 [후고려] 궁예가 사귄 친구. 원래 궁예가 적괴(賊魁) 기훤(箕萱)에게 귀의(歸依)하려 했으나 훤이 업수이 여겨 대우하지 않으므로 우울하여 있다가 비밀히 훤 밑에 있던 신훤 등과 결탁하여 친구가 되었다. 〈사기 50 열전 10 궁예〉

신훤 莘萱 [신라] 52대 효공왕(孝恭王) 4년(900년) 괴양(槐壤)의 적수(賊帥)인데 성을 들어 궁예(弓裔)에 투항하였다. 〈사기 12 신라 12 효공왕〉

신흥대왕 新興大王 [신라] 56대 경순왕(敬順王)의 아버지 이찬(伊湌) 효종(孝宗)의 추시명(追諡名)이다. 〈사기 12 신라 12 경순왕〉, 〈유사 1 왕력 1, 2 기이 2 김부대왕〉

실 實 [시라] 선덕왕(善德王) 5년 (636년) 자장법사(慈藏法師)가 문인승(門人僧) 실 등 10여 명과 당나라에 갔다. 〈유사 4 의해 5 자장정률〉

실모 悉毛 [신라] 30대 문무왕(文武王) 15년(675년) 당병(唐兵)이 석현성(石峴城)을 공격했을 때 현령(縣令)인 실모가 맞아 싸우다가 전사했다. 〈사기 7 신라 7 문무왕 하〉

실복 悉伏 [신라] 31대 신문왕(神文王) 4년(684년) 고구려의 잔적(殘賊)인 실복이 보덕성(報德城)에서 반(叛)하여 김령윤(金令胤)이 이끄는 군사와 싸웠다. 일설에는 실복이 안승(安勝)의 족자(族子) 장군 대문(大文)이라고도 한다. 〈사기 8 신라 8 신문왕, 47 열전 7 김령윤〉 ☞ 594쪽

실성니사금 實聖尼師今 [신라] 알지(閼智)의 예손(裔孫). 18대 왕(재위 402~417년). 이찬(伊湌) 대서지(大西知)의 아들. 어머니는 석등보 아간(昔登保

阿干)의 딸 이리부인(伊利夫人)이며 비(妃)는 미추니사금(味鄒尼師今)의 딸이다. 내물니사금(奈勿尼師今)의 아들 보해(寶海 : 卜好라고도 함)와 미사흔(未斯欣)을 각각 고구려와 일본에 인질(人質)로 보냈다. 왜(倭)가 여러 차례 침범하였다. 〈사기 3 신라 3 실성니사금〉 실성마립간 또는 실주왕(實主王) 또는 보금왕(寶金王)이라고도 한다. 미추왕(味鄒王)의 아우 대서지(大西知) 각간과 등야아간(登也阿干)의 딸 예생부인(禮生夫人) 사이에서 태어났다. 비는 아류부인(阿留夫人)이다. 〈유사 1 왕력 1〉 ☞ 598쪽

※ 대서지가 미추왕의 아우라 하였는데 확실치 않다. 알지의 후손임은 같은데 형제간임은 확실치 않다.

실주왕 實主王 [신라] →실성니사금 〈유사 1 왕력 1〉 ☞ 598쪽

실죽 實竹 [신라] 21대 조지마립간(照知麻立干) 8년(486년) 이찬(伊飡)인데 장군(將軍)을 삼았다. 동 16년(494년) 살수(薩水)에서 고구려군과 싸워 이기지 못하였다. 〈사기 3 신라 3 조지마립간〉

실처랑 實處郎 [신라] 26대 진평왕(眞平王) 때 화랑(花郎). 돌처랑(突處郎)이라고도 한다. 실처랑 등 세 화랑이 풍악(楓岳)에 놀러 가려고 하자 혜성(彗星)이 심대성(心大星)을 범하므로 여행을 중지하려 하자 융천사(融天師)가 혜성가(彗星歌)를 지어 부르니 괴성(怪星)이 없어져 예정대로 떠났다. 〈유사 5 감통 7 융천사혜성가〉 ☞ 589쪽

실혜 實兮 [신라] 26대 진평왕(眞平王) 때 상사인(上舍人), 직신(直臣). 대사 순덕(大舍 純德)의 아들. 동료 진제(珍堤)가 시기(猜忌)하여 여러 번 왕에게 참소(讒訴)하여 영림(泠林)으로 귀양살이를 시켰다. 그러나 실혜는 변명하지 않고 장가(長歌)를 지어 나타냈다. 〈사기 48 열전 8 실혜〉

심나 沈那 [신라] 27대 선덕여왕(善德女王) 때 장수(將帥). 혹 황천(煌川)이라고도 하는데 힘이 세고 몸이 가볍고 재빨랐다. 사성(蛇城 淸原

郡 稷山面)은 백제와 맞붙어 끊임없이 충돌이 있었는데 심나가 하도 용맹하여 백제군이 당하지 못하였다. 백제인이 그를 두려워하여 비장(飛將)이라 하였다. 말갈(靺鞨) 군과 싸우다 전사한 소나(素那)의 아버지이다. 〈사기 47 열전 7 소나〉 ☞ 598쪽

심내부인 深乃夫人 [신라] 미도부인(美道夫人) 또는 파리부인(巴利夫人)이라고도 하며 시호(諡號)는 순성대후(順成大后)이다. 43대 희강왕(僖康王)의 어머니로 충연대아간(忠衍大阿干)의 딸이다. 〈유사 1 왕력 1〉 ☞ 603쪽

심맥부 深麥夫 [신라] 24대 진흥왕(眞興王)의 휘(諱). 삼맥종(彡麥宗)이라고도 한다. → 진흥왕 〈사기 4 신라 4 진흥왕〉, 〈유사 1 왕력 1, 3 탑상 4 미륵선화 미시랑 진자사〉

심정 心正 [고구려] 28대 보장왕(寶藏王) 때 보덕법사(普德法師)의 고제(高弟) 11명 중 한 사람. 일승(一乘), 대원(大原) 등과 함께 대원사(大原寺)를 창건하였다. 〈유사 3 탑상 4 보덕이암〉

심지 心池 [신라] 41대 헌덕왕(憲德王)의 아들로 중이 되었다. 팔공산(八公山) 중악(中岳)에 우거(寓居)하였다. 속리산(俗離山)의 영심(永深)이 진표율사(眞表律師)의 불골간자(佛骨簡子)를 이어 받아 과정법회(果訂法會)를 연다고 해서 갔는데 기일이 지났다고 참여를 허락받지 못하자 땅에 앉아 참신(懺神)하였는데 7일이나 눈이 와도 심지가 있는 자리에는 눈이 안와 당(堂)에 들어감을 허락하였다. 법회가 끝나고 산으로 가는데 옷섶 사이에 두 간자(簡子)가 끼어 있어 되돌아 가 영심에게 말했는데 부처의 뜻이므로 가져가라 해서 봉안(奉安)하고 동화사(桐華寺)의 소정(小井)에 안치하였다. 〈유사 4 의해 5 심지계조〉

심필 心弼 [신라] 48대 경문왕(景文王) 때 국선(國仙) 요원랑(邀元郎) 등이 금란(金蘭)을 유람하다 임금을 위하여 치국(治國)의 뜻을 가져 노래 3수를 짓고 다시 심필 사지(舍知)를 시켜 공책을 주어 대

구화상(大矩和尙)에게 보내어 노래 3수를 짓게 했다. 〈유사 2 기이 2 경문대왕〉

아궁아간 阿躬阿干 [가야] 가락국(駕洛國) 4대 거질미왕비(居叱彌王妃) 아지(阿志)의 할아버지 〈유사 2 기이 2 가락국기〉

아니부인 阿尼夫人 ① [신라] 2대 남해왕(南解王)이 탈해(脫解)가 슬기있음을 알고 만공주로 아내를 삼게 하였다. 이가 아니부인이다. →아로부인 〈유사 1 기이 1 탈해왕〉 ☞ 590쪽

② [신라] 28대 진덕왕(眞德王)의 어머니. 박씨(朴氏). 노추□□□갈문왕(奴追□□□葛文王)의 딸이다. 어머니는 월명부인이다. 〈유사 1 왕력 1〉 ☞ 598쪽

아달라니사금 阿達羅尼師今 [신라] 8대왕(재위 154~184년). 7대 일성니사금(逸聖尼師今)의 큰아들. 키가 크고 상(相)이 기이(奇異)하였다. 어머니는 박씨(朴氏). 지소례왕(支所禮王)의 딸이고 비(妃)는 박씨(朴氏) 내례부인(內禮夫人). 지마니사금(祗摩尼師今)의 딸이다. 〈사기 2 신라 2 아달라니사금〉 동 4년(157년) 연오랑과 세오녀(延烏郎 細烏女)가 바위를 타고 일본에 건너가 왕이 되었다. 〈유사 1 왕력 1, 1 기이 1 연오랑 세오녀〉

아달혜 阿達兮 [고구려] 신라 30대 문무왕(文武王) 2년(662년) 고구려에서 철군(撤軍)할 때 고구려 병사가 뒤를 쫓으므로 돌아서 싸워 이기고 고구려 소형(小兄) 아달혜를 사로잡았다. 〈사기 6 신라 6 문무왕 상〉

아도 阿道

① [신라] 알지(閼智)의 아들 세한(勢漢)의 아들이다. 13대 미추니사금(味鄒尼師今)의 고조(高祖)이다. 〈사기 2 신라 2 미추니사금〉

② [신라] 23대 법흥왕(法興王) 15년(528년) 기사에 보면 21대 비처마립간(毗處痲立干) 때 중 아도(阿道 또는 我道라고도 함)가 모례(毛禮)의 집에 와 있다가 수년 후 앓지도 않고 죽었다. 그가 데리고 온 부하들이 남아 경률(經律)을 강독(講讀)하여 신자들이 생겼다. 〈사기 4 신라 4 법흥왕〉 비처왕(毗處王) 때 고구려에서 온 중. 아도가 모례의 집에 왔는데 묵호자(墨胡子 : 앞서 다녀간 중)과 비슷했다. 수년 후 죽었다. 고구려 사람으로 어머니는 고도녕(高道寧). 5세에 출가하고 16세에 위(魏)에 가서 현창화상(玄彰和尙)의 강석(講席)에 참석하였고 19세에 어머니가 장차 신라에 불교가 발흥할 것이니 그곳에 가서 불교를 전파하라고 했다. 가르침을 받고 돌아와 계림(鷄林) 부근에 살다가 미추니질금(味鄒尼叱今) 2년(263년) 대궐에 가서 행교(行敎)하기를 청하니 의심하고 죽이려 했다. 그래서 모록이 자기 집에 숨겼다. 동 3년 성국공주(成國公主)가 병들었는데 아도가 고쳐 주자 왕이 소원을 물었다. 천경림(天鏡林)에 불사(佛寺)를 크게 지어 나라에 큰 복을 비는 것이 소원이라 하였다. 왕이 허락하여 흥륜사(興輪寺)를 짓고 그곳에 살았는데 얼마 후 미추왕이 돌아간 후 국인(國人)들이 법사를 해하려고 하자 모록의 집에 돌아와 스스로 무덤을 만들고 죽었다. 그래서 불교도 폐지되었다. 〈유사 3 흥법 3 아도기라, 원종흥법 염촉멸신, 동경흥륜사금당십성〉

③ [고구려] 고구려 17대 소수림왕(小獸林王) 4년(374년) 승 아도(僧阿道)가 전진(前秦)에서 왔는데 이불란사(伊弗蘭寺)를 개창(開創)하여 거기에 두었다(이것이 우리나라 불법(佛法)

의 시초였다). 〈사기 18 고구려 6 소수림왕〉

④ [신라] 신라 19대 눌지마립간(訥祇麻立干) 때 고구려와 일본에 볼모로 가 있던 왕제(王弟)를 구해 낸 박제상(朴堤上)의 조부. 갈문왕(葛文王) 〈사기 45 열전 5 박제상〉

아도 我道 [신라] →아도(阿道) ②. 신라 법흥왕 15년조 주에 아도화상비(我道和尙碑)로 나온다. 〈사기 4 신라 4 법흥왕〉

아도 阿都 [신라] 김알지(金閼智)의 손자. 그의 후손이 13대 미추니질금(味鄒尼叱今)이다. 〈유사 1 기이 2 김알지〉

아두 阿頭 [고구려] →아도 ③ 〈유사 3 흥법 3 아도기라〉

아란불 阿蘭弗 [동부여] 동부여의 국상(國相). 천신(天神)이 나타나 자기의 자손이 건국할 자리이니 동해(東海) 가의 가섭원(迦葉原)으로 가라는 지시를 받아 왕으로 하여금 도읍을 옮겼다 한다. 〈사기 13 고구려 1 시조 동명성왕〉, 〈유사 1 기이 2 동부여〉

아로 阿老 [신라] 2대 남해차차웅(南解次次雄)의 친누이. 3년(4년)에 혁거세왕(赫居世王)의 사당(祠堂)을 세우고 아로로 제사를 맡게 하였다. 〈사기 33 잡지 1 제사〉

아로부인 阿老夫人 ① [신라] 2대 남해차차웅(南解次次雄)의 딸이며 탈해니질금(脫解尼叱今)의 비(妃)이다. 아니부인(阿尼夫人)이라고도 한다. 〈유사 1 왕력 1, 1 기이 2 제사탈해왕〉 ☞ 590쪽

② [신라] 19대 눌지마립간(訥祇麻立干)의 비(妃). 20대 자비마립간(慈悲麻立干)의 어머니. 차로부인(次老夫人)이라고도 하며 18대 성마립간(實聖麻立干)의 딸이다. 〈유사 1 왕력 1〉

아루부인 阿婁夫人 [신라] 2대 남해차차웅(南解次次雄)의 비(妃) 운제부인(雲帝夫人)의 별칭이다. 〈사기 1 신라 1 남해차차웅〉 ☞ 599쪽

아류부인 阿留夫人 [신라] 18대 실성마립간(實聖麻立干)의 비(妃)이다. 〈유사 1 왕력 1〉

아리나 阿離那 [신라] 중. 정교(正教)를 구하러 중국에 갔는데 다시 오천축(五天竺=인도)에 가서 나란타사(那蘭陀寺)에서 율론(律論)에 관한 책을 많이 보고 나뭇잎에 베껴 고국에 돌아오려 했으나 이루지 못하고 70여 세에 그곳에서 죽었다. 〈유사 4 의해 5 귀축제사〉 ☞ 589쪽

아리야 阿離耶 [신라] →아리나 〈유사 4 의해 5 귀축제사〉 ☞ 589쪽

아방 阿芳 [백제] 16대 아신왕(阿莘王)의 다른 이름이다. →아신왕 〈사기 25 백제 3 아신왕〉 ☞ 589쪽

아불화가 阿佛和加 [고구려] 16대 고국원왕(故國原王) 12년(342년) 연(燕)의 침공을 이기지 못하여 연의 좌장사 한수(左長史 韓壽)가 고구려 장수 아불화가를 목베었다. 〈사기 18 고구려 6 고국원왕〉

아비지 阿非知 [백제] 27대 선덕왕(善德王) 12년(643년) 자장법사(慈藏法師)가 귀국해 황룡사(皇龍寺)에 9층 석탑을 이루기 위해 백제의 장인(匠人)들을 초빙했는데 목석(木石)의 기술자가 아비지이다. 〈유사 3 탑상 4 황룡사구층탑〉

아신왕 阿莘王 [백제] 17대 왕(재위 392~405년). 혹은 아방(阿芳)이라 하였는데 아신은 아화(阿華)의 잘못인지도 모르겠다. 15대 침류왕(枕流王)의 원자(元子)로서 숙부 진사왕(辰斯王)의 뒤를 이어 왕이 되었다. 여러 차례 고구려에게 빼앗긴 영토를 찾으려고 고구려를 공격하였으나 고구려의 광개토왕(廣開土王)에 눌려 졌다. 〈사기 25 백제 3 아신왕〉 즉위 원년(392년) 하교(下教)하여 불법(佛法)을 숭신(崇信)하여 복(福)을 구하라고 하였다. 〈유사 1 왕력 1, 3 흥법 3 난타벽제〉 ☞ 589쪽

아영 娥英 [신라] 시조 혁거세왕의 비(妃). 알영(閼英) 또는 아이영(娥伊英)이라고도 한다. →알영 〈유사 1 왕력 1〉

아음부 阿音夫 [골벌국] 신라 11대 조분니사금(助賁尼師今) 7년(236년) 골벌국

(骨伐國 : 永川)의 왕 아음부가 무리를 거느리고 와서 항복하므로 저택과 전장(田莊)을 주어 안거하게 하였다. 〈사기 2 신라 2 조분니사금〉

아이부인 阿介夫人 ① [신라] 15대 기림니질금(基臨尼叱今)의 어머니이다. 〈유사 1 왕력 1〉

② [백제] 15대 침류왕(枕流王)의 어머니이다. 〈사기 24 백제 3 침류왕〉

아이영 娥伊英 [신라] 시조 혁거세왕의 비(妃). 알영(閼英) 또는 아이영(娥伊英)이라고도 한다. →알영 〈유사 1 왕력 1〉

아이혜부인 阿爾兮夫人 [신라] 11대 조분니사금(助賁尼師今)의 비(妃). 10대 내해니사금(奈解尼師今)의 딸이다. 〈사기 2 신라 2 조분니사금〉

아자개 阿玆蓋 [신라] 54대 경명왕(景明王) 2년(918년) 상주(尙州)에 근거하고 있는 적수(賊帥) 아자개가 사신을 고려에 보내 태조(太祖)에 귀부(歸附)하였다. 〈사기 12 신라 12 경명왕〉

※ 〈고려사〉에는 阿字蓋, 〈사기 견훤전〉에는 阿玆介, 〈삼국유사〉에는 阿慈个

아자개 阿玆介 [신라] 견훤(甄萱)의 아버지. 이씨(李氏). 상주에 살았다. 〈사기 50 열전 10 견훤〉 →阿玆蓋

아자개 阿慈个 [신라] 24대 진흥왕비(眞興王妃) 사도(思刀)의 셋째 아들 구륜공(仇輪公)의 후손인 작진(酌珍)의 아들 원선(元善)이 곧 아자개이다. 남원부인(南院夫人)과의 사이에 5남 2녀를 낳았는데 큰 아들이 견훤(甄萱)이다. 〈유사 2 기이 2 후백제 견훤〉

아지 阿志 [가야] 5대 이품왕(伊品王)의 어머니. 4대 거질미왕(居叱彌王)의 비(妃)이다. 할아버지는 아궁아간(阿躬阿干)이다. 〈유사 1 왕력 1, 2 기이 2 가락국기〉

아지 阿之 [신라] 27대 선덕왕(善德王) 때 김유신(金庾信)의 둘째 누이 문

희(文姬)의 아명(兒名). 후에 무열왕비(武烈王妃)가 되었다. 〈유사 1 기이 2 김유신, 태종춘추공〉

아지녀 阿之女 [고려] 신라 사대덕(四大德)인 광학(廣學) 대연(大緣) 형제의 어머니는 적리녀(積利女)인데 그의 손녀 아지녀는 경주호장(慶州戶長) 거천(巨川)의 어머니이다.

아진의선 阿珍義先 [신라] 혁거세(赫居世)의 고기잡이(=海尺)의 어머니이다. 아진포(阿珍浦)에 살며 금궤(金櫃=탈해왕이 탄)가 실린 배가 닿은 것을 처음 발견했다. 〈유사 1 기이 2 제사탈해왕〉

아진종랑 阿珍宗郞 [신라] 이차돈(異次頓)의 할아버지 〈유사 3 흥법 3 원종흥법 염촉멸신〉

아진함 阿珍含 [신라] 30대 문무왕(文武王) 때 거열주(居列州)의 대감(大監). 일길찬(一吉湌). 당군(唐軍)이 신라를 쳤을 때 아진함이 상장군(上將軍) 의복(義福)과 춘장(春長)에게 빨리 이동하라며 노구(老軀)를 이끌고 진중으로 돌입 전사하였다. 〈사기 43 열전 3 김유신 하〉

아해 阿海 [신라] 김유신(金庾信)의 큰 누이 보희(寶姬)의 소명(小名) → 보희 〈유사 1 기이 2 태종춘추공〉

아호리 阿好里 [신라] 33대 성덕왕(聖德王) 때 김지성(金志誠)의 후처(後妻). 김지성이 친족들을 위하여 감산사(甘山寺)를 짓고 아호리 등 친족들과 같이 경영했다. 〈유사 3 탑상 4 남월산〉

아효부인 阿孝夫人 [신라] 4대 석탈해니사금(昔脫解尼師今)의 비(妃)이다. 〈사기 1 신라 1 탈해니사금〉 ☞ 590쪽

안고 安固 [고구려] 28대 보장왕(寶藏王) 13년(654년) 장수(將帥) 안고를 시켜 말갈병(靺鞨兵)과 함께 글안(契丹)을 쳤는데 졌다. 〈사기 22 고구려 10 보장왕 하〉

안국군 安國君 [고구려] 13대 서천왕(西川王)의 아우 달가(達賈)가 숙신(肅愼)과의 싸움에서 공이 크므로 안국군을 삼았다. → 달가 〈사기

17 고구려 5 서천왕, 봉상왕〉

안길 安吉 [신라] 30대 문무왕(文武王)의 서제(庶弟) 차득공(車得公)이 거사(居士)로 꾸미고 국내를 밀행(密行)하여 민심을 살필 때 무진주(武珍州)에 이르렀을 때 주리(州吏) 안길이 보고 이인(異人)인 줄 알고 자기의 처첩(妻妾) 하나를 시켜 거사를 모시게 했는데 이튿날 떠나면서 자기를 찾아오면 좋겠다고 하였다. 공은 서울에 와서 재상(宰相)이 되었다. 당시 향리(鄕吏)를 경중(京中)의 제조(諸曹)에 상수(上守)하는 제도가 있어 안길이 마침 상경하여 거사를 찾으니 재상 차득공이었다. 안길에게 많은 상을 주었다. 〈유사 2 기이 2 문호왕법민〉

안나함 安那含 [신라] 30대 문무왕(文武王) 12년(672년) 일길찬(一吉湌). 당과의 싸움에서 전사하였다. 〈사기 7 신라 7 문무왕 하〉

안락 安樂 [신라] 41대 헌덕왕(憲德王) 14년(822년) 웅천주 도독(熊川州都督) 김헌창(金憲昌)의 반란군(叛亂軍) 진압 때 화랑(花郞) 명기(明基)와 안락이 종군을 청하여 안락은 시미지진(施彌知鎭)으로 향하였다. 결국 헌창은 자결하였다. 〈사기 10 신라 10 헌덕왕〉

안류 晏留 [고구려] 9대 고국천왕(故國川王) 13년(191년) 현량자(賢良者)를 뽑으라는 왕명으로 사부(四部)사람들이 동부(東部)의 안류를 뽑았다. 그러자 안류는 좌물촌(左勿村)의 을파소(乙巴素)를 천거하였다. 왕은 안류로 대사자(大使者)를 삼았다. 〈사기 16 고구려 4 고국천왕, 45 열전 5 을파소〉

안상 安常 [신라] 32대 효소왕(孝昭王) 3년(694년) 국선(國仙) 부례랑(夫禮郞)과 안상 등 낭도들이 금란(金蘭)에 이르렀다가 북명(北溟=원산 근처)에서 부례랑이 적적(狄賊)에게 잡혀 가는데 안상만 달아나지 않고 따라갔다. 그러자 천존고(天尊庫)에 두었던 금(琴)과 적(笛)이 없어졌다. 부례랑의 부모가 백율사(栢栗寺) 대비상(大悲像) 앞에서 기도하니 금과 적이 향탁(香卓)에 놓이고 낭과 안상이 불상 뒤에 와 있었다. 사연인즉 목자(牧子)가 되어 있던 낭에게 어떤 중이 금과 적을 가지고 와서 고향에 가고 싶으면 나를 따라 오라고 하여 따라 가니 중이 적을 쪼개어 둘이 타게 했는데 잠간 동안에 돌아왔다고 하였다. 안상을 대통(大統)으로 삼았다. 〈유사 3 탑상 4 백율사〉

안순 安舜 [고구려] 28대 보장왕(寶藏王)의 외손. 함형(咸亨) 원년(670년) 검모잠(劍牟岑)이 국가를 부흥시키려 하여 당(唐)에 반(叛)하고 안순(신라본기에는 安勝)을 세워 왕을 삼았다. 당이 쳐오므로 안순은 검모잠을 죽이고 신라로 달아났다. 신라본기(新羅本紀) 30대 문무왕(文武王) 10년(670년) 조에 고구려인 검모잠(劍牟岑)이 신라에게 연정토(淵淨土)의 아들 안승(安勝)을 임금으로 받들고 데리고 신라에 왔으니 받아 줄 것을 애소(哀訴)하므로 신라왕이 그를 금마저(金馬渚)에 있게 하였다고 적고 있다. 〈사기 6 신라 6 문무왕 상, 22 고구려 10 보장왕 하〉

안승 安勝 [고구려] 안순(安舜)이라고도 쓴다. 고구려 28대 보장왕(寶藏王)의 서자(庶子) 또는 외손(外孫)이라고도 한다. 검모잠(劍牟岑)이 사야도(史冶島 : 德積島 부근)에서 안승을 만나 임금으로 세웠다(문무왕 10년~670년). 문무왕 14년 안승을 보덕왕(報德王)을 삼았다. 〈사기 6 문무왕 상, 7 문무왕 하〉 31대 신문왕 4년(684년) 안승의 족자(族子) 장군 대문(大文)이 모반하다가 복주되었다. 〈사기 8 신라 8 신문왕〉 고구려 보장왕 27년(668년) 왕의 서자 안승이 사천여호를 거느리고 신라에 귀부(歸附)하였다. 〈사기 22 고구려 10 보장왕 하〉

안원왕 安原王 [고구려] 23대 왕(재위 531~545년). 휘(諱) 보연(寶延). 22대 안장왕(安臧王)의 아우. 키가 크고 도량이 넓었다. 〈사기 19 고구려 7 안원왕〉 휘(諱)는 보영(寶迎)이다. 〈유사 1 왕력 1〉

안장 安長 [신라] 경문왕(景文王?)이 현금(玄琴)의 전수자 귀금선생(貴金先

生)이 지리산에 들어가서 나오지 않으므로 금도(琴道)가 끊어질 까 염려하여 이찬(伊湌) 윤흥(允興)을 남원(南原)의 공사(公事)로 보냈다. 윤흥이 안장과 청장(淸長) 두 소년을 뽑아 귀금에게 현금(玄琴)을 배우게 하였는데 다른 것은 가르치면서 미묘한 것은 가르치지 않으므로 윤흥 부부가 가서 예(禮)와 성(誠)을 다 하여 간청하자 비장하던 세 곡을 전수하였다. 안장은 그것을 아들 극상(克相)과 극종(克宗)에게 전하였다. 〈사기 32 잡지 1 악〉

안장법사 安藏法師 [신라] 24대 진흥왕(眞興王) 11년(550년) 대서성(大書省)을 삼으니 한 사람 뿐이었다. 〈유사 4 의해 5 자장정률〉

안장왕 安臧王 [고구려] 22대 왕(재위 519~531년) 휘(諱)는 흥안(興安). 21대 문자명왕(文咨明王)의 큰아들. 양(梁)과 가까이 하였으며 가끔 백제와도 싸웠다. 〈사기 19 고구려 7 안장왕〉, 〈유사 1 왕력 1〉

안함 安含 [신라] 동경(東京) 흥륜사(興輪寺) 금당십성(金堂十聖)으로 동벽(東壁)에 앉아 서방을 향하고 있다. 〈유사 3 탑상 4 동경흥륜사 금당십성〉

안혜 安惠 [신라] 신라 때 승. 명랑대사(明朗大師)의 계통(系統)으로 광학 대연(廣學 大緣) 두 대덕(大德)은 그의 후예(後裔)이다. 〈유사 5 신주 6 명랑신인〉

안홍법사 安弘法師 [신라] 24대 진흥왕(眞興王) 37년(576년) 안홍법사가 수(隋)나라에 들어가 호승(胡僧) 비마라(毗摩羅) 등 두 승려와 더불어 돌아와 능가만경(稜伽鬘經)과 불사리(佛舍利)를 바쳤다. 〈사기 4 신라 4 진흥왕〉

알공 謁恭 [신라] 23대 법흥왕(法興王) 때 조신(朝臣). 왕이 창생을 위하여 복(福)을 닦고 죄를 없이할 처소를 만들려고 했으나 치국(治國)하는 대의(大義)만을 준수하여 임금의 뜻을 좇지 않았는데 향전(鄕傳)에는 조신을 알공 등이라 하였다. 〈유사 3 흥법 3 원종흥법 염촉멸신〉

알영 閼英 [신라] 시조 혁거세왕비(赫居世王妃). 왕이 태어나자 사량리(沙梁里) 알영정(閼英井) 가에 계룡(雞龍)이 나타나 왼편 갈비에서 동녀(童女) 하나를 탄생하니 자태와 얼굴이 고왔다. 그가 나온 우물로 이름을 짓고 열세살에 왕후를 삼았다 아이영(娥伊英) 또는 아영(娥英)이라고도 한다. 2대 남해차차웅(南解次次雄)의 어머니 〈유사 1 왕력 1, 1 기이 1 신라 시조 혁거세왕, 남해왕〉

알지 閼智 [신라] 4대 탈해니사금(脫解尼師今) 9년(65년) 왕이 숲에서 닭의 울음소리가 나므로 살펴보니 금성(金城) 서편 시림(始林) 나뭇가지에 작은 금궤(金櫃)가 걸려 있어 그 궤를 가져다 열어보니 작은 사내아이가 들어 있어 왕이 거두어 길렀다. 총명하고 지략이 많아 알지라 하고('어린이'의 방언 '아기, 아지의' 借音) 금궤에서 나왔으므로 김씨(金氏)라 하였다. 시림은 계림(鷄林)이라 하여 국호로 썼다. 13대 미추니사금(味鄒尼師今)의 선조이다. 〈사기 1 신라 1 탈해니사금, 2 신라 2 미추니사금〉 시조 혁거세왕(赫居世王)이 처음 입을 때 스스로 말하기를 알지거서간(閼智居西干)이 한번 일어난다 하였으므로 그로부터 거서간은 왕의 존칭(尊稱)이 되었다. 〈유사 1 왕력 1, 1 기이 1 신라시조 혁거세왕〉

알천공 閼川公 [신라] 27대 선덕왕(善德王) 5년(636년) 백제의 매복군을 쳐서 이겼다. 동 6년 대장군(大將軍)을 삼았다. 28대 진덕왕(眞德王) 원년(647년) 상대등(上大等)을 삼았다. 〈사기 5 신라 5 선덕왕, 진덕왕〉 고구려 27대 영류왕(榮留王) 21년(638년) 신라의 칠중성(七重城)을 침공할 때 알천이 나와 싸워서 고구려가 졌다. 〈사기 20 고구려 8 영류왕〉 백제 무왕(武王) 37년(636년) 신라 장군 알천이 옥문곡(玉門谷)에 숨어 있는 백제군을 엄습(掩襲)하여 무찔렀다. 〈사기 27 백제 5 무왕〉 선덕왕(善德王) 때 영묘사(靈廟寺) 옥문지(玉門池)에서 겨울에 개구리가 3~4일간 모여서 울므로 왕이 각간 알천 등을 시켜 정병(精兵)을 조련(調練)

하여 급히 여근곡(女根谷)에 보내 매복해 있던 백제병 500인을 섬멸하였다. 〈유사 1 기이 2 선덕왕지기삼사〉 28대 진덕왕(眞德王)때 알천공, 임종공(林宗公), 유신공(庾信公)들이 남산 우지암(亐知巖)에 모여 국사를 의론할 때 대호(大虎)가 나타나 좌중으로 달려들어 모두 놀라 일어났으나 알천공은 조금도 움직이지 않고 태연히 호랑이 꼬리를 잡아 땅에 메어쳐 죽였다. 〈유사 1 기이 2 진덕왕〉

알평 謁平 [신라] 신라초 육촌(六村)이 있었는데 일(一)이 알천 양산촌(閼川 楊山村)이니 촌주는 알평이다. 〈유사 1 기이 1 신라시조 혁거세왕〉

암 巖 [신라] 김유신(金庾信)의 적손(嫡孫) 윤중(允中)의 서손(庶孫). 33대 성덕왕(聖德王) 32년(733년) 당이 말갈(靺鞨)을 치는데 신라도 군사를 출동할 뿐만 아니라 김유신의 손자를 장수로 삼으라고 요구해 왔다. 그래서 윤중과 아우 윤문 등 네 장군을 보냈다. 윤중의 서손 암은 천성이 총민(聰敏)하고 방술(方術)의 학습을 좋아해 당에 갔을 때부터 둔갑입성법(遁甲立成法)을 짓기도 했는데 귀국해서 사천대박사(司天大博士)가 되었고 여러 주의 태수를 역임하고 집사시랑(執事侍郎) 등이 되어 가는 곳마다 마음을 다해 백성을 보살펴 농무(農務)와 육진병법(六陣兵法)을 가르쳐 백성을 편안케 하였다. 36대 혜공왕(惠恭王) 15년(779년) 일본에도 다녀왔다. 〈사기 43 열전 3 김유신 하〉

애노 哀奴 [신라] 51대 진성왕(眞聖王) 3년(889년)에 사벌주(沙伐州)에서 원종(元宗), 애노(哀奴) 등이 반기(叛旗)를 들었다. 〈사기 11 신라 11 진성왕〉

애례부인 愛禮夫人 [신라] 6대 지마니사금(祗摩尼師今)의 비(妃) 김씨(金氏). 갈문왕(葛文王) 마제(摩帝)의 딸이다. 5대 파사니사금(婆娑尼師今)이 태자와 함께 사냥하고 한기부(韓岐部)를 지날 때 이찬(伊湌) 허루

(許婁)가 왕을 대접했는데 허루의 딸과 마제의 딸이 나와 춤을 추었다. 왕이 마제의 딸로 태자비를 삼은 것이다. 〈사기 1 신라 1 지마니사금〉, 〈유사 1 왕력 1〉

애류 愛留 [고구려] 4대 민중왕(閔中王)의 형. 5대 모본왕(慕本王)의 휘(諱). 우(憂)라고도 한다. →모본왕 〈유사 1 왕력 1〉

※ 〈유사〉에서 민중왕의 형이라 하였으나 민중왕과 모본왕은 숙질간이다.

애복 哀福 [후백제] 견훤(甄萱)의 딸→쇠복 〈사기 50 열전 10 견훤〉

애술 哀述 [후백제] 고려의 태조가 견훤과 더불어 신검(神劍)과 싸울 때 신검 휘하의 장군 애술이 고려군의 위세에 눌려 항복하였다. 〈유사 2 기이 2 후백제 견훤〉

애우 愛憂 [고구려] 4대 민중왕(閔中王)의 조카. 5대 모본왕(慕本王)의 휘(諱). 류(留)라고도 한다. →모본왕 〈유사 1 왕력 1〉

애장왕 哀莊王 [신라] 40대 왕(재위 800~809년). 휘(諱)는 청명(淸明). 39대 소성왕(昭聖王)의 태자. 어머니는 김씨 계화부인(桂花夫人). 비는 박씨(朴氏). 후비(后妃)는 김씨. 동 10년(809년) 숙부(叔父) 언승(彦昇=憲德王)이 궁중에서 난을 일으켜 왕을 시해(弑害)하고 스스로 즉위하였다. 〈사기 10 신라 10 애장왕〉 휘(諱)를 중희(重熙)라고도 한다. 숙부 헌덕왕, 흥덕왕(興德王)에 의해 살해되었다. 〈유사 1 왕력 1〉

약로 藥盧 [고구려] 12대 중천왕(中川王)의 태자이고 13대 왕이 된 서천왕(西川王)의 휘(諱). 약우(若友)라고도 한다. →서천왕 〈사기 17 고구려 5 서천왕〉, 〈유사 1 왕력 1〉

약우 若友 [고구려] 13대 서천왕(西川王)의 휘(諱) 약로(藥盧)의 다른 표기 →서천왕 〈사기 17 고구려 5 서천왕〉, 〈유사 1 왕력 1〉

양강상호왕 陽崗上好王 [고구려] 24대 양원왕(陽原王)의 다른 이름→양원왕 〈사기 19 고구려 7 양원왕〉

양강왕 陽崗王 [고구려] 24대 양원왕(陽原王)의 다른 이름. 휘(諱)는 평성(平成)이다. 〈유사 1 왕력 1〉

양검 良劍 [후백제] 견훤(甄萱)의 둘째 아들. 강주도독(康州都督). 이찬 능환(能奐)의 권유로 아버지 훤을 금산사(金山寺)에 가두고 막내 금강(金剛)을 죽이고 신검(神劍)은 자칭 대왕(大王)이라 하였다. 고려 태조(太祖)에게 항복하여 새로운 삶을 갖게 되었다. 〈사기 50 열전 10 견훤〉

양길 梁吉 [신라] 51대 진성왕(眞聖王) 5년(891년) 북원(北原=原州)에 근거한 도적의 괴수(魁首) 양길이 부장(部將) 궁예(弓裔)를 보내어 명주(溟洲) 관할지인 주천(酒泉)을 침습하였다. 52대 효공왕(孝恭王) 3년(899년) 궁예가 반역할 뜻을 가지고 있음을 안 양길은 궁예를 치다가 져서 달아났다. 〈사기 11 신라 11 진성왕, 12 효공왕, 50 열전 10 궁예〉

양길 良吉 [신라] →양길(梁吉) 〈사기 50 열전 10 견훤〉 진성왕(眞聖王) 4년 (890년) 후고려(後高麗) 궁예(弓裔)가 양길에게 가서 투항했다. 〈유사 1 왕력 1〉

양도 良圖 [신라] 성 김씨(金氏). 29대 무열왕(武烈王) 8년(661년) 백제의 잔적(殘賊)을 막기 위하여 품일(品日)을 대당장군(大幢將軍)에 임하고 양도로 돕게 하였다. 30대 문무왕(文武王) 2년(662년) 김유신(金庾信) 등 9장군이 쌀과 벼를 평양으로 실어 가게 하였다. 당제(唐帝)가 소정방(蘇定方)을 시켜 유신, 인문(仁問), 양도 등에게 백제 땅을 나누어 주려 하자 거절하였다. 32대 효소왕(孝昭王) 3년(694년) 해찬(海湌=波珍湌)으로 여섯 번 당에 들어갔고 서경(西京)에서 죽었다. →김량도 〈사기 5 신라 5 태종무열왕, 6 문무왕 상, 42 열전 2 김유신 중, 44 열전 4 김인문, 46 열전 6 강수〉 문장가로 유명한데 사적은 유실되었다. 〈신라고기〉 의상대사(義湘大師)의 제자(弟子). 승상(丞相) 김흠순(金欽

純 또는 김인문(金仁問))과 양도 등이 당에 붙잡혀 있을 때 당 고종(高宗)이 신라를 치려하므로 흠순이 비밀히 의상에게 권유하여 앞질러 귀국해서 그 사정을 알렸다. 27대 선덕왕(善德王) 때 승상 김양도가 아이 때 입이 붙고 몸이 굳어져 말을 못하게 되었는데 크고 작은 귀신 때문이었다. 눈으로 보면서도 말을 할 수가 없었는데 집안 사람이 밀본법사(密本法師)를 청하여 귀신을 퇴치하여 병이 나았고 독실한 불교신자가 되었다. 〈유사 4 의해 5 의상전교, 5 신주 6 밀본최사〉

양리공 良里公 [신라] 36대 혜공왕(惠恭王) 2년(766년) 양리공의 집 암소가 다리 다섯 달린 송아지를 낳았다. 〈사기 9 신라 9 혜공왕〉

양문 良文 [신라] 54대 경명왕(景明王) 7년(923년) 경산부(京山府) 장군 양문이 고려 태조(太祖)에게 귀부(歸附)하였다. 〈사기 12 신라 12 경명왕〉

양부 良夫 [신라] 12대 첨해니사금(沾解尼師今) 3년(249년) 이찬(伊湌)을 삼았다. 13대 미추니사금(味鄒尼師今) 2년(263년) 서불감(舒弗邯)을 삼았다. 〈사기 2 신라 2 첨해니사금, 미추니사금〉

양상 良相 [신라] 35대 경덕왕(景德王) 23년(764년) 시중(侍中)을 삼았다. 37대 선덕왕(宣德王)이 되었다. 17대 내물니사금(奈勿尼師今)의 10세손으로 해찬(海湌) 효방(孝芳)의 아들. 어머니는 김씨 사소부인(四炤夫人) 성덕왕(聖德王)의 딸이며 비(妃)는 구족부인(具足夫人) 각간(角干) 양품(良品)의 딸이다. →선덕왕 〈사기 9 신라 9 경덕왕, 선덕왕〉

양상 亮相 [신라] 37대 선덕왕(宣德王)의 휘(諱) 양상(良相)의 다른 적음이다. →선덕왕 〈유사 1 왕력 1〉

양성 陽成 [고구려] 24대 양원왕(陽原王) 13년(557년) 태자로 책봉되었다. 25대 평원왕(平原王)의 휘(諱) →평원왕 〈사기 19 고구려 7 양원왕, 평원왕〉, 〈유사 1 왕력 1〉

양성 梁誠

[신라] 33대 성덕왕(聖德王) 18년(719년) 김지성(金志誠)이 할아버지를 비롯한 조상들을 위하여 감산사(甘山寺)를 지을 때 아우 양성이 협력하였다. 간성(懇誠)이라고도 한다. → 김지전 〈유사 3 탑상 4 남월산〉 ☞ 586쪽

양순 良順

[신라] 43대 희강왕(僖康王) 2년(837년) 아찬(阿湌). 희강왕이 즉위하자 균정(均貞)의 매서(妹壻) 아찬(阿湌) 예징(禮徵)과 양순은 도망하여 우징(祐徵)에게로 갔다. 46대 문성왕(文聖王) 2년(840년) 이찬(伊湌)을 삼았다. 〈사기 10 신라 10 희강왕, 11 신라 11 문성왕〉

양신 陽神

[고구려] 6대 대조대왕(大祖大王) 80년(132년) 비류나(沸流那)의 조의(皁衣). 수성(遂成=次大王)에게 양위하도록 왕에게 건의하였다. 7대 차대왕(次大王) 2년(147년) 양신을 중외대부(中畏大夫)를 삼고 우태(于台) 벼슬을 더하였다. 〈사기 15 고구려 3 대조대왕, 차대왕〉

양신 良臣

[신라] 30대 문무왕(文武王) 12년(672년) 일길찬(一吉湌)으로 당군과 싸울 때 전사하였다. 〈사기 7 신라 7 문무왕 하〉

양열 梁悅

[신라] 40대 애장왕(哀莊王) 원년(800년) 입당숙위학생(入唐宿衛學生) 양열에게 두힐현 소수(豆肹縣 小守)를 임하였다. 당에서 종난(從難)의 공이 있어 당제(唐帝)가 돌려 보냈으므로 왕이 특별히 발탁(拔擢)한 것이다. 〈사기 10 신라 10 애장왕〉

양원왕 陽原王

[고구려] 24대 왕(재위 545~559년). 양강상호왕(陽岡上好王)이라고도 한다. 휘(諱)는 평성(平成). 23대 안원왕(安原王)의 큰아들. 총혜(聰慧)하고 웅호(雄豪)한 풍도(風度)가 뛰어났다. 백제 26대 성왕(聖王) 26년(548년) 고구려왕 평성이 예(濊)와 공모하고 독산성(獨山城)을 치므로 신라군의 도움을 받아 물리쳤다. 〈사기 19 고구려 7 양원왕, 26 백제 4 성왕〉 양강왕(陽崗王)이라고도 한다. 〈유사 1 왕력 1〉

양종 亮宗 [신라] 41대 헌덕왕(憲德王) 2년(810년) 파진찬(波珍湌)으로 시중(侍中)을 삼았다. 동 3년 병으로 사임했다. 〈사기 10 신라 10 헌덕왕〉

양지 楊志 [고려] 신라 56대 경순왕(敬順王) 2년(928년) 고려 장수로 견훤(甄萱)과의 싸움에 져서 항복하였다. 〈사기 50 열전 10 견훤〉

양지 良志 [신라] 27대 선덕왕(善德王) 때 중. 여러 가지 신이(神異)한 일이 많았다. 예(藝)에도 능하고 서화(書畵)도 잘하여 불상(佛像)과 절의 기와, 기타 신상(神像) 등을 많이 만들었다. 가요(歌謠=鄕歌) 양지사석가(良志使錫歌)도 그의 작품이다. 〈유사 4 의해 5 양지사석가〉

양질 良質 [신라] 13대 미추니사금(味鄒尼師今) 20년(281년) 일길찬(一吉湌). 동 22년 백제가 침공하자 양질로 하여금 막게 하였다. 〈사기 2 신라 2 미추니사금〉

양패 良貝 [신라] 51대 진성왕(眞聖王) 때 왕의 막내아들. 아찬(阿湌). 당에 봉사하러 갈 때 후백제(後百濟)의 해적이 진도(津島)에서 가로막는다는 소리를 듣고 궁사(弓士) 50인을 뽑아 따르게 했는데 곡도(鵠島)에 이르러 풍낭이 심하자 신지(神池)에 제사지냈는데 한 노인이 궁사 한 사람만을 이 섬에 머물게 해 달라고 하여 거타지를 남겼는데 갑자기 순풍이 불어 무사히 달아났다. →거타지 〈유사 2 기이 2 진성여대왕 거타지〉

양품 良(粮)品 [신라] 37대 선덕왕(宣德王) 비(妃)의 아버지. 각간(角干)〈사기 9 신라 9 선덕왕〉 왕비 구족왕후(具足王后)의 아버지. 각간(角干)〈유사 1 왕력 1〉

어비류 於卑留 [고구려] 9대 고국천왕(故國川王) 12년(190년) 패자(沛者). 왕후의 친척으로 나라의 권세를 잡고 교치(驕侈)하여 국민의 원망을 샀으므로 왕이 주(誅)하였다. 〈사기 16 고구려 4 고국천왕〉

어수 於漱 [고구려] 6대 대조대왕(大祖大王)의 어릴 때 이름→대조대왕

〈사기 15 고구려 3 대조대왕〉

어승류 於昇留 [고구려] 어비류(於卑留)의 다른 적음→어비류 〈사기 45 열전 5 을파소〉

어지류 菸支留 [고구려] 6대 대조대왕(大祖大王) 때 우태(于台). 어지류, 양신(陽神) 등이 수성(遂成)에게 대조대왕이 양위(讓位)하도록 도모하라고 말하였다. 7대 차대왕(次大王) 2년(147년) 좌보(左輔)가 되었다. 8대 신대왕(新大王) 원년(165년) 차대왕이 시해되자 어지류가 다른 신하와 의논하여 왕제(王弟)인 백고(伯固)를 모셔다가 왕위에 오르게 하였다. 〈사기 15 고구려 3 대조대왕, 차대왕, 4 신대왕〉

어지지 於只支 [고구려] 18대 고국양왕(故國壤王)의 휘(諱) 이련(伊連)의 다른 적음→고국양왕 〈사기 18 고구려 6 고국양왕〉 휘(諱) 이속(伊速) 또는 어지지 〈유사 1 왕력 1〉 ☞ 600쪽

억렴 億廉 [신라] 56대 경순왕(敬順王)의 백부(伯父). 잡간(匝干). 경순왕 9년(935년) 나라를 들어 고려에 귀부(歸附)하자 고려 태조가 혼인(婚姻)을 맺기를 원하자 억렴의 딸을 추천하여 태조가 아내를 삼았다. 〈사기 12 신라 12 경순왕〉 경순왕(敬順王)의 백부. 아버지 효종각간(孝宗角干)의 아우로 그의 딸을 태조에게 시집보냈다. 〈유사 2 기이 2 김부대왕〉

언승 彦昇(升) [신라] 38대 원성왕(元聖王) 10년(794년) 왕의 아들 인겸(仁謙)의 아들이며 39대 소성왕(昭聖王)의 아우인 언승을 시중(侍中)을 삼았고 후에 41대 헌덕왕(憲德王)이 되었다. 〈사기 10 신라 10 소성왕〉, 〈유사 1 왕력 1〉

언옹 彦邕 [신라] 54대 경명왕(景明王) 3년(919년) 사찬(沙湌)으로 시중(侍中)을 삼았다(사찬은 시중이 될 수 없으므로 착오일 것이다). 〈사기 12 신라 12 경명왕〉

엄장 嚴莊 [신라] 30대 문무왕(文武王) 때 사문(沙門). 경주(慶州) 남악(南

岳)에 암자를 짓고 살았는데 친구인 광덕(廣德)과는 평소에 서방극락국(西方極樂國)에 갈 때는 알리자고 약속했다. 어느 날 광덕이 자기가 서쪽으로 감을 알리므로 광덕의 처소에 가 그 죽음을 확인하고 장사를 치른 후 광덕의 처와 자는데 그 처가 엄장의 잘못을 깨우치자 부끄러워 돌아와 원효대사(元曉大師)에게 가서 왕생(往生)의 중요한 방법을 배워 자책(自責)하고 도를 닦아 극락으로 갔다. 광덕은 일찍 가요(歌謠=鄕歌) 원왕생가(願往生歌)를 지었다. 〈유사 5 감통 7 광덕 엄장〉

엄정 嚴貞 [신라] 33대 성덕왕(聖德王)의 선비(先妃) 성정(成貞)의 다른 적음→성정 〈사기 8 신라 8 성덕왕〉 선비 배소왕후(陪昭王后)의 시호(謚號). 원대아간(元大阿干)의 딸이다. 〈유사 1 왕력 1〉 ☞ 597쪽

엄흔 嚴欣 [신라] 52대 효공왕(孝恭王) 때 초팔현(草八縣)에 있는 백암사(伯巖寺)를 지은 사람이며 그 절의 주지(住持). 석(釋) 수립(秀立)이 원중상규십조(院中常規十條)를 정하였는데 그 중 하나가 이 절의 호법경승(護法敬僧) 엄흔과 백흔(伯欣) 두 명신(明神) 등 앞에 보(寶)를 세워 공양(供養)할 것이라 하였는데 속(俗)에 전하기를 두 사람이 집을 내어 절을 지었으므로 백암사라 하고 호법신을 삼았다고 한다. 〈유사 3 탑상 4 백암사석탑사리〉

여노 餘奴 [고구려] 20대 장수왕(長壽王) 68년(480년) 사신(使臣)으로 남제(南齊)에 조빙(朝聘)하러 가다가 위(魏)나라 사람에게 잡혔는데 위왕이 장수왕을 책망하는 글을 보냈다. 여노는 돌려 보내주었다. 〈사기 18 고구려 6 장수왕〉

여노 如孥 [고구려] 15대 미천왕(美川王) 20년(319년) 선비(鮮卑)의 모용외(慕容廆)가 요동(遼東)에 진수(鎭守)하고 있을 때 고구려 장군 여노는 하성(河城)에 거(據)하여 있다가 외(廆)의 장군 장통(張統)이 습격하여 맞서 싸우다가 사로잡혔다. 〈사기 17 고구려 5

미천왕〉

여달 閭達 [고구려] 2대 유리명왕(琉璃明王)을 <위서>에서 여해(閭諧) 또는 여달(閭達)이라고 적었다. 〈사기 13 고구려 1 유리명왕〉

여대 餘大 [백제] 24대 동성왕(東城王)의 휘(諱)는 모대(牟大)인데 마제(麻帝) 또는 여대라 한다. 〈유사 1 왕력 1〉

여도부인 如刀夫人 [신라] 25대 진지왕(眞智王)의 비(妃) 〈유사 1 왕력 1〉

※ 〈사기〉에는 지도부인(知道(刀)夫人)

여동 如冬 [신라] 30대 문무왕(文武王) 2년(662년) 사찬(沙湌)인데 어미를 때리므로 하늘에서 뇌우(雷雨)가 내리어 여동을 벼락쳐 죽였다. 〈사기 6 신라 6 문무왕 상〉

여례 餘禮 [백제] 21대 개로왕(蓋鹵王) 18년(472년) 위(魏)에 사신을 통해 보낸 글 속에 고구려에 막혀 교화(敎化)를 받을 수 없어 관군장군부마도위불사후장사(冠軍將軍駙馬都尉弗斯侯長史) 여례 등을 보내 정성의 만분의 일이나마 보낸다 하였다. 〈사기 25 백제 3 개로왕〉

여산 餘山 [신라] →여삼 〈유사 2 기이 2 원성대왕〉

여삼 餘三 [신라] 38대 원성왕(元聖王) 때의 아찬(阿湌). 원성왕이 즉위 전 각간(角干)으로 나쁜 꿈을 꾸어 근심할 때 여삼이 찾아 와서 해몽을 했는데 왕이 될 꿈이라 하고 유력한 후사자(後嗣者)인 김주원(金周元)의 내궁(來宮)을 막는 방법까지 가르쳐 주어 김경신(金敬信)이 왕이 되니 곧 원성왕이다. 왕이 된 후 여삼은 이미 죽었으므로 그의 자손을 불러 벼슬을 주었다. 〈유사 2 기이 2 원성대왕〉

여신 餘信 [백제] 18대 전지왕(腆支王)의 서제(庶弟). 동 3년(407년) 내신좌평(內臣佐平), 4년 상좌평(上佐平)을 삼았다. 〈사기 25 백제 3 전지왕〉

여진 如津 [고구려] 2대 유리명왕(琉璃明王)의 아들. 동 37년(19년) 물에 빠져 죽었는데 뒤에 비류인(沸流人) 제수(祭須)가 발견하여 왕에게 알려 왕이 상을 주었다. 〈사기 13 고구려 1 유리명왕〉

여해 閭諧 [고구려] 2대 유리명왕(琉璃明王)을 <위서>에서 여해 또는 여달(閭達)이라고 적었다. 〈사기 13 고구려 1 유리명왕〉

연 演 [백제] 31대 의자왕(義慈王)의 아들. 백제가 항복한 후 당장(唐將) 소정방(蘇定方)이 왕, 태자, 왕자 태(泰)와 연(演) 그리고 대신, 장수 88인과 백성 만여명을 당경(唐京)으로 보냈다. 〈유사 1 기이 2 태종춘추공〉

연개소문 淵蓋蘇文 [고구려] → 개소문 〈사기 20 고구려 8 영류왕〉

연권 連權 [신라] 50대 정강왕(定康王) 때 한기부(漢岐部)의 백성. 효녀 지은(知恩)의 아버지 〈사기 48 열전 8 효녀지은〉

연기 然起 [신라] 29대 무열왕(武烈王) 때 신라가 당군에게 군자(軍資)를 보내고 다시 군사를 일으켜 당군과 연합하고저 하여 먼저 연기와 병천(兵川) 두 사람을 당장에게 보내 회기(會期)를 물었다. 〈유사 1 기이 2 태종춘추공〉

연돌 燕突 [백제] 24대 동성왕(東城王) 12년(490년) 달솔(達率)이 되었다. 〈사기 26 백제 4 동성왕〉

연모 燕謨 [백제] 26대 성왕(聖王) 7년(529년) 좌평(佐平)으로 군사를 거느리고 오곡원(五谷原)에서 고구려 군과 항전(抗戰)케 했으나 패하였다. 〈사기 26 백재 4 성왕〉

연무 延武 [고구려] 대장군. 신라 30대 문무왕(文武王) 20년(680년) 보덕왕(報德王) 안승(安勝)이 연무 등을 시켜 신라왕이 인친(姻親)을 강가(降嫁)한데 대한 사의를 표하는 상표(上表)를 올렸다. 〈사기 7 신라 7 문무왕 하〉

연문진 燕文進 [백제] 30대 무왕(武王) 8년(607년) 간솔(扞率)로서 수(隋)에 조

공사(朝貢使)로 갔다. 〈사기 27 백제 5 무왕〉

연보 蓮寶 [신라] 29대 무열왕(武烈王) 때 재보(宰輔) 김량도(金良圖)가 불법(佛法)을 믿어 그의 딸 화보(花寶)와 연보를 내놓아 사비(寺婢)를 삼았다. 이는 23대 법흥왕(法興王)이 절을 짓고 스스로 중의 옷을 입고 궁척(宮戚)을 내놓아 사예(寺隷)로 삼은데 유래하며 그 후 주로 왕손(王孫)이 사비가 되었다. 〈유사 3 흥법 3 원종흥법 염촉멸신〉

연불 然弗 [고구려] 10대 산상왕(山上王)의 손자. 11대 동천왕(東川王) 17년(243년) 왕태자로 삼았고 12대 중천왕(中川王)이 되었다. 중천왕의 휘(諱)가 연불이다. →중천왕 〈사기 16 고구려 4 산상왕 17 고구려 5 동천왕, 중천왕〉

연비 延丕 [고구려] 2대 유리명왕(琉璃明王) 31년(12년) 한(漢)의 왕망(王莽)이 엄우(嚴尤)에게 고구려를 치게 했는데 엄우가 고구려의 장수 연비를 꾀어 목을 베어 장안(長安)에 전하였다. 〈사기 13 고구려 1 유리명왕〉

연신 燕信 [백제] 23대 삼근왕(三斤王) 2년(478년) 좌평(佐平) 해구(解仇)와 같이 대두성(大豆城)에 거(據)하여 반(叛)하였다. 연신이 고구려로 달아나자 그 처자(妻子)를 목베었다. 〈사기 26 백제 4 삼근왕〉 고구려 20대 장수왕(長壽王) 66년(478년) 백제의 반신(叛臣) 연신이 내투(來投)하였다. 〈사기 18 고구려 6 장수왕〉

연씨 椽氏 [고구려] 12대 중천왕(中川王)의 비(妃) →관나부인 〈사기 17 고구려 5 중천왕〉

연오랑 延烏郎 [신라] 8대 아달라니사금(阿達羅尼師今) 4년(157년) 연오가 바닷가에 나가자 큰 바위가 나타나 그를 싣고 일본에 갔으며 일본에서는 그를 왕으로 삼았다. 그 아내 세오녀(細烏女)도 남편을 찾아 바닷가로 나가 마찬가지로 일본에 건너갔다. 이러자 신라의 해와 달이 광채를 잃었는데 일관(日官)이 일월(日月)의

정(精)이 일본에 건너갔기 때문이라고 하므로 왕이 일본에 사자(使者)를 보내 연오를 만났는데 그 아내가 짠 비단을 보내 일월이 다시 살아났다. 〈유사 1 기이 2 연오랑 세오녀〉

연우 延優 [고구려] 10대 산상왕(山上王)의 휘(諱)이다. 또는 이이모(伊夷謨)라 한다. 그런데 위궁이라고도 한다고 했는데 휘는 위궁(位宮)이 아니다. → 위궁 〈사기 16 고구려 4 산상왕〉 ☞ 599쪽

연인 然人 [고구려] 8대 신대왕(新大王) 5년(169년) 왕이 우거(優居)와 주부(主簿) 연인 등을 시켜 군사를 거느리고 가 현토태수(玄菟太守) 공손도(公孫度)를 도와 부산적(富山賊)을 토벌하였다. 〈사기 16 고구려 4 신대왕〉

연잠 年岑 [고구려] 신라 30대 문무왕(文武王) 10년 고구려 수림성인(水臨城人) 모잠(牟岑). 대형(大兄). <사기>에는 年岑이라 적었는데 잘못이다. 〈사기 6 신라 6 문무왕 상〉

연정토 淵淨土 [고구려] 연개소문(淵蓋蘇文)의 아우. 신라 30대 문무왕(文武王) 6년(666년) 당이 고구려를 치자 연정토가 12성(城)과 763호(戶) 3,543인을 데리고 신라에 내투(來投)하였다. 신라왕이 후하게 대하고 안치(安置)시켰다. 동 8년 연정토를 당에 보냈는데 정토는 당에 머물러 돌아오지 않았다. 동 10년 안승(安勝)의 아버지라 하였으나 믿기 어렵다. 〈사기 6 신라 6 문무왕 상〉

연제부인 延帝夫人 [신라] 22대 지증마립간(智證麻立干)의 비(妃). 등흔 이찬(登欣伊湌)의 딸. 23대 법흥왕(法興王)의 어머니이다. 〈사기 4 신라 지증마립간, 법흥왕〉

연진 連珍 [신라] 10대 내해니사금(奈解尼師今) 28년(223년) 일길찬(一吉湌). 백제와 싸워 이겼다. 백제 6대 구수왕(仇首王) 11년(224년) 신라의 일길찬 연진이 쳐들어와 백제가 패했다. 〈사기 2 신라 2 내해니사금, 24 백제 2 구수왕〉

연충 連忠 [신라] 11대 조분니사금(助賁尼師今) 원년(230년) 이찬(伊湌)을

삼아 군국(軍國)을 맡기었다. 〈사기 2 신라 2 조분니사금〉

연타발 延陀勃 [졸본] 온조왕(溫祚王)의 어머니 소서노(召西奴)의 아버지이다. 〈사기 23 백제 1 시조 온조왕〉

연회 燕會 [백제] 26대 성왕(聖王) 18년(540년) 장군으로 고구려 우산성(牛山城)을 쳤으나 이기지 못하였다. 〈사기 26 백제 4 성왕〉

연회 緣會 [신라] 38대 원성왕(元聖王) 대의 고승(高僧). 영취산(靈鷲山)에 은거하여 도를 닦다가 왕이 국사(國師)를 삼으려고 부르자 암자를 버리고 산을 넘어 가는데 어느 노인(文殊大賢)의 충고를 듣지 않고 다시 가다가 노파를 만나 깨쳐 다시 문수현자에게 이마를 조아리고 돌아와 국사가 되었다. 〈유사 5 피은 8 낭지승운 보현수〉

열기 裂起 [신라] 30대 문무왕(文武王) 2년(662년) 김유신 휘하(麾下)의 장군으로 신라가 군량미(軍糧米)를 싣고 장색(獐塞=황해도 遂安)에 다달아 보기감(步騎監) 열기 등을 당영(唐營)에 보내 신라군이 양식을 싣고 왔음을 알렸다. 그 후 급찬(級湌), 사찬(沙湌)으로 올랐다. 〈사기 6 신라 6 문무왕 상, 42 열전 2 김유신 중, 47 열전 7 열기〉

열한 熱漢 [신라] 4대 탈해니질금(脫解尼叱今) 때 김알지(金閼智)의 아들. 13대 미추니질금(味鄒尼叱今)의 선조(先祖)이다. 〈유사 1 기이 2 김알지〉 ☞ 588쪽

※ 세한(勢漢)의 잘못이다.

염도 猒覩 [신라] 23대 법흥왕(法興王) 때 순교한 이차돈(異次頓)의 다른 적음이다. →이차돈 〈유사 3 흥법 3 원종흥법 염촉멸신〉

염상 廉相 [신라] 35대 경덕왕(景德王) 17년(758년) 이찬(伊湌)으로 시중(侍中)이 되었다. 36대 혜공왕(惠恭王) 11년(775년) 시중 정문(正門)과 함께 모반(謀叛)하다가 복주(伏誅) 되었다. 〈사기 9 신

라 9 경덕왕, 혜공왕〉

염장 閻長 [신라] 44대 민애왕(閔哀王) 원년(838년) 민애왕이 즉위하자 김양(金陽)이 청해진(淸海鎭)으로 가서 우징(祐徵=神武王)을 만나 사정을 이야기하니 우징이 궁복(弓福)에게 병력을 요청해 염장 등 궁복의 장군등을 이끌고 쳐들어가 왕을 시해(弑害)하였다. 〈사기 10 신라 10 민애왕, 44 열전 4 김양〉 45대 신무왕(神武王)이 궁파(弓巴)와의 약속(왕이 되면 딸을 비(妃)로 삼겠다는)을 지키지 못하자 궁파가 난을 일으키려 하므로 장군 염장이 자청하여 청해진으로 가 거짓 항복하고 같이 술을 마시다가 궁파의 칼로 궁파를 죽이고 서울에 오니 아간(阿干)을 삼았다. 〈유사 2 기이 2 신무대왕 염장 궁파〉

염장공 廉長公 [신라] 28대 진덕왕(眞德王) 때 사람. 알천공(閼川公), 염장공, 유신공(庾信公) 등이 남산 우지암(亐知巖)에 모여서 국사를 의론했다. 〈유사 1 기이 2 진덕왕〉

염종 廉宗 [신라] 27대 선덕왕(善德王) 16년(647년) 상대등(上大等) 비담(毗曇), 염종 등이 모의하기를 여주(女主)는 정치를 잘하지 못한다고 모반하여 군사를 일으켰으나 이기지 못하였다. 〈사기 5 신라 5 선덕왕〉

염철 廉哲 [신라] 39대 소성왕(昭聖王) 원년(798년) 냉정현령(冷井縣令) 염철이 백록(白鹿)을 진상하였다. 〈사기 10 신라 10 소성왕〉

염촉 猒髑 [신라] 23대 법흥왕(法興王) 때 이차돈(異次頓)의 다른 적음이다. →이차돈 〈유사 3 흥법 3 원종흥법 염촉멸신, 3 탑상 4 동경흥륜사금당십성〉 ☞ 583쪽

영 映 [백제] 18대 전지왕(腆支王) 또는 직지왕(直支王)의 휘(諱)이다. 17대 아신왕(阿莘王)의 아들이다. 〈유사 1 왕력 1〉

영경 英景 [신라] 55대 경애왕(景哀王) 4년(927년) 견훤(甄萱)이 왕을 죽이고 재상 영경을 포로로 데리고 갔다. 〈사기 50 열전 10 견훤〉

견훤이 왕의 아우 효렴(孝廉)과 영경을 포로로 잡아 갔다. 〈유사 2 기이 2 후백제 견훤〉

영공 永恭 [신라] 41대 헌덕왕(憲德王) 13년(821년) 시중(侍中)이 되었다. 〈사기 10 신라 10 헌덕왕〉

영공각간 永公角干 [신라] 44대 민애왕(閔哀王)의 비 무용왕후(无容皇后)의 아버지이다. 〈유사 1 왕력 1〉

영규 英規 ① [신라] 신라말 금관성(金官城)의 성주 충지장군(忠至將軍)의 부하로 충지잡간이 금관성을 공취하고 성주가 되자 영규아간이 장군의 위엄을 빌어 수로왕(首露王)의 묘향(廟享)을 빼앗아 잡사(雜祀=淫祀)를 지내다가 대들보가 부러져 깔려 죽었다. 〈유사 2 기이 2 가락국기〉

② [후백제] 고려 태조(太祖) 19년(936년) 견훤(甄萱)의 사위 영규가 사람을 보내 태조에게 의기(義旗)를 들고 쳐들어오면 내응(內應)하여 왕사(王師)를 맞이하겠다고 하여 태조가 응락하였다. 〈사기 50 열전 10 견훤〉 뒤에 태조로부터 좌승(左承)의 관직을 받았다. 〈유사 2 기이 2 후백제 견훤〉

영기 令奇 [신라] 51대 진성왕(眞聖王) 3년(889년) 원종 애노(元宗 哀奴) 등이 사벌주(沙伐州)에 근거하여 반기(叛旗)를 들자 왕이 내마(奈麻) 영기로 하여금 포착(捕捉)케 하였으나 영기가 두려워 진공(進攻)치 못하자 왕이 그를 참(斬)하였다. 〈사기 11 신라 11 진성왕〉

영락대왕 永樂大王 [고구려] 19대 광개토왕(廣開土王)의 연호(年號)가 영락이므로 이렇게도 부른다. 〈사기 18 고구려 6 광개토왕〉

영류왕 榮留王 [고구려] 27대 왕(재위 618~642년). 휘(諱)는 건무(建武) 또는 건성(建成). 26대 영양왕(嬰陽王)의 이모제(異母弟). 당이 여러모로 고구려의 지리(地理)나 허실(虛實)을 살펴 갔다. 동 25년(642년) 개소문(蓋蘇文)이 왕을 시해(弑害)하였다. 〈사기 20 고구려 8 영류왕〉 개소문이 총명함을 듣고 신하를 삼았는데 자칭 개금(蓋金)이라 하였다. 도교(道敎)를 믿는 사람이 늘었는데 왕도 당의 도사가 도덕경을 강(講)하는데 가서 들었다. 〈유사 1 왕력 1, 3 흥법 3 보장봉로 보덕이암〉

영사각간 英史角干 [신라] 24대 진흥왕(眞興王)의 어머니 지소부인(只召夫人)의 아버지이다. 〈유사 1 왕력 1〉

영수선사 永秀禪師 [신라] 41대 헌덕왕(憲德王) 9년(817년) 흥륜사(興輪寺)의 영수선사가 3성(我道, 法興, 猒髑)의 무덤에 예불할 향도(香徒)를 결성하고 매월 단을 모으고 분회(焚會)를 하였다. 〈유사 3 흥법 3 원종흥법 염촉멸신〉

영순 英順 [후백제] 견훤(甄萱)의 신하. 능환(能奐)이 양검(良劍)과 음모하여 고려 태조(太祖) 18년(935년) 파진찬(波珍湌) 영순 등과 함께 신검(神劍)을 권하여 견훤을 금산불사(金山佛寺)에 가두었다. 〈사기 50 열전 10 견훤〉, 〈유사 2 기이 2 후백제 견훤〉

영술 英述 [신라] 33대 성덕왕(聖德王) 35년(736년) 왕이 이찬(伊湌) 영술 등을 평양과 우두산(牛頭山=春川)에 보내어 두 주의 지세를 검찰케 하였다. 〈사기 8 신라 8 성덕왕〉

영실각간 英失角干 [신라] 24대 진흥왕(眞興王)의 어머니 지소부인(只召夫人, 또는 식도부인(息道夫人)이라고도 함) 박씨(朴氏)의 아버지는 모량리(牟梁里)의 영실각간이다. 출가(出家)하여 중이 되었다. 〈유사 1 왕력 1, 3 흥법 3 원종흥법 염촉멸신〉

영심 永深 [신라] 35대 경덕왕(景德王) 때 진표율사(眞表律師)의 제자. 법을 얻은 영수(領袖) 중의 하나. 이들은 모두 산문(山門)의 개조(開祖)가 되었다. 36대 혜공왕(惠恭王) 때 진표율사가 고향에 돌아오자 속리산(俗離山) 대덕(大德) 영심, 융종(融宗), 불타(佛陀) 등이 함께 진표율사에게 가서 계법(戒法)을 구하여 비법(秘法)과 경(經) 등을 받은 뒤 속리산에 길상사(吉祥寺)를 짓고 점

찰법회(占察法會)를 설(設)하였다. 〈유사 4 의해 5 진표전간, 관동풍악발연수석기〉

영양왕 嬰陽王 [고구려] 26대 왕(재위 590~618년). 평양왕(平陽王)이라고도 한다. 휘(諱)는 원(元) 또는 대원(大元). 25대 평원왕(平原王)의 큰아들. 풍신(風神)이 준수(俊秀)하고 제세안민(濟世安民)을 자임(自任)하였다. 수(隋)와 자주 충돌하였으며 신라와도 충돌이 있었다. 결국 수 양제(煬帝)의 대대적인 침공을 당했으나 을지문덕(乙支文德) 같은 용장에 의해 나라를 보존했다. 〈사기 20 고구려 8 영양왕〉 ☞ 599쪽

영여사 迎如師 [신라] 35대 경덕왕(景德王) 때 실제사(實際寺)의 중. 덕행(德行)이 높았다. 왕이 불러 궐내에 들어가 재(齋)를 마치고 돌아갈 때 신하를 시켜 배송(陪送)했는데 절문에 들어가자 숨어버렸다. 왕이 국사(國師)로 추봉하였다. 〈유사 5 피은 8 영여사〉

영재 永才 [신라] 38대 원성왕(元聖王) 때 중. 천성이 활달하고 우스운 말을 좋아했다. 재물에 매이지 않고 가요(歌謠=鄕歌)를 잘 했다. 만년에 남악(南岳)에 은거하려고 대현령(大峴嶺)에 이르렀을 때 도적 60여 인을 만났는데 도적들이 그에게 노래를 짓게 했다. 영재가 노래를 지으니 그 가사 내용에 감동한 도적들이 무기를 버리고 그의 제자가 되어 지리산(智異山)에 숨어 나오지 않았다. 가요 영재우적가(永才遇賊歌)가 그것이다. 〈유사 5 피은 8 영재우적〉

영제부인 迎帝夫人 [신라] 22대 지증마립간(智證麻立干)의 비(妃). 등허각간(登許角干, 登欣이라고 쓴 책도 있음)의 딸이다. 〈유사 1 왕력 1〉

※ 〈사기〉에는 연제부인(延帝夫人)이라 했다.

영종 永宗 [신라] 34대 효성왕(孝成王) 4년(740년) 파진찬(波珍湌)으로 모반(謀叛)하다가 복주(伏誅)되었다. 〈사기 9 신라 9 효성왕〉

영충 令忠 [신라] 41대 헌덕왕(憲德王) 14년(822년) 아찬 정련(阿湌 正連)의 아들로 웅천주 도독(熊川州 都督) 김헌창(金憲昌 : 金周元의 아들)의 역모(逆謀)를 알고 서울에 와서 고변(告變)하였으므로 왕은 급찬(級湌)의 위(位)를 주었다. 〈사기 10 신라 10 헌덕왕〉

영탕왕 嬰湯王 [고구려] 26대왕. 평탕왕(平湯王)이라고 하며 휘(諱)는 대원(大元) 또는 원이라고도 한다. → 영양왕 〈유사 1 왕력 1〉

영품리 寧稟離 [고구려] 부루왕(夫婁王)의 다른 이름. 주림전(珠琳傳)에 영품리왕의 시비(侍婢)가 아이를 배었는데 점치는 사람이 임금이 될 사람이라 하자 왕이 내 아들이 아니라 하고 죽이라고 했는데 좋은 기(氣)가 하늘에서 내려와서 밴 아이라 하고 아이를 낳았다. 돼지우리, 마굿간에 버렸으나 말이 젖을 먹여 죽음을 면하고 자라서 부여왕(夫餘王)이 되었다. 곧 부루왕(夫婁王)의 이칭이다. 〈유사 1 기이 2 고구려〉

영하 靈下 [신라] 33대 성덕왕(聖德王) 4년(705년) 진여원(眞如院)을 개창(改創)하고 왕이 친히 가서 불상(佛像)을 봉안하고 영하 등 5명으로 화엄경(華嚴經)을 전사(轉寫)케 했다. 〈유사 3 탑상 4 대산오만진신〉

영화부인 寧花夫人 [신라] 47대 헌안왕(憲安王)의 딸. 48대 경문왕(景文王) 비(妃). 김씨(金氏). 문의왕후(文懿王后)로 추봉(追封)하였다. 〈사기 11 신라 11 경문왕〉

예겸 乂謙 [신라] 예겸(銳謙)이라고도 적었다. 49대 헌강왕(憲康王) 원년(875년) 대아찬(大阿湌)으로 시중(侍中)이 되었고 동 6년 사임하였다. 53대 신덕왕(神德王)의 아버지로 아달라니사금(阿達羅尼師今)의 후손이다. 〈사기 11 신라 11 헌강왕, 12 신덕왕〉 신덕왕의 의부(義父). 예겸각간(銳謙角干) 추봉(追封) 선성대왕(宣成大王) 〈유사 1 왕력 1〉

예물 預物 [고구려] 12대 중천왕(中川王)의 아우. 동 원년(248년) 모반하

다가 복주(伏誅) 되었다. 〈사기 17 고구려 5 중천왕〉

예생부인 禮生夫人 [신라] 18대 실성마립간(實聖麻立干)의 어머니. 석씨(昔氏). 등야아간(登也阿干)의 딸이다. 〈유사 1 왕력 1〉 ☞ 600쪽

※ 〈사기〉에는 등보(登保)의 딸 이리부인(伊利夫人)이라고 하였다.

예실불 芮悉弗 [고구려] 21대 문자명왕(文咨明王) 13년(504년) 위(魏)에 간 사신(使臣). 위 세종(世宗)에게 조공품(朝貢品)에 황금과 아옥(珂玉)이 빠진 것은 부여와 섭라(涉羅=耽羅) 때문이라고 하자 세종이 이해하고 부여와 섭라를 회복(回復)하여 상공(常貢)을 잃지 않게 하라고 했다. 〈사기 19 고구려 7 문자명왕〉

예씨부인 禮氏夫人 [고구려] 시조 동명성왕(東明聖王)의 비(妃). 2대 유리명왕(琉璃明王)의 어머니이다. 〈사기 12 고구려 1 시조동명성왕〉

예영 禮英 [신라] 41대 헌덕왕비(憲德王妃) 귀승부인(貴勝夫人)의 아버지. 각간(角干). 효진(孝眞)이라고도 한다. 왕의 숙부(叔父). 45대 신무왕(神武王) 원년(839년) 할아버지 예영을 추존(追尊)하여 혜강대왕(惠康大王)이라 하였다. 〈사기 10 신라 10 헌덕왕, 신무왕〉 43대 희강왕(僖康王)과 45대 신무왕(神武王)의 할아버지. 38대 원성왕(元聖王)의 손자이다. 〈유사 1 왕력 1, 2 기이 2 원성대왕〉 ☞ 599쪽

예원 禮元 [신라] 30대 문무왕(文武王) 11년(671년) 이찬(伊飡)으로 중시(中侍)를 삼았다. 〈사기 7 신라 7 문무왕 하〉

예징 禮徵 [신라] 43대 희강왕(僖康王) 원년(836년) 45대 신무왕(神武王) 우징(祐徵)의 아버지 균정(均貞)의 매서(妹婿). 또는 우징의 조카라고 한다. 42대 흥덕왕(興德王)이 돌아가자 김명(金明) 등은 제륭(悌隆=僖康王)을 받들고 우징(祐徵)은 아버지 균정을 받들어 서로 싸웠는데 예징은 우징의 편에 섰다. 우징은 일에 실패하여 먼저 청해진(淸海鎭)으로 갔고 예징도 따라갔다. 46대 문

성왕(文聖王=神武王의 아들) 2년(840년) 예징을 상대등(上大等)으로 삼았다. 〈사기 10 신라 10 희강왕, 11 신라 11 문성왕, 44 열전 4 김양〉

예파 穢破 [신라] 29대 태종무열왕(太宗武烈王) 2년(655년) 백제와 고구려가 함께 변경을 침공하므로 흠운(歆運)을 낭당대감(郎幢大監)을 삼아 백제를 향해 침공하여 양산(陽山) 아래 진을 치고 조천성(助川城)을 진공할 때 백제인들의 기습을 받아 크게 패하고 대감(大監) 예파도 흠운과 함께 전사하였다. 〈사기 47 열전 7 김흠운〉

예흔 譽昕 [신라] 48대 경문왕(景文王) 때 국선(國仙). 요원랑(邀元郎), 예흔랑 등이 금란(金蘭=강원도 통천)을 유람할 때 임금을 위하여 치국(治國)의 뜻을 담은 노래를 지어 대구화상(大矩和尙)에게 보내 노래로 만들었는데 현금포곡(玄琴抱曲), 대도곡(大道曲), 문군곡(問群曲)이 그것이다. 그 노래는 전하지 않는다. 〈유사 2 기이 2 경문대왕〉

오간 烏干 [백제] 시조 온조(溫祚)를 따른 사람. 북부여(北夫餘)에서 유리(琉璃)가 와서 태자가 되자 비류(沸流)와 온조가 남으로 갈 때 따라간 신하 〈사기 23 백제 1 시조 온조〉, 〈유사 2 기이 2 남부여 전백제〉

오기 吳起 [신라] 30대 문무왕(文武王) 18년(678년) 북원(北原=原州)에 소경(小京)을 두고 대아찬(大阿湌) 오기로 지키게 하였다. 〈사기 7 신라 7 문무왕 하〉

오사 烏沙 [고구려] 28대 보장왕(寶藏王) 27년(668년) 평양성(平壤城)이 당군에게 포위되어 위태롭게 되자 왕이 천남산(泉男産)으로 하여금 수령(首領) 98인을 거느리고 당장(唐將) 이적(李勣)에게 항복하였으나 천남건(泉男建)은 성을 지키며 싸우다가 군사(軍事)를 중 신성(信誠)에게 맡겼는데 그의 소장(小將)인 오사(烏沙) 등과 몰래 당장 이적(李勣)에게 내응할 것을 청하여 성문을 열고 당군을 맞아들였다. 왕과 남건은 붙잡혔다. 〈사기 22 고구려 10 보장왕 하〉

오생부인 烏生夫人 [신라] 22대 지정마립간(智訂麻立干)의 어머니. 19대 눌지마립간(訥祗麻立干)의 딸이다. 〈유사 1 왕력 1〉 ☞ 591쪽

※ 〈사기〉에는 조생부인(鳥生夫人)이라 하였다.

오염 吳琰 [후백제] 견훤(甄萱)이 아들 신검(神劍)에 의해 금산사(金山寺)에 갇혀 있는데 능예(能乂) 등이 지키는 사람들에게 술을 먹여 취하게 한 뒤 오염 등과 해로(海路)로 고려에 귀부(歸附)하였다. 〈유사 2 기이 2 후백제 견훤〉

오이 烏伊 [고구려] 조이(鳥伊)라고도 적힘. 고구려 시조 주몽(朱蒙)을 따라간 친구. 주몽이 부여 왕자들의 위해(危害)를 피해 남으로 갈 때 같이 간 친구 마리, 협부(摩離 陜父) 등 3인 중의 하나 〈사기 13 고구려 1 시조 동명성왕〉 <유사>에는 오이(烏伊), <위서(魏書)>에는 오인, 오위(烏引, 烏違) 등으로 기록됨. 〈유사 1 기이 2 고구려〉 ☞ 591쪽

오진 悟眞 [신라] 의상대사(義湘大師)의 제자. 십대덕(十大德)의 한 사람으로 모두 아성(亞聖)이다. 〈유사 4 의해 5 의상전교〉

오함 烏含 [신라] 21대 조지마립간(照知麻立干) 6년(484년) 이벌찬(伊伐湌)이 되었다. 〈사기 3 신라 3 조지마립간〉

옥권 玉權 [신라] 6대 지마니사금(祗摩尼師今) 2년(113년) 파진찬(波珍湌)을 삼았고 동 17년(128년) 이찬(伊湌)을 삼았다. 〈사기 1 신라 1 지마니사금〉

옥모부인 玉帽夫人 [신라] 11대 조분니사금(助賁尼師今)의 아버지 골정(骨正)의 부인. 구도갈문왕(仇道葛文王)의 딸이다. 〈사기 2 신라 2 조분니사금〉

옥보고 玉寶高 [신라] 신라 때 사찬(沙飡) 공영(恭永)의 아들로 현금(玄琴) 주자. 지리산 운상원(雲上院)에 들어가 거문고를 배운지 50년만에 신조(新調) 30곡을 자작하여 속명득(續命得)에게 전했다. 〈사기 32 잡지 1 악〉

옥지 屋智 [고구려] 고구려의 유리태자(類利太子)가 아버지를 찾아 졸본(卒本)으로 내려올 때 따라 온 사람이다. 〈사기 13 고구려 1 유리명왕(琉璃明王)〉

온군해 溫君解 [신라] 28대 진덕왕(眞德王) 2년(647년) 김춘추(金春秋)의 종자(從者). 김춘추가 당에 입조(入朝)하고 돌아오는 뱃길에 고구려 순라병(巡邏兵)을 만나게 되자 온군해가 춘추의 옷을 입고 앉아 해를 입었고 춘추는 작은 배로 신라에 돌아왔다. 〈사기 5 신라 5 진덕왕〉

온달 溫達 [고구려] 25대 평강왕(平岡王=平原王) 때 장군. 얼굴이 우습게 생겼으나 마음씨는 명랑하였고 집이 가난하여 거렁뱅이처럼 밥을 얻으러 다니니 시정(市井) 사람들이 바보 온달이라 하였다. 평강왕(平岡王)의 공주가 자주 울기에 왕이 희롱하여 자꾸 울면 온달에게 시집보낸다고 했다. 공주가 16세가 되어 시집보내려 하자 공주는 아버지가 온달에게 시집보낸다 하였으니 그리 보내달라고 우겼다. 왕이 화가 나서 공주를 내쫓았다. 온달에게 온 공주는 가져온 금부치로 땅과 집, 노비(奴婢), 우마(牛馬), 기물(器物)들을 사서 살림을 안정케 하고 말을 잘 키워 무술을 연마케 했다. 그 나라에서는 3월에 사냥을 하는데 온달이 참가하여 가장 뛰어났다. 후주(後周)가 요동(遼東)을 공격하였을 때도 온달의 공이 크므로 왕이 사위로 인정하였으며 대형(大兄)을 삼았다. 신라에게 빼앗긴 땅을 찾는다고 신라와 싸우다가 아단성(阿旦城=峨嵯山) 아래에서 화살에 맞아 전사하였다. 〈사기 45 열전 5 온달〉

온사문 溫沙門 [고구려] 28대 보장왕(寶藏王) 18년(639년) 당 우령군중랑장 설인귀(右領軍中郞將 薛仁貴)들이 고구려 장수 온사문과 횡산(橫山)에서 싸워 이겼다. 〈사기 22 고구려 10 보장왕 하〉

온조 溫祚 [백제] 신라 시조 혁거세거서간(赫居世居西干) 40년(18년) 백제 온조가 즉위하였다. → 온조왕 〈사기 1 신라 1 시조혁거세거서간〉

온조왕 溫祚王 [백제] 시조(始祖). 부여(夫餘)의 추모(鄒牟=朱蒙)의 아들. 주몽이 졸본부여(卒本夫餘)로 내려왔을 때 부여왕이 둘째딸로 아내를 삼게 했는데 비류(沸流)와 온조 두 아들을 낳았다(일설에는 召西奴에게는 두 아들이 있었는데 주몽과 혼인했다고 함). 후에 북부여에서 낳은 아들 유리(琉璃)가 내려왔으므로 비류 형제는 남쪽으로 내려와 비류는 미추홀(彌鄒忽)에, 온조는 하남위례성(河南慰禮城=廣州일대)에 도읍하고 나라를 건설하였는데 이것이 백제이다. 〈사기 23 백제 1 시조 온조왕〉, 〈유사 1 왕력 1, 1 기이 2 낙랑국, 말갈 발해, 변한 백제, 2 기이 2 남부여 전백제〉

왕거인 王居仁 [신라] 51대 진성왕(眞聖王) 때 문인(文人). 위홍(魏弘) 등 몇 사람에 의해 나라가 어지러워지자 어느 사람이 다라니(陀羅尼)의 은어(隱語)를 지어 길에 던지었는데 거인의 짓이라고 단정한 왕과 권신(權臣)들이 거인을 옥에 가두었다. 거인이 시를 지어 하늘에 호소하니 하늘에서 옥에 벼락을 쳐 거인은 벗어났다. 〈유사 2 기이 2 진성여대왕 거타지〉

※ 〈사기〉에는 巨人

왕건 王建 [고려] 고려(高麗) 태조(太祖). 아버지 세조 왕륭(世祖 王隆)이 송악군(松岳郡)의 사찬(沙湌)으로 있다가 51대 진성여왕(眞聖女王) 10년(894년) 군(郡)을 들어 궁예(弓裔)에 귀의했는데 세조가 궁예에게 권하여 송악에 성을 쌓게 하고 아들 왕건을 성주(城主)를 삼으라고 하였다는 설이 있다. 54대 경명왕(景明王) 2년(918년) 궁예의 신하들이 궁예를 죽이고 왕건을 추대하였다. 고려가 건국된 것이다. 동 3년에 국도(國都)를 송악(松岳)으로 옮겼다. 국세를 확장하고 견훤군을 제압하고 신라의 항복을 받았다. 〈사기 12 신라 경명왕, 경애왕, 경순왕〉, 〈고려사 태조세가〉

왕검 王儉 [고조선] 고구려 11대 동천왕(東川王) 21년(247년) 평양성을 쌓았는데 평양은 본시 선인(仙人) 왕검(王儉)의 택(宅)이라 하였다. 〈사기 17 고구려 5 동천왕〉

왕겸 王謙 [고려] 장군. 대상(大相). 고려 태조(太祖)가 견훤(甄萱)과 함께 신검(神劍) 군과 마주 대치하였을 때 중군(中軍)에 속하였다. 〈사기 50 열전 10 견훤〉

왕교파리 王咬巴里 [신라] 이제가기 <李磾家記>에 따르면 견훤(甄萱)의 아버지 아자개(阿玆蓋)의 어머니. 23대 진흥왕(眞興王)의 비(妃) 사도(思刀)의 셋째 아들은 구륜공(仇輪公)이고 그의 아들이 파진찬(波珍飡) 선품(善品)이고 그의 아들 각간 작진(酌珍)이 왕교파리를 아내로 맞아 각간 원선(元善)을 낳았는데 그가 아자개이다. 〈유사 2 기이 2 후백제 견훤〉

왕변나 王辯那 [백제] 27대 위덕왕(威德王) 45년(598년) 장사(長史). 수(隋)에 사신으로 가서 조공(朝貢)하였다. 〈사기 27 백제 5 위덕왕〉

왕봉규 王逢規 [신라] 54대 경명왕(景明王) 8년(924년) 천주 절도사(泉州節度使 : 신라 康州 사람인데 後唐과 통하여 벼슬을 한 모양이다) 왕봉규는 후당에게 사신을 보내어 방물(方物)을 전했다. 경애왕(景哀王) 4년(927년) 후당(後唐) 명종(明宗)이 권지강주사 왕봉규(權知康州事 王逢規)로 회화대장군(懷化大將軍)을 삼았다. 〈사기 12 신라 12 경명왕, 경애왕〉

왕산악 王山岳 [고구려] 진(晋) 나라 사람이 칠현금(七絃琴)을 고구려에 보냈으나 아무도 성음(聲音)과 주법(奏法)을 몰랐는데 제이상(第二相)인 왕산악이 그 악기의 본모양을 보존하면서 그 제도를 고쳐 만들고 아울러 일백여곡을 지어 연주했는데 현학(玄鶴)이 와서 춤을 추었으므로 현학금 또는 현금이라 하였다. 〈사기 32

잡지 1 악〉

왕순 王順 [고려] 고려 태조(太祖)가 견훤(甄萱)과 함께 신검(神劍)의 군사와 마주 포진(布陣)했을 때 우익(右翼)에 낀 사람. 삼순(三順)이라고도 한다. 〈사기 50 열전 10 견훤〉

왕신 王信 [고려] 고려 태조 왕건(王建)의 당제(堂弟). 신라 55대 경애왕(景哀王) 3년(925년) 잠시 휴전하면서 견훤에게 볼모로 보내졌다. 〈사기 50 열전 10 견훤〉 고려 태조 3년(920년) 견훤과 대치했을 때 견훤의 군사를 피로케 하려고 거짓 화친(和親)을 청하고 왕신을 볼모로 보냈다. 동 4년 맞교환한 볼모인 견훤의 사위 진호(眞虎)가 죽자 그 죽음을 의심한 견훤이 왕신을 가두었다. 〈유사 2 기이 2 후백제 견훤〉

왕예 王乂 [고려] 고려 태조(太祖)가 견훤과 함께 신검(神劍)의 군사와 마주 포진(布陣)했을 때 중군(中軍)에 낀 사람이다. 〈사기 50 열전 10 견훤〉

왕창근 王昌瑾 [고려] 상객(商客). 신라 54대 경명왕 2년(918년) 모양이 괴위(魁偉)한 사람에게 거울을 샀는데 그 속에 글자가 있으므로 왕에게 고하였으므로 왕이 문인 백탁(白卓)과 송함홍(宋含弘) 등에게 풀게 하였다. 내용은 왕건이 건국할 것이라는 것이었다. 〈사기 50 열전 10 궁예〉

왕철 王鐵 [고려] 신라 56대 경순왕(敬順王) 9년(935년) 나라를 들어 고려에 항복했을 때 태조가 대상(大相) 왕철을 보내 경순왕을 맞이하였다. 〈사기 12 신라 12 경순왕〉, 〈유사 2 기이 2 김부대왕〉

왕충 王忠 [고려] 56대 경순왕 2년(928년) 견훤(甄萱)이 양산(陽山)에 성을 쌓으므로 고려 태조가 명지성(命旨城)의 장군 왕충에게 명하여 격파하였다. 〈사기 12 신라 12 경순왕, 50 열전 10 견훤〉

왕함윤 王含允 [고려] 고려 태조가 견훤(甄萱)과 함께 신검(神劍)의 군사와 마주 포진(布陣)했을 때 선봉(先鋒)에 낀 장군 〈사기 50 열전 10

견훤〉

왕험 王險 [고조선] 고구려 11대 동천왕(東川王) 21년(247년) 평양성을 쌓았는데 평양은 본시 선인(仙人) 왕검(王儉)의 택(宅)이라 하고 또는 왕지도 왕험(王之都 王險)이라 한다고 하였는데 왕험은 고조선(古朝鮮) 단군(檀君) 왕검(王儉)의 잘못 적음이다. → 왕검 〈사기 17 고구려 5 동천왕〉

왕효린 王孝鄰 [백제] 30대 무왕(武王) 8년(607년) 좌평(佐平)으로 수(隋)에 보내어 조공(朝貢)하고 고구려를 칠 것을 청하였는데 양제(煬帝)는 고구려의 동정을 엿보라고 하였다. 〈사기 27 백제 5 무왕〉

요 嶢 [신라] 52대 효공왕(孝恭王)의 휘(諱) → 효공왕 〈사기 12 신라 12 효공왕〉, 〈유사 1 왕력 1〉

요극일 姚克一 [신라] 신라 때의 명필(名筆). 벼슬이 시중(侍中) 겸 시서학사(侍書學士)까지 되었는데 필력(筆力)이 세어 당의 명필 구양순(歐陽詢)의 필법을 습득했다. 〈사기 48 열전 8 김생〉

요묘 饒苗 [고구려] 28대 보장왕(寶藏王) 27년(668년) 남건(男建)이 군사(軍事)를 맡긴 승 신성(信誠)의 소장(小將). 당군이 평양성을 에워 싸고 있은지 월여에 왕이 천남산(泉男產)을 보내 항복한 후 남건이 몇 차례 싸우면서 성을 지켰는데 신성이 소장 요묘 등과 몰래 당 이적(李勣)과 내통하여 평양성은 함락되었다. 〈사기 22 고구려 10 보장왕 하〉

요석공주 瑤石公主 [신라] 26대 진평왕(眞平王)의 공주. 원효대사(元曉大師)가 배필(配匹)을 구한다 하므로 왕이 공주로 그와 짝이 되게 하였다. 설총(薛聰)의 어머니 〈유사 4 의해 5 원효불기〉

요원랑 邀元郞 [신라] 48대 경문왕(景文王) 때 요원랑, 예흔랑(譽昕郎) 등이 금란(金蘭)으로 유람하면서 임금을 위하여 치국(治國)의 뜻을 가져 노래 3수를 짓고 대구화상(大矩和尙)에게 노래를 만들게 했다. 〈유사 2 기이 2 경문대왕〉

용개 龍蓋 [후백제] 견훤(甄萱)의 둘째 아우. 장군 〈유사 2 기이 2 후백제 견훤〉

용검 龍劍 [후백제] 견훤(甄萱)의 셋째 아들. 무주 도독(武州都督). 이찬(伊飡) 능환(能奐)과 음모하여 견훤을 금산사(金山寺)에 가두고 형 신검(神劍)이 스스로 대왕(大王)이라 칭했으나 고려 태조(太祖)의 군세가 정제(整齊)한 것을 보고 항복하였다. 〈사기 50 열전 10 견훤〉

용길 龍吉 [고려] 고려 장군. 태조가 견훤과 함께 신검(神劍)의 군사와 마주 포진했을 때 좌익(左翼)에 끼었던 장군이다. 〈사기 50 열전 10 견훤〉

용문 龍文 [신라] 30대 문무왕(文武王) 8년(668년) 비열홀주(比列忽州)를 두고 파진찬(波珍飡) 용문으로 총관(摠管)을 삼았다. 〈사기 6 신라 6 문무왕 상〉

용방 龍方 [신라] 35대 경덕왕(景德王) 11년(752년) 대아찬(大阿飡)을 삼았다. 〈사기 9 신라 9 경덕왕〉

용보부인 龍寶夫人 [신라] 32대 효소왕(孝昭王) 때 대현살찬(大玄薩飡)의 부인이고 부례랑(夫禮郎)의 어머니이다. 뒤에 사량부(沙梁部) 경정궁주(鏡井宮主)로 삼았다. →부례랑 〈유사 3 탑상 4 백율사〉

용석 龍石 [신라] 27대 선덕왕(善德王) 11년(642년) 사지(舍知)로서 대야성(大耶城)에서 백제군과 싸우다가 불리해지자 죽죽(竹竹)에게 항복할 것을 권했으나 듣지 않고 힘써 싸우다가 죽으니 용석도 함께 죽었다. 후에 대내마(大奈麻)를 증직(贈職)하였다. 〈사기 47 열전 7 죽죽〉

용수 龍樹 [신라] 김춘추(金春秋 : 후에 29대 태종무열왕)의 아버지. 26대 진평왕(眞平王) 44년(622년) 이찬(伊飡) 용수를 내성(內省=殿中省)의 사신(私臣)을 삼았다. 27대 선덕왕(善德王) 4년(635년) 용수(또는 龍春)를 파견하여 주군(州郡)을 순무(巡撫)케 했다. 〈사기 4 신라 4 진평왕, 5 신라 5 선덕왕〉 25대 진지왕(眞智王)의 아들. 용춘(龍春)이라고도 한다. 〈유사 1 왕력 1, 1 기이 2 태종춘추공〉 ☞ 599쪽

용술 龍述 [후백제] 이제가기(李磾家記)에 실린 견훤(甄萱)의 세째 아들. 좌승(佐承) 〈유사 2 기이 2 후백제 견훤〉

용원 龍元 [신라] 31대 신문왕(神文王) 5년(685년) 완산주 총관(完山州摠管)을 삼았다. 〈사기 8 신라 8 신문왕〉

용장 龍長 [신라] 30대 문무왕(文武王) 8년(668년) 아찬(阿湌)으로 한성주 행군총관(漢城州 行軍摠管)을 삼았다. 〈사기 6 신라 6 문무왕 상〉

용춘 龍春 [신라] 29대 무열왕 춘추의 아버지→용수 〈사기 4 신라 4 진평왕〉, 〈유사 1 왕력 1, 1 기이 2 태종춘추공〉 ☞ 599쪽

우 憂 [고구려] 5대 모본왕(慕本王)의 휘(諱). 애류(愛留)라고도 한다. 〈유사 1 왕력 1〉

우거 優居 [고구려] 8대 신대왕(新大王) 5년(169년) 대가(大加). 왕명으로 군사를 거느리고 가서 현토태수(玄免太守) 공손도(公孫度)를 도와 부산적(富山賊)을 토벌하였다. 〈사기 16 고구려 4 신대왕〉

우덕 于德 [신라] 24대 진흥왕(眞興王) 15년(554년) 백제 26대 성왕(聖王)이 관산성(管山城=沃川)을 내공(來攻)하므로 군주(軍主)인 각간(角干) 우덕이 나가 싸우다가 이(利)를 보지 못하매 신주 군주(新州軍主) 김무력(金武力)이 주병(州兵)을 이끌고 와서 교전함에 이르러 비장(裨將)인 삼년산군(三年山郡)의 고우도도(高于都刀)가 갑자기 쳐서 백제왕을 죽였다. 〈사기 4 신라 4 진흥왕〉

우도 于刀 [고구려] 3대 대무신왕(大武神王) 14년(31년) 매구곡인(買溝谷人) 상수(尙須)가 당제(堂弟=從弟) 우도 등과 함께 내투(來投)하였다. 〈사기 14 고구려 2 대무신왕〉

우두 優豆 [백제] 8대 고이왕(古爾王) 28년(261년) 내법좌평(內法佐平)을

삼았다. 〈사기 24 백제 2 고이왕〉

우두 牛頭 [신라] 강수(强首)의 자칭(自稱)이다. →강수 〈사기 46 열전 6 강수〉

우련 祐連 [신라] 51대 진성왕(眞聖王) 3년(889년) 사벌촌(沙伐村) 촌주. 원종(元宗) 등이 반기(叛旗)를 들자 왕이 내마 영기(令奇)를 시켜 포착(捕捉)하라 하였으나 영기가 두려워 진공치 못하고 우련이 애써 싸우다가 전사하였다. 우련의 어린 아들로 촌주를 승습케 하였다. 〈사기 11 신라 11 진성왕〉

우로 于老 [신라] 10대 내해니사금(奈解尼師今) 14년(209년) 태자로서 육부(六部)의 병(兵)을 이끌고 가라(加羅)를 구원하였다. 〈사기 2 신라 2 내해니사금〉 11대 조분니사금(助賁尼師今) 2년(231년) 이찬으로 대장군(大將軍)을 삼아 감문국(甘文國)을 쳐 깨뜨리었다. 〈사기 2 신라 2 조분니사금〉 12대 첨해니사금(沾解尼師今) 3년(249년) 왜인(倭人)이 서불감(舒弗邯) 우로를 죽였는데 우로가 전에 왜왕을 모독했다 하여 왜군이 쳐들어오자 우로가 스스로 희롱(戱弄)의 말이었다고 하였으나 왜인이 불태워 죽였다. 〈사기 2 신라 2 첨해니사금, 45 열전 5 석우로〉 16대 흘해니사금(訖解尼師今)의 아버지 〈사기 2 신라 2 흘해니사금〉 16대 걸해니질금(乞解尼叱今)의 아버지이며 내해니질금(奈解尼叱今)의 둘째 아들 〈유사 1 왕력 1〉

우로음각간 于老音角干 [신라] 11대 내해니질금(奈解尼叱今)의 아들→우로 〈유사 1 왕력 1〉

우류 憂留 [고구려] 5대 모본왕(慕本王)의 다른 이름→모본왕 〈유사 1 왕력 1〉

우륵 于勒 [신라] 24대 진흥왕(眞興王) 12년(551년) 왕이 국내를 순시하다가 낭성(狼城=淸州)에 이르러 음악을 잘하는 우륵을 불러 그 연주를 들었다. 앞서 가야국(加耶國)의 가실왕(嘉悉王)이 12현금(弦琴)을 만들어 우륵에게 악곡을 만들게 하였는데 그 나라가 위태로워지매 악기를 들고 신라에 귀화하였고 그래서 가야금(伽倻琴)이라 한 것이다. 우륵이 지은 곡은 하가라도, 상가라도, 보기, 달이, 사물, 물혜, 하기물, 사자기, 거열, 사팔혜, 이사, 상기물(下加羅都, 上加羅都, 寶伎, 達已, 思勿, 勿慧, 下奇物, 獅子伎, 居烈, 四八兮, 爾赦, 上奇物) 등 12곡이다. 〈사기 4 신라 4 진흥왕, 32 잡지 1 악 가야금〉

우목 雨木 [신라] 신라말 포산(包山=所瑟山) 산중에 구성(九聖)에 대한 기록이 있는데 그중 반사(搬師)의 이름풀이에 搬이 우목이라 한다고 하였다. 〈유사 5 피은 8 포산이성〉

우복 優福 [백제] 11대 비류왕(比流王)의 서제(庶弟). 18년(321년) 내신좌평(內臣佐平)을 삼았고 동 24년(327년) 북한성(北漢城)에 웅거(雄據)하여 반란을 일으켰는데 왕이 군사를 보내어 토벌하였다. 〈사기 24 백제 2 비류왕〉

우불 憂(優, 瀀)弗 [고구려] 15대 미천왕(美川王) 을불(乙弗)의 다른 적음→미천왕 〈사기 17 고구려 5 미천왕〉 미천왕(美川王) 또는 호양왕(好攘王)의 휘(諱)는 우불(優弗)이라고도 한다. 〈유사 1 왕력 1〉

우소 于素 [고구려] 9대 고국천왕(故國川王) 비(妃) 우씨의 아버지. 제(연)나부인(提(椽)那部人) 〈사기 16 고구려 4 고국천왕〉

우소 于召 [백제] 신라 27대 선덕왕(善德王) 5년(636년) 옥문곡(玉門谷)에 잠복했던 백제군의 장군으로 신라군에게 기습을 당하여 싸우다가 화살이 떨어져 사로잡히었다. 〈사기 5 신라 5 선덕왕, 27 백제 5 무왕〉, 〈유사 1 기이 2 선덕왕지기삼사〉

우수 優壽 [백제] 8대 고이왕(古爾王)의 아우. 동 27년(260년) 내신좌평(內臣佐平)을 삼았다. 〈사기 24 백제 2 고이왕〉

우수 于漱 [고구려] 13대 서천왕후(西川王后)의 아버지. 대사자(大使者) 〈사

기 17 고구려 5 서천왕〉

우씨 于氏 [고구려] 9대 고국천왕(故國川王)의 비(妃). 왕이 죽자 아우들인 발기(拔奇)와 연우(延優)를 찾아 갔는데 발기는 거부하고 연우가 승낙하여 10대 산상왕(山上王)이 되고 자신은 산상왕의 비가 되었다. 〈사기 16 고구려 4 산상왕〉

우영 優永 [백제] 고구려 21대 문자명왕(文咨明王) 12년(503년) 백제에서 달솔(達率) 우영을 시켜 군사를 거느리고 수곡성(水谷城)을 침공하였다. 〈사기 19 고구려 7 문자명왕, 26 백제 4 무녕왕〉

우오 羽烏 [신라] 4대 탈해니사금(脫解尼師今) 17년(73년) 왜인(倭人)이 침노하므로 왕이 각간(角干) 우오를 보내 막았으나 이기지 못하고 우오는 죽었다. 〈사기 1 신라 1 탈해니사금〉

우위거 憂位居 [고구려] 11대 동천왕(東川王)의 휘(諱). 소명(少名)은 교체(郊彘) →동천왕〈사기 17 고구려 5 동천왕〉

우정 祐靖 [신라] 47대 헌안왕(憲安王)의 휘(諱) 의정(誼靖)의 다른 적음→ 헌안왕 〈사기 11 신라 11 헌안왕〉

우조 憂助 [신라] 26대 진평왕(眞平王) 때 석(釋) 혜공(惠空)의 아명(兒名)이다. 〈유사 4 의해 5 이혜동진〉

우징 祐(佑)徵 [신라] 41대 헌덕왕(憲德王) 5년(813년) 웅천주 도독(熊川州都督) 김헌창(金憲昌)이 아버지 주원(周元)이 왕위에 오르지 못한 것을 이유로 반란을 일으켰는데 이찬(伊湌) 균정(均貞)과 아들 대아찬(大阿湌) 우징 등이 삼군(三軍)을 통솔하여 나아갔다. 42대 흥덕왕(興德王)이 돌아가자 김양(金陽)과 더불어 아버지 균정을 받들다가 실패하여 청해진(淸海鎭)에 가서 궁복(弓福)에 의지하여 있다가 궁복의 도움으로 44대 민애왕(閔哀王)을 해(害)하고 45대 신무왕(神武王)으로 즉위하였다. 즉위하고 얼마 안돼 등에 종기가 나서 죽었다. 〈사기 10 신라 10 헌덕왕, 흥덕

왕, 민애왕, 신무왕, 44 열전 4 김양〉 신호왕(神虎王)의 휘(諱) 〈유사 1 왕력 1〉

우태 優台 [북부여] 비류왕(沸流王)의 아버지. 북부여왕(北扶餘王) 해부루(解扶婁)의 서손(庶孫)이다. 〈사기 23 백제 1 시조 온조왕〉

욱면 郁(勗)面 [신라] 35대 경덕왕(景德王) 때 귀진아간(貴珍阿干)의 종. 늘 절에 가서 염불하더니 솟아 지붕을 뚫고 나가 서방(西方)에 가서 불신(佛身)으로 변하였다. 승전(僧傳)에는 팔진(八珍)이란 사람이 관음(觀音)의 현신(現身)으로 도(徒)를 결성하여 천명이 넘으니 두 패로 나누어 노력(勞力)과 정수(精修)라 했는데 노력도(勞力徒) 중 하나가 계(戒)를 얻지 못하여 축생도(畜生道)에 떨어져 소가 되었는데 경력(經力)의 도움으로 귀진의 비(婢)로 태어난 것이다. 소백산(小伯山)의 절집에 욱면등천의전(勗面登天之殿)이라는 방(榜)이 있는데 같은 사람이다. 〈유사 5 감통 7 욱면비염불서승〉

욱보 郁甫 [신라] 13대 미추니사금(味鄒尼師今)의 선조(先祖). 김알지(金閼智)의 후손. 알지－세한(勢漢)－아도(阿道)－수류(首留)－욱보－구도(仇道)－미추니사금 〈사기 2 신라 2 미추니사금〉

※ 〈유사〉에는 욱부(郁部)라 하였다.

욱부 郁部 [신라] 김알지(金閼智)의 증손자 수류(首留)가 낳은 아들. 13대 미추니질금(味鄒尼叱今)의 할아버지이다. 〈유사 1 기이 2 김알지 탈해왕대〉

욱천 旭川 [신라] 29대 무열왕(武烈王) 8년(661년) 백제의 잔적(殘賊)이 사비성(泗沘城)을 내공(來攻)하므로 여러 장군을 배치하되 욱천장군을 남천대감(南川大監)에 임명하여 성을 구원하였다. 〈사기 5 신라 5 태종무열왕〉

운오 運烏 [신라] 42대 흥덕왕(興德王) 때의 효자(孝子) 손순(孫順)의 어머니다. 〈유사 5 효선 9 손순매아 흥덕왕대〉

운제 雲梯 [신라] 2대 남해차차웅(南解次次雄) 비(妃) 운제부인(雲帝夫人)의 다른 적음이다. 〈유사 1 기이 2 남해왕〉

운제부인 雲帝夫人 [신라] 2대 남해차차웅(南解次次雄) 비(妃)의 휘(諱)이다. 운제(雲梯)라고도 하는데 그 연유는 영일현(迎日縣) 서쪽에 운제산성모(雲梯山聖母)가 있어 가뭄에 빌면 응함이 있다고 한다. 〈유사 1 왕력 1, 1 기이 2 제이남해왕〉 ☞ 599쪽

웅선 雄宣 [신라] 7대 일성니사금(逸聖尼師今) 3년(136년) 이찬(伊湌)으로 삼고 내외병마사(內外兵馬事)를 겸장(兼掌)케 하였다. 동 18년(151년)에 죽었다. 〈사기 1 신라 1 일성니사금〉

웅원 雄元 [신라] 41대 헌덕왕(憲德王) 3년(811년) 이찬(伊湌)으로 완산주도독(完山州都督)을 삼았다. 〈사기 10 신라 10 헌덕왕〉

원 元 [고구려] 25대 평원왕(平原王)의 아들. 동 7년(565년) 태자로 책봉되었다. 26대 영양왕(嬰陽王)의 휘(諱) → 영양왕 〈사기 19 고구려 7 평원왕, 20 고구려 8 영양왕〉 평탕(양)왕(平湯(陽)王)이라고도 하며 휘(諱)는 원(元) 또는 대원(大元)이다. 〈유사 1 왕력 1〉 ☞ 604쪽

원걸 元傑 [신라] 명학자(明學者). 문인으로도 알려진 사람인데 전하는 문자(文字)는 없다. 〈사기 46 열전 6 설총〉

원광법사 圓光法師 [신라] 26대 진평왕(眞平王) 11년(589년) 진(陳)에 가서 불법(佛法)을 구하였다. 귀산(貴山) 등 화랑(花郎)에게 계명(誡銘)을 준 것이 세속오계(世俗五戒)이다. 〈사기 4 신라 4 진평왕, 45 열전 5 귀산〉

원기 元器 [신라] 30대 문무왕(文武王) 8년(668년) 원기와 정토(淨土)를 당에 보냈는데 정토는 당에 머물고 원기만 돌아왔다. 〈사기 6 신라 6 문무왕 상〉

원대 元大 [신라] 33대 성덕왕(聖德王)의 선비(先妃) 배소왕후(陪昭王后)의

아버지이다. 아간(阿干) 〈유사 1 왕력 1〉

원덕 元德 [고구려] 28대 보장왕(寶藏王) 때(612~668년) 연개소문(淵蓋蘇文)의 큰아들 막리지(莫離支) 남생(男生)의 자(字)이다. →남생 〈사기 49 열전 9 개소문〉

원린 元鄰 [신라] 53대 신덕왕(神德王)의 할아버지. 각간(角干). 8대 아달라니질금(阿達羅尼叱今)의 원손(遠孫)이다. 〈유사 1 왕력 1〉

원망 元望 [신라] 30대 문무왕(文武王) 때의 태대서발한(太大舒發翰) 김유신(金庾信)의 다섯 째 아들. 대아찬(大阿湌)이었다. 〈사기 43 열전 3 김유신 하〉

원문 元文 [신라] 33대 성덕왕(聖德王) 2년(703년) 아찬(阿湌)으로 중시(中侍)를 삼았다. 〈사기 8 신라 8 성덕왕〉

원봉 元逢 [신라] 54대 경명왕(景明王) 6년(922년) 안동(安東)에 있는 하지성(下枝城) 장군 원봉 등이 고려 태조에 귀부(歸附)하였다. 56대 경순왕(敬順王) 2년(928년) 견훤(甄萱)의 군사가 공격하였는데 원봉이 방어하지 않고 성을 버리고 도망하였다. 동 3년 견훤에게 귀부하였다. 〈사기 12 신라 12 경명왕, 경순왕, 50 열전 10 견훤〉 경순왕(敬順王) 4년(930년) 견훤(甄萱)이 고려 태조와 싸울 때 여러번 패하였는데 다시 군사를 거두어 순성(順城)을 습파(襲破)하니 성주 원봉이 막지 못하고 달아났다. 〈유사 2 기이 2 후백제 견훤〉

원사 元師 [신라] 31대 신문왕(神文王) 8년(688년) 이찬(伊湌) 원사로 중시(中侍)를 삼았다. 〈사기 8 신라 8 신문왕〉

원선 元宣 [신라] 32대 효소왕(孝昭王) 원년(692년) 중시(中侍)로 삼았다. 동 4년(695년) 퇴로(退老)하였다. 〈사기 8 신라 8 효소왕〉

원선 元善 [신라] 후백제 견훤(甄萱)의 아버지 아자개(阿玆蓋)의 이름이다. 〈유사 2 기이 2 후백제 견훤〉

원성왕 元聖王 [신라] 38대 왕(재위 785~798년). 휘(諱)는 경신(敬信). 17대 내물니사금(奈勿尼師今)의 12세손. 일길찬(一吉湌) 효양(孝讓 明德大王으로 追封)의 아들이고 어머니는 박씨(朴氏) 계오부인(繼烏夫人), 비는 김씨(金氏). 신술각간(神述角干)의 딸로 소문태후(昭文太后)로 추봉되었다. 36대 혜공왕(惠恭王) 때 반신(叛臣) 김지정(金志貞)을 주(誅)하였고 37대 선덕왕(宣德王)이 돌아가자 후사가 없으므로 중의(衆議)에 의해 왕위를 계승하였다. 〈사기 9 신라 9 혜공왕, 선덕왕, 10 원성왕〉 어머니는 지오부인(知烏夫人). 시(諡)는 소문왕후(昭文王后) 창근이이(昌近伊已)의 딸이다. 비(妃)는 숙정부인(淑貞夫人) 신술각간의 딸이다. 〈유사 1 왕력 1, 5 감통 7 김현감호, 낭지승운 보현수, 연회도명〉

원순 元順 [신라] 41대 헌덕왕(憲德王) 15년(823년) 각간(角干) 원순, 평원(平原) 두 사람이 퇴로(退老)하매 궤장(几杖)을 주었다. 〈사기 10 신라 10 헌덕왕〉

원술 元述 [신라] 김유신(金庾信)의 둘째 아들. 소판(蘇判). 당 고종(高宗)이 문무왕(文武王)이 고구려 의용군(義勇軍)을 받아들이고 백제 옛 땅을 차지하자 군사를 보내어 치게 했는데 신라군의 실수로 크게 패하였다. 원술은 비장(裨將)으로 적진에 돌격하려 했으나 보좌(補佐)하는 담능(淡凌)이 말려서 못 죽고 부모에게 용납되지 않아 태백산(太白山)에 숨어 살다가 문무왕(文武王) 15년(675년) 당병이 쳐들어 왔을 때 힘써 싸워 전공을 세웠다. 공(功)과 상(賞)이 있었으나 벼슬하지 않고 세상을 마쳤다. 〈사기 43 열전 3 김유신 하〉

원신 原神 [신라] 35대 경덕왕(景德王) 11년(752년) 급찬(級湌)을 대아찬(大阿湌)을 삼았다. 〈사기 9 신라 9 경덕왕〉

원우 遠禹 [신라] 30대 문무왕(文武王) 때 사람. 당 고종(高宗)이 신라가 고구려를 멸하고 다시 당을 치려 한다고 김인문(金仁問)을 옥에 가두었는데 문무왕이 여러 계책으로 당의 오해를 풀게 되자 강수(强首) 선생에게 인문의 석방을 청하는 표문(表文)을 지어 원우를 시켜 당에 전달하였다. 당제는 이 표문을 보고 인문을 놓아 보냈다. 〈유사2 기이 2 문호왕 법민〉

원정(공) 元貞(公) [신라] 김유신(金庾信)의 셋째 아들. 파진찬(波珍湌=海干). 아버지를 모시던 구근(仇近) 등에게 밝게 대하지 못한 것에 대하여 종신 부끄러워했다. 〈사기 43 열전 3 김유신 하, 47 열전 7 열기〉

원종 原宗 [신라] 23대 법흥왕(法興王)의 휘(諱)이다. →법흥왕 〈사기 4 신라 4 법흥왕〉 <책부원귀>에는 성(姓)은 모씨(募氏) 이름은 진(秦)이라 하였다. 〈유사 1 왕력 1, 3 원종흥법 염촉멸신, 법왕금살〉

원종 元宗 [신라] 51대 진성왕(眞聖王) 3년(889년)에 사벌주(沙伐州)에서 원종 애노(哀奴) 등이 반기(叛旗)를 들었다. 〈사기 11 신라 11 진성왕〉

원진 元眞 [신라] 34대 효성왕(孝成王) 때 각간(角干). 일본을 막기 위하여 모화군(毛火郡)에 관문(關門)을 쌓았는데 이 역사(役事)의 지휘자이다. 〈유사 2 기이 2 효성왕〉

원천 原川 [신라] 30대 문무왕(文武王) 12년(672년) 백제가 신라를 침공할 때 사세가 급박하여 당왕(唐王)에게 알리지 않고 군사를 내어 토벌한 것에 대해 사죄차 급찬(級湌) 원천을 당에 보냈다. 〈사기 7 신라 7 문무왕 하〉

원측법사 圓測法師 [신라] 32대 효소왕(孝昭王) 때 고승(高僧). 모량리(牟梁里) 사람이어서 승직(僧職)을 받지 못했다(모량리의 익선아간(益宣阿干)이 득오(得烏)를 데려다가 부려먹었으므로 그 탓에 모량리 사람에게는 벼슬을 주지 않았던 것이다). 〈유사 2 기이 2 효소왕대 죽지랑〉

원태 元泰 [신라] 31대 신문왕(神文王) 5년(685년) 아찬(阿湌)을 삼았다.

〈사기 8 신라 8 신문왕〉

원홍 元弘 [신라] 46대 문성왕(文聖王) 13년(851년) 아찬(阿湌)으로 입당사(入唐使)로 당에 가서 불경(佛經)과 불아(佛牙)를 가지고 돌아왔다. 〈사기 11 신라 11 문성왕〉, 〈유사 3 탑상 4 전후소장사리〉

원회 元會 [신라] 51대 진성왕(眞聖王) 5년(891년) 궁예(弓裔)가 적괴(賊魁) 기훤(箕萱)에게 귀의(歸依)코자 했는데 냉대를 받고 그 부하 원회 등과 결탁하여 친구가 되었다. 〈사기 50 열전 10 궁예〉

원효 元曉 [신라] 31대 신문왕(神文王) 때 학자 설총(薛聰)의 아버지. 처음에는 중이 되어 불서(佛書)를 널리 통하더니 얼마 후 본색(本色)으로 돌아와 소성거사(小性居士)라 자칭(自稱)하였다. 〈사기 46 열전 6 설총〉 할아버지는 잉피공(仍皮公) 또는 적대공(赤大公), 아버지는 담날내말(談捺乃末). 속성(俗姓)은 설씨(薛氏). 아명은 서당(誓幢) 또는 신당(新幢)이다. 26대 진평왕(眞平王) 39년(617년) 태어났는데 태어난 곳을 불지(佛地) 또는 발지촌(發智村)이라 한다. 원효는 초휘(初輝) 또는 시단(始旦)의 뜻이다. 젊어서 신부감을 구한다 하니 왕이 요석공주(瑤石公主)를 만나게 하여 설총을 낳게 된 것이다. 파계(破戒) 후 소성거사(小姓居士)라 하였다. 무애가(無㝵歌)를 지어 세상에 퍼뜨리었다. 화엄경소(華嚴經疏) 삼매경소(三昧經疏) 등을 찬술하였다. 〈유사 1 기이 1 태종춘추공, 3 흥법 3 낙산이대성 관음 정취 조신, 4 탑상 4 원효불기, 5 감통 7 광덕 엄장, 5 피은 8 낭지승운 보현수〉

원훈 元訓 [신라] 33대 성덕왕(聖德王) 원년(702년) 아찬(阿湌)인데 중시(中侍)를 삼았다. 〈사기 8 신라 8 성덕왕〉 37대 선덕왕(宣德王)의 할아버지. 그 아들은 효방해간(孝方海干) 추봉(追封) 개성대왕(開聖大王) 즉 선덕왕의 아버지이다. 〈유사 1 왕력 1〉

원흥 元興 [신라] 41대 헌덕왕(憲德王) 3년(811년) 이찬(伊湌)인데 중시(中侍)를 삼았다. 〈사기 10 신라 10 헌덕왕〉

월명부인 月明夫人 [신라] 28대 진덕왕(眞德王)의 어머니. 박씨(朴氏). 국반갈문왕(國飯葛文王)의 부인이다. 〈사기 5 신라 5 진덕왕〉 진덕왕의 어머니 아니부인(阿尼夫人) 박씨. 월명(月明)이라고 하는데 잘못이다. 〈유사 1 왕력 1〉 ☞ 598쪽

월명사 月明師 [신라] 35대 경덕왕(景德王) 19년(760년) 해 둘이 나란히 나타나 없어지지 않았는데 일관(日官)이 산화공덕(散花功德)을 지으면 재앙(災殃)을 물리칠 것이라 하므로 월명사로 하여금 도솔가(兜率歌)를 짓게 했더니 해의 괴변(怪變)이 없어졌다. 왕이 더욱 공경했는데 월명은 망매(亡妹)를 위하여 가요(歌謠=鄕歌) 제망매가(祭亡妹歌)를 지어 제사하였다. 능준대사(能俊大師)의 문인이다. 〈유사 5 감통 7 월명도솔가〉

월장 月藏 [신라] 33대 성덕왕(聖德王) 무렵 의안군(義安郡) 북쪽 백월산(白月山) 동남쪽에 있는 선천촌(仙川村) 사람. 노힐부득(努肹夫得)의 아버지이다. 〈유사 3 탑상 4 남백월이성 노힐부득 달달박박〉

위공 衛恭 [신라] 41대 헌덕왕(憲德王) 때 사람. 잡찬(迊湌). 헌창(憲昌)의 반역군(叛逆軍)을 맞아 싸웠다. 〈사기 10 신라 10 헌덕왕〉

위구태 尉仇台 [부여] 고구려 6대 대조대왕(大祖大王) 69년(121년) 고구려군이 현토성(玄兎城)을 에워싸자 부여 왕자 위구태가 한병(漢兵)과 힘을 합해 싸우니 고구려군이 대패했다. 〈사기 15 고구려 3 대조대왕〉

위궁 位宮 [고구려] 10대 산상왕(山上王)의 휘(諱) 연우(延優)의 다른 이름이다. 그러나 위궁은 휘가 아니고 증조(曾祖) 대조대왕(大祖大王) 궁(宮)이 태어나면서 눈을 뜬 것처럼 연우도 눈을 떴으므로 궁과 같다고 '위궁'이라 부른 것이다. →산상왕 〈사기 16 고구려 4 산상왕〉 ☞ 599쪽

위덕왕 威德王 [백제] 27대왕(재위 554~598년). 휘(諱)는 창(昌). 26대 성왕(聖王)의 원자(元子)이다. 가끔 신라와 충돌이 있었으며 북제, 진,

수(北齊, 陳, 隋) 등에 조공(朝貢)하였다. 〈사기 27 백제 5 위덕왕〉 휘는 창 또는 명(明)이다. 〈유사 1 왕력 1〉

위두 衛頭 [신라] 17대 내물니사금(奈勿尼師今) 26년(381년) 진(秦)에게 방물(方物)을 전하였는데 진왕이 신라의 사정을 물었다. 〈사기 3 신라 3 내물니사금〉

위문 魏文 [신라] 33대 성덕왕(聖德王) 11년(712년) 이찬(伊湌)을 중시(中侍)로 삼았다. 〈사기 8 신라 8 성덕왕〉 38대 원성왕(元聖王) 원년(785년) 할아버지 이찬(伊湌) 위문을 흥평대왕(興平大王)으로 추봉(追封)하였다. 〈사기 10 신라 10 원성왕〉 ☞ 600쪽

위수 尉須 [고구려] 3대 대무신왕(大武神王) 13년(30년) 매구곡인(買溝谷人) 상수(尙須)의 아우로 형과 더불어 내투(來投)하였다. 〈사기 14 고구려 2 대무신왕〉

위씨 位氏 [고구려] 2대 유리명왕(琉璃明王)이 신하가 된 사물(沙勿)에게 위씨 성을 내렸다. 〈사기 13 고구려 1 유리명왕〉

위원 魏元 [신라] 33대 성덕왕(聖德王) 26년(727년) 대아찬(大阿湌)이 되었다. 〈사기 8 신라 8 성덕왕〉

위응 魏膺 [신라] 54대 경명왕(景明王) 원년(917년) 왕의 아우로 상대등(上大等)이었고 55대 경애왕(景哀王)이 되었다. 휘(諱)가 위응이다. →경애왕 〈사기 12 신라 12 경명왕, 경애왕〉, 〈유사 1 왕력 1〉

위정 魏正 [신라] 36대 혜공왕(惠恭王)의 선비(先妃) 신파부인(神巴夫人)의 아버지. 각간 〈유사 1 왕력 1〉

위지 慰知 [신라] 30대 문무왕(文武王) 원년(661년) 당이 고구려를 침공할 때 신라군 진영의 계금대감(罽衿大監)을 삼았다. 〈사기 6 신라 6 문무왕 상〉

위진 魏珍 [신라] 48대 경문왕(景文王) 2년(861년) 아찬(阿湌)으로 시중(侍中)을 삼았다. 동 14년(874년) 상대등(上大等)이 되었다. 〈사기

11 신라 11 경문왕〉

위홍 魏弘 [신라] 49대 헌강왕(憲康王) 원년(875년) 이찬(伊湌)으로 상대등(上大等)을 삼았다. 51대 진성왕(眞聖王) 2년(888년) 왕이 각간 위홍과 좋아지내 항상 궁내에 들어와 일을 보게 하였고 대구화상(大矩和尙)과 힘께 가요(歌謠=鄕歌)를 수집하여 '삼대목(三代目)'이라 이름하였다. 〈사기 11 신라 11 헌강왕, 진성왕〉 진성왕의 유모 부호부인(鳧好夫人)의 남편. 왕이 위홍 등 여러 명의 총신(寵臣)과 더불어 권세를 잡고 정사(政事)를 휘두르니 나라가 혼란해지고 국민이 '다라니(陀羅尼)'의 은어(隱語)를 지어 길에 뿌리니 왕거인(王居仁)의 짓이라 보고 옥(獄)에 가두었는데 거인이 그 억울함을 시(詩)로 지어 하늘에 호소하여 풀려났다. 그 시에는 이들 때문에 나라가 망한다고 하였다. 위홍의 추봉명(追封名)은 혜성대왕(惠成大王)이다. 〈유사 2 기이 2 진성대왕 거타지〉

위흔 魏昕
① [신라] 46대 문성왕(文聖王) 4년(842년) 이찬(伊湌)으로 왕비(王妃)의 아버지이다. 〈사기 11 신라 11 문성왕〉
② [신라] 42대 흥덕왕(興德王, 재위 826~836년) 때 김양(金陽)의 자(字)이다. → 김양 〈사기 44 열전 4 김양〉

위흥 位興 [후백제] 견훤(甄萱)의 일곱째 아들. 좌승(佐承) 〈유사 2 기이 2 후백제 견훤〉

유 劉 [고구려] 16대 고국원왕(故國原王)의 휘(諱) 사유(斯由)의 다른 적음이다. 그런데 중국 사서에는 모두 쇠(釗)로 적고 있는데 '사유'와 '쇠'는 같은 이름을 적은 것으로 보아지기 때문에 같은 이름으로 보이므로 유(劉)는 쇠(釗)의 잘못 적음이다. 〈사기 18 고구려 6 고국원왕〉 ☞ 589쪽

유 留 [고구려] 5대 모본왕(慕本王) 휘(諱)의 다른 적음이다. → 모본왕 〈유사 1 왕력 1〉

유검필 庾黔弼 [고려] 태조 휘하(麾下)의 장수. 견훤이 고려 왕건의 군사가 출진하였다는 말을 듣고 갑사(甲士)를 선택 빨리 갔으나 고려 장군 유검필의 굳센 기병에 당하지 못하였다. 〈유사 2 기이 2 후백제 견훤〉

유공 儒公 [신라] 백제가 망한 후 한주도독(漢州都督) 유공이 문무왕에게 청하여 소나(素那)를 아달성(阿達城)으로 옮겨 북쪽을 수어(守禦)케 하였다. 〈사기 47 열전 7 소나〉

유기 惟己 [백제] 8대 고이왕(古爾王) 28년(261년) 병관좌평(兵官佐平)을 삼았다. 〈사기 24 백제 2 고이왕〉

유돈 儒敦 [신라] 29대 무열왕(武烈王) 7년(660년) 당 소정방(蘇定方)이 백제왕을 비롯 많은 백제인을 거느리고 당으로 돌아갈 때 사찬(沙湌) 유돈이 동행했다. 〈사기 5 신라 5 태종무열왕〉

유동 儒冬 [신라] 30대 문무왕(文武王) 15년(675년) 당병(唐兵)이 말갈병(靺鞨兵)과 같이 칠중성(七重城)을 포위하였는데 이기지 못하여 소수(小守) 유동이 전사하였다. 〈사기 7 라 7 문무왕 하〉

유렴 裕廉 [신라] 54대 경명왕(景明王) 원년(917년) 대아찬(大阿湌)을 시중(侍中)을 삼았다. 경순왕(敬順王)의 종제(從弟)로 동 5년(931년) 고려 태조가 신라 경기(京畿)에 다녀갈 때 유렴을 볼모로 삼아 태종을 수종(隨從)케 하였다. 〈사기 12 신라 12 경명왕, 경순왕〉

유례니사금 儒禮尼師今 [신라] 14대 왕(재위 284~298년). 11대 조분니사금(助賁尼師今)의 큰아들. 어머니는 박씨(朴氏). 갈문왕(葛文王) 내음(奈音)의 딸이다. 자주 왜인(倭人)의 침범을 받았다. 〈사기 2 신라 2 유례니사금〉 유례니질금(儒禮尼叱今)을 세리지왕(世里智王)이라고도 한다. 아버지는 조분니질금, 어머니는 □소부인 박씨(□召夫人 朴氏) 〈유사 1 왕력 1〉 ☞ 583쪽

유례니질금 [신라] 3대 노례니질금(弩禮尼叱今)의 다른 적음→노례니질금

儒禮尼叱今 〈유사 1 기이 2 노례왕〉

유류 孺留 [고구려] 2대 유리명왕(琉璃明王)의 휘(諱) 유리(類利)의 다른 적음→유리 〈사기 13 고구려 1 유리명왕, 23 백제 1 시조 온조왕〉→유리왕(瑠璃王) 〈유사 1 왕력 1〉

유리 類利 [고구려] 고구려 시조 주몽(朱蒙)의 원자(元子). 유류(孺留)라고도 함. 2대 유리명왕(琉璃明王)의 휘(諱)이다. 어머니 예씨(禮氏). 호태왕비(好太王碑)에는 유류(儒留), <유사>에는 누리(累利), <위서(魏書)>에는 초명(初名) 여해(閭諧) 후명(後名) 여달(閭達)이라 했다. →유리명왕 〈사기 13 고구려 1 유리명왕〉

유리니사금 儒理尼師今 [신라] 3대왕(재위 24~57년). 2대 남해차차웅(南解次次雄)의 태자. 어머니는 운제부인(雲帝夫人), 비(妃)는 일지갈문왕(日知葛文王)의 딸이다(혹은 허루왕(許婁王)의 딸이라고도 한다). 남해가 돌아간 후 유리가 당연히 즉위해야 할텐데 대보(大輔) 탈해(脫解)가 덕망이 있으므로 유리가 그에게 사양하려고 했다. 그러자 탈해가 지혜있는 사람은 이가 많다 하니 떡을 물어 시험하자고 해서 떡을 물어 보니 유리가 더 많아서 왕을 삼고 호(號)를 니사금(尼師今)이라 했다. 동 5년(28년) 백성을 구휼(救恤)하여 민속(民俗)이 즐거우니 두솔가(兜率歌)를 지었다. 동 9년(32년) 육부(六部)의 이름을 고치고 사성(賜姓)하였다. 관직(官職)을 베풀어 17등을 두고 각부의 부녀들을 갈라 베짜기를 하고 8월 15일에 그 공(功)의 다소를 살펴 지는 쪽이 주식(酒食)을 장만하여 대접케 하고 가무(歌舞)와 유희(遊戲)를 베푸니 가배(嘉俳)의 유래가 되었다 한다. 그 때 진 쪽의 한 여자가 회소곡(會蘇曲)을 부르니 그 음조(音調)가 슬프고 아름다웠다. 돌아가기 전에 자기의 두 아들보다 탈해가 출중하니 그를 즉위케 하라고 유훈(遺訓)하였다. 〈사기 1 신라 1 유리니사금〉

유리명왕 琉璃明王 [고구려] 2대왕(재위 BC 19~AD 18년). 휘(諱) 유리(類利) 또

는 유류(孺留). 시조 주몽(朱蒙)의 원자(元子). 어머니 예씨부인(禮氏夫人). 주몽이 부여(夫餘)에서 피신하여 남하한 후 태어나서 자라다가 아버지가 유물을 감추어 두고 유리가 자라거든 이 유물을 찾아 가지고 아버지를 찾아오라고 한 것을 알고 칠능석상송하(七稜石上松下)에 감추어 둔 칼 한 쪽을 찾아가지고 오면 내 아들이다 라고 하였다. 유물을 찾아 아버지에게 바치니 태자로 삼았고 곧 왕위를 계승하였다. 〈사기 13 고구려 1 유리명왕〉

유리왕 瑠璃王 [고구려] 2대 왕. 누리(累利) 또는 유류(孺留)라고도 한다. 동명왕의 아들이다. →유리명왕 〈유사 1 왕력 1〉

유문 有文 [신라] 56대 경순왕(敬順王) 2년(928년) 강주(康州)의 장군. 견훤(甄萱)이 강주를 습격하자 유문이 항복 귀부(歸附)하였다. 〈사기 12 신라 12 경순왕, 50 열전 10 견훤〉

유사지 儒史知 [신라] 29대 무열왕(武烈王) 7년(660년) 무관으로 백제와의 싸움에서 이기고 돌아와 논공행상을 할 때 관직을 받았다. 〈사기 5 신라 5 태종무열왕〉

유석 劉碩 [신라] 욱면(郁面)이 살던 곳에 귀진(貴珍)이 법왕사(法王寺)를 지었는데 오랜 후에 폐사가 되자 회경대사(懷鏡大師), 유석승선(劉碩承宣) 등이 발원하여 중건했는데 회경이 귀진의 후신이라 한다. 40대 애장왕(哀莊王) 때 사람인 것 같다. 〈유사 5 감통 7 욱면비염불〉

유성 維誠 [신라] 36대 혜공왕(惠恭王)의 원비(元妃) 신보왕후(新寶王后)의 아버지. 이찬(伊湌) 〈사기 9 신라 9 혜공왕〉

유신 庾信 [신라] 36대 진평왕(眞平王) 때 부장군(副將軍) → 김유신 〈사기 4 신라 4 진평왕〉

유옥구 劉屋句 [고구려] 11대 동천왕(東川王) 20년(246년) 위군(魏軍)과 싸우다가 고구려군이 패하여 달아날 때 동부(東部)의 밀우(密友)가 죽기를 작정하고 적을 막을테니 왕은 도망하라고 했다. 겨우 도망하여 수습하는데 밀우를 찾아올 것을 부탁하자 유옥구가 자청하여 적진에 가서 쓰러져 있는 밀우를 업고 돌아왔다. 뒤에 그 공로로 왕이 식읍(食邑)을 주었다. 〈사기 17 고구려 5 동천왕, 45 열전 5 밀우 유유〉

유유 紐由 [고구려] 11대 동천왕(東川王) 20년(246년) 위군에게 쫓겨 가는데 동부인(東部人) 유유가 계책을 써서 적장을 찔러 죽이겠다고 하고 음식을 가지고 위장(魏將)에게 거짓 항복하고 음식을 꺼내다가 식기 속에 감춘 칼로 위장을 찔러 죽이고 자기도 죽었다. 뒤에 벼슬을 추증하여 구사자(九使者)를 삼았다. 〈사기 17 고구려 5 동천왕, 45 열전 5 밀우 유유〉

유정 惟正 [신라] 35대 경덕왕(景德王) 3년(744년) 이찬(伊湌)으로 중시(中侍)를 삼았다. 동 4년 퇴관하였다. 〈사기 9 신라 9 경덕왕〉

유정 惟靖 [신라] 김주원(金周元)의 아버지이다. 〈유사 2 기이 2 원성대왕〉

유화 柳花 [고구려] 시조 주몽(朱蒙)의 어머니. 하백(河伯)의 딸. 부여왕(夫餘王) 금와(金蛙)가 우발수(優渤水)에서 유화를 만났는데 그 여자가 천제(天帝) 아들 해모수(解慕漱)와 관계하고 쫓겨나 우발수에서 귀양살이한다고 하므로 데려다가 두었는데 햇빛이 비쳐 잉태(孕胎)하여 큰 알을 낳았는데 왕이 그 알을 쪼개 보려고도 하고 내버리기도 했으나 잘 안 되므로 어미에게 주어 따뜻하게 해 주었더니 그 알에서 주몽이 나왔다 한다. 주몽이 자라 모든 것이 뛰어나 금와왕의 아들 대소(帶素)가 죽이려 하므로 어머니가 멀리 가서 뜻있는 일을 하라고 권하였다. 〈사기 13 고구려 1 시조 동명성왕〉, 〈유사 1 기이 2 고구려〉

윤경 尹卿 [후백제] 고려 태조의 군사와 싸운 후백제의 장수 〈유사 2 기이 2 후백제 견훤〉

윤량 允良 [신라] 5대 파사니사금(婆娑尼師今) 5년(84년) 파진찬(波珍湌)을

삼았다. 〈사기 1 신라 1 파사니사금〉

윤린 允璘 [신라] 44대 민애왕(閔哀王) 2년(839년) 김양(金陽) 군이 닥치자 왕은 대아찬(大阿湌) 윤린 등에게 명하여 막게 했으나 패하고 왕도 시해되었다. 〈사기 10 신라 10 민애왕〉

윤문 允文 [신라] 33대 성덕왕(聖德王) 32년(733년) 당(唐)이 신라왕에게 말갈(靺鞨)과 발해(渤海)가 교활(狡猾)한 마음을 가져 문죄(問罪)하려 하니 유신(庾信)의 손자 윤중(允中)을 장수로 하여 그들을 견제(牽制)하라고 하였는데 왕이 윤중과 그 아우 윤문 장군을 명하여 발해를 쳤다. 〈사기 43 열전 3 김유신 하〉

윤분 允芬 [신라] 42대 흥덕왕(興德王) 6년(831년) 시중(侍中)을 삼았다. 동 8년 사직하였다. 〈사기 10 신라 10 흥덕왕〉

윤빈 尹邠 [후백제] 후백제의 장수로 해안에서 고려 왕건에게 쫓겨 갑옷을 버리고 달아났다. 〈사기 50 열전 10 견훤〉

윤용왕후 允容王后 [신라] 44대 민애왕(閔哀王)의 비(妃) 김씨(金氏)의 추봉명(追封名)이다. 〈사기 10 신라 10 민애왕〉 ☞ 590쪽

윤웅 閏雄 [신라] 54대 경명왕(景明王) 4년(920년) 강주장군(康州將軍) 윤웅이 고려 태조(太祖)에게 우호를 닦기 위해 아들 일강(一康)을 볼모로 보냈다. 〈사기 12 신라 12 경명왕〉

윤응 允膺 [신라] 41대 헌덕왕(憲德王) 때 사람. 잡찬(迊湌). 김헌창(金憲昌)이 역모(逆謀)하여 여러 주군(州郡)을 자기 소속을 삼을새 왕이 8장군을 시켜 왕도(王都)의 팔방을 지키게 하였는데 윤응은 문화관문(蚊火關門 : 月城郡外東面)을 지켰다. 〈사기 10 신라 10 헌덕왕〉

윤종 允宗 [신라] 10대 내해니사금(奈解尼師今) 16년(211년) 일길찬(一吉湌)을 삼았다. 〈사기 2 신라 2 내해니사금〉

윤중 允中 [신라] 33대 성덕왕(聖德王) 32년(733년) 당(唐)이 신라왕에게

말갈(靺鞨)과 발해(渤海)가 교활(狡猾)한 마음을 가져 문죄(問罪)하려 하니 유신(庾信)의 손자 윤중(允中)을 장수로 하여 그들을 견제(牽制)하라고 하였는데 왕이 윤중과 그 아우 윤문(允文) 장군을 명하여 발해를 쳤다. 〈사기 43 열전 3 김유신 하〉

윤질 尹質 [신라] 54대 경명왕(景明王) 7년(923년) 입조사(入朝使)로 가서 오백라한상(五百羅漢像)을 가져와 신광사(神光寺)에 모셨다. 〈유사 3 탑상 4 전후소장사리〉

윤충 允忠 [백제] 신라 27대 선덕왕(善德王) 11년(642년) 백제 장군 윤충이 군사를 거느리고 대야성(大耶城 : 陜川)을 공발(攻拔)하니 도독(都督) 품석(品釋) 등이 전사하였다. 〈사기 5 신라 5 선덕왕, 28 백제 6 의자왕, 47 열전 7 죽죽〉

윤흥 允興 ① [신라] 48대 경문왕(景文王) 6년(866년) 이찬(伊湌)으로 모반(謀叛)하다가 발각되어 도망하였으나 왕에 의해 추포(追捕)되어 목벰을 당하였다. 〈사기 11 신라 11 경문왕〉

② [신라] 현금(玄琴)의 기법을 전수받은 귀금선생(貴金先生)이 지리산(智異山)에 들어가 나오지 않으므로 왕(경문왕인 듯)이 금도(琴道)가 끊길까 걱정하여 윤흥에게 그 음률(音律)을 얻게 하려고 남원공사(南原公事)를 시키니 윤흥은 총명한 소년 둘을 뽑아 전수받게 하였다. 〈사기 32 잡지 1 악〉 두 사람은 같은 시기 사람이므로 한 사람으로 본다.

융 隆 ① [백제] 25대 무령왕(武寧王)의 휘(諱)이다. 〈사기 26 백제 4 무령왕〉 ☞ 598쪽

② [백제] 31대 의자왕(義慈王)의 태자(의자왕 4년(644년)에 태자가 됨). 신라 29대 태종무열왕(太宗武烈王) 7년(660년) 당군에게 왕과 더불어 항복하였다. 〈사기 5 신라 5 태종무열왕, 28 백제 6 의자왕〉 당군이 도성에 육박하자 왕과 웅진성(熊津城)에 달아났다가 당 소정방(蘇定方)에 의해 당경(唐京)으로

보내졌는데 놓여 나와 신라 문무왕(文武王)과 서맹(誓盟)하고 웅진도독(熊津都督)이 되었다. 〈유사 1 기이 2 태종춘추공〉 ☞ 599쪽

융기 隆基 [신라] 33대 성덕왕(聖德王)의 본명. 당 현종(玄宗)의 이름과 같으므로 홍광(興光)으로 바꾸었다. → 성덕왕 〈사기 8 신라 8 성덕왕〉 이 시기에 월정사(月精寺)가 중창되었다. 〈유사 1 왕력 1, 3 탑상 4 대산오만진신〉

융종 融宗 [신라] 33대 성덕왕(聖德王) 때 중. 진표(眞表)의 제자. 속리산에 있던 대덕(大德)으로 금강산 발연사(鉢淵寺)에 있던 진표율사에게 계법(戒法)을 구하자 비법(秘法)과 업보경(業報經) 등을 주고 속리산에 가서 절을 짓고 교법(敎法)을 세상에 유포하라고 가르치니 돌아와 길상사(吉祥寺)를 짓고 법회(法會)를 열었다. 〈유사 4 의해 5 관동풍악발연수 석기〉

융천사 融天師 [신라] 26대 진평왕(眞平王) 때 중. 거열랑(居烈郎) 등 세 낭도가 풍악(楓岳)에 놀러 가려 하자 혜성(彗星)이 심대성(心大星)을 범(犯)하였다. 낭도들이 여행을 중지하려고 하자 융천사가 가요(歌謠=鄕歌) 혜성가(彗星歌)를 지어 부르니 괴성(怪星)이 없어지고 왜병(倭兵)이 물러갔다. 왕이 낭도의 여행을 허락했다. 〈유사 5 감통 7 융천사혜성가〉

은상 殷相 [백제] 신라 28대 진덕왕(眞德王) 3년(649년=백제 의자왕 9년) 백제 장군 은상이 신라의 석토(石吐) 등 7성(城)을 공함(攻陷)했다. 〈사기 5 신라 5 진덕왕, 28 백제 6 의자왕, 42 열전 2 김유신 중〉

은영 殷影 [신라] 52대 효공왕(孝恭王) 15년(911년) 왕이 천첩(賤妾)에 침혹(沈惑)하여 정사를 돌보지 않아 대신(大臣) 은영이 간(諫)하였으나 왕이 듣지 않으므로 그 첩을 잡아 죽였다. 〈사기 12 신라 12 효공왕〉

을두지 乙豆智 [고구려] 3대 대무신왕(大武神王) 10년(27년) 우보(右輔)로 삼았다. 동 11년 요동태수(遼東太守)가 군사를 거느리고 와서 치매 을두지는 계책(計策)을 내어 요동군이 스스로 물러나게 했다. 〈사기 14 고구려 2 대무신왕〉

을불 乙弗 [고구려] 14대 봉상왕(烽上王)의 아우인 돌고(咄固)의 아들→미천왕 <위서(魏書)>에는 을불리(乙弗利) 〈사기 17 고구려 5 봉상왕〉 15대 미천왕(美川王)은 호양왕(好攘王)이라고도 하며 휘(諱)는 을불(乙弗) 또는 우불(憂弗)이라고 한다. 〈유사 1 왕력 1〉

을소 乙素 [고구려] 2대 유리왕 때(서기 기원 전후) 대신(大臣) 을파소(乙巴素)의 할아버지 〈사기 16 고구려 4 고국천왕〉

을음 乙音

① [백제] 백제 시조 온조왕(溫祚王) 2년(BC 17년) 왕의 재종숙부(再從叔父) 을음을 우보(右輔)로 삼았다. 〈사기 23 백제 1 시조 온조왕〉

② [고구려] 6대 대조대왕(大祖大王) 22년(74년) 왕이 환나부(桓那部) 패자(沛者) 설유(薛儒)를 보내어 주나(朱那)를 쳐 그 왕자 을음을 사로잡아 고추가(古鄒加)를 삼았다. 〈사기 15 고구려 3 대조대왕〉

을제 乙祭 [신라] 27대 선덕왕(善德王) 원년(632년) 대신 을제로써 국정을 총리케 하였다. 〈사기 5 신라 5 선덕왕〉

을지문덕 乙支文德 [고구려] 26대 영양왕(嬰陽王) 23년(612년) 수 양제(隋 煬帝)가 고구려를 침공하여 그의 장군 우문술(宇文述)과 우중문(于仲文)이 고구려 군과 대치하였는데 고구려 장군 문덕이 중문에게 시를 보내어 수군이 후퇴하자 뒤쫓아 가 살수(薩水)에서 대승하였다. <資治通鑑>에 尉支文德 이라 나오는데 乙支나 尉支는 동음이사(同音異寫)로서 문덕의 성(姓)인 듯한데 고구려 관직인 오돌(烏拙), 울절(鬱折)과 음이 비슷한 것으로 보아 관직에서 씨성(氏姓)으로 바뀐 것 같다(이병도의 註). 〈사기 20 고구려 8 영

양왕, 43 열전 3 김유신 하, 44 열전 4 을지문덕〉

을파소 乙巴素 [고구려] 9대 고국천왕(故國川王) 13년(191년) 왕이 영을 내려 재하(在下)한 현량자(賢良者)를 천거케 했는데 동부(東部)의 안류(晏留)가 농사(農事)에 전력하고 있는 좌물촌(左勿村)의 을파소를 추천하므로 왕이 불러 중외대부(中畏大夫)를 배(拜)하고 우태(于台)를 삼으며 나랏일을 부탁하자 자기가 하는 일에 알맞은 자리를 원해 국상(國相)이 되어 좋은 정치를 하였다. 10대 산상왕(山上王) 7년(203년)에 죽었다. 〈사기 16 고구려 4 고국천왕, 45 열전 5 을파소〉

음갈문왕 飮葛文王 [신라] 27대 선덕왕(善德王)의 남편 〈유사 1 왕력 1〉

음모 陰牟 [고구려] 15대 미천왕(美川王) 때 사람. 수실촌인(水室村人). 미천왕(을불)이 잠저(潛邸) 때 을불을 고용했던 사람인데 을불을 심악(甚惡)스럽게 부려 밤낮으로 일을 시켰다. 〈사기 17 고구려 5 미천왕〉

음우 陰友 [고구려] 12대 중천왕(中川王) 7년(254년) 비류나부(沸流那部)의 패자(沛者)인 음우를 국상(國相)을 삼았다. 13대 서천왕(西川王) 2년(271년)에 죽었다. 〈사기 17 고구려 5 중천왕〉

응렴 膺(凝)廉 [신라] 43대 희강왕(僖康王)의 손자. 계명(啓明)의 아들. 48대 경문왕(景文王)의 휘(諱). 47대 헌안왕(憲安王) 4년(860년) 왕이 군신(群臣)을 회연(會宴)할 때 15세의 왕족으로 참예하여 착한 사람에 대하여 말하였는데 왕의 마음에 들어 맏딸과 혼인을 시켰다. 곧 즉위하여 48대 경문왕(景文王)이 되었다. 궁예(弓裔)가 경문왕(景文王)의 아들이라는 설이 있다. → 경문왕 〈사기 11 신라 11 헌안왕, 경문왕, 50 열전 10 궁예〉, 〈유사 1 왕력 1, 2 기이 2 경문대왕〉

의공 義恭 [신라] 37대 선덕왕비(宣德王妃) 구족부인(具足夫人)의 아버지는 각간(角干) 양품(良品)인데 혹 의공 아찬(阿湌)이라고도 한다.

〈사기 9 신라 9 선덕왕〉

의공대왕 懿(義)恭大王 [신라] 48대 경문왕(景文王)의 아버지 계명(啓明)의 추봉명(追封名)이다. 〈사기 11 신라 11 경문왕〉 의공(義恭)이라고도 한다. 〈유사 1 왕력 1〉

의관 義寬 [신라] 38대 원성왕(元聖王)의 증조(曾祖). 이찬(伊湌). 신영대왕(神英大王)으로 추봉(追封)하였다. 〈사기 10 신라 10 원성왕〉

의관 義官 [신라] 38대 원성왕(元聖王)의 증조(曾祖). 잡간(匝干). 의관(義寬)과 같은 사람이다. 〈유사 2 기이 2 원성대왕〉

의광 義光 [신라] 29대 무열왕(武烈王) 8년(661년) 백제의 잔적(殘賊)이 침공하므로 의광을 낭당장군(郎幢將軍)에 임하여 사비성(泗沘城)을 구원케 했다. 30대 문무왕(文武王) 원년(661년) 당이 고구려를 치면서 동병응원(動兵應援)을 요청해 낭당총관(郎幢摠管)이 되어 종군하였다. 〈사기 5 신라 5 태종무열왕, 6 신라 6 문무왕 상〉

의명부인 懿(義)明夫人 [신라] 49대 헌강왕(憲康王)의 비(妃)이다. 〈사기 11 신라 11 헌강왕〉 의명왕후(義明王后)라고도 한다. 〈유사 1 왕력 1〉

의명왕태후 義明王太后 [신라] 52대 효공왕(孝恭王)의 어머니. 김씨(金氏). 동 2년(898년)에 높이어 불렀다. 〈사기 11 신라 11 효공왕〉 <유사>에는 문자왕후(文資王后)라 했다. 〈유사 1 왕력 1〉 ☞ 600쪽

※ 다만 문자왕후라 한 것은 잘못이다. 문자(의)왕후는 52대 효공왕의 할머니이다.

의명왕후 義明王后 [신라] 49대 헌강왕(憲康王)의 비(妃)이다. 의명부인, 의명왕후, 의명왕태후는 다 같은 사람이다. 〈유사 1 왕력 1〉

의문 義文 [신라] 30대 문무왕(文武王) 12년(672년) 당이 고구려 여당(餘黨)을 토벌한다며 신라에 싸움을 걸어 왔는데 사찬(沙湌) 의문 등이 이 싸움에서 전사하였다. 〈사기 7 신라 7 문무왕 하, 43 열전 3 김유신 하〉

의복 義福 [신라] 30대 문무왕(文武王) 8년(668년) 고구려가 항복하자 당장(唐將) 이적(李勣)이 고구려 왕과 왕자, 대신, 백성들을 데리고 당으로 돌아갈 때 각간 김인문(金仁問) 등이 따라가고 장군 의복 등이 수행했다. 동 12년(672년) 왕이 고구려의 반중(叛衆)을 받아들이고 또 백제의 옛 땅을 점거하자 당(唐)이 말갈(靺鞨)과 함께 석문(石門)을 치니 왕이 장군 의복 등을 보내 방어케 했는데 대방(帶方) 들에다 군영(軍營)을 설치하였다. 〈사기 6 신라 6 문무왕 상, 43 열전 3 김유신 하〉

의복 宜福 [신라] 30대 문무왕(文武王) 8년(668년) 당이 고구려를 침공할 때 신라에서 군편성(軍編成)을 하면서 파진찬(波珍湌) 의복을 서당총관(誓幢摠管)을 삼았다. 〈사기 6 신라 6 문무왕 상〉

※ 선복(宣服)과 같은 사람으로 추정된다.

의복 義服 [신라] 29대 무열왕(武烈王) 8년(661년) 백제의 잔적(殘賊)이 사비성(泗沘城)을 내공(來攻)하므로 아찬(阿湌) 의복을 하주장군(下州將軍)으로 임명하여 사비성을 구원케 했다. 30대 문무왕(文武王) 원년(661년) 당이 고구려를 치면서 신라도 동병응원(動兵應援)하라고 하자 김유신(金庾信)을 대장군으로 하고 의복으로 상주총관(上州摠管)을 삼는 등 편제(編制)를 하여 고구려로 출발하였다. 〈사기 5 신라 5 태종무열왕, 6 신라 6 문무왕 상〉

의상 義相(湘) [신라] 30대 문무왕(文武王) 16년(676년) 승(僧)으로 왕지(王旨)를 받들어 부석사(浮石寺)를 창건하였다. 〈사기 7 신라 7 문무왕 하〉 아버지는 한신(韓信). 성은 김씨(金氏). 28대 진덕왕(眞德王) 때 당에 가서 법화(法化)를 보고 있다가 화엄(華嚴)의 묘지(妙旨)를 깨달았다. 그 때 신라의 승상 김흠순(金欽純) 양도(良圖) 등이 당에 갇혀 있게 되자 의상을 본국에 보내 사정을 알렸다. 부석사(浮石寺)를 세우고 대승교(大乘敎)를 포교하여 영감(靈感)이 많이 나타났다. 제자는 표훈대덕(表訓大德) 등 십대덕(十大

德)을 비롯 수없이 많다. 〈유사 2 기이 2 문호왕법민, 3 탑상 4 동경흥륜사금당십성, 전후소장사리, 낙산이대성 관음 정취 조신, 4 의해 5 의상전교, 승전촉루, 5 피은 8 낭지승운, 보현수, 5 효선 9 진정사효선쌍미〉

의성왕후 義(懿)成王后 [신라] 53대 신덕왕(神德王)이 비(妃) 김씨(金氏)를 의성왕후로 책봉(冊封)하였다. 그는 49대 헌강왕(憲康王)의 딸이며 54대 경명왕(景明王)의 어머니이다. 〈사기 12 신라 12 신덕왕〉 자성왕후(資成王后)의 다른 이름이다. → 자성왕후 〈유사 1 왕력 1〉 ☞ 590쪽, 600쪽

의안법사 義安法師 [신라] 30대 문무왕(文武王) 14년(674년) 대서성(大書省)을 삼았다. 〈사기 7 신라 7 문무왕 하〉 27대 선덕왕(善德王) 때 사간(沙干) 재량(才良)의 아들. 명랑법사(明朗法師)의 둘째 형이다. 〈유사 5 신주 6 명랑신인〉

의영 義英 [신라] 38대 원성왕(元聖王)의 아들. 동 8년(792년) 태자로 봉하고 동 10년 죽었다. 〈사기 10 신라 10 원성왕〉

의융 義融 [신라] 고구려 승 보덕법사(普德法師 고구려 보장왕때 신력으로 남쪽으로 방장을 옮겼다)의 제자로 적멸(寂滅)과 같이 진구사(珍丘寺)를 창건하였다. 〈유사 3 흥법 3 보장봉로 보덕이암〉

의자왕 義慈王 [백제] 30대왕(재위 641~660년). 29대 무왕(武王)의 원자(元子)로 웅위(雄偉), 용감(勇敢)하고 담력(膽力)이 있었다. 초기에는 활발하게 신라와 싸워 영토를 넓히기도 했으나 즉위 10년이 넘어 음황(淫荒)하고 탐락(耽樂)에 빠져 좌평(佐平) 성충(成忠)의 간언(諫言)도 듣지 않았다. 신라가 당과 연합해서 공략하자 당황했고 결국 황산(黃山) 벌의 싸움에서 계백(堦伯) 장군이 패하자 항복하고 태자(太子) 등 왕자와 대신(大臣), 장수, 백성들과 함께 당의 장안(長安)으로 끌려갔다. 왕자 중 일본에 가 있던 풍(豊)이 왕이 되었으나 백제는 곧 망하고 만다. 〈사기 28 백제

6 의자왕〉, 〈유사 1 왕력 1, 1 기이 2 태종춘추공, 2 기이 2 남부여 전백제〉

의적 義寂 [신라] 의상대사(義湘大師)의 제자. 십대덕(十大德)의 한 사람이다. 〈유사 4 의해 5 의상전교〉

의정 誼靖 [신라] 47대 헌안왕(憲安王)의 휘(諱). 우정(祐靖)이라고도 한다. 46대 문성왕(文聖王)의 유조(遺詔)로 후계자가 되었다 → 헌안왕 〈사기 11 신라 11 문성왕, 헌안왕, 50 열전 10 궁예〉, 〈유사 1 왕력 1〉

의정 義正 [신라] 46대 문성왕(文聖王) 11년(849년) 이찬(伊湌)으로 상대등(上大等)을 삼았다. 〈사기 11 신라 11 문성왕〉

의종 義琮 [신라] 46대 문성왕(文聖王) 2년(840년)에 시중(侍中)이 된 김의종(金義琮)이다. → 김의종 〈사기 11 신라 11 문성왕〉

의직 義直 [백제] 신라 28대 진덕왕(眞德王) 2년(648년) 백제 장군 의직이 서변(西邊)을 침습하므로 유신(庾信)을 시켜 막게 하였는데 백제군이 패하여 달아났다. 백제 31대 의자왕(義慈王) 7년(647년) 의직이 신라 무산성(茂山城)에 진둔(進屯)하여 그 성을 쳤는데 신라 유신군(庾信軍)에게 크게 패했다. 동 20년(660년) 당군이 공격해 왔을 때 좌평(佐平) 의직은 멀리서 온 당병이 사기(士氣)가 안정치 못할 때 당과 결전하는 것이 좋다고 의견을 말하였으나 받아들여지지 않았다. 〈사기 5 신라 5 진덕왕, 28 백제 6 의자왕〉, 〈유사 1 기이 2 태종춘추공〉

의충 依(義)忠 [신라] 35대 경덕왕(景德王)의 후비(後妃) 만월부인(滿月夫人)의 아버지이다. 각간(角干) → 김의충 〈사기 9 신라 9 혜공왕〉, 〈유사 1 왕력 1〉

의훈 嶷勛 [신라] 44대 민애왕(閔哀王) 2년(839년) 김양(金陽) 군이 대구에 이르렀을 때 왕의 명으로 대아찬(大阿湌) 의훈 등이 가서 막았으나 졌다. 〈사기 10 신라 10 민애왕〉

의흥대왕 懿興大王 [신라] 56대 경순왕(敬順王)의 할아버지 관□각간(官□角干)의 추봉명(追封名)이다. 〈유사 1 왕력 1〉

이간생부인 伊刊生夫人 [신라] 7대 일성니질금(逸聖尼叱今)의 어머니이다. 〈유사 1 왕력 1〉

이공 理恭 [신라] 31대 신문왕(神文王)의 왕자. 이홍(理洪)이라고도 한다. 32대 효소왕(孝昭王)의 휘(諱)이다. → 효소왕 〈사기 8 신라 8 효소왕〉, 〈유사 1 왕력 1, 2 기이 2 만파식적, 3 탑상 4 대산오만진신〉

이동 李同 [신라] 48대 경문왕(景文王) 9년(869년) 진봉사(進奉使) 김윤(金胤)을 수종(隨從)하여 당(唐)에 가서 학업을 닦았다. 〈사기 11 신라 11 경문왕〉

이등 伊登 [신라] 23대 법흥왕(法興王) 12년(525년) 대아찬(大阿湌)으로 사벌주(沙伐州=尙州)의 군주(軍主)를 삼았다. 〈사기 4 신라 4 법흥왕〉

이량 伊亮 [신라] 30대 문무왕(文武王) 원년(661년) 사미(沙彌) 지통(智通)이 있었는데 이량공의 가노(家奴)였다. 7세에 출가(出家)하였는데 까마귀가 와서 낭지(朗智)의 제자가 되라고 해서 찾아갔다. 〈유사 5 피은 8 낭지승운 보현수〉

이련 伊連 [고구려] 18대 고국양왕(故國壤王)의 휘(諱)이다. 어지지(於只支)라고도 한다. → 고국양왕 〈사기 18 고구려 6 고국양왕〉 ☞ 590쪽, 600쪽

이리벌 伊梨伐 [신라] 26대 진평왕(眞平王) 24년(602년) 백제가 크게 군사를 일으켜 아막성(阿莫城)을 포위하니 파진찬(波珍湌) 이리벌 장군들을 시켜 막게 하였다. 〈사기 45 열전 5 귀산〉

이리(기)부인 伊利(企)夫人 [신라] 18대 실성니사금(實聖尼師今)의 어머니. 대서지(大西知)의 부인이고 석등보아간(昔登保阿干)의 딸이다. 〈사기 3 신라 3 실성니사금〉 ☞ 600쪽

이매 伊買
[신라] 10대 벌휴니사금(伐休尼師今)의 둘째 아들. 일찍 죽었다. 벌휴니사금이 돌아가자 적손(嫡孫)은 어리므로 이매의 아들로 왕으로 세우니 곧 10대 내해니사금(奈解尼師今)이다. 〈사기 2 신라 2 내해니사금〉

이모 夷謨
[고구려] 9대 고국천왕(故國川王)의 휘(諱)는 남호(男虎) 또는 이모라고 한다. <사기>에는 이이모(伊夷謨)라고 하였다. → 고국천왕 〈유사 1 왕력 1〉 ☞ 594쪽

이문 尼(泥)文
[신라] 24대 진흥왕(眞興王) 12년(551년) 가야금(伽倻琴) 제작자 우륵(于勒)의 제자. 진흥왕이 그를 궁(宮)에 머무르게 하고 음악을 연주케 하였는데 새 가곡을 만들어 아뢰었다. 오(烏), 서(鼠), 순(鶉) 등 세 곡을 지었다. 악지(樂志)의 이문(泥文)도 같은 사람일 것이다. 〈사기 4 신라 4 진흥왕, 32 잡지 1 악〉

이문진 李文眞
[고구려] 26대 영양왕(嬰陽王) 11년(600년) 태학박사(太學博士) 이문진이 고사(古史)를 축약하여 <신집(新集)> 5권을 만들었다. 국초(國初)부터 어떤 사람이 국사(國史) 100권을 기술하여 <유기(留記)>라 하였던 바 이때에 이르러 그것을 산수(刪修)하였던 것이다. 귀화한 중국인이 아닐까? 〈사기 20 고구려 8 영양왕〉

이비갈문왕 伊非葛文王
[신라] 13대 미추니질금(味鄒尼叱今)의 어머니 생호부인(生乎夫人)의 아버지이다. 〈유사 1 왕력 1〉

이사부 異斯夫
[신라] 태종(苔宗)이라고도 하며 성은 김씨(金氏). 17대 내물니사금(奈勿尼師今)의 4대손이다. 22대 지증마립간(智證麻立干) 6년(505년) 실직국(悉直國=三陟)을 삼고 이사부로 군주를 삼았다. 동 13년(512년) 이찬(伊飡) 이사부가 하슬라주(何瑟羅州=江陵)의 군주(軍主)가 되어 우산국(于山國=鬱陵島)을 모계(謀計)로 항복시켰다. 24대 진흥왕(眞興王) 11년(550년) 백제와 고구려가 싸워 병사가 피로한 틈을 타서 공격 고구려의 도살성(道薩

城=天安)과 백제의 금현성(金峴城) 두 성을 취하고 증축(增築)하여 갑사(甲士)를 주둔시켜 지키었다. 고구려군이 금현성을 공격하였으나 실패하고 돌아가는 것을 이사부가 추격하여 이겼다. 동 23년(562년) 왕이 이사부를 시켜 가라국(加羅國)을 습격하게 했는데 드디어 그 나라를 멸하였다. 〈사기 4 신라 4 지증마립간, 35 잡지 4 지리 2, 44 열전 4 이사부, 사다함〉 ☞ 584쪽

이속 伊速 [고구려] 18대 국양왕(國壤王)의 휘(諱)로 이속 또는 어지지(於只支)라고도 한다. → 국양왕 〈유사 1 왕력 1〉 ☞ 590쪽, 600쪽

※ 〈사기〉에는 이련이라 하였다.

이순 李純 [신라] 35대 경덕왕(景德王) 22년(763년) 총신(寵臣)이던 이순이 하루 아침에 깊은 산에 들어가 중이 되었고 왕을 위해 단속사(斷俗寺)를 세우고 거기에 살았다. 왕이 음악(音樂)을 좋아한다는 말을 듣고 궁문(宮門)에 가서 간(諫)하니 왕이 듣고 그를 불러 도리(道理)의 오묘(奧妙)함과 치세(治世)의 방법에 대하여 수일간 들었다. 〈사기 9 신라 9 경덕왕〉 이준(李俊)이라고도 적었다. 〈유사 5 피은 8 신충괘관〉

이순행 李順行 [신라] 44대 민애왕(閔哀王) 원년(838년) 김양(金陽)이 무진주(武珍州)에서 왕군(王軍)의 군사를 맞아 장군 이순행 등에게 군사를 주어 돌격케 하여 이겼다. 〈사기 10 신라 10 민애왕, 44 열전 4 김양〉

이시품왕 伊尸品王 [가야] 5대왕 → 이품왕 〈유사 2 기이 2 가락국기〉

이씨 李氏 [신라] 알천 양산촌장(閼川楊山村長) 알평(謁平)이 급량부(及梁部) 이씨의 조(祖)이다. 〈유사 1 기이 2 신라시조혁거세, 2 기이 2 김부대왕〉

이원장 李元長 [신라] 소경(小卿) 벼슬의 사람. 욱면(郁面)이 있던 귀진(貴珍)의 집터에다 지은 법왕사(法王寺)가 황폐하자 대사 회경(大師 懷鏡)

등과 발원하여 중건하였다. 경덕왕~애장왕(742~808년) 사이의 인물이다. 〈유사 5 감통 7 욱면비염불서승〉

이유 李儒 [신라] 56대 경순왕(敬順王) 6년(931년) 사빈경(司賓卿) 이유를 후당(後唐)에 보내어 조공하였다. 〈사기 12 신라 12 경순왕〉

이음 利音 [신라] 혹은 내음(奈音)이라고도 한다. 10대 내해니사금(奈解尼師今) 12년(207년) 왕자 이음을 이벌찬(伊伐湌)을 삼고 내외병마사(內外兵馬事)를 겸하게 했다. 동 14년(209년) 포상(浦上) 8국(현 경상남도 일대)이 가라(加羅)를 침략하려고 하자 가라의 왕자가 구원을 청하므로 왕이 태자 우로(于老)와 이벌찬(伊伐湌) 이음을 장수로 6부의 병을 이끌고 가서 패퇴시키고 구원하였다. 동 19년(214년) 백제가 요거성(腰車城)을 쳐 성주 설부(薛夫)를 죽였으므로 이벌찬 이음을 명하여 정병을 거느리고 가서 백제를 쳐 사현성(沙峴城)을 깨뜨렸다. 백제 5대 초고왕(肖古王) 39년(204년) 백제가 신라의 요거성(腰車城)을 치자 신라왕이 이벌찬(伊伐湌) 이음을 장수로 6부의 정병(精兵)을 거느리고 와서 백제의 사현성(沙峴城)을 침공했다. 동 25년(220년) 이음이 죽었다. 〈사기 2 신라 2 내해니사금, 23 백제 1 초고왕〉

※ 신라의 기사와 백제기사 사이에 연대 차이가 있음.

이이모 伊夷謨 [고구려] 10대 고국천왕(故國川王)의 휘(諱) → 고국천왕 〈사기 16 고구려 4 고국천왕〉 ☞ 594쪽

이정언 李正言 [신라] 56대 경순왕(敬順王)이 고려 태조에게 자기 백부 억렴(億廉)의 딸을 시집보냈다고 하였다. 곧 신성왕후이다. 그런데 주(註)에는 고려 김관의(金寬毅)가 지은 <왕대종록(王代宗錄)>에는 신성왕후(神成王后)는 경주(慶州) 대위(大尉) 이정언의 딸이라고 하였다고 하였다. 〈유사 2 기이 2 김부대왕〉

이준 李俊 [신라] 35대 경덕왕(景德王) 때 직장(直長). <고승전>에는 이순(李純)이라 하였다. 50세가 되면 출가하겠다고 발원하여 50

세가 되자 경덕왕 7년(748년) 조연소사(槽淵小寺)를 개창(改創)하여 단속사(斷俗寺)를 만들고 자기도 출가하여 법명(法名)을 공굉장로(孔宏長老)라 하고 절에 거주한지 20년에 죽었다. 〈유사 5 피은 8 신충괘관〉

이진아시 伊珍阿豉 [가야] 대가야(大加耶=고령군(高靈郡))의 시조(始祖). 내진주지(內珍朱智)라고도 한다. 〈사기 34 잡지 3 지리 1〉

이차돈 異次頓 [신라] 처도(處道)라고도 한다. 23대 법흥왕(法興王) 때 근신(近臣)으로 불교를 인정받기 위하여 순교(殉敎)하였다. 동 12년(525년) 왕이 불교를 일으키려고 하는데 군신(群臣)이 믿지 않으므로 이차돈이 홀로 주장하다 형(刑)을 받게 되자 이차돈이 말하기를 불교는 뜻이 깊으므로 반드시 비상한 일이 있을 것이라 하고 목베임을 당하니 그 자리에서 흰 피가 솟아 나와 여러 사람이 다시는 불사(佛事)를 반대하지 않았다. <유사>에는 염촉(猒髑)이라 하였다. 〈사기 4 신라 4 법흥왕〉 성은 박씨. 아버지는 모르며 할아버지는 습보갈문왕(習寶葛文王)의 아들 아진종랑(阿珍宗郎)이다. 23대 법흥왕(法興王) 14년(527년) 제신들이 절의 창건을 반대하자 스스로 목숨을 바쳐 이적(異蹟)을 보여 모두에게 불심을 일으켰다. 이름이 이차돈, 염촉, 이처, 염도(異次頓, 厭髑, 伊處, 猒覩) 등 여러 가지인데 첫 자는 뜻으로 읽고 아래자는 음으로 읽는다고 하였다. 곧 한 이름의 다른적음이다. 〈유사 3 흥법 3 원종흥법 염촉멸신〉 ☞ 583쪽

이처 伊處 이차돈(異次頓)의 다른 적음이다. 〈유사 3 흥법 3 원종흥법 염촉멸신〉 ☞ 583쪽

이충식 李忠式 [신라] 55대 경애왕(景哀王) 4년(927년) 후당(後唐)에서 판관창부원외랑(判官倉部員外郎) 이충식에게 겸시어사(兼侍御史)의 벼슬을 주었다. 〈사기 12 신라 12 경애왕〉

이칠 伊柒 [신라] 13대 미추니사금(味鄒尼師今) 어머니의 아버지. 박씨(朴

氏). 갈문왕(葛文王) 〈사기 2 신라 2 미추니사금〉

이품왕 伊品王 [가야] 가락국 5대왕. 아버지 거질미왕(居叱彌王), 어머니 아지(阿志), 비(妃)는 사농경(司農卿) 극충(克忠)의 딸 정신(貞信)이다. 〈유사 1 왕력 1, 2 기이 2 가락국기〉

이해니질금 理解尼叱今 [신라] 12대 임금. 첨해니사금(沾解尼師今)의 다른 적음이다. → 첨해니사금 〈유사 1 왕력 1〉 ☞ 590쪽

이홍 理洪 [신라] 31대 신문왕(神文王) 11년(691년) 왕자 이홍을 태자로 삼았다. 32대 효소왕(孝昭王)이 되었다. 효소왕의 휘(諱)가 이홍. '홍'은 공(恭)이라고도 한다. → 효소왕 〈사기 8 신라 8 신문왕, 효소왕〉, 〈유사 1 왕력 1, 3 탑상 4 황룡사종 분황사약사 봉덕사종, 백률사〉

이홍 利弘 [신라] 42대 흥덕왕(興德王)이 돌아가자 왕의 종제(從弟) 균정(均貞)과 종제 헌정(憲貞)의 아들 제륭(悌隆)이 각기 임금이 되려고 할새 시중(侍中) 김명(金明)과 아찬(阿湌) 이홍 등이 제륭을 받들었다. 제륭이 왕위에 올라 43대 희강왕(僖康王)이 되어 동 2년(837년) 이홍을 시중(侍中)을 삼았다. 동 3년 이홍 등이 흥병작란(興兵作亂)하여 왕의 좌우(左右)를 살해하니 왕이 스스로 목숨을 끊었다. 이홍도 45대 신무왕(神武王) 원년(839년)에 도망가다가 왕의 기병(騎兵)에 잡혀 죽었다. 〈사기 10 신라 10 희강왕, 민애왕, 44 열전 4 김양〉

이효 理曉 [신라] 33대 성덕왕(聖德王) 14년(715년) 큰 가뭄이 있어 하서주(河西州)의 용명악거사(龍鳴嶽居士) 이효를 불러 임천사(林泉寺) 지상(池上)에서 비를 빌어 열흘 동안 비가 왔다. 〈사기 8 신라 8 성덕왕〉

익 翊 [고구려] 5대 모본왕(慕本王)의 아들. 원년(48년)에 태자로 세웠으나 불초(不肖)하여 왕위 계승을 못하였다. 〈사기 14 고구려 2 모본왕〉

익선 益宣 [신라] 32대 효소왕(孝昭王) 때 당전 모량부(幢典牟梁部) 익선 아간이 죽지랑도(竹旨郎徒) 득오(得烏)를 부산성 창직(富山城倉直)으로 데려갔다 했는데 종으로 부렸다. 말이 어눌하고 변통이 없고 욕심이 많았다. →득오 〈유사 2 기이 2 효소왕대 죽지랑〉

익성대왕 翌成大王 [신라] 43대 희강왕(僖康王) 2년(858년) 왕의 아버지 헌정(憲貞)의 추봉명(追封名)이다. 〈사기 10 신라 10 희강왕〉, 〈유사 1 왕력 1〉 ☞ 601쪽

익종 翌宗 [신라] 6대 지마니사금(祗摩尼師今) 10년(121년) 이찬(伊湌)이 되었다. 〈사기 1 신라 1 지마니사금〉

익종 翊宗 [신라] 12대 첨해니사금(沾解尼師今) 9년(255년) 백제가 내침하자 일벌찬(一伐湌) 익종이 이를 괴곡(槐谷) 서쪽에서 맞아 싸우다가 전사하였다. 〈사기 2 신라 2 첨해니사금, 24 백제 2 고이왕〉

인겸 仁謙 [신라] 38대 원성왕(元聖王) 원년(785년) 인겸을 왕태자(王太子)로 삼았다. 동 7년에 죽었으므로 그의 아들이 즉위하여 소성왕(昭聖王)이 되었다. 왕이 원년(798년) 인겸을 혜충대왕(惠忠大王)으로 추시(追諡)하였다. 〈사기 10 신라 10 원성왕, 소성왕〉

인경 仁慶 [신라] 50대 정강왕(定康王) 때 서발한(舒發翰). 효종랑(孝宗郎)이 효녀(孝女) 지은(知恩)의 일을 부모에게 알리자 지은을 구제한 효종랑(孝宗郎)의 아버지다. 〈사기 48 열전 8 효녀지은〉

인덕 仁德

① [신라] 38대 원성왕(元聖王)의 어머니. 지오부인(知烏夫人)이라고도 한다. 시호(諡號)는 소문왕후(昭文王后)이다. 〈유사 1 왕력 1〉

② [가야] 가락국 8대 질지왕(銍知王)의 어머니. 7대 취희왕(吹希王)의 비(妃)이며 진사각간(進思角干)의 딸이다. 〈유사 1 왕력 1, 2 기이 2 가락국기〉

인문 仁問 [신라] 29대 무열왕(武烈王)의 아들→김인문 〈사기 5 신라 5

선덕왕, 진덕왕, 무열왕, 42 열전 2 김유신 중, 44 열전 4 김인문〉

인선 仁仙 [신라] 30대 문무왕(文武王) 2년(662년) 당의 요청으로 군량(軍糧)을 싣고 고구려로 가다가 양오(楊隩)에 이르러 대감(大監) 인선 등을 시켜 군량을 당영(唐營)에 보냈다. 〈사기 6 신라 6 문무왕 상〉

인수 仁守 [백제] 신라 29대 무열왕(武烈王) 7년(660년) 왕이 백제에서 돌아와 논공행상(論功行賞)을 할 때 백제의 인원(人員)에게도 재능을 보아 임용했는데 은솔(恩率) 인수는 대내마(大奈麻)의 위(位)를 주고 제감직(弟監職)에 보(補)하였다. 〈사기 5 신라 5 태종무열왕〉

인우 因友 [백제] 25대 무녕왕(武寧王) 23년(523년) 왕이 한성(漢城)에 가서 좌평(佐平) 인우 등을 명하여 한수(漢水) 이북 주군(州郡)의 백성 15세 이상을 징발하여 쌍현성(雙峴城)을 쌓았다. 〈사기 26 백제 4 무녕왕〉

인장 仁章 [신라] 33대 성덕왕(聖德王) 18년(719년) 김지성(金志誠) 일길간(一吉干)이 아버지 인장과 어머니, 형제들을 위하여 감산사(甘山寺)와 석미륵(石彌勒)을 만들었다. 〈유사 3 탑상 4 남월산〉

인태 仁泰 [신라] 29대 무열왕(武烈王) 2년(655년) 서자(庶子) 인태를 각찬(角湌)으로 삼았다. 동 7년(660년) 당(唐)의 낭장(郎將) 유인원(劉仁願)이 병(兵) 1만인으로 사비성(泗沘城)을 진수(鎭守)하고 왕자 인태 등이 병 7천으로 그를 보좌하였다. 〈사기 5 신라 5 태종무열왕〉

인품 仁品 [신라] 33대 성덕왕(聖德王) 5년(706년) 상대등(上大等)을 삼았다. 〈사기 8 신라 8 성덕왕〉

인혜 因惠 [신라] 29대 무열왕(武烈王) 때 중. 김유신(金庾信)의 친척 수천(秀天)이 악질(惡疾)에 걸려 앓고 있으므로 유신이 친하던 거사 밀본(密本)을 보내 진단케 하였는데 수천의 친구 인혜사가 거사를 모욕하였다. 둘이 서로 신통력을 과시하다가 거사의 탄지일성(彈指一聲)에 하늘에 치솟았다. 인혜는 이 이후 재주를 팔지 않았다. 〈유사 5 신주 6 밀본최사〉

인흥 藺興 [신라] 48대 경문왕(景文王) 14년(874년) 시중(侍中)을 삼았다. 〈사기 11 신라 11 경문왕〉

인□ 仁□ [신라] 38대 원성왕(元聖王)의 어머니. 지오부인(知烏夫人) 시호는 소문왕후(昭文王后) 창근(昌近) 이이(伊已)의 딸이다. 〈유사 1 왕력 1〉 인덕(仁德)일 가능성이 크다.

일강 一康 [신라] 강주장군(康州將軍) 윤웅(閏雄)이 고려 태조(太祖)에게 우호를 다지기 위해 아들 일강을 볼모로 보냈다. 〈사기 12 신라 12 경명왕〉

일구 逸句 [고구려] 3대 대무신왕(大武神王) 15년(32년) 대신 구도(仇都), 일구(逸句), 분구(焚句) 등 세 사람은 비류부(沸流部)의 장(長)으로 탐욕(貪慾)하고 비루(鄙陋)하여 백성을 괴롭히므로 내쫓아 서인(庶人)을 삼았다. 〈사기 14 고구려 2 대무신왕〉

일기사덕 一耆篩德 [백제] 30대 무왕(武王)의 소명(小名) → 무왕 〈유사 1 왕력 1〉

일길 一吉 [후백제] 견훤(甄萱) 42년(933년) 견훤이 장수 일길을 시켜 수군(水軍)으로 고려 예성강에 들어가 3일 동안 염, 백, 진(塩, 白, 眞) 3주(州)의 배 100여 척을 불지르고 갔다. 〈유사 2 기이 2 후백제 견훤〉

일념 一念 [신라] 당 헌종(憲宗) 때(9세기초) 남간사(南澗寺)의 중 일념이 촉향분례불결사문(髑香墳禮佛結社文)을 지었다. 〈3 흥법 3 원종흥법 염촉멸신〉

일당 一幢 [신라] 33대 성덕왕(聖德王) 때 김지성(金志誠)의 서족(庶族). 일길찬(一吉湌). 김지성이 감산사(甘山寺)를 지을 때 부모와 형제, 처 등을 위하여 하는 일에 일당 등과 같이 경영하게 하였다.

〈유사 3 탑상 4 남월산〉

일벌 一伐 [신라] 10대 내해니질금(奈解尼叱今) 10년(212년) 보라국(保羅國), 고자국(古自國) 등 8국이 힘을 합쳐 변경을 내침하자 왕이 태자와 장군 일벌에게 명하여 군사를 거느리고 가서 막게 하니 8국이 모두 항복하였다. 〈유사 5 피은 8 물계자〉

일부 日夫 [신라] 26대 진평왕(眞平王) 36년(614년) 일길찬(一吉湌) 일부를 일선주(一善州)의 군주(軍主)로 삼았다. 〈사기 4 신라 4 진평왕〉

일산 一山 [신라] 30대 문무왕(文武王) 10년(670년) 한기부(漢岐部)의 급간(級干, 일산(成山)이라고도 한다)의 비(婢)가 1녀 3자를 한꺼번에 낳았다. 〈유사 2 기이 2 문호왕법민〉 ☞ 584쪽

일성니사금 逸聖尼師今 [신라] 7대왕(재위 134~154년). 3대 유리니사금(儒理尼師今)의 큰아들로(어머니는 日知葛文王의 딸이라고 함) 비(妃)는 박씨(朴氏). 지소례왕(支所禮王)의 딸이다. 원래 4대 탈해니사금(脫解尼師今)이 돌아가매 유리니사금(儒理尼師今)의 태자인 일성(逸聖)을 세우려 했으나 위엄(威嚴)과 현명(賢明)함이 아우 파사(婆娑)를 따르지 못한다 하여 5대 파사니사금을 세웠고 그 아들 6대 지마니사금(祇摩尼師今)의 뒤를 이어 왕이 된 것이다. 〈사기 1 신라 1 일성니사금〉

일성니질금 逸聖尼叱今 [신라] 7대왕(재위 134~154년). 아버지는 3대 노례왕(弩禮王)의 형 또는 6대 지마왕(祇摩王). 비(妃)는 □례부인(□禮夫人). 일지갈문왕(日知葛文王)의 딸. □□례부인(□□禮夫人). 지마왕의 딸. 이 기사는 많이 혼돈되어 있는데 일성은 지마왕의 삼촌이다. 〈유사 1 왕력 1〉

일소 日炤 [신라] 31대 신문왕(神文王)의 자(字) 〈유사 1 왕력 1〉

일순 逸荀 [고구려] 3대 대무신왕(大武神王) 15년(32년) 대신(大臣) 일순 등 3사람을 내쫓아 서인(庶人)을 삼았다. 이들은 비류부(沸流部)

의 장으로 백성에게 학정(虐政)을 하였으므로 죽이려 하다가 동명왕(東明王)의 구신(舊臣)이었으므로 퇴출(退黜)만 시켰다. 〈사기 14 고구려 2 대무신왕〉

일승 一乘 [신라] 고구려 28대 보장왕(寶藏王)이 도교(道敎)를 숭상하므로 보덕법사(普德法師)가 신력(神力)으로 방장(方丈)을 날려 남으로 완산주에 이거(移居)하였는데 그의 고제(高弟) 11인 중 일승은 심정(心正) 대원(大原) 등과 함께 대원사(大原寺)를 창건하였다. 〈유사 3 흥법 3 보장봉로 보덕이암〉

일우 逸友 [고구려] 13대 서천왕(西川王)의 아우로 동 17년(286년) 왕제(王弟) 일우와 소발(素勃) 두 사람이 모반(謀叛)하여 희락(戱樂)하고 패역(悖逆)한 말을 하므로 왕이 거짓으로 유인하여 죽였다. 〈사기 17 고구려 5 서천왕〉

일원 日原 [신라] 29대 무열왕(武烈王) 7년(660년) 당(唐) 낭장(郎將) 유인원(劉仁願)이 사비성(泗沘城)에 진수(鎭守)할 때 신라의 왕자 인태(仁泰)와 사찬(沙湌) 일원 등이 병을 이끌고 보좌하였다. 30대 문무왕(文武王) 7년(667년) 당(唐)이 고구려를 침공할새 당제(唐帝)의 칙명(勅命)에 의해 대아찬(大阿湌) 일원으로 운휘장군(雲麾將軍)을 삼았다. 동 8년 왕이 일원을 계금당총관(罽衿幢摠管)을 삼았다. 〈사기 5 신라 5 태종무열왕, 6 신라 6 문무왕 상〉

일조 日照 [신라] 31대 신문왕(神文王)의 자 = 일소(日炤) 〈유사 3 탑상 4 대산오만진신〉

일지갈문왕 日知葛文王 ① [신라] 3대 유리니사금비(儒理尼師今妃)의 아버지이다. 허루왕(許婁王)이라고 한 기록도 있다. 〈사기 1 신라 1 유리니사금〉 ☞ 601쪽

② [신라] 7대 일성니질금(逸聖尼叱今)의 비(妃)는 □례부인(□禮夫人). 일지갈문왕(日知葛文王)의 딸이다. 〈유사 1 왕력 1〉

일초 日怊 [신라] 31대 신문왕(神文王)의 자(字)이다. → 신문왕 〈사기 8 신

라 8 신문왕〉

임걸 壬乞 [백제] 23대 왕 삼근왕(三斤王)의 다른 이름이다. → 삼근왕 〈사기 26 백제 4 문주왕, 삼근왕〉 ☞ 589쪽

임권 林權 [신라] 6대 지마니사금(祇摩尼師今) 10년(121년) 아찬(阿飡)을 삼았다. 〈사기 1 신라 1 지마니사금〉

임무 任武 [고구려] 28대 보장왕(寶藏王)의 둘째 아들. 동 6년(647년) 막리지(莫離支) 임무를 당에 보내어 당에 사죄케 했다. 〈사기 22 고구려 10 보장왕 하〉

임영리 任永里 [신라] 26대 진평왕(眞平王) 51년(629년) 왕이 이찬(伊飡) 임영리 등을 시켜 군사를 거느리고 고구려의 낭비성(娘臂城)을 공격했으나 신라가 불리했는데 김유신(金庾信)이 자원하여 적진에 뛰어 들어 적을 무찔렀다. 〈사기 41 열전 1 김유신 상〉

임윤법사 琳潤法師 [신라] 30대 문무왕(文武王) 11년(671년) 대당총관(大唐摠管) 설인귀(薛仁貴)가 신라 승 임윤법사를 시켜 신라왕에게 편지를 전케 했는데 내용은 신라가 당의 말을 잘 안 듣고 자기네 강토(疆土)를 넓히려는 의도에 대한 불만을 담았다. 〈사기 7 신라 7 문무왕 하〉

임자 任子 [백제] 좌평(佐平). 신라 29대 무열왕(武烈王) 2년(655년) 신라의 포로 급찬(級飡) 조미갑(租未岬)을 자기 집 종으로 삼았는데 일을 열심히 하여 의심치 않았다. 조미갑이 도망해 백제의 사정(국정이 문란하고 백성이 원망함)을 유신(庾信)에게 고했다. 유신은 임자를 포섭할 생각에 조미갑을 다시 백제에 보냈는데 임자의 동의를 얻었다. 〈사기 42 열전 2 김유신 중〉

임종 林宗 [신라] 25대 진지왕(眞智王)과 도화낭(桃花娘) 사이에서 낳은 비형랑(鼻荊郎)이 26대 진평왕(眞平王)의 요청으로 데려온 길달(吉達)을 양자로 삼은 각간(角干). 길달은 여우로 변하여 도망갔다가 비형랑이 귀신을 시켜 잡아 죽였다. 〈유사 1 기이 1 도화

녀 비형낭〉

임종공 林宗公 [신라] 28대 진덕왕(眞德王) 때 알천공(閼川公), 유신공(庾信公), 임종공 등이 남산에 모여 국사를 의론할 때 큰 호랑이가 달려들었는데 알천공이 메어쳐 죽였다. 〈유사 1 기이 1 진덕왕〉

입종 立宗 [신라] 24대 진흥왕(眞興王)의 아버지. 23대 법흥왕의 아우. 갈문왕(葛文王)이다. 〈사기 4 신라 4 진흥왕〉 그의 딸 만호(萬呼)가 26대 진평왕(眞平王)의 어머니이다. 진흥왕이 즉위했을 때 나이가 어리므로 태후(太后)가 섭정했는데 그가 법흥왕(法興王)의 딸로 입종갈문왕의 비(妃)이다. 〈유사 1 왕력 1, 1 기이 1 진흥왕〉

잉숙 仍宿 [신라] 거칠부(居柒夫)의 할아버지. 각간(角干)이다. 〈사기 44 열전 4 거칠부〉

잉피공 仍皮公 [신라] 원효대사(元曉大師)의 할아버지. 설씨(薛氏). 적대공(赤大公)이라고도 한다. 그의 아들이 담날내말(談捺乃末)이다. 〈유사 1 왕력 1, 1 기이 1 진흥왕〉 ☞ 601쪽

자간 自簡 [백제] 신라 29대 무열왕(武烈王) 7년(660년) 백제(百濟)와의 싸움이 끝난 후 논공행상(論功行賞)을 하는데 백제의 인원도 다 그 재능을 보아 임용했는데 달솔(達率) 자간에게는 일길찬(一吉湌)의 위(位)를 주어 총관(摠管)의 직(職)에 보(補)하였다. 〈사기 5 신라 5 태종무열왕〉

자견 自堅 [백제] 신라 28대 진덕왕(眞德王) 3년(649년) 백제가 신라 석토

성(石吐城)을 공격했을 때 백제 장군 달솔(達率) 자견이 신라군에 의해 피살되었다. 〈사기 42 열전 2 김유신 중〉

자눌 慈訥 [신라] 30대 문무왕비(文武王妃). 31대 신문왕(神文王)의 어머니. 선품해간(善品海干)의 딸이다. →자의(慈儀) 〈유사 1 왕력 1〉 ☞ 601쪽

자비마립간 慈悲麻立干 [신라] 20대 왕(재위 458~479년). 19대 눌지마립간(訥祇麻立干)의 큰아들. 어머니는 김씨(金氏) 실성니사금(實聖尼師今)의 딸 아로부인(阿老夫人), 비(妃)는 미사흔(未斯欣)의 딸이다. 〈사기 3 신라 3 자비마립간〉 어머니는 아로부인 또는 차로부인(次老夫人)이라고도 하며 비(妃)는 파호갈문왕(巴胡葛文王)의 딸이다. 〈유사 1 왕력 1〉

자성왕후 資成王后 [신라] 53대 신덕왕비(神德王妃). 의성(懿成) 또는 효자(孝資)라고도 한다. 〈유사 1 왕력 1〉 ☞ 590쪽, 600쪽

자양 子陽 [신라] 신라 구성(九聖) 중의 하나. 관기(觀機)와 도성(道成) 두 성사(聖師)가 포산(包山)에 은거하여 도를 닦았는데 그 산중에 구성의 기록에 자양이 들어 있다. 〈유사 5 피은 8 포산이성〉

자옥 子玉 [신라] 38대 원성왕(元聖王) 5년(789년) 양근현(陽根縣=楊平) 소수(小守)를 삼았다. 그가 문예(文藝)로 출신(出身)하지 않았다고 반대하는 사람이 있었으나 당 유학생(留學生)이었기 때문에 그대로 임용했다. 〈사기 10 신라 10 원성왕〉

자의왕후 慈儀(義)王后 [신라] 30대 문무왕비(文武王妃). 파진찬(波珍飡) 선품(善品)의 딸이며 31대 신문왕(神文王)의 어머니이다. 儀는 義라고도 적는다. 〈사기 6 신라 6 문무왕 상, 8 신라 8 신문왕〉 자눌왕후(慈訥王后)라고도 한다. 〈유사 1 왕력 1〉 ☞ 601쪽

자장법사 慈藏法師 [신라] 27대 선덕왕(善德王) 5년(636년) 당(唐)에 건너가 불법(佛法)을 구한 고승. 동 12년에 귀국하였다. 〈사기 5 신라 5 선

덕왕〉 속명(俗名) 선종랑(善宗郎). 김씨. 본시 진한(辰韓)의 진골(眞骨)인 소판(蘇判) 무림(茂林)의 아들이다. 무림은 불교에 귀심(歸心)하여 천부관음(千部觀音)에게 축원하여 아들을 주면 시주(施主)하여 법해(法海)의 진량(津梁)을 이루겠다고 하더니 홀연 아들을 낳아 선종랑이라 하였다. 아이는 심지(心志)가 맑고 슬기로워 세속에 물들지 않았다. 오랜 고행(苦行) 끝에 오계(五戒)를 받고 세속에 나와 교화(敎化)를 하다가 당에 가서 수도(修道)하는데 한 중이 나타나 가사(袈裟)와 사리(舍利) 등을 주었고 선덕왕 12년(643년) 왕의 요청으로 경(經), 상(像) 등을 챙겨 왔다. 왕은 대국통(大國統)으로 삼았고 불법을 널리 전하였다. 또 승려들의 학문을 독려하고 절이나 중의 과실(過失)을 경계하고 호법(護法)을 엄히 하였다. 뿐만 아니라 복장(服章)을 중국과 같이 하고 당의 연호(年號)를 썼다. 통도사(通度寺)를 비롯 많은 절을 세웠다. 〈유사 4 의해 5 자장정률〉

작진 酌珍 [후백제] 24대 진흥왕(眞興王)의 셋째 아들 구륜공(仇輪公)의 아들 선품(善品)의 아들로 각간(角干)이다. 그는 왕교파리(王咬巴里)를 아내로 맞아 각간 원선(元善)을 낳았는데 그가 아자개(阿玆蓋=견훤의 아버지)이다. 〈유사 2 기이 2 후백제 견훤〉

작필 雀弼 [후백제] 견훤(甄萱)의 휘하(麾下) 장군으로 고려 태조와 싸우다가 태조의 군사가 센 것을 알고 자진하여 항복하였다. 〈유사 2 기이 2 후백제 견훤〉

장 璋 [백제] 30대 무왕(武王)의 휘(諱). 23년(622년) 고구려와 내통하여 수(隋)의 공격을 방해했다. 〈사기 20 고구려 8 영양왕, 27 백제 5 무왕〉 그의 어머니가 근처 연못의 용(龍)과 교통하여 장을 낳았는데 아명(兒名)을 서동(薯童)이라 하였다. 신라 26대 진평왕(眞平王)의 셋째 딸 선화공주(善花公主)와 맺어졌다. → 무왕 〈유사 2 기이 2 무왕〉

장 藏 [고구려] 28대 보장왕(寶藏王)을 중국에서 낮추어 부른 이름이다. 〈사기 21 고구려 9 보장왕 상〉 ☞ 604쪽

장건영 張建榮 [신라] 44대 민애왕(閔哀王) 원년(838년) 김양(金陽)이 우징(祐徵=45대 신무왕)을 찾아가 김명(金明=44대 민애왕)이 43대 희강왕(僖康王)을 죽이고 스스로 민애왕으로 즉위하였음을 알리자 궁복(弓福)이 군사를 내어 주어 장군 장건영 등이 군사를 통솔하여 대구에 이르러 민애왕을 죽였다. 〈사기 10 신라 10 민애왕, 44 열전 4 김양〉

장귀 長貴 [백제] 신라 30대 문무왕(文武王) 11년(671년) 신라와 백제가 고구려에 대항하여 연맹하여 발병(發兵)할 것을 상의하며 질(質)을 교환할 것을 의론할 때 백제 측의 주부(主簿)로 참여하였다. 〈사기 7 신라 7 문무왕 하〉

장귀평 長貴平 [신라] 51대 진성왕(眞聖王) 8년(894년) 궁예(弓裔)가 부하 장귀평을 사상(舍上)으로 삼고 여러 부하들과 지금의 강원도 일대를 공격하였다. 〈사기 50 열전 10 궁예〉

장무 張茂 [백제] 21대 개로왕(蓋鹵王) 18년(472년) 왕이 위(魏)에 보낸 글월 속에 용양장군대방태수사마(龍驤將軍帶方太守司馬) 장무 등을 보내 조공(朝貢)을 하려는데 고구려 때문에 길이 막혀 제대로 못하였음을 알리고 고구려의 불의(不義)를 말하였다. 〈사기 25 백제 3 개로왕〉

장변 張弁 [신라] 44대 민애왕(閔哀王) 원년(838년) 김양(金陽) 휘하(麾下)의 장군. 우징(祐徵)이 궁복(弓福)에게 원수를 갚아 달라고 하자 김양을 평동장군(平東將軍)으로 삼아 장변 등을 이끌고 무주(武州)로 진군하여 왕군(王軍)에 맞서 이겼다. 〈사기 10 신라 10 민애왕, 44 열전 4 김양〉

장보고 張保皐 [신라] 42대 흥덕왕(興德王) 3년(828년) 청해(淸海) 진수(鎭守). 그 출신은 알 수 없고 용맹하고 씩씩하였고 당(唐)에 가서 무

녕군소장(武寧軍小將)이 되어 돌아왔다. 돌아오자 왕에게 청해(淸海=莞島)에 진영(鎭營)을 설치하여 해적(海賊)을 막아야 한다고 하였다. 왕은 보고에게 군사를 주어 진영을 맡기었는데 44대 민애왕(閔哀王)이 시해되었다는 소식을 듣고 가까운 친구 정년(鄭年)에게 군사를 주어 화란(禍亂)을 평정케 했다. 정년은 국도(國都)에 들어가 배반자(背叛者)를 베고 균정(均貞)의 아들 우징(祐徵)을 왕으로 세웠다. 곧 45대 신무왕(神武王)이다. 왕은 보고를 불러 재상(宰相)을 삼고 정년을 청해 진수로 보냈다. 또 장보고를 봉(封)하여 감의군사(感義軍使)를 삼고 식읍을 주었다. 46대 문성왕(文聖王) 원년(839년) 진해장군(鎭海將軍)을 배(拜)하고 장복(章服 : 다른 사람과 구별할 수 있게 무늬나 기호를 붙인 옷)을 주었다. 동 7년(845년) 보고의 딸로 비(妃)를 삼으려 하자 조신(朝臣)들이 부당하다고 간(諫)하므로 왕이 청종(聽從)하였다. 동 8년 보고가 반기(叛旗)를 들자 무주인(武州人) 염장(閻長)이 자청하여 청해진에 가 거짓 투항하고 함께 술을 마시다가 보고가 취하자 목을 베었다. 〈사기 10 신라 10 흥덕왕, 희강왕, 민애왕, 11 신라 11 문성왕, 43 열전 3 김유신 하〉

※ 〈유사〉에는 궁파(弓巴), 일승(日僧) 원인(圓仁)의 글에는 장보고(張保高)라 하였다.

장분 張芬 [신라] 55대 경애왕(景哀王) 4년(927년) 병부시랑(兵部侍郎)으로 후당(後唐)에 보내 조공을 하였는데 당이 검교공부상서(檢校工部尙書)를 주었다. 〈사기 12 신라 12 경애왕〉

장사댁 長沙宅 [신라] 54대 경명왕(景明王)의 비(妃) 〈유사 1 왕력 1〉

장세 長世 [신라] 5대 파사니사금(婆娑尼師今) 17년(96년) 가야인(加耶人)이 남쪽 경계를 침습(侵襲)하므로 가소성(加召城) 성주(城主) 장세를 보내 막게 했는데 장세는 적에게 피살되었다. 〈사기 1 신라 1 파사니사금〉

장수왕 長壽王 [고구려] 20대 왕(재위 413~491년). 휘(諱)는 거련(巨連 : 連은 璉이라고도 함). 광개토왕(廣開土王)의 큰아들. 모습이 괴걸(魁傑)하고 지기(志氣)가 호매(豪邁)하였다. 위(魏)와는 계속 우호관계를 가졌고 백제와 신라를 공략하였는데 동 63년(475년)에는 백제 21대 개로왕(蓋鹵王)을 죽였다. 〈사기 18 고구려 6 장수왕〉, 〈유사 1 왕력 1, 1 기이 1 내물왕 김제상〉

장순 長順 [신라] 30대 문무왕(文武王) 8년(668년) 고구려 진격을 위해 군을 편성할 때 아찬(阿湌) 장순을 하서주행군총관(河西州行軍摠管)을 삼았다. 〈사기 6 신라 6 문무왕 상〉

장여 璋如 [신라] 41대 헌덕왕(憲德王) 8년(816년) 시중(侍中)이 되었다. 김양(金陽 : 均貞의 아들 祐徵=神武王을 도운 사람)의 삼촌이다. 〈사기 10 신라 10 헌덕왕, 44 열전 4 김양〉

장웅 張雄 [신라] 41대 헌덕왕(憲德王) 14년(872년) 김헌창(金憲昌)의 반군(叛軍)을 토벌하려고 하여 일길찬(一吉湌) 장웅을 선봉장으로 군사를 보냈다.〈사기 10 신라 10 헌덕왕〉

장이 長耳 [신라] 김유신(金庾信)의 넷째 아들. 대아찬(大阿湌). 어머니는 태종무열왕(太宗武烈王)의 셋째 딸 지소부인(智炤夫人)이다. 〈사기 43 열전 3 김유신 하〉

장일 張一 [신라] 51대 진성왕(眞聖王) 8년(894년) 궁예(弓裔)의 부하. 명주(溟州=江陵)로 들어간 궁예가 장일 등을 사상(舍上)으로 삼았다. 〈사기 50 열전 10 궁예〉

장청 長淸 [신라] 김유신(金庾信)의 현손(玄孫). 집사랑(執事郞). 유신의 행록(行錄) 10권을 지었는데 만들어 넣은 말이 많았다. 〈사기 43 열전 3 김유신 하〉

장춘 長春 ① [신라] 29대 무열왕(武烈王) 6년(659년) 왕이 당(唐)에 청병했는데 회신이 없어 고민하고 있을 때 나타나 당의 파병을 알려준 선신(先臣 : 먼저 죽은 신하) 〈사기 5 신라 5 태종무열왕〉 화랑(花郞). 처음에 백제와 황산(黃山)에서 싸울 때 장춘랑과 파랑이 진중(陣中)에서 죽었다. 뒤에 왕이 백제를 칠 때 왕의 꿈에 나타나 백골(白骨)이 되었어도 나라를 보호하겠다며 병력을 달라고 하였다. 후에 왕이 한산주(漢山州)에 장의사(壯義寺)를 지어 명복을 빌었다. 〈유사 1 기이 2 장춘랑 파랑〉

② [신라] 35대 경덕왕(景德王) 때 가난한 여자 보개(寶開)의 아들. 해상(海商)을 따라 다니다가 재난을 당하여 중국 땅에 닿아서 밭갈기를 하였는데 그의 어머니가 민장사(敏藏寺)에서 7일간 기도하더니 홀연히 이인(異人)을 만나 돌아왔다. 경덕왕 4년(745년)의 일이다. 〈유사 3 탑상 4 민장사〉

장화부인 章和夫人 [신라] 42대 흥덕왕비(興德王妃) 김씨(金氏). 정목왕후(定穆王后)로 추봉(追封)하였다. 〈사기 10 신라 10 흥덕왕〉

장훤 長萱 [신라] 12대 첨해니사금(沾解尼師今) 2년(248년) 이찬(伊湌)을 서불감(舒弗邯)으로 삼았다. 〈사기 2 신라 2 첨해니사금〉

장흔 長昕 [신라] 14대 유례니사금(儒禮尼師今) 14년(297년) 일길찬(一吉湌)을 삼았다. 15대 기림니사금(基臨尼師今) 2년(299년) 이찬(伊湌)을 삼고 내외(內外)의 병마사(兵馬事)를 겸직케 하였다. 〈사기 2 신라 2 유례니사금, 기림니사금〉

재량 才良 [신라] 27대 선덕왕(善德王) 때 사간(沙干). 명랑법사(明朗法師)의 아버지. 재량의 세 아들 국교(國教), 의안(義安), 명랑 모두 대덕(大德)이다. 〈유사 5 신주 6 명랑신인〉

재매부인 財買夫人 [신라] 김유신(金庾信) 집에 있던 재매부인이 죽어 청연상곡(青淵上谷)에 장사지내고 재매곡이라 하였다. 해마다 봄이면 온 집안 사녀(士女)가 그곳 남쪽에 모여 잔치하였다. 〈유사 1 기이 2 김유신〉

재모 再牟 [고구려] 을불(乙弗 : 후에 15대 美川王)과 같이 소금장사를 한

사람. 동천인(東村人) 〈사기 17 고구려 5 미천왕〉

재사 再思 ① [고구려] 고구려 시조 주몽(朱蒙)이 부여(夫餘)를 탈출하여 엄호수(淹淲水)를 건너 모둔곡(毛屯谷)에 이르러 만난 사람 중 마의(麻衣)를 입은 사람. 극씨(克氏)라는 성(姓)을 주었으며 나라를 세우는데 필요한 현인(賢人)이었다. 〈사기 13 고구려 1 시조 동명성왕〉

② [고구려] 2대 유리왕(琉璃王)의 아들이며 6대 대조대왕(大祖大王)의 아버지이다. 〈사기 15 고구려 3 대조대왕〉

재증걸루 再曾桀婁 [고구려] 백제 21대 개로왕(蓋鹵王) 21년(475년) 고구려 장수왕(長壽王)이 백제를 쳐서 개로왕을 죽였는데 그 때 고구려의 장수(將帥)로서 대로(對盧)였다. 재증(再曾)은 복성(複姓)일 것이다. 〈사기 25 백제 3 개로왕〉

적대공 赤大公 [신라] 원효대사의 할아버지 → 잉피공 〈유사 4 의해 5 원효불기〉 ☞ 601쪽

적득 狄得 [신라] 29대 무열왕(武烈王) 2년(655년) 고구려와 백제가 함께 변경을 침해하자 그에 대항해서 왕이 흠운(歆雲)으로 낭당대감(郎幢大監)을 삼아 진격했는데 밤에 백제인이 기습하여 혼란에 빠지자 흠운이 앞장서 적과 싸워 전사했으며 이에 소감(少監) 적득도 함께 전사했다. 〈사기 47 열전 7 김흠운〉

적리녀 積利女 [신라] 신라말. 경주(慶州) 호장(戶長) 거천(巨川)의 할머니 명주녀(明珠女)의 어머니인데 그의 아들은 명랑법사(明朗法師) 계통인 광학대덕(廣學大德)과 대연삼중(大緣三重)인데 두 사람은 고려 태조를 따라 상경하여 분향수도(焚香修道) 하였다. 〈유사 5 신주 6 명랑신인〉

적멸 寂滅 [신라] 보덕법사(普德法師)의 제자로 의융(義融)이 적멸과 같이 진구사(珍丘寺)를 창건하였다. 〈유사 3 흥법 3 보장봉로 보덕이암〉

전(흥)광대왕 [신라] 35대 경덕왕(景德王)의 아버지 33대 성덕왕(聖德王). 경

典(興)光大王　덕왕이 아버지를 위하여 종을 만들었다. 興光이 맞을 것이다. 〈유사 3 탑상 4 황룡사종 분황사약사 봉덕사종〉

전망성 全忘誠　[신라] →김지전 〈유사 3 탑상 4 남월산〉

전망전 全忘全　[신라] →김지전 〈유사 3 탑상 4 남월산〉

전밀 轉密　[신라] 29대 무열왕(武烈王) 때 흠운(歆雲)이 문노(文努)의 낭도(郎徒)로서 아무개가 전사했다는 소리를 들으면 개연(慨然)히 눈물을 흘리며 흠모(欽慕)하였었다. 동문(同門)인 승(僧) 전밀이 보고 이 사람은 적진에 나가면 반드시 돌아오지 않을 것이라 하였다. 〈사기 47 열전 7 김흠운〉

전지 詮知　[신라] 29대 무열왕(武烈王) 2년(655년) 고구려와 백제가 함께 변경을 침해하자 그에 대항해서 왕이 흠운(歆雲)으로 낭당대감(郎幢大監)을 삼아 진격했는데 밤에 백제인이 기습하여 혼란에 빠지자 흠운이 앞장서 적과 싸우러 들어가자 만류한 대사(大舍)이다. 〈사기 47 열전 7 김흠운〉

전지왕 腆支王　[백제] 17대 아신왕(阿莘王)의 큰아들이며 18대 왕(재위 405~420년). 혹은 직지(直支)라고도 한다. 비(妃)는 팔수부인(八須夫人). 왜국(倭國)에 볼모로 갔다가 아신왕(阿莘王)이 동 14년(405년) 돌아가자 둘째 아우 훈해(訓解)가 섭정(攝政)하며 태자의 환국을 기다리었는데 셋째 설례(碟禮)가 형을 죽이고 스스로 왕이 되었다. 전지왕이 왜에서 돌아오자 국인(國人)이 잠시 기다리라 하고 설례를 죽이고 전지를 맞아 들였다. 〈사기 25 백제 3 아신왕〉 진지왕(眞支王)이라고도 한다. 〈유사 1 왕력 1〉 ☞ 590쪽

점개 漸開　[신라] 35대 경덕왕 때 고승(高僧). 김대성(金大城)의 어머니 경조(慶祖)가 부자(富者) 복안(福安)의 집에서 품팔이를 하였는데 그 집에서 밭을 좀 주어 의식(衣食)의 자료를 삼게 했다. 그때 개사(開士) 점개가 복안에게 보시(布施)를 권하니 대성이 보고

자기 네 밭도 보시하자고 하여 어머니가 그렇게 했다. 대성이 죽고 국상(國相) 김문량(金文亮)의 집에 탄생하여 후에 불국사(佛國寺), 석굴암(石窟庵) 등을 창건하였다. 〈유사 5 효선 9 대성효이세부모〉

점물왕후 占勿王后 [신라] 33대 성덕왕(聖德王)의 후비(後妃). 시호(諡號)는 소덕(炤德). 순원각간(順元角干)의 딸이다. 〈유사 1 왕력 1〉

점해니질금 詀解尼叱今 [신라] 12대 이해니질금(理解尼叱今)의 다른 이름이다. 〈유사 1 왕력 1〉 ☞ 575쪽, 590쪽

※ 〈사기〉에는 첨해니사금(沾解尼師今)으로 나온다.

정 晸 [신라] 48대 경문왕(景文王) 6년(866년) 왕태자(王太子)를 삼았고 뒤에 49대 헌강왕(憲康王)이 되었다. → 헌강왕 〈사기 11 신라 11 경문왕〉, 〈유사 1 왕력 1〉

정강왕 定康王 [신라] 50대 왕(재위 886~887년). 휘(諱)는 황(晃). 48대 경문왕(景文王)의 둘째 아들로 즉위하자마자 병으로 일찍 죽었다. 〈사기 11 신라 11 정강왕〉 김씨. 49대 헌강왕(憲康王)의 아우이다. 〈유사 1 왕력 1〉

정계부인 貞繼夫人 [신라] 46대 문성왕(文聖王)의 어머니. 정종태후(定宗太后)라고도 한다. 〈사기 11 신라 11 문성왕〉 45대 신호왕비(神虎王妃). 명해□의 딸. 정종(貞從)이라고도 한다. 〈유사 1 왕력 1〉 ☞ 591쪽, 601쪽

정공 鄭恭 [신라] 31대 신문왕(神文王) 때 견당사(遣唐使). 석(釋) 혜통(惠通)이 당에 있을 때 당의 공주(公主)를 병들게 한 교룡(蛟龍)을 쫓아 냈는데 그것이 복수하려고 신라에 와서 인명을 해치자 정공이 혜통에게 그 사실을 알려 같이 돌아와 용을 쫓아 버렸으니 용은 정공에게 보복하려고 정공집 문앞에 버드나무로 태어나 그로 인해 정공이 목베임을 당하도록 하였다. 〈유사 5 신주 6 혜통항룡〉

정교 貞嬌 [신라] 41대 헌덕왕(憲德王) 14년(822년) 각간(角干) 충공(忠恭=王弟)의 딸 정교를 태자비로 삼았다. 〈사기 10 신라 10 헌덕왕〉

정교부인 貞矯夫人 [신라] 45대 신호왕(神虎王)의 어머니. 헌목대후(憲穆大后)로 추봉(追封)하였다. 진교부인(眞矯夫人)의 잘못 적음일 것이다. 〈유사 1 왕력 1〉 ☞ 591쪽

정년(련) 鄭年(連) [신라] 44대 민애왕(閔哀王) 때 궁복(弓福 또는 張保皐)의 친구. 싸움 잘하고 잠수(潛水)를 잘하였다. 김명(金明=閔哀王)의 찬위(簒位)를 듣고 우징(祐徵=神武王)이 궁복에게 군사를 내어 임금과 아버지의 원수를 갚아 달라고 하자 궁복이 친구인 정년에게 군사를 내주어 결국 민애왕을 죽게 만들었다. 〈사기 10 신라 10 민애왕, 44 열전 4 김양〉

정련 正連 [신라] 41대 헌덕왕(憲德王) 14년(822년) 김헌창(金憲昌)이 반란을 일으켰을 때 주조 아찬(州助 阿湌) 정련과 아들 영충(令忠) 등이 서울로 도망하여 와 고변(告變)하였다. 〈사기 10 신라 10 헌덕왕〉

정명 政明 [신라] 30대 문무왕(文武王) 5년(665년) 왕자 정명을 태자로 책립(冊立)했다. →신문왕 〈사기 6 신라 6 문무왕 상, 8 신라 8 신문왕〉, 〈유사 1 왕력 1, 2 기이 2 만파식적〉

정명왕 政明王 [신라] 31대 신문왕(神文王)의 휘(諱)이다. →신문왕 〈사기 32 잡지 1 악〉, 〈유사 2 기이 2 가락국기〉

정목왕후 定穆王后 [신라] 42대 흥덕왕비(興德王妃) 장화부인(章和夫人)의 추봉명(追封名)이다. 〈사기 10 신라 10 흥덕왕〉 흥덕왕비 창화부인(昌花夫人)의 시호이다. 〈유사 1 왕력 1〉

정무 正武 [백제] 신라 29대 태종무열왕(太宗武烈王) 7년(660년) 백제가 망한 후 좌평(佐平) 정무가 무리를 모아 두시원악(豆尸原嶽)에 머물러 당라인(唐羅人)을 초략(抄掠)하였다. 〈사기 5 신라 5 태종무열왕〉

정문 正門 [신라] 36대 혜공왕(惠恭王) 6년(770년) 시중(侍中)을 삼았다. 동 11년(775년) 이찬(伊飡) 염상(廉相)이 전 시중 정문과 모반(謀叛)하다가 복주(伏誅)되었다. 〈사기 9 신라 9 혜공왕〉

정복 正福 [백제] 신라 28대 진덕왕(眞德王) 2년(648년) 김유신(金庾信)이 백제군을 물리치고 돌아 올 때 길에서 백제 좌평(佐平) 정복이 군사를 거느리고 항복하자 모두 놓아 보냈다. 〈사기 42 열전 2 김유신 중〉

정복 貞福 [백제] 31대 의자왕(義慈王) 때 대신(大臣)으로 왕, 태자 융, 왕자 태, 대신 정복 등이 여러 성과 함께 당군에 항복하였다. 〈유사 1 기이 2 태종춘추공〉

※ 위 정복(正福)과는 같은 사람으로 보이나 확실하지가 않다.

정수 正秀 [신라] 40대 애장왕(哀莊王) 때 황룡사 중. 밖에서 절로 돌아오는데 눈 깊은 겨울밤 천엄사(天嚴寺) 문밖에서 아기를 낳은 여인을 보고 안아서 소생케 했고 자기 옷을 벗어 주고 알몸으로 황룡사(皇龍寺)로 돌아 왔는데 밤중에 궁정(宮庭)에 하늘에서 정수를 왕사(王師)에 봉하라는 소리가 있어 확인하여 궁내로 맞아 들여 국사로 책봉하였다. 〈유사 5 감통 7 정수사구빙녀〉

정순 貞順 [고려] 고려 태조(太祖)가 19년(936년) 신검(神劍)과 마주 포진했을 때 장군 정순으로 중군(中軍)을 삼았다. 〈사기 50 열전 10 견훤〉

정신 貞信 [가야] 가락국 6대 좌지왕(坐知王) 또는 김토왕(金吐王)의 어머니. 사농경(司農卿) 극충(克忠)의 딸이다. 〈유사 1 왕력 1, 2 기이 2 가락국기〉

정신 淨神 [신라] 신라에는 정신왕이 없으나 앞뒤 정황으로 보아 31대 신문왕(神文王)일 것이다. 보천(寶川)과 효명(孝明) 두 아들이 오대산에서 암자를 짓고 살았는데 아우 효명은 국인이 받들어 왕위에 오르니 그가 곧 32대 효소왕(孝昭王)이다. 〈유사 3 탑상

4 대산오만진신, 명주오대산보질도태자전기〉

정씨 鄭氏 [신라] 돌산고허촌장(突山高墟村長) 소벌도리(蘇伐都利)가 정씨의 조(祖)이다. 〈유사 1 기이 2 신라시조 혁거세왕〉

정씨 井氏 [신라] 33대 성덕왕(聖德王) 때 승(僧) 진표(眞表)의 성(姓)이다. 〈유사 4 의해 5 진표전간〉

정여 貞茹 [신라] 42대 흥덕왕(興德王) 때 균정(均貞)과 우징(祐徵)을 받들어 우징을 왕위에 오르게 한 김양(金陽)의 아버지이다. 당시 파진찬(波珍湌)이었다. 〈사기 44 열전 4 김양〉

정원 貞苑 [신라] 33대 성덕왕(聖德王) 22년(723년) 당(唐)에 바친 미인(美人). 대사(大舍) 충훈(忠訓)의 딸인데 당 현종(玄宗)이 후한 물품을 내리어 돌려보냈다. 〈사기 8 신라 8 성덕왕〉

정원 正源 [신라] 13대 미추니사금(味鄒尼師今) 17년(278년) 백제병이 와서 괴곡성(槐谷城)을 에워 쌌으므로 파진찬(波珍湌) 정원을 명하여 막게 하였다. 〈사기 2 신라 2 미추니사금〉

정의태후 貞懿太后 [신라] 37대 선덕왕(宣德王) 원년(780년) 왕의 어머니 김씨 사소부인(四炤夫人)의 추봉명(追封名)이다. 〈사기 9 신라 9 선덕왕〉 사소부인(四召夫人). 33대 성덕왕(聖德王)의 딸이다. 〈유사 1 왕력 1〉

정자 貞慈 [신라] 25대 진지왕(眞智王) 때 흥륜사(興輪寺)의 중→진자 〈유사 3 탑상 4 미륵선화 미시랑 진자사〉 ☞ 592쪽

정절 貞節 [신라] 35대 경덕왕(景德王) 7년(748년) 아찬(阿湌) 정절에 명하여 북변(北邊) 지방을 시찰케 하였다. 〈사기 9 신라 9 경덕왕〉

정종 貞宗 [신라] 34대 효성왕(孝成王) 원년(737년) 이찬(伊湌)으로 상대등(上大等)을 삼았다. 〈사기 9 신라 9 효성왕〉

정종태후 定宗太后 [신라] 46대 문성왕(文聖王) 어머니의 다른 이름→정계부인(貞繼夫人) 〈사기 11 신라 11 문성왕〉 ☞ 601쪽

정종대후 貞從大后 [신라] 45대 신호왕(神虎王)의 비(妃). 정계왕후(貞繼王后)라고도 한다. 〈유사 1 왕력 1〉 ☞ 591쪽

정중 正仲 [백제] 신라 28대 진덕왕(眞德王) 3년(649년) 백제의 장군 달솔(達率) 정중이 김유신에게 사로잡혔다. 〈사기 42 열전 2 김유신 중〉

정충 淨忠 [백제] 31대 왕(義慈王) 16년(656년) 왕이 음황(淫荒)하고 탐락(耽樂)함에 대하여 극간(極諫)하다가 투옥된 성충(成忠)의 다른 이름이다. →성충 〈사기 28 백제 6 의자왕〉

정토 淨土 [신라] 30대 문무왕 8년(668년) 원기(元器)와 함께 당에 보내졌는데 정토는 당에 머물렀다. 〈사기 6 신라 6 문무왕 상〉

정현사 定玄師 [신라] 신라말 학자 최치원(崔致遠)의 도우(道友). 최치원이 난세(亂世)에 처신하기 어려워 산림(山林)이나 강해빈(江海濱)으로 소요 방황하다가 마지막으로 해인사(海印寺)에 의거했을 때 모형(母兄)인 승려 정현사와 더불어 도우를 맺고 노년을 지냈다 한다. 〈사기 46 열전 6 최치원〉

정화 靖和 [신라] 54대 경명왕(景明王) 때 중. 불에 탄 흥륜사(興輪寺)의 남문(南門)과 좌우측(左右側) 낭무(廊廡)를 수리하려고 할 때 제석신(帝釋神)이 이 절에 내려와 열흘 동안 여러 가지 조화를 부리니 국민들이 모여 보고 경탄하면서 옥백(玉帛)과 양도(粱稻)를 희사하고 공장(工匠)들이 스스로 와서 하루가 못되어 완성되었다. 〈유사 3 탑상 4 흥륜사벽화보현〉

정화부인 貞和(花)夫人 [신라] 53대 신덕왕(神德王)의 어머니이다.〈사기 12 신라 12 신덕왕〉 부인의 아버지는 순홍각간(順弘角干)인데 성호대왕(成虎大王)으로 추시(追諡)하였다. 〈유사 1 왕력 1〉

제공 悌恭 [신라] 38대 원성왕(元聖王) 원년(785년) 시중(侍中)을 삼았다. 〈사기 10 신라 10 원성왕〉

제귀 諸貴 [신라] 11대 조분니사금(助賁尼師今)의 다른 적음이다. 〈사기 2

신라 2 조분니사금〉

※ 귀는 賁의 잘못으로 생각된다.

제능 悌凌 [신라] 41대 헌덕왕(憲德王) 14년(822년) 김헌창(金憲昌)의 반군(叛軍)이 왕도(王都)를 에워싸자 토벌군을 편성했는데 파진찬(波珍飡) 제능을 선봉대에 편입하여 삼년산성(三年山城)을 쳐 이기고 반군을 섬멸하였다. 〈사기 10 신라 10 헌덕왕〉

제륭 悌隆 [신라] 43대 희강왕(僖康王)의 휘(諱)이다. 제옹(悌顒)이라고도 한다. → 희강왕 〈사기 10 신라 10 희강왕〉 ☞ 602쪽

제문 帝文 [신라] <신라고기(新羅古記)>에 문장가(文章家)로 기재되어 있는데 사적이 유실되어 전(傳)을 세울 수 없다. 〈사기 46 열전 6 강수〉

제문 諸文 [신라] 26대 진평왕(眞平王) 26년(604년) 대내마(大奈麻)로 수(隋)에 조공사(朝貢使)로 보내졌다. 〈사기 4 신라 4 진평왕〉

제분왕 諸賁王 [신라] 11대 왕. 13대 미추니질금(味鄒尼叱今)의 비(妃) 광명낭(光明娘)과 14대 유례니질금(儒禮尼叱今)의 아버지이다. 조분니사금(助賁尼師今)의 다른 적음이다. → 조분니사금 〈유사 1 왕력 1〉

제상 堤上 [신라] 19대 눌지마립간(訥祗麻立干) 2년(418년) 고구려에 질(質)로 가 있던 왕제(王弟) 복호(卜好)를 구출해 돌아왔다. → 박제상 〈사기 3 신라 3 눌지마립간〉 17대 내물니질금(奈勿尼叱今) 때 왜(倭)가 왕자를 보내달라고 청하자 셋째 미해(美海 혹은 味吐喜라고도 적음)를 보냈는데 30년이 지나도록 보내지 않으므로 19대 눌지마립간(訥祗麻立干)은 신하들과 의론하여 삽라군(揷羅郡)의 태수(太守) 김제상을 찾아 고구려에 가 있는 보해(寶海)와 왜(倭)에 가 있는 미해를 찾아오도록 했는데 그는 바로 고구려에 가서 쉽게 보해를 살려 냈으나 미해는 쉽지 않으므로 위계(僞計)를 써 살려 내기는 하였으나 자신은 왜왕에게 잡

혀 혹독한 형벌을 받고 불에 타 죽었다. 그의 부인은 치술령(鵄述嶺)에 올라가 왜국을 바라보고 통곡하다가 죽어 치술신모(鵄述神母)가 되었다. 나라에서는 부인을 국대부인(國大夫人)을 삼았다. 〈유사 1 기이 2 내물왕 김제상〉

제수 祭須 [고구려] 2대 유리명왕(琉璃明王) 37년(18년) 왕자 여진(如津)이 물에 빠져 죽었는데 시체를 못찾다가 비류인(沸流人) 제수가 발견하여 알려서 금(金)과 밭을 주었다. 〈사기 13 고구려 1 유리명왕〉

제안 齊顏 [신라] 56대 경순왕(敬順王) 때 승로(承魯)의 손자. 천룡사(天龍寺)를 중수하였다. 〈유사 3 탑상 4 삼소관음 중생사, 천룡사〉

제옹 悌邕 [신라] 40대 애장왕(哀莊王) 10년(809년) 왕의 숙부(叔父)인 언승(彦昇=41대 憲德王)이 아우 이찬(伊湌) 제옹과 더불어 군사를 일으켜 대내(大內)에 들어가 왕을 시해(弑害)하였다. 〈사기 10 신라 10 애장왕〉 ☞ 602쪽

제옹 悌顒 [신라] 43대 희강왕(僖康王)의 휘(諱) 제륭(悌隆)의 다른 적음이다. 〈사기 10 신라 10 희강왕〉, 〈유사 1 왕력 1〉

제우 齊于 [고구려] 백제 21대 개로왕(蓋鹵王) 때 백제를 공격한 고구려의 대로(對盧). 북성(北城 : 지금 서울의 彰義門)을 쳐서 7일 만에 함락하였다. 이 싸움에서 백제의 개로왕(蓋鹵王)은 고구려 장수에 잡혀 죽음을 당하였다. 〈사기 25 백제 3 개로왕〉

제일 諸逸 [신라] 32대 효소왕(孝昭王) 10년(701년) 영암군 태수(靈巖郡太守) 일길찬(一吉湌) 제일이 공익(公益)을 위배하고 사리(私利)를 탐하므로 장형(杖刑) 100에 해도(海島)에 유배시켰다. 〈사기 8 신라 8 효소왕〉

조광 趙匡 [가야] 수로왕비(首露王妃)를 따라 온 신하 중의 한 사람. 종정감(宗正監)이 되어 가락국에 온 지 30년 만에 두 딸을 얻고 12년이 지나 죽었다. 3대 마품왕비(麻品王妃)는 조광의 손녀 호구

(好仇)이다. 〈유사 2 기이 2 가락국기〉

조다 助多 [고구려] 20대 장수왕(長壽王)의 아들로 고추대가(古雛大加)이었는데 일찍 죽어 그의 아들인 문자명왕(文咨明王)이 21대 왕이 되었다. 〈사기 19 고구려 7 문자명왕〉

조량 朝良 [신라] 35대 경덕왕(景德王) 9년(750년) 이찬(伊湌)인데 시중(侍中)을 삼았다. 동 13년 퇴직하였다. 〈사기 9 신라 9 경덕왕〉

조명부인 照明夫人 [신라] 47대 헌안왕(憲安王)의 어머니. 선강왕(宣康王=44대 민애왕(閔哀王)의 아버지 忠恭)의 딸이다. 〈사기 11 신라 11 헌안왕〉 ☞ 602쪽

조미갑 租未岬 [신라] 29대 무열왕(武烈王) 때 급찬(級湌). 부산현령(夫山縣令)으로 있던 조미갑이 백제에 사로잡혀 가 좌평(佐平) 임자(任子)의 집종이 되었는데 성심껏 일하여 주인의 신임을 얻어 마음대로 출입할 수 있었다. 그가 도망하여 김유신에게 알리니 유신이 도로 백제에 들어가서 임자에게 귀부(歸附)할 것을 권하도록 하여 성공했고 조미갑은 백제의 다른 일도 상세히 알려 백제를 병탄(倂呑)할 모의를 급히 하였다. 〈사기 42 열전 2 김유신 중〉

조미걸취 祖彌桀取 [백제] 21대 개로왕(蓋鹵王) 21년(475년) 고구려 장수왕(長壽王)이 백제를 공격 핍박(逼迫)하자 왕은 아들 문주(文周)에게 난을 피하여 나라의 계통을 이으라고 해서 문주가 남으로 갈 때 같이 간 사람이다. 조미(祖彌)는 복성(複姓)이다. 〈사기 25 백제 3 개로왕〉

조복 助服 [백제] 신라 30대 문무왕(文武王) 원년(661년) 상주총관(上州摠管) 품일(品日)이 우술성(雨述城 : 지금의 大德郡)을 치니 달솔(達率) 조복 등이 항복하였다. 〈사기 6 신라 6 문무왕 상〉

조분니사금 助賁尼師今 [신라] 11대 왕(재위 230~247년). 성은 석씨(昔氏). 제귀(諸貴)라고도 한다. 9대 벌휴니사금(伐休尼師今)의 손자로 아버지는

골정갈문왕(骨正葛文王). 어머니는 김씨(金氏) 옥모부인(玉帽夫人)인데 13대 미추니사금(味鄒尼師今)의 아버지 구도갈문왕(仇道葛文王)의 딸이다. 비(妃)는 아이혜부인(阿爾兮夫人)인데 10대 내해니사금(奈解尼師今)의 딸이다. 키가 크고 풍채가 아름답고 일에 대하여 밝게 재단(裁斷)하였다. 〈사기 2 신라 2 조분니사금〉 12대 이해니질금(理解尼叱今)의 동모형(同母兄), 13대 미추니질금(味鄒尼叱今) 비(妃)의 아버지, 14대 유례니질금(儒禮尼叱今)의 아버지, 15대 기림니질금(基臨尼叱今)의 할아버지이다. 〈유사 1 왕력 1〉

조불 祖弗 [고구려] 15대 미천왕(美川王) 때 북부(北部) 사람. 14대 봉상왕(烽上王)의 위해(危害)를 피해 달아난 을불(乙弗)을 찾기 위해 국상(國相) 창조리(倉助利)가 보낸 사람이다. 〈사기 17 고구려 5 미천왕〉

조생부인 鳥生夫人 [신라] 22대 지증마립간(智證痲立干)의 어머니 김씨(金氏). 19대 눌지마립간(訥祗痲立干)의 딸이다. 오생부인(烏生夫人)이라고도 한다. 〈사기 4 신라 4 지증마립간〉 ☞ 591쪽

조신 調信 [신라] 옛 신라 때 세규사(世逵(達)寺)의 장사(莊舍)를 관리하던 중인데 그곳 태수(太守) 김흔공(金昕公)의 딸을 좋아해 불당(佛堂)에서 그 여자와 인연을 맺게 해 달라고 기도하다 잠이 들었는데 꿈속에서 그 여자가 나타나 같이 고향으로 돌아가 50여 년을 가난과 기한(飢寒)에 시달리다가 헤어지기로 했는데 그때 꿈을 깨어보니 세상에 뜻이 없어지고 탐욕(貪慾)이 없어져 사재(私財)를 털어 정토사(淨土寺)를 창건하고 수도하였다. 〈유사 3 탑상 4 낙산이대성 관음 정취 조신〉

조이 鳥伊 [고구려] 오이(烏伊)라고도 적힘. 고구려 시조 주몽(朱蒙)을 따라간 친구. 주몽이 부여 왕자들의 위해(危害)를 피해 남으로 갈 때 같이 간 친구 마리, 협부(摩離, 陜父) 등 3인 중의 하나 〈사

기 13 고구려 1 시조 동명성왕〉 <유사>에는 오이(烏伊), <위서(魏書)>에는 오인, 오위(烏引, 烏違) 등으로 기록됨 〈유사 1 기이 2 고구려〉 ☞ 591쪽

조주 助州

[신라] 30대 문무왕(文武王) 8년(668년) 대아찬(大阿飡)으로 당군이 고구려를 이기고 돌아갈 때 각간(角干) 김인문(金仁問)과 함께 당장(唐將) 이적(李勣)을 따라 갔다. 〈사기 6 신라 6 문무왕 상〉

조지마립간 照知麻立干

[신라] 21대왕(재위 479~500년). 비처(毗處)라고도 한다. 20대 자비마립간(慈悲麻立干)의 큰아들. 어머니는 김씨(金氏) 서불감(舒弗邯) 미사흔(未斯欣)의 딸이고 비(妃)는 선혜부인(善兮夫人) 이벌찬(伊伐飡) 내숙(乃宿)의 딸이다. 효행(孝行)이 있고 겸공(謙恭)한 태도를 가졌다. 〈사기 3 신라 3 조지마립간〉 소지마립간(炤知麻立干)이라고도 한다. 〈유사 1 왕력 1, 1 기이. 2 사금갑〉 ☞ 582쪽

존대 尊臺

[신라] 29대 태종무열왕(太宗武烈王)이 백제 고구려 등이 친밀하여 함께 신라를 공격하므로 이를 막기 위하여 선발한 칠중성(七重城) 현령(縣令) 필부(匹夫)의 아버지이다. 아찬(阿飡) 〈사기 47 열전 7 필부〉

존승 尊勝

[신라] 31대 신문왕(神文王) 때 중인 혜통(惠通)의 통속명(通俗名)이다. 〈유사 5 신주 6 혜통강룡〉

졸선복 卒宣服

[신라] 29대 태종무열왕(太宗武烈王) 7년(660년) 백제에서 돌아와 논공행상(論功行賞)을 할 때 계금(罽衿 : 무관 직명) 졸선복에게 급찬(級飡)을 주었는데 그는 전사한 사람이다. 〈사기 5 신라 5 태종무열왕〉

졸지 卒支

[가야] 신라 진흥왕(眞興王)이 군사를 일으켜 쳐들어오므로 가야 10대 구충왕(仇衡王)이 왕자와 상손(上孫) 졸지공 등을 보내 항복하였다. 솔우공(率友公)이라고도 한다. 〈유사 2 기이 2 가락

국기〉 ☞ 589쪽

종 宗 [신라] 23대 법흥왕(法興王) 때 이차돈(異次頓)의 할아버지. 아진종랑(阿珍宗郎)이라 하였는데 주(注)에 아진은 파진찬(波珍飡)이고 종(宗)은 이름이라 하였다. 〈유사 3 흥법 3 원종흥법 염촉멸신〉

종기 宗基 [신라] 38대 원성왕(元聖王) 6년(790년) 시중(侍中)을 삼았다. 그는 소판(蘇判)이었으며 김양(金陽)의 할아버지이다. 〈사기 10 신라 10 원성왕, 44 열전 4 김양〉

종우 宗祐 [후백제] 견훤(甄萱)의 다섯째 아들. 대아간(大阿干). <이제가기(李磾家記)>에 나옴 〈유사 2 기이 2 후백제 견훤〉

종정 宗貞 [신라] 29대 무열왕(武烈王) 8년(661년) 압독주(押督州)를 대야(大耶 : 지금의 陜川)에 옮기고 아찬(阿飡) 종정으로 도독을 삼았다. 〈사기 5 신라 5 태종무열왕〉

종훈 宗訓 [후백제] 신라 56대 경순왕(敬順王) 8년(934년) 고려 태조의 주둔지를 습격한 견훤(甄萱)이 태조의 장군 검필(黔弼)에게 패해 항복할 때 같이 항복한 견훤의 술사(術士)이다. 〈사기 50 열전 10 견훤〉, 〈유사 2 기이 2 후백제 견훤〉

종희 宗熙 [고려] 고려 태조가 19년(936년) 신검(神劍) 군과 대치했을 때 장군 종희로 중군(中軍)을 삼았다. 〈사기 50 열전 10 견훤〉

좌가로 左可慮 [고구려] 9대 고국천왕(故國川王) 12년(190년) 평자(評者) 좌가로가 왕비의 친척으로 권세를 잡고 교치(驕侈)하여 백성의 자녀와 전택(田宅)을 빼앗으므로 왕이 주(誅)하려 하자 모반(謀叛)하였다. 동 13년 그들이 왕도(王都)를 치므로 토평(討平)하였다. 〈사기 16 고구려 4 고국천왕, 45 열전 5 을파소〉

좌야 坐耶 [신라] 31대 신문왕(神文王) 3년(683년) 왕이 일길찬(一吉飡) 김흠운(金歆運)의 소녀를 맞아 부인으로 삼으려 하여 책봉(冊封)하고 아찬(阿飡) 좌야 등을 시켜 그들의 처낭(妻娘)들과 급량(及

梁)과 사량(沙梁) 2부의 부인 30명씩으로 부인을 맞게 하였다. 〈사기 8 신라 8 신문왕〉

좌지왕 坐知王 [가야] 6대왕(재위 407~421년). 김토왕(金吐王) 또는 김질(金叱)이라고도 한다. 아버지는 이품왕(伊品王), 어머니는 정신(貞信), 비(妃)는 도녕대아간(道寧大阿干)의 딸 복수(福壽)이다. 7대왕 취희왕(吹希王)의 아버지다. 〈유사 1 왕력 1, 2 기이 2 가락국기〉 ☞ 602쪽

주령 朱玲 [신라] 24대 진흥왕(眞興王) 9년(548년) 고구려가 백제의 독산성(獨山城)을 치매 신라에 구원을 요청하자 왕이 장군 주령을 보내 치게 하였다. 〈사기 4 신라 4 진흥왕〉

주몽 朱蒙 [고구려] 시조 동명성왕(東明聖王). 부여에서 활 잘 쏘는 사람(善射者)을 주몽이라 한다. 이밖에 표기가 여러 가지이다. 추모(鄒牟) 상(중)해(象(衆)解) <사기>, 추모(鄒牟) <사기, 好太王碑, 牟頭婁墓誌> 추몽(鄒蒙) <유사>, 중모(中牟) <安勝冊文>, 중모(仲牟) <일본서기>, 도몽(都蒙) <일본사료> → 동명성왕 〈사기 13 고구려 1 성왕, 23 백제 1 시조 온조왕〉 동명왕(東明王)인데 성은 고씨(高氏). 이름은 주몽(朱蒙) 또는 추몽(鄒蒙)이라고도 하며 단군(檀君)의 아들이다. 졸본(卒本)에서 나라를 세웠는데 비류(沸流)와 온조(溫祚) 두 아들을 낳았다. 북부여에서 낳은 유리(類利)가 내려오자 둘은 남으로 내려가 백제(百濟)를 세웠다. 〈유사 1 왕력 1, 2 기이 2 남부여 전백제〉 ☞ 591쪽

주원 周元 [신라] 36대 혜공왕(惠恭王) 13년(777년) 이찬(伊湌)으로 시중(侍中)으로 삼았다. 김양(金陽)의 증조부(曾祖父)이다. 성각(聖覺)이라는 효자(孝子)의 얘기를 듣고 이찬, 주원 등이 국왕에게 아뢰어 가까운 고을의 조(租) 300석을 상으로 주었다. → 김주원 〈사기 9 신라 9 혜공왕, 44 열전 4 김양, 48 열전 8 성각〉

주지 注知 [신라] 우륵(于勒)에게 가야금을 배운 사람. 24대 진흥왕(眞興

王) 조에는 법지(法知)로 되어 있는데 법지가 맞는 것 같다. 〈사기 32 잡지 1 악〉

주진 朱珍 [신라] 고구려 24대 양원왕(陽原王) 4년(548년) 고구려가 백제를 치는데 신라 장군 주진이 구원으로 왔으므로 이기지 못하였다. 〈사기 19 고구려 7 양원왕, 26 백제 4 성왕〉

주필 柱弼 [신라] 41대 헌덕왕(憲德王) 14년(822년) 견당사(遣唐使)로 가서 조공(朝貢)하였다. 〈사기 10 신라 10 헌덕왕〉

죽만 竹曼 [신라] 죽지랑(竹旨郞). 지관(智官)이라고도 한다. 32대 효소왕(孝昭王) 때 화랑→죽지 〈유사 2 기이 2 효소왕대 죽지랑〉 ☞ 584쪽

죽죽 竹竹 [신라] 27대 선덕왕(善德王) 11년(642년) 백제 장군 윤충(允忠)이 대야성(大耶城)을 치니 도독(都督) 품석(品釋)과 사지(舍知) 죽죽이 전사하였다. 아버지는 선간(選干) 학열(郝熱). 사지가 되어 대야성 도독 품석의 휘하(麾下)에 있었는데 백제 장군 윤충이 공격하자 품석에게 앙심을 품은 검일(黔日)의 내응(內應)으로 성이 함락되고 죽죽은 전사하였다. 〈사기 5 신라 5 선덕왕, 47 열전 7 죽죽〉

죽지랑 竹旨郞 [신라] 28대 진덕왕(眞德王) 3년(649년) 백제 장군 은상(殷相)이 석토성(石吐城) 등 7성을 공략하자 왕이 유신(庾信)과 죽지 등에 명하여 막게 하였다. 동 8년(654년) 백제의 잔적(殘賊)이 사비성(泗沘城)을 공격했는데 신라군이 이기지 못하자 죽지 등을 증원(增援)케 하였다. 문무왕(文武王) 원년(661년) 백제의 여중(餘衆)을 섬멸하기 위하여 이찬(伊湌), 품일(品日) 등이 갔으나 이기지 못하고 다시 소판(蘇判), 죽지 등이 군사를 거느리고 가게 하였다. 그를 따르던 득오(得烏)가 죽지랑을 그려 가요(歌謠=鄕歌) '모죽지랑가(慕竹旨郞歌)'를 지었다. 〈사기 5 신라 5 진덕왕, 태종무열왕, 42 열전 2 김유신 중〉 아버지는 술종공(述宗

公)이다. 〈유사 2 기이 2 효소왕대 죽지랑〉 ☞ 584쪽

준량 俊良 [고려] 고려 태조(太祖)가 견훤(甄萱)과 함께 신검(神劍)의 군사와 대진(對陣)하고 있을 때 우익(右翼)을 맡은 장군이다. 〈사기 50 열전 10 견훤〉

준영랑 俊永郎 [신라] 32대 효소왕(孝昭王) 때 화랑(花郎). 국선(國仙) 부례랑(夫禮郎)의 낭도로서 친한 사이였고 부례랑이 적적(狄賊)에게 잡혀갈 때 홀로 따라갔던 안상(安常)이 따르던 화랑이라 하나 자세치 않다. 〈유사 3 탑상 4 백률사〉

준옹 俊邕 [신라] 38대 원성왕(元聖王)의 손자. 혜충태자(惠忠太子)의 아들. 대아찬(大阿湌). 동 7년(791년) 시중(侍中)이 되고 동 8년 사면하였으며 799년 39대 소성왕(昭聖王)이 되었다. → 소성왕 〈사기 10 신라 10 원성왕〉, 〈유사 1 왕력 1〉

준정 俊貞 [신라] 원화(源花) 중의 하나. 24대 진흥왕(眞興王) 37년(576년) 남모(南毛)와 준정 두 사람을 뽑아 원화로 받들게 하였는데 두 사람이 총애(寵愛)를 다투어 준정이 남모를 자기집으로 유인하여 술을 먹여 강물에 던져 죽였다. 준정도 이로 인하여 사형에 처하고 원화제도를 없앴다. 〈사기 4 신라 4 진흥왕〉 준정 또는 교정(皎貞) 〈유사3 탑상 4 미륵선화 미시랑 진자사〉 ☞ 602쪽

준필 俊必 [신라] 반도(叛徒) 영규아간(英規阿干) ①의 아들. 수릉왕묘(首陵王廟)에 왕손(王孫) 간원경(間元卿)이 제사를 지낼 때 영규의 아들 준필이 발광(發狂)하여 사당에 와서 간원경의 제수(祭需)를 치우고 자기의 제수를 베풀더니 삼헌(三獻)이 끝나지 않아 병이 나서 죽었다. 〈유사 2 기이 2 가락국기〉

준흥 俊興 [신라] 50대 정강왕(定康王) 원년(886년) 이찬(伊湌)으로 시중(侍中)을 삼았다. 52대 효공왕(孝恭王) 2년(898년) 상대등(上大等)을 삼았다. 〈사기 11 신라 11 정강왕, 12 신라 12 효공왕〉

중경 重慶 [신라] 33대 성덕왕(聖德王) 14년(715년) 태자를 삼았는데 동

16년에 죽었다. 시(諡)를 효상(孝殤)이라 하였다. 〈사기 8 신라 8 성덕왕〉

중공 仲恭 [신라] 40대 애장왕(哀莊王) 9년(808년) 당왕(唐王)이 왕의 아우인 중공에게 문극(門戟 : 귀족의 가문 앞에 세워 장식하는 木戟)을 주었다. 〈사기 10 신라 10 애장왕〉

중공 重恭 [신라] 43대 희강왕(僖康王)의 비(妃) 문목왕후(文穆王后)의 아버지 충효각간(忠孝角干)의 다른 이름이다. 〈유사 1 왕력 1〉 ☞ 605쪽

중모왕 中牟王 [고구려] 신라본기(新羅本紀)에 적은 주몽왕(朱蒙王) → 주몽 〈사기 6 신라 6 문무왕 상〉

중상 仲常 [백제] 충상(忠常)이라고도 나온다. 신라 28대 진덕왕(眞德王) 원년(647년) 김유신(金庾信)이 압량주(押梁州) 군주(軍主)로 있으면서 백제군을 속여 쉽게 물리치고 백제 장군 8인을 잡은 후 백제왕에게 앞서 죽은 품석(品釋)과 그의 아내의 유골과 맞바꾸자고 했을 때 백제 좌평(佐平) 중상이 신라의 제의를 수락할 것을 왕에게 말하여 허락을 받았다. 〈사기 41 열전 1 김유신 상〉

중신 衆臣 [신라] 30대 문무왕(文武王) 원년(661년) 당왕(唐王)이 소정방(蘇定方)으로 하여금 고구려를 치게 하고 신라에게 구원병을 요청하자 군 진영(陣營)을 편성할 때 중신을 하주총관(下州摠管)을 삼아 진군하였다. 〈사기 6 신라 6 문무왕 상〉

중실씨 仲室氏 [고구려] 시조 주몽(朱蒙)이 졸본부여(卒本夫餘)로 가는 길에 만난 세 사람 중 하나. 무골(武骨)은 납의(衲衣)를 입은 사람인데 주몽이 중실씨(仲室氏)라는 성(姓)을 주고 이들 세 현인(賢人)을 데리고 졸본으로 가 나라를 세웠다. 〈사기 13 고구려 1 시조 동명성왕〉

중양 中壤 [고구려] 12대 중천왕(中川王)의 다른 이름이다. 〈사기 17 고구려 5 중천왕〉, 〈유사 1 왕력 1〉

중지 中知 [신라] 29대 무열왕(武烈王) 7년(660년) 당장(唐將) 소정방(蘇定方)이 백제의 왕과 관원(官員) 및 백성 등을 거느리고 당으로 돌아갈 때 대내마 중지가 동행했다. 〈사기 5 신라 5 태종무열왕〉

중천왕 中川王 [고구려] 12대 왕(재위 248~270년). 중양(中壤)이라고도 한다. 11대 동천왕(東川王)의 아들로 휘(諱)는 연불(然弗)이다. 비(妃)는 연씨(椽氏). 외모가 준수하고 지략(智略)이 있었다. 〈사기 17 고구려 5 중천왕〉, 〈유사 1 왕력 1〉

중희 重熙 [신라] 40대 애장왕(哀莊王) 원년(800년)에 휘(諱) 청명(清明)을 중희로 고치었다. 〈사기 10 신라 10 애장왕〉, 〈유사 1 왕력 1〉 ☞ 602쪽

즙항세 汁恒世 [신라] 30대 문무왕(文武王) 7년(667년) 대내마(大奈麻)로 당에 보내어 조공하였다. 〈사기 6 신라 6 문무왕 상〉

지겸 之謙 [후백제] 견훤(甄萱) 휘하(麾下)의 의원(醫員). 웅진(熊津) 이북의 30여성이 항복한 소식을 듣고 여러 장수와 함께 고려 태조에게 항복하였다. 〈유사 2 기이 2 후백제 견훤〉

지경 智鏡 [신라] 29대 무열왕(武烈王)의 다섯째 아들. 원년(654년) 이찬(伊湌)을 삼았다. 30대 문무왕(文武王) 7년(667년) 당왕(唐王)이 왕제(王弟) 지경 등으로 장군으로 삼아 요동(遼東)의 역(役, 對高句麗戰)에 부임케 하자 왕은 지경에게 파진찬(波珍湌)을 봉(封)하였다. 동 8년 중시(中侍)로 삼았다. 당이 고구려를 침공하자 대당총관(大幢摠管)으로 대 고구려전에 대비하였다. 〈사기 5 신라 5 태종무열왕, 6 신라 6 문무왕 상〉, 〈유사 2 기이 2 태종춘추공〉

지관 智官 [신라] 32대 효소왕(孝昭王) 때 죽지랑(竹旨郎)의 다른 이름→죽지랑 〈유사 2 기이 2 효소왕대 죽지랑〉

지귀 志鬼 [신라] 27대 선덕왕(善德王)을 사모(思慕)한 사람. 혜공(惠空)이 영묘사(靈廟寺)의 금당(金堂)과 좌우경루(左右經樓), 남문랑무(南門廊廡)에 새끼줄을 둘러치고 3년 후에 풀라고 하였는데 3년

만에 선덕왕이 절에 오니 지귀의 심화(心火)로 탑(塔)을 태웠으나 새끼를 두른 곳은 불이 안 붙었다. 〈유사 4 의해 5 이혜동진〉

지대로 智大路 [신라] 22대 지증마립간(智證麻立干)의 휘(諱). 이밖에 지도로(智度路), 지철로(智哲老)라고도 적었다. 〈사기 4 신라 4 지증마립간〉, 〈유사 1 기이 1 지철로왕〉

지도로 智度路 [신라] 22대 지증마립간(智證麻立干)의 휘(諱)를 달리 적었다. 〈사기 4 신라 4 지증마립간, 44 열전 4 이사부〉

지도부인 知道夫人 [신라] 25대 진지왕비(眞智王妃) → 지도부인(知刀夫人) 〈사기 4 신라 4 진지왕〉

지도부인 知刀夫人 [신라] 25대 사륜왕(舍輪王)의 시호(諡號)는 진지대왕(眞智大王)이고 비(妃)는 기오공(起烏公)의 딸 지도부인이다. 여도부인(如刀夫人)이라고도 한다. 〈유사 1 왕력 1, 1 기이 2 도화녀 비형랑〉

지량 智良 [신라] 14대 유례니사금(儒禮尼師今) 14년(297년) 이찬(伊湌)을 삼았다. 〈사기 2 신라 2 유례니사금〉

지렴 志廉 [신라] 33대 성덕왕(聖德王) 32년(733년) 왕의 조카 지렴을 당에 보내 사은(謝恩)하였다. 〈사기 8 신라 8 성덕왕〉

지마니사금 祇摩尼師今 [신라] 6대왕(재위 112~134년). 혹은 지미(祇味)라고도 한다. 5대 파사니사금(婆娑尼師今)의 적자(嫡子)이며 어머니는 사성부인(史省夫人), 비(妃)는 김씨(金氏) 애례부인(愛禮夫人)으로 마제갈문왕(摩帝葛文王)의 딸이다. 〈사기 1 신라 1 지마니사금〉

지마니질금 祇磨尼叱今 [신라] 6대왕. 지마니사금(祇摩尼師今)과 같다. 어머니는 사초부인(史肖夫人). 음질국(音質國), 압량국(押梁國)를 멸했다. 지마왕(祇麻王)이라고도 적었다. 〈유사 1 왕력 1〉

지만 志滿 [신라] 33대 성덕왕(聖德王) 29년(730년) 왕의 조카 지만을 당에 보내 공물(貢物)을 바쳤는데 당 현종(玄宗)은 지만에게 대복경(大僕卿)을 주고 숙위(宿衛)로 머물게 하였다. 〈사기 8 신라 8

성덕왕〉

지명 智明 [신라] 26대 진평왕(眞平王) 7년(585년) 고승(高僧) 지명이 진(陳)에 가서 불법(佛法)을 구하였다. 동 24년(602년) 수에서 돌아 왔는데 왕이 그의 계행(戒行)을 존중하여 대덕(大德)을 삼았다. 〈사기 4 신라 4 진평왕〉

지명법사 知命法師 [백제] 30대 무왕(武王)이 금을 많이 쌓아 놓았다고 하자 선화공주(善花公主)가 그것을 가져다가 부모님 궁전에 보내기를 희망하므로 용화산(龍華山) 사자사(獅子寺)의 지명법사에게 부탁하니 신공(神功)으로 금을 신라 궁중에 갖다 두었다. 〈유사 2 기이 2 무왕〉

지미 祇味 [신라] 6대 지마니사금(祇摩尼師今)의 다른 적음이다. →지마니사금 〈사기 1 신라 1 지마니사금〉, 〈유사 1 왕력 1〉

지백급간 地伯級干 [신라] 49대 헌강왕(憲康王)이 금강산(金剛山)에 행행(行幸)하였을 때 동례전(同禮殿) 연회(宴會)에서 지신(地神)이 나와 춤을 추었으므로 지백급간이라 이름하였다. 〈유사2 기이 2 처용랑 망해사〉

지백호 智伯虎 [신라] 진한(辰韓) 육촌(六村) 중 넷째 자산진지촌(觜山珍支村)의 촌장(村長). 처음에 화산(花山)에 내려와 본피부(本彼部) 최씨(崔氏)의 조상이 되었다. 〈유사 1 기이 1 신라시조 혁거세왕〉

지법 智法 [고구려] 28대 보장왕(寶藏王) 때 중 보덕화상(普德和尙)의 자(字) →보덕화상 〈유사 3 탑상 4 고려영탑사〉

지상 知常 [신라] 31대 신문왕(神文王) 3년(683년) 왕이 흠운(欽運)의 딸을 맞아 부인으로 삼을새 지상을 시켜 납채(納采)케 하였다. 〈사기 8 신라 8 신문왕〉

지소례왕 支所禮王 [신라] 7대 일성니사금(逸聖尼師今) 비(妃) 박씨(朴氏)의 아버지이다. 8대 아달라니사금(阿達羅尼師今)의 외조부이다. 〈사기 1 신라 1 일성니사금, 2 신라 2 아달라니사금〉

지소부인 只召夫人 [신라] 24대 진흥왕(眞興王)의 어머니. 식도부인(息道夫人)이라고도 하며 박씨(朴氏)이다. 모량리(牟梁里) 영사각간(英史角干)의 딸이다. 〈유사 1 왕력 1〉

지소부인 智炤夫人 [신라] 29대 태종무열왕(太宗武烈王)의 3녀이며 김유신(金庾信)의 부인. 후에 머리 깎고 여승이 되었다. 〈사기 43 열전 3 김유신 하〉 ☞ 602쪽

지수 智藪 [고구려] 28대 보장왕(寶藏王) 때 보덕법사(普德法師)의 제자. 대승사(大乘寺)를 창건하였다. 〈유사 3 탑상 4 보장봉로 보덕이암〉

지수신 遲受信 [백제] 신라 문무왕(文武王) 3년(663년) 백제왕은 도망하고 왕자들은 항복하였으나 백제 장군 지수신은 임존성(任存城)을 차지하고 끝까지 지켰다. 신라군이 여러 차례 쳤으나 이기지 못하고 퇴군(退軍)하였다. 〈사기 6 신라 6 문무왕 상, 28 백제 6 의자왕〉

지오부인 知烏夫人 [신라] 38대 원성왕(元聖王)의 어머니. 인(仁)으로 시작하는 다른 이름이 있는데 글자가 보이지 않는다. 시호(諡號)는 소문왕후(昭文王后) 창근이이(昌近伊已)의 딸이다. 〈유사 1 왕력 1〉 ☞ 593쪽

지원 智原 [신라] 38대 원성왕(元聖王) 12년(796년) 시중(侍中)을 삼았는데 이듬해 사면하였다. 〈사기 10 신라 10 원성왕〉

지은 知恩 [신라] 50대 헌강왕(憲康王) 때 경주인(慶州人) 연권(連權)의 딸로 효녀(孝女)이다. 집이 가난하여 노모를 봉양하기 어렵게 되자 부자집에 몸을 팔아 종이 되어 그 값으로 겨우 노모를 봉양했는데 화랑(花郎) 효종랑(孝宗郎)이 듣고 곡식과 옷을 주고 그를 산 주인에게는 몸값을 갚아 주고 양민(良民)이 되게 하니 그의 낭도(郎徒) 몇 천명이 각기 곡식을 내놓고 왕도 벼 500석과 집을 내렸다. 〈사기 48 열전 8 효녀 지은〉

지의법사 智義法師 [신라] 30대 문무왕(文武王) 때 중. 문무왕이 평시에 지의법사에게 자기가 죽은 후 호국대룡(護國大龍)이 되어 불법을 숭상하고 나라를 수호하려고 한다고 말하였다. 결국 그 말대로 동해(東海)의 큰 바위위에 장사지냈다. 〈유사 2 기이 2 문호왕법민〉

지정마립간 智訂麻立干 [신라] 22대 왕. 아버지는 눌지마립간(訥祗麻立干)의 아우(아들이 옳을 것이다) 기보갈문왕(期寶葛文王)이고 어머니는 오생부인(烏生夫人) 눌지마립간의 딸이다. 비는 영제부인(迎帝夫人) 검람대한지등허각간(儉攬代漢只登許角干)의 딸이다. → 지증마립간 〈유사 1 왕력 1〉

지조 智照 [신라] 29대 무열왕(武烈王) 2년(655년) 왕녀 지조를 김유신(金庾信)에게 하가(下嫁)시켰다. 〈사기 5 신라 5 태종무열왕〉

지증마립간 智證麻立干 [신라] 22대왕(500~514년). 성은 김씨(金氏). 휘(諱)는 지대로, 지도로, 지철로(智大路, 智度路, 智哲老). 17대 내물마립간(奈勿麻立干)의 증손(曾孫)이며 습보갈문왕(習寶葛文王)의 아들이며 조지마립간(照知麻立干)의 재종제(再從弟)이다. 어머니는 김씨(金氏) 조생부인(鳥生夫人 : 訥祇麻立干의 딸)이고 비(妃)는 등흔이찬(登欣伊湌)의 딸 연제부인(延帝夫人)이다. 몸이 크고 담력이 뛰어 났다. 동 3년(502년) 국호(國號)를 신라(新羅)라 하고 국왕(國王)이란 칭호(稱號)를 쓰기 시작했다. 동 13년(512년) 우산국(于山國=鬱陵島)이 항복했다. 〈사기 4 신라 4 지증마립간〉

지지나 祗之那 [신라] 27대 선덕왕(善德王) 때 이찬(伊湌) 품석(品釋)의 보좌관(輔佐官)인 아찬(阿湌) 서천(西川)의 다른 이름이다. → 서천 〈사기 47 열전 7 죽죽〉 ☞ 597쪽

지진내례 只珍內禮 [신라] 4대 탈해니사금(脫解尼師今)의 아들 구추각간(仇鄒角干)의 부인. 9대 벌휴니사금(伐休尼師今)의 어머니 김씨(金氏)이다. 〈사기 2 신라 2 벌휴니사금〉

지진산 祗珍山 [신라] 30대 문무왕(文武王) 9년(669년) 급찬(級湌)으로 당(唐)에

보내져 자석(磁石) 두 상자를 바쳤다. 〈사기 6 신라 6 문무왕 상〉

지철로 智哲老 [신라] 지증마립간(智證麻立干)의 휘(諱)의 하나→지증마립간 〈사기 4 신라 4 지증마립간〉, 〈유사 1 왕력 1, 1 기이 1 지철로왕〉

지충 志忠 [백제] 26대 성왕(聖王) 원년(523년) 고구려 병이 패수(浿水)에 이르므로 좌장(左將) 지충을 시켜 물리쳤다. 〈사기 26 백제 4 성왕〉

지타 只他 [신라] 진한(辰韓)의 육촌(六村) 중 다섯째 금산가리촌(金山加利村)의 촌장. 지타(祗沱)라고도 한다. 〈유사 1 기이 1 신라시조 혁거세왕〉

지타 祗沱 [신라] 진한(辰韓)의 육촌(六村) 중 다섯째 금산가리촌(金山加利村)의 촌장. 처음에 명활산(明活山)에서 내려와 한기부(漢岐部) 배씨(裵氏)의 조상이 되었다. 지타(只他)라고도 한다. 〈유사 1 기이 1 신라시조 혁거세왕〉

지통 智通 [신라] 28대 진덕왕(眞德王) 때 의상대사(義湘大師)의 제자. 의상이 소백산(小伯山) 추동(錐洞)에서 도중(徒衆) 3,000인을 모아 화엄대전(華嚴大典)을 강(講)하고 지통이 그 요지를 뽑아 추동기(錐洞記)를 지었는데 친히 가르침을 받았으므로 묘한 말이 많았다. 30대 문무왕(文武王) 때는 이량공(伊亮公)의 가노(家奴)였는데 낭지법사(朗智法師)의 제자가 되었고 후에 원효대사(元曉大師)와도 만나 원효로 하여금 초장관문(初章觀文) 등 책을 만들게 하였다. 〈유사 4 의해 5 의상전교, 5 피은 8 낭지승운 보현수, 5 효선 9 대성효이세부모〉

지해 智海 [신라] 38대 원성왕(元聖王)이 황룡사(皇龍寺)의 중 지해를 대궐에 청해 50일 동안 화엄경(華嚴經)을 강(講)하게 하였다. 〈유사 2 기이 2 원성대왕〉

지혜 智惠 [신라] 26대 진평왕(眞平王) 때 비구니(比丘尼). 안흥사(安興寺)에 거주하면서 새로 불전(佛殿)을 수리하다가 힘에 부쳤는데 꿈에 선도산(仙桃山)의 신모(神母)가 나타나 신사좌(神祀座) 아래에 금(金)이 있으니 그것을 가져다가 불상(佛像)을 분식(粉飾)하고 기타 불상을 벽상에 그리고 매년 춘추 2번 중생을 위하여 점찰법회(占察法會)를 열라고 하여 그대로 하였다. 〈유사 5 감통 7 선도성모수희불사〉

직선 直宣 [신라] 13대 미추니사금(味鄒尼師今) 5년(266년) 백제가 봉산성(烽山城)을 공격하므로 성주 직선이 장사 200명을 거느리고 가서 쳐서 이겼다. 일길찬(一吉湌)을 삼았다. 백제 8대 고이왕 33년(266년) 조에 같은 기사 〈사기 2 신라 2 미추니사금, 24 백제 2 고이왕〉

직심 直心 [후백제] 장수 직심이 청천(淸川=槐山郡) 싸움에서 목숨을 바쳤다(신라 敬順王이 고려 태조에 보낸 편지에 대한 답서 가운데). 〈사기 50 열전 10 견훤〉, 〈유사 2 기이 2 후백제 견훤〉

직지왕 直支王 [백제] 18대 전지왕(腆支王)의 다른 적음→전지왕 〈사기 25 백제 3 전지왕〉 ☞ 590쪽

진 秦 [신라] 23대 법흥왕(法興王)의 이름이라고 한다. →모진 〈유사 1 왕력 1, 3 흥법 3 원종흥법 염촉멸신〉 ☞ 592쪽

진 眞可 [백제] 8대 고이왕(古爾王) 28년(261년) 내두좌평(內頭佐平)을 삼았다. 〈사기 24 백제 2 고이왕〉

진가모 眞嘉謨 [백제] 고구려 18대 고국양왕(故國壤王) 7년(390년) 백제가 달솔(達率) 진가모를 보내 고구려 도압성(都押城)을 공파하고 200인을 잡아 갔다. 백제 16대 진사왕(辰斯王) 6년(390년)에 같은 기사. 병관좌평(兵官佐平)을 삼았다. 〈사기 18 고구려 6 고국양왕, 25 백제 3 진사왕〉

진고도 眞高道 [백제] 14대 근구수왕(近仇首王) 2년(376년) 내신좌평(內臣佐平)을 삼아 정사(政事)를 맡기었다. 〈사기 24 백제 2 근구수왕〉

진공 眞功 [신라] 30대 문무왕(文武王) 8년(668년) 당장(唐將) 유인원(劉仁願)이 사람을 보내어 고구려의 대곡(大谷)과 한성(漢城)등이 귀복(歸服)하였음을 내고(來告)하므로 일길찬(一吉湌) 진공 등을 보내어 하례하였다. 동 11년(671년) 대아찬 진공 등을 시켜 군사를 이끌고 옹포(甕浦)를 지키게 했다. 31대 신문왕(神文王) 원년(681년) 진공 등이 모반하다가 복주(伏誅)되었다. 〈사기 6 신라 6 문무왕 상, 7 신라 7 문무왕 하, 8 신라 8 신문왕〉

진과 眞果 [백제] 5대 초고왕(肖古王) 49년(214년) 북부(北部)의 장수(將帥) 진과로 하여금 군사 1,000명을 거느리고 말갈(靺鞨)의 석문성(石門城)을 습취(襲取)하였다. 〈사기 23 백제 1 초고왕〉

진교부인 眞矯夫人 [신라] 45대 신무왕(神武王)의 어머니 박씨(朴氏). 신무왕 원년(839년) 헌목태후(憲穆太后)로 추존(追尊)하였다. 〈사기 10 신라 10 신무왕〉 ☞ 591쪽

진남 眞男 [백제] 23대 삼근왕(三斤王) 2년(478년) 좌평(佐平) 해구(解仇)가 모반(謀叛)하자 왕이 좌평 진남에게 명하여 토벌하려 했으나 이기지 못하였다. 〈사기 26 백제 4 삼근왕〉

진내말 眞乃末 33대 성덕왕(聖德王) 때 진표대사(眞表大師)의 아버지. 성(姓)은 정씨(井氏)이다. 〈유사 4 의해 5 진표전간〉

진덕왕 眞德王 [신라] 28대 왕(재위 647~654년). 휘(諱)는 승만(勝曼). 26대 진평왕(眞平王)의 동모제(同母弟) 국반갈문왕(國飯葛文王)의 딸. 어머니는 박씨(朴氏) 월명부인(月明夫人). 재위 중 백제군의 침공이 끊이지 않았다. 〈사기 5 신라 5 진덕왕〉 아버지는 진평왕의 아우 국기안갈문왕(國其安葛文王)이고 어머니는 안니부인(阿尼夫人)이다. 재임 중에 남산성(南山城)을 쌓았으며 즉위하면서 치당태평송(致唐太平頌)을 비단에 짜 당왕(唐王)에게 바쳤다. 〈유사 1 왕력 1, 1 기이 1 진덕왕, 2 기이 2 효소왕대 죽지랑〉

진량 眞亮 [신라] 46대 문성왕(文聖王) 14년(852년) 파진찬(波珍湌)인데 웅

주도독(熊州都督)을 삼았다. 〈사기 11 신라 11 문성왕〉

진로 眞老 [백제] 23대 삼근왕(三斤王) 2년(478년) 덕솔(德率)로서 진남(眞男)에 이어 좌평(佐平) 해구(解仇)의 반군(叛軍)을 공격하여 해구를 격살(擊殺)하였다. 〈사기 26 백제 4 삼근왕〉

진무 眞武 [백제] 17대 아신왕(阿莘王, 莘은 華의 잘못인 듯) 2년(393년) 진무를 좌장(左將)을 삼아 병마사(兵馬事)를 맡기었다. 왕의 외숙(外叔)으로 지략이 있었다. 〈사기 25 백제 3 아신왕〉

진문 眞門 [신라] 33대 성덕왕(聖德王) 때 중. 진표 대사(眞表大師)와 친하였다. 사적은 알려지지 않았으나 진표가 발연사(鉢淵寺)에서 나와 고향에 돌아와 아버지를 뵙고 진문대덕의 방에서 기거하기도 했다. 〈유사 4 의해 5 관동풍악발연수석기〉

진물 眞勿 [백제] 8대 고이왕(古爾王) 14년(247년) 진물을 좌장(左將)을 삼아 병마사(兵馬事)를 맡기었다. 〈사기 24 백제 2 고이왕〉

진복 眞服 [신라] 30대 문무왕(文武王) 원년(661년) 김유신(金庾信)의 부장군(副將軍). 당을 위해 군량미(軍糧米)를 싣고 갔다. 〈사기 42 열전 2 김유신 중〉

진복 眞福 [신라] 30대 문무왕(文武王) 원년(661년) 당이 고구려를 치면서 동병응원(動兵應援)을 요청하여 신라군을 편성 정비할 때 진복은 서당총관(誓幢摠管)을 삼았다. 동 5년(665년) 중시(中侍)를 삼고 31대 신문왕(神文王) 원년(681년) 서불감(舒弗邯)을 배(拜)하여 상대등(上大等)을 삼았다. 〈사기 6 신라 6 문무왕 상, 8 신라 8 신문왕〉

진사 進思 [가야] 가락국 7대 취희왕비(吹希王妃) 인덕(仁德)의 아버지. 각간(角干) 〈유사 2 기이 2 가락국기〉

진사왕 辰斯王 [백제] 16대왕(재위 385~392년). 14대 근구수왕(近仇首王)의 둘째 아들. 15대 침류왕(枕流王)의 아우. 사람이 강용(强勇)하고 지략(智略)이 많았다. 고구려와 여러 차례 충돌이 있었는데 특히 광개토대왕(廣開土大王)의 침략을 받아 한수(漢水) 이북의 여러 부락이 함락되었다. 〈사기 25 백제 3 진사왕〉, 〈유사 1 왕력 1〉

진서 眞恕 [신라] 41대 헌덕왕(憲德王) 때 대서성(大書省). 국통(國統) 혜륭(惠隆) 등과 함께 이차돈(異次頓)의 무덤을 수축하고 비를 세웠다. 〈유사 3 흥법 3 원종흥법 염촉멸신〉

진선 眞善 [신라] 35대 경덕왕(景德王) 때 진표대사(眞表大師)의 법을 받은 제자 중 영수(領袖). 산문(山門)의 개조(開祖)가 되었다. 〈유사 4 의해 5 진표전간〉

진성왕 眞聖王 [신라] 51대 왕(재위 887~897년). 휘(諱)는 만(曼, 최치원의 문집에는 坦). 48대 경문왕(景文王)의 딸이며 헌강왕(憲康王), 정강왕(定康王)의 아우이다. 각간(角干) 위홍(魏弘) 등에게 명하여 가요(歌謠=鄕歌)를 수집하여 삼대목(三代目)을 편찬하였다. 왕이 방탕하여 정치가 문란해지니 반역하는 사람이 늘고 궁예(弓裔), 견훤(甄萱) 등이 군사를 일으켜 신라를 침공하였다. 〈사기 11 신라 11 진성왕〉 휘는 만헌(曼憲). 왕의 필(匹)은 각간 위홍이다. 혜성대왕(惠成大王)으로 추봉(追封)하였다. 유모 부호부인(鳧好夫人)과 위홍 등 총신(寵臣)과 더불어 권세를 잡아 정사를 휘두르니 나라가 어지러워졌다. 〈유사 1 왕력 1, 2 기이 2 진성여대왕 거타지〉

진순 眞純 [신라] 30대 문무왕(文武王) 원년(661년) 당주(唐主)가 소정방(蘇定方)을 시켜 고구려를 침공하려 할 새 신라에게 동병응원(動兵應援)을 요청하자 군영(軍營)을 정비하였는데 장군 진순을 하서주총관(河西州摠管)을 삼았다. 〈사기 6 신라 6 문무왕 상〉

진순 陳純 [신라] 진춘(陳春)이라고도 한다. 30대 문무왕(文武王) 8년(668년) 고구려 원정군의 경정총관(京停摠管)을 삼았다. 동 16년(676년) 재상(宰相) 진순이 사직을 원했으나 윤허하지 않고 궤장(几

杖)을 내렸다. 〈사기 6 신라 6 문무왕 상, 7 신라 7 문무왕 하〉

진안갈문왕 眞安葛文王 [신라] 28대 진덕왕(眞德王)의 아버지 국반(國飯)의 추봉명(追封名)이다. 〈사기 4 신라 4 진평왕〉

진왕 眞王 [신라] 29대 태종무열왕(太宗武烈王) 8년(661년) 백제의 잔적(殘賊)이 사비성(泗沘城)을 공격하므로 대항할 군을 편성하는데 잡찬(迊湌) 문충(文忠)을 상주장군(上州將軍)에 임하고 아찬(阿湌) 진왕으로 이를 돕게 하였다. 30대 문무왕(文武王) 11년(671년) 소부리주(所夫里州)를 두고 진왕으로 도독(都督)을 삼았다. 〈사기 5 신라 5 태종무열왕, 7 신라 7 문무왕 하〉

진원 眞元 [신라] 41대 헌덕왕(憲德王) 11년(819년) 이찬(伊湌) 진원이 나이가 70이 되었으므로 궤장(几杖)을 주었다. 〈사기 10 신라 10 헌덕왕〉

진의 眞義 [백제] 11대 비류왕(比流王) 30년(333년) 내신좌평(內臣佐平)을 삼았다. 〈사기 24 백제 2 비류왕〉

진자 眞慈 [신라] 25대 진지왕(眞智王) 때 흥륜사(興輪寺)의 중. 정자(貞慈)라고도 한다. 진자가 미륵상(彌勒像) 앞에 기도하기를 대성(大聖)이 화랑(花郞)으로 화신하면 자기가 가까이 하고 시종(侍從)할 수 있게 해달라고 기도를 계속했는데 어느 날 꿈에 한 중이 나타나 웅천(熊川) 수원사(水源寺)에 가면 미륵선화(彌勒仙花)를 볼 수 있을 것이라 하여 그리로 가서 결국 한 소년을 만나게 되는데 그가 미륵선화로 미시(未尸)라 했다. 왕이 듣고 불러다 국선(國仙)을 삼았는데 7년 후에 홀연히 사라졌고 진자는 정성껏 도를 닦았다. 〈유사 3 탑상 4 미륵선화 미시랑 진자사〉 ☞ 592쪽

진장 眞藏 [신라] 30대 문무왕(文武王) 때 의상대사(義湘大師)의 제자로 십대덕(十大德)의 한 사람. 아성(亞聖)이라 했다. 〈유사 4 의해 5 의상전교〉

진재 眞才 [신라] 32대 효소왕(孝昭王) 때 대통(大統) 준영랑(俊永郎)의 낭도라 했다. 〈유사 3 탑상 4 백률사〉

진절 珍節 [신라] 32대 효소왕(孝昭王) 때 사지(舍知). 죽지랑(竹旨郎)의 도(徒)인 득오급간(得烏級干)을 데려간 익선아간(益宣阿干)이 득오를 놓아주지 않자 진절사지가 기마안구(騎馬鞍具)를 주니까 그제야 득오를 놓아주었다. 〈유사 2 기이 2 효소왕대 죽지랑〉

진정 眞淨 [백제] 13대 근초고왕(近肖古王) 2년(347년) 조정좌평(朝廷佐平)을 삼았다. 〈사기 24 백제 2 근초고왕〉

진정 眞定 [신라] 30대 문무왕(文武王) 때 의상대사(義湘大師)의 제자로 십대덕(十大德)의 하나. 아성(亞聖)이다. 〈유사 4 의해 5 의상전교〉

진정갈문왕 眞正葛文王 [신라] 26대 진평왕(眞平王)의 아우 백반(伯飯)의 추봉명(追封名)이다. 〈사기 4 신라 4 진평왕〉

진제 珍堤 [신라] 26대 진평왕(眞平王) 때 상사인(上舍人) 실혜(實兮)와 하사인(下舍人) 진제가 동료이면서 때때로 시비가 있었다. 실혜는 강직하고 의(義) 아니면 굴하지 않았고 진제는 요사스러웠다. 진제의 참소(讒訴)로 실혜가 냉림(冷林)으로 귀양갔는데 변명하지 않고 장가(長歌)를 지어 뜻을 표하였다. 〈사기 48 열전 8 실혜〉

진종 眞宗 [신라] 34대 효성왕(孝成王)의 비(妃) 혜명왕후(惠明王后)의 아버지. 각간(角干) 〈유사 1 왕력 1〉

진주 眞珠 [신라] 27대 선덕왕(善德王) 8년(639년) 하슬라주(何瑟羅州)를 북소경(北小京)을 삼고 사찬(沙飡) 진주로 그곳을 진수(鎭守)케 하였다. 29대 태종무열왕(太宗武烈王) 7년(660년) 백제 침공군에 김유신 등과 참전했고 30대 문무왕(文武王) 원년(661년) 고구려 침공군의 대당장군(大幢將軍)으로 참전했다. 동 2년 진주가 칭병(稱病)하고 국사에 마음을 쓰지 않으므로 그를 죽였다. 동 10년(670년) 한성부총관(漢城府摠管) 수세(藪世)가 백제를 약취(掠取)하여 그곳으로 가려 하다가 발각되어 왕이 대아찬(大阿飡) 진주를 보내 그를 주(誅)하였다. =김진주 〈사기 5 신라 5 선덕왕, 태종무열왕, 6 신라 6 문무왕 상, 42 열전 2 김유신 중〉

※ 662년에 죽었다 하면서 670년에 수세를 주했다는 것은 의심이 간다.

진지왕 眞智王 [신라] 25대왕(재위 576~579년). 휘(諱)는 사륜(舍輪) 또는 금륜(金輪). 24대 진흥왕(眞興王)의 둘째 아들. 어머니는 사도부인(思道夫人)이고 비(妃)는 지도부인(知道夫人)이다. 〈사기 4 신라 4 진지왕〉 29대 무열왕(武烈王)의 할아버지. 어머니는 영사각간(英史角干)의 딸 식도부인(息道夫人) 또는 색도부인(色刀夫人) 박씨(朴氏)이며 비(妃)는 지도부인(知刀夫人) 기오공(起烏公)의 딸이다. 〈유사 1 왕력 1, 3 탑상 4 미륵선화 부시랑 진자사〉

진지왕 眞支王 [백제] 18대 전지왕(腆支王)의 다른 적음→전지왕 〈유사 1 왕력 1〉 ☞ 590쪽

진춘(순) 陳春(純) [신라] 28대 진덕왕(眞德王) 3년(649년) 백제군이 석토(石吐) 등 7개성을 공략하자 김유신 장군을 따라 장군 진충 등이 나가 막았다. →진순 〈사기 5 신라 5 진덕왕, 42 열전 2 김유신 중〉

진충 眞忠

① [신라] 10대 내해니사금(奈解尼師今) 10년(205년) 일벌찬(一伐飡) 진충을 배(拜)하여 국정에 참여케 했다. 〈사기 2 신라 2 내해니사금〉

② [백제] 8대 고이왕(古爾王) 7년(240년) 좌장(左將)을 삼아 내외(內外)의 병마사(兵馬事)를 맡기었다. 동 14년(247년) 우보(右輔)를 삼았다. 〈사기 24 백제 2 고이왕〉

진평왕 眞平王 [신라] 26대왕(재위 579~632년). 휘(諱)는 백정(白淨). 24대 진흥왕(眞興王)의 손자. 아버지는 동륜(銅輪), 어머니는 김씨(金氏) 만호부인(萬呼夫人)으로 갈문왕입종(葛文王立宗)의 딸이고 비(妃)는 김씨(金氏) 마야부인(摩耶夫人)으로 갈문왕 복승(葛文王福勝)의 딸이다. 얼굴이 기이(奇異)하고 몸이 장대(長大)하고 의

지가 침중(沈重)하고 식견(識見)이 명철(明哲)하였다. 재위 중 백제와 자주 싸웠고 동 19년(602년)에도 백제의 큰 공격을 받아 많은 인명의 손실을 보았다. 〈사기 4 신라 4 진평왕, 46 열전 6 최치원〉 아버지는 동륜 또는 동륜(東輪)이라 하고 어머니는 만호 또는 만녕(萬寧)부인으로 이름은 행의(行義)이다. 선비(先妃)는 마야부인(摩耶夫人) 김씨 이름은 복힐구(福肹口), 후비는 승만부인(僧滿夫人) 손씨(孫氏)이다. 키가 컸고 즉위(卽位) 원년에 천사(天使)가 와서 상황(上皇)이 내린 옥대(玉帶)를 전했다. 셋째 공주가 백제 무왕(武王)의 비(妃)가 되었으며 사불산(四佛山)에 대승사(大乘寺)를 개창하였다. 이때 원광, 혜숙, 혜공, 원효, 융천사(圓光, 惠宿, 惠公, 元曉, 融天使) 등 명승이 많았다. 〈유사 1 왕력 1, 1 기이 1 천사옥대, 2 기이 2 원성대왕, 무왕, 3 탑상 4 사불산 굴불산 만불산, 4 의해 5 원광서학, 이혜동진, 원효불기, 5 감통 7 선도성모수희불사, 융천사혜성가〉

진표 眞表 [신라] 33대 성덕왕(聖德王) 때 중. 완산주(完山州) 만경현(萬頃縣) 사람이다. 아버지는 진내말(眞乃末) 어머니는 길보낭(吉寶娘) 성은 정씨(井氏)이다. 일찍 금산사(金山寺) 순제법사(順濟法師 또는 숭제(崇濟))의 밑에 가서 불문(佛門)에 들어 갔다. 고행(苦行) 끝에 효성왕(孝成王) 4년(740년)에 정계(淨戒)를 받았다. 끝없는 정진과 법시(法施)를 베풀었으며 널리 여러 절을 일으켰다. 풍악산 발연사(楓嶽山 鉢淵寺)를 창건하였다. 영심, 보종, 신방(永深, 寶宗, 信芳) 등 여러 제자는 산문(山門)의 개조(開祖)가 되었다. 〈유사 4 의해 5 진표전간, 관동풍악발연수석기〉

진해 珍海 [신라] 35대 경덕왕(景德王) 때 진표(眞表)의 제자 중의 하나. 산문(山門)의 개조(開祖)가 되었다. 〈유사 4 의해 5 진표전간〉

진호 眞虎 [신라] 55대 경애왕(景哀王) 3년(926년) 견훤(甄萱)의 조카로 고려에 볼모로 잡혀 있다가 죽었다. 〈사기 12 신라 12 경애왕, 50 열전 10 견훤〉 견훤의 사위. 고려에 볼모로 가 있다가 52

대 효공왕(孝恭王) 4년(900년)에 죽었는데 고의로 죽인 줄 알고 왕건(王建)의 사촌 왕신(王信)을 가두었다. 〈유사 2 기이 2 후백제 견훤〉

진회 眞會 [백제] 2대 다루왕(多婁王) 10년(37년) 북부(北部)의 진회를 우보(右輔)로 삼았다. 〈사기 23 백제 1 다루왕〉

진흠 眞欽 [신라] 29대 무열왕(武烈王) 8년(661년) 장군으로 백제 잔적(殘賊) 토벌군이 이기지 못하자 진흠을 증원군으로 파견했다. 30대 문무왕(文武王) 2년(662년) 칭병(稱病)하고 국사를 게을리하므로 목베었다. 〈사기 5 신라 5 태종무열왕, 6 신라 6 문무왕 상, 42 열전 2 김유신 중〉

진흥왕 眞興王 [신라] 24대왕(재위 540~576년). 휘(諱)는 삼맥종(彡麥宗) 또는 심맥부(深麥夫). 22대 법흥왕(法興王)의 아우 입종(立宗)의 아들이며 어머니는 김씨(金氏) 법흥왕의 딸이다. 비(妃)는 박씨(朴氏) 사도부인(思道夫人)이다. 동 6년(545년) 이사부(異斯夫)의 품의(稟議)에 따라 거칠부(居柒夫) 등에 명하여 국사(國史)를 편찬하였다. 동 12년(551년) 연호(年號)를 개국(開國)이라 고치었다. 동 13년 계고(階古) 등을 우륵(于勒)에게 보내 음악을 배우게 하였다. 동 16년(555년) 북한산(北漢山)을 순수(巡狩)하여 강역(疆域)을 획정(劃定)하였다. 동 23년(562년) 가야(加耶)가 침범하므로 이사부(異斯夫)에게 명하여 치게 하니 성중(城中)이 모두 항복하였다. 동 37년(576년) 원화(源花)를 세워 받들게 하였으나 남모(南毛)와 준정(俊貞)이 서로 시기하여 죽이므로 폐하고 외양이 아름다운 남자를 뽑아 화랑(花郞)이라 하여 받들게 하였다. 열심히 불교(佛敎)를 받들어 만년에는 중이 되어 스스로 법운(法雲)이라 하였다. 〈사기 4 신라 4 진흥왕, 44 열전 4 사다함〉 어머니는 지소부인(只召夫人) 또는 식도부인(息道夫人) 영사각간(英史角干)의 딸이다. 동 14년(553년) 신궁(新宮)을 지을 때 황룡(黃龍)이 나타나므로 그 자리에 황룡사(黃龍寺)로 개조하였다. 서축(西竺=인도) 아육왕(阿育王)이 황철(黃鐵)과 황금(黃芩)으로 석가(釋迦) 삼존상(三尊像)을 주조하다가 이루지 못하고 배에 띄워 보냈는데 그것이 울주(蔚州)에 도착했으므로 그것으로 장륙존상(丈六尊像)을 주조하여 황룡사에 안치하였다. 동 26년(565년) 진(陳)이 유사(劉思)와 중 명관(明觀)을 시켜 불경론(佛經論) 1,700여 권을 보내왔다. 동 11년(550년) 안장법사(安藏法師)로서 대서성(大書省)을 삼았다. 〈유사 1 왕력 1, 1 기이 1 진흥왕, 2 기이 2 가락국기, 3 흥법 3 원종흥법 염촉멸신, 3 탑상 4 가섭불연생석, 황룡사장륙, 전후소장사리, 4 의해 5 자장정률〉

질 質 [백제] 8대 고이왕(古爾王)의 숙부(叔父). 9년(242년) 우보(右輔)로 삼았다. 〈사기 24 백제 2 고이왕〉

질가 叱嘉 [가야] 가락국 7대 취희왕(吹希王)의 다른 적음→취희왕 〈유사 2 기이 2 가락국기〉 ☞ 603쪽

질지왕 銍知王 [가야] 가락국 8대왕. 김질(金銍)이라고도 한다. 어머니는 진사각간(進思角干)의 딸 인덕(仁德)이다. 원가(元嘉) 28년(451년 신라 눌지왕 35년) 즉위. 동 2년(452년)에 세조(世祖=首露王)와 허황후(許皇后)의 명복을 빌기 위하여 왕후사(王后寺)란 절을 지었다. 왕비(王妃)는 김상사간(金相沙干)의 딸 방원(邦媛)이며 왕자는 겸지(鉗知)이다. 〈유사 1 왕력 1, 2 기이 2 가락국기, 3 탑상 4 금관성파사석탑〉 ☞ 602쪽

차대왕 次大王 [고구려] 7대왕(재위 146~165년). 휘(諱)는 수성(遂成). 대조대

왕(大祖大王)의 동모제(同母弟). 용장(勇壯)하여 위엄이 있으나 인자함이 적었다. 동 20년(165년) 명림답부(明臨答夫)가 시해(弑害)하였다. 〈사기 15 고구려 3 차대왕〉 휘(諱)는 수(遂). 국조왕(國祖王＝대조왕(大祖王))의 동모제 〈유사 1 왕력 1〉

차득공 車得公 [신라] 29대 무열왕(武烈王)의 서자(庶子). 차득령공(車得令公)이라고 하는데 영공은 국상(國相)에 대한 존칭이다. 30대 문무왕(文武王)은 서제(庶弟) 차득공을 불러 재상(宰相)을 맡겼다. 그는 전국을 밀행(密行)하여 민간의 요역(徭役)의 노일(勞逸)과 조부(租賦)의 경중(輕重)과 관리의 청탁(淸濁)을 본 후에야 직에 올랐다. 〈유사 1 기이 1 태종춘추공, 2 기이 2 문호왕 법민〉

차득령공 車得令公 [신라] →차득공 〈유사 1 기이 1 태종춘추공〉

차로부인 次老夫人 [신라] 20대 자비마립간(慈悲麻立干)의 어머니. 19대 눌지마립간의 비(妃). 아로부인(阿老夫人)이라고도 한다. 〈유사 1 왕력 1〉

차의 車衣 [신라] 차득공(車得公)이 지방 순찰 중 자칭 단오(端午)라 하였는데 속(俗)에 단오를 차의(車衣, '수리'로 볼 수 있음)라고 한다. →차득공 〈유사 2 기이 2 문호왕 법민〉

찬덕 讚德 [신라] 26대 진평왕(眞平王) 33년(611년) 가잠성(椵岑城)의 현령(縣令)으로서 백제군이 성을 에워싸고 100일을 버티므로 굳게 지키다가 전사하였다. 동 40년(618년) 가잠성을 회복하려고 병을 내어 백제와 싸울새 해론(奚論)이 종군하여 적진에 들어가 싸우다 죽었는데 그는 찬덕의 아들이다. 〈사기 4 신라 4 진평왕, 47 열전 7 해론〉 백제 무왕(武王) 12년(611년) 같은 기사 〈사기 27 백제 5 무왕〉

찰해왕 察解王 [신라] 16대 걸해니질금(乞解尼叱今)의 아버지 석씨(昔氏) 우로음각간(于老音角干)이 곧 찰해왕(察解王)이다. 〈유사 1 왕력 1〉

창 昌(菖) [백제] 27대 위덕왕(威德王)의 휘(諱)이다. →위덕왕 〈사기 27

백제 5 위덕왕〉 휘(諱)를 명(明)이라고도 한다. 〈유사 1 왕력 1〉 ☞ 603쪽

창근이이 昌近伊已 [신라] 38대 원성왕(元聖王)의 어머니는 인덕(仁德) 또는 지오부인(知烏夫人)이며 시호(諡號)는 소문왕후(昭文王后)인데 창근이이(昌近伊已)의 딸이다. 〈유사 1 왕력 1〉

창사 昌思 [신라] 36대 혜공왕비(惠恭王妃)는 창사(창)부인(昌思(昌)夫人)인데 김장각간(金將角干)의 딸이다. 〈유사 1 왕력 1〉

창영 昌永 [신라] 6대 지마니사금(祇摩尼師今) 2년(113년) 이찬(伊湌)을 삼아 정사(政事)에 참여케 하였다. 동 18년(129년) 죽었다. 〈사기 1 신라 1 지마니사금〉

창조리 倉助利 [고구려] 14대 봉상왕(烽上王) 3년(294년) 남부 대사자(南部 大使者) 창조리로 국상(國相)을 삼고 대주부(大主簿)의 벼슬을 주었다. 동 9년(300년) 왕이 무리하게 토목공역(土木工役)을 실시하자 창조리가 반대하는 간언(諫言)을 했으나 왕이 듣지 않으므로 여러 신하와 모의하여 왕을 폐(廢)하였다. 〈사기 17 고구려 5 봉상왕, 49 열전 9 창조리〉

창화부인 昌花夫人 [신라] 42대 흥덕왕(興德王)의 비(妃). 시호(諡號)는 정목왕후(定穆王后). 39대 소성왕(昭聖王)의 딸이다. 〈유사 1 왕력 1〉

책계왕 責稽王 [백제] 9대왕(재위 286~298년). 혹은 청계왕(青稽王)이라고도 한다. 8대 고이왕(古爾王)의 아들. 키가 크고 지기(志氣)가 웅걸(雄傑)하였다. 대방(帶方)과 구생(舅甥)의 나라이므로 고구려의 대방 침공에 구원하러 나섰다. 13년(298년) 한(漢=樂浪)이 침공하여 나가 싸우다가 전사하였다. 〈사기 24 백제 2 책계왕〉 책체(責替)라고도 하는데 잘못이다. 〈유사 1 왕력 1〉 ☞ 592쪽

책체 責替 [백제] 9대 책계왕(責稽王)의 잘못 적은 것이다. 〈유사 1 왕력 1〉

처 處 [신라] 이차돈(異次頓)의 次에 대응하는 표기이다. →이차돈 〈유사 3 흥법 3 원종흥법 염촉멸신〉

처도 處道 [신라] 이차돈(異次頓)의 다른 적음→이차돈 〈사기 4 신라 4 법흥왕〉

처용 處容 [신라] 49대 헌강왕(憲康王) 때 동해(東海) 용(龍)의 한 아들이 어가(御駕)를 따라와 임금을 보좌하였는데 그가 처용이다. 미녀로 아내를 삼게 했는데 역신(疫神)이 처용처를 흠모하여 사람으로 변하여 그 집에 가서 동침했다. 하루는 처용이 밖에서 돌아와 그 광경을 보고 노래(歌謠, 곧 處容歌)를 부르자 역신이 현신(現身)하여 사과하고 다시는 공의 형용을 그린 그림만 보아도 그 문에 들어가지 않겠다고 맹세하였다. 〈유사 2 기이 2 처용랑 망해사〉

천광 天光 [신라] 30대 문무왕(文武王) 8년(668년) 고구려와 싸울 때 서당총관(誓幢摠管)이 되었다. 동 13년(673년) 중시(中侍)를 삼았다. 〈사기 6 신라 6 문무왕 상, 7 신라 7 문무왕 하〉

천남건 泉男建 [고구려] 연개소문의 둘째 아들→남건 〈사기 49 열전 9 개소문〉

천남산 泉男産 [고구려] 연개소문(淵蓋蘇文)의 셋째 아들. 신라 30대 문무왕(文武王) 8년(668년) 고구려왕이 남산을 당장(唐將)에게 보내 항복을 청하였다. 〈사기 6 신라 6 문무왕 상〉 →남산 〈사기 49 열전 9 개소문〉

천남생 泉男生 [고구려] 연개소문의 큰아들→남생 〈사기 49 열전 9 개소문〉

천명부인 天明夫人 [신라] 29대 무열왕(武烈王)의 어머니. 시호(諡號)는 문정태후(文貞太后). 26대 진평왕(眞平王)의 딸이다. 〈유사 1 왕력 1, 1 기이 1 태종춘추공〉

천복 天福 [신라] 29대 무열왕(武烈王) 7년(660년) 제감(弟監) 천복을 당에 보내 백제가 항복했음을 알렸다. 〈사기 5 신라 5 태종무열왕〉

천상욱개자 川上郁皆子 [신라] 22대 지증마립간(智證麻立干) 때 피리곡(笛曲) 간인(竿引)을 작곡한 사람이다. 〈사기 32 잡지 1 악〉

천승 天承 [신라] 33대 성덕왕(聖德王) 22년(723년) 내마(奈麻). 왕이 당에 바친 미녀(美女) 포정(抱貞)의 아버지이다. 〈사기 8 신라 8 성덕왕〉

천존 天存 [신라] 28대 진덕왕(眞德王) 3년(649년) 이찬(伊湌), 서불감(舒弗邯). 백제군이 침략하자 다른 장수들과 함께 막게 하였다. 30대 문무왕(文武王) 4년(664년) 당의 칙사(勅使) 유인원(劉仁願)과 백제의 부여륭(夫餘隆)으로 더불어 화친(和親)의 서맹(誓盟)을 하였다. 19년(679년)에 죽었다. 김유신전(金庾信傳)에는 문무왕 원년에 백제의 여중(餘衆)이 남아 있어 토벌군으로 참여했다 한다. 〈사기 5 신라 5 진덕왕, 6 신라 6 문무왕 상, 7 신라 7 문무왕 하, 42 열전 2 김유신 중〉

천진공 天眞公 [신라] 26대 진평왕(眞平王) 때 사람. 석(釋) 혜공(惠空)의 어머니는 천진공의 집에 고용살이 했는데 공이 악질(惡疾)에 걸려 죽음에 이르렀을 때 혜공이 고쳐 주었고 멀리 가 있는 천진공의 매를 데려 오는 등 영이(靈異)가 있었다. 〈유사 4 의해 5 이혜동진〉

천품 天品 [신라] 30대 문무왕(文武王) 원년(661년) 당이 고구려를 침공할 때 신라에 동병(動兵) 응원을 요청하자 신라왕이 군의 체제를 혁신할 때 장군 천품을 귀당총관(貴幢摠管)을 삼았다. 〈사기 6 신라 6 문무왕 상〉

천효 天曉 [신라] 28대 진덕왕(眞德王) 6년(652년) 파진찬(波珍湌) 천효를 좌리방부령(左理方府令)을 삼았다. 〈사기 5 신라 5 진덕왕〉

천훈 天訓 [신라] 30대 문무왕(文武王) 18년(678년) 아찬(阿湌) 천훈을 무진주도독(武珍州都督)을 삼았다. 〈사기 7 신라 7 문무왕 하〉

철리 鐵利 [고려] 고려 태조(太祖) 19년(936년) 신검(神劍)의 군사와 맞싸울 때 중군(中軍)에 소속된 장군이다. 〈사기 50 열전 10 견훤〉

철부 哲夫 [신라] 23대 법흥왕(法興王) 21년(634년) 상대등(上大等) 철부가 죽었다. 〈사기 4 신라 4 법흥왕〉

철천 徹川 [신라] 30대 문무왕(文武王) 13년(672년) 대아찬(大阿湌) 철천에게 병선(兵船) 100척을 거느리고 서해(西海)를 진수(鎭守)케 하였다. 〈사기 7 신라 7 문무왕 하〉

철천 哲川 [신라] 30대 문무왕(文武王) 원년(661년) 사호산군(沙戶山郡) 태수(太守). 백제의 여중(餘衆)들이 성을 차지하고 저항하고 있으므로 품일(品日) 장군과 함께 쳐서 이겼다. 〈사기 6 신라 6 문무왕 상〉

첨해니사금 沾解尼師今 [신라] 12대왕(재위 247~261년). 아버지는 골정(骨正). 11대 조분니사금(助賁尼師今)과 동모제(同母弟)이다. 〈사기 2 신라 2 첨해니사금〉

첩사 牒師 [신라] 구성인(九聖人)의 한 사람. 첩은 음이 첩(牒)인데 우리말로는 가을목(加乙木=갈나무)이다. 〈유사 5 피은 8 포산이성〉

청계왕 靑稽王 [백제] 9대왕 책계왕(責稽王)의 다른 적음→책계왕 〈사기 24 백제 2 책계왕〉 ☞ 592쪽

청구 靑丘 [후백제] 견훤(甄萱)의 여덟째 아들. 대사(大師). 상원부인(上院夫人)의 소생이다. 〈유사 2 기이 2 후백제 견훤〉

청구사문 靑丘沙門 [신라] 35대 경덕왕(景德王) 때 유가종(瑜伽宗)의 대덕(大德) 대현(大賢)의 자호(自號)이다. 〈유사 4 의해 5 현유가 해화엄〉

청길 淸吉 [신라] 52대 효공왕(孝恭王) 4년(900년) 괴양(槐壤)의 적수(賊帥) 청길 등이 성을 들어 궁예(弓裔)에게 투항(投降)하였다. 〈사기 12 신라 12 효공왕〉

청명 淸明 [신라] 40대 애장왕(哀莊王)의 휘(諱)이다. →애장왕 〈사기 10 신라 10 애장왕〉 휘(諱)는 중희(重熙) 또는 청명이다. 〈유사 1 왕력 1〉 ☞ 602쪽

청장 淸長 [신라] 48대 경문왕(景文王)이 금도(琴道)가 끊어질까 근심하여 이찬(伊湌) 윤흥(允興)에게 명하여 남원공사(南原公事)를 맡겼고 윤흥은 안장(安長)과 청장 두 소년을 뽑아 귀금선생(貴金先生)에게서 현금(玄琴)을 배우고 그 음률(音律)을 전해 얻게 하였다. 〈사기 32 잡지 1 악〉

체명 體明 [신라] 40대 애장왕(哀莊王)의 아우. 동 10년(809년) 왕의 숙부(叔父) 언승(彦昇=헌덕왕)이 군사를 이끌고 대내(大內)에 들어와 왕(애장왕)을 죽였는데 체명도 왕을 시위(侍衛)하다가 죽었다. 〈사기 10 신라 10 애장왕〉

체신 體信 [신라] 37대 선덕왕(宣德王) 4년(783년) 아찬(阿湌) 체신으로 대곡진(大谷鎭)의 군주(軍主)를 삼았다. 〈사기 9 신라 9 선덕왕〉

체원 體元 [신라] 32대 효소왕(孝昭王) 7년(698년) 이찬 체원으로 우두주(牛頭州) 총관(摠管)을 삼았다. 〈사기 8 신라 8 효소왕〉

체진 體珍 [신라] 35대 경덕왕(景德王) 때 진표율사(眞表律師)의 제자 중의 한 사람. 산문(山門)의 개조(開祖)가 되었다. 〈유사 4 의해 5 진표전간〉

초고왕 肖古王 [백제] 5대왕(재위 166~314년). 소고(素古)라고도 한다. 4대 개루왕(蓋婁王)의 아들. 재위 중 신라와 끊임없이 싸웠다. 〈사기 23 백제 1 초고왕〉 6대 구수왕(仇首王)의 아버지이며 8대 고이왕(古爾王)의 형이다. 〈유사 1 왕력 1〉

초노 草奴 [신라] 43대 희강왕(僖康王)의 아버지 헌정(憲貞)의 다른 이름이다. →희강왕 〈사기 10 신라 10 희강왕〉 ☞ 603쪽

촉 髑 [신라] 이차돈(異次頓)의 頓에 대응하는 글자이다. →이차돈 〈유사 3 흥법 3 원종흥법 염촉멸신〉

총명 聰明 [신라] 41대 헌덕왕(憲德王) 17년(825년) 웅천부(熊川州) 도독(都督) 헌창(憲昌)의 아들 범문(梵文)이 적(賊)들과 함께 모반하

여 북한산주(北漢山州)를 치매 한산주 도독 총명이 군사를 이끌고 가 잡아 죽였다. 〈사기 10 신라 10 헌덕왕〉

총민 聰敏 [신라] 33대 성덕왕(聖德王) 때 대사(大舍). 감산사(甘山寺)를 창건한 김지성(金志誠)이 부모와 누이, 동생 살찬(薩湌) 총민 등을 위하여 같이 경영하였다. 〈유사 3 탑상 4 남월산〉

총지 聰智 ① [신라] 설총(薛聰)의 자(字) → 설총 〈사기 46 열전 6 설총〉
② [후백제] 견훤(甄萱)의 넷째 아들. 대사(大師). 상원부인(上院夫人)의 소생이다. 〈유사 2 기이 2 후백제 견훤〉

최견 崔堅 [후백제] 견훤(甄萱)의 장군. 55대 경애왕(景哀王) 4년(927년) 글안(契丹)의 사자(使者) 사고마돌(裟姑麻咄) 등이 내빙(來聘)하자 훤이 최견을 시켜 반송(伴送)하였는데 항해 중 풍낭을 만나 모두 죽었다. 〈사기 50 열전 10 견훤〉

최리 崔理 [낙랑] 고구려 3대 대무신왕(大武神王) 15년(32년) 왕자 호동(好童)이 옥저(沃沮) 지방을 유람할 때 낙랑왕(樂浪王) 최리가 보고 사위를 삼았다. 그 딸은 호동의 요청으로 자기나라 무기고(武器庫)에 있는 고각(鼓角=自鳴鼓)을 부숴 낙랑이 고구려에 패했다. 〈사기 14 고구려 2 대무신왕〉

최리정 崔利貞 [신라] 41대 헌덕왕(憲德王) 17년(825년) 당에 가 있던 대학생(大學生) 최리정을 돌려 보냈다. 〈사기 10 신라 10 헌덕왕〉

최숙 崔肅 [신라] 56대 경순왕(敬順王) 때 최은성(崔殷誠)의 손자. 중생사(衆生寺) 부처님에게 빌어 승로(承魯)를 낳고 그의 아들이 낭중(郎中) 최숙이다. 〈유사 3 탑상 4 삼소관음 중생사〉

최씨 崔氏 진한(辰韓)의 육촌(六村) 중 넷째인 자산(觜山) 진지촌장(珍支村長) 지백호(智伯虎)가 본피부(本彼部) 최씨의 시조이다. 〈유사 1 기이 2 신라시조 혁거세왕〉

최언휘 崔彦撝 [신라] 18세(景福 2년=893년)에 당에 유학하여 예부시랑(禮部

侍郞) 설정규(薛廷珪)의 고시하(考試下)에 급제하고 42세에 환국하여 집사시랑(執事侍郞) 서서원학사(瑞書院學士)가 되었으며 고려 태조(太祖)가 개국하자 조정에 들어가 한림원대학사평장사(翰林院大學士平章事)에 이르렀다. 죽은 후에는 문영(文英)이라는 시호(諡號)를 내렸다. 〈사기 46 열전 6 설총〉 신라의 대부(大夫) 각간(角干) 최유덕(崔有德)이 사재(私財)로 유덕사(有德寺)를 지었는데 그의 원손(遠孫) 삼한공신(三韓功臣) 최언휘가 유덕의 진영(眞影)을 걸어 안치하고 기념비를 세웠다. 〈유사 3 탑상 4 유덕사〉

최웅 崔雄 [신라] 41대 헌덕왕(憲德王) 14년(822년) 웅천주(熊川州) 도독(都督) 헌창(憲昌)이 역모(逆謀)하자 완산주(完山州) 장사(長史) 최웅 등이 서울로 도망가 변(變)을 고하였다. 왕이 급찬(級湌)의 위(位)와 속함군(速含郡) 태수(太守)의 직을 주었다. 〈사기 10 신라 10 헌덕왕〉

최유덕 崔有德 [신라] 태대각간(太大角干). 사재를 내어 유덕사(有德寺)를 지었다. →최언휘 〈유사 3 탑상 4 유덕사〉

최은성 崔殷誠 [신라] 56대 경순왕(敬順王) 때 정보(正甫). 중생사(衆生寺)에 빌어 아들 승로(承魯)를 낳았는데 석달이 못되어 견훤(甄萱)이 서울을 습격하므로 아이를 중생사에 맡겼는데 반달이 지나 찾아보니 아주 깨끗하고 건강하게 자라 있었다. 〈유사 3 탑상 4 삼소관음 중생사〉

최치원 崔致遠 [신라] 48대 경문왕(景文王) 때 학자. 자(字)는 고운(孤雲). 서울(경주) 사량부(沙梁部) 사람으로 일찍 동 14년(874년) 18세에 당에서 고시(考試)에 합격하였다. 당에서 벼슬하다가 28세 때(49대 헌강왕 11년 서기 885년)에 귀국하여 한림학사(翰林學士) 수병부시랑(守兵部侍郞) 지서서감(知瑞書監)이 되었다. 당에서 배운 것이 많아 자기의 뜻을 실현하려고 하였으나 말세를 당하여 의심과 시기를 많이 받아 용납되지 못하고 나가 산림

(山林)과 강해빈(江海濱)을 소요하다가 노년을 마쳤다. 시(詩) 향악잡영시(鄕樂雜詠詩) 5수가 전한다. 고려 현종(顯宗) 14년(1023년) 문창후(文昌侯)라는 시호(諡號)를 추증하였다. 〈사기 4 신라 4 진흥왕, 11 신라 11 경문왕, 32 잡지 1 악, 46 열전 6 최치원〉 유학자(儒學者)이며 문장가(文章家)이다. 본피부(本彼部) 사람으로 제왕년대력(帝王年代曆)을 지어 신라 고려사를 기술한 신라말의 명유(名儒)이며 문장가로 <삼국유사> 곳곳에 그의 증언이 인용되었으며 비문(碑文)도 실려 있다. 〈유사 1 기이 2 마한, 변한 백제, 진한, 신라시조 혁거세왕, 제이남해왕, 태종춘추공, 2 기이 2 문호왕법민, 조설, 후백제 견훤〉

최필 崔弼 [후백제] 견훤(甄萱) 휘하(麾下)의 용장(勇將). 신라 56대 경순왕(敬順王) 8년(934년) 고려 태조에 항복하였다. 〈사기 50 열전 10 견훤〉

추남 楸南 [고구려] 점장이. 추남이 점을 잘못 쳤다고 고구려왕이 죽였는데 죽기 전에 맹세하기를 내가 죽은 후에 대장이 되어 고구려를 멸하겠다고 하였다. 신라 서현공(舒玄公) 부인의 품속으로 들어가 낳은 아기가 김유신(金庾信)이라고 하는 설화(說話)가 있다. 춘남(春南)이라고도 썼다. 〈유사 1 기이 2 김유신〉

추모 鄒牟 [고구려] 백제 시조 온조왕(溫祚王)의 아버지→주몽 〈사기 23 백제 1 시조 온조, 13 고구려 1 시조 동명성왕〉 추모왕(雛牟王)은 백제 시조 온조왕(溫祚王)의 아버지이며 또는 주몽(朱蒙)이라고 하였다. 〈유사 2 기이 2 남부여 전백제〉

추몽 鄒蒙 [고구려] 시조의 휘(諱). 주몽(朱蒙)의 다른 적음이다. 〈유사 1 왕력 1〉

추발소 鄒勃素 [고구려] 3대 대무신왕(大武神王) 15년(32년) 남부사자(南部使者)로 비류부(沸流部)의 장(長)이 되었다. 전임이던 구도, 일구, 분구(仇都, 逸句, 焚求) 등이 죄를 지어 서민이 되어 있었는데 발소가 잘 타일러 개과천선(改過遷善)을 시켜 왕으로부터 대실(大室)이라는 성(姓)을 받았다. 〈사기 14 고구려 2 대무신왕〉

추안 鄒安 [고구려] 7대 차대왕(次大王)의 태자로 명림답부(明臨答夫)의 난(亂 : 차대왕을 시해함)으로 산곡(山谷)으로 도망가서 숨어 살다가 8대 신대왕(新大王) 2년(166년) 사령(赦令)을 듣고 나와 고하되 그때 죽지 못한 것이 사죄(死罪)이나 목숨을 살려 주면 고맙겠다고 애걸하였다. 왕이 그에게 구산뢰 루두읍(곡)(狗山瀨婁豆音(谷)) 두 곳을 주고 양국군(讓國君)으로 봉(封)하였다. 〈사기 16 고구려 4 신대왕〉

추조 鄒造 [후백제] 신라 56대 경순왕(敬順王)의 글에 대한 고려 태조의 답서(경순왕 2년, 928년) 중 자기가 한 싸움의 상황을 서술하는 중에 나온 후백제의 장수이다. 〈사기 50 열전 10 견훤〉, 〈유사 2 기이 2 후백제 견훤〉

추항 箒項 [신라] 26대 진평왕(眞平王) 24년(602년) 사량부(沙梁部) 출신 장군 무은(武殷)의 아들 귀산(貴山)의 친구로 함께 백제와 싸우다가 전사하였다. 〈사기 4 신라 4 진평왕, 27 백제 5 무왕, 45 열전 5 귀산〉 귀산과 더불어 원광법사(圓光法師)에게서 세속오계(世俗五戒)를 받았으며 후에 국가를 위하여 큰 공을 세웠다. 〈유사 4 의해 5 원광서학〉

춘남 春南 [고구려] 추남(楸南)의 다른 적음→추남 〈유사 2 기이 2 김유신〉

춘부 春賦 [신라] 24대 진흥왕(眞興王) 26년(565년) 아찬(阿湌)으로 국원(國原)을 다스리게 하였다. 〈사기 4 신라 4 진흥왕〉

춘일 春日 [신라] 31대 신문왕(神文王) 때 일관(日官) 김춘질(金春質)의 다른 적음. 신문왕이 아버지 문무왕(文武王)을 위하여 감은사(感恩寺)를 지었는데 해관(海官) 박숙청(朴夙淸)이 보고하기를 동해(東海)에 작은 산이 떠서 감은사로 향하여 오고 있다고 하므로 일관 춘질을 시켜 알아보니 춘질이 아뢰기를 문무왕이 용(龍)

이 되어 나라 지키는 보배를 줄 것이라 하였다. 〈유사 2 기이 2 만파식적〉

춘장 春長 [신라] 30대 문무왕(文武王) 18년(678년) 대아찬(大阿湌)으로 중시(中侍)를 삼았다. 당군이 말갈과 함께 석문(石門)에 진을 쳤으므로 춘장에게 방어케 하였다. 〈사기 7 신라 7 문무왕 하, 43 열전 3 김유신 하〉

춘질 春質 [신라] 31대 신문왕(神文王) 때 일관(日官) 김춘질(金春質) → 춘일 〈유사 2 기이 2 만파식적〉

춘추 春秋 [신라] 29대 무열왕(武烈王)의 휘(諱) → 태종무열왕 〈유사 1 왕력 1, 1 기이 2 진덕왕, 태종춘추공〉

출충 出忠 [가야] 9대 겸지왕(鉗知王)의 비(妃) 숙(淑)의 아버지. 각간(角干) 〈유사 2 기이 2 가락국기〉

충공 忠恭 [신라] 41대 헌덕왕(憲德王) 14년(822년) 왕의 후사(後嗣)가 없으므로 아우 수종(秀宗)으로 태자를 삼고 막내아우인 각간 충공이 상대등(上大等)이 되어 정사당(政事堂)에 앉아 내외(內外) 관원(官員)을 전형했는데 공사에서 물러 나와 병이 들었다. 그러자 녹진(祿眞)이 찾아와 당신의 병은 심적인 것이므로 지극한 말과 높은 담론(談論)으로 고칠 수 있다고 하며 인사에 있어 적재적소(適材適所)의 원칙을 지키고 공정무사(公正無私)해야 한다고 강조하니 충공이 알아 듣고 병이 나았다. 44대 민애왕(閔哀王)의 아버지이다. 〈사기 45 열전 5 녹진〉 헌덕왕비(憲德王妃) 귀승낭(貴勝娘)의 아버지 〈유사 1 왕력 1〉 충공과 헌덕왕은 형제간이며 귀승낭은 예영(禮英)의 딸이다. 〈사기 10 신라 10 헌덕왕〉 ☞ 599쪽, 605쪽

충담사 忠談師 [신라] 35대 경덕왕(景德王) 때 중. 다구(茶具)를 가지고 다니는데 왕이 불러 물으니 충담이라 하였다. 중삼중구일(重三重九日)에 남산 삼화령(南山 三花嶺) 미륵세존(彌勒世尊)에 차를 대접하

고 오는 길이라 하였다. 왕이 찬기파랑가(讚耆婆郞歌, 歌謠=鄕歌)가 그대의 작품이냐고 묻고 자기를 위하여 안민가(安民歌, 歌謠=鄕歌)를 지어 달라고 하여 지어 바치니 왕이 왕사(王師)로 봉(封)하려 하자 사가 고사(固辭)하였다. 〈유사 2 기이 2 경덕왕 충담사 표훈대덕, 3 탑상 4 흥륜사벽화보현〉

충렴 忠廉 [신라] 38대 원성왕(元聖王) 원년(785년) 병부령(兵部令) 충렴을 배하여 상대등(上大等)을 삼았다. 〈사기 10 신라 10 원성왕〉

충분 忠芬 [신라] 39대 소성왕(昭聖王) 2년(799년) 충분으로 시중(侍中)을 삼았다. 〈사기 10 신라 10 소성왕〉

충상 忠常 [백제] 중상(仲常)이라고도 한다. 신라 29대 무열왕(武烈王) 7년(660년) 백제가 신라와의 싸움에서 대패하고 백제 좌평(佐平) 충상 등이 사로잡혔다. 후에 신라왕이 백제인에게도 벼슬을 주어 충상에게는 일길찬(一吉湌)을 주었다. 신라가 장수 품석(品釋)의 유골을 반환해 달라고 하자 충상이 백제왕에게 그렇게 하라고 권했다. 〈사기 5 신라 5 태종 무열왕, 41 열전 1 김유신 상〉

충승 忠勝 [백제] 신라 30대 문무왕(文武王) 3년(663년) 나당연합군에 의해 두릉(豆陵), 윤성(尹城)이 함락되자 백제 왕자(王子) 충승 등이 무리를 이끌고 항복하였다. 〈사기 6 신라 6 문무왕 상〉

충연 忠衍 [신라] 43대 희강왕(僖康王)의 어머니 미도부인(美道夫人. 深乃夫人 또는 巴利夫人. 시호(謚號) 순성대후(順成大后))의 아버지이다. 대아간(大阿干) 〈유사 1 왕력 1〉

충영 忠永 [신라] 41대 헌덕왕(憲德王) 4년(812년) 이찬(伊湌)으로 나이가 70이므로 궤(几)와 장(杖)을 하사했다. 〈사기 10 신라 10 헌덕왕〉

충영 忠榮 [신라] 41대 헌덕왕(憲德王) 6년(814년) 이찬(伊湌)으로 왕이 군신과 연회할 때 왕은 금(琴)을 타고 충영은 춤을 추었다. 〈사기 10 신라 10 헌덕왕〉

※ 충영(忠永)과는 다른 듯. 나이가 70이 넘은 사람이 춤을 추었을까?

충원공 忠元公 [신라] 31대 신문왕(神文王) 3년(683년) 재상 충원공이 장산국(萇山國=東萊)에 갔다가 돌아 올 때 굴정역(屈井驛)에 이르렀을 때 어느 사람이 매를 놓아 꿩을 쫓아가므로 따라가 보니 우물가에서 매는 나무 위에, 꿩은 우물 안에 있었는데 새끼 두 마리를 안고 있었다. 매도 잡지 않았다. 이에 감동한 공이 그곳에 영취사(靈鷲寺)를 세웠다. 〈유사 3 탑상 4 영취사〉

충지 忠志 [백제] 신라 30대 문무왕(文武王) 3년(663년) 나당연합군에 의해 두릉(豆陵), 윤성(尹城)이 함락되자 백제 왕자 충승(忠勝)과 충지 등이 무리를 이끌고 항복하였다. 〈사기 6 신라 6 문무왕 상〉

충지 忠至 [신라] 신라 말 충지 잡간(匝干)이 금관성(金官城)을 공취하고 성주가 되자 영규아간(英規阿干)이 장군의 위엄을 빌어 김수로왕(金首露王)의 묘향(廟享)을 빼앗아 잡사(雜祀=淫祀)를 지내다가 대들보가 부러져 깔려 죽었다. 그래서 충지는 성왕(聖王=수로왕)의 진영(眞影)을 그려 벽상에 봉안하고 경건히 제사를 지냈으나 진영의 눈에서 피눈물이 나므로 진영을 불사르고 왕의 진손(眞孫) 규림(圭林)에게 제전(祭奠)을 받들도록 했다. 〈유사 2 기이 2 가락국기〉

충질 忠質 [후백제] 견훤(甄萱)이 금산사(金山寺)에 감금되어 있을 때 견훤이 술을 만들어 수졸(守卒)에게 먹여 취하게 하고 원보(元甫), 향문(香文), 충질 등과 함께 해로(海路)로 빠져 고려에 가서 투항하였다. 〈유사 2 기이 2 후백제 견훤〉

충효 忠孝 [신라] 43대 희강왕(僖康王)의 비(妃) 문목왕후(文穆王后)는 충효각간(忠孝角干 : 重恭角干이라고도 함)의 딸이다. 〈유사 1 왕력 1〉

충훈 忠訓 [신라] 33대 성덕왕(聖德王) 22년(723년) 왕이 당에 미녀(美女) 두 사람을 바쳤는데 그중 하나인 정원(貞菀)의 아버지가 대사(大舍) 충훈이다. 〈사기 8 신라 8 성덕왕〉

충훤 忠萱　[신라] 10대 내해니사금(奈解尼師今) 25년(220년) 이벌찬(伊伐湌)을 삼고 군사를 겸장(兼掌)케 했다. 동 27년(222년) 백제군이 우두주(牛頭州=春川)에 침입하므로 충훤이 나가 막다가 패하였으므로 벼슬을 낮추어 진주(鎭主)를 삼았다. 〈사기 2 신라 2 내해니사금〉 백제 6대 구수왕(仇首王) 9년(222년)에 같은 기사가 나옴 〈사기 24 백제 2 구수왕〉

취도 驟徒　[신라] 29대 태종무열왕(太宗武烈王) 때 사량부(沙梁部) 사람 내마(奈麻) 취복(聚福)의 둘째 아들로 일찍 출가(出家)하여 도옥(道玉)이라 하고 실제사(實際寺)에 있었는데 백제가 와서 조천성(助川城)을 치므로 도옥도 법의(法衣)를 벗고 이름을 취도라 고치고 삼천당(三千幢)에 속하여 적진에 돌진하여 싸우다가 전사하였다. 후에 사찬(沙湌) 벼슬을 추증하였다. 형 부과(夫果)와 동생 핍실(逼實)도 모두 전장에 나가 전사하였다. 〈사기 47 열전 7 취도〉

취복 聚福　[신라] 29대 태종무열왕(太宗武烈王) 때 내마(奈麻). 취도(驟徒)의 아버지 〈사기 47 열전 7 취도〉

취희왕 吹希王　[가야] 7대왕(재위 421~451년). 김희(金喜) 또는 질가(叱嘉)라고도 한다. 6대 좌지왕(坐知王)의 아들이며 어머니는 복수(福壽). 비(妃)는 진사각간(進思角干)의 딸 인덕(仁德). 아들 질지(銍知)를 낳았다. 〈유사 1 왕력 1, 2 기이 2 가락국기〉 ☞ 603쪽

치갈 雉葛　[고구려] 14대 봉상왕(烽上王)의 다른 이름→봉상왕 〈사기 17 고구려 5 봉상왕〉, 〈유사 1 왕력 1〉 ☞ 596쪽

치술 鵄述　[신라] 18대 실성마립간(實聖麻立干)의 아들 〈유사 1 왕력 1〉

치술신모 鵄述神母　[신라] 제상(堤上)이 일본으로 간 후 그의 부인은 치술령(鵄述嶺)에 올라가 왜국을 바라보고 통곡하다가 죽어 치술신모(鵄述神母)가 되었다. 나라에서는 부인을 국대부인(國大夫人)을 삼았다. 〈유사 1 기이 2 내물왕 김제상〉

치희 雉姬 [고구려] 2대 유리명왕(琉璃明王) 3년(17년) 왕비 송씨(松氏)가 돌아가자 화희(禾姬)와 치희(漢人임) 두 여자를 계실(繼室)로 삼았는데 두 여자가 불화하다가 왕이 사냥을 나간 사이에 화희가 치희를 꾸짖자 치희는 부끄럽고 분하여 도망하였다. 뒤에 유리왕이 쫓아 갔으나 치희는 돌아오지 않았다. 왕이 나무 밑에서 쉬는데 황조(黃鳥)가 모여듦을 보고 치희를 생각하며 황조가(黃鳥歌)를 지었다. 〈사기 13 고구려 1 유리명왕〉

칠숙 柒宿 [신라] 26대 진평왕(眞平王) 53년(431년) 이찬(伊湌)으로 석품(石品)과 반란을 일으키다가 발각되어 동시(東市)에서 목베고 구족(九族)을 멸하였다. 〈사기 4 신라 4 진평왕〉

침류왕 枕流王 [백제] 15대왕(재위 384~385년) 14대 근구수왕(近仇首王)의 원자(元子). 어머니는 아이부인(阿爾夫人). 호승(胡僧) 마라난타(摩羅難陀)가 진(晋)에서 왔는데 왕이 궁내에 두고 예경(禮敬)하니 불법(佛法)이 이로부터 비롯하였다. 〈사기 24 백제 2 침류왕〉 즉위(卽位)한 해(384년) 호승 마라난타가 오자 한산주(漢山州)에 불사(佛寺)를 지으니 백제 불법의 시초이다. 〈유사 1 왕력 1, 3 흥법 3 난타벽제〉

타추간 陀鄒干 [음즙벌국] 신라 5대 파사니사금(婆娑尼師今) 23년(102년) 음즙벌국(音汁伐國)과 실직곡국(悉直谷國)이 지경(地境)을 다투므로 왕이 금관국(金官國) 수로왕(首露王)의 자문(諮問)을 얻어 그 다툼을 해결하고 6부에게 명하여 모여서 수로를 향연(饗宴)하게

했는데 5부는 이찬(伊湌)이 참여했으나 한지부(漢祇部)만 낮은 직위 사람을 보냈으므로 수로가 노하여 종 탐하리를 시켜 한지부주 보제(保齊)를 죽였다. 그 종은 도망하여 음즙벌주 타추간의 집에 머물렀는데 신라왕이 그를 잡으려 하자 타추간이 듣지 않으므로 음즙벌국(音汁伐國)을 치니 국주인 타추간이 나와 항복하였다. 〈사기 1 신라 1 파사니사금〉

탁리 託利 [고구려] 2대 유리명왕(琉璃明王) 19년(BC 1년) 교시(郊豕)가 달아나매 탁리 등에게 뒤쫓게 하였는데 장옥택중(長屋澤中)에서 발견하여 칼로 그 돼지의 각근(脚筋)을 끊었는데 왕이 제천(祭天)할 희생(犧牲)을 상하게 했다고 해서 갱중(坑中)에 넣어 죽였다. 〈사기 13 고구려 1 유리명왕〉

탁문흥갈문왕 卓文興葛文王 [신라] 29대 무열왕(武烈王)의 아버지 용춘(龍春)의 추봉명. 25대 진지왕(眞智王)의 아들이다. 〈유사 1 왕력 1〉

탄 坦 [신라] 51대 진성왕(眞聖王)의 휘(諱). 사기(史記)에는 만(曼)이라 하였는데 최치원(崔致遠) 문집 2권 <사추증표(謝追贈表)>에는 탄이라고 나온다. 〈사기 11 신라 11 진성왕〉

탈기 脫起 [신라] 30대 문무왕(文武王) 15년(675년) 말갈(靺鞨)이 적목성(赤木城)을 에워싸고 쳐 들어오자 현령(縣令) 탈기가 백성을 이끌고 항전하다가 다같이 전사하였다. 〈사기 7 신라 7 문무왕 하〉

탈지이질금 脫知尒叱今 [가야] 가락국 10대 구충왕(仇衝王)의 동기(同氣). 신라 23대 법흥왕(法興王)의 군사를 맞아 대전하기 힘들므로 탈지이질금을 서울에 보내 머물게 하고 또 왕자 상손(上孫) 졸지공(卒支公)을 신라에 보내 항복하였다. 〈유사 2 기이 2 가락국기〉

탈해니사금 脫解尼師今 [신라] 4대왕(재위 57~80년). 토해(吐解)라고도 한다. 성(姓)은 석씨(昔氏). 비(妃)는 아효부인(阿孝夫人)이다. 본시 다파나국(多婆那國) 출생이다. 국왕이 여국왕(女國王)의 딸을 데려와 아내를 삼았는데 7년 만에 큰 알을 낳았다. 왕이 상서롭지 않다고 버리라고 했는데 그 아내는 보물과 함께 궤짝에 넣어 바다에 띄웠다. 진한(辰韓)의 아진포구(阿珍浦口=迎日)에 이르니 한 노파가 데려다가 길렀다. 자라매 키가 9척이고 인물이 동탕하고 지식이 뛰어났다. 처음 궤짝이 와 닿을 때까지 까치 한 마리가 따라 다녔으므로 작(鵲)의 한 쪽인 석(昔)을 성으로 삼았다. 궤짝을 풀고 나왔으므로 탈해(脫解)라고도 하였다. 2대 남해차차웅(南解次次雄)의 사위가 되고 대보(大輔) 벼슬을 하였는데 3대 유리니사금(儒理尼師今)이 돌아갈 때 유언으로 탈해에게 위(位)를 전하라고 해서 왕에 즉위하였다. 〈사기 1 신라 1 탈해니사금〉 토해(吐解)라고도 한다. 아버지는 용성국(龍城國) 또는 완하국(琓夏國) 함달파왕(含達婆王)인데 화하국주(花厦國主)라고도 한다. 어머니는 적녀국왕(積女國王)의 딸이다. 탈해는 그 사이에서 알로 태어났다. 신라에 도착한 탈해는 영특하여 2대 남해차차웅(南解次次雄)이 탈해의 슬기 있음을 보고 맏딸과 혼인시키니 이가 아니부인(阿尼夫人)이다. 3대 노례니질금(弩禮尼叱今)이 돌아가자 왕위에 올랐다. 처음에 노례가 왕위를 탈해에게 양보하려 하자 탈해가 이가 많은 사람이 덕이 있다니 떡을 깨물어 알아보자 해서 떡을 깨물어 보니 노례가 많으므로 노례가 먼저 왕이 되었던 것이다. 일설에는 탈해가 김알지를 얻을 때 닭이 울었으므로 국호를 계림(鷄林)이라 고쳤다. 〈유사 1 왕력 1, 1 기이 2 신라시조 혁거세왕, 제사탈해왕〉

탐지 耽知 [신라] 24대 진흥왕(眞興王) 15년(554년) 백제왕이 관산성(管山城)에 내공하므로 이찬(伊湌), 탐지 등이 마주 나가 싸우다가 이기지 못하였는데 신주(新州) 군주(軍主) 김무력(金武力)이 주병(州兵)을 이끌고 와서 교전 중 비장(裨將) 고우도도(高于都刀)가 갑자기 쳐서 백제군은 대패했다. 동 12년(551년) 왕이 대각찬(大角湌) 거칠부(居柒夫)와 잡찬(迊湌) 탐지 등 8장군에게 명하여 백제와 더불어 고구려를 침공하여 10군(郡)을 취하였다.

〈사기 4 신라 4 진흥왕, 44 열전 4 거칠부〉

탐하리 耽下里 [가야] 가라국(伽羅國) 수로왕(首露王)의 종 이름. 신라 5대 파사니사금(婆娑尼師今) 23년(102년) 왕의 대우에 노한 수로가 탐하리란 노(奴)에게 명하여 한지부주(漢祇部主)인 보제(保齊)를 죽였다. 〈사기 1 신라 1 파사니사금〉

탕성 湯成 [고구려] 25대 평원왕(平原王)의 휘(諱)는 양성(陽成) 또는 탕성(湯成)이며 24대 양원왕(陽原王)의 큰아들이다. 담력이 있고 기사(騎射)를 잘하였다. →평원왕 〈사기 19 고구려 7 평원왕〉, 〈유사 1 왕력 1〉

태 泰

① [신라] 김양(金陽)의 종부형(從父兄) 김흔(金昕)의 자(字)이다. →김흔 〈사기 44 열전 4 김양〉

② [백제] 31대 의자왕(義慈王)의 둘째 아들. 당 소정방(蘇定方)이 사비성(泗沘城)을 포위하자 왕자 태가 자립(自立)하여 왕이 되고 무리를 거느리고 성을 지켰다. 태자 효(孝)의 아들 문사(文思)와 왕자 융(隆)이 좌우를 거느리고 성밖으로 나갔다. 결국 성은 함락하고 태는 당으로 끌려갔다. 〈사기 28 백제 6 의자왕〉 문사와 융이 잘못임을 지적하고 좌우를 거느리고 성을 넘어 도망갔고 태는 성문을 열고 나와 왕태자와 함께 항복하였다. 〈유사 1 기이 2 태종춘추공〉

③ [신라] 23대 법흥왕의 이름이라고 한다. →모진 〈유사 1 왕력 1, 3 원종흥법염촉멸신〉 ☞ 592쪽

태조왕 太祖王 [고구려] 6대 국조왕(國祖王)의 다른 적음이다. →국조왕 〈유사 1 왕력 1〉

태종 苔宗 [신라] →이사부(異斯夫) 〈사기 44 열전 4 이사부〉 ☞ 584쪽

태종대왕 太宗大王 [신라] →태종무열왕, 김춘추 〈사기 42 열전 2 김유신 중〉

태종무열왕 太宗武烈王 [신라] 29대왕(재위 654~661년). 휘(諱)는 춘추(春秋). 김씨(金氏). 아버지는 25대 진지왕(眞智王)의 아들 용춘(龍春 : 龍樹라고

도 함)이며 어머니는 천명부인(天明夫人) 시호(諡號) 문정왕후(文貞王后) 26대 진평왕(眞平王)의 딸이다. 비(妃)는 훈제부인(訓帝夫人) 시호(諡號) 문명왕후(文明王后) 김유신(金庾信)의 누이 문희(文熙)이다. 〈유사 1 왕력 1〉

태종춘추공 太宗春秋公 [신라] 29대 태종무열왕. 왕호(王號)와 휘(諱)를 합한 명칭이다. 김유신(金庾信)의 누이 보희(寶熙)가 꾼 꿈을 동생 문희(文熙)가 샀는데 유신이 춘추공과 공을 차다가 일부러 춘추공의 옷을 밟아 옷끈을 떨어뜨리고 집에 데려가 보희를 불렀으나 응하지 않고 문희가 대신 꿰매드렸다. 그 후 공과 문희는 자주 만났고 임신을 하자 둘을 맺어 주기 위하여 누이를 태워 죽인다고 소문을 내며 나무를 태워 연기를 내자 28대 진덕여왕이 그 사연을 물었는데 춘추의 짓인 줄 알고 바로 구하게 하여 혼례를 치르게 하였다. 춘추공이 왕이 되자 유신과 더불어 꾀와 힘을 다하여 삼한(三韓)을 통일하였다. → 태종무열왕 〈유사 1 기이 2 태종춘추공〉

토해 吐解 [신라] 4대 탈해니질금(脫解尼叱今)의 다른 적음이다. → 탈해니질금 〈유사 1 왕력 1, 1 기이 2 제사탈해왕〉

토해니사금 吐解尼師今 [신라] → 탈해니질금 〈유사 1 기이 2 제사탈해왕〉

파가 波伽 [백제] 신라 30대 문무왕(文武王) 원년(661년) 신라가 우술성(雨述城=大德郡)을 쳐서 크게 이기니 백제의 은솔(恩率) 파가

등이 무리와 더불어 항복하였다. 신라에서는 급찬(級湌)을 주고 전택(田宅)과 의복을 주었다. 〈사기 6 신라 6 문무왕 상〉

파달 巴達 [후백제] 견훤(甄萱) 때 장사. 견훤의 큰아들 신검(神劍)이 아버지를 금산사(金山寺)에 가두며 파달 등 장사 30인으로 지키게 했다. 〈유사 2 기이 2 후백제 견훤〉

파도부인 巴刀夫人 [신라] 23대 법흥왕(法興王)의 비(妃). 출가(出家)하여 법명(法名)을 법류(法流)라 하고 영흥사(永興寺)에 살았다. 〈유사 1 왕력 1, 3 흥법 3 원종흥법 염촉멸신〉

파랑 罷郎 [신라] 29대 무열왕(武烈王) 6년(659년) 왕이 당에 청병한데 대한 회보(回報)가 없어 근심하는데 홀연히 왕 앞에 선신(先臣) 파랑 비슷한 사람이 나타나 혼령(魂靈)이나마 나라를 위해 당에 갔는데 당제(唐帝)가 군사를 동원했다고 알리고 사라졌다. 그로 인해 그 자손을 후히 상주고 한산주(漢山州)의 장의사(莊義寺)를 개창(開創)하여 명복을 빌었다. 〈사기 5 신라 5 태종무열왕〉 비랑(羆郎)이라고도 하는데 무열왕 때 장춘랑(長春郎)과 함께 황산(黃山)에서 백제군과 싸우다가 전사했는데 무열왕의 꿈에 나타나 백골이 되어도 나라를 지키려는 마음이 간절하니 소병력을 달라고 하였다. 왕이 불경(佛經)을 설(說)하고 장의사(壯義寺)를 세워 그들의 명복을 빌었다. 〈유사 1 기이 2 장춘랑 파랑〉

파로 波老 [신라] 19대 눌지마립간(訥祗麻立干) 때 이이촌간(利伊村干). 왕이 볼모로 잡혀 있는 두 아우를 살려 오기 위한 계책에 대하여 자문을 구한 세 사람 중의 한 사람이다. 〈사기 45 열전 5 박제상〉

파로 波路 [신라] 21대 조지마립간(照知麻立干) 22년(500년) 왕이 날이군(捺已郡)에 행행(行幸)했을 때 그 군사람 파로가 자기 딸을 바쳤는데 처음에는 거절했다가 환궁 후 연모(戀慕)하여 미복(微

服)으로 왕래하던 중 중간의 노파의 말을 듣고 부끄러워서 그 여인을 가만히 맞아다가 별실에 두었다. 〈사기 3 신라 3 조지마립간〉

파리부인 巴利夫人 [신라] 43대 희강왕(僖康王)의 어머니→미도부인 〈유사 1 왕력 1〉 ☞ 603쪽

파사니사금 婆娑尼師今 [신라] 5대왕(재위 80~112년). 3대 유리니사금(儒理尼師今)의 둘째 아들(유리니사금의 아우 내로(奈老)의 아들이라고도 함). 비(妃)는 김씨(金氏) 사성부인(史省夫人)으로 허루갈문왕(許婁葛文王)의 딸이다. 〈사기 1 신라 1 파사니사금〉 아버지는 3대 노례니질금(弩禮尼叱今). 어머니는 사요왕(辭要王＝許婁王, 6대 지마왕의 아버지)의 딸이며 비(妃)는 사초부인(史肖夫人)이다. 〈유사 1 왕력 1〉

파약 波若 [고구려] 중. 중국 천태산(天台山)에 들어가 지자(智者)의 교관(敎觀)을 받아 신이(神異)함으로써 산중에 알려지다가 죽었는데 당 승전(僧傳)에 실려 있고 영험(靈驗)이 많았다. 〈유사 5 피은 8 혜현구정〉

파호갈문왕 巴胡葛文王 [신라] 20대 자비마립간(慈悲麻立干)의 비(妃)는 파호갈문왕 또는 미질희각간(未叱希角干) 또는 미흔각간(未欣角干)의 딸이다. 〈유사 1 왕력 1〉 ☞ 605쪽

팔수부인 八須夫人 [백제] 18대 전지왕(腆支王)의 비(妃)이다. 〈사기 25 백제 3 전지왕〉

팔진 八珍 [신라] <승전>에 나오는 사람인데 관음(觀音)의 현신(現身)으로 무리(徒)를 결성, 두 패로 나누어 노력(努力)과 정수(精修)라 했는데 노력도의 한 사람이 탈락하여 욱면(郁面)이 되었다고 한다. 〈유사 5 감통 7 욱면비염불서승〉

평강상호왕 平崗上好王 [고구려] 25대 평원왕(평원왕)의 다른 이름 〈사기 19 고구려 6 평원왕〉, 〈유사 1 왕력 1〉

평강왕 平岡王 [고구려] →평원왕(平原王) 〈사기 45 열전 5 온달〉

평성 平成 [고구려] 23대 안원왕(安原王)의 태자. 24대 양원왕(陽原王)의 휘(諱)이다. →양원왕 〈사기 19 고구려 7 안원왕, 26 백제 4 성왕〉 양강왕(陽崗王)이라고도 한다. 〈유사 1 왕력 1〉

평안호태왕 平安好太王 [고구려] 19대 광개토왕(廣開土王) 호칭의 일부이다. →광개토왕 〈사기 18 고구려 6 광개토왕〉

평양왕 平陽王 [고구려] 26대 영양왕(嬰陽王)의 다른 이름이다. 〈사기 20 고구려 8 영양왕〉 휘(諱)는 원(元) 또는 대원(大元) 〈유사 1 왕력 1〉 ☞ 599쪽

평원 平原 [신라] 41대 헌덕왕(憲德王) 15년(823년) 각간(角干)으로 나이 70이 되어 퇴로(退老)를 고(告)하므로 왕이 궤장(几杖)을 주었다. 〈사기 10 신라 10 헌덕왕〉

평원왕 平原王 [고구려] 25대왕(재위 569~590년). 평강상호왕(平崗上好王)이라고도 하는데 휘(諱)는 양성(陽成) 또는 탕성(湯成)이며 24대 양원왕(陽原王)의 큰아들이다. 담력이 있고 기사(騎射)를 잘하였다. 〈사기 19 고구려 7 평원왕〉, 〈유사 1 왕력 1〉

평탕왕 平湯王 [고구려] 26대 영양왕(嬰陽王)의 다른 적음이다. 〈유사 1 왕력 1〉 ☞ 599쪽

포도부인 包道夫人 [신라] 43대 희강왕(僖康王)의 어머니이다. 〈사기 10 신라 10 희강왕〉 ☞ 603쪽

포정 抱貞 [신라] 33대 성덕왕(聖德王) 22년(723년) 왕이 당에 바친 미인(美人). 내마(奈麻) 천승(天承)의 딸이다. 당 현종(玄宗)이 돌려보냈다. 〈사기 8 신라 8 성덕왕〉

표훈 表訓 [신라] 의상대사(義湘大師)의 제자로 십대덕(十大德)의 한 사람. 35대 경덕왕(景德王)이 후사(後嗣)가 없어 표훈에게 천제(天帝)에게 올라가 왕에게 아들이 있게 해 달라고 부탁하라고 하여

천제에게 가서 그 뜻을 전하니 천제가 딸은 가능하나 아들은 안 된다고 하였다. 왕에게 그대로 말하니 다시 딸을 아들로 바꿔 달라고 부탁하라고 해서 다시 올라가 그대로 아뢰니 천제가 아들이 되면 나라가 위태로워진다며 다시는 하늘에 올라오지 말라고 하였는데 표훈 이후에는 신라에 성인이 나지 않았다. 〈유사 2 기이 2 경덕왕 충담사 표훈대덕, 4 의해 5 의상전교〉

품석 品釋 [신라] 27대 선덕왕(善德王) 때 이찬(伊湌)으로 김춘추(金春秋＝태종무열왕)의 사위이다. 동 11년(642년) 대야성도독(大耶城都督)으로 백제 장군 윤충(允充)의 군사의 침공을 받고 싸우다가 전사하였다. 백제 의자왕(義慈王) 2년 같은 기사. 28대 진덕왕(眞德王) 원년(648년) 김유신이 대량성(大梁城)을 치고 백제 장군에게 품석과 그의 아내 김씨(金氏)의 유골을 받아냈다. 〈사기 5 신라 5 선덕왕, 28 백제 6 의자왕, 41 열전 1 김유신 상〉

품일 品日 [신라] 29대 무열왕(武烈王) 7년(660년) 황산(黃山)벌 싸움에 좌장군(左將軍)으로 참여하여 처음에는 이기지 못하다가 흠순(欽純)의 아들 반굴(盤屈)과 품일의 아들 관창(官昌)의 용맹과 희생정신으로 결국 백제는 대패하였다. 동 8년 백제의 잔적(殘賊)이 사비성(泗沘城)을 공격하므로 이찬(伊湌) 품일을 대당장군(大幢將軍)에 임명하여 사비성을 구원케 하였다. 30대 문무왕(文武王) 원년(661년) 백제의 여중(餘衆)을 섬멸하기 위하여 품일을 장군으로 하여 가서 치게 하였다. 〈사기 5 신라 5 태종무열왕, 42 열전 2 김유신 중, 47 열전 7 관창〉

풍 豊 [백제] → 부여풍 〈사기 28 백제 6 의자왕〉

풍훈 風訓 [신라] 30대 문무왕(文武王) 15년(675년) 당 숙위학생(宿衛學生) 풍훈의 아버지 김진주(金眞珠)가 모반하다가 복주(伏誅)된 것을 이유로 당장 설인귀(薛仁貴)가 풍훈을 향도(嚮導)삼아 천성(泉城)을 내공했는데 신라 장군 문훈(文訓) 등이 맞아 승전하였다.

'신라고기'에는 문장가(文章家)로 기록되었다. 〈사기 7 신라 7 문무왕 하, 46 열전 6 강수〉

필곡(탄) 弼谷(呑) [신라] 27대 선덕왕(善德王) 때 영묘사(靈廟寺) 옥문지(玉門池)에 겨울인데 개구리가 울자 왕은 각간 알천(閼川), 필곡 등에게 2천명의 정병(精兵)을 주어 보내 여근곡(女根谷)에 매복해 있던 백제병 500명을 모두 죽였다. 선덕이 예지(豫知)한 일 중 하나이다.〈유사 1 기이 2 선덕왕지기삼사〉

필부 匹夫 [신라] 29대 무열왕(武烈王) 7년(660년) 고구려가 칠중성(七重城)을 공격하였는데 군주(軍主) 필부가 전사하였다. 필부는 사량부(沙梁部)사람으로 아버지는 아찬(阿湌) 존대(尊臺). 백제와 고구려가 합세하여 치므로 왕이 필부를 칠중성 군주를 삼아 방비케 했는데 백제가 망한 후 고구려는 더욱 거세게 공격했으나 필부가 잘 막았다. 할 수 없이 고구려가 철군하려 하자 역신(逆臣) 비삽(比揷)의 내통으로 고구려가 다시 공격해 오니 필부는 비삽을 목베고 대항했으나 힘이 부쳐 전사했다. 그에게 급찬(級湌)을 추증(追贈)하였다. 〈사기 5 신라 5 태종무열왕, 47 열전 7 필부〉

필사백□ 必史伯□ [신라] 24대 진흥왕(眞興王)의 어머니 지소부인(只召夫人)의 아버지는 영실각간(英失角干)인데 어떤 책에는 이렇게 나왔다. 〈유사 1 왕력 1〉

필탄 弼呑 [신라] 27대 선덕왕(善德王) 5년(636년) 옥문지(玉門池)에 개구리 떼가 몰려 오자 왕이 듣고 대궐 서남쪽에도 옥문곡(玉門谷)이 있는데 혹시 이웃나라의 병이 잠입하여 있지는 않을까 하고 장군 필탄 등을 보내 수탐케 하였는데 백제 장군 우소(于召)가 독산성(獨山城)을 침습(侵襲)하려고 그곳에 잠복해 있음을 알고 급습해서 모두 죽였다. 〈사기 5 신라 5 선덕왕〉, 〈유사 1 기이 2 선덕왕지기삼사〉

※ 필곡과 필탄 중 어느 것이 맞는지는 잘 모르겠다.

핍실 逼實 [신라] 사량부(沙梁部) 사람으로 내마(奈麻) 취복(聚福)의 셋째 아들이며 취도(驟徒)의 아우이다. 31대 신문왕(神文王) 4년(684년) 안승(安勝)의 족자(族子) 장군 대문(大文)이 모반하자 왕이 장사를 명하여 토벌할 때 핍실로 귀당제감(貴幢弟監)을 삼고 그들을 치니 핍실이 싸우다가 전사하였다. 사찬(沙湌)을 추증(追贈)하였다. 〈사기 8 신라 8 신문왕, 47 열전 7 취도〉

하방 河芳 [백제] 17대 아신왕(阿莘王)을 이렇게도 적었다. 〈유사 1 왕력 1〉

학산 鶴山 [신라] 42대 흥덕왕(興德王) 때 모량리(牟梁里) 사람 손순(孫順)의 아버지. 아버지가 돌아가자 날품팔이로 쌀을 얻어 노모 운오(運烏)를 봉양하였는데 그의 어린 아이가 노모의 음식을 빼앗아 먹으므로 아이를 땅에 묻으려 땅을 팠는데 그 속에서 석종(石鐘)이 나왔다. 그래서 아이를 다시 업고 석종을 집으로 가져와 매달고 두드리니 소리가 대궐까지 들려 왕이 알아보고 순효(純孝)를 가상히 여겨 집과 곡식을 해마다 주었다. 손순은 먼저 살던 집터에 홍효사(弘孝寺)를 짓고 그 석종을 안치하였다. 〈유사 5 효선 9 손순매아 흥덕왕대〉

학열 郝熱 [신라] 27대 선덕왕(善德王) 때 선간(選干). 죽죽(竹竹)의 아버지이다. 〈사기 47 열전 7 죽죽〉

한림 漢林 [신라] 30대 문무왕(文武王) 6년(666년) 이찬(伊湌) 천존(天存)

의 아들 한림과 유신(庾信)의 아들 삼광(三光)이 다 내마(奈麻)로서 당에 건너가 숙위(宿衛)할새 고구려를 치려고 당에 청병했다. 〈사기 6 신라 6 문무왕 상〉

한선 漢宣 [신라] 30대 문무왕(文武王) 15년(675년) 아달성 태수(阿達城太守) 급찬(級湌) 한선이 백성에게 아무날 일제히 성밖에 나가 삼(麻)을 심으라고 했는데 말갈(靺鞨)의 첩자(諜者)가 듣고 돌아가 말하고 그 날이 되자 말갈이 몰래 성으로 들어가 노략질을 하니 마침 그곳에서 근무하던 소나(素那)가 분전하다가 전사했다. 〈사기 47 열전 7 소나〉

한신 韓信 [신라] 30대 문무왕(文武王)때 의상대사(義湘大師)의 아버지. 김씨(金氏) 〈유사 4 의해 5 의상전교〉

함달파왕 含達婆王 [용성국] 신라 4대 탈해니질금(脫解尼叱今)의 아버지. 용성국(龍城國, 또는 정명국(正明國), 완하국(琓夏國) 또는 화하국(花夏國)) 사람으로 아버지 함달파가 적녀국(積女國)의 왕녀를 맞아 비(妃)를 삼았는데 기도(祈禱) 끝에 7년만에 큰 알을 낳았으니 그가 탈해니질금(脫解尼叱今)이다. →탈해니사금 〈유사 1 왕력 1, 1 기이 2 제사탈해왕〉

합절 合節 [신라] 27대 선덕왕(善德王) 16년(647년) 백제 군사가 무산(茂山) 등 세 성을 에워싸자 김유신(金庾信)이 나가 막았으나 고전하자 유신이 비녕자(丕寧子)에게 여러 사람을 격려하라고 시켰다. 비녕자가 적진에 돌진하자 아들 거진(擧眞)과 종 합절이 따라가 분전하다가 전사했다. 처음 비녕자가 합절에게 아들 거진이 싸움에 끼지 않도록 부탁했는데 거진이 말리는 합절의 팔을 베고 나아가 죽으니 합절도 따라가 싸우다 죽었다. 〈사기 41 열전 1 김유신 상, 47 열전 7 비녕자〉

해구 解仇 ① [백제] 11대 비류왕(比流王) 9년(312년) 병관좌평(兵官佐平)을 삼았다. 〈사기 24 백제 2 비류왕〉

② [백제] 22대 문주왕(文周王) 2년(476년) 병관좌평을 삼았다. 동 3년 해구가 권세를 오로지하고 법을 문란(紊亂)히 하며 임금을 무시하였는데 왕도 어쩌지 못하였다. 왕이 사냥 갔을 때 해구는 도둑을 시켜 시해(弑害)하였다. 23대 삼근왕(三斤王) 원년(477년) 군국(軍國)의 정사(政事) 일체를 해구에게 맡겼는데 동 3년 해구는 은솔(恩率) 연신(燕信)과 모반(謀叛)하였다가 격살(擊殺)되었다. 〈사기 26 백제 4 문주왕, 삼근왕〉

해구 解丘 [백제] 18대 전지왕(腆支王) 3년(407년) 병관좌평(兵官佐平)을 삼았다. 왕의 친척이다. 〈사기 25 백제 3 전지왕〉

해론 奚論 [신라] 26대 진평왕(眞平王) 40년(618년) 가잠성(椵岑城) 현령(縣令) 찬덕(讚德 : 백제군의 포위를 받고 100일이나 싸우다가 전사했다)의 아들 해론이 한산주(漢山州) 군주 변품(邊品)이 가잠성을 회복하려고 백제군과 싸울 때 종군하여 전사했다. 해론은 20여 세에 아버지의 전공으로 대내마(大奈麻)가 되었는데 동 40년 왕이 해론을 금산당주(錦山幢主)를 삼아 변품과 함께 군사를 일으켜 가잠성을 습취(襲取)하였으나 백제군의 반격으로 전사하고 만 것이다. 〈사기 4 신라 4 진평왕, 27 백제 5 무왕, 47 열전 7 해론〉

해루 解婁 [백제] 시조(始祖) 온조왕(溫祚王) 41년(23년) 우보(右輔)를 삼았다. 본래는 부여인(夫餘人). 신묘(神妙)한 지식이 깊고 70세가 넘었으나 기력이 쇠하지 않았으므로 임명한 것이다. 2대 다루왕(多婁王) 7년(34년)에 죽었다. 〈사기 23 백제 1 시조 온조왕〉

해명 解明 ① [고구려] 2대 유리명왕(琉璃明王) 23년(4년) 태자가 되었다. 동 27년 황룡국왕(黃龍國王)이 강궁(强弓)을 보냈다. 해명은 그 활을 꺾어 보이며 활이 굳세지 못하다고 말하였다. 해명은 이렇게 힘이 세고 무용(武勇)을 좋아했는데 황룡국왕이 죽이려 했으나 그를 보고는 죽이지 못하고 돌려 보냈다. 동 28년 부왕(父王)이 천도(遷都)에 따르지 않고 힘자랑으로 이웃과 원(怨)을 맺었으니 자결하라고 하였다. 그래서 창을 땅에 꽂고 말을 달려 찔려 죽었다. 〈사기 13 고구려 1 유리명왕〉

② [백제] 25대 무녕왕(武寧王) 원년(501년) 좌평 백가(苩加)가 가림성(加林城)에서 반(叛)하니 왕이 병마(兵馬)를 거느리고 우두성(牛頭城)에 이르러 간솔(杆率) 해명을 명하여 치게 하니 백가가 항복하였다. 〈사기 26 백제 4 무녕왕〉

해모수 解慕漱 [고조선] 동부여(東夫餘)의 옛터에 천제(天帝)의 아들이라며 해모수가 와서 도읍했는데 그와 하백(河伯)의 딸 유화(柳花)와의 사이에서 주몽(朱蒙)이 태어났다. 〈사기 13 고구려 1 시조 동명성왕〉, 〈유사 1 기이 2 고구려〉

해백 偕白 [백제] → 계백 〈사기 5 신라 5 태종무열왕, 47 열전 7 계백〉

해부루 解夫婁 [부여] 동부여의 왕. 금와왕(金蛙王)의 아버지 〈사기 13 고구려 1 시조 동명성왕〉 북부여왕(北夫餘王) 해부루가 천제(天帝)의 지시로 가섭원(迦葉原)으로 옮겨 동부여(東夫餘)라 하였고 아들 금와(金蛙)를 얻었다. 〈유사 1 기이 2 동부여, 고구려〉

해색(읍)주 解色(邑)朱 [고구려] 4대 민중왕(閔中王)의 휘(諱) → 민중왕 〈사기 14 고구려 2 민중왕〉

해수 解須 [백제] 18대 전지왕(腆支王) 3년(407년) 왕의 친척인 해수를 내법좌평(內法佐平)으로 삼았다. 〈사기 25 백제 3 전지왕〉

해수 解讎 [백제] 30대 무왕(武王) 3년(602년) 신라가 소타(小陀), 천산(泉山) 등 네 성을 쌓고 백제 국경을 침범하므로 왕은 좌평(佐平) 해수로 하여금 군사를 이끌고 침공케 했는데 이기지 못하고 병사를 천산(泉山) 서북 대택(大澤) 가운데 매복시키고 신라군을 쳤는데 신라 장수 무은(武殷)의 아들 귀산(貴山)의 용맹에

힘입어 분전하는 신라군에게 패하고 해수는 단기(單騎)로 돌아왔다. 〈사기 27 백제 5 무왕〉

해씨 解氏 [고구려] 북부여(北夫餘)의 성씨. 해모수(解慕漱)가 왕이며 해(解)를 성씨로 삼았다. 고구려 왕실의 성(姓). 본성은 해씨인데 주몽이 졸본(卒本)으로 내려와 고구려를 세우고 자기가 천제(天帝)의 아들로 햇빛을 받아 낳았다 하여 스스로 고씨(高氏)로 하였다. 〈유사 1 왕력 1, 1 기이 2 북부여, 고구려〉

해애루 解愛婁 [고구려] 5대 모본왕(慕本王)의 휘(諱) 해우(解憂)의 다른 적음 →모본왕 〈사기 14 고구려 2 모본왕〉

해우 解憂 [고구려] 5대 모본왕(慕本王)의 휘(諱) →모본왕 〈사기 14 고구려 2 대무신왕, 모본왕〉

해운 海雲 [신라] 최치원(崔致遠)의 호(號) 고운(孤雲) 외에 해운이라고도 하였다. →최치원 〈사기 46 열전 6 최치원〉

해충 解忠 [백제] 18대 전지왕(腆支王) 원년(405년) 전지가 왜(倭)에서 귀국하는데 국경에서 한성인(漢城人) 해충이 와서 지금 국내에는 전왕(아신왕)의 아우 설례(碟禮)가 형 훈해(訓解)를 죽이고 왕이 되었으니 경솔히 들어가지 말라고 말리니 전지는 왜인의 호위를 받으며 섬에 머물러 있는데 국민이 설례를 죽이고 전지를 맞아 즉위케 했다. 동 2년에 해충으로 달솔(達率)을 삼고 벼 1,000석을 주었다. 〈사기 25 백제 3 전지왕〉

행의 行義 [신라] 26대 진평왕(眞平王)의 어머니 만호부인(萬呼夫人 또는 萬寧)의 휘(諱)이다. →만호부인 〈유사 1 왕력 1〉

향덕 向德 [신라] 35대 경덕왕(景德王) 14년(755년) 웅천주(熊川州)의 효자(孝子). 부모를 공양하기 위하여 자기의 다리살을 베어 아비를 먹였다. 왕이 듣고 조(租)와 전택(田宅)을 하사하고 정려문(旌閭門)을 세우게 했다. 〈사기 9 신라 9 경덕왕〉 아버지는 선(善)이

고 자는 반길(潘吉). 웅천주 판적향(板積鄕) 사람 〈사기 48 열전 8 향덕〉

향득 向得 [신라] 35대 경덕왕(景德王) 때 웅주(熊州)에 살던 사지(舍知). 흉년으로 아버지가 거의 굶어 죽게 되자 향득이 자기의 넓적다리 살을 베어 봉양하였다. 왕이 듣고 조(租) 500석을 주었다. →향덕 〈유사 5 효선 9 향득사지할고공친〉

향성 向省 [신라] 38대 원성왕(元聖王) 7년(791년) 대사(大舍) 향성의 처가 한번에 삼남(三男)을 낳았다. 〈사기 10 신라 10 원성왕〉

향영 向榮 [신라] 41대 헌덕왕(憲德王) 14년(822년) 웅천주 도독(熊川州都督) 헌창(憲昌)이 반란을 일으켜 무진주(武珍州=光州), 완산주(完山州=全州) 등의 도독과 군현(郡縣) 수령(守令)을 협박하여 자기 소속을 삼으므로 청주도독(菁州都督=晋州) 향영은 몸을 빼어 추화군(推火郡=密陽郡)으로 달아났다. 〈사기 10 신라 10 헌덕왕〉

향예 香乂 [후백제] 견훤(甄萱)의 신하. 견훤이 금산사(金山寺)에 갇혔다가 술을 만들어 수졸인(守卒人)에게 먹여 취하게 하고 소원보(小元甫), 향예 등과 함께 해로(海路)로 해서 고려에 이르렀다. 〈유사 2 기이 2 후백제 견훤〉

허루 許婁 [신라] →허루왕 〈사기 1 신라 1 파사니사금〉

허루왕 許婁王 [신라] 5대 파사니사금(婆娑尼師今)의 왕비 김씨 사성부인(史省夫人)의 아버지. 갈문왕(葛文王)이다. 〈사기 1 신라 1 파사니사금〉 ☞ 601쪽

허씨 許氏 [가야] 가락국(駕洛國) 수로왕비(首露王妃) 황옥(黃玉)의 성씨(姓氏)이다. 〈유사 2 기이 2 가락국기〉

허원 許原 [신라] 54대 경명왕(景明王) 2년(918년) 궁예(弓裔)가 도읍하고 있는 철원(鐵圓)에 상객(商客) 왕창근(王昌瑾)이 당에서 와 철원

시전(市廛)에 살고 있었는데 시중에 모양이 괴위(魁偉)한 노인이 손에 든 거울을 사라고 해서 샀는데 해가 거울에 비치자 글이 나타났다. 왕(궁예)에게 고하자 왕이 문인 허원 등에게 풀게 했는데 그 내용이 왕건(王建)이 득국(得國)하고 궁예는 멸망한다는 참언(讖言)이었으므로 왕에게는 적당히 말을 꾸며 고하였다. 〈사기 50 열전 10 궁예〉

허황옥 許黃玉 [가야] 가락국(駕洛國) 수로왕비(首露王妃). 아유타국(阿踰陀國)의 공주. 배를 타고 여러 사람과 함께 도착하였다. 〈유사 2 기이 2 가락국기〉

헌강왕 憲(獻)康王 [신라] 49대 왕(재위 875~886년). 김씨(金氏). 휘(諱)는 정(晸). 아버지는 48대 경문왕(景文王), 어머니는 문자왕후(文資王后) 또는 의명왕후(義明王后). 56대 경순왕(敬順王)의 외조부(外祖父)이다. 〈유사 1 왕력 1, 2 기이 2 견훤〉

※ 의명왕후는 헌강왕의 비이다.

헌덕왕 憲德王 [신라] 41대왕(재위 809~826년). 휘(諱)는 언승(彦昇). 39대 소성왕(昭聖王)의 동모제(同母弟). 비는 귀승부인(貴勝夫人). 예영각간(禮英角干)의 딸이다. 왕이 되기 전에 대아찬, 잡찬, 시중, 이찬, 각간, 상대등(大阿湌, 迊湌, 侍中, 伊湌, 角干, 上大等) 등 중요 관직을 겪다가 왕으로 즉위하였다. 동 14년(822년) 웅천주도독(熊川州都督) 김헌창(金憲昌)이 배반하여 장안(長安)이라는 국가를 세우고 세력을 넓혀 갔는데 이에 대해 왕은 관군을 재편성해서 반도들을 토평(討平)하였다. 〈사기 10 신라 10 헌덕왕, 45 열전 5 녹진〉 비(妃)는 귀승낭(貴勝娘). 시호(諡號)는 황아왕후(皇娥王后). 충공각간(忠恭角干)의 딸이다. 〈유사 1 왕력 1, 2 기이 2 조설, 4 의해 5 진표전간〉

헌목태후 憲穆太后 [신라] 45대 신무왕(神武王)의 어머니 박씨 진교부인(眞矯夫人 : 均貞의 부인)의 추봉명(追封名)이다. 〈사기 10 신라 10 민

애왕〉 신호왕모(神虎王母) 정교부인(貞矯夫人) 〈유사 1 왕력 1〉

헌병 獻丙 [백제] 30대 무왕(武王)은 무강(武康) 또는 헌병이라고도 하며 소명(小名)은 일기사덕(一耆篩德)이다. 〈유사 1 왕력 1〉

헌성 獻誠 [고구려] 28대 보장왕(寶藏王) 25년(666년) 남생(男生)의 아우 남건(男建)과 남산(男産)의 무고로 왕이 남생을 불러들이자 국내성(國內城)으로 달아나 아들 헌성을 당에 보내어 구원을 청했다. 당에서 헌성에게 우무위장군(右武衛將軍)을 삼고 수레, 말, 보도(寶刀) 등을 주어 돌려보내고 바로 구원군을 보냈다. 〈사기 22 고구려 10 보장왕 하, 49 열전 9 개소문〉

헌안왕 憲安王 [신라] 47대왕(재위 857~861년). 휘(諱)는 의정(誼靖) 또는 우정(祐靖). 궁예(弓裔)의 아버지. 45대 신무왕(神武王)의 이모제(異母弟)이다. 어머니는 조명부인(照明夫人) 선강왕(宣康王=忠恭)의 딸이다. 〈사기 11 신라 11 헌덕왕, 50 열전 10 궁예〉 어머니는 흔명부인(昕明夫人). 연회(緣會)를 국사(國師)로 봉했다 하나 주(注)에서 시대가 맞지 않는다고 지적했다. 〈유사 1 왕력 1, 5 피은 8 연회도명 문수점〉

헌영 憲英 [신라] 34대 효성왕(孝成王)의 아우이며 35대 경덕왕(景德王)의 휘(諱)이다. 〈사기 9 신라 9 효성왕, 경덕왕〉 아버지는 33대 성덕왕(聖德王)이고 어머니는 소덕대후(炤德大后), 선비(先妃)는 삼모부인(三毛夫人 : 후사가 없어 출궁), 후비(後妃)는 만월부인(滿月夫人)인데 시호(謚號)가 경수(목)왕후(景垂(穆)王后) 의충각간(依忠角干)의 딸이다. 〈유사 1 왕력 1〉

헌왕 獻王 [백제] 28대 혜왕(惠王)의 휘(諱)는 계(季)인데 헌왕이라고도 한다. 27대 위덕왕(威德王)의 아들이다. 〈유사 1 왕력 1〉 ☞ 593쪽

헌정 憲貞 [신라] 41대 헌덕왕(憲德王) 11년(819년) 왕의 종제(從弟)이며 이찬(伊湌)인 헌정이 병으로 행보(行步)하지 못하므로 금식자단장(金飾紫檀杖)을 사(賜)하였다. 38대 원성왕(元聖王)의 손자이

며 예영(禮英)의 아들, 43대 희강왕(僖康王)의 아버지이다. 초노(草奴)라고도 한다. 〈사기 10 신라 10 헌덕왕, 희강왕〉 시호(諡號)는 흥성대왕(興聖大王) 또는 익성(翌成)이라고 하며 예영(禮英) 잡간(匝干)의 아들이다. 〈유사 1 왕력 1〉 ☞ 592쪽, 603쪽

헌창 憲昌 [신라] 김씨. 41대 헌덕왕(憲德王) 5년(813년) 이찬(伊湌)으로 무진주 도독(武珍州都督)을 삼았고 동 6년 시중(侍中), 동 8년 청주 도독(菁州都督)이 되었다. 동 13년(821년) 아버지 주원(周元)이 왕위에 오르지 못한 것을 이유로 배반하여 국호를 장안(長安)이라 하고 무진, 완산, 청주, 사벌(武珍, 完山, 菁州, 沙伐) 등 사주도독(四州都督)과 국원경(國原京) 등 여러 군현(郡縣)의 수령(守令)들을 협박하여 자기 소속을 삼았다. 왕은 최웅(崔雄), 영충(令忠) 등을 시켜 공격했는데 헌창은 궁지에 몰리자 자살하였다. 녹진(祿眞)도 반군(叛軍) 진압에 공이 있었다. 〈사기 10 신라 10 헌덕왕, 45 열전 5 녹진〉 ☞ 592쪽

헌충 獻忠 [고구려] 28대 보장왕(寶藏王) 때 남건(男建)이 남생(男生)을 제거하려고 남생을 불렀는데 못오자 그의 아들 헌충을 죽였다. 〈사기 49 열전 9 개소문〉

헌평 憲平 [신라] 38대 원성왕(元聖王)의 태자. 동 10년(794년) 죽으니 시(諡)를 헌평이라 하였다. 〈사기 10 신라 10 원성왕〉 원성왕의 손자이다. 〈유사 2 기이 2 원성대왕〉

※두 책이 서로 다르다.

혁거세 赫居世 [신라] 시조. 그런데 혁거세는 광명(光明), 명철(明哲), 현명(賢明)의 뜻인 '붉-'과 세상의 뜻인 '누리-뉘' 곧 '밝은 세상'을 뜻하는 존호(尊號). BC 57년 즉위하였는데 왕호(王號)를 거서간(居西干)이라 하고 국호를 서나벌(徐那伐)이라 하였다. 원래 이 곳은 고조선(古朝鮮)의 유민이 모여 여섯 개의 촌락을 이루었는데 고허촌장(高墟村長) 소벌공(蘇伐公)이 양산(楊山) 밑 나정

(蘿井) 곁에서 큰 알을 발견해 깨어본즉 한 아기가 나왔는데 그가 곧 혁거세이다. 동 5년 알영정(閼英井)에서 난 알영(閼英)을 비로 삼았다. 〈사기 1 신라 1 시조 혁거세거서간〉 박씨(朴氏). 알에서 태어났으며 비(妃)는 아이영(娥伊英) 또는 아영(娥英). 신라 시조 혁거세왕이다. '밝은 빛으로 누리를 다스린다'는 뜻이다. 〈유사 1 왕력 1, 1 기이 2 낙랑국, 말갈 발해, 변한 백제, 신라시조 혁거세왕, 제이남해왕〉 ☞ 584쪽

혁세 赫世 [신라] → 혁거세 〈유사 1 기이 2 마한, 미추왕 죽엽군〉

현각 玄恪 [신라] 인도(印度) 유학승(留學僧). 전심(專心)으로 불법을 좇아 인도에 갔다. 〈유사 4 의해 5 귀축제사〉

현도사 玄度師 [신라] 33대 성덕왕(聖德王) 때 소사(小舍). 감산사(甘山寺)를 지은 김지성(金志誠)의 동생이다. 〈유사 3 탑상 4 남월산〉

현성대왕 玄聖大王 [신라] 38대 원성왕(元聖王)의 고조 법선(法宣)의 추봉명(追封名)이다. 〈사기 10 신라 10 원성왕〉, 〈유사 2 기이 2 원성대왕〉

현승 玄昇 [신라] 54대 경명왕(景明王) 2년(918년) 일길찬(一吉湌) 현승이 모반하다가 복주(伏誅)되었다. 〈사기 12 신라 12 경명왕〉

현우 玄雨 [고려] 운문산(雲門山) 선원(禪院)의 상좌이다. 〈유사 4 의해 5 보양리목〉

현유 玄遊 [신라] 인도(印度) 유학승(留學僧). 전심(專心)으로 불법을 좇아 인도에 갔다. 〈유사 4 의해 5 귀축제사〉

현준 賢俊 [신라] 최치원(崔致遠)이 가족을 데리고 가야산(伽耶山) 해인사(海印寺)로 들어가 은거하였는데 최치원의 모형(母兄)인 중 현준과 더불어 도우(道友)로 삼고 한가로이 놀다가 죽었다. 〈사기 46 열전 6 최치원〉

현태 玄泰 [신라] 인도(印度) 유학승(留學僧). 전심(專心)으로 불법을 좇아 인도에 갔다. 〈유사 4 의해 5 귀축제사〉

현회장로 玄會長老 [고려] 청도군청(淸道郡廳)의 문적(文籍)에 운문산(雲門山) 선원(禪院)의 원주(院主)로 기록되어 있다. 〈유사 4 의해 5 보양이목〉

협부 陜父 [고구려] 시조 주몽(朱蒙)이 졸본부여(卒本夫餘)로 떠날 때 따라간 세 사람 중의 한 사람. 2대 유리명왕(琉璃明王) 22년(3년) 왕이 사냥가서 닷새가 되어도 돌아오지 않자 대보(大輔) 협부가 정법(政法)에 마음을 부지런히 쓰도록 간(諫)하였다. 왕이 노하여 벼슬을 파하고 궁원(宮園)의 사무를 맡기니 분하여 남한(南韓)으로 달아났다. 〈사기 13 고구려 1 시조동명성왕, 유리명왕〉

형적 邢積 [후백제] 신라 56대 경순왕(敬順王) 2년(928년) 고려 태조의 답서(答書) 가운데 나오는 전공자(戰功者) 중 전사한 후백제의 장수 중의 하나. 〈사기 50 열전 10 견훤〉 임존성(任存城) 싸움에서 전사하였다. 〈유사 2 기이 2 후백제 견훤〉

혜강대왕 惠康大王 [신라] 45대 신무왕(神武王)의 할아버지 예영(禮英)의 추봉명(追封名)이다. 〈사기 10 신라 10 신무왕〉, 〈유사 1 왕력 1〉

혜공 惠空 [신라] 26대 진평왕(眞平王) 때 사람. 아명은 우조(憂助). 석(釋) 혜공(惠空)의 어머니는 천진공(天眞公)의 집에 고용살이 했는데 공이 악질(惡疾)에 걸려 죽음에 이르렀을 때 혜공이 고쳐 주었고 그밖에 영이(靈異)가 나타났는데 마침내 출가하였다. 작은 절에 살면서 매일 술에 취해 삼태기를 지고 가무(歌舞)하며 다녔으므로 부궤화상(負簣和尙)이라 하였다. 우물 안에 들어가 있었으며 원효(元曉)가 제경소(諸經疏)를 찬(撰)하고 있을 때 늘 혜공에게 가서 질의하고 서로 희롱(戱弄)하였다. 그밖에 영적(靈蹟)이 많은데 입적(入寂)할 때도 공중에 떠서 입적하였다. 〈유사 4 의해 5 이혜동진〉

혜공왕 惠恭王 [신라] 36대왕(재위 765~780년). 휘(諱)는 건운(乾運). 35대 경덕왕(景德王)과 만월왕후(滿月王后)의 아들이며 선비(先妃)는 신파부인(神巴夫人) 위정각간(魏正角干)의 딸이고 후비(後妃)는 창사부인(昌思夫人) 김장각간(金將角干)의 딸이다. 경덕왕이 돌아갔을 때 왕이 8세이므로 어머니 만월부인이 섭정(攝政)하였는데 정사(政事)가 잘 다스려지지 않고 도둑이 일어나고 어지러워지자 37대 선덕왕(宣德王)이 왕을 죽이고 대신 즉위한 것이다. 경덕왕이 아버지 33대 성덕왕(聖德王)을 위하여 큰 종을 주성(鑄成)하다가 이루지 못하고 돌아가자 아들 혜공이 완성하여 봉덕사(奉德寺)에 안치했다. 〈유사 1 왕력 1, 2 기이 2 경덕왕 충담사 표훈대덕, 3 탑상 4 황룡사종 분황사약사 봉덕사종, 5 신주 6 욱면비념불서승〉

혜공대왕 惠恭大王 [신라] 36대 혜공왕(惠恭王) → 혜공왕 〈사기 43 열전 김유신 하〉

혜량법사 惠亮法師 [고구려] 고구려의 중. 신라 거칠부(居柒夫)가 고구려를 정찰하러 들어가 혜량법사가 경(經)을 강설(講說)한다는 말을 듣고 만나 서로 마음이 통해 다시 만나더라도 해를 끼치지 않기로 약속하고 헤어졌다. 신라 진흥왕(眞興王) 12년(551년) 백제와 함께 고구려를 치는데 혜량이 무리를 이끌고 나타나 신라로 데려다 줄 것을 요청하였는데 거칠부가 모셔가 왕에게 뵈니 왕은 그를 승통(僧統)을 삼았다. 〈사기 44 열전 4 거칠부〉, 〈유사 4 의해 5 자장정률〉

혜륜 惠輪 [신라] 인도(印度) 유학승(留學僧). 전심(專心)으로 불법을 좇아 인도에 갔다. 〈유사 4 의해 5 귀축제사〉

혜륭 惠隆 [신라] 41대 헌덕왕(憲德王) 때 국통(國統). 불교를 신라에 정착시킨 아도(我道), 법흥(法興), 염촉(厭髑) 삼성(三聖)을 위하여 효원(孝園) 법주(法主)들과 함께 그들의 무덤을 수축하고 비(碑)를 세웠다. 〈유사 3 흥법 3 원종흥법 염촉멸신〉

혜명 惠明 [신라] 34대 효성왕(孝成王)의 비(妃). 이찬(伊湌) 김순원(金順元)의 딸을 동 3년(739년) 왕비로 삼았다. 〈사기 9 신라 9 효성왕〉 진종각간(眞宗角干)의 딸이다. 〈유사 1 왕력 1〉

혜문 惠文 [신라] 26대 진평왕(眞平王) 26년(604년) 입조사(入朝使)로 수(隋)에 갔다가 27년 돌아왔는데 고승 담육(曇育)이 따라 돌아왔다. 〈사기 4 신라 4 진평왕〉

혜성대왕 惠成大王 [신라] 51대 진성왕(眞聖王) 2년(888년) 각간(角干) 위홍(魏弘)이 죽자 추시(追諡)한 명칭이다. 〈사기 11 신라 11 진성왕〉, 〈유사 1 왕력 1〉

혜숙 惠宿 [신라] 26대 진평왕(眞平王) 때 흥륜사(興輪寺) 금당십성(金堂十聖) 중 한 사람. 동벽(東壁)에 앉아 서쪽을 향하고 있다. 호세랑(好世郎)의 낭도(郎徒)로 있다가 은거(隱居)하였는데 여러 이적(異迹)을 보이다가 죽었다. 구름을 타고 가버렸다. 미타사(彌陀寺)를 창건하였다. 〈유사 3 탑상 4 동경흥륜사 금당십성, 4 의해 5 이혜동진, 5 감통 7 욱면비염불서승〉

혜업 惠業 [신라] 인도(印度) 유학승(留學僧). 전심(專心)으로 불법을 좇아 인도에 갔다. 〈유사 4 의해 5 귀축제사〉

혜왕 惠王 [백제] 28대왕(재위 598~599년). 휘(諱)는 계(季). 26대 성왕(聖王)의 둘째 아들이다. 〈사기 27 백제 5 혜왕〉 27대 위덕왕(威德王)의 아우. 헌왕(獻王)이라고도 한다. 〈유사 1 왕력 1〉

혜충 惠忠 [신라] 38대 원성왕(元聖王)의 태자 인겸(仁謙). 동 7년(791년)에 죽자 혜충이라는 시호(諡號)를 내렸다. 〈사기 10 신라 10 원성왕〉 39대 소성왕(昭聖王)의 아버지. 44대 민애왕(閔哀王)의 어머니는 귀파부인(貴巴夫人)인데 이는 혜충왕(追封名)의 딸이다. 〈유사 1 왕력 1, 2 기이 2 원성대왕〉

> ※ 무엇인가 잘못되었다. 충공(민애왕의 아버지)과 어머니 귀파부인은 친남매간이다.

혜통 惠通 [신라] 30대 문무왕(文武王)에서 32대 효소왕(孝昭王) 사이의 중. 씨족(氏族)은 자세치 않은데 출가(出家) 전 수달(水獺)을 죽인 것을 계기로 출가, 당에 건너가서 무외삼장(無畏三藏)에게

업(業)을 청하였으나 거절당하고 3년 동안 그를 섬기었으나 허락지 않으므로 뜰에서 머리에 화분(火盆)을 이고 있다가 머리가 터졌다. 삼장이 그제야 머리를 고쳐 주고 인결(印訣)을 전하였다. 그리하여 신통력(神通力)을 얻어 당공주(唐公主)의 병을 고쳐 주고 그에게 쫓긴 용(龍)이 여러 차례 나타나 해를 끼쳤는데 혜통이 불살계(不殺戒)를 주어 해독이 그쳤다. 32대 효소왕(孝昭王) 때 국사가 되었다. 〈유사 5 신주 6 혜통항룡〉

혜현 惠現 [백제] 중. 어려서 출가하여 공부를 많이 하여 영험(靈驗)이 많고 신명(神明)에 통하였다. 번요(煩擾)한 것이 싫어 한라산(漢拏山)에 거처하다가 일생을 마쳤는데 시신을 석실(石室)에 안치하였더니 범이 그 유해를 다 먹어 버리고 머리와 혀만 남겨 두었다. 중국에 간 일이 없었는데도 그 이름이 당의 전기(傳記)에 올랐다. 〈유사 5 피은 8 혜현구정〉

혜훈 惠訓 [신라] 26대 진평왕(眞平王) 5년(563년)에 조성된 동축사(東竺寺)의 3대 주지(住持). 국통(國統) 〈유사 3 탑상 4 황룡사장륙〉

호공 瓠公 ① [신라] 시조 혁거세왕(赫居世王) 38년(BC 20년) 마한(馬韓)에 사신(使臣)으로 보냈는데 마한왕이 무례함을 꾸짖었으나 호공은 오히려 신라의 강성함을 알리고 풀려났다. 본시 왜인(倭人)으로 박을 허리에 차고 바다를 건너왔다 하여 호공이라 한 것이다. 〈사기 1 신라 1 시조 혁거세 거서간〉

② [신라] 4대 탈해니질금(脫解尼叱今) 때 사람. 탈해가 살 만한 곳을 물색했을 때 찾은 땅의 원주인. 탈해는 계략으로 그 땅을 차지했다. 탈해왕 4년(60년) 호공이 밤에 월성리(月城里)를 지나다가 광명(光明)이 비치므로 가 보니 황금궤(黃金櫃)가 나무 끝에 걸쳐 있어 왕에게 알려 왕이 열어 보니 그 속에서 동남(童男)이 나왔다. 이름을 알지(閼智)라 하였다. 〈유사 1 기이 2 제사탈해왕, 김알지 탈해왕대〉

호구 好仇 [가야] 가락국 4대 거질미왕(居叱弥王)의 어머니로 3대 마품왕(麻品王)의 비(妃)이다. 〈유사 1 왕력 1, 2 기이 2 가락국기〉

호녕왕 虎寧王 [백제] 25대 무녕왕(武寧王)인데 고려 혜종(惠宗)의 휘(諱)가 무(武)이므로 호(虎)자로 바꾼 것이다. →무녕왕 〈유사 1 왕력 1〉

호동 好童 [고구려] 3대 대무신왕(大武神王)의 아들. 동 15년(32년) 옥저(沃沮) 지방에 유랑하다가 낙랑왕(樂浪王) 최리(崔理)의 눈에 띄어 데려다 사위를 삼았다. 귀국한 후 최리의 딸에게 비밀히 너희 무기고(武器庫)에 들어가 고각(鼓角=自鳴鼓)을 부수면 예(禮)로써 맞이하겠다고 알렸다. 낙랑공주(樂浪公主)는 호동의 말대로 하고 알리니 호동은 왕에게 낙랑을 치도록 권했다. 결국 대비하지 못한 낙랑은 딸을 죽이고 항복하였다. 호동은 왕의 차비(次妃 : 갈사왕(曷思王) 손녀)의 소생인데 얼굴이 미려하여 왕의 사랑을 받았다. 원비(元妃)가 왕의 총애와 적자(嫡子)의 자리를 잃을까 염려하여 호동을 참소하였는데 호동은 변명 없이(어머니의 악함이 들어나 왕에게 걱정을 끼쳐 줌이 도리가 아니라 하여) 칼에 엎드려 죽었다. 〈사기 14 고구려 2 대무신왕〉

호력 虎力 [가야] 신라 김유신(金庾信)의 할아버지. 무력(武力)인데 고려 혜종의 휘(諱)를 피해 호(虎)자를 썼다. 〈유사 1 기이 2 김유신〉

호림공 虎林公 [신라] 28대 진덕왕(眞德王)때 사람. 자장법사(慈藏法師)의 아버지. 알천공(閼川公), 임종공(林宗公), 술종공(述宗公) 등과 모여 국사(國事)를 의론할 때 호랑이가 나타나 모두 놀라 일어났으나 알천공은 꼼짝도 하지 않았다. 〈유사 1 기이 2 진덕왕〉

호세랑 好世郎 [신라] 26대 진평왕(眞平王) 때 승 혜숙(僧惠宿)이 화랑 호세랑의 낭도(郎徒)로 지내더니 호세랑이 화랑의 명적(名籍)에서 이름을 깃자 혜숙도 적성촌(赤善村)에 은거하였다. 〈유사 4 의해 5 이혜동진〉

호양왕 好壤王 [고구려] 15대 미천왕(美川王)의 다른 이름→미천왕 〈사기 17

고구려 5 미천왕〉 호양왕(好禳(攘)王) 〈유사 1 왕력 1〉 ☞ 585쪽

호왕 虎王 [백제] 30대 무왕(武王)의 다른 적음이다. 〈유사 1 기이 2 태종 춘추공〉

호진 虎珍 [신라] 신라초 육촌(六村) 중의 여섯째 명활산(明活山) 고야촌장(高耶村長). 처음 금강산(金剛山)에서 내려와 습비부(習比部) 설씨(薛氏)의 조상이 되었다. 〈유사 1 기이 2 신라시조 혁거세왕〉

호태왕 好太王 [고구려] 19대 광개토대왕 명칭의 일부 〈사기 18 고구려 6 광개토왕〉

홀쟁 忽爭 [신라] 골정의 다른 적음이다. →골정 〈사기 2 신라 2 내해니사금 조분니사금, 첨해니사금〉

홍 洪 [백제] 17대 아신왕(阿莘王)의 서제(庶弟). 3년(394년) 내신좌평(內臣佐平)을 삼았다. 〈사기 225 백제 3 아신왕〉

홍경 弘慶 [신라] 말기 보요선사(普耀禪師)가 남월(南越)에서 대장(大藏)을 구하여 배를 타고 돌아오는데 풍랑(風浪)이 심해 기도하여 해룡(海龍)의 엄호로 무사히 도착하여 안치할 만한 곳을 찾던 중 해룡왕산(海龍王山)에 이르러 서운(瑞雲)을 보고 고제(高弟) 홍경과 함께 절을 짓고 안치하였다. 〈유사 3 탑상 4 전후소장사리〉

홍계 弘繼 [신라] 54대 경명왕(景明王) 때 홍륜사(興輪寺)의 남문(南門)과 좌우측랑무(左右側廊廡)가 불에 타 수리를 못하고 있을 때 홍계 등 두 중이 시주(施主)를 얻어 수리하려고 했다. 동 5년(921년)에 제석신(帝釋神)이 와서 영적(靈蹟)을 보이자 국인(國人)이 구경하러 와서 시주를 많이 하고 공장(工匠)이 스스로 와서 하루도 못가 완성하였다. 신이 돌아가려 하자 두 중이 상(像)을 남겨 지극히 공양하여 은혜를 보답하겠다고 하자 신이 자기 대신 보현보살(普賢菩薩)의 화상을 그려 공양하라고 하였다. 〈유사 3 탑상 4 흥륜사벽화보현보살〉

홍관 洪灌 [신라] 33대 성덕왕(聖德王) 10년(711년) 학사(學士)로서 진봉사(進奉使)를 따라 송(宋) 개봉(開封)에 가서 묵고 있는데 한림대조(翰林待詔) 양구(楊球)와 이혁(李革)에게 김생(金生)의 행초(行草)를 보이니 그들은 진(晋) 왕희지(王羲之)의 글씨일 것이라 의심치 않았다. 〈사기 48 열전 8 김생〉

홍권 弘權 [신라] 13대 미추니사금(味鄒尼師今) 20년(281년) 이찬(伊湌)을 삼고, 14대 유례니사금(儒禮尼師今) 2년(285년) 서불감(舒弗邯)을 삼았다. 동 12년(295년) 왕이 자주 귀찮게 구는 왜(倭)를 바다 건너가 치려고 하자 홍권이 그 불가(不可)함을 들어 만류하였다. 〈사기 2 신라 2 미추니사금, 유례니사금〉

홍기 弘奇 [신라] 52대 효공왕(孝恭王) 8년(904년) 궁예(弓裔)에 항복한 공주(公州) 장군이다. 〈사기 50 열전 10 궁예〉

홍술 洪述 [신라] 54대 경명왕(景明王) 6년(922년) 진보성(眞寶城) 장군 홍술이 고려 태조에게 귀부(歸附)하였다. 56대 경순왕(敬順王) 3년(929년) 견훤(甄萱)이 의성부성(義城府城)을 치매 성주(城主) 홍술이 싸우다가 전사하였다. 〈사기 12 신라 12 경명왕, 경순왕, 50 열전 10 견훤〉, 〈유사 2 기이 2 후백제 견훤〉

홍술 弘述 [고려] 신라 54대 경명왕(景明王) 2년(918년=고려 태조 원년) 장군 홍유(洪儒)의 아명(兒名) → 홍유 〈사기 50 열전 10 견훤〉

홍유 洪儒 [고려] 신라 54대 경명왕(景明王) 2년(918년=고려 태조 원년) 장군으로 배현경(裵玄慶), 신숭겸(申崇謙) 등과 함께 고려 왕건(王建)에게 탕왕(湯王)이나 무왕(武王)처럼 불의(不義)를 꺾고 대의(大義)를 세우라고 건의하였다. 태조가 신검(神劍) 군과 싸울 때 우익(右翼)을 삼았다. 아명은 홍술(弘述)이다. 〈사기 50 열전 10 견훤〉

홍필 弘弼 [신라] 46대 문성왕(文聖王) 3년(841년) 일길찬(一吉湌)으로 모반하다가 일이 발각되어 해도(海島)로 도망했는데 잡지 못하였

다. 〈사기 11 신라 11 문성왕〉

화달 化達 [신라] 50대 정강왕(定康王) 때 효녀(孝女) 지은(知恩)을 구한 화랑(花郎) 효종랑(孝宗郎)의 아명(兒名)이다. 서발한(舒發翰) 인경(仁慶)의 아들 → 효종랑 〈사기 48 열전 8 효녀 지은〉

화보 花寶 [신라] 29대 무열왕(武烈王) 때 재보(宰輔=宰相) 김량도(金良圖)가 불법을 믿어 두 딸 화보와 연보(蓮寶)를 내놓아 사비(寺婢)를 삼았다. 〈유사 3 흥법 3 원종흥법 염촉멸신〉

화희 禾姬 [고구려] 2대 유리명왕(琉璃明王)이 3년(17년)에 두 계비(繼妃)를 삼았는데 한 사람은 골천인(鶻川人) 화희이고 또 한 사람은 한인(漢人) 치희(雉姬)였는데 화희가 치희를 시기하여 싸우다가 치희가 도망하여 돌아오지 않았다. 〈사기 13 고구려 1 유리명왕〉

환권 桓權 [고구려] 27대 영류왕(榮留王) 23년(640년) 세자 환권을 당에 보내 조공하였다. 당에서는 태종(太宗)이 폐백(幣帛)을 후히 주었다. 〈사기 20 고구려 8 영류왕〉

환웅 桓雄 [고조선] 환인(桓因)의 서자(庶子). 웅이 항상 천하에 뜻을 두고 인세(人世)를 탐구(貪求)하므로 아버지가 아들의 뜻을 알고 삼위태백(三危太白=三高山의 하나인 태백)이 인간을 널리 이롭게 할 만하므로 천부인(天符印) 세 개를 주어 내려 보냈다. 웅이 무리 3,000을 이끌고 태백산(太伯山=妙香山) 꼭대기 신단수(神檀樹) 밑에 내려와 여기를 신시(神市)라 하였다. 풍백(風伯), 우사(雨師), 운사(雲師)를 거느리고 곡, 명, 병, 형, 선, 악(穀, 命, 病, 刑, 善, 惡) 등 인간의 360여 가지를 맡아서 인세를 다스리고 교화하였다. 웅녀(熊女)와 혼인하여 단군(檀君)을 낳았다. 〈유사 1 기이 2 고조선 왕검조선〉

환인 桓因 [고조선] 아들 환웅(桓雄)이 이 땅에 내려와 고조선을 건설하였다. '하늘'과 관련된 듯. 천주(天主)의 뜻인 듯 〈유사 1 기이 2 고조선 왕검〉

환희사 歡喜師 [신라] 27대 선덕왕(善德王) 때 동축사(東竺寺)의 첫 주지(住持)이다.〈유사 3 탑상 4 황룡사장륙〉

황 晃 [신라] 50대 정강왕(定康王)의 휘(諱)이다. → 정강왕 〈사기 11 신라 11 정강왕〉, 〈유사 1 왕력 1〉

황아왕후 皇娥王后 [신라] 41대 헌덕왕비(憲德王妃) 귀승낭(貴勝娘)의 시호(諡號)이다. 〈유사 1 왕력 1〉

황옥 黃玉 [가야] 가락국(駕洛國) 수로왕비(首露王妃) 허황옥(許黃玉)이다. 〈유사2 기이 2 가락국기〉

황종 荒宗 [신라] 장군 거칠부(居柒夫)의 다른 적음이다. → 거칠부 〈사기 44 열전 4 거칠부〉 ☞ 580쪽

황지 黃知 [신라] 41대 헌덕왕(憲德王) 17년(825년) 우두주(牛頭州) 대양관군(大楊管郡)의 내마(奈麻) 황지의 처가 2남 2녀를 낳았다. 〈사기 10 신라 10 헌덕왕〉

황천 煌川 [신라] 소나(素那 : 30대 文武王 때 阿達羅 성주)의 아버지 심나(沈那)의 다른 이름이다. → 심나 〈사기 47 열전 7 소나〉 ☞ 598쪽

회경 懷鏡 35대 경덕왕(景德王) 때의 대사(大師). 욱면(勗面)이 간 후 귀진(貴珍)이 이인(異人)이 기생(寄生)한 곳이라 하여 집을 희사하여 법왕사(法王寺)를 지었는데 오랜 후에 폐허가 된 것을 대사 회경 등이 발원하여 중건하였다. 회경이 귀진의 후신이라 한다. 〈유사 5 감통 7 욱면비염불서승〉

회회 茴會 [백제] 5대 초고왕(肖古王) 48년(213년) 서부인(西部人) 회회가 흰 사슴을 잡아 바치었다. 〈사기 23 백제 1 초고왕〉

횡천 橫川 [신라] 26대 진평왕(眞平王) 22년(600년) 대사(大舍) 횡천이 수(隋)에 조빙사(朝聘使)로 갔는데 돌아올 때 고승(高僧) 원광(圓光)이 그를 따라 돌아왔다. 〈사기 4 신라 4 진평왕〉

효 孝 [백제] 31대 의자왕(義慈王)의 태자. 동 20년(660년) 계백(堦伯)

이 황산(黃山) 싸움에서 죽자 왕이 태자 효와 함께 북변(北邊)으로 도망갔다. 백제가 항복하자 당장 소정방(蘇定方)은 왕, 태자, 왕자들을 당경(唐京) 장안(長安)으로 보냈다. 〈사기 28 백제 6 의자왕〉 31대 의자왕(義慈王)의 태자 융(隆)의 다른 이름이라고 하나 잘못이다. 〈유사 1 기이 2 태종춘추공〉 ☞ 599쪽

효공왕 孝恭王 [신라] 52대왕(재위 897~912년). 휘(諱)는 요(嶢). 헌강왕(憲康王)의 서자(庶子). 어머니는 김씨(金氏). 비(妃)는 이찬(伊飡) 예겸(乂謙)의 딸이다. 궁예(弓裔)와 견훤(甄萱)이 일어나 세력을 확장 공격해 와 여러 성을 빼앗겼다. 〈사기 12 신라 12 효공왕〉 동 4년(900년) 견훤이 후백제 왕이라고 일컬었다. 〈유사 1 왕력 1, 2 기이 2 효공왕, 후백제 견훤〉

효렴 孝廉 [신라] 55대 경애왕(景哀王)의 아우. 동 4년(927년) 견훤(甄萱)의 군사가 경주에 쳐들어가 포석정(鮑石亭)에서 놀던 왕은 도망가고 비, 빈(妃嬪) 및 시신(侍臣), 시종(侍從), 궁녀를 죽이는 등 여러 악폐(惡弊)를 저지른 뒤에 다른 왕제 효렴과 재상 영경(英景)을 포로로 하고 국고(國庫)의 재물과 기술자들을 챙겨 가지고 돌아갔다. 〈사기 50 열전 10 견훤〉 경애왕의 족제(族弟). 포로로 잡혀 갔다. 〈유사2 기이 2 후백제 견훤〉

효명 孝明 [신라] 정신대왕(淨神大王＝神文王일 것이다)의 태자 보천(寶川)과 효명 형제가 하서주(河西州)에 놀러 갔다가 세속(世俗) 밖에 뜻을 가지고 도망하여 오대산(五臺山)에 들어가 효명은 북대(北臺)에 머물러 업을 닦았다. 왕이 돌아가자 후계자로 두 왕자를 모시러 왔는데 보천은 울며 사양하므로 효명을 받들어 돌아와 즉위하였다. 효명은 효조(孝照)나 효소(孝昭)의 와전인 것 같은데 신문왕이 맞다면 효소왕일 것이다. 〈유사 3 탑상 4 대산오만진신, 명주오대산보질도태자전기〉 ☞ 592쪽

효목 孝穆 [신라] 고려 왕건(王建)의 큰딸로 신라 56대 경순왕비(敬順王妃)

낙랑공주(樂浪公主)의 시호(謚號)이다. 〈유사 2 기이 2 김부대왕〉

효방 孝芳(方) [신라] 37대 선덕왕(宣德王) 의 아버지. 해찬(海湌) 〈사기 9 신라 9 선덕왕〉 효방(孝方)은 추봉(追封) 개성대왕(開聖大王), 원훈각간(元訓角干)의 아들이며 어머니는 사소부인(四召夫人) 시호(謚號)는 정희대후(貞懿大后) 33대 성덕왕(聖德王)의 딸이다. 〈유사 1 왕력 1〉

효봉 孝奉 [후백제] 견훤(甄萱)의 장군. 고려 태조 19년(936년) 태조가 신검(神劍)의 군을 맞아 군의 편성을 새로이 해서 진군해 가자 겁이 난 효봉 등이 갑옷을 버리고 항복하였다. 〈사기 50 열전 10 견훤〉, 〈유사 2 기이 2 후백제 견훤〉

효상 孝殤 [신라] 33대 성덕왕(聖德王) 14년(715년) 중경(重慶)을 태자를 삼았는데 동 16년에 죽었다. 시(謚)를 효상(孝殤)이라 하였다. 〈사기 8 신라 8 성덕왕〉

효성왕 孝成王 [신라] 34대왕(재위 737~742년). 휘(諱)는 승경(承慶). 33대 성덕왕(聖德王)의 둘째 아들. 어머니는 소덕왕후(炤德王后), 비는 혜명(惠明)으로 이찬(伊湌) 김순원(金順元)의 딸이다.〈사기 9 신라 9 효성왕〉 비 혜명의 아버지는 진종각간(眞宗角干)이다. 일본을 막는 장새(障塞)를 경주 동남경(東南境)에 쌓았다. 봉덕사(奉德寺)는 효성왕이 동 2년(738년) 아버지 성덕왕(聖德王)의 복을 빌기 위하여 세운 것이다. 잠저시(潛邸時) 현사(賢士) 신충(信忠)에게 만일 그대를 잊는다면 저 잣나무가 증인이 될 것이라 하였는데 두어달 후 즉위하여 공신에게 상을 주며 신충을 잊고 말았다. 신충이 원망하여 노래(=향가) 백수가(栢樹歌)를 지어 잣나무에 붙였더니 잣나무가 말라 버렸다. 왕이 놀라 불러 작록(爵祿)을 주었더니 나무가 소생하였다. 〈유사 1 왕력 1, 2 기이 2 수로부인, 효성왕, 3 탑상 4 황룡사종 분황사약사 봉덕사종, 5 피은 8 신충괘관〉

효소왕 孝昭王 [신라] 32대왕(재위 692~702년). 휘(諱)는 이홍(理洪) 또는 이공(理恭)이다. 31대 신문왕(神文王)의 태자이다. 어머니는 김씨(金氏) 신목왕후(神穆王后)로서 일길찬(一吉湌) 김흠운(金欽運)의 딸이다.〈사기 8 신라 8 효소왕〉 효소왕 원년(692년) 대현살찬(大玄薩湌)의 아들 부례랑(夫禮郞)을 국선(國仙)으로 삼았다. 황룡사(皇龍寺)가 효소왕 7년(698년) 벼락을 맞았는데 그 후 재건하였다. 〈유사 1 왕력 1, 2 기이 2 문호왕법민, 만파식적, 효소왕 죽지랑, 3 탑상 4 황룡사구층탑〉

효순 孝順 [백제] 29대 법왕(法王)의 휘(諱) 선(宣)의 다른 이름이다. 〈사기 27 백제 5 법왕〉→법왕 〈유사 1 왕력 1, 3 흥법 3 법왕 금살〉 ☞ 597쪽

효신공 孝信公 [신라] 34대 효성왕(孝成王) 4년(740년) 붉은 옷을 입은 여자가 예교(隷橋) 아래에서 나와 조정(朝廷)을 비난하면서 효신공의 문(門)을 지나더니 홀연히 없어졌다. 〈사기 9 신라 9 효성왕〉

효양 孝讓 [신라] 38대 원성왕(元聖王)의 아버지. 동 원년(785년) 아버지 일길찬(一吉湌) 효양을 명덕대왕(明德大王)으로 추봉(追封)하였다.〈사기 10 신라 10 원성왕〉 원성왕이 즉위하자 조종(祖宗)의 만파식적(萬波息笛)을 왕에게 전했다. 효양은 숙부(叔父) 파진찬(波珍湌)을 위해 무장사(鍪藏寺)를 세웠다. 〈유사 1 왕력 1, 2 기이 2 원성대왕, 3 탑상 4 무장사미륵전〉

효원 孝圓 [신라] 41대 헌덕왕(憲德王) 때 법주(法主)로 동 9년(817년)에 이차돈(異次頓)의 무덤을 만들고 비를 세웠다. 〈유사 3 흥법 3 원종흥법 염촉멸신〉

효자 孝資 [신라] 53대 신덕왕비(神德王妃) 자성왕후(資成王后)의 휘(諱)는 의성(懿成) 또는 효자(孝資)이다. 〈유사 1 왕력 1〉 ☞ 590쪽, 600쪽

효정 孝貞 [신라] 33대 성덕왕(聖德王) 13년(714년) 이찬(伊湌) 효정을 중시(中侍)로 삼았는데 동 17년 퇴관(退官)하였다. 〈사기 8 신라 8

성덕왕〉

효정이왕 孝貞伊王 [신라] 35대 경덕왕(景德王) 13년(754년) 황룡사(皇龍寺) 종(鐘)을 주성(鑄成)하였는데 그 시주(施主)가 효정이왕 삼모부인(三毛夫人=경덕왕의 先妃)이다. 〈유사 3 탑상 4 황룡사종 분황사약사 봉덕사종〉

효조 孝照 [신라] 32대 효소왕(孝昭王)의 다른 적음이다. →효소왕 〈유사 3 탑상 4 대산오만진신〉 ☞ 592쪽

효종 孝宗 [신라] 52대 효공왕(孝恭王) 6년(902년) 대아찬(大阿湌)을 시중(侍中)을 삼았다. 46대 문성왕(文聖王)의 후손이며 56대 경순왕(敬順王)의 아버지이다. 〈사기 12 신라 12 효공왕, 경순왕〉 경순왕이 아버지 효종이간(孝宗伊干)을 추봉(追封)하여 신흥대왕(新興大王)이라 하였다. 〈유사 1 왕력 1, 2 기이 2 김부대왕〉

효종랑 孝宗郎 [신라] 50대 정강왕(定康王) 때(886~887년) 화랑(花郎). 아명(兒名)은 화달(化達). 효녀(孝女) 지은(知恩)을 구한 화랑이다. 아버지는 서발한(舒發翰) 인경(仁慶)이다. 〈사기 48 열전 8 효녀 지은〉 낭의 모임에 늦은 낭도(郎徒)가 빈녀(貧女)가 양모(養母)하면서 겪는 어려움을 보느라고 늦었다고 하자 낭과 낭도가 조(租)를 거두어 주었으며 왕도 곡(穀)과 집을 주었다. 〈유사 5 효선 9 빈녀양모〉

효진 孝眞 [신라] 41대 헌덕왕(憲德王)의 비(妃) 귀승부인(貴勝夫人)의 아버지 예영(禮英)의 다른 이름→예영 〈사기 10 신라 10 헌덕왕, 신무왕〉 ☞ 599쪽

효천 曉川 [신라] 30대 문무왕(文武王) 12년(672년) 당병(唐兵)이 고구려(高句麗)의 여당(餘黨)을 토벌한다고 신라 진영에 쳐들어오자 이를 맞아 싸우다가 대아찬(大阿湌) 효천 등이 전사하였다. 〈사기 7 신라 7 문무왕 하, 43 열전 3 김유신 하〉

효충 孝忠 [신라] 중. 현수(賢首=義湘과 동문)가 승전법사(勝詮法師) 편에

의상에게 보낸 별봉서신(別封書信) 속에 나온 인물이다. 〈유사 4 의해 5 승전촉루〉

후직 后稷 [신라] 26대 진평왕(眞平王) 2년(580년) 이찬(伊湌)으로 병부령(兵部令)을 삼았다. 〈사기 4 신라 4 진평왕〉

훈겸 訓謙 [후백제] 신라 56대 경순왕(敬順王) 8년(934년) 견훤(甄萱) 휘하(麾下)의 의원(醫員) 훈겸 등이 고려 태조에 항복했다. 〈사기 50 열전 10 견훤〉

훈신 訓信 [신라] 27대 선덕왕(善德王) 11년(642년) 김춘추(金春秋)가 고구려에 청병(請兵)하러 갈 때 같이 간 사간(沙干) 〈사기 41 열전 1 김유신 상〉

훈입 訓入 [신라] 38대 원성왕(元聖王)의 할아버지. 잡간(匝干)이었는데 흥평대왕(興平大王)으로 추봉(追封)하였다. 〈유사 2 기이 2 원성대왕〉 ☞ 600쪽

훈제부인 訓帝夫人 [신라] 29대 무열왕(武烈王)의 비(妃). 시호(謚號)는 문명왕후(文明王后). 김유신의 누이로 소명(小名)은 문희(文熙)이다. 〈유사 1 왕력 1〉 ☞ 595쪽

훈해 訓解 [백제] 17대 아신왕(阿莘王)의 둘째 아우. 18대 전지왕(腆支王) 원년(405년) 전해에 왕이 돌아가자 원자(元子)가 일본에 가 있으므로 왕의 둘째 아우 훈해가 섭정(攝政)을 하며 태자의 환국을 기다리는데 셋째 아우 설례(碟禮)가 훈해를 죽이고 스스로 왕이 되었다. 그러자 해충(解忠) 등 충신들이 설례를 죽이고 전지왕을 모셔다 즉위케 하였다. 〈사기 25 백제 3 아신왕, 전지왕〉

훤견 萱堅 [신라] 10대 내해니사금(奈解尼師今) 16년(211년) 이찬(伊湌)을 삼았다. 〈사기 2 신라 2 내해니사금〉

휘수 諱須 [백제] →근구수왕 〈사기 24 백제 2 근구수왕〉 ☞ 604쪽

휴례부인 休禮夫人 [신라] 17대 내물니사금(奈勿尼師今)의 어머니 김씨(金氏) 〈사기

3 신라 3 내물니사금〉, 〈유사 1 왕력 1〉

흑치상지 黑齒常之 [백제] 백제가 망한 후 복신(福信)과 더불어 백제 부흥(復興)을 기도한 사람이다. 신라 29대 무열왕(武烈王) 8년(661년) 흑치상지가 흩어진 군사를 모아 세력이 커졌다. 그러나 당장(唐將) 유인궤(劉仁軌)의 지략(智略)에 져 항복하였다. 백제 서부인(西部人)으로 체격이 크고 용맹해서 달솔(達率)의 위(位)에 있으면서 백제가 망하자 소정방(蘇定方)에게 잡혀 있다가 달아나 도망간 부중(部衆)을 모아 임존산(任存山)에 의거하여 당에 대항하다가 유인궤에 항복한 것이다. 당에 들어가 좌령군원외장군 양주자사(左領軍員外將軍 洋州刺史)가 되어 당장(唐將)으로 활약했으며 연연도대총관(燕然道大摠管)이 되어 돌궐(突厥)을 쳐서 깨쳤다. 그러다가 모함에 의해 교살(絞殺)되었다. 〈사기 28 백제 6 의자왕, 44 열전 4 흑치상지〉

흔 昕 [신라] 김씨(金氏). 김양(金陽)의 사촌. 자(字)는 태(泰). 아버지는 파진찬(波珍湌) 장여(璋如). 41대 헌덕왕(憲德王) 14년(822년) 당에 입조(入朝) 숙위(宿衛)케 하였고 1년여 만에 귀국하여 남원 태수(南原 太守)를 제수하고 그 후 강주대도독(康州大都督)에 이찬(伊湌) 겸 상국(相國)을 더했다. 45대 신무왕(神武王) 원년(839년) 대장군이 되어 청해진(淸海鎭)의 군사를 막다가 전사하였다. 〈사기 44 열전 4 김양〉

흔련 昕連 [신라] 6대 지마니사금(祇摩尼師今) 10년(121년) 파진찬(波珍湌)을 삼았다. 〈사기 1 신라 1 지마니사금〉

흔린 昕鄰 [신라] 46대 문성왕(文聖王) 11년(849년) 이찬(伊湌) 김식(金式) 등이 배반(背叛)했다가 복주(伏誅)되었는데 대아찬(大阿湌) 흔린도 그 죄에 연좌(連坐)되었다. 〈사기 11 신라 11 문성왕〉

흔명부인 昕明夫人 [신라] 47대 헌안왕(憲安王)의 어머니이다. 〈유사 1 왕력 1〉 ☞ 602쪽

흘우 屹于 — [백제] 2대 다루왕(多婁王) 3년(30년) 말갈(靺鞨)과 싸워 크게 이겼다. 동 7년 우보(右輔)를 삼았다. 동 10년 좌보(左輔)를 삼았다. 동 21년(48년) 죽었다. 〈사기 23 백제 1 다루왕〉

흘해니사금 訖解尼師今 — [신라] 16대왕(재위 310~356년). 10대 내해니사금(奈解尼師今)의 손자, 대장군, 서불감(舒弗邯) 석우로(昔于老)의 아들이며 어머니는 명원부인(命元夫人) 11대 조분니사금(助賁尼師今)의 딸이다. 아버지 우로는 공이 있어 서불감에 여러번 되었는데 12대 첨해니사금(沾解尼師今) 때 왜국 사신에게 일왕을 모욕한 말을 한 것 때문에 왜군이 쳐들어 왔으므로 우로가 책임을 지고 스스로 적진에 나가 불에 타 죽었다. 그의 아들 흘해(訖解)는 다른 사람이 안고 도망가 후에 왕위에 오르게 된 것이다. 그는 용모가 준수(俊秀)하고 두뇌가 명민(明敏)하여 처사가 남과 달라 뛰어난 인물이 될 것이라 했는데 15대 기림니사금(基臨尼師今)의 후사(後嗣)가 없으므로 군신이 의론하여 왕으로 세운 것이다. 〈사기 2 신라 2 흘해니사금, 45 열전 5 석우로〉

흠돌 欽突 — [신라] 30대 문무왕(文武王) 원년(661년) 당왕(唐王)이 고구려로 진격할 때 신라에게 동병응원(動兵應援)을 청하자 군을 편성할 때 대당장군(大幢將軍)으로 참가했으며 동 8년 대당총관(大幢摠管)을 삼았다. 31대 신문왕(神文王)의 비(妃) 김씨(金氏)의 아버지인데 동 원년(681년) 흠돌 등이 모반(謀叛)하다가 복주(伏誅)되었다. 〈사기 6 신라 6 문무왕 상, 8 신라 8 신문왕〉

흠순 欽純 — [신라] 29대 무열왕(武烈王) 때 이찬(伊湌). 김유신(金庾信)의 아우이다. 흠춘(欽春)이라고도 한다. → 흠춘 〈사기 5 신라 5 태종무열왕, 42 열전 2 김유신 중, 47 열전 7 김영윤〉

흠운 欽(歆)雲(運) — [신라] → 김흠운 〈사기 8 신라 8 신문왕, 효소왕, 47 열전 7 김흠운〉

흠춘 欽春 — [신라] 29대 무열왕(武烈王) 때 이찬(伊湌), 장군. 동 7년(660년)

백제를 칠 때 정병(精兵) 5만을 거느리고 당병을 응원하였다. 그 아들 반굴(盤屈)로 하여금 용감하게 적진으로 돌진케 하여 신라군의 사기를 높여 승리를 거두었다. 〈사기 5 신라 5 태종무열왕, 47 열전 7 김영윤〉

흥광 興光 [신라] 33대 성덕왕(聖德王)의 휘(諱)이다. 〈사기 8 신라 8 성덕왕〉 본명은 융기(隆基)이다. 〈유사 1 왕력 1, 3 탑상 4 대산오만진신〉

흥덕왕 興德王 [신라] 42대왕(재위 826~836년). 휘(諱)는 수종(秀宗)인데 후에 경휘(景徽)로 바꾸었다. 41대 헌덕왕(憲德王)의 동모제(同母弟). 왕비 장화부인(章和夫人)이 돌아가자 정목왕후(定穆王后)로 추봉(追封)하고 군신이 왕비의 재빙(再聘)을 청했으나 거절하였다. 동 3년(828년) 궁복(弓福=張保皐)으로 청해(淸海)를 진수(鎭守)케 했다. 〈사기 10 신라 10 흥덕왕〉 휘(諱)는 경휘(景暉)이고 비(妃)는 창화부인(昌花夫人) 시호(諡號)는 정목왕후인데 39대 소성왕(昭聖王)의 딸이다. 효자(孝子) 손순(孫順)이 효를 위해 아들을 묻는 것을 알고 포상(褒賞)하였다. 〈유사 1 왕력 1, 2 기이 2 흥덕왕 앵무, 탑상 4 대산오만진신, 5 효선 9 손순매아 흥덕왕대〉

흥렴대왕 興廉大王 [신라] 53대 신덕왕(神德王)의 아버지 문원이간(文元伊干)의 추봉명(追封名)이다. 〈유사 1 왕력 1〉

흥무대왕 興武大王 [신라] 54대 경명왕(景明王)이 김유신(金庾信)을 흥무대왕으로 추봉(追封)하였다. 〈유사 1 기이 2 김유신〉

흥선 興宣 [신라] 8대 아달라니사금(阿達羅尼師今) 2년(155년) 일길찬(一吉湌)을 삼았다. 동 14년(167년) 흥선을 명하여 군사 2만을 거느리고 백제를 치게 하였다. 동 15년 이찬(伊湌)을 삼았다. 〈사기 2 신라 2 아달라니사금, 23 백제 1 초고왕〉

흥성대왕 興聖大王 [신라] 43대 희강왕(僖康王)의 아버지 헌정(憲貞)의 시호(諡號)인데 익성(翌成)이라고도 한다. 〈유사 1 왕력 1〉 ☞ 601쪽

흥수 興首 [백제] 31대 의자왕(義慈王) 19년(659년) 좌평(佐平)인 그가 죄를 얻어 고마미지현(古馬彌知縣)에 유배되어 있는데 당군이 덕물도(德勿島)에 당도하고 김유신이 이끄는 신라군의 공격을 받자 의자왕은 군신과 대책을 의논하였는데 의견이 분분하였다. 할 수없이 흥수에게 묻자 좋은 계책을 가르쳐 주었다. 그러나 대신들이 믿지 못하겠다고 받아들이지 않고 결국 황산(黃山)벌에서의 참패를 자초하였다. 〈사기 28 백제 6 의자왕〉 흥수는 요충지(要衝地)를 막고 험한 곳에 웅거(雄據)하라는 성충(成忠)의 말이 맞다고 하였는데 성충이나 흥수는 귀양살이하는 사람으로 그의 말을 믿을 수 없다 하여 받아들이지 않고 있다가 나당연합군에게 대패한 것이다. 〈유사 1 기이 2 태종춘추공〉

흥안 興安 [고구려] 21대 문자명왕(文咨明王)의 태자. 22대 안장왕(安臧王)의 휘(諱)이다. 〈사기 19 고구려 7 문자명왕, 안장왕〉, 〈유사 1 왕력 1〉

흥원 興元 [신라] 30대 문무왕(文武王) 8년(668년) 아찬 흥원을 계금당총관(罽衿幢摠管)을 삼았다. 31대 신문왕(神文王) 원년(681년) 소판(蘇判) 흠돌(欽突)과 파진찬(波珍飡) 흥원 등이 모반(謀叛)하다가 복주(伏誅)되었다. 〈사기 6 신라 6 문무왕 상, 8 신라 8 신문왕〉

흥종 興宗

① [신라] 46대 문성왕(文聖王) 9년(847년) 파진찬(波珍飡) 흥종(興宗) 등이 배반(背叛)하다가 복주(伏誅)되었다. 〈사기 11 신라 11 문성왕〉

② [신라] 56대 경순왕 2년(928년) 고려의 장수 김상(金相)이 초팔성(草八城)의 적(賊) 흥종과 싸워 이기지 못하고 전사하였다. 〈사기 12 신라 12 경순왕〉

흥평대왕 興平大王 [신라] 38대 원성왕(元聖王)의 할아버지 이찬(伊飡) 위문(魏文)의 추봉명(追封名)이다. 〈사기 10 신라 10 원성왕〉, 〈유사 1 왕력 1〉

희강왕 僖康王 [신라] 43대왕(재위 836~838년). 휘(諱)는 제륭(悌隆) 또는 제옹(悌顒). 38대 원성왕(元聖王)의 손자인 이찬(伊飡) 헌정(憲貞)의 아들이며 어머니는 포도부인(包道夫人), 비(妃)는 문목부인(文穆夫人) 갈문왕(葛文王) 충공(忠恭)의 딸이다. 42대 흥덕왕(興德王)이 돌아간 후 왕의 종제(從弟) 균정(均貞)과 또 다른 종제의 아들 제륭이 서로 왕이 되려고 싸우는데 김명(金明, 뒤의 44대 閔哀王) 등은 제륭을 받들고 우징(祐徵, 뒤의 45대 神武王)은 아버지 균정(均貞)을 받들어 싸웠는데 결국 제륭이 즉위한 것이다. 〈사기 10 신라10 희강왕〉 휘(諱)는 개륭(愷隆)이라고도 하며 아버지 헌정은 예영잡간(禮英匝干)의 아들. 어머니는 미도부인(美道夫人) 또는 심내부인(深乃夫人) 또는 파리부인(巴利夫人). 시호(諡號) 순성대후(順成大后)인데 충현대아간(忠衍大阿干)의 딸이다. 비(妃)는 문목왕후 충효각간(忠孝角干=重恭)의 딸이다. 〈유사 1 왕력 1〉

희명 希明 [신라] 35대 경덕왕(景德王) 때 한기리(漢岐里)에 사는 여자의 아들이 난지 5년 만에 눈이 멀었다. 어느 날 그 어머니가 아기를 안고 분황사(芬皇寺)의 좌전(左殿) 북벽화(北壁畵) 천수대비(千手大悲) 앞에 가서 노래를 지어 불렀더니 눈을 떴다. 그 노래가 가요(=향가) 천수대비가(千手大悲歌)이다. 〈유사 3 탑상 4 분황사천수대비 맹아득안〉

□소부인 □召夫人 [신라] 14대 유례니질금(儒禮尼叱今)의 어머니. 박씨(朴氏) 〈유사 1 왕력 1〉

※ 〈사기〉에는 박내음(朴奈音)의 딸이라 했다.

2. 고려사

강선힐 康瑄詰 [신라] 궁예(弓裔)가 보장(步將 : 보병 장군) 강선힐(康瑄詰), 흑상(黑湘), 김재원(金材瑗) 등을 태조의 부장으로 삼았다. 〈고려사 권1, 태조원년〉

강유영 康柔英 [후백제] 고려 태조가 훤(萱)을 위시하여 대상(大相) 견권(堅權), 희술(希述), 황보금산(皇甫金山)과 원윤(元尹) 강유영(康柔英) 등에게 마군(馬軍) 일만 명을 거느리게 하였다. 〈고려사 권2, 태조 19년〉

건 建 [고려] 고려 태조 왕건(王建)의 이름. 태조 응운(應運), 원명(元明), 광열(光烈), 대정(大定), 예덕(睿德), 장효(章孝), 위목(威穆), 신성(神聖). 대왕의 성은 왕(王)이요, 이름은 건(建)이며 자(字)는 약천(若天)이다. 〈고려사 권1, 세가1 태조1〉

검식 黔式 [고려] 궁예(弓裔)가 명하여 태조(太祖)가 정기장군(精騎將軍) 검식(黔式) 등과 함께 군사 3천을 거느리고 상주에서 견훤(甄萱) 군과 싸워 이겼다. 〈고려사 권1, 태조2〉

검필 黔弼 [고려] 태조 8년(925년) 정서(正書) 대장군 검필을 보내 백제를 치게 하였고 태조가 견훤(甄萱) 군과 싸울 때도 자기 군사를 데리고 와서 응원하였다. 북방에 파견되어 수비를 맡았었고 태조를 따라 고창군을 포위한 견훤군을 치기 위하여 구원에 나섰다. 그 후 신검(神劍)의 군사가 검필이 두려워 나서지 못하다가 끝내 지고 말았다. 그 후 태조를 보좌하여 큰 공을 세웠다. 전략이 있는 장수였다. 〈고려사 1 태조 8, 92 열전 5 유검필〉

견권 堅權

[고려] 고려 태조가 건국하고 나서(원년 918년) 견권(堅權), 능식(能寔), 권신(權愼), 염상(廉湘), 김락(金樂), 연주(連珠), 마난(麻煖) 등을 제2등으로 하여 차등을 두어 금, 비단 등을 지급하였다. 동 4년(921년) 달고은(達姑狀=말갈)이 신라를 침공하러 가는 길에 고려 장군 견권이 가로막고 격파하였다. 동 19년(936년) 신검(神劍) 등이 천안에서 대항하자 견훤(甄萱)을 위시하여 대상(大相) 견권(堅權), 희술(希述), 황보금산(皇甫金山)과 원윤(元尹) 강유영(康柔英) 등은 마군(馬軍) 일만 명을 거느리게 하는 등 군사를 정비하니 신검이 두려워 항복하였다. 〈고려사 1 태조 원년, 4년, 권2, 태조19년〉

견금 堅金

[신라] 청주(青州) 영군장군(領軍將軍) 견금이 태조께 와 뵈었다. 또 이총언(李悤言), 견금(堅金), 윤선(尹瑄), 흥달(興達), 선필(善弼), 태평(泰評) 등이 모두 태조에게 귀순하였다. 견금은 청주 사람으로 그 지역의 영군장군(領軍將軍)이었다. 명길(明吉) 등이 그 고을 사람 관준(寬駿) 등에게 견금은 믿을 사람이 못된다고 하였다. 견금(堅金)이 부장(副將) 연익(連翌)과 흥현(興鉉) 등과 함께 찾아와 뵙고 말하기를 신 등은 충성을 다하고자 하며 두 마음이 없다 하였다. 자기가 두 마음이 있다고 한 고을 사람 관준(寬駿) 등을 없애라고 하였다. 태조가 듣고 그들도 나름대로 충신들이니 처벌하지 않겠다고 하였다. 견금 등이 부끄럽고 두려워하며 물러갔다. 그 후 태조는 견금에게 그의 충성심을 가상히 여긴다고 하였다. 〈고려사 1 태조 원년, 권92, 열전 5 왕순식〉

견달 見達 [후백제] 대장군 공훤(公萱)이 신검(神劍)의 진영으로 쳐 들어가 적의 장수 흔강(昕康), 견달(見達), 은술(殷述), 금식(今式), 우봉(又奉) 등을 비롯하여 3천2백 명을 사로잡자 신검 등이 항복하였다. 포로들은 다 놓아 주고 흔강(昕康), 부달(富達), 우봉(又奉), 견달(見達) 등 40명만은 처자와 함께 서울로 데려왔다. 〈고려사 권2, 태조19년〉

견서 堅書 [고려] 태조가 18년(935년) 여러 장군에게 나주(羅州) 지방은 우리의 울타리로 오랫동안 교화에 복종하였고 일찍이 대상(大相) 견서(堅書), 권직(權直), 인일(仁壹) 등을 보내어 위무하게 하였는데 최근에 백제에게 위협을 당하고 노략질을 당하고 있다고 걱정하며 장군들의 추천으로 유검필을 보내 정벌케 하였다. 〈고려사 권92, 열전 5 유검필〉

견훤 甄萱 [후백제] 고려 태조 원년(918년) 견훤(甄萱)은 반란을 일으켜 나라 이름을 후백제라 하였다. 태조는 상주(尙州) 등에서 견훤과 여러 차례 맞싸워 이겼다. 태조가 고려를 개국하자 귀순하는 사람이 많았으나 오직 견훤만은 서로 왕래하려 하지 않았다. 얼마 후 견훤(甄萱)이 일길찬(一吉粲) 민합을 보내 즉위를 축하하였다. 동 3년 견훤이 아찬(阿粲) 공달을 보내 공작선(孔雀扇)과 지리산(智異山) 대로 만든 화살을 바쳤다. 겨울 10월에 견훤이 신라를 침공하였는데 신라에서 태조에게 구원을 청하므로 군사를 보내 구원하였다. 동 7년 7월에 견훤(甄萱)이 아들 수미강(須彌康)과 양검(良劍) 등을 보내 조물군(曹物郡)을 공격하였다. 왕이 친히 군사를 이끌고 조물군(曹物郡)에서 견훤(甄萱)과 교전하였다. 견훤(甄萱)이 보낸 인질 진호(眞虎)가 병으로 죽었다. 견훤(甄萱)은 고려에서 그를 죽인 것이라 여겨 인질로 보내 준 왕신(王信)을 죽였다. 동 10년 견훤(甄萱)이 맹약을 어기고 누차 거병하여 변방을 침공하였다. 견훤(甄萱)이 왕신(王信)의 시신을 보내왔다. 9월에 견훤이 근품성(近品城)을 공격하여 불지르고 나아가 신라 고울부(高鬱府)를 습격하였다. 또 벽진군(碧珍郡)을 침략하였다. 12월에 견훤이 서신을 보내왔다. 곧 중국의 권유를 받아 정전하자는 제의였다. 동 11년에 왕이 견훤이 개과천선하기를 바란다는 답장을 보내었다. 견훤(甄萱)이 장군 관흔(官昕)을 시켜 양산(陽山)에 성을 쌓게 하였고 겨울에 견훤이 오어곡성(烏於谷城)을 공격하여 함락시켰다. 동 12년 신사일에 견훤이 5천의 군사를 이끌고 의성부(義城府)를 침범하였다. 견훤이 가은현(加恩縣, 현 경북 문경)을 포위했으나 이기지 못했다. 견훤이 고창군(古昌郡)을 포위하였다. 동 18년 3월에 견훤(甄萱)의 아들 신검(神劍)이 아버지는 금산사(金山寺)에 가두고 동생인 금강(金剛)은 죽였다. 여름 6월에 견훤이 막내아들 능예(能乂)와 딸 애복(哀福), 폐첩(嬖妾) 고비(姑比) 등을 거느리고 고려 정부에 들어오기를 청하였고 동 19년에는 사위인 장군 박영규(朴英規)도 귀순을 청하였다. 여름 6월에 견훤이 태조에게 아들들에게 벌을 주라고 부탁하므로 군비를 정렬하여 왕이 견훤과 함께 군사를 사열하고 전진하였다. 위력에 눌린 신검이 아우들과 함께 항복하였다. 견훤은 근심과 고민으로 등창이 나더니 며칠만에 죽었다. 〈고려사 권1 태조 원년~2 태조19년〉 10년에 공산(公山) 동수(桐藪)에서 태조가 견훤과 싸우다가 불리하게 되었다. 〈고려사 권92, 열전5 홍유〉 태조가 견훤과 조물군(曹物郡)에서 싸울 때 견훤이 고창군(古昌郡)을 포위하니 검필(黔弼)이 태조(太祖)를 따라 구원에 나섰다. 그 위세에 눌려 견훤이 화친을 청하였다. 박영규(朴英規)는 승주(昇州) 사람으로 견훤(甄萱)의 사위가 되었고 훤(萱)의 장군이었다. 〈고려사 권92 열전5 홍유 유검필, 박영규〉

견훤 見萱 [고려] 태조가 신검(神劍) 군과 대항하기 위하여 군을 편성할 때 천무군(天武軍) 대장군 원윤(元尹) 종희(宗熙)와 정조(正朝) 견훤(見萱) 등은 보병 1천을 거느리게 하여 북을 울리며 진군하

였다. 〈고려사 권2 태조19년〉

겸용 謙用 [신라] 신라왕이 태수 겸용을 보내 다시 왕과 만나기를 청하였다. 〈고려사 권2 태조14년〉

고비 姑比 [후백제] 태조 18년(935년) 여름 6월에 견훤이 막내아들 능예(能乂)와 딸 애복(哀福), 폐첩(嬖妾) 고비(姑比) 등을 거느리고 나주에 와서 고려로 들어오기를 청하였다. 〈고려사 권2 태조18년〉

고자라 高子羅 [말갈] 흑수말갈(黑水靺鞨)의 추장 고자라가 백성 1백 70명을 이끌고 귀화하였다. 〈고려사 권1 태조4년〉

공달 功達 [후백제] 견훤이 아찬(阿粲) 공달을 보내 공작선(孔雀扇)과 지리산(智異山) 대로 만든 화살을 태조에게 바쳤다. 〈고려사 권1 태조3년〉

공직 龔直 [백제] 태조 15년(932년) 6월에 백제 장군 공직(龔直)이 투항해 왔다. 동22년 좌승(佐丞) 공직이 죽었다. 〈고려사 권2 태조 15년, 22년〉 공직(龔直)은 연산(燕山) 매곡(昧谷) 사람이다. 〈고려사 권92 열전5 공직〉

공훤 公萱 왕이 시중(侍中) 공훤(公萱), 대상(大相) 손행(孫幸), 정조(正朝) 연주(聯珠) 등에게 견훤 군이 신라를 공격하므로 구원해야 되겠다고 말하고 공훤(公萱) 등에게 군사 1만 명을 거느리고 가 구원하게 하였다. 동 19년 신검의 군사와 대치하게 되자 대장군 대상(大相) 공훤(公萱)과 원윤(元尹) 능필(能弼), 장군 김사윤(金舍允) 등은 삼군의 원군으로 삼았다. 왕이 대장군 공훤에게 명령하여 신검군의 중군을 맹렬하게 공격하니 신검이 아우들과 함께 항복하였다. 〈고려사 권2 태조 10년, 19년〉

관경 官景 [신라] 신라가 망한 후 오래도록 굴복하지 않던 왕순식(王順式)이 고려에 입조(入朝)하였는데 왕씨(王氏)의 성을 받았다. 그의 소장(少將) 관경에게도 역시 왕(王)씨 성을 내리고 대승(大丞) 벼슬을 주었다. 〈고려사 권92 열전5 왕순식〉

관무 官茂 [고려] 고려가 신검의 군사와 대치하여 군편성을 할 때 대상(大相) 유검필(庾黔弼)과 원윤(元尹) 관무(官茂), 관헌(官憲) 등은 외족의 정예 기병(騎兵) 9천 5백 명을 거느리게 하였다. 〈고려사 권2 태조19년〉

관봉 寬封 [신라] 고려왕이 신라왕과 태후(太后) 죽방부인(竹房夫人)을 비롯하여 상국(相國) 유렴(裕廉), 잡간(迊干) 예문(禮文), 파진찬(波珍粲)인 책궁(策宮)과 윤유(尹儒) 그리고 한찬(韓粲) 책직(策直), 흔직(昕直), 의경(義卿), 양여(讓餘), 관봉(寬封), 함의(含宜), 희길(熙吉) 등에게 물품을 나누어 주었다. 〈고려사 권2 태조14년〉

관서 寬舒 [후고려] 청주 사람 아지태(阿志泰)가 아첨을 좋아 하고 간사하여 궁예에게 같은 마을 사람인 입전, 신방(辛方), 관서(寬舒) 등을 참소하였는데 해당관리가 수년간 심리해도 판결이 나지 않았는데 태조가 당장에 흑백을 분간하여 판결을 내렸다. 〈고려사 권1 태조 즉위전〉

관헌 官憲 [고려] 견훤(甄萱)의 요청으로 신검군을 치기 위하여 대상(大相) 유검필(庾黔弼)과 원윤(元尹) 관무(官茂), 관헌(官憲) 등은 외족(外族)의 정예 기병(騎兵) 9천 5백 명을 거느리게 하는 등 군사를 정비하였다. 〈고려사 권2 태조19년〉

관흔 官昕 [후백제] 견훤(甄萱)이 장군 관흔(官昕)에게 양산(陽山)에 성을 쌓게 하였는데 태조가 군사를 보내 그를 패주케 했다. 관흔(官昕)은 대량성(大良城)으로 퇴각하였다. 〈고려사 권1 태조11년〉

광세 廣世 [고려] 견훤의 요청으로 신검군을 치기 위하여 지천군 대장군(支天軍) 원윤(元尹) 능달(能達), 기언(奇言), 한순명(韓順明), 흔악(昕岳)과 정조(正朝) 영직(英直), 광세(廣世) 등은 보군(步軍) 일만을 지휘하게 하여 좌익으로 삼는 등 군사를 정비하였다. 〈고려사 권2 태조19년〉

광원 光遠 [신라] 최언휘(崔彦撝)의 아들이다. 광원은 관직이 비서소감(秘

書少監)에 이르렀으며 아들 항(沆)은 따로 전기가 있다. 〈고려사 권92 열전5 최언휘〉

광윤 光胤 [신라] 최언휘(崔彦撝)의 아들이다. 광윤은 일찍이 빈공진사(賓貢進士)로 진(晋)나라에 유학을 갔다. 〈고려사 권92 열전5〉

광찬 光贊 [발해] 최언휘(崔彦撝)는 당에서 발해 재상 오소도(烏炤度)의 아들인 광찬(光贊)과 같은 해에 과거에 급제하였다. 〈고려사 권92 열전5 최언휘〉

구도 具道 [후백제] 후백제 장군 구도(具道)의 아들인 단서(端舒)를 이미 볼모로 후백제에 가 있는 공직(龔直)의 둘째 아들 금서(金舒)와 교환하여 부모에게 돌려보냈다. 〈고려사 권92 열전5 공직〉

구진 具鎭 [후고려] 전 시중(侍中) 구진을 나주도(羅州道) 대행대(大行臺) 시중으로 임명하였다. 그런데 궁예 때 지방근무가 길었다는 이유로 불만을 품은 구진이 가려고 하지 않아 왕이 처벌하려고 하자 임지로 떠났다. 〈고려사 권1 태조 원년〉

궁식 弓式 [신라] 고울부(高鬱府)의 장군 능현(能玄)이 투항했는데 능현은 돌려 보냈고 부하들 가운데 시랑(侍郎) 배근(盃近)과 대감(大監) 명재(明才), 상술(相述), 궁식(弓式) 등은 남겨 두었다. 〈고려사 권1 태조8년〉

궁예 弓裔 [후고려] 궁예(弓裔)는 고구려 옛 땅에서 웅거하여 철원을 도읍으로 정하고 나라 이름을 후고려, 마진(摩震)이라고 하였다가 태봉(泰封)이라고 하였다. 태조가 궁예의 장수가 되어 군대를 인솔하였는데 궁예(弓裔) 말년에 홍유(洪儒), 배현경(裵玄慶), 신숭겸(申崇謙), 복지겸(卜智謙) 등 장수들이 태조에게 권하여 나라를 세우게 하였다. 그 소식을 들은 궁예는 도망갔는데 결국 고려 태조 원년(918년)에 죽었다. 〈고려사 1 태조 원년, 88 열전1 후비, 권92, 열전5 왕순식, 유검필〉

궁창 宮昌 [백제] 태조 4년(921년) 백제 사람인 궁창(宮昌), 명권(明權) 등

이 귀순해 왔다. 〈고려사 권1 태조4년〉

궁총희 弓悤希 [고려] 태조는 신라가 백제의 침공을 받을까 걱정되어 대광(大匡) 능장영(能丈英), 주열(周烈), 궁총희(弓悤希) 등을 보내 진수하게 하였다고 한다. 〈고려사 권92 열전5 유검필〉

권신 權愼 [고려] 태조가 건국 후 공신들에게 상을 주었는데 견권(堅權), 능식(能寔), 권신(權愼), 염상(廉湘), 김락(金樂), 연주(連珠), 마난(麻煖) 등을 제2등으로 하여 차등을 두어 지급하였다. 〈고려사 권1 태조원년〉

권열 權說 [고려] 명주(溟洲) 장군 왕순식(王順式)이 오랫동안 굴복하지 않으므로 태조가 이를 걱정하고 있는데 시랑(侍郎) 권열이 아뢰기를 순식의 아비를 시켜 개유케 하라고 하여 순식을 항복케 하였다. 〈고려사 권92 열전5 왕순식〉

권직 權直 [고려] 태조 18년(935년) 여러 장군에게 말하기를 나주(羅州) 지방은 견훤의 공격을 피하여 지켰는데 일찍이 대상(大相) 견서(堅書), 권직(權直), 인일(仁壹) 등을 보내어 위무하게 하였으며 최근에 백제에게 위협을 당하고 노략질을 당하고 있으니 그곳을 안무할 사람을 찾으라고 하였다. 〈고려사 권92 열전5 유검필〉

규환 圭奐 [신라] 벽진군(碧珍郡)의 장군 양문(良文)이 조카인 규환(圭奐)을 보내 항복하였다. 〈고려사 권1 태조6년〉

금강 金剛 [후백제] 태조 18년(935년) 3월에 견훤(甄萱)의 아들 신검(神劍)이 아버지는 금산사(金山寺)에 가두고 동생인 금강(金剛)은 죽였다. 넷째 아들 금강이 키가 크고 지혜가 많으므로 견훤이 자기 후계자로 생각하고 있음을 알고 미리 죽인 것이다. 〈고려사 권2 태조 18년〉

금달 今達 [후백제] 고려의 유검필(庾黔弼)이 신검군을 물리치고 신라 땅에서 7일간 머물다가 돌아오는 길에 자도(子道)에서 신검(神劍)

등을 만나 싸워 크게 승리하고 금달(今達), 환궁(奐弓) 등 적장 7명을 생포하였다. 〈고려사 권92 열전5 유검필〉

금서 金舒 [백제] 공직(龔直)의 아들. 장남 직달(直達), 차남 금서(金舒)와 딸 하나를 백제에 볼모로 주었는데 직(直)이 고려 태조에게 항복한 소식을 듣고 화가 난 훤(萱)은 직달(直達), 금서(金舒)와 그의 딸을 옥에 가두고 백제 장군 구도(具道)의 아들인 단서(端舒)와 금서(金舒)를 교환하여 부모에게 돌려보냈다. 〈고려사 권92 열전5 공직〉

금식 今式 [후백제] 태조가 신검군을 공격하여 패퇴시키고 적의 장수 흔강(昕康), 견달(見達), 은술(殷述), 금식(今式), 우봉(又奉) 등을 비롯하여 3천 2백 명을 사로잡았다. 〈고려사 권2 태조19년〉

긍 兢 [고려] 유검필(庾黔弼)의 아들. 아들은 긍(兢), 관유(官儒), 경(慶)이다. 〈고려사 권92 열전5 유검필〉

긍순 矜順 [후고려] 염주 고을의 도적. 류긍순(柳矜順). 궁예(弓裔)가 긍순(矜順)을 무너뜨리자 태평(泰評)이 항복하였다. 〈고려사 권92 열전5 왕순식〉

긍준 兢俊 [후백제] 고려 태조가 운주의 성주(城主) 긍준(兢俊)을 성 밑에서 격파하였다. 〈고려사 권1 태조10년〉 신검군을 치기 위하여 명주(溟洲) 대광(大匡) 왕순식(王順式), 대상(大相) 긍준(兢俊), 왕렴(王廉), 왕예(王乂)와 원보(元甫) 인일(仁一) 등은 마병(馬兵) 이만을 거느리게 하는 등 군사를 정비하였다. 〈고려사 권2 태조19년〉

기언 奇言 [고려] 태조가 신검군을 치기 위하여 지천군 대장군(支天軍 大將軍) 원윤(元尹) 능달(能達), 기언(奇言), 한순명(韓順明), 흔악(昕岳)과 정조(正朝) 영직(英直), 광세(廣世) 등은 보군(步軍) 일만을 지휘하게 하여 좌익으로 삼았다. 〈고려사 권2 태조19년〉

기자 箕子 [고조선] 태조가 건국하자 당나라에서 사신을 보내 전한 책봉

(冊封)조서에 기자(箕子)가 번신(藩臣)으로 있던 사실을 본받아 나의 교화를 넓히고 있다고 했다. 〈고려사 권2 태조16년〉

길강충 吉康忠 [고려] 태조가 신검군을 치기 위하여 군비를 정비하는데 보천군 대장군(補天軍 大將軍) 원윤(元尹) 삼순(三順), 준량(俊良)과 정조(正朝) 영유(英儒), 길강충(吉康忠), 흔계(昕繼) 등은 보군(步軍) 일만을 거느리게 하여 우익으로 삼았다. 〈고려사 권2 태조19년〉

길환 吉奐 [후백제] 태조가 견훤에게 보낸 편지 속에 그동안의 전과를 들며 싸움을 멈추자고 하였는데 그 중에 나온 인물이다. 연산군(燕山郡, 현 충북)의 외곽에서는 병영 중에서 길환(吉奐)의 목을 베었다고 하였다. 〈고려사 권1 태조11년〉 유검필이 백제 연산진을 공격하여 장군 길환을 죽였다. 〈고려사 권92 열전5 유검필〉

김극종 金克宗 [고려] 태조가 신검군을 치기 위하여 군비를 정비하는데 간천군(杆天軍) 대장군 김극종(金克宗)과 원보(元甫) 조간(助杆) 등은 보병 1천을 거느리게 하였다. 〈고려사 권2 태조19년〉

김근겸 金勤謙 [고려] 태조가 청주 사람들이 변심하는 사람이 많으니 알아보라고 능달(能達)과 문식 명길을 보냈는데 능달은 돌아와 그들은 두 마음이 없다고 하고 오로지 문식(文植)과 명길(明吉)은 그 지역 사람인 김근겸(金勤謙)과 관준(寬駿)에게 말하기를 햇곡식이 익으면 변이 생길 우려가 있다고 하였다. 〈고려사 권92 열전5 왕순식〉

김락 金樂 [고려] 태조가 건국공로자로 견권(堅權), 능식(能寔), 권신(權愼), 염상(廉湘), 김락(金樂), 연주(連珠), 마난(麻煖) 등을 제2등으로 하여 차등을 두어 금은 그릇과 비단을 지급하라고 하였다. 〈고려사 권1 태조 원년〉 원보(元甫) 재충(在忠), 김락(金樂) 등을 보내 견훤군의 대량성(大良城, 현 경남 합천)을 격파하였다. 견훤군이 경주에 들어가 왕을 죽이고 김부(金傅)를 왕으로 세웠다는 소식에 태조는 친히 군사를 이끌고 훤을 맞아 큰 싸움을 벌이다 포위되었다. 그 때 고려 대장 신숭겸(申崇謙)과 김락(金樂)이 힘껏 싸우다 죽었다. 견훤이 태조에게 항복을 종용하는 글에서 좌상(左相) 김락이 미리사(美利寺) 앞에서 해골을 버렸다고 하였다. 〈고려사 권1 태조10년〉 태조와 견훤이 동수(桐藪)에서 전투하는 중 태조가 위기에 처하자 태조를 위하여 숭겸(崇謙)과 김락(金樂) 두 명장이 힘껏 싸우다가 전사하였다. 〈고려사 권92 열전5 홍유〉

김률 金律 [신라] 견훤이 신라를 공격하자 신라에서 아찬(阿粲) 김률을 보내 구원을 청하였다. 〈고려사 권1 태조3년〉 신라 사신 김률이 왔을 때 고려 태조가 그대 나라의 성제대(聖帝帶)가 그대로 있는가 물었다. 〈고려사 권2 태조20년〉

김봉휴 金封休 [신라] 신라왕 김부(金傅)가 시랑(侍郎) 김봉휴(金封休)를 보내어 신라가 고려 정부로 들어오기를 청하였다. 〈고려사 권2 태조18년〉

김부 金傅 [신라] 신라왕의 외종제 김부(金傅)를 왕으로 세웠다=경순왕(敬順王) 〈고려사 권1 태조10년〉 신라왕 김부(金傅)가 시랑(侍郎) 김봉휴(金封休)를 보내어 신라가 고려 정부로 들어오기를 청하였다. 〈고려사 권2 태조18년〉 태조는 김부를 정승으로 삼았다. 〈고려사 권2 태조18년〉 동 20년 여름 5월 계축일에 김부가 금으로 새기고 옥으로 장식한 띠를 바쳤는데 400년이 넘은 것인데 세상에서는 성제대라 하였다. 〈고려사 권2 태조20년〉 신라왕 김부가 항복을 청하는 사신을 보내니 〈고려사 권88 열전1 후비1〉 안정숙의공주(安貞淑儀公主)는 신명왕태후(神明王太后) 유(劉) 씨의 소생으로 신라왕 김부(金傅)가 투항해 오자 그에게 시집보내면서 낙랑공주라고 불렀으며 또 신란궁부인(神鸞宮夫人)이라 했다. 공주의 호칭은 사료에서 누락되었는데 성무부인(聖茂夫人) 박씨의 소생이다. 〈고려사 권91 열전4 공주〉

김사윤 金舍允 [고려] 태조가 신검군과 싸우려 할 때 군사를 정비하며 대장군 대상(大相) 공훤(公萱)과 원윤(元尹) 능필(能弼), 장군 김사윤(金舍允) 등은 기병과 여러 성에서 온 군사 1만여 명을 거느려 삼군의 원군으로 삼았다. 〈고려사 권2 태조19년〉

김상 金相 [고려] 원윤(元尹) 김상(金相)과 정조(正朝) 직량(直良) 등이 강주(康州)를 구원하러 갔으나 성주 흥종(興宗)의 공격을 받고 패배하여 김상(金相)은 전사했다. 〈고려사 권1 태조11년〉

김신 金神 [발해] 태조 11년(928년) 발해 사람인 김신과 60세대가 투항해 왔다. 〈고려사 권1 태조11년〉

김악 金渥 [후백제] 태조 13년(930년) 견훤과의 싸움에서 백제 시랑(侍郞) 김악이 포로가 되었다. 〈고려사 권1 태조13년〉

김악 金岳 [후백제] 태조가 위독해지자 신덕전(神德殿)으로 나가서 학사(學士) 김악에게 유조(遺詔)를 쓰게 하였다. 〈고려사 권2 태조26년〉

김언 金言 [후고려] 궁예가 전함을 수리한 후 알찬(閼粲) 종희(宗希), 김언(金言) 등을 부장으로 삼아 군사 이천 오백을 거느리고 광주, 진도군을 쳐 함락시켰다. 궁예는 태조가 변방에서 공적을 세웠다 해서 파진찬(波珍湌)을 삼고 수군 사업은 부장인 김언에게 맡겼다. 〈고려사 권1 태조 세가〉

김웅렴 金雄廉 [신라] 견훤이 고려 태조에게 보낸 편지에서 전에 신라 국상(國相) 김웅렴(金雄廉)이 당신을 서라벌로 불러들이려 했는데 그것이 결코 이로운 일이 아니므로 자기가 거사한 것이라 하였다. 〈고려사 권1 태조10년〉

김유렴 金裕廉 [신라] 고려 태조가 14년(931년) 신라로 갔을 때 신라왕이 상국(相國) 김유렴을 성문 밖에 보내서 고려왕을 영접하게 하였다. 〈고려사 권2 태조14년〉

김인훈 金忍訓 [신라] 양주(良州) 장수 김인훈이 위급함을 알리니 궁예(弓裔)가

태조(太祖 : 왕건)에게 구원을 명하였다. 〈고려사 권1 태조〉

김재원 金材瑗 [후고려] 궁예는 보장(步將 : 보병 장군) 강선힐(康瑄詰), 흑상(黑湘), 김재원(金材瑗) 등을 태조의 부장으로 삼았다. 〈고려사 권1 태조〉

김철 金鐵 [고려] 신검군과 대전하기 위하여 군사를 정비하였는데 대상(大相) 김철(金鐵), 홍유(洪儒), 박수경(朴守卿)과 원보(元甫) 연주(連珠), 원윤(元尹) 훤양(萱良) 등은 마병(馬兵) 일만을 거느리게 하여 우익을 삼았다. 〈고려사 권2 태조19년〉

김행도 金行濤 [고려] 한찬(韓粲) 김행도를 광평시중(廣評侍中)으로 임명하였다. 전 시중(侍中) 김행도를 동남도 초토사 지아주제군사(東南道招討使知牙州諸軍事)로 임명하였다. 〈고려사 권1 태조원년〉

김훤 金萱 [백제] 백제 장군인 김훤(金萱), 애식(哀式), 한장(漢丈) 등이 군사 3천여 명을 이끌고 청주(靑州)로 침범해 왔다. 〈고려사 권92 열전5 유검필〉

낙랑공주 樂浪公主 [고려] 태조의 장녀인 낙랑공주(樂浪公主)가 신라왕 김부(金傅=경순왕)의 아내가 되었다. 〈고려사 권1 태조18년〉 안정숙의공주(安貞淑儀公主)는 신명왕태후(神明王太后) 유(劉) 씨의 소생으로 신라왕 김부(金傅)가 투항해 오자 그에게 시집보내면서 낙랑공주라고 불렀으며 또 신란궁부인(神鸞宮夫人)이라 했다. 〈고려사 권91 열전4 공주〉

능길 能吉 [고려] 태조가 신숭겸(申崇謙)의 전사를 매우 슬퍼하여 시호를 장절(壯節)이라 하고 동생 능길(能吉), 아들 보락(甫樂)과 그 동생 철(鐵)을 모두 원윤(元尹)으로 삼았다. 〈고려사 권92 열전5 홍유〉

능달 能達 [고려] 태조가 신검군과 대적하게 되어 군세를 정비하면서 지천군 대장군(支天軍) 원윤(元尹) 능달(能達), 기언(奇言), 한순명(韓順明), 흔악(昕岳)과 정조(正朝) 영직(英直), 광세(廣世) 등은 보군(步軍) 일만을 지휘하게 하여 좌익으로 삼았다. 〈고려사 권2 태조19년〉 태조가 청주 영군장군(領軍將軍) 견금(堅金)이 어떤 사람인가 알아보려고 그 지역 사람들인 능달(能達), 문식(文植), 명길(明吉) 등을 보내어 동태를 살피게 하였다 능달이 돌아와 아뢰기를 그는 다른 뜻이 없으니 충분히 믿을 만하다고 하였으나 문식과 명길은 그 고을 김근겸(金勤謙)과 관준(寬駿)에게 앞으로 변이 생길 우려가 있다고 하였다. 〈고려사 권92 열전5 왕순식〉

능문 能文 [신라] 신라 고울부(高鬱府, 현 경북 영천) 장군 능문(能文)이 군사들을 이끌고 투항해 왔다. 〈고려사 권1 태조8년〉

능산 能山 [고려] 신숭겸(申崇謙)의 원래 이름. 숭겸은 광해주인(光海州人)이니 원래 이름은 능산(能山)이었다. 〈고려사 권92 열전5 홍유〉

능선 能宣 [고려] 태조가 장군 유검필(庾黔弼), 대광(大匡) 만세(萬歲)와 원보(元甫) 향예(香乂), 오담(吳淡), 능선(能宣), 충질(忠質) 등에게 명하여 배를 가지고 견훤을 맞게 하였다. 〈고려사 권2 태조18년〉

능식 能植 [고려] 청주가 백제와 비밀히 내통한다는 말을 듣고 태조가 마군장군(馬軍將軍) 능식(能植)을 보내 군사를 이끌고 가서 진을 수습하게 하였다. 〈고려사 권92 열전5 왕순식〉

능식 能寔 [고려] 태조가 개국공신인 견권(堅權), 능식(能寔), 권신(權愼), 염상(廉湘), 김락(金樂), 연주(連珠), 마난(麻煖) 등을 제2등으로

하여 차등을 두어 지급하라고 하였다. 〈고려사 권1 태조 원년〉

능식 能式 [고려] 태조가 해군 장군 영창(英昌)과 능식(能式) 등에게 수군을 거느리고 강주(康州, 현 진주)의 견훤군을 공격하게 하였다. 〈고려사 권1 태조10년〉

능예 能乂 [후백제] 고려 태조 18년(935년) 6월에 견훤이 막내아들 능예(能乂)와 딸 애복(哀福), 폐첩(嬖妾) 고비(姑比) 등을 거느리고 와서 고려 정부에 들어오기를 청하였다. 〈고려사 권2 태조18년〉

능장영 能丈英 [고려] 나(태조)는 신라가 백제의 침공을 받을까 걱정되어 대광(大匡) 능장영(能丈英), 주열(周烈), 궁총희(弓悤希) 등을 보내 진수하게 하였다. 〈고려사 권92 열전5 유검필〉

능창 能昌 [후백제] 태조가 반남현 포구에 이르렀을 때 반란군 두령 능창이 섬에서 봉기하여 망명한 자들을 모으고 그 지방 반란군과 연계하여 태조가 오기를 기다렸다. 그래서 태조는 계교를 내어 작은 배를 타고 나가 왕래하던 배를 잡으니 거기에 능창이 있었다. 태조는 그를 잡아서 궁예에게 보냈는데 궁예는 능창을 욕보이고 죽였다. 〈고려사 권1 태조〉

능필 能弼 [고려] 태조가 신검군과 대치하면서 군세를 가다듬어 대장군 대상(大相) 공훤(公萱)과 원윤(元尹) 능필(能弼), 장군 김사윤(金舍允) 등은 삼군의 원군으로 삼았다. 〈고려사 권2 태조19년〉

능현 能玄 [발해] 매조성(買曹城) 장군 능현(能玄)이 사신을 파견해 항복을 청하였다. 〈고려사 권1 태조8년〉

능환 能奐 [후백제] 935년 이찬 능환은 양검(良劍), 용검(龍劍)과 음모를 꾸며 신검(神劍)에게 반란을 일으키도록 사주하였다. 고려 태조가 직접 능환(能奐)을 불러 꾸짖었는데 능환(能奐)이 머리를 숙이고 말을 하지 못했다. 〈고려사 권2 태조19년〉

단림 端林 [후백제] 명지성(命旨城, 경기 포천) 장군 성달(城達)이 동생 이달(伊達), 단림(端林)과 함께 태조에게 투항해 왔다. 〈고려사 권1 태조6년〉

단서 端舒 [후백제] 백제 장군 구도(具道)의 아들인 단서(端舒)를 금서(金舒 : 공직의 아들로 견훤에게 볼모로 보내짐)와 교환하여 부모에게 돌려보냈다. 〈고려사 권92 열전5 공직〉

달행 達行 [신라] 이총언(李悤言)의 아들은 달행(達行)과 영(永)이 있었다. 〈고려사 권92 열전5 왕순식〉

대광현 大光顯 [발해국] 세자(世子) 대광현(大光顯)이 수만의 무리를 이끌고 투항하였다. 〈고려사 권2 태조17년〉

대복모 大福暮 [발해] 예부경(禮部卿) 대화균(大和鈞), 균노사정(均老司政) 대원균(大元鈞), 공부경(工部卿) 대복모(大福暮), 좌우위(左右衛) 장군 대심리(大審理) 등이 1백호 백성들을 이끌고 투항해 왔다. 〈고려사 권1 태조8년〉

대심리 大審理 [발해] 예부경(禮部卿) 대화균(大和鈞), 균노사정(均老司政) 대원균(大元鈞), 공부경(工部卿) 대복모(大福暮), 좌우위(左右衛) 장군 대심리(大審理) 등이 1백호 백성들을 이끌고 투항해 왔다. 〈고려사 권1 태조8년〉

대원균 大元鈞 [발해] 예부경(禮部卿) 대화균(大和鈞), 균노사정(均老司政) 대원균(大元鈞), 공부경(工部卿) 대복모(大福暮), 좌우위(左右衛) 장군 대심리(大審理) 등이 1백호 백성들을 이끌고 투항해 왔다. 〈고려사 권1 태조8년〉

대유범 大儒範 [발해] 대유범이 백성들을 이끌고 귀화해 왔다. 〈고려사 권1 태

조11년〉

대인선 大諲譔 [발해] 거란이 발해의 대인선(大諲譔)을 공격하여 수도 홀한성(忽汗城)을 포위했다. 국왕 대인선(大諲譔)이 싸움에서 패배하여 항복을 청하였다. 〈고려사 권1 태조8년〉

대조영 大祚榮 [발해] 당(唐) 무후(武后) 때 고구려 사람인 대조영(大祚榮)이 요동(遼東) 지방을 점령하였다. 그 후 당(唐) 예종(睿宗)이 대조영을 발해군왕으로 책봉하였고 대조영은 주변 10여 국을 병합하여 발해국으로 자칭하였다. 발해국에는 문자, 예악, 관청 등 제도가 있었으며 5경(京) 15부(府) 62주(州)에 영토의 넓이는 5천여 리 평방이요 군사가 수십만이 되었다. 고려와 접경했으며 거란과는 원수처럼 지내다가 결국 거란에게 멸망당했다. 〈고려사 권1 태조8년〉

대화균 大和鈞 [발해] 예부경(禮部卿) 대화균(大和鈞), 균노사정(均老司政) 대원균(大元鈞), 공부경(工部卿) 대복모(大福謩), 좌우위(左右衛) 장군 대심리(大審理) 등이 1백 호 백성들을 이끌고 투항해 왔다. 〈고려사 권1 태조8년〉

덕술 德述 [후백제] 백제 좌장군 효봉(孝奉), 덕술(德述), 애술(哀述), 명길(明吉) 등 4명이 태조의 군세가 대단한 것을 보고 투구를 버리고 항복하였다. 〈고려사 권2 태조19년〉

도선 道詵 [신라] 모든 사원들은 도선이 산수를 점쳐 추천한 것에 따라 세운 것이다. 도선의 말에 따르면 자신이 점쳐 정한 장소 이외에 사원을 지으면 지덕(地德)을 훼손시키고 국운(國運)이 길지 않을 것이라 하였다. 〈고려사 권2 태조 26년〉

득의 得宜 [고려] 박술희(朴述熙)의 부친. 박술희는 혜성군(槥城郡) 사람이니 부친은 대승(大丞) 박득의(朴得宜)이다. 〈고려사 권92 열전5 박술희〉

마난 麻煖 [고려] 궁예(弓裔)를 무너뜨리고 고려를 건국하는데 공로가 큰 견권(堅權), 능식(能寔), 권신(權愼), 염상(廉湘), 김락(金樂), 연주(連珠), 마난(麻煖) 등을 제2등으로 하여 금은 그릇과 비단등을 내렸다. 〈고려사 권1 태조 원년〉

만세 萬歲 [고려] 견훤(甄萱)의 수군이 침범하자 대광(大匡) 만세(萬歲) 등을 파견하여 대우도(大牛島)를 구원하려 했으나 불리하였다. 견훤이 항복할 의사를 통보하자 왕이 장군 유검필(庾黔弼), 대광(大匡) 만세(萬歲)와 원보(元甫) 향예(香乂), 오담(吳淡), 능선(能宣), 충질(忠質) 등에게 명하여 견훤을 맞게 하였다. 〈고려사 권2 태조 15년, 18년〉 견훤군이 대우도를 공격하므로 태조가 대광(大匡) 만세 등을 파견하여 구원하게 하였으나 승리하지 못하였다. 〈고려사 권92 열전5 유검필〉

말로 末老 [탐라] 탐라국 태자 말로가 태조께 와서 알현하였다. 〈고려사 권2 태조21년〉

명권 明權 [후백제] 백제 사람인 궁창(宮昌), 명권(明權) 등이 귀순해 왔다. 〈고려사 권1 태조 4년〉

명길 明吉 [후백제] 백제 좌장군 효봉(孝奉), 덕술(德述), 애술(哀述), 명길(明吉) 등 4명이 태조군의 군세가 대단한 것을 보고 항복하였다. 〈고려사 권2 태조19년〉 태조가 청주(青州) 사람이 변심할 것을 우려하여 그 지역 사람들인 능달(能達), 문식(文植), 명길(明吉) 등을 보내어 동태를 살피게 하였더니 능달은 다른 뜻이 없다고 하였으나 오로지 문식(文植)과 명길(明吉)은 그 지역 사람인 김근겸(金勤謙)과 관준(寬駿)에게 말하기를 반드시 후에 변

이가 생길 것이라고 하였다. 〈고려사 권92 열전5 왕순식〉

명식 明式 [고려] 견훤이 오어곡성(烏於谷城)을 공격하니 장군 양지(楊志)와 명식(明式) 등 6명이 탈출하여 항복하였다. 〈고려사 권1 태조 11년〉

명재 明才 [후백제] 고울부(高鬱府)의 장군 능문(能文)이 투항했는데 그들을 돌려 보냈으나 부하들 가운데 시랑(侍郎) 배근(盃近)과 대감(大監) 명재(明才), 상술(相述), 궁식(弓式) 등은 남겨 두었다. 〈고려사 권1 태조8년〉

모두간 冒豆干 [발해] 발해 좌수위(左首衛) 소장(小將) 모두간(冒豆干)과 검교개국남(檢校開國男) 박어(朴漁) 등이 1천 호의 백성들과 함께 귀순해 왔다. 〈고려사 권1 태조8년〉

무 武 [고려] 태조 왕건의 맏아들. 왕자 무(武)를 정윤(正胤, 태자)으로 책봉하였다, 정윤(正胤) 무(武)를 보내 북방의 변경을 돌아보게 하였다. 〈고려사 권2, 태조15년〉 정윤(正胤) 무(武)와 장군 술희(述希)에게 먼저 명하여 신검군이 있는 천안에 가게 했다. 〈고려사 1 태조 4년, 2 태조15년, 태조19년〉

문식 文植 [후백제] →명길 〈고려사 92 열전 왕순식〉

민합 閔郃 [후백제] 견훤(甄萱)이 일길찬(一吉粲) 민합을 보내 태조의 즉위를 축하하였다. 〈고려사 권1 태조 원년〉

박수경 朴守卿 [고려] 태조가 신검군과 싸우기 위하여 대상(大相) 김철(金鐵),

홍유(洪儒), 박수경(朴守卿)과 원보(元甫) 연주(連珠), 원윤(元尹) 훤앙(萱良) 등은 마병(馬兵) 일만을 거느리게 하여 군사를 정비하였다. 〈고려사 권2 태조19년〉 박수경은 평주 사람으로 부친은 대광위(大匡尉) 지윤(遲胤)이다. 〈고려사 권92 열전5 박수경〉

박술희 朴述熙 [고려] 박술희는 혜성군(槥城郡) 사람이니 부친은 대승(大丞) 득의(得宜)이다. 궁예(弓裔)의 술사(術士)로 있다가 고려 태조를 섬기면서 여러번 군공(軍功)을 세워 대광(大匡)이 되었다. 혜종(惠宗)을 태자로 삼으려는 태조를 도와 헌 상자에 자황포(柘黃袍)를 근거삼아 혜종을 태자로 삼기를 청하였다. 〈고려사 92 열전 박술희〉 나주(羅州)지방에 견훤군이 노략질하므로 그 지방에 위무할 사람을 찾으니 홍유(洪儒)와 박술희(朴述熙) 등이 아뢰기를 자신들이 비록 용맹하지 못하나 장수로 보충해 달라고 하였다. 〈고려사 권92 열전5 유검필〉

박승 朴昇 [발해] 발해사람 박승이 3천여 호를 이끌고 투항해 왔다. 〈고려사 권2 태조21년〉

박암 朴巖 [오월국] 계사일에 오월국(吳越國) 문사(文士) 박암이 귀순해 왔다. 〈고려사 권1 태조6년〉

박어 朴漁 [발해] 발해 좌수위(左首衛) 소장(小將) 모두간(冒豆干)과 검교개국남(檢校開國男) 박어(朴漁) 등이 1천 호의 백성들과 함께 귀순해 왔다. 〈고려사 권1 태조8년〉

박영규 朴英規 [후백제] 견훤(甄萱)의 사위인 장군(將軍) 박영규가 귀순을 청하였다. 〈고려사 권2 태조19년〉 박영규(朴英規)는 승주(昇州) 사람으로 견훤(甄萱)의 사위가 되었고 훤(萱)의 장군이었다. 〈고려사 권92 열전5 박영규〉

박유 朴儒 [고려] = 왕유(王儒). 처음에 궁예에게 벼슬한 후 산 속에 은거하고 있다가 태조가 즉위하자 계해일(癸亥日)에 나와 왕을 뵈러 왔기에 관과 허리띠를 주었다. 〈고려사 권1 태조 원년11〉 왕유

(王儒)의 원래 성명은 박유(朴儒)이며 자(字)는 문행(文行)이니 광해주(光海州) 사람이다. 〈고려사 권92 열전5 왕유〉

배근 盃近 [신라] 고울부(高鬱府)의 장군 능문(能文)이 투항했는데 그들을 돌려 보냈으나 부하들 가운데 시랑(侍郎) 배근(盃近)과 대감(大監) 명재(明才), 상술(相述), 궁식(弓式) 등은 남겨 두었다. 〈고려사 권1 태조8년〉

배현경 裵玄慶 [고려] 기장(騎將 : 기병 장군) 홍유(洪儒), 배현경(裵玄慶), 신숭겸(申崇謙), 복지겸(卜智謙) 등이 비밀리에 모의하고 태조에게 찾아가 왕으로 추대할 뜻을 밝혔다. 건국 후에 홍유(洪儒), 배현경(裵玄慶), 신숭겸(申崇謙), 복지겸(卜智謙) 등을 제1등으로 하여 금은 그릇과 비단 등을 지급하였다. 겨울 12월 정유일에 대광(大匡) 배현경이 죽었다. 〈고려사 권2, 태조 원년,12년,19년〉 궁예(弓裔) 말기에 홍유(洪儒), 배현경(裵玄慶), 신숭겸(申崇謙), 복지겸(卜智謙) 등의 장수들이 태조에게 와 폐립을 의논할 때 신혜왕후(神惠王后)가 갑옷을 내주며 거사하기를 권하였다. 〈고려사 권88 열전1 후비 1〉 궁예(弓裔) 말기에 배현경(裵玄慶), 신숭겸(申崇謙), 복지겸(卜智謙), 홍유가 함께 기장(騎將)이 되었다. 〈고려사 권92 열전5 홍유〉

백길 白吉 [고려] 우릉도(芋陵島)에서 백길(白吉)과 토두(土豆)를 보내 토산물을 바쳤다. 백길에게 정위(正位), 토두(土豆)에게 정조(正朝)의 품계를 내렸다. 〈고려사 권1 태조13〉

백탁 白卓 [후고려] 왕창근(王昌瑾)이 팔고 간 거울 속에 글이 나타나므로 글을 잘 아는 송사홍(宋舍弘), 백탁(白卓), 허원(許原) 등에게 해석하게 하였다. 그 결과 왕건이 득국할 것임을 알아냈다. 〈고려사 권1 태조〉

보락 甫樂 [고려] 태조가 신숭겸(申崇謙)의 전사 소식을 듣고 시호를 장절(壯節)이라 하고 동생 능길(能吉), 아들 보락(甫樂)과 동생 철(鐵)

을 모두 원윤(元尹)으로 삼았다. 〈고려사 권92 열전5 홍유〉

복지겸 卜智謙 [고려] 기장(騎將 : 기병 장군) 홍유(洪儒), 배현경(裵玄慶), 신숭겸(申崇謙), 복지겸(卜智謙) 등이 비밀리에 모의하고 태조를 찾아가 왕으로 추대할 뜻을 밝혔다. 건국 후 홍유(洪儒), 배현경(裵玄慶), 신숭겸(申崇謙), 복지겸(卜智謙) 등을 제1등으로 하여금 은 그릇과 비단 등을 지급하였다. 〈고려사 권1 태조원년〉 궁예(弓裔) 말기에 홍유(洪儒), 배현경(裵玄慶), 신숭겸(申崇謙), 복지겸(卜智謙) 등의 장수들이 태조에게 와 폐립을 의논할 때 신혜왕후가 듣고 손수 갑옷을 가져와 내세웠다. 〈고려사 권88 열전1 후비 1〉 궁예(弓裔) 말기에 배현경(裵玄慶), 신숭겸(申崇謙), 복지겸(卜智謙) 등과 함께 홍유가 기장(騎將)이 되었다. 〈고려사 권92 열전5 홍유〉

부 傅 [신라] 경순왕(敬順王)의 이름. 김부(金傅)가 회답하기를 나의 백부(伯父)인 억렴(億廉)의 딸이 덕성과 용모가 모두 아름다우니 왕의 배필이 될 수 있다고 하여 태조가 그와 장가드니 곧 신성왕후(神成王后)이다. 〈고려사 권88 열전1 후비 1〉

부달 富達 [후백제] 신검의 군이 항복하자 모두 고향으로 돌려 보냈는데 흔강(昕康), 부달(富達), 우봉(又奉), 견달(見達) 등 40명만은 처자와 함께 서울로 데려왔다. 〈고려사 권2 태조19년〉

빈 彬 [후고려] 궁예(弓裔)의 신하로 왕건이 위급한 지경에 이르렀을 때 기지로 구해 준 최응(崔凝)의 아들이다. 〈고려사 권92 열전5 최응〉

사도귀 思道貴 [고려] 태조가 벽진군(碧珍郡)의 성주 이총언(李悤言)과 손잡고 화란을 평정하자고 하였더니 이총언은 아들 영(永)에게 군대를 이끌고 태조를 따라 정벌에 참가하였다. 당시 영(永)의 나이가 18세인데 태조가 대광(大匡) 사도귀(思道貴)의 딸을 아내로 삼게 하였다. 〈고려사 권92 열전5 왕순식〉

삼순 三順 [고려] 고려 태조가 견훤(甄萱)과 더불어 신검(神劍) 군을 대항하기 위하여 보천군 대장군(補天軍大將軍) 원윤(元尹) 삼순(三順), 준량(俊良)과 정조(正朝) 영유(英儒), 길강충(吉康忠), 흔계(昕繼) 등은 보군(步軍) 일만을 거느리게 하여 우익으로 삼았다. 〈고려사 권2 태조 19년〉

상귀 相貴 [후백제] 고려의 견훤이 일길찬(一吉粲) 상귀(相貴)에게 수군을 이끌고 예성강으로 쳐들어가게 하여 배를 불태우고 말을 훔쳐갔다. 〈고려사 권2 태조 15년〉

상달 尙達 [후백제] 고려의 유검필(庾黔弼)이 견훤의 군사를 향해 용감한 기병 수천 명을 이끌고 돌격하여 삼천여 명의 수급을 베고 술사(術士) 종훈(宗訓), 의사(醫師) 훈겸(訓謙), 용장(勇將) 상달(尙達)과 최필(崔弼)을 포로로 삼았다. 〈고려사 권92 열전5〉

상술 相述 [신라] 신라 고울부(高鬱府)의 장군 능문(能文)이 항복하였는데 그들을 돌려 보내면서 부하들 가운데 시랑(侍郎) 배근(盃近)과 대감(大監) 명재(明才), 상술(相述), 궁식(弓式) 등은 남겨 두었다. 〈고려사 권1 태조8년〉

상애 尙哀 [후백제] 견훤의 해군 장수 상애(尙哀) 등이 대우도(大牛島)를 침공했다. 〈고려사 권2 태조15년〉 이듬해(태조 15년)에 견훤(甄

萱)의 해군 장수인 상애(尙哀) 등이 대우도(大牛島)를 공략하였다. 〈고려사 권92 열전5 유검필〉

상흔 相昕 [고려] 최지몽(崔知夢)의 원래 이름은 총진(聰進)이니 남해(南海) 영암군(靈巖郡) 사람으로 원보(元甫) 상흔(相昕)의 아들이다. 술사(術士)로서 왕건이 건국할 것을 예언했는데 태조가 곁에 두고 자문하였다. 〈고려사 권92 열전5 최지몽〉

색상 索湘 [고려] 견훤이 벽진군(碧珍郡)을 침략하여 벼를 불살랐는데 정조(正朝) 색상(索湘)이 여기서 전사하였다. 〈고려사 권1 태조10년〉

선규 善規 [고려] 고려 태조가 보윤(甫尹) 선규 등을 파견하여 신라의 왕과 백관 등에게 선물을 차등을 두고 나누어 주었다. 〈고려사 권2 태조 14년〉

선장 宣長 [후백제] 청주(靑州) 두령 파진찬(波珍粲) 진선(陳宣)이 아우 선장(宣長)과 함께 반란을 도모하다 잡혀 죽었다. 〈고려사 권1 태조 원년〉

선필 善弼 [신라] 재암성(載巖城) 장군 선필이 투항하여 왔다. 고려 태조가 신라왕을 만나러 경주에 가서 장군 선필을 먼저 보내 신라왕의 안부를 물었다. 〈고려사 권2 태조 14년〉 또 이총언(李悤言), 견금(堅金), 윤선(尹瑄), 흥달(興達), 선필(善弼), 태평(泰評) 등이 모두 태조에게 귀순하였다. 선필은 신라 재암성(載巖城)의 장군으로 있었는데 태조의 위력과 덕행을 보고 귀순하였다. 〈고려사 권92 열전5 왕순식〉

성달 城達 [후백제] 명지성(命旨城, 경기 포천) 장군 성달(城達)이 동생 이달(伊達), 단림(端林)과 함께 투항해 왔다. 〈고려사 권1 태조 6년〉

소도 炤度 [발해] 발해 재상 오소도(烏炤度). 소도가 당에 입조하였다가 과거 급제자 명단에 자기 아들 광찬(光贊)의 이름이 언휘(彦撝)의 아래에 있는 것을 보고 바로잡아 달라고 하였으나 허락되지 않았다. 〈고려사 권92 열전5 최언휘〉

손행 孫幸 [고려] 견훤(甄萱)의 군이 경주까지 압박하자 신라왕이 구원을 청했는데 태조가 시중(侍中) 공헌(公萱), 대상(大相) 손행(孫幸), 정조(正朝) 연주(聯珠) 등에게 말하기를 신라를 구원해야 한다며 손행 등에게 군사를 주어 구원케 했으나 견훤은 이미 경주를 유린한 뒤였다. 〈고려사 권1 태조 10년〉

송사홍 宋舍弘 [후고려] 중국상인 왕창근이 산 거울 속에 글이 있어 궁예에게 바쳤는데 글을 잘 아는 송사홍(宋舍弘), 백탁(白卓), 허원(許原) 등에게 해석하게 하였다. 글의 내용이 고려 왕건이 건국할 것을 예언한 것인 줄 알고 궁예에게는 알리지 않았다. 〈고려사 권1 태조〉

수경 守卿 [고려] 박수경(朴守卿). 수경은 성정이 용감하고 지모가 뛰어났다. 백제가 가끔 신라를 침범하므로 태조가 수경을 장군으로 임명하여 나가 지키게 하였는데 마침 견훤(甄萱)이 재차 쳐들어왔으나 수경(守卿)이 기묘한 계략으로 이를 패퇴시켰다. 조물군(曹物郡) 싸움에서 태조는 군대를 3군으로 나누었다. 대상(大相) 제궁(帝弓)에게 상군(上軍)을 맡기고, 원윤(元尹) 왕충(王忠)에게 중군(中軍)을 맡기고, 수경(守卿)과 은녕(殷寧)에게 하군(下軍)을 맡기었다. 전투에서는 수경 등만이 승리하니 태조가 기뻐서 원보(元甫)로 승진을 시켰는데 수경(守卿)이 말하기를 자신의 형 수문(守文)이 지금 원윤(元尹)인데 아우가 더 높을 수는 없다고 하자 수문도 원보로 승진시켰다. 발성(勃城) 전투에서 태조가 포위당했을 때, 수경이 힘껏 싸워서 빠져 나왔다. 후일에 수경에게는 특등으로 밭 2백결을 주었고 특히 공이 많으므로 대광(大匡)으로 옮겨졌다. 광종(光宗) 15년에 아들들인 좌승(佐丞) 승위(承位), 승경(承景)과 대상(大相) 승례(承禮)가 모함으로 옥에 갇히자 수경(守卿)이 홧병으로 죽었다. 〈고려사 권92 열전5 박수경〉

수문 守文 [고려] 박수문(朴守文). 박수경의 형. 수경의 공이 커 태조가 기빼서 원보(元甫)로 승진을 시키니 수경(守卿)이 말하기를 자신의 형 수문(守文)이 지금 원윤(元尹)인데 아우가 더 높을 수는 없다고 하자 수문도 원보로 승진시켰다. 〈고려사 권92 열전5 박수경〉

수미강 須彌康 [후백제] 7월에 견훤(甄萱)이 아들 수미강(須彌康)과 양검(良劍) 등을 보내 조물군(曹物郡)을 공격하였다. 태조는 애선 등을 보내 구원했으나 애선(哀宣)은 전사하였으나 마을 사람들이 굳게 지켜 수미강(須彌康) 등은 얻는 것 없이 돌아갔다. 〈고려사 권1 태조 7년〉

수오 隨晤 [고려] 고려 태조가 견훤에게 보낸 답서에서 과거 전쟁에 대한 이야기를 한 대목. 마리성(馬利城) 가까이에서 수오(隨晤)를 대장기(=纛) 밑에서 죽였다. 〈고려사 권1 태조11년〉

수원 守元 [신라] 왕순식(王順式)의 장자(長子). 왕순식이 굴복하지 않자 그의 아버지 허월(許越)로 하여금 설득케 하여 순식은 마침내 맏아들인 수원(守元)을 보내어 항복하였다. 〈고려사 권92 열전5 왕순식〉

순식 順式 [신라] 왕순식(王順式). 명주(溟州, 현 강원도 강릉) 장군 순식이 아들을 보내 항복하였다. 〈고려사 권1 태조 5년〉 순식이 굴복하지 않아 고심했는데 순식의 부친인 허월(許越)이 지금 승려가 되어 내원(內院)에 있으니 그로 하여금 설득케 하자고 하여 마침내 순식이 맏아들인 수원(守元)을 보내어 항복하였다. 태조가 왕(王)씨 성을 주었고 대광(大匡)으로 임명했다. 태조가 신검(神劍)을 토벌할 때도 순식(順式)은 명주(溟州)에서 군사를 이끌고 합동하여 신검군을 격파하였다. 〈고려사 권92 열전5 왕순식〉

술 術 [후고려] 홍유(洪儒)의 처음 이름은 술(術)이며 의성부(義城府) 사람이다. 〈고려사 권92 열전5 홍유〉

술희 述熙 [후고려] 박씨(朴氏). 태조가 혜종(惠宗)을 태자로 세우려고 하나 어머니의 출신이 미천하다고 하여 되지 않을 듯하므로 자황포(柘黃袍)를 상자에 넣어 부인 오씨에게 주었는데 오씨는 이것을 대광 박술희에게 보였더니 술희가 태조의 뜻을 깨닫고 혜종(惠宗)을 정윤(正胤)으로 세우기를 청했다. 태조가 돌아가자 술희가 유언대로 혜종을 잘 보필하였다. 혜종(惠宗)이 병으로 누웠을 때에 술희(述熙)와 왕규(王規)가 서로 증오하여 경계하였는데 술희가 갑곶(甲串)으로 귀양간 사이 왕규가 왕명을 사칭하면서 술희를 죽였다. 후에 엄의(嚴毅)라는 시호를 주고 태사삼중대광(太師三重大匡) 벼슬을 추증하였다. 〈고려사 권92 열전5 박술희〉

승영 昇英 [신라] 54대 경명왕(景明王). 신라왕 승영(昇英)이 죽고 동생인 위응(魏膺)이 즉위했다. 〈고려사 권1 태조7년〉

시조원덕대왕 始祖元德大王 [신라] 고려 태조인 왕건의 증조부에게 추존된 시호(諡號)이다. 〈고려사 권1 태조 2년〉

식렴 式廉 [고려] 왕식렴(王式廉). 태조는 평양이 황폐되었다 하여 자기의 당제(堂弟) 식렴(式廉)과 광평시랑(廣評侍郞) 열평(列評)을 평양대도호부(平壤大都護府)로 보내 수비토록 하였다. 〈고려사 권1 태조 원년〉 태조는 평양이 황폐해지자 백성들을 이주시켜 이를 채우도록 하고 식렴에게 가서 진수토록 명하였다. 식렴이 오랫동안 평양에서 진수하였으며 항상 사직을 보위하고 국토를 개척하는 것을 자기 임무로 생각했다. 혜종이 병들자 왕규(王規)가 반란을 음모하므로 정종(定宗)과 식렴이 함께 변란에 대응할 것을 도모하다가 왕규가 반란을 일으키므로 식렴(式廉)이 평양에서 군사를 이끌고 와 보위하니 규(規)가 감히 움직이지 못했다. 식렴은 3대에 걸친 원훈이요, 일국의 주석(柱石)이다. 〈고려사 권92 열전5 왕식렴〉

신 信 [고려] 태조 왕건의 사촌동생, 왕신(王信). 견훤이 인질인 왕신을 죽여 10년만에 보내 왔으므로 신(信)의 아우인 육(育)을 보내 시체를 접수하게 하였다. 〈고려사 권1 태조 10년〉

신강 信康

[후백제] 고려 태조는 항복한 견훤을 맞아 높은 벼슬을 주고 먼저 투항했던 신강을 그의 아관(衙官)으로 삼았다. 〈고려사 권2 태조 18년〉

신검 神劍

[후백제] 태조 18년(935년) 3월에 견훤(甄萱)의 아들 신검(神劍)이 아버지는 금산사(金山寺)에 가두고 동생인 금강(金剛)은 죽였다. 견훤이 금강을 사랑하여 자기 자리를 그에게 주려 하였다. 형들인 신검(神劍), 양검(良劍), 용검(龍劍) 등이 이를 알고 고민하고 있었다. 신검 홀로 측근에 있었는데 능환(能奐)이 양검과 용검에게 연락하여 신검에게 반란을 일으키도록 사주하였다. 이렇게 되자 견훤은 고려에 원수를 갚아달라고 간청하였고 태조는 동 19년 신검을 치기 위하여 천안부(天安府)로 가서 포진하고 군비를 정비하였다. 신검이 군사를 이끌고 이에 대항하였다. 고려군이 진격하자 그 위세에 눌린 좌장군 효봉 등이 항복하였는데 왕이 효봉(孝奉) 등을 위로하고 신검(神劍)이 있는 곳을 물어 곧바로 진격하였다. 결국 신검(神劍)이 아우들인 청주(菁州) 성주 양검(良劍), 광주(光州) 성주 용검(龍劍)과 문무백관들을 이끌고 항복하여 왔다. 〈고려사 2 태조 18년, 19년〉 백제가 신라를 침범할 우려가 있으므로 태조는 유검필 등을 보내 구원케 했는데 사탄(槎灘)을 건너서 백제의 통군(統軍) 신검(神劍) 등과 마주치자 검필(黔弼) 등이 싸우려 했으나 검필군의 정예로움을 보고 신검군은 스스로 흩어져 도망갔다. 검필(黔弼)이 7일간 머물다가 돌아오는 길에 자도(子道)에서 신검(神劍) 등을 만나 싸워 크게 승리하고 금달(今達), 환궁(奐弓) 등 적장 7명을 생포하였다. 검필은 계속 태조와 함께 신검을 토벌하였다. 태조가 신검(神劍)을 토벌할 때 순식(順式)도 명주(溟州)에서 군사를 이끌고 와서 신검군을 격파하였다. 〈고려사 권92 열전5 유

검필, 왕순식〉

신덕 申德 [발해] 발해 장군 신덕 등 500명이 투항해 왔다. 〈고려사 권1 태조8년〉

신란궁부인 神鸞宮夫人 [고려] 낙랑공주(樂浪公主). 안정숙의공주(安貞淑儀公主)는 태조비 신명왕태후(神明王太后) 유(劉)씨의 소생으로 신라왕 김부(金傅)가 투항해 오자 그에게 시집보내면서 낙랑공주라고 불렀으며 또 신란궁부인(神鸞宮夫人)이라 했다. 〈고려사 권91 열전4 공주〉

신방 辛方 [후고려] 청주(靑州) 사람 아지태(阿志泰)가 궁예에게 같은 마을 사람인 입전(笠全), 신방(辛方), 관서(寬舒) 등을 참소하였는데 수년 동안 판결이 나지 않은 것을 태조가 당장에 흑백을 분간하여 판결을 내리니 여러 사람이 유쾌하게 생각했다. 〈고려사 권1 태조 원년〉

신성왕태후 神成王太后 [신라] 신성왕태후(神成王太后) 김씨는 신라 사람으로 잡간(匝干) 억렴(億廉)의 딸이다. 〈고려사 권88 열전1 후비1〉

신숭겸 申崇謙 [고려] 기장(騎將 : 기병 장군) 홍유(洪儒), 배현경(裵玄慶), 신숭겸(申崇謙), 복지겸(卜智謙) 등이 비밀리에 모의하고 밤에 태조의 집으로 찾아가 그를 왕으로 추대할 뜻을 말하였다. 건국후 공신들인 홍유(洪儒), 배현경(裵玄慶), 신숭겸(申崇謙), 복지겸(卜智謙) 등을 제1등으로 하여 차등을 두고 지급하였다. 동 10년 (927년) 견훤의 군사가 경주를 침략하자 태조가 정예 군사를 이끌고 공산동수(公山桐藪)에서 마주쳤는데 그 싸움에서 대장 신숭겸(申崇謙)과 김락(金樂)이 힘껏 싸우다 죽었다. 〈고려사 권1 태조 8년, 10년, 12년〉 궁예(弓裔) 말기에 홍유(洪儒), 배현경(裵玄慶), 신숭겸(申崇謙), 복지겸(卜智謙) 등의 장수들이 태조에게 와 폐립을 의논할 때 왕건이 거절하자 신혜왕후 유씨가 나서서 갑옷을 입혀 주며 왕위에 오르게 하였다. 〈고려사 권88

열전1 후비 1〉 궁예(弓裔) 말기에 배현경(裵玄慶), 신숭겸(申崇謙), 복지겸(卜智謙) 등과 함께 홍유가 기장(騎將)이 되었다. 〈고려사 권92, 열전5 홍유〉

신혜왕후 神惠王后 [고려] 태조의 비 신혜왕후 류(柳)씨는 정주(貞州) 사람으로 이중(二重) 대광(大匡) 천궁(天弓)의 딸이다. 처음 홍유, 배현경 등이 왕건을 왕으로 추대하려고 하자 왕건이 거절하였는데 신혜왕후가 갑옷을 입혀주며 왕위에 오르게 하였다. 죽고 난 다음 시호를 신혜왕후라고 하였으며 현릉(顯陵)에 합장하였다. 〈고려사 권88 열전1 후비1〉

아어한 阿於閒 [흑수말갈] 흑수말갈(黑水靺鞨) 사람 아어한이 200명 인원과 더불어 고려에 귀화하였다. 〈고려사 권1 태조4년〉

아자개 阿字蓋 [후백제] 상주 반란군의 수령인 아자개가 사람을 시켜 귀순하여 왔다. 〈고려사 권1 태조원년〉

아지태 阿志泰 [후고려] 청주(青州) 사람 아지태는 원래 아첨을 좋아하고 간사하여 궁예에게 같은 고을 가람인 신방(辛方), 입전(笠全) 등을 참소하였다. 〈고려사 권1 태조원년〉

안정숙의공주 安貞淑儀公主 [고려] 태조의 공주. 낙랑공주(樂浪公主)=신란궁부인. 안정숙의공주(安貞淑儀公主)는 신명왕태후(神明王太后) 유(劉)씨의 소생으로 신라왕 김부(金傅)가 투항해 오자 그에게 시집보내면서 낙랑공주라고 불렀으며 또 신란궁부인(神鸞宮夫人)이라 했다. 〈고려사 권91 열전4 공주〉

애견 愛堅 [후고려] 고려 태조가 한찬 총일(聰逸)에게 명령하기를 궁예가 참소를 믿고 청주 사람을 모조리 섬멸해 버릴 목적으로 그 고을 군인 윤전(尹全), 애견(愛堅) 등 80여 명의 무고한 사람들을 불러 묶어 압송중이니 그대가 빨리 가서 그들을 구출하라고 하였다. 〈고려사 권1 태조원년〉

애복 哀福 [후백제] 여름 6월에 견훤이 막내아들 능예(能乂)와 딸 애복(哀福), 폐첩(嬖妾) 고비(姑比) 등을 거느리고 나주로 와서 고려에 들어오기를 청하였다. 〈고려사 권2 태조18년〉

애선 哀宣 [고려] 견훤이 아들 수미강 등을 보내어 조물군(曹物郡)을 침공하므로 왕이 장군 애선(哀宣)과 왕충(王忠)에게 구원을 명하였다. 이 싸움에서 애선(哀宣)은 전사하였으나 마을 사람들이 굳게 지켜 수미강(須彌康) 등은 얻는 것 없이 돌아갔다. 〈고려사 권1 태조7년〉

애선안 哀宣安 [고려] 태조 2년(919년)에 오산성(烏山城)을 예산현(禮山縣)으로 개칭하고 홍유(洪儒)와 대상(大相) 애선안(哀宣安)을 보내어 5백여 호의 유민들을 모았다. 〈고려사 권92 열전5 홍유〉

애술 哀述 [후백제] 백제 좌장군 효봉(孝奉), 덕술(德述), 애술(哀述), 명길(明吉) 등 4명이 고려의 군세가 대단한 것을 보고 항복하였다. 〈고려사 권2 태조19년〉

애식 哀式 [후백제] 백제 장군인 김훤(金萱), 애식(哀式), 한장(漢丈) 등이 군사 3천여 명을 이끌고 청주(靑州)로 침범해 왔다. 〈고려사 권92 열전5 유검필〉

애진 哀珍 [고려] 태조가 견훤과 함께 신검의 군과 대치하여 군사를 정비할 때 우천군 (祐天軍) 대장군 원윤(元尹) 정순(貞順)과 정조(正朝) 애진(哀珍) 등은 보병 1천을 거느리게 하여 삼군의 원병을 삼았다. 〈고려사 권2 태조19년〉

양검 良劍 [후백제] 7월에 견훤(甄萱)이 아들 수미강(須彌康)과 양검(良劍)

등을 보내 조물군(曹物郡)을 공격하였다. 〈고려사 권1 태조7년〉 견훤이 넷째 아들 금강에게 자기 자리를 물려줄 생각임을 형들인 신검(神劍), 양검(良劍), 용검(龍劍) 등이 알고 고민하였다. 이때 양검과 용검은 변방에 나가 있고 신검이 홀로 견훤 곁에 있었는데 능환(能奐)이 양검과 용검 두 사람에게 형으로 하여금 반란을 일으키게 하였다. 〈고려사 권2 태조18년〉 신검(神劍)이 아우들인 청주(菁州) 성주 양검(良劍), 광주(光州) 성주 용검(龍劍)과 문무백관들을 이끌고 항복하여 왔다. 양검(良劍), 용검(龍劍)은 진주(眞州)로 귀양 보냈다가 풀어 주고 능환은 반란을 꾸민 죄로 곧 죽였다. 〈고려사 권2 태조19년〉

양문 良文　[후고려] 장군 양문(良文)이 조카인 규환(圭奐)을 보내 항복하였다. 〈고려사 권1 태조6년〉

양여 讓餘　[신라] 왕이 항복한 신라왕과 태후(太后) 죽방부인(竹房夫人)을 비롯하여 상국(相國) 유렴(裕廉), 잡간(匝干) 예문(禮文), 파진찬(波珍粲)인 책궁(策宮)과 윤유(尹儒) 그리고 한찬(韓粲) 책직(策直), 흔직(昕直), 의경(義卿), 양여(讓餘), 관봉(寬封), 함의(含宜), 희길(熙吉) 등에게 물품을 나누어 주었다. 〈고려사 권2 태조14년〉

양지 楊志　[고려] 고려의 장수. 견훤군이 오어곡성(烏於谷城)을 공격하여 함락시켰는데 장군 양지(楊志)와 명식(明式) 등 6명이 탈출하여 적에게 항복하였다. 〈고려사 권1 태조11년〉

억렴 億廉　[신라] 김억렴(金億廉). 신성왕태후(神成王太后) 김 씨는 신라 사람으로 잡간(匝干) 억렴(億廉)의 딸이다. 〈고려사 권88, 열전1〉 신라왕 김부(金傅)가 나라를 들어 고려에 귀부하자 태조가 보답으로 그대의 종실과 혼인을 맺자고 했는데 김부가 회답하기를 나의 백부(伯父)인 억렴(億廉)의 딸이 덕성과 용모가 모두 아름다우니 왕의 배필로 손색이 없다고 하였다. 태조는 그에게 장가들었다. 〈고려사 권88 열전1 후비1〉

언규 言規 [고려] 태조가 청주 영군장군(領軍將軍) 견금(堅金)이 어떤 사람인가 알아보려고 그 지역 사람들인 능달(能達), 문식(文植), 명길(明吉) 등을 보내어 동태를 살피게 하였다 능달이 돌아와 아뢰기를 그는 다른 뜻이 없으니 충분히 믿을 만 하다고 하였으나 문식과 명길은 그 고을 김근겸(金勤謙)과 관준(寬駿)에게 앞으로 변이 생길 우려가 있다고 하였다. 견금이 태조에게 김언규(金言規). 근겸(勤謙), 언규(言規) 등은 믿을 수 없다고 하였다. 〈고려사 권92 열전5 왕순식〉

연식 連式 [신라] 견훤군이 고울부를 습격하고 서울 가까이 육박하자 신라왕이 연식을 보내 태조에게 구원을 청하였다. 〈고려사 권1 태조10년〉

연예 連乂 [신라] 궁인(宮人) 애이주(哀伊主)는 경주(慶州) 사람으로 대간(大干) 연예의 딸이다. 〈고려사 권88 열전1 후비1〉

연위 連位 [백제] 다련군(多憐君)은 사간(沙干) 연위(連位)의 딸 덕교(德交)와 결혼하여 장화왕후(莊和王后)를 낳았다. 〈고려사 권88 열전1 후비 1〉

연익 連翌 [고려] 청주의 영군장군(領軍將軍) 견금(堅金)이 부장(副將)들인 연익(連翌)과 흥현(興鉉) 등과 함께 태조를 뵈었다. 〈고려사 권92 열전5 왕순식〉

연주 連珠 [고려] 태조가 건국한 후 개국공신들에게 포상하는데 견권(堅權), 능식(能寔), 권신(權愼), 염상(廉湘), 김락(金樂), 연주(連珠), 마난(麻煖) 등을 제2등으로 하여 금은 그릇과 비단을 차등을 두어 지급하였다. 〈고려사 권1 태조 원년〉 신검군과 대치하여 군비를 정비하는데 대상(大相) 김철(金鐵), 홍유(洪儒), 박수경(朴守卿)과 원보(元甫) 연주(連珠), 원윤(元尹) 훤양(萱良) 등은 마병(馬兵) 일만을 거느리게 하여 우익을 삼았다. 〈고려사 권2 태조 19년〉

연주 聯珠 [신라] 견훤군이 고울부를 습격하고 서울 가까이 육박하자 신라왕이 연식을 보내 태조에게 구원을 청하였다. 고려왕이 시중(侍中) 공헌(公萱), 대상(大相) 손행(孫幸), 정조(正朝) 연주(聯珠) 등에게 말하기를 신라는 이미 친선한 지가 오래니 구원하지 않을 수가 없다고 하였다. 〈고려사 권1 태조10년〉

열평 列評 [고려] 광평시랑 순필이 해임되고 병부경(兵部卿) 열평에게 대신토록 하였다. 평양을 대도호부로 하고 당제(堂弟) 식렴(式廉)과 광평시랑(廣評侍郎) 열평(列評)을 보내 수비토록 하였다. 〈고려사 권1 태조 원년〉

염 廉 [고려] 명주(溟洲) 사람으로 태조에 귀순한 왕순식(王順式)의 아들, 장명(長命)의 다른 이름. 태조가 장명에게 렴(廉)이라는 이름을 내리고 원보(元甫)로 임명하였다. 〈고려사 권92 열전5 왕순식〉

염상 廉湘 [고려] 태조가 건국한 후 개국공신들에게 포상하는데 견권(堅權), 능식(能寔), 권신(權愼), 염상(廉湘), 김락(金樂), 연주(連珠), 마난(麻煖) 등을 제2등으로 하여 차등을 두어 금은 그릇과 비단을 지급하였다. 〈고려사 권1 태조 원년〉

염상 廉相 [고려] 태조가 위독해지자 정유일에 재상들인 염상(廉相), 왕규(王規), 박수문(朴守文) 등이 왕의 곁을 지키고 있었다. 〈고려사 권2 태조26년〉

염흔 廉昕 [백제] 백제의 정승이었던 사람. 백제 일길간(一吉干) 염흔이 귀순해 왔다. 〈고려사 권1 태조12년〉

영 永 [신라] 태조가 이총언(李悤言)에게 손잡고 화란을 평정하자고 하는 글을 받고 총언이 매우 기뻐서 그 아들 영(永)에게 군사를 딸려 보내었는데 그때에 영(永)의 나이가 18세이므로 태조가 대광(大匡) 사도귀(思道貴)의 딸을 아내로 삼게 하였다. 이총언에게는 아들로 달행(達行)과 영(永)이 있었다. 〈고려사 권92 열전5 왕순식〉

영경 英景 [신라] 견훤이 신라 경주로 쳐 들어가서 왕을 자살케 하고 왕의 외종제 김부(金傅)를 왕으로 세우고 왕의 동생인 효렴(孝廉)과 재상 영경(英景) 등을 포로로 삼아 돌아갔다. 〈고려사 권1 태조10년〉

영규 英規 [후백제] 박영규(朴英規). 견훤의 사위. 동산원부인(東山院夫人) 박(朴)씨, 정종(定宗) 문공왕후(文恭王后) 박(朴)씨, 문성왕후(文成王后) 박(朴)씨는 승주(昇州) 사람으로 삼중대광(三重大匡) 영규의 딸이다. 〈고려사 권88 열전1 후비1〉 신검이 반역하자 견훤을 따라 고려에 귀순하였다. 태조가 신검(神劍)을 토벌하고 백제를 멸망시킨 후 영규(英規)에게 치하하였고 후에 관직이 삼중대광(三重大匡)에 올랐다. 〈고려사 권92 열전5 박영규〉

영서 英舒 [후백제] 공직(龔直)의 아들. 태조 15년(932년)에 직(直)이 그 아들 영서(英舒)를 데리고 와서 고려에 귀순하였다. 태조는 그들에게 벼슬을 주고 귀척(貴戚)인 정조(正朝) 준행(俊行)의 딸을 영서(英舒)의 처로 삼게 하였다. 〈고려사 권92 열전5 공직〉

영유 英儒 [고려] 태조가 신검군과 대치하여 군을 정비할 때 보천군 대장군(補天軍大將軍) 원윤(元尹) 삼순(三順), 준량(俊良)과 정조(正朝) 영유(英儒), 길강충(吉康忠), 흔계(昕繼) 등은 보군(步軍) 일만을 거느리게 하여 우익으로 삼았다. 〈고려사 권2 태조19년〉

영직 英直 [고려] 태조가 신검군과 대치하여 군을 정비할 때 지천군 대장군(支天軍) 원윤(元尹) 능달(能達), 기언(奇言), 한순명(韓順明), 흔악(昕岳)과 정조(正朝) 영직(英直), 광세(廣世) 등은 보군(步軍) 일만을 지휘하게 하여 좌익으로 삼았다. 〈고려사 권2 태조19년〉

영창 英昌 [고려] 해군 장군 영창(英昌)과 능식(能式) 등에게 수군을 거느리고 강주(康州, 현 진주)를 공격하게 하였다. 〈고려사 권1 태조10년〉

예 裔 [후고려] →궁예 〈고려사 1 태조원년, 2년, 4년, 5년, 7년, 8

년, 92 열전 5 홍유, 최응, 왕순식〉

예문 禮文 [신라] 태조가 신라왕과 태후(太后) 죽방부인(竹房夫人)을 비롯하여 상국(相國) 유렴(裕廉), 잡간(匝干) 예문(禮文), 파진찬(波珍粲)인 책궁(策宮)과 윤유(尹儒) 그리고 한찬(韓粲) 책직(策直), 흔직(昕直), 의경(義卿), 양여(讓餘), 관봉(寬封), 함의(含宜), 희길(熙吉) 등에게 물품을 나누어 주었다. 〈고려사 권2 태조14년〉

예언 倪言 [고려] 전 광평사(廣評史) 예언을 내봉리결(內奉理決)에 임명하였다. 〈고려사 권1 태조 원년〉

오담 吳淡 [고려] 견훤이 태조에게 귀부할 뜻을 전하자 태조가 장군 유검필(庾黔弼), 대광(大匡) 만세(萬歲)와 원보(元甫) 향예(香乂), 오담(吳淡), 능선(能宣), 충질(忠質) 등에게 명하여 바닷길로 가서 그를 맞게 하였다. 〈고려사 권2 태조18년〉

오소도 烏炤度 [발해] 재상 오소도의 아들인 광찬(光贊)이 최언휘(崔彦撝)와 같은 해에 급제하였는데 오소도가 명단에 자기 아들 광찬의 이름이 최언휘 뒤에 놓인 것을 보고 시정해 줄 것을 청했으나 용납되지 않았다. 〈고려사 권92 열전5 최언휘〉

오흥 吳興 [발해] 발해인 공부경(工部卿) 오흥(吳興) 등 50명과 승려 재웅(載雄) 등 60명이 고려에 귀화해 왔다. 〈고려사 권1 태조10년〉

옥달 玉達 [후백제] 견훤의 고사갈이(高思葛伊)의 성주 흥달(興達)의 아들. 태조가 강주를 순찰할 때 흥달이 아들을 시켜 귀순할 뜻을 전했다. 태조는 이를 기뻐하여 흥달(興達)에게는 청주(青州)를 녹읍으로 주고, 아들 준달(俊達)은 진주(珍州)를, 웅달(雄達)은 한수(寒水)를, 옥달(玉達)에게는 장천(長淺)을 녹읍으로 내렸다. 〈고려사 권92 열전5 왕순식〉

왕건 王建 [고려] 고려 태조의 휘(諱). 자는 약천(若天). 세조(世祖)의 맏아들이요 어머니는 위숙왕후(威肅王后) 황씨(黃氏)이다. 어려서부터 총명하고 도량이 넓었다. 신라의 정치가 혼란하여 곳곳에서 반란이 일어났는데 특히 남쪽에 웅거한 견훤과 철원에 근거한 궁예가 세력이 컸다. 896년 태조의 아버지 왕륭(王隆)이 궁예의 부하가 되어 궁예에게 큰 나라가 되려면 송악에 성을 쌓고 내 맏아들을 성주로 삼으라고 했는데 궁예가 허락하였다. 그때 태조는 20살이었다. 그 후 계속 궁예의 부하로 영토를 넓히는 데 공헌하였고 견훤과도 여러 차례 싸워서 이겼다. 906년 태조는 궁예가 나날이 포악해져 사람을 마구 죽이는 것을 보고 지방 군무에만 전념하면서 견훤군이나 해적들을 격파하였다. 이런 과정에서 군인들은 태조를 믿고 따르게 되었다. 913년 궁예는 태조의 변방에서의 공적을 인정하여 파진찬으로 임명하고 시중을 삼았다. 그러나 태조는 참소가 난무하므로 몸조심을 하다가 외방 벼슬을 원하여 수군을 통솔하게 되었다. 공적이 많았으므로 궁예의 신임은 더욱 두터워졌다. 918년(태조 원년) 홍유, 배현경, 신숭겸, 복지겸 등이 밤에 태조의 집에 와서 왕으로 추대할 뜻을 밝혔다. 처음에는 거절했으나 부인 유씨의 간곡한 권유로 드디어 왕위에 오른 것이다. 〈고려사 1 세가 1 태조〉

왕계 王繼

[발해] 세자 대광현(大光顯)의 바꾼 이름. 대광현이 민중 수만 명을 데리고 와 투항하였다. 태조는 왕계(王繼)라는 이름을 주어 왕실 족보에 올렸다. 〈고려사 권2 태조17년〉

왕공 王公

[고려] 왕건(王建)의 성만을 높여 부른 이름. 공직이 직달에게 말하기를 듣자하니 고려 왕공(王公)의 문(文)은 충분히 백성을 안정시킬 만하여 귀순하려 하는데 그대의 뜻은 어떤가 물었다. 〈고려사 권92 열전5 홍유, 공직〉

왕렴 王廉

[고려] 신검군과 대치하게 되자 태조는 명주(溟洲) 대광(大匡) 왕순식(王順式), 대상(大相) 긍준(兢俊), 왕렴(王廉), 왕예(王乂)와 원보(元甫) 인일(仁一) 등은 마병(馬兵) 이만을 거느리게 하여 중군을 삼는 등 군비를 정비하였다. 〈고려사 권2 태조19년〉

왕순식 王順式 [고려] 신검군과 대치하게 되자 태조는 명주(溟洲) 대광(大匡) 왕순식(王順式), 대상(大相) 긍준(兢俊), 왕렴(王廉), 왕예(王乂)와 원보(元甫) 인일(仁一) 등은 마병(馬兵) 이만을 거느리게 하여 중군을 삼는 등 군비를 정비하였다. 〈고려사 권2 태조19년〉

왕신 王信 [고려] 견훤이 겁이 나서 화친을 청하고 사위 진호(眞虎)를 인질로 보내왔으므로 왕도 사촌동생(堂弟)인 원윤(元尹) 왕신(王信)을 인질로 보냈다. 동 9년 진호가 병으로 죽었는데 견훤(甄萱)이 그를 죽인 것이라 여겨 인질로 보내 준 왕신(王信)을 죽였다. 동 10년 견훤(甄萱)이 왕신(王信)의 시신을 보내왔다. 〈고려사 권1 태조 8년, 9년, 10년〉 동 13년 가을 8월에 안화선원(安和禪院)을 세워 대광(大匡) 왕신(王信)의 원당(願堂)으로 삼았다. 〈고려사 권1 태조13년〉

왕예 王乂 [고려] 태조가 신검군과 대치하면서 군세를 정비하는데 명주(溟洲) 대광(大匡) 왕순식(王順式), 대상(大相) 긍준(兢俊), 왕렴(王廉), 왕예(王乂)와 원보(元甫) 인일(仁一) 등은 마병(馬兵) 이만을 거느리게 하여 중군을 삼았다. 〈고려사 권2 태조19년〉

왕유 王儒 [고려] 진보성 성주 홍술(洪術)이 사람을 보내어 항복하기를 청하므로 원윤(元尹) 왕유(王儒)와 경(卿) 함필(含弼) 등을 보내 위로하고 설득하였다. 〈고려사 권1 태조5년〉 왕유의 원래 성명은 박유(朴儒)이며 자(字)는 문행(文行)이니 광해주(光海州) 사람이다. 〈고려사 권92 열전5 왕유〉

왕창근 王昌瑾 [당] 당나라 상인 왕창근이 저자 가운데서 갑자기 한 사람을 만나 거울을 샀는데 그 거울에 나타난 글에 왕건이 임금이 될 것을 예언하였다. 〈고려사 권1 태조6, 권92 열전5 홍유〉

왕철 王鐵 [고려] 신라의 경순왕이 김봉휴(金封休)를 보내 고려 정부에 들어오기를 청했다. 왕이 섭시중(攝侍中) 왕철(王鐵)과 시랑(侍郎) 한헌옹(韓憲邕) 등을 보내어 신라왕의 요청에 동의하는 뜻을 알

렸다. 신라왕이 왕철 등과 함께 개경(開京)으로 들어섰다. 〈고려사 권2 태조18년〉

왕충 王忠 [고려] 견훤이 아들 수미강 등을 보내어 고려의 조물군(曹物郡)을 공격하므로 왕이 장군 애선(哀宣)과 왕충(王忠)에게 구원을 명하였다. 애선은 전사하였으나 수미강은 손해를 입고 돌아갔다. 〈고려사 권1 태조7년〉 견훤이 관흔(官昕)을 시켜 양산에 성을 쌓으므로 왕은 명지성(命旨城, 현 경기 포천) 원보(元甫) 왕충에게 명하여 군사를 거느리고 쫓아버리게 하였다. 패퇴한 관흔이 이리저리 다니며 행악을 하니 왕이 다시 왕충에게 명하여 조물성(曹物城)에 가서 정탐을 하게 하였다. 〈고려사 권1 태조11년〉 조물군 싸움에서 태조는 대상(大相) 제궁(帝弓)에게 상군(上軍)을 맡기고, 원윤(元尹) 왕충(王忠)에게 중군(中軍)을 맡기고, 수경(守卿)과 은녕(殷寧)에게 하군(下軍)을 맡기었다. 〈고려사 권92 열전5 박수경〉

용검 龍劍 [후백제] 견훤의 셋째 아들. 견훤이 넷째아들 금강에게 자기 자리를 전하려고 하자 형들인 신검(神劍), 양검(良劍), 용검(龍劍) 등이 이를 알고 고민하였다. 이때 양검과 용검은 변방에 나가 군무에 종사하였는데 능환(能奐)이 양검, 용검과 더불어 음모를 꾸며 신검에게 반란을 일으키게 한 것이다. 동 19년 신검(神劍)이 아우들인 청주(菁州) 성주 양검(良劍), 광주(光州) 성주 용검(龍劍)과 문무백관들을 이끌고 항복하여 왔다. 〈고려사 권2 태조 18년, 19년〉

우봉 又奉 [후백제] 고려 태조가 신검군을 공격하여 적의 장수 흔강(昕康), 견달(見達), 은술(殷述), 금식(今式), 우봉(又奉) 등을 비롯하여 3천2백 명을 사로잡았고 신검은 아우들과 항복하였다. 왕은 포로로 한 3천여 명은 고향으로 돌려 보내고 흔강(昕康), 부달(富達), 우봉(又奉), 견달(見達) 등 40명만은 처자와 함께 서울로 데려왔다. 〈고려사 권2 태조19년〉

웅달 雄達 [후백제] 고사갈이(高思葛伊) 성주 홍달(興達)의 아들. 태조가 강주를 순찰할 때 홍달이 아들을 보내 귀순의 뜻을 전했다. 태조가 이를 기뻐하여 홍달(興達)에게는 청주(靑州)를 녹읍으로 주고, 아들 준달(俊達)은 진주(珍州)를, 웅달(雄達)은 한수(寒水)를, 옥달(玉達)에게는 장천(長淺)을 녹읍으로 내렸다. 〈고려사 권92 열전5 왕순식〉

원덕대왕 元德大王 [고려] 태조가 3대 조상들의 시호(諡號)를 정하니 증조부를 시조 원덕대왕(始祖元德大王), 증조모를 정화왕후(貞和王后), 조부를 의조 경강대왕(懿祖 景康大王), 할머니는 원창왕후(元昌王后)로 하였고 부친을 세조 위무대왕(世祖 威武大王) 그리고 모친을 위숙왕후(威肅王后)로 각각 추존하였다. 〈고려사 권1 태조 2년〉

원봉 元奉 [후고려] 5년 하지현(下枝縣, 현 경북 안동 지방) 장군 원봉이 투항해 왔다. 동 6년 장군 원봉에게 원윤(元尹)의 품계를 내렸다. 동 12년 견훤이 순주(順州, 현 경북 순흥)를 또 침략하니 장군 원봉이 도망쳐 버렸다. 〈고려사 권1, 태조 6년, 12년〉 동 13년 견훤이 또 순주를 공격 함락하니 왕이 즉시 순주로 가서 성을 수리하고 원봉에게 벌을 내렸다. 〈고려사 권1 태조 13년〉

원창왕후 元昌王后 [고려] 태조가 3대 조상들의 시호(諡號)를 정하니 증조부를 시조 원덕대왕(始祖元德大王), 증조모를 정화왕후(貞和王后), 조부를 의조 경강대왕(懿祖景康大王), 할머니는 원창왕후(元昌王后)로 하였고 부친을 세조 위무대왕(世祖威武大王) 그리고 모친을 위숙왕후(威肅王后)로 각각 추존하였다. 〈고려사 권1 태조 2년〉

위무대왕 威武大王 [고려] 태조가 3대 조상들의 시호(諡號)를 정하니 증조부를 시조 원덕대왕(始祖 元德大王), 증조모를 정화왕후(貞和王后), 조부를 의조 경강대왕(懿祖 景康大王), 할머니는 원창왕후(元昌王后)로 하였고 부친을 세조 위무대왕(世祖 威武大王) 그리고 모친을 위숙왕후(威肅王后)로 각각 추존하였다. 〈고려사 권1 태조2년〉

위숙왕후 威肅王后 [고려] 태조의 어머니는 위숙왕후 한(韓)씨이다. 〈고려사 권1 태조1〉

위응 魏膺 [신라] 신라 55대 경애왕(景哀王). 신라왕 승영(昇英)이 죽고 동생인 위응(魏膺)이 즉위했다. 〈고려사 권1 태조7년〉

유 儒 [고려] 홍유(洪儒)는 궁예 말기에 배현경, 신숭겸 등과 모의 왕건을 추대해서 고려를 건국한 공신이다. 태조가 즉위하면서 조서를 내려 추대한 공을 포상하되 유(儒)와 현경(玄慶), 숭겸(崇謙), 지겸(智謙)을 모두 1등으로 하고 금은 그릇과 비단 옷을 주었다. 또 청주가 배반할 것을 우려하여 유와 유검필(庾黔弼)에게 군사 천오백을 이끌고 진주(鎭州)에 주둔하게 하여 방비케 하였다. 또 2년에 오산성(烏山城)을 예산현(禮山縣)으로 개칭하고 유(儒)와 대상(大相) 애선안(哀宣安)을 보내어 5백여 호의 유민들을 모아 들였다. 〈고려사 권92 열전5 홍유〉

유검필 庾黔弼 [고려] 정서대장군(征西大將軍) 유검필을 보내어 백제를 공격하였다. 〈고려사 권1, 태조8년〉 동 18년 견훤이 처자식을 데리고 와 항복하였다. 왕이 장군 유검필(庾黔弼), 대광(大匡) 만세(萬歲)와 원보(元甫) 향예(香乂), 오담(吳淡), 능선(能宣), 충질(忠質) 등에게 명하여 바다로 나가 견훤을 맞이하게 하였다. 신검의 군과 대치하여 군을 정비할새 대상(大相) 유검필(庾黔弼)과 원윤(元尹) 관무(官茂), 관헌(官憲) 등은 외족들의 정예 기병(騎兵) 9천 5백 명을 거느리게 하여 중군을 삼았다. 동 24년 여름 4월 기미일에 대광(大匡) 유검필(庾黔弼)이 죽었다. 〈고려사 권2, 태조 8년, 18년, 19년, 24년〉 태조는 청주가 배반할 것을 우려하여 마군장군(馬軍將軍) 홍유(洪儒)와 유검필(庾黔弼)을 보내 군사 천오백을 이끌고 진주(鎭州)를 지켜 배반할 수 없게 되었다. 유검필은 평주(平州) 사람으로 마군장군(馬軍將軍)으로 태조를 섬기면서 승진을 거듭하여 대광(大匡)이 되었다. 〈고려사 권92 열전5 홍유, 유검필〉

유긍순 柳矜順 [후백제] 태평(泰評)은 염주(鹽州) 사람으로 그 고을 도적 유긍순(柳矜順)의 기실(記室) 노릇을 하였다. 궁예(弓裔)가 태평을 격파하였는데 그들이 오래 굴복하지 않으므로 졸병으로 강등했으나 태조를 따르게 된 것이다. 〈고려사 권92 열전5 왕순식〉

유렴 裕廉 [신라] 김유렴(金裕廉), 신라인. 태조가 신라에 가자 신라왕은 사촌동생인 상국 유렴(裕廉)을 시켜 성문 밖에서 영접하였다. 또 태조가 돌아 갈 때는 유렴을 인질로 삼아 따르게 하였다. 태조가 신라왕과 태후(太后) 죽방부인(竹房夫人)을 비롯하여 상국(相國) 유렴(裕廉), 잡간(匝干) 예문(禮文), 파진찬(波珍粲)인 책궁(策宮)과 윤유(尹儒) 그리고 한찬(韓粲) 책직(策直), 흔직(昕直), 의경(義卿), 양여(讓餘), 관봉(寬封), 함의(含宜), 희길(熙吉) 등에게 물품을 나누어 주었다. 〈고려사 권2 태조14년〉

유문 有文 [신라] 장군 유문(有文)은 훤(萱)에게 항복하였다. 〈고려사 권1 태조11년〉

유척량 柳陟良 [고려] 진각성경(珍閣省卿) 류척량이 혁명 당시 홀로 본 성을 떠나지 않았고 맡은 바 창고를 잘 지켰으므로 광평시랑(廣評侍郎) 벼슬을 주었다. 〈고려사 권1 태조 원년〉

육 育 [고려] 고려 태조 왕건의 사촌동생, 왕육(王育). 견훤이 왕신의 시체를 보내 왔으므로 신(信)의 아우인 육(育)을 보내 시체를 접수하게 하였다. 〈고려사 권1 태조10년〉

윤빈 尹邠 [후백제] 태조가 견훤에게 보낸 편지 가운데 자기의 전과를 말하였는데 그 중의 하나. 윤빈(尹邠)을 해안에서 쫓으니 쌓인 갑옷이 산더미 같았다. 〈고려사 권1 태조11년〉

윤선 尹瑄 [후고려] 북방 골암성(鶻巖城) 성주 윤선이 귀순해 왔다. 〈고려사 권1 태조 원년〉 또 이총언(李悤言), 견금(堅金), 윤선(尹瑄), 홍달(興達), 선필(善弼), 태평(泰評) 등이 모두 태조에게 귀순하였다. 윤선(尹瑄)은 염주(鹽州) 사람으로 사람됨이 침착하고 용감하였으며 병법에 능하였는데 궁예가 사람을 서슴없이 죽이는 것을 보고 북방 골암성을 근거지로 미개인들을 모아 국경 고을 들에 해를 끼치다가 태조가 즉위하자 부하들을 거느리고 와 귀순하므로 북방 국경이 편안해졌다. 〈고려사 권92 열전 5 왕순식〉

윤웅 閏雄 [신라] 강주(康州, 현 경남 진주) 장군 윤웅이 아들 일강(一康)을 인질로 보냈다. 왕이 일강에게 벼슬을 주고 행훈(行訓)의 누이동생에게 장가 들게 하였다. 〈고려사 권1 태조 3년〉

윤유 尹儒 [신라] 태종이 신라왕과 태후(太后) 죽방부인(竹房夫人)을 비롯하여 상국(相國) 유렴(裕廉), 잡간(匝干) 예문(禮文), 파진찬(波珍粲)인 책궁(策宮)과 윤유(尹儒) 그리고 한찬(韓粲) 책직(策直), 흔직(昕直), 의경(義卿), 양여(讓餘), 관봉(寬封), 함의(含宜), 희길(熙吉) 등에게 물품을 나누어 주었다. 〈고려사 권2 태조14년〉

윤전 尹全 [신라] 태조가 한찬 총일(聰逸)에게 이르기를 궁예가 청주 사람들이 사변을 일으킬까 걱정하여 청주 사람을 모조리 섬멸하려고 군인 윤전(尹全), 애견(愛堅) 등 무고한 사람 80여 명을 불러 묶어 이리로 데려 오고 있으니 빨리 가서 이들을 고향으로 돌려보내라고 하였다. 〈고려사 권1 태조 원년〉

율 律 [신라] →김률 〈고려사 권2 태조20년〉

은계종 隱繼宗 [발해] 정유일에 발해인 은계종 등이 귀화해 천덕전(天德殿)에서 왕을 알현하였다. 〈고려사 권1 태조11년〉

은녕 殷寧 [고려] 태조가 견훤과의 싸움에서 군대를 3군으로 나누었는데 대상(大相) 제궁(帝弓)에게 상군(上軍)을 맡기고, 원윤(元尹) 왕충(王忠)에게 중군(中軍)을 맡기고, 수경(守卿)과 은녕(殷寧)에게 하군(下軍)을 맡기었다. 〈고려사 권92 열전5 박수경〉

은술 殷述 [후백제] 태조가 신검군을 공격하자 적의 장수 흔강(昕康), 견달(見達), 은술(殷述), 금식(今式), 우봉(又奉) 등을 비롯하여 3천2백 명을 사로잡았다. 〈고려사 권2 태조19년〉

은우 殷祐 [고려] 충신 배현경(裵玄慶)의 아들 〈고려사 권92 열전5 홍유〉

응 凝 [고려] → 최응(崔凝) 〈고려사 권92 열전5 최응〉

의경 義卿 [신라] 태조가 신라왕과 태후(太后) 죽방부인(竹房夫人)을 비롯하여 상국(相國) 유렴(裕廉), 잡간(匝干) 예문(禮文), 파진찬(波珍粲)인 책궁(策宮)과 윤유(尹儒) 그리고 한찬(韓粲) 책직(策直), 흔직(昕直), 의경(義卿), 양여(讓餘), 관봉(寬封), 함의(含宜), 희길(熙吉) 등에게 물품을 나누어 주었다. 〈고려사 권2 태조14년〉

이달 伊達 [후백제] 명지성(命旨城, 경기 포천) 장군 성달(城達)이 동생 이달(伊達), 단림(端林)과 함께 투항해 왔다. 〈고려사 권1 태조 6년〉

이총언 李悤言 [신라] 이총언(李悤言), 견금(堅金), 윤선(尹瑄), 흥달(興達), 선필(善弼), 태평(泰評) 등이 모두 태조에게 귀순하였다. 〈고려사 권92 열전5 왕순식〉 벽진군(碧珍郡) 장군 이총언이 죽었다. 〈고려사 권2 태조21년〉

익훤 弋萱 [고려] 태조가 시랑(侍郎) 익훤(弋萱)을 시켜 견훤이 보낸 인질로 있다가 병으로 죽은 진호(眞虎)의 시체를 보내 주었다. 〈고려사 권1 태조9년〉 태조가 김부(金傅)가 보낸 성제대(聖帝帶)를 받아서 원윤(元尹) 익훤에게 물장고에 보관하라 명하였다. 〈고려사 권2 태조20년〉

인일 仁一 태조가 신검군과 대치하여 군비를 정비하면서 명주(溟洲) 대광(大匡) 왕순식(王順式), 대상(大相) 긍준(兢俊), 왕렴(王廉), 왕예(王乂)와 원보(元甫) 인일(仁一) 등은 마병(馬兵) 이 만을 거느리게 하여 중군을 삼았다. 〈고려사 권2 태조19년〉

인일 仁壹 [고려] 태조가 여러 장군에게 말하기를 나주(羅州)를 보호하기 위하여 일찍이 대상(大相) 견서(堅書), 권직(權直), 인일(仁壹) 등을 보내어 위무토록 하였는데 최근에 백제에게 위협과 노략질을 당하고 있으니 누가 가서 위무하겠느냐고 하였다. 〈고려사 권92 열전5 유검필〉

일강 一康 [신라] 강주장군 윤웅(閏雄)이 아들 일강을 인질로 보냈다. 태조는 일강에게 아찬 품계를 내리고 경(卿) 행훈(行訓)의 누이동생과 결혼하게 하였다. 〈고려사 권1 태조 3년〉

입전 笠全 [후고려] 청주 사람 아지태(阿志泰)가 아첨을 좋아 하고 간사하여 궁예에게 같은 마을 사람인 입전, 신방(辛方), 관서(寬舒) 등을 참소하였는데 해당관리가 수년간 심리해도 판결이 나지 않았는데 태조가 당장에 흑백을 분간하여 판결을 내렸다. 〈고려사 권1 태조 즉위전〉

장명 長命 [후고려] 명주(溟州) 장군 왕순식(王順式)의 아들. 아들 장명을 파견하여 병사 6백 명을 거느리고 태조를 수위케 하였는데 태조는 장명에게 염(廉)이라는 이름을 내리고 원보(元甫)로 임명하였다. 〈고려사 권92 열전5 왕순식〉

재웅 載雄 [발해] 발해(渤海) 공부경(工部卿) 오흥(吳興) 등 50명과 승려 재웅(載雄) 등 60명이 귀화해 왔다. 〈고려사 권1 태조10년〉

재충 在忠 [후백제] 태조가 원보(元甫) 재충(在忠), 김락(金樂) 등을 보내 대량성(大良城, 현 경남 합천)을 격파하였다. 〈고려사 권1 태조 10년〉

적부 狄鈇 [후고려] 내군장군(內軍將軍) 적부는 어린 시절에 종노릇을 하여 감언이설에 능해 궁예에게 총애를 받았으나 참소하기를 좋아해 선량한 사람들을 모해했으므로 처형하였다. 〈고려사 권1 태조 원년〉

정근 正近 [발해] 발해 사람 정근 등 3백여 명이 귀화해 왔다. 〈고려사 권1 태조12년〉

정순 貞順 [고려] 태조가 신검군과 대치하여 군비를 정비하는데 우천군(祐天軍) 대장군 원윤(元尹) 정순(貞順)과 정조(正朝) 애진(哀珍) 등은 보병 1천을 거느리게 하여 중군을 삼았다. 〈고려사 권2 태조19년〉

정원 精元 [고려] 박술희(朴述熙)의 아들. 박술희가 태조의 유언에 따라 혜종(惠宗)을 즉위케 하고 잘 보좌하였으므로 묘정(廟庭)에 배향하였는데 그의 아들이 정원이다. 〈고려사 권92 열전5 박술희〉

정화왕후 貞和王后 [고려] 태조가 즉위한 후 3대 조상들의 시호(諡號)를 정하니 증조부를 시조 원덕대왕(始祖 元德大王), 증조모를 정화왕후(貞和王后), 조부를 의조 경강대왕(懿祖 景康大王), 할머니는 원창왕후(元昌王后)로 하였고 부친을 세조 위무대왕(世祖 威武大王) 그리고 모친을 위숙왕후(威肅王后)로 각각 추존하였다. 〈고려사 권1 태조 2년〉

제궁 悌弓 [고려] 나주(羅州)가 백제의 공격을 받으니 태조가 누가 가서 안무하겠느냐고 물으니 공헌(公萱)과 대광(大匡) 제궁(悌弓) 등이 검필(黔弼)이 적절하다고 아뢰었다. 〈고려사 권92 열전5 유검필〉

제궁 帝弓 [고려] 견훤군이 자주 침공하는데 조물군(曹物郡) 싸움에서 태조는 군대를 3군으로 나누어 대상(大相) 제궁(帝弓)에게 상군(上軍)을 맡기고, 원윤(元尹) 왕충(王忠)에게 중군(中軍)을 맡기고, 수경(守卿)과 은녕(殷寧)에게 하군(下軍)을 맡기었다. 〈고려사 권92 열전5 박수경〉

조간 助杆 [고려] 태조가 신검군과 대치하면서 군비를 정비하는데 간천군(杆天軍) 대장군 김극종(金克宗), 원보 조간 등은 보병 1천을 거느리게 하여 중군을 삼았다. 〈고려사 권2 태조19년〉

종간 宗侃 [고려] 소판(蘇判) 종간은 어려서 중이 되어 간사한 일을 하기에 힘썼으므로 처형하였다. 〈고려사 권1 태조원년〉

종훈 宗訓 [후백제] 유검필이 용감한 기병 수천 명을 이끌고 돌격하여 삼천여 명의 수급을 베고 술사(術士) 종훈(宗訓), 의사(醫師) 훈겸(訓謙), 용장(勇將) 상달(尙達)과 최필(崔弼)을 포로로 삼았다. 〈고려사 권92 열전5 유검필〉

종희 宗希 [후고려] 궁예가 태조에게 명하여 알찬(閼粲) 종희(宗希), 김언(金言) 등을 부장으로 삼아 군사 이천 오백을 거느리게 하고 견훤의 군사를 공격하였다. 〈고려사 권1 태조 즉위전〉

종희 宗熙 [고려] 태조가 신검군과 대진하였을 때 군비를 정비하면서 천무군 (天武軍) 대장군 원윤(元尹) 종희(宗熙)와 정조(正朝) 견훤(見萱) 등은 보병 1천을 거느리게 하여 중군을 삼았다. 〈고려사 권2 태조19년〉

주몽 朱蒙 [고구려] 시조 주몽(朱蒙)이 건국한 전통을 이어받아 그곳의 임금이 되었다(당에서 보낸 책봉조서에). 〈고려사 권2 태조16년〉

주열 周烈 [고려] 나(태조)는 신라가 백제의 침공을 받을까 걱정되어 대광(大匡) 능장영(能丈英), 주열(周烈), 궁총희(弓悤希) 등을 보내 진수하게 하였다. 〈고려사 권92 열전5 유검필〉

죽방부인 竹房夫人 [신라] 태조가 신라왕과 그의 태후(太后) 죽방부인(竹房夫人)을 비롯하여 상국(相國) 유렴(裕廉), 잡간(匝干) 예문(禮文), 파진찬(波珍粲)인 책궁(策宮)과 윤유(尹儒) 그리고 한찬(韓粲) 책직(策直), 흔직(昕直), 의경(義卿), 양여(讓餘), 관봉(寬封), 함의(含宜), 희길(熙吉) 등에게 물품을 나누어 주었다. 〈고려사 권2 태조14년〉

준달 俊達 [후백제] 견훤의 고사갈이(高思葛伊) 성주 흥달(興達)의 아들. 태조가 이 지역을 순찰하는데 흥달이 아들 준달을 시켜 항복의 뜻을 전했다. 태조가 이를 기뻐하여 흥달(興達)에게는 청주(青州)를 녹읍(祿邑)으로 주고, 아들 준달(俊達)은 진주(珍州)를, 웅달(雄達)은 한수(寒水)를, 옥달(玉達)에게는 장천(長淺)을 녹읍으로 내렸다. 〈고려사 권92 열전5 왕순식〉

준량 俊良 [고려] 태조가 신검군과 대치하자 군비를 정비했는데 보천군대장군(補天軍大將軍) 원윤(元尹) 삼순(三順), 준량(俊良)과 정조(正朝) 영유(英儒), 길강충(吉康忠), 흔계(昕繼) 등은 보군(步軍) 일만을 거느리게 하여 우익으로 삼았다. 〈고려사 권2 태조19년〉

준행 俊行 [고려] 태조가 귀척(貴戚) 정조(正朝) 준행(俊行)의 딸을 공직(龔直)의 아들 영서(英舒)의 처로 삼게 하였다. 〈고려사 권92 열전5 공직〉

지겸 智謙 [후고려] 복지겸(卜智謙). 태조가 즉위하면서 조서를 내려 추대한 공을 포상하되 유(儒)와 현경(玄慶), 숭겸(崇謙), 지겸(智謙)을 모두 1등으로 하였다. 지겸의 원래 이름은 사괴(砂瑰)이다. 환선길(桓宣吉)과 임춘길(林春吉)이 모반을 꾀할 때 모두 지겸(智謙)이 밀고하여 주살(誅殺)을 당하였다. 〈고려사 권92 열전5 홍유〉

지몽 知夢 [고려] 최지몽. 남해(南海) 출신으로 학문이 높고 천문과 복서(卜筮)에 정통하였는데 태조가 즉위할 것을 점치고 태조의 곁을 떠나지 않았다. 갖은 음모를 미리 점쳐 태조를 위기에서 구했다. 81세에 죽었다. 〈고려사 92 열전5 최지몽〉

직 直 [후백제] 공직(龔直). 일찍이 직(直)은 백제에 입조(入朝)하였다가 견훤의 무도함을 보고 마침내 결심하고 태조에게 귀순하였다. 〈고려사 권92 열전5〉 태조 15년(932년)에 직이 그 아들 영서(英舒)를 데리고 고려에 함께 와서 말하기를 당신의 신하가 되어 직분을 다하고 싶다고 하였다. 태조는 기뻐하여 그에게 대상(大相)으로 임명하고 녹(祿)과 말과 비단 등을 주었다. 직(直)의 항복 소식을 듣고 화가 난 훤(萱)은 장자 직달(直達), 금서(金舒)와 그의 딸을 옥에 가두고 고문하였는데 직달은 죽었다. 태조 22년에 직(直)이 좌승(佐丞)으로 있다 죽었다. 〈고려사 권92 열전5 공직〉

직달 直達 [후백제] 공직(龔直)의 아들. 장남 직달(直達), 차남 금서(金舒)와 딸 하나를 백제에 볼모로 주었다. 공직이 견훤이 잔인 무도한 것을 보고 직달에게 말하기를 내가 태조에게 귀순하고자 하는데 네 뜻은 어떠냐고 물으니 직달이 말하기를 당연히 틈을 타서 아우와 여동생과 함께 고려로 갈 것이다. 아버님의 명철한 조치에 자손에게 경사가 미칠 것이니 직달은 죽어도 한이 없다고 하였다. 직(直)의 항복 소식을 듣고 화가 난 훤(萱)은 직달(直達), 금서(金舒)와 그의 딸을 옥에 가두고 다리 근육을 끊었는데 직달(直達)이 거기서 죽었다. 〈고려사 권92 열전5 공직〉

직량 直良 [고려] 원윤(元尹) 김상(金相)과 정조(正朝) 직량(直良) 등이 강주(康州)를 구원하러 가다가 초팔성(草八城) 성주 흥종(興宗)의 공격을 받아 김상은 전사하였다. 〈고려사 권1 태조11년〉

직심 直心 [후백제] 태조가 견훤에게 보낸 편지에서 자기가 견훤군과 싸운 것을 열거하면서 청주성(青州城)을 무너뜨리던 날에 직심 등 4~5명이 머리를 바쳤다고 하였다. 〈고려사 권1 태조11년〉

진경 珍景 [고려] 강주(康州) 원보(元甫) 진경 등이 고자군(古子郡)에 양곡을 운반하러 간 사이 견훤군이 가만히 강주를 습격하였다. 진경 등이 돌아와 싸웠으나 패배하니 사망자가 3백여 명이었다. 〈고려사 권1 태조11년〉

진림 陳林 [발해] 발해의 진림(陳林) 등 160명이 투항해 왔다. 〈고려사 권2 태조17년〉

진선 陳瑄 [고려] 청주(青州) 두령 파진찬(波珍粲) 진선이 아우 선장(宣長)

과 함께 반란을 도모하다 잡혀 죽었다. 〈고려사 권1 태조 원년〉

진호 眞虎 [후백제] 견훤(甄萱)의 사위. 훤(萱)이 두려워 사위인 진호(眞虎)를 인질로 보내며 화친을 청하였다. 동 9년 인질 진호(眞虎)가 병으로 죽었으므로 사체를 보내 주었더니 일부러 죽였다고 생각하고 고려에서 보낸 인질 왕신(王信)을 죽이고 웅진 방면으로 공격해 왔다. 〈고려사 권1 태조9년〉

창 昌 [후고려] 후삼국 시기 반란군의 두령 능창(能昌)을 줄여 쓴 이름→능창 〈고려사 1 태조 즉위전〉

창근 昌瑾 [당] 당나라 상인 왕창근(王昌瑾)을 줄인 이름→왕창근 〈고려사 권1 태조6, 7〉

책궁 策宮 [신라] 태조가 신라왕과 태후(太后) 죽방부인(竹房夫人)을 비롯하여 상국(相國) 유렴(裕廉), 잡간(匝干) 예문(禮文), 파진찬(波珍粲)인 책궁(策宮)과 윤유(尹儒) 그리고 한찬(韓粲) 책직(策直), 흔직(昕直), 의경(義卿), 양여(讓餘), 관봉(寬封), 함의(含宜), 희길(熙吉) 등에게 물품을 나누어 주었다. 〈고려사 권2 태조14년〉

책직 策直 [신라] 태조가 신라왕과 태후(太后) 죽방부인(竹房夫人)을 비롯하여 상국(相國) 유렴(裕廉), 잡간(匝干) 예문(禮文), 파진찬(波珍粲)인 책궁(策宮)과 윤유(尹儒) 그리고 한찬(韓粲) 책직(策直), 흔직(昕直), 의경(義卿), 양여(讓餘), 관봉(寬封), 함의(含宜), 희길(熙吉) 등에게 물품을 나누어 주었다. 〈고려사 권2 태조14년〉

철 鐵　[고려] 태조가 김락(金樂) 장군이 견훤과의 싸움에서 태조를 살리면서 죽었는데 태조가 매우 슬퍼하여 시호를 장절(壯節)이라 하고 동생 능길(能吉), 아들 보락(甫樂)과 동생 철(鐵)을 모두 원윤(元尹)으로 삼았다. 〈고려사 권92 열전5〉

총언 悤言　[신라] 이총언(李悤言), 견금(堅金), 윤선(尹瑄), 흥달(興達), 선필(善弼), 태평(泰評) 등이 모두 태조에게 귀순하였다. 총언이 성을 견고하게 수리하고 지키니 백성들이 편안할 수 있었다. 태조가 사람을 보내어 서로 협력하여 화란을 평정하자고 개유하였더니 총언(悤言)이 글을 받고 매우 기뻐서 그 아들 영(永)에게 군사를 딸려 보내어 태조를 따라 정벌에 참여케 하였다. 총언을 본읍(本邑) 장군(將軍)으로 임명하고 많은 물품을 주었는데 총언이 이에 감격하여 군정(軍丁)들을 단결시키고 기물과 양식을 저축하여 성을 공고히 지켰다. 〈고려사 권92 열전5 왕순식〉 태조 21년(938년) 벽진군(碧珍郡) 장군 이총언이 죽었다. 〈고려사 권2 태조21년, 92 열전 5 왕순식〉

총일 聰逸　[고려] 무오일에 태조가 한찬(韓粲) 총일에게 말하기를 지금 견훤이 청주 사람을 모조리 없애려고 죄없는 사람들 80여 명을 포박해 올라오고 있는 중이니 빨리 가서 구해 고향으로 돌려보내라고 하였다. 〈고려사 권1 태조 원년〉

총진 聰進　[고려] 최지몽(崔知夢)의 원래 이름. 최지몽의 원래 이름은 총진(聰進)이니 남해(南海) 영암군(靈巖郡) 사람으로 원보(元甫) 상흔(相昕)의 아들이다. 〈고려사 권92 열전5 최지몽〉

최언휘 崔彦撝　[신라] 최언휘의 본명은 신지(愼之)이며 경주(慶州) 사람이다. 학문이 뛰어나고 성격이 관후하여 높은 벼슬을 했는데 태조가 건국하자 가족을 데리고 왔으므로 태자의 사부(師傅)로 임명하고 문필에 관한 업무를 맡겼다. 〈고려사 권92 열전5 최언휘〉

최응 崔凝　[후고려] 최응은 황주(黃州) 토산(土山) 사람으로 아비는 대상

(大相) 우달(祐達)이다. 궁예가 태조를 불러놓고 반란을 음모한다고 허망한 말을 하므로 태조가 변명하려 하자 장주(掌奏) 최응이 옆에 있다가 태조에게 그대로 복죄하는 것이 유리하다고 일렀다. 화를 모면한 태조가 즉위하면서 높은 벼슬을 주었다. 태종의 요청으로 7층과 9층 석탑을 위한 발원문을 지었다. 기축일에 전 내봉경(內奉卿) 최응(崔凝)이 죽었다. 〈고려사 권1 태조5, 15년, 92 열전 5 최응〉

최지몽 崔知夢 [고려] 최지몽의 원래 이름은 총진(聰進)이니 남해(南海) 영암군(靈巖郡) 사람으로 원보(元甫) 상흔(相昕)의 아들이다. 술사(術士)로서 왕건이 건국할 것을 예언했는데 태종이 곁에 두고 자문하였다. 〈고려사 권92 열전5 최지몽〉

최필 崔弼 [고려] 유검필이 견훤이 공격하자 용감한 기병 수천 명을 이끌고 돌격하여 삼천여 명의 수급을 베고 술사(術士) 종훈(宗訓), 의사(醫師) 훈겸(訓謙), 용장(勇將) 상달(尙達)과 최필(崔弼)을 포로로 삼았다. 〈고려사 권92 열전5 유검필〉

최환 崔奐 [신라] 개지변(皆知邊, 현 경북 울산)에서 최환(崔奐)을 보내어 항복을 청하였다. 〈고려사 권1 태조13년〉

추언규 酋彦規 [오월국] 오월국(吳越國)의 문사 추언규가 귀순하였다. 〈고려사 권1 태조 2년〉

추조 鄒祖 [후백제] 견훤의 편지에 대한 태조의 답서 중 싸움의 성과에 대하여 말하는 중 추조는 변방의 성에서 사로잡았다라고 하였다. 〈고려사 권1 태조11년〉

추허조 鄒許祖 [후백제] 고려 태조가 장군 김락(金樂)등을 보내 대량성(大良城)을 격파하고 장군 추허조(鄒許祖) 등 30여 명을 포로로 삼았다. 〈고려사 권1 태조10년〉

춘양 春讓 [고려] 낭중(郎中) 춘양을 강주(康州, 현 경남 진주)로 보내 귀순자들을 위로하고 설복하였다. 〈고려사 권1 태조3년〉

충질 忠質

[고려] 견훤이 일가를 데리고 항복할 것을 알리자 태조가 장군 유검필(庾黔弼), 대광(大匡) 만세(萬歲)와 원보(元甫) 향예(香乂), 오담(吳淡), 능선(能宣), 충질(忠質) 등에게 명하여 견훤을 맞게 하였다. 〈고려사 권2 태조18년〉

태평 泰評

[신라] 이총언(李悤言), 견금(堅金), 윤선(尹瑄), 홍달(興達), 선필(善弼), 태평(泰評) 등이 모두 태조에게 귀순하였다. 태평은 염주(鹽州) 사람으로 경전과 역사를 두루 섭렵하였고 행정 업무에도 능숙하였다. 궁예(弓裔)가 긍순(矜順)을 무너뜨리자 태평(泰評)이 항복하였다. 〈고려사 권92 열전5 왕순식〉

토두 土豆

[신라] 우릉도(芋陵島)에서 백길(白吉)과 토두(土豆)를 보내 토산물을 바쳤다. 백길(白吉)에게 정위(正位), 토두(土豆)에게 정조(正朝)의 품계를 내렸다. 〈고려사 권1 태조13년〉

평달 平達

왕식렴(王式廉)의 부친. 왕식렴은 삼중대광(三重大匡) 평달(平達)의 아들이며 태조(太祖)의 종제(從弟)이다. 〈고려사 권92 열전5

왕식렴〉

필 弼 [신라] → 선필(善弼). 필이 태조의 위엄과 덕을 보고 귀순의 뜻을 보였다. 〈고려사 권92 열전5 왕순식〉

한순명 韓順明 [고려] 태조가 신검군과 대치하면서 군비를 정비하는데 지천군(支天軍) 원윤(元尹) 능달(能達), 기언(奇言), 한순명(韓順明), 흔악(昕岳)과 정조(正朝) 영직(英直), 광세(廣世) 등은 보군(步軍) 일만을 지휘하게 하여 좌익으로 삼았다. 〈고려사 권2 태조19년〉

한신일 韓申一 [고려] 견훤이 태조의 즉위를 축하하기 위하여 민합(閔郃) 등을 보내자 태조가 광평시랑(廣評侍郞) 한신일 등에게 명하여 마중하게 하였다. 〈고려사 권1 태조원년〉

한장 漢丈 [후백제] 후백제 장군인 김훤(金萱), 애식(哀式), 한장(漢丈) 등이 군사 3천여 명을 이끌고 청주(靑州)로 침범해 왔다. 〈고려사 권92 열전5 유검필〉

한헌옹 韓憲邕 [고려] 신라왕이 사람을 시켜 고려로 들어오기를 청하므로 왕이 섭시중(攝侍中) 왕철(王鐵)과 시랑(侍郞) 한헌옹(韓憲邕) 등을 보내어 신라왕의 요청에 동의하는 뜻을 알렸다. 〈고려사 권2 태조18년〉

함서 咸舒 [후백제] 공직(龔直)의 아들. 공직이 그의 아우 아들들과 함께 태조에게 귀의하자 그 아들 함서(咸舒)를 좌윤(佐尹)으로 삼고, 공직이 죽자 봉의(奉義)라는 시호를 내리고 함서로 하여금 후

사를 잇게 하였다. 〈고려사 권92 열전5〉

함의 含宜 [신라] 고려 태조가 신라왕과 태후(太后) 죽방부인(竹房夫人)을 비롯하여 상국(相國) 유렴(裕廉), 잡간(匝干) 예문(禮文), 파진찬(波珍粲)인 책궁(策宮)과 윤유(尹儒) 그리고 한찬(韓粲) 책직(策直), 흔직(昕直), 의경(義卿), 양여(讓餘), 관봉(寬封), 함의(含宜), 희길(熙吉) 등에게 물품을 나누어 주었다. 〈고려사 권2 태조14년〉

함필 含弼 [고려] 진보성(眞寶城) 성주(城主) 홍술(洪術)이 사람을 통해 항복하기를 청하므로 태조는 원윤(元尹) 왕유(王儒)와 경(卿) 함필(含弼) 등을 보내 위로하고 설득하였다. 〈고려사 권1 태조5년〉

함홍 含弘 [고려] 발해 사람 은계종(隱繼宗)이 귀화하여 태조를 뵙고 세 번 절하였는데 사람들이 결례라고 하자 대상(大相) 함홍이 망한 나라의 사람은 세 번 절하는 것이 예의라고 했다. 〈고려사 권1 태조11년〉

행훈 行訓 [고려] 강주에서 귀순한 윤웅(閏雄)의 아들 일강에게 아찬 품계를 내리고 경(卿) 행훈(行訓)의 누이동생과 결혼하게 하였다. 〈고려사 권1 태조3년〉

향예 香乂 [고려] 견훤이 처자식과 함께 고려 정부로 들어오기를 청하자 태조가 장군 유검필(庾黔弼), 대광(大匡) 만세(萬歲)와 원보(元甫) 향예(香乂), 오담(吳淡), 능선(能宣), 충질(忠質) 등에게 명하여 바다로 가서 견훤을 맞게 하였다. 〈고려사 권2 태조18년〉

허원 許原 [후고려] 당나라 상인 왕창근이 산 거울 속에 글이 있어 궁예에게 알렸는데 궁예가 글을 잘 아는 송사홍(宋舍弘), 백탁(白卓), 허원(許原) 등에게 해석하게 하였다. 이들이 읽어 보니 왕건이 건국할 것이라는 내용이므로 궁예에게는 사실대로 말하지 않았다. 〈고려사 권1 태조 즉위전〉

허월 許越 [고려] 왕순식(王順式)의 부친. 순식(順式)은 명주 사람으로 굴복하지 않으므로 그를 회유하기 위하여 지금 승려가 되어 내원(內院)에 있는 부친인 허월(許越)을 보내 설득하니 순식도 항복하였다. 〈고려사 권92 열전5 왕순식〉

현경 玄慶 [고려] → 배현경(裵玄慶) 〈고려사 권92 열전5 홍유〉

형적 邢積 [후백제] 태조가 견훤에게 보낸 답서 가운데 그동안의 전황을 열거하면서 임존성(任存城, 현 충남 대흥)을 함락시키던 날에 장수 형적 등 수백 명의 시신이 부서졌다. 〈고려사 권1 태조11년〉

홍견 洪見 [발해인] 홍견 등이 배 20척에 사람과 재물을 싣고 귀화해 왔다. 〈고려사 권1 태조12년〉

홍경 洪慶 [신라] 신라 중 홍경이 당나라 민부(閩府)로부터 대장경 1부를 싣고 왔으므로 왕이 친히 영접하고 제석원(帝釋院)에 보관하였다. 〈고려사 권1 태조11년〉

홍술 洪術 [신라] 5년 진보성(眞寶城) 성주 홍술이 항복을 청하였다. 동 6년 진보성 성주 홍술이 아들 왕립(王立)편에 갑옷 30벌을 헌납하였다. 동 12년 견훤과의 싸움에서 성주인 장군 홍술(洪術)이 전사하였다. 〈고려사 권1 태조 5년, 6년, 12년〉

홍유 洪儒 [후고려] 후고려 궁예의 기장(騎將 : 기병 장군) 홍유(洪儒), 배현경(裵玄慶), 신숭겸(申崇謙), 복지겸(卜智謙) 등이 비밀리에 모의하고 밤에 태조의 집으로 찾아가 그를 왕으로 추대할 뜻을 말하였다. 건국후 공신들인 홍유(洪儒), 배현경(裵玄慶), 신숭겸(申崇謙), 복지겸(卜智謙) 등을 제1등으로 하여 차등을 두고 지급하였다. 태조가 신검군과 싸우기 위하여 대상(大相) 김철(金鐵), 홍유(洪儒), 박수경(朴守卿)과 원보(元甫) 연주(連珠), 원윤(元尹) 훤양(萱良) 등은 마병(馬兵) 일만을 거느리게 하여 군사를 정비하였다. 〈고려사 권2 태조19년〉 홍유의 처음 이름은 술(術)이며 의성부(義城府) 사람이다. 〈고려사 1 태조 원년, 19년, 92 열전 5 홍유〉

환궁 奐弓 [후백제] 검필(黔弼)이 7일간 머물다가 돌아오는 길에 자도(子道)에서 신검(神劍) 등을 만나 싸워 크게 승리하고 금달(今達), 환궁(奐弓) 등 적장 7명을 생포하였다. 〈고려사 권92 열전5 유검필〉

환선길 桓宣吉 [고려] 경신일에 마군장군(馬軍將軍) 환선길이 역모를 꾸미다 잡혀 죽었다. 〈고려사 권1 태조원년〉 환선길과 임춘길(林春吉)이 모반을 꾀할 때 모두 복지겸(卜智謙)이 밀고하여 주살(誅殺)을 당하였다. 〈고려사 권92 열전5〉

황보금산 皇甫金山 [고려] 태조가 신검군과 대치하여 군비를 정비할 때 훤(萱)을 위시하여 대상(大相) 견권(堅權), 희술(希述), 황보금산과 원윤(元尹) 강유영(康柔英) 등은 마군(馬軍) 일만 명을 거느리게 하여 좌익을 삼았다. 〈고려사 권2 태조19년〉

효렴 孝廉 [신라] 견훤이 경주를 쳐 왕이 죽도록 하고 시라왕의 외종제 김부를 왕으로 세우고 왕의 동생인 효렴(孝廉)과 재상 영경(英景) 등을 포로로 삼아 돌아갔다. 〈고려사 권1, 태조10년〉

효봉 孝奉 [후백제] 백제 좌장군 효봉(孝奉), 덕술(德述), 애술(哀述), 명길(明吉) 등 4명이 태조의 군세가 대단한 것을 보고 항복하였다. 왕이 효봉(孝奉) 등을 위로하고 신검(神劍)이 있는 곳을 물었는데 효봉이 신검은 중군에 있다고 하였다. 〈고려사 권2 태조19년〉

훈겸 訓謙 [후백제] 유검필이 용감한 기병 수천 명을 이끌고 견훤군에게 돌격하여 삼천여 명의 수급을 베고 술사(術士) 종훈(宗訓), 의사(醫師) 훈겸(訓謙), 용장(勇將) 상달(尙達)과 최필(崔弼)을 포로로 삼았다. 〈고려사 권92 열전5 유검필〉

훤 萱 [후백제] 견훤의 성(姓)을 생략하고 기록한 이름→견훤 〈고려사 1 태조 2년, 3년, 8년, 9년, 10년, 13년, 18년, 19년, 92 열전 5 홍유, 유검필, 박영규〉

훤달 萱達 [신라] 북미질부성(北彌秩夫城=경북 홍해) 성주 훤달이 남미질

부성주와 함께 항복해 왔다. 〈고려사 권1 태조13년〉

훤량 萱良 [고려] 태조가 신검군과 싸우기 위하여 대상(大相) 김철(金鐵), 홍유(洪儒), 박수경(朴守卿)과 원보(元甫) 연주(連珠), 원윤(元尹) 훤양(萱良) 등은 마병(馬兵) 일만을 거느리게 하여 우익을 삼았다. 〈고려사 권2 태조19년〉

흑상 黑湘 [후고려] 궁예는 보장(步將 : 보병 장군) 강선힐(康瑄詰), 흑상(黑湘), 김재원(金材瑗) 등을 태조의 부장으로 삼았다. 〈고려사 권1 태조5〉

흔강 昕康 [후백제] 태조가 신검군을 공격하여 적의 장수 흔강(昕康), 견달(見達), 은술(殷述), 금식(今式), 우봉(又奉) 등을 비롯하여 3천2백 명을 사로잡았다. 신검이 항복한 후 각각 제고향으로 돌려보냈는데 흔강(昕康), 부달(富達), 우봉(又奉), 견달(見達) 등 40명만은 처자와 함께 서울로 데려왔다. 〈고려사 권2 태조19년〉

흔계 昕繼 [고려] 태조가 신검군과 싸우기 위하여 보천군 대장군(補天軍大將軍) 원윤(元尹) 삼순(三順), 준량(俊良)과 정조(正朝) 영유(英儒), 길강충(吉康忠), 흔계(昕繼) 등은 보군(步軍) 일만을 거느리게 하여 우익으로 삼았다. 〈고려사 권2 태조19년〉

흔악 昕岳 [고려] 태조가 신검군과 싸우기 위하여 지천군 대장군(支天軍) 원윤(元尹) 능달(能達), 기언(奇言), 한순명(韓順明), 흔악(昕岳)과 정조(正朝) 영직(英直), 광세(廣世) 등은 보군(步軍) 일만을 지휘하게 하여 좌익으로 삼았다. 〈고려사 권2 태조19년〉

흔직 昕直 [신라] 태조가 신라왕과 태후(太后) 죽방부인(竹房夫人)을 비롯하여 상국(相國) 유렴(裕廉), 잡간(匝干) 예문(禮文), 파진찬(波珍粲)인 책궁(策宮)과 윤유(尹儒) 그리고 한찬(韓粲) 책직(策直), 흔직(昕直), 의경(義卿), 양여(讓餘), 관봉(寬封), 함의(含宜), 희길(熙吉) 등에게 물품을 나누어 주었다. 〈고려사 권2 태조14년〉

흥달 興達

[후백제] 장수. 고사갈이성(高思葛伊城, 현 경북 문경) 성주 흥달(興達)이 귀순해 왔다. 또 이총언(李悤言), 견금(堅金), 윤선(尹瑄), 흥달(興達), 선필(善弼), 태평(泰評) 등이 모두 태조에게 귀순하였다, 흥달(興達)은 견훤(甄萱)의 고사갈이(高思葛伊) 성주였었다. 태조가 강주를 순찰할 때 흥달이 아들을 보내어 항복의 뜻을 전했다. 태조가 이를 기뻐하여 흥달(興達)에게는 청주(靑州)를 녹읍으로 주고, 아들 준달(俊達)은 진주(珍州)를, 웅달(雄達)은 한수(寒水)를, 옥달(玉達)에게는 장천(長淺)을 녹읍으로 내렸다. 견훤(甄萱)이 그 성을 공격하고자 하였는데 흥달(興達)이 소문을 듣고 출전하려고 목욕하다가 오른쪽 팔에 멸(滅) 자가 나타나 이상히 여기고 기도를 한지 10일만에 죽었다. 〈고려사 권1 태조10년, 권92, 열전5 왕순식〉

흥종 興宗

[후백제] 고려 원윤 김상(金相)이 강주를 구원하러 가는데 초팔성(草八城) 성주 흥종(興宗)의 공격을 받고 패배하였으며 김상(金相)은 전사했다. 〈고려사 권1 태조11년〉

흥현 興鉉

[고려] 태조가 즉위한 후 견금(堅金)이 청주의 영군장군으로 있었는데 부장(副將)들인 연익(連翌), 흥현(興鉉) 등과 함께 찾아와 뵙고 다른 마음이 없고 충성을 다하겠다고 맹서하였다. 〈고려사 권92 열전5 왕순식〉

희길 熙吉

[신라] 태조가 신라왕과 태후(太后) 죽방부인(竹房夫人)을 비롯하여 상국(相國) 유렴(裕廉), 잡간(匝干) 예문(禮文), 파진찬(波珍粲)인 책궁(策宮)과 윤유(尹儒) 그리고 한찬(韓粲) 책직(策直), 흔직(昕直), 의경(義卿), 양여(讓餘), 관봉(寬封), 함의(含宜), 희길(熙吉) 등에게 물품을 나누어 주었다. 〈고려사 권2 태조14년〉

희술 希述

[고려] 견훤이 태조에게 억울함을 풀어 달라고 간청하매 정윤(正胤) 무(武)와 장군 희술(希述)에게 명하여 천안부로 먼저 가게 했다. 신검군과 대치하여 훤(萱)을 위시하여 대상(大相) 견권

(堅權), 희술(希述), 황보금산(皇甫金山)과 원윤(元尹) 강유영(康柔英) 등은 마군(馬軍) 일만 명을 거느리게 하여 좌익을 삼았다. 〈고려사 권2 태조19년〉

3. 금석문

각명화상 覺明和上　연지사종기(蓮池寺鐘記) 진주. 신라 42대 흥덕왕 8년(833년). 〈총람〉

각지 覺智　신라선림원종(新羅禪林院鐘) 양양군. 40대 애장왕(哀莊王) 5년(804년) 〈유문〉

개각 開角　해인사호국삼보전망치소옥자(海印寺護國三寶戰亡緇素玉字) 합천. 연대모름 〈유문〉

개운 開云　해인사호국삼보전망치소옥자(海印寺護國三寶戰亡緇素玉字) 합천. 연대모름 〈유문〉

개원공 이찬 愷元公 伊湌　감산사아미타여래조상기(甘山寺阿彌陀如來造像記) 경주. 신라 33대 성덕왕(聖德王) 18년(719년) 〈총람〉

거불 居弗　해인사묘길상탑기. 운양대길상탑기(海印寺妙吉祥塔記. 雲陽臺吉祥塔記) 합천. 신라 51대 진성왕(眞聖王) 8년(895년) 〈유문〉

건통법사 建通法師　천전리서석(川前里書石) 울주(蔚州). 서기 5~6세기로 보임 〈유문〉

견기 堅其 강주보주아간(康州輔重阿干) 패강진도호중아간(浿江鎭都護重阿干). 신라황룡사구층목탑찰주본기(新羅皇龍寺九層木塔刹柱本記) 경주 신라 말 〈유문〉

견상 堅相 해인사묘길상탑기. 운양대길상탑기(海印寺妙吉祥塔記. 雲陽臺吉祥塔記) 합천. 신라 51대 진성왕(眞聖王) 8년(895년) 〈유문〉

견필 堅必 해인사호국삼보전망치소옥자(海印寺護國三寶戰亡緇素玉字) 합천. 연대모름 〈유문〉

경문대왕 景文大王 48대왕. 월광사원랑선사대보선광탑비(月光寺圓朗禪師大寶禪光塔碑) 제천. 신라 51대 진성왕(眞聖王) 4년(890년) 〈총람〉

경융 사문 京融 沙門 감산사아미타여래조상기(甘山寺阿彌陀如來造像記) 경주. 신라 33대 성덕왕(聖德王) 18년(719년) 〈총람〉

경지대사 鏡智大師 봉림사진경대사보월능공탑비(鳳林寺眞鏡大師寶月凌空塔碑) 창원. 신라 54대 경명왕(景明王) 8년(924년) 〈총람〉

경질선사 景質禪師 봉림사진경대사보월능공탑비(鳳林寺眞鏡大師寶月凌空塔碑) 창원. 신라 54대 경명왕(景明王) 8년(924년) 〈총람〉

계현 啓玄 도감수조대덕판정법사(都監修造大德判政法事). 신라창림사무구정탑원기(新羅昌林寺無垢淨塔願記) 신라 46대 문성왕(文聖王) 17년(855년) 〈유문〉

고두림 高頭林 단양적성비(丹陽赤城碑) 단양. 신라 24대 진흥왕(眞興王) 대 추정 〈유문, 한국학보〉

고로리 古路里 현도의 망처(亡妻). 감산사아미타여래조상기(甘山寺阿彌陀如來造像記) 경주. 신라 33대 성덕왕(聖德王) 18년(719년) 〈총람〉

고보리 古寶里 현도의 망매(亡妹). 감산사아미타여래조상기(甘山寺阿彌陀如來造像記) 경주. 신라 33대 성덕왕(聖德王) 18년(719년) 〈총람〉

관영법사 觀榮法師 월광사원랑선사대보선광탑비(月光寺圓朗禪師大寶禪光塔碑) 제

천. 신라 51대 진성왕(眞聖王) 4년(890년) 〈총람〉

관초리 觀肖里 김지성의 망비(亡妣). 감산사아미타여래조상기(甘山寺阿彌陀如來造像記) 경주. 신라 33대 성덕왕(聖德王) 18년(719년) 〈총람〉

광렴 光廉 화상. 신라규흥사종(新羅竅興寺鐘) 일본. 신라 52대 효공왕(孝恭王) 8년(903년) 〈유문〉

교일 敎日 승. 신라황룡사구층목탑찰주본기(新羅皇龍寺九層木塔刹柱本記) 경주 신라 말 〈유문〉

교장 敎章 수조승강주함안군통(修造僧康州咸安郡統). 신라창림사무구정탑원기(新羅昌林寺無垢淨塔願記) 신라 46대 문성왕(文聖王) 17년(855년) 〈유문〉

구조 具祖 승. 해인사묘길상탑기. 운양대길상탑기(海印寺妙吉祥塔記. 雲陽臺吉祥塔記) 합천. 신라 51대 진성왕(眞聖王) 8년(895년) 〈유문〉

궁순왕 광봉 宮順王 光峯 천전리서석(川前里書石) 울주(蔚州). 서기 5~6세기로 보임. 〈유문〉

권담 劵湛 해인사호국삼보전망치소옥자(海印寺護國三寶戰亡緇素玉字) 합천. 연대모름 〈유문〉

귀온 龜溫 천전리서석(川前里書石) 울주(蔚州). 서기 5~6세기로 보임 〈유문〉

귀진 貴珎 제삼촌주 급간(及干). 신라규흥사종(新羅竅興寺鐘) 일본. 신라 52대 효공왕(孝恭王) 8년(903년) 〈유문〉

규길봉학 圭吉鳳鶴 해인사호국삼보전망치소옥자(海印寺護國三寶戰亡緇素玉字) 합천. 연대모름 〈유문〉

극일봉 克一奉 중사인(中舍人). 대안사적인선사조륜청정탑비(大安寺寂忍禪師照輪淸淨塔碑) 곡성. 신라 45대 경문왕(景文王) 12년(872년) 〈총람〉

금길 今吉 해인사호국삼보전망치소옥자(海印寺護國三寶戰亡緇素玉字) 합

천. 연대모름 〈유문〉

금선 今善 해인사호국삼보전망치소옥자(海印寺護國三寶戰亡緇素玉字) 합천. 연대모름 〈유문〉

급린사이 及鄰沙伱 천전리서석(川前里書石) 울주(蔚州). 서기 5~6세기로 보임 〈유문〉

기명 其名 해인사호국삼보전망치소옥자(海印寺護國三寶戰亡緇素玉字) 합천. 연대모름 〈유문〉

기열 其悅 해인사호국삼보전망치소옥자(海印寺護國三寶戰亡緇素玉字) 합천. 연대모름 〈유문〉

긴정 緊丁 해인사호국삼보전망치소옥자(海印寺護國三寶戰亡緇素玉字) 합천. 연대모름 〈유문〉

김○득 金○淂 급찬. 신라성덕대왕신종(新羅聖德大王神鐘) 경주. 신라 36대 혜공왕(惠恭王) 7년(771년) 〈유문〉

김○봉 金○奉 유림랑수(儒林郎守). 보림사보조선사창성탑비(寶林寺普照禪師彰聖塔碑) 장흥. 신라 49대 헌강왕(憲康王) 10년(884년) 〈총람〉

김경신 金敬信 아찬(阿湌). 성덕대왕신종명(聖德大王神鐘銘) 경주. 36대 혜공왕(惠恭王) 7년(771년) 〈총람〉

김계종 金繼宗 감수조사종숙행무주장사(監修造使從叔行武主長史). 신라창림사무구정탑원기(新羅昌林寺無垢淨塔願記) 신라 46대 문성왕(文聖王) 17년(855년) 〈유문〉

김공립 金公立 대사(大舍). 신라황룡사구층목탑찰주본기(新羅皇龍寺九層木塔刹柱本記) 경주 신라 말 〈유문〉

김긍회 金兢會 황위대사(黃位大舍). 신라황룡사구층목탑찰주본기(新羅皇龍寺九層木塔刹柱本記) 경주 신라 말 〈유문〉

김기언 金奇言 구당수조관전창부사(勾當修造官前倉府史). 신라창림사무구정탑

원기(新羅昌林寺無垢淨塔願記) 신라 46대 문성왕(文聖王) 17년 (855년) 〈유문〉

김단서 金丹書 창부경일길간(倉部卿一吉干). 신라황룡사구층목탑찰주본기(新羅皇龍寺九層木塔刹柱本記) 경주 신라 말 〈유문〉

김랑 金郞 천전리서석(川前里書石) 울주(蔚州). 서기 5~6세기로 보임 〈유문〉

김량상 金良相 각간(角干). 성덕대왕신종명(聖德大王神鐘銘) 경주. 36대 혜공왕(惠恭王) 7년(771년) 〈총람〉

김량상 金良相 각간. 후에 37대 선덕왕(宣德王). 신라성덕대왕신종(新羅聖德大王神鐘) 경주. 신라 36대 혜공왕(惠恭王) 7년(771년) 〈유문〉

김륙진 金陸珍 대내마(大奈麻). 무장사아미타여래조상사적비(鍪藏寺阿彌陀如來造像事蹟碑) 경주. 신라 40대 애장왕(哀莊王) 2년(801년) 추정 〈총람〉

김립언 金立言 건공향령(建功鄕令). 봉암사지증대사적조탑비(鳳巖寺智證大師寂照塔碑) 문경. 신라 54대 경명왕(景明王) 8년(924년) 〈총람〉

김문식 金文式 중사성 내양(中事省內養). 봉림사진경대사보월능공탑비(鳳林寺眞鏡大師寶月凌空塔碑) 창원. 신라 54대 경명왕(景明王) 8년(924년) 〈총람〉

김박기 金朴基 구당수조관전창부사(勾當修造官前倉府史). 신라창림사무구정탑원기(新羅昌林寺無垢淨塔願記) 신라 46대 문성왕(文聖王) 17년 (855년) 〈유문〉

김부○ 金符○ 한림대서생대내마(翰林臺書生大奈麻). 신라성덕대왕신종(新羅聖德大王神鐘) 경주. 신라 36대 혜공왕(惠恭王) 7년(771년) 〈유문〉

김수종 金邃宗 무주장사부관(武州長沙副官). 보림사철조비로사나불좌상(寶林寺鐵造毘盧舍那佛坐像) 장흥. 신라 47대 헌안왕(憲安王) 2년(857년) 〈유문〉

김수종 金遂宗	서원부소윤내말(西原部小尹奈末). 신라보림사북탑기(新羅寶林寺北塔記) 장흥. 신라 48대 경문왕(景文王) 10년(870년) 〈유문〉
김순원 金順元	소판(蘇判). 신라황복사석탑금동사리함명(新羅皇福寺石塔金銅舍利函銘) 경주. 신라 33대 성덕왕(聖德王) 5년(706년) 〈유문〉
김신행 金愼行	대사(大舍). 신라황룡사구층목탑찰주본기(新羅皇龍寺九層木塔刹柱本記) 경주 신라 말 〈유문〉
김심권 金審卷	대사(大舍). 신라황룡사구층목탑찰주본기(新羅皇龍寺九層木塔刹柱本記) 경주 신라 말 〈유문〉
김양박 金梁博	전지수조관세택대내말행서림군태수(專知修造官洗宅大奈末行西林郡太守). 신라창림사무구정탑원기(新羅昌林寺無垢淨塔願記) 신라 46대 문성왕(文聖王) 17년(855년) 〈유문〉
김억녕 金嶷寧	검교부사수명주별가(檢校副使守溟州別駕). 신라창림사무구정탑원기(新羅昌林寺無垢淨塔願記) 신라 46대 문성왕(文聖王) 17년(855년) 〈유문〉
김언경 金彦卿	보림사보조선사창성탑비(寶林寺普照禪師彰聖塔碑) 장흥. 신라 49대 헌강왕(憲康王) 10년(884년) 〈총람〉
김언승 金彦昇	신라서당화상비신편(新羅誓幢和尙碑新片) 9세기 초 〈유문〉
김여잉유 金如芿庾	판관대내마(判官大奈麻). 신라성덕대왕신종(新羅聖德大王神鐘) 경주. 신라 36대 혜공왕(惠恭王) 7년(771년) 〈유문〉
김영봉 金穎奉	조청랑수정변부사(朝青郎守定邊府司). 보림사보조선사창성탑비(寶林寺普照禪師彰聖塔碑) 장흥. 신라 49대 헌강왕(憲康王) 10년(884년) 〈총람〉
김예 金銳	선수조탑사종제사지행웅주기량현령(宣修造塔使從弟舍知行熊州祁梁縣令). 신라창림사무구정탑원기(新羅昌林寺無垢淨塔願記) 신라 46대 문성왕(文聖王) 17년(855년). 〈유문〉

김옹 金邕 대각간(大角干). 성덕대왕신종명(聖德大王神鐘銘) 경주. 36대 혜공왕(惠恭王) 7년(771년) 〈총람〉

김옹 金邕 대각간. 신라성덕대왕신종(新羅聖德大王神鐘) 경주. 신라 36대 혜공왕(惠恭王) 7년(771년) 〈유문〉

김욱영 金昱榮 임관군태수사간(臨關郡太守沙干). 신라황룡사구층목탑찰주본기(新羅皇龍寺九層木塔刹柱本記) 경주 신라 말 〈유문〉

김원필 金元弼 검교사아간전집사시랑(檢校使阿干前執事侍郎). 신라창림사무구정탑원기(新羅昌林寺無垢淨塔願記) 신라 46대 문성왕(文聖王) 17년(855년) 〈유문〉

김위홍 金魏弘 =위홍. 신라황룡사구층목탑찰주본기(新羅皇龍寺九層木塔刹柱本記) 경주 신라 말 〈유문〉

김이신 金李臣 상당전병부대감아간(上堂前兵部大監阿干). 신라황룡사구층목탑찰주본기(新羅皇龍寺九層木塔刹柱本記) 경주 신라 말 〈유문〉

김인광 金仁匡 명의장군(明義將軍). 봉림사진경대사보월능공탑비(鳳林寺眞鏡大師寶月凌空塔碑) 창원. 신라 54대 경명왕(景明王) 8년(924년) 〈총람〉

김인문 金仁問 부여당평제비(夫餘唐平濟碑) 신라 29대 무열왕(武烈王) 7년(660년) 〈총람〉

김인문 金仁問 성주사 낭혜화상백월보광탑비(聖住寺 朗慧和尙白月葆光塔碑) 보령군. 신라 51대 진성왕(眞聖王) 4년(890년) 추정 〈총람〉

김인장 金仁章 일길찬(一吉湌) 김지성의 아버지. 감산사미륵보살조상기(甘山寺彌勒菩薩造像記) 경주. 신라 33대 성덕왕(聖德王) 18년(719년) 〈총람〉

김일 金鎰 송악군태수대내마(松岳郡太守大奈麻). 신라황룡사구층목탑찰주본기(新羅皇龍寺九層木塔刹柱本記) 경주 신라 말 〈유문〉

김일진 金一珍 대내마(大奈麻). 성덕대왕신종명(聖德大王神鍾銘) 경주. 36대 혜공왕(惠恭王) 7년(771년) 〈총람〉

김일진 金一珎 녹사내마(錄事奈麻). 신라성덕대왕신종(新羅聖德大王神鐘) 경주. 신라 36대 혜공왕(惠恭王) 7년(771년) 〈유문〉

김입지 金立之 비명(碑銘) 찬자(撰者). 신라창림사무구정탑원기(新羅昌林寺無垢淨塔願記) 신라 46대 문성왕(文聖王) 17년(855년) 〈유문〉

김입지 金立之 성주사 낭혜화상백월보광탑비(聖住寺 朗慧和尙白月葆光塔碑) 보령군. 신라 51대 진성왕(眞聖王) 4년(890년) 추정 〈총람〉

김자랑 金仔郎 천전리서석(川前里書石) 울주(蔚州). 서기 5~6세기로 보임 〈유문〉

김장간 金張幹 녹사내마(錄事奈麻). 신라성덕대왕신종(新羅聖德大王神鐘) 경주. 신라 36대 혜공왕(惠恭王) 7년(771년) 〈유문〉

김종유 金宗猷 내마(奈麻). 신라황룡사구층목탑찰주본기(新羅皇龍寺九層木塔刹柱本記) 경주 신라 말 〈유문〉

김주천 金周川 낭혜화상의 아버지. 성주사 낭혜화상백월보광탑비(聖住寺 朗慧和尙白月葆光塔碑) 보령군. 신라 51대 진성왕(眞聖王) 4년(890년) 추정 〈총람〉

김지성 중아찬 金志誠 重阿飡 감산사미륵보살조상기(甘山寺彌勒菩薩造像記) 경주. 신라 33대 성덕왕(聖德王) 18년(719년) 〈총람〉

김지전 金志全 아찬(阿飡). 감산사아미타여래조상기(甘山寺阿彌陀如來造像記) 경주. 신라 33대 성덕왕(聖德王) 18년(719년) 〈총람〉

김체신 金體信 아찬. 신라성덕대왕신종(新羅聖德大王神鐘) 경주. 신라 36대 혜공왕(惠恭王) 7년(771년) 〈유문〉

김춘추 金春秋 당유인원기공비(唐劉仁願紀功碑) 부여(夫餘). 신라 30대 문무왕 3년(663년) 추정 〈총람〉

김충봉 金忠封 급찬. 신라성덕대왕신종(新羅聖德大王神鐘) 경주. 신라 36대 혜공왕(惠恭王) 7년(771년) 〈유문〉

김충봉 金忠封 대내마. 성덕대왕신종명(聖德大王神鐘銘) 경주. 36대 혜공왕(惠恭王) 7년(771년) 〈총람〉

김취원 金驟源 대사(大舍). 감산사아미타여래조상기(甘山寺阿彌陀如來造像記) 경주. 신라 33대 성덕왕(聖德王) 18년(719년) 〈총람〉

김통삼 金通三 급찬 국학소경(級湌國學少卿). 문무왕릉비(文武王陵碑) 신라. 31대 신문왕(神文王) 원년(681년) 〈총람〉

김팔원 金八元 집사시랑(執事侍郎). 봉암사지증대사적조탑비(鳳巖寺智證大師寂照塔碑) 문경. 신라 54대 경명왕(景明王) 8년(924년) 〈총람〉

김팔원 金八元 집사시랑아간(執事侍郎阿干). 신라황룡사구층목탑찰주본기(新羅皇龍寺九層木塔刹柱本記) 경주 신라 말 〈유문〉

김평긍 金平矜 청위내마(青位奈麻). 신라황룡사구층목탑찰주본기(新羅皇龍寺九層木塔刹柱本記) 경주 신라 말 〈유문〉

김필오(해) 金弼奧(奚) 조산대부겸태자조의랑한림랑(朝散大夫兼太子朝議郎翰林郎). 신라성덕대왕신종(新羅聖德大王神鐘) 경주. 신라 36대 혜공왕(惠恭王) 7년(771년) 〈유문〉

김필해 金弼奚 한림랑 급찬(翰林郎 級湌). 성덕대왕신종명(聖德大王神鐘銘) 경주. 36대 혜공왕(惠恭王) 7년(771년) 〈총람〉

김함희 金咸熙 내성경사간(內省卿沙干). 신라황룡사구층목탑찰주본기(新羅皇龍寺九層木塔刹柱本記) 경주 신라 말 〈유문〉

김함희 金咸熙 집사시랑(執事侍郎). 봉암사지증대사적조탑비(鳳巖寺智證大師寂照塔碑) 문경. 신라 54대 경명왕(景明王) 8년(924년) 〈총람〉

김헌정 金獻貞 비문 찬자(碑文撰者). 단속사신행선사비(斷俗寺神行禪師碑) 단성(丹城). 신라 41대 헌덕왕(憲德王) 5년(813년) 〈총람〉

김현웅 金賢雄	적위대내마(赤位大奈麻). 신라황룡사구층목탑찰주본기(新羅皇龍寺九層木塔刹柱本記) 경주 신라 말 〈유문〉
김훈영 金勳榮	감수조사종숙신수강주사수현령(監修造使從叔新授康州泗水縣令) 신라창림사무구정탑원기(新羅昌林寺無垢淨塔願記) 신라 46대 문성왕(文聖王) 17년(855년) 〈유문〉
김훈행 金勛幸	대사(大舍). 신라황룡사구층목탑찰주본기(新羅皇龍寺九層木塔刹柱本記) 경주 신라 말 〈유문〉
김흠선 金歆善	내마(奈麻). 신라황룡사구층목탑찰주본기(新羅皇龍寺九層木塔刹柱本記) 경주 신라 말 〈유문〉
김흥종 金興宗	신라황복사석탑금동사리함명(新羅皇福寺石塔金銅舍利函銘) 경주. 신라 33대 성덕왕(聖德王) 5년(706년) 〈유문〉

나루 那婁	신묘명금동삼존불광배(辛卯銘金銅三尊佛光背) 곡산. 고구려 25대 평원왕 13년(571년) 〈유문〉
난교 蘭交	승. 해인사묘길상탑기. 운양대길상탑기(海印寺妙吉祥塔記. 雲陽臺吉祥塔記) 합천. 신라 51대 진성왕(眞聖王) 8년(895년) 〈유문〉
내례부 內禮夫	대아간. 단양적성비(丹陽赤城碑) 단양. 신라 24대 진흥왕(眞興王) 대 추정 〈유문, 한국학보〉
내생 奈生	무술오작비(戊戌塢作碑) 신라 25대 진지왕(眞智王) 3년(578년) 추정 〈유문〉

능선 能善 원주대덕(院主大德). 봉암사지증대사적조탑비(鳳巖寺智證大師寂照塔碑) 문경. 신라 54대 경명왕(景明王) 8년(924년) 〈총람〉

능신 能信 해인사호국삼보전망치소옥자(海印寺護國三寶戰亡緇素玉字) 합천. 연대모름 〈유문〉

단원 端元 종실 삼랑(宗室三良) 숭복사비(崇福寺碑) 경주. 신라 51대 진성왕(眞聖王) 때 〈총람〉

달마 達摩 유나승. 신라황룡사구층목탑찰주본기(新羅皇龍寺九層木塔刹柱本記) 경주 신라 말 〈유문〉

담유 談裕 대통승(大統僧). 신라황룡사구층목탑찰주본기(新羅皇龍寺九層木塔刹柱本記) 경주 신라 말 〈유문〉

대덕공 大德公 수하(隨下) 천전리서석(川前里書石) 울주(蔚州). 서기 5~6세기로 보임 〈유문〉

대미 大未 천전리서석(川前里書石) 울주(蔚州). 서기 5~6세기로 보임 〈유문〉

대정 代丁 무술오작비(戊戌塢作碑) 신라 25대 진지왕(眞智王) 3년(578년) 추정 〈유문〉

대조선사 大照禪師 단속사신행선사비(斷俗寺神行禪師碑) 단성(丹城). 신라 41대 헌덕왕(憲德王) 5년(813년) 〈총람〉

도○ 道○ 비구. 신묘명금동삼존불광배(辛卯銘金銅三尊佛光背) 곡산. 고구

려 25대 평원왕 13년(571년) 〈유문〉

도견 到堅 해인사호국삼보전망치소옥자(海印寺護國三寶戰亡緇素玉字) 합천. 연대모름 〈유문〉

도권 道權 천전리서석(川前里書石) 울주(蔚州). 서기 5~6세기로 보임 〈유문〉

도두지 道豆只 단양적성비(丹陽赤城碑) 단양. 신라 24대 진흥왕(眞興王) 대 추정 〈유문, 한국학보〉

도라혜 刀羅兮 단양적성비(丹陽赤城碑) 단양. 신라 24대 진흥왕(眞興王) 대 추정 〈유문, 한국학보〉

도설지 道設智 단양적성비(丹陽赤城碑) 단양. 신라 24대 진흥왕(眞興王) 대 추정 〈유문, 한국학보〉

도신 道信 천전리서석(川前里書石) 울주(蔚州). 서기 5~6세기로 보임 〈유문〉

도업 道業 천전리서석(川前里書石) 울주(蔚州). 서기 5~6세기로 보임 〈유문〉

도여 道如 신라선방사탑지석(新羅禪房寺塔誌石) 49대 헌강왕(憲康王) 5년(879년) 〈유문〉

도유나 都唯那 원주대덕(院主大德). 봉암사지증대사적조탑비(鳳巖寺智證大師寂照塔碑) 문경. 신라 54대 경명왕(景明王) 8년(924년) 〈총람〉

도지 刀只 단양적성비(丹陽赤城碑) 단양. 신라 24대 진흥왕(眞興王) 대 추정 〈유문, 한국학보〉

동설 同說 신라선림원종(新羅禪林院鐘) 양양군. 40대 애장왕(哀莊王) 5년(804년) 〈유문〉

동수 冬壽 동수묘지(冬壽墓誌) 고구려. 안악(安岳) 3호분(號墳)에서 출토 〈유문〉

두미지 豆弥智　단양적성비(丹陽赤城碑) 단양. 신라 24대 진흥왕(眞興王) 대 추정 〈유문, 한국학보〉

명선 鳴善　승(僧). 봉암사지증대사적조탑비(鳳巖寺智證大師寂照塔碑) 문경. 신라 54대 경명왕(景明王) 8년(924년) 〈총람〉

명종 名宗　해인사호국삼보전망치소옥자(海印寺護國三寶戰亡緇素玉字) 합천. 연대모름 〈유문〉

모령 芼令　무술오작비(戊戌塢作碑) 신라 25대 진지왕(眞智王) 3년(578년) 추정 〈유문〉

묘범법사 妙凡法師　중초사당간석주기(中初寺幢竿石柱記) 시흥. 신라 42대 흥덕왕(興德王) 2년(827년) 〈총람〉

무동 戊同　순무의 아내. 계유명청동신장입상대좌명(癸酉銘靑銅神將立像臺座銘) 진양. 연대미상 〈유문〉

무력지 武力智　단양적성비(丹陽赤城碑) 단양. 신라 24대 진흥왕(眞興王) 대 추정 〈유문, 한국학보〉

문성대왕 文聖大王　46대왕. 신라황룡사구층목탑찰주본기(新羅皇龍寺九層木塔刹柱本記) 경주 신라 말 〈유문〉

문영 文永　해인사호국삼보전망치소옥자(海印寺護國三寶戰亡緇素玉字) 합천. 연대모름 〈유문〉

문의왕후 文懿王后　개선사석등기(開仙寺石燈記) 담양. 신라 51대 진성왕(眞聖王) 5

	년(891년) 〈총람〉
물지차 勿支次	단양적성비(丹陽赤城碑) 단양. 신라 24대 진흥왕(眞興王) 대 추정 〈유문, 한국학보〉
민애대왕 敏哀大王	44대 민애왕(閔哀王). 신라민애대왕석탑기(新羅敏哀大王石塔記) 동화사. 신라 48대 경문왕(景文王) 3년(863년) 〈유문〉

박거물 朴居勿	우군대감겸성공(右軍大監兼省公). 신라황룡사구층목탑찰주본기(新羅皇龍寺九層木塔刹柱本記) 경주 신라 말 〈유문〉
박렴 조주 朴廉 造主	영태이년탑지(永泰二年塔誌) 안성. 신라 36대 혜공왕(惠恭王) 2년(766년) 〈유문〉
박부부 朴負缶	대사(大舍). 신라성덕대왕신종(新羅聖德大王神鐘) 경주. 신라 36대 혜공왕(惠恭王) 7년(771년) 〈유문〉
박빈내 朴賓奈	주종차박사 내마(鑄鐘次博士 奈麻). 신라성덕대왕신종(新羅聖德大王神鐘) 경주. 신라 36대 혜공왕(惠恭王) 7년(771년) 〈유문〉
박성미 朴成美	사직(司直). 신라보림사북탑기(新羅寶林寺北塔記) 장흥. 신라 48대 경문왕(景文王) 10년(870년) 〈유문〉
박심랑 朴心郎	천전리서석(川前里書石) 울주(蔚州). 서기 5~6세기로 보임 〈유문〉
박종일 朴從鎰?	주종대박사. 대내마(鑄鐘大博士 大奈麻) 신라성덕대왕신종(新羅聖德大王神鐘) 경주. 신라 36대 혜공왕(惠恭王) 7년(771년) 〈유문〉

박한매 朴韓昧 내마(奈痲). 신라성덕대왕신종(新羅聖德大王神鐘) 경주. 신라 36대 혜공왕(惠恭王) 7년(771년) 〈유문〉

박한미 朴韓味 내마(奈痲). 성덕대왕신종명(聖德大王神鐘銘) 경주. 36대 혜공왕(惠恭王) 7년(771년) 〈총람〉

방령 芳另 감은사도유나승(感恩寺都維那僧). 신라황룡사구층목탑찰주본기(新羅皇龍寺九層木塔刹柱本記) 경주 신라 말 〈유문〉

범각 梵覺 신라민애대왕석탑기(新羅敏哀大王石塔記) 동화사. 신라 48대 경문왕(景文王) 3년(863년) 〈유문〉

범혜 梵兮 신룡2년금동사리방함(神龍二年金銅舍利方函) 경주. 신라 33대 성덕왕(聖德王) 5년(706년) 〈유문〉

법랑 法朗 봉암사지증대사적조탑비(鳳巖寺智證大師寂照塔碑) 문경. 신라 54대 경명왕(景明王) 8년(924년) 〈총람〉

법랑선사 法朗禪師 단속사신행선사비(斷俗寺神行禪師碑) 단성(丹城). 신라 41대 헌덕왕(憲德王) 5년(813년) 〈총람〉

법매법사 法昧法師 연지사종기(蓮池寺鐘記) 진주. 신라 42대 흥덕왕 8년(833년) 〈총람〉

법민랑 法民郞 천전리서석(川前里書石) 울주(蔚州). 서기 5~6세기로 보임 〈유문〉

법승 法勝 법사, 도내(都乃). 신라청주연지사종(新羅菁州蓮池寺鐘) 일본. 신라 42대 흥덕왕(興德王) 8년(833년) 〈유문〉

법응대사 法膺大師 봉림사진경대사보월능공탑비(鳳林寺眞鏡大師寶月凌空塔碑) 창원. 신라 54대 경명왕(景明王) 8년(924년) 〈총람〉

법장 法藏 사문도인(沙門道人) 진흥대왕순수비(眞興大王巡狩碑) 신라 24대 진흥왕 때. 황초령, 비봉(碑峰) 〈총람〉

법지법사 法智法師 중초사당간석주기(中初寺幢竿石柱記) 시흥. 신라 42대 흥덕왕

(興德王) 2년(827년) 〈총람〉

보연 普緣 대통겸정법화상대덕(大統兼政法和尙大德). 신라황룡사구층목탑찰주본기(新羅皇龍寺九層木塔刹柱本記) 경주 신라 말 〈유문〉

보조선사 普照禪師 보림사보조선사창성탑비(寶林寺普照禪師彰聖塔碑) 장흥. 신라 49대 헌강왕(憲康王) 10년(884년) 〈총람〉

보청 寶淸 군사(軍師). 신라청주연지사종(新羅菁州蓮池寺鐘) 일본. 신라 42대 흥덕왕(興德王) 8년(833년) 〈유문〉

복자 攵子 천전리서석(川前里書石) 울주(蔚州). 서기 5~6세기로 보임 〈유문〉

부걸지비 夫乞支妃 천전리서석(川前里書石) 울주(蔚州). 서기 5~6세기로 보임 〈유문〉

비금 非今 단양적성비(丹陽赤城碑) 단양. 신라 24대 진흥왕(眞興王) 대 추정 〈유문, 한국학보〉

비차부 比次夫 아간. 단양적성비(丹陽赤城碑) 단양. 신라 24대 진흥왕(眞興王) 대 추정 〈유문, 한국학보〉

사○ 思○ 신라보림사북탑기(新羅寶林寺北塔記) 장흥. 신라 48대 경문왕(景文王) 10년(870년) 〈유문〉

사공 思共 천전리서석(川前里書石) 울주(蔚州). 서기 5~6세기로 보임 〈유문〉

사마왕 斯麻王 백제무녕왕릉지석(百濟武寧王陵誌石) 백제 26대 성왕(聖王) 원년(523년) 〈유문〉

사목을 沙木乙 무술오작비(戊戌塢作碑) 신라 25대 진지왕(眞智王) 3년(578년) 추정 〈유문〉

사문○ 師文○ 단양적성비(丹陽赤城碑) 단양. 신라 24대 진흥왕(眞興王) 대 추정 〈유문, 한국학보〉

사인 思仁 대각간. 신라무진사종(新羅无盡寺鐘) 일본. 신라 35대 경덕왕(景德王) 4년(745년) 〈유문〉

사택지적 砂宅智積 사택지적비(砂宅智積碑) 백제. 31대 의자왕(義慈王) 14년(654년) 추정 〈유문〉

삼장 三長 급간 향촌주(及干 鄕村主). 신라청주연지사종(新羅菁州蓮池寺鐘) 일본. 신라 42대 흥덕왕(興德王) 8년(833년) 〈유문〉

삼충 三忠 사지(舍知). 신라청주연지사종(新羅菁州蓮池寺鐘) 일본. 신라 42대 흥덕왕(興德王) 8년(833년) 〈유문〉

상랑 相郎 천전리서석(川前里書石) 울주(蔚州). 서기 5~6세기로 보임 〈유문〉

서부질지 西夫叱智 단양적성비(丹陽赤城碑) 단양. 신라 24대 진흥왕(眞興王) 대 추정 〈유문, 한국학보〉

석희 釋喜 승. 오대산길상탑사 곡치군(五臺山吉祥塔詞 哭緇軍) 합천. 연대 모름 〈유문〉

선각 善覺 화상. 신라선림원종(新羅禪林院鐘) 양양군. 40대 애장왕(哀莊王) 5년(804년) 〈유문〉

선강대왕 宣康大王 민애왕의 아버지. 신라민애대왕석탑기(新羅敏哀大王石塔記) 동화사. 신라 48대 경문왕(景文王) 3년(863년) 〈유문〉

선강태자 宣康太子 봉암사지증대사적조탑비(鳳巖寺智證大師寂照塔碑) 문경. 신라 54

대 경명왕(景明王) 8년(924년) 〈총람〉

선덕대왕 善德大王 27대왕. 신라황룡사구층목탑찰주본기(新羅皇龍寺九層木塔刹柱本記) 경주 신라 말 〈유문〉

선랑 仙郞 천전리서석(川前里書石) 울주(蔚州). 서기 5~6세기로 보임 〈유문〉

선유 善裕 신라황룡사구층목탑찰주본기(新羅皇龍寺九層木塔刹柱本記) 경주 신라 말 〈유문〉

선윤 善倫 사주(寺主). 신라황복사석탑금동사리함명(新羅皇福寺石塔金銅舍利函銘) 경주. 신라 33대 성덕왕(聖德王) 5년(706년) 〈유문〉

선종랑 善宗郞 출가하여 자장법사(慈藏法師). 신라황룡사구층목탑찰주본기(新羅皇龍寺九層木塔刹柱本記) 경주 신라 말 〈유문〉

성덕대왕 聖德大王 성덕대왕신종명(聖德大王神鐘銘) 경주. 36대 혜공왕(惠恭王) 7년(771년) 〈총람〉

성림랑 聖林郞 천전리서석(川前里書石) 울주(蔚州). 서기 5~6세기로 보임 〈유문〉

성법흥대왕 聖法興大王 천전리서석(川前里書石) 울주(蔚州). 서기 5~6세기로 보임 〈유문〉

성안 聖安 법사. 신라규흥사종(新羅竅興寺鐘) 일본. 신라 52대 효공왕(孝恭王) 8년(903년) 〈유문〉

성유 成幽 승. 해인사묘길상탑기(海印寺妙吉祥塔記). 운양대길상탑기(雲陽臺吉祥塔記) 합천. 신라 51대 진성왕(眞聖王) 8년(895년) 〈유문〉

성전 成典 화상. 신라청주연지사종(新羅菁州蓮池寺鐘) 일본. 신라 42대 흥덕왕(興德王) 8년(833년) 〈유문〉

성전화상 成典和上 연지사종기(蓮池寺鐘記) 진주. 신라 42대 흥덕왕 8년(833년) 〈총람〉

성휴 性休 문하승(門下僧). 봉림사진경대사보월능공탑비(鳳林寺眞鏡大師寶月凌空塔碑) 창원. 신라 54대 경명왕(景明王) 8년(924년) 〈총람〉

소애 小哀 해인사호국삼보전망치소옥자(海印寺護國三寶戰亡緇素玉字) 합천. 연대모름 〈유문〉

소연전 小連全 전자(鐫字). 신라황룡사구층목탑찰주본기(新羅皇龍寺九層木塔刹柱本記) 경주 신라 말 〈유문〉

손책 孫策 신라 김인문비(新羅金仁問碑) 30대 문무왕(文武王) 7년(667년) 추정 〈유문〉

수남법사 秀南法師 중초사당간석주기(中初寺幢竿石柱記) 시흥. 신라 42대 흥덕왕(興德王) 2년(827년) 〈총람〉

수림 秀林 승. 신라황룡사구층목탑찰주본기(新羅皇龍寺九層木塔刹柱本記) 경주 신라 말 〈유문〉

수영 秀英 해인사호국삼보전망치소옥자(海印寺護國三寶戰亡緇素玉字) 합천. 연대모름 〈유문〉

수희 隨喜 영강칠년명금동광배(永康七年銘金銅光背) 평천리. 영강은 고구려 연호? 〈유문〉

순몽 淳蒙 석가사문(釋迦沙門). 월광사원랑선사대보선광탑비(月光寺圓朗禪師大寶禪光塔碑) 제천. 신라 51대 진성왕(眞聖王) 4년(890년) 〈총람〉

순무 順戊 복사(卜士). 계유명청동신장입상대좌명(癸酉銘青銅神將立像臺座銘) 진양. 연대미상 〈유문〉

순범 純梵 유내승(唯乃僧). 신라민애대왕석탑기(新羅敏哀大王石塔記) 동화사. 신라 48대 경문왕(景文王) 3년(863년) 〈유문〉

순응화상 順應和上 상화상(上和上). 신라선림원종(新羅禪林院鐘) 양양군. 40대 애장왕(哀莊王) 5년(804년) 〈유문〉

순종 旬宗 해인사호국삼보전망치소옥자(海印寺護國三寶戰亡緇素玉字) 합천. 연대모름 〈유문〉

숭창 崇昌 분황사(芬皇寺) 승. 숭복사비(崇福寺碑) 경주. 신라 51대 진성왕(眞聖王) 때 〈총람〉

숭혜 嵩惠 신라황룡사구층목탑찰주본기(新羅皇龍寺九層木塔刹柱本記) 경주 신라 말 〈유문〉

승필 僧必 해인사호국삼보전망치소옥자(海印寺護國三寶戰亡緇素玉字) 합천. 연대모름 〈유문〉

식연 式然 해인사호국삼보전망치소옥자(海印寺護國三寶戰亡緇素玉字) 합천. 연대모름 〈유문〉

신목대후 神睦大后 =신문왕비. 신라황복사석탑금동사리함명(新羅皇福寺石塔金銅舍利函銘) 경주. 신라 33대 성덕왕(聖德王) 5년(706년) 〈유문〉

신문대왕 神文大王 신라황복사석탑금동사리함명(新羅皇福寺石塔金銅舍利函銘) 경주. 신라 33대 성덕왕(聖德王) 5년(706년) 〈유문〉

신해 神解 석문이걸(釋門二傑)의 한 사람. 숭복사비(崇福寺碑) 경주. 신라 51대 진성왕(眞聖王) 때 〈총람〉

신해 神解 정법화상승(政法和尙僧). 신라황룡사구층목탑찰주본기(新羅皇龍寺九層木塔刹柱本記) 경주 신라 말 〈유문〉

신행 愼行 봉암사지증대사적조탑비(鳳巖寺智證大師寂照塔碑) 문경. 신라 54대 경명왕(景明王) 8년(924년) 〈총람〉

심상 心尙 신라황복사석탑금동사리함명(新羅皇福寺石塔金銅舍利函銘) 경주. 신라 33대 성덕왕(聖德王) 5년(706년) 〈유문〉

심용 心用 해인사호국삼보전망치소옥자(海印寺護國三寶戰亡緇素玉字) 합천. 연대모름 〈유문〉

심지 心智 전지대덕(專知大德). 신라민애대왕석탑기(新羅敏哀大王石塔記)

동화사. 신라 48대 경문왕(景文王) 3년(863년) 〈유문〉

심해 心海 해인사호국삼보전망치소옥자(海印寺護國三寶戰亡緇素玉字) 합천. 연대모름 〈유문〉

쌍봉 雙峰 봉암사지증대사적조탑비(鳳巖寺智證大師寂照塔碑) 문경. 신라 54대 경명왕(景明王) 8년(924년) 〈총람〉

아○ 阿○ 신묘명금동삼존불광배(辛卯銘金銅三尊佛光背) 곡산. 고구려 25대 평원왕 13년(571년) 〈유문〉

아도 我道 화상 아도화상비(我道和尙碑) 경주(慶州). 신라 24대 진흥왕(眞興王) 5년(544년) 〈총람〉

아도랑녀 阿刀郞女 천전리서석(川前里書石) 울주(蔚州). 서기 5~6세기로 보임 〈유문〉

아왕 阿王 신묘명금동삼존불광배(辛卯銘金銅三尊佛光背) 곡산. 고구려 25대 평원왕 13년(571년) 〈유문〉

아조 阿祖 해인사호국삼보전망치소옥자(海印寺護國三寶戰亡緇素玉字) 합천. 연대모름 〈유문〉

아질미 阿叱彌 소판(蘇判). 봉암사지증대사적조탑비(鳳巖寺智證大師寂照塔碑) 문경. 신라 54대 경명왕(景明王) 8년(924년) 〈총람〉

아호리 阿好里 현도의 처. 감산사아미타여래조상기(甘山寺阿彌陀如來造像記) 경주. 신라 33대 성덕왕(聖德王) 18년(719년) 〈총람〉

아호화랑 阿号花郎 천전리서석(川前里書石) 울주(蔚州). 서기 5~6세기로 보임 〈유문〉

안랑 安郎 천전리서석(川前里書石) 울주(蔚州). 서기 5~6세기로 보임 〈유문〉

안봉 安峯 홍척의 제자. 실상사편운부도(實相寺片雲浮圖) 남원. 정개(正開) 10년? 〈유문〉

안상 安相 해인사호국삼보전망치소옥자(海印寺護國三寶戰亡緇素玉字) 합천. 연대모름 〈유문〉

안심 安心 해인사호국삼보전망치소옥자(海印寺護國三寶戰亡緇素玉字) 합천. 연대모름 〈유문〉

안유 安柔 해인사호국삼보전망치소옥자(海印寺護國三寶戰亡緇素玉字) 합천. 연대모름 〈유문〉

안장허작 安藏許作 천전리서석(川前里書石) 울주(蔚州). 서기 5~6세기로 보임 〈유문〉

안해애 安海哀 사지. 신라청주연지사종(新羅菁州蓮池寺鐘) 일본. 신라 42대 흥덕왕(興德王) 8년(833년) 〈유문〉

애○ 哀○ 대사(大舍). 신라청주연지사종(新羅菁州蓮池寺鐘) 일본. 신라 42대 흥덕왕(興德王) 8년(833년) 〈유문〉

야득실리 也得失利 무술오작비(戊戌塢作碑) 신라 25대 진지왕(眞智王) 3년(578년) 추정 〈유문〉

야이차 也尒次 단양적성비(丹陽赤城碑) 단양. 신라 24대 진흥왕(眞興王) 대 추정 〈유문, 한국학보〉

양성 梁誠 소사(小舍). 감산사아미타여래조상기(甘山寺阿彌陀如來造像記) 경주. 신라 33대 성덕왕(聖德王) 18년(719년) 〈총람〉

양수 良秀 신라황룡사구층목탑찰주본기(新羅皇龍寺九層木塔刹柱本記) 경주

신라 말 〈유문〉

양숭 良嵩 승. 신라황룡사구층목탑찰주본기(新羅皇龍寺九層木塔刹柱本記) 경주 신라 말 〈유문〉

양혜 良惠 화상. 신라선림원종(新羅禪林院鐘) 양양군. 40대 애장왕(哀莊王) 5년(804년) 〈유문〉

어숙지술간 於宿知述干 어숙묘지(於宿墓誌) 신라. 26대 진평왕(眞平王) 17년(595년) 추정 〈유문〉

억혜 憶惠 해인사호국삼보전망치소옥자(海印寺護國三寶戰亡緇素玉字) 합천. 연대모름 〈유문〉

언림 彦琳 흥륜사 상좌(興輪寺上座). 봉림사진경대사보월능공탑비(鳳林寺眞鏡大師寶月凌空塔碑) 창원. 신라 54대 경명왕(景明王) 8년(924년) 〈총람〉

언회 言會 해인사호국삼보전망치소옥자(海印寺護國三寶戰亡緇素玉字) 합천. 연대모름 〈유문〉

여어 如於 화상. 신라선림원종(新羅禪林院鐘) 양양군. 40대 애장왕(哀莊王) 5년(804년) 〈유문〉

여환 如奐 정법대덕(政法大德). 봉림사진경대사보월능공탑비(鳳林寺眞鏡大師寶月凌空塔碑) 창원. 신라 54대 경명왕(景明王) 8년(924년) 〈총람〉

연숭 連嵩 감은사도유나승(感恩寺都維那僧). 신라황룡사구층목탑찰주본기(新羅皇龍寺九層木塔刹柱本記) 경주 신라 말 〈유문〉

연숭법사 年嵩法師 상좌(上坐). 중초사당간석주기(中初寺幢竿石柱記) 시흥. 신라 42대 흥덕왕(興德王) 2년(827년) 〈총람〉

연훈 然訓 승. 신라황룡사구층목탑찰주본기(新羅皇龍寺九層木塔刹柱本記) 경주 신라 말 〈유문〉

연훈법사 連訓法師 영암군(靈巖郡) 승정(僧正). 보림사보조선사창성탑비(寶林寺普照禪師彰聖塔碑) 장흥. 신라 49대 헌강왕(憲康王) 10년(884년) 〈총람〉

열리파 悅利巴 단양적성비(丹陽赤城碑) 단양. 신라 24대 진흥왕(眞興王) 대 추정 〈유문, 한국학보〉

영간 永侃 해인사호국삼보전망치소옥자(海印寺護國三寶戰亡緇素玉字) 합천. 연대모름 〈유문〉

영랑 永郎 신라선인(新羅僊人). 영랑연단석구각자(永郎鍊丹石臼刻字) 강릉. 연대미상 〈총람〉

영범 榮梵 승. 신라황룡사구층목탑찰주본기(新羅皇龍寺九層木塔刹柱本記) 경주 신라 말 〈유문〉

영업 靈業 동계사문(東溪沙門). 단속사신행선사비(斷俗寺神行禪師碑) 단성(丹城). 신라 41대 헌덕왕(憲德王) 5년(813년) 〈총람〉

영충 永忠 유내승(唯乃僧). 신라민애대왕석탑기(新羅敏哀大王石塔記) 동화사. 신라 48대 경문왕(景文王) 3년(863년) 〈유문〉

영회법사 榮會法師 봉림사진경대사보월능공탑비(鳳林寺眞鏡大師寶月凌空塔碑) 창원. 신라 54대 경명왕(景明王) 8년(924년) 〈총람〉

예각 礼覺 선사(宣司). 신라선림원종(新羅禪林院鐘) 양양군. 40대 애장왕(哀莊王) 5년(804년) 〈유문〉

예엄 芮嚴 해인사호국삼보전망치소옥자(海印寺護國三寶戰亡緇素玉字) 합천. 연대모름 〈유문〉

예웅 芮雄 천전리서석(川前里書石) 울주(蔚州). 서기 5~6세기로 보임 〈유문〉

예홍 芮弘 해인사호국삼보전망치소옥자(海印寺護國三寶戰亡緇素玉字) 합천. 연대모름 〈유문〉

오례혜 烏禮兮 단양적성비(丹陽赤城碑) 단양. 신라 24대 진흥왕(眞興王) 대 추

정 〈유문, 한국학보〉

온융 溫融 승. 신라황룡사구층목탑찰주본기(新羅皇龍寺九層木塔刹柱本記) 경주 신라 말 〈유문〉

왕연손 王延孫 제자(弟子). 갑인년석가상광배(甲寅年釋迦像光背) 일본. 594년(백제 또는 고구려의 것) 〈유문〉

요극일 姚克一 숭문대랑겸춘궁중사성(崇文臺郎兼春宮中事省). 신라황룡사구층목탑찰주본기(新羅皇龍寺九層木塔刹柱本記) 경주 신라 말 〈유문〉

요단 姚湍 대내마(大奈麻). 신라성덕대왕신종(新羅聖德大王神鐘) 경주. 신라 36대 혜공왕(惠恭王) 7년(771년) 〈유문〉

요왕 堯王 상촌주(上村主) 사간(沙干). 신라규홍사종(新羅竅興寺鐘) 일본. 신라 52대 효공왕(孝恭王) 8년(903년) 〈유문〉

용년 龍年 군사. 신라청주연지사종(新羅菁州蓮池寺鐘) 일본. 신라 42대 흥덕왕(興德王) 8년(833년) 〈유문〉

용수 龍樹 김춘추=무열왕의 아버지. 신라황룡사구층목탑찰주본기(新羅皇龍寺九層木塔刹柱本記) 경주 신라 말 〈유문〉

용하 龍河 제이촌주(第二村主) 사간. 신라규홍사종(新羅竅興寺鐘) 일본. 신라 52대 효공왕(孝恭王) 8년(903년) 〈유문〉

우종 又宗 신라황룡사구층목탑찰주본기(新羅皇龍寺九層木塔刹柱本記) 경주 신라 말 〈유문〉

운철 雲徹 사림사홍각선사비(沙林寺弘覺禪師碑) 양양. 신라 49대 헌강왕(憲康王) 12년(886년) 〈총람〉

원각 元覺 신라황복사석탑금동사리함명(新羅皇福寺石塔金銅舍利函銘) 경주. 신라 33대 성덕왕(聖德王) 5년(706년) 〈유문〉

원각조사 圓覺祖師 성주사 낭혜화상백월보광탑비(聖住寺 朗慧和尙白月葆光塔碑) 보령군. 신라 51대 진성왕(眞聖王) 4년(890년) 추정 〈총람〉

원강 元强 당사대유나승(當寺大維那僧). 신라황룡사구층목탑찰주본기(新羅皇龍寺九層木塔刹柱本記) 경주 신라 말 〈유문〉

원식 元湜 대화주도인(大化主道人). 신라보림사북탑기(新羅寶林寺北塔記) 장흥. 신라 48대 경문왕(景文王) 10년(870년) 〈유문〉

원식 元湜 대화주도인(大化主道人). 신라보림사남탑기(新羅寶林寺南塔記) 장흥. 신라 48대 경문왕(景文王) 10년(870년) 〈유문〉

원은 元恩 시사(時司). 신라선림원종(新羅禪林院鐘) 양양군. 40대 애장왕(哀莊王) 5년(804년) 〈유문〉

원향선사 圓香禪師 중국승? 신라황룡사구층목탑찰주본기(新羅皇龍寺九層木塔刹柱本記) 경주 신라 말 〈유문〉

위홍 魏弘 친제상재상이간(親弟上宰相伊干). 신라황룡사구층목탑찰주본기(新羅皇龍寺九層木塔刹柱本記) 경주 신라 말 〈유문〉

위흔이찬 魏昕伊飡 신라 김입지찬성주사사적비(金立之撰聖住寺事跡碑) 충남 보령. 신라 말 추정 〈유문〉

유내 唯乃 신라선방사탑지석(新羅禪房寺塔誌石) 49대 헌강왕(憲康王) 5년(879년) 〈유문〉

유영 裕榮 종실 삼랑(宗室三良) 숭복사비(崇福寺碑) 경주. 신라 51대 진성왕(眞聖王) 때 〈총람〉

육영 毓榮 종실 삼랑(宗室三良) 숭복사비(崇福寺碑) 경주. 신라 51대 진성왕(眞聖王) 때 〈총람〉

윤교 允皎 신라황룡사구층목탑찰주본기(新羅皇龍寺九層木塔刹柱本記) 경주 신라 말 〈유문〉

윤언 允言 해인사호국삼보전망치소옥자(海印寺護國三寶戰亡緇素玉字) 합천. 연대모름 〈유문〉

윤여 允如 당사상좌승(當寺上座僧). 신라황룡사구층목탑찰주본기(新羅皇龍

寺九層木塔刹柱本記) 경주 신라 말 〈유문〉

윤흥이찬 允興伊湌 신라 김입지찬성주사사적비(金立之撰聖住寺事跡碑) 충남 보령. 신라 말 추정 〈유문〉

융행 融行 동지대덕(同知大德). 신라민애대왕석탑기(新羅敏哀大王石塔記) 동화사. 신라 48대 경문왕(景文王) 3년(863년) 〈유문〉

융환 融奐 성천문인(成泉門人). 월광사원랑선사대보선광탑비(月光寺圓朗禪師大寶禪光塔碑) 제천. 신라 51대 진성왕(眞聖王) 4년(890년) 〈총람〉

은전 隱田 보문사상좌승(普門寺上座僧). 신라황룡사구층목탑찰주본기(新羅皇龍寺九層木塔刹柱本記) 경주 신라 말 〈유문〉

응왕 凝王 48대 경문왕? 경문왕의 휘가 응염(膺(또는 凝)廉)이다. 신라보림사북탑기(新羅寶林寺北塔記) 장흥. 신라 48대 경문왕(景文王) 10년(870년) 〈유문〉

의설법사 義說法師 정좌(貞坐). 중초사당간석주기(中初寺幢竿石柱記) 시흥. 신라 42대 흥덕왕(興德王) 2년(827년) 〈총람〉

의자 義慈 부여당평제비(夫餘唐平濟碑) 신라 29대 무열왕(武烈王) 7년(660년) 〈총람〉

의주 義珠 신라보림사남탑기(新羅寶林寺南塔記) 장흥. 신라 48대 경문왕(景文王) 10년(870년) 〈유문〉

의주 義珠 신라보림사북탑기(新羅寶林寺北塔記) 장흥. 신라 48대 경문왕(景文王) 10년(870년) 〈유문〉

의화부인 宜和夫人 신라 김입지찬성주사사적비(金立之撰聖住寺事跡碑) 충남 보령. 신라 말 추정 〈유문〉

이가동 李佳同 대시주(大施主). 신라보림사북탑기(新羅寶林寺北塔記) 장흥. 신라 48대 경문왕(景文王) 10년(870년) 〈유문〉

이관 伊觀 한림사간(翰林沙干). 신라민애대왕석탑기(新羅敏哀大王石塔記) 동화사. 신라 48대 경문왕(景文王) 3년(863년) 〈유문〉

이구 利垢 해인사호국삼보전망치소옥자(海印寺護國三寶戰亡緇素玉字) 합천. 연대모름 〈유문〉

이막동 李莫仝 대시주(大施主). 신라보림사북탑기(新羅寶林寺北塔記) 장흥. 신라 48대 경문왕(景文王) 10년(870년) 〈유문〉

이사부 伊史夫 ＝異斯夫. 단양적성비(丹陽赤城碑) 단양. 신라 24대 진흥왕(眞興王) 대 추정 〈유문, 한국학보〉

이취 伊就 천전리서석(川前里書石) 울주(蔚州). 서기 5~6세기로 보임 〈유문〉

익여 弋如 해인사호국삼보전망치소옥자(海印寺護國三寶戰亡緇素玉字) 합천. 연대모름 〈유문〉

인권 忍券 해인사호국삼보전망치소옥자(海印寺護國三寶戰亡緇素玉字) 합천. 연대모름 〈유문〉

인정 忍淨 해인사묘길상탑기. 운양대길상탑기(海印寺妙吉祥塔記. 雲陽臺吉祥塔記) 합천. 신라 51대 진성왕(眞聖王) 8년(895년) 〈유문〉

일리혜 壹利兮 무술오작비(戊戌塢作碑) 신라 25대 진지왕(眞智王) 3년(578년) 추정 〈유문〉

일분 壹奮 천전리서석(川前里書石) 울주(蔚州). 서기 5~6세기로 보임 〈유문〉

일조 日照 영묘사 상좌(令妙寺上座). 신라선림원종(新羅禪林院鐘) 양양군. 40대 애장왕(哀莊王) 5년(804년) 〈유문〉

임성지 任成之 촌합(村合). 성주석불좌상배명(星州石佛坐像背銘) 성주. 연대 미상 〈유문〉

임원랑 林元郞 천전리서석(川前里書石) 울주(蔚州). 서기 5~6세기로 보임 〈유

문〉

임전 林典	신라선방사탑지석(新羅禪房寺塔誌石) 49대 헌강왕(憲康王) 5년(879년) 〈유문〉
임해공 臨海公	성주사 낭혜화상백월보광탑비(聖住寺 朗慧和尙白月葆光塔碑) 보령군. 신라 51대 진성왕(眞聖王) 4년(890년) 추정 〈총람〉
입종 立宗	승. 신라황룡사구층목탑찰주본기(新羅皇龍寺九層木塔刹柱本記) 경주 신라 말 〈유문〉

자장 慈藏	신라황룡사구층목탑찰주본기(新羅皇龍寺九層木塔刹柱本記) 경주 신라 말 〈유문〉
잠주 岑珠	제자. 신라단석산신선사(상인암)조상명기(新羅斷石山神仙寺(上人巖)造像銘記) 월성군. 연대미상 〈유문〉
장해 長解	승(僧). 봉암사지증대사적조탑비(鳳巖寺智證大師寂照塔碑) 문경. 신라 54대 경명왕(景明王) 8년(924년) 〈총람〉
재현 才賢	해인사호국삼보전망치소옥자(海印寺護國三寶戰亡緇素玉字) 합천. 연대모름 〈유문〉
저랑 渚郎	천전리서석(川前里書石) 울주(蔚州). 서기 5~6세기로 보임 〈유문〉
저봉랑 渚峯郎	천전리서석(川前里書石) 울주(蔚州). 서기 5~6세기로 보임 〈유문〉

전록 田尭	천전리서석(川前里書石) 울주(蔚州). 서기 5~6세기로 보임〈유문〉
정광랑 貞光郎	천전리서석(川前里書石) 울주(蔚州). 서기 5~6세기로 보임〈유문〉
정안 正安	신라보림사남탑기(新羅寶林寺南塔記) 장흥. 신라 48대 경문왕(景文王) 10년(870년)〈유문〉
정안 正安	신라보림사북탑기(新羅寶林寺北塔記) 장흥. 신라 48대 경문왕(景文王) 10년(870년)〈유문〉
정영 正永	해인사호국삼보전망치소옥자(海印寺護國三寶戰亡緇素玉字) 합천. 연대모름〈유문〉
정혜 貞兮	천전리서석(川前里書石) 울주(蔚州). 서기 5~6세기로 보임〈유문〉
제광 帝光	해인사호국삼보전망치소옥자(海印寺護國三寶戰亡緇素玉字) 합천. 연대모름〈유문〉
조흑부지 助黑夫智	
종예 宗乂	해인사호국삼보전망치소옥자(海印寺護國三寶戰亡緇素玉字) 합천. 연대모름〈유문〉
주작 대타 朱雀 大朶?	신라청주연지사종(新羅菁州蓮池寺鐘) 일본. 신라 42대 흥덕왕(興德王) 8년(833년)〈유문〉
준범 遵範	쌍봉의 증손(曾孫). 봉암사지증대사적조탑비(鳳巖寺智證大師寂照塔碑) 문경. 신라 54대 경명왕(景明王) 8년(924년)〈총람〉
준예 俊乂	해인사호국삼보전망치소옥자(海印寺護國三寶戰亡緇素玉字) 합천. 연대모름〈유문〉
즉영법사 則永法師	중초사당간석주기(中初寺幢竿石柱記) 시흥. 신라 42대 흥덕왕(興德王) 2년(827년)〈총람〉

즉충 則忠 법사, 상좌. 신라청주연지사종(新羅菁州蓮池寺鐘) 일본. 신라 42대 흥덕왕(興德王) 8년(833년) 〈유문〉

즉충법사 則忠法師 연지사종기(蓮池寺鐘記) 진주. 신라 42대 흥덕왕 8년(833년) 〈총람〉

지공 志空 신라선방사탑지석(新羅禪房寺塔誌石) 49대 헌강왕(憲康王) 5년(879년) 〈유문〉

지명 智明 입탑화주(立塔化主). 신라보림사남탑기(新羅寶林寺南塔記) 장흥. 신라 48대 경문왕(景文王) 10년(870년) 〈유문〉

지생법사 智生法師 중초사당간석주기(中初寺幢竿石柱記) 시흥. 신라 42대 흥덕왕(興德王) 2년(827년) 〈총람〉

지수시혜비 只須尸兮妃 천전리서석(川前里書石) 울주(蔚州). 서기 5~6세기로 보임 〈유문〉

지증대사 智證大師 봉암사지증대사적조탑비(鳳巖寺智證大師寂照塔碑) 문경. 신라 54대 경명왕(景明王) 8년(924년) 〈총람〉

지훤 志萱 신라선방사탑지석(新羅禪房寺塔誌石) 49대 헌강왕(憲康王) 5년(879년) 〈유문〉

진감선사 眞鑒禪師 쌍계사진감선사대공탑비(雙谿寺眞鑒禪師大空塔碑) 하동. 신라 50대 정강왕(定康王) 2년(887년) 〈총람〉

진거 珍居 해인사호국삼보전망치소옥자(海印寺護國三寶戰亡緇素玉字) 합천. 연대모름 〈유문〉

진경대사 眞鏡大師 봉림사진경대사보월능공탑비(鳳林寺眞鏡大師寶月淩空塔碑) 창원. 신라 54대 경명왕(景明王) 8년(924년) 〈총람〉

진덕여군 眞德女君 성주사 낭혜화상백월보광탑비(聖住寺 朗慧和尙白月葆光塔碑) 보령군. 신라 51대 진성왕(眞聖王) 4년(890년) 추정 〈총람〉

진방법사 眞方法師 중초사당간석주기(中初寺幢竿石柱記) 시흥. 신라 42대 흥덕왕

(興德王) 2년(827년) 〈총람〉

진성대왕 眞聖大王	봉림사진경대사보월능공탑비(鳳林寺眞鏡大師寶月凌空塔碑) 창원. 신라 54대 경명왕(景明王) 8년(924년) 〈총람〉
진숭 珎嵩	신라황룡사구층목탑찰주본기(新羅皇龍寺九層木塔刹柱本記) 경주 신라 말 〈유문〉
진윤 眞胤	원랑(圓朗)의 문하승(門下僧). 월광사원랑선사대보선광탑비(月光寺圓朗禪師大寶禪光塔碑) 제천. 신라 51대 진성왕(眞聖王) 4년(890년) 〈총람〉
진지대왕 眞智大王	신라 25대왕. 신라성덕대왕신종(新羅聖德大王神鐘) 경주. 신라 36대 혜공왕(惠恭王) 7년(771년) 〈유문〉
진행법사 眞行法師	상좌(上坐). 중초사당간석주기(中初寺幢竿石柱記) 시흥. 신라 42대 흥덕왕(興德王) 2년(827년) 〈총람〉
진흥대등 進興大等	천전리서석(川前里書石) 울주(蔚州). 서기 5~6세기로 보임 〈유문〉
진흥대왕 眞興大王	진흥대왕순수비(眞興大王巡狩碑) 신라 24대 진흥왕 때. 황초령, 비봉(碑峰) 〈총람〉

찬도 贊導	석문이걸(釋門二傑)의 한 사람. 숭복사비(崇福寺碑) 경주. 신라 51대 진성왕(眞聖王) 때 〈총람〉
창락법사 昌樂法師	중초사당간석주기(中初寺幢竿石柱記) 시흥. 신라 42대 흥덕왕

(興德王) 2년(827년) 〈총람〉

천랑 天郎　천전리서석(川前里書石) 울주(蔚州). 서기 5~6세기로 보임 〈유문〉

청숭 淸嵩　법사(法師). 신라규흥사종(新羅竅興寺鐘) 일본. 신라 52대 효공왕(孝恭王) 8년(903년) 〈유문〉

청신 淸信　불제자. 병진명금동광배(丙辰銘金銅光背) 중원군. 백제 27대 위덕왕(威德王) 43년(596년) 추정 〈유문〉

청유 淸裕　승. 해인사묘길상탑기. 운양대길상탑기(海印寺妙吉祥塔記. 雲陽臺吉祥塔記) 합천. 신라 51대 진성왕(眞聖王) 8년(895년) 〈유문〉

청현 淸玄　수조승전봉덕사상좌(修造僧前奉德寺上座). 신라창림사무구정탑원기(新羅昌林寺無垢淨塔願記) 신라 46대 문성왕(文聖王) 17년(855년) 〈유문〉

총 聰　내마(奈麻). 감산사아미타여래조상기(甘山寺阿彌陀如來造像記) 경주. 신라 33대 성덕왕(聖德王) 18년(719년) 〈총람〉

총달 悤達　해인사호국삼보전망치소옥자(海印寺護國三寶戰亡緇素玉字) 합천. 연대 모름 〈유문〉

총선 悤善　해인사호국삼보전망치소옥자(海印寺護國三寶戰亡緇素玉字) 합천. 연대 모름 〈유문〉

총영 悤永　해인사호국삼보전망치소옥자(海印寺護國三寶戰亡緇素玉字) 합천. 연대 모름 〈유문〉

총혜 聰惠　승(僧). 신라황룡사구층목탑찰주본기(新羅皇龍寺九層木塔刹柱本記) 경주 신라 말 〈유문〉

총혜 聰惠　전자승(鐫字僧). 신라황룡사구층목탑찰주본기(新羅皇龍寺九層木塔刹柱本記) 경주 신라 말 〈유문〉

총휴 悤休　해인사호국삼보전망치소옥자(海印寺護國三寶戰亡緇素玉字) 합

천. 연대 모름 〈유문〉

최인연 崔仁渷 금어대신(金魚袋臣). 성주사 낭혜화상백월보광탑비(聖住寺 朗慧和尙白月葆光塔碑) 보령군. 신라 51대 진성왕(眞聖王) 4년(890년) 추정 〈총람〉

최치원 崔致遠 탑기 찬자(塔記撰者). 해인사묘길상탑기. 운양대길상탑기(海印寺妙吉祥塔記. 雲陽臺吉祥塔記) 합천. 신라 51대 진성왕(眞聖王) 8년(895년) 〈유문〉

최치원 崔致遠 쌍계사진감선사대공탑비(雙谿寺眞鑒禪師大空塔碑) 하동. 신라 50대 정강왕(定康王) 2년(887년) 〈총람〉

최하봉 崔賀奉 한림랑(翰林郎). 대안사적인선사조륜청정탑비(大安寺寂忍禪師照輪淸淨塔碑) 곡성. 신라 45대 경문왕(景文王) 12년(872년) 〈총람〉

추모왕 鄒牟王 고구려광개토왕릉비(高句麗廣開土王陵碑) 고구려 20대 장수왕(長壽王) 2년(414년) 〈총람〉

춘담 春談 천전리서석(川前里書石) 울주(蔚州). 서기 5~6세기로 보임 〈유문〉

충심 忠心 신라선방사탑지석(新羅禪房寺塔誌石) 49대 헌강왕(憲康王) 5년(879년) 〈유문〉

충양랑 沖陽郎 천전리서석(川前里書石) 울주(蔚州). 서기 5~6세기로 보임 〈유문〉

충현 忠賢 ○사리신(○舍利臣). 신라황룡사구층목탑찰주본기(新羅皇龍寺九層木塔刹柱本記) 경주 신라 말 〈유문〉

치군 緇軍 승. 오대산길상탑사 곡치군(五臺山吉祥塔詞 哭緇軍) 합천. 연대 모름 〈유문〉

칠릉랑 柒陵郎 천전리서석(川前里書石) 울주(蔚州). 서기 5~6세기로 보임 〈유문〉

칠청랑 柒郬郎　천전리서석(川前里書石) 울주(蔚州). 서기 5~6세기로 보임 〈유문〉

태자륭 太子隆　부여당평제비(夫餘唐平濟碑) 신라 29대 무열왕(武烈王) 7년(660년) 〈총람〉

통정 通正　해인사호국삼보전망치소옥자(海印寺護國三寶戰亡緇素玉字) 합천. 연대 모름 〈유문〉

통준 通俊　원주대덕(院主大德). 봉암사지증대사적조탑비(鳳巖寺智證大師寂照塔碑) 문경. 신라 54대 경명왕(景明王) 8년(924년) 〈총람〉

파진루 巴珎婁　단양적성비(丹陽赤城碑) 단양. 신라 24대 진흥왕(眞興王) 대 추정 〈유문, 한국학보〉

판훤 判萱　해인사호국삼보전망치소옥자(海印寺護國三寶戰亡緇素玉字) 합천. 연대 모름 〈유문〉

편운 片雲　화상(和尙). 실상사편운부도(實相寺片雲浮圖) 남원. 정개(正開) 10년? 〈유문〉

평길 平吉 해인사호국삼보전망치소옥자(海印寺護國三寶戰亡緇素玉字) 합천. 연대 모름 〈유문〉

평달 平達 해인사호국삼보전망치소옥자(海印寺護國三寶戰亡緇素玉字) 합천. 연대 모름 〈유문〉

평법 平法 화상. 신라선림원종(新羅禪林院鐘) 양양군. 40대 애장왕(哀莊王) 5년(804년) 〈유문〉

평산군 平山君 점선현신사비(秥蟬縣神祀碑) 고구려 6대 대조왕(大祖王) 33년(85년) 추정 〈총람〉

평종 平宗 해인사호국삼보전망치소옥자(海印寺護國三寶戰亡緇素玉字) 합천. 연대 모름 〈유문〉

포미달 布弥達 해인사호국삼보전망치소옥자(海印寺護國三寶戰亡緇素玉字) 합천. 연대 모름 〈유문〉

하랑도부지행 何郞徒夫智行 천전리서석(川前里書石) 울주(蔚州). 서기 5~6세기로 보임 〈유문〉

함량 含梁 절현령(節縣令). 신라규흥사종(新羅竅興寺鐘) 일본. 신라 52대 효공왕(孝恭王) 8년(903년) 〈유문〉

함해 咸解 승. 신라황룡사구층목탑찰주본기(新羅皇龍寺九層木塔刹柱本記) 경주 신라 말 〈유문〉

항창화상 恒昌和上 중초사당간석주기(中初寺幢竿石柱記) 시흥. 신라 42대 흥덕왕

(興德王) 2년(827년) 〈총람〉

행도 行道 사지. 신라청주연지사종(新羅菁州蓮池寺鐘) 일본. 신라 42대 흥덕왕(興德王) 8년(833년) 〈유문〉

헌강대왕 獻康大王 쌍계사진감선사대공탑비(雙谿寺眞鑒禪師大空塔碑) 하동. 신라 50대 정강왕(定康王) 2년(887년) 〈총람〉

헌왕 憲王 47대 헌안왕? 신라보림사북탑기(新羅寶林寺北塔記) 장흥. 신라 48대 경문왕(景文王) 10년(870년) 〈유문〉

현○장로 玄○長老 영태이년탑지(永泰二年塔誌) 안성. 신라 36대 혜공왕(惠恭王) 2년(766년) 〈유문〉

현도 玄度 사문(沙門). 감산사아미타여래조상기(甘山寺阿彌陀如來造像記) 경주. 신라 33대 성덕왕(聖德王) 18년(719년) 〈총람〉

현량 賢亮 대통정법화상대덕(大統政法和尙大德). 신라황룡사구층목탑찰주본기(新羅皇龍寺九層木塔刹柱本記) 경주 신라 말 〈유문〉

현량 賢諒 석문이걸(釋門二傑)의 한 사람. 숭복사비(崇福寺碑) 경주. 신라 51대 진성왕(眞聖王) 때 〈총람〉

현량 玄亮 정법대통(正法大統). 봉암사지증대사적조탑비(鳳巖寺智證大師寂照塔碑) 문경. 신라 54대 경명왕(景明王) 8년(924년) 〈총람〉

현방 玄昉 신라황복사석탑금동사리함명(新羅皇福寺石塔金銅舍利函銘) 경주. 신라 33대 성덕왕(聖德王) 5년(706년) 〈유문〉

현의 賢義 신라황룡사구층목탑찰주본기(新羅皇龍寺九層木塔刹柱本記) 경주 신라 말 〈유문〉

현일 玄逸 봉암사지증대사적조탑비(鳳巖寺智證大師寂照塔碑) 문경. 신라 54대 경명왕(景明王) 8년(924년) 〈총람〉

현창 玄彰 화상 아도화상비(我道和尙碑) 경주(慶州). 신라 24대 진흥왕(眞興王) 5년(544년) 〈총람〉

혜명 惠明 법사. 계유명아미타불삼존사면석상(癸酉銘阿彌陀佛三尊四面石像) 국립박물관. 신라 30대 문무왕(文武王) 13년(673년) 추정 〈유문〉

혜명법사 惠明法師 연지사종기(蓮池寺鐘記) 진주. 신라 42대 홍덕왕 8년(833년). 〈총람〉

혜문 惠門 법사. 신라청주연지사종(新羅菁州蓮池寺鐘) 일본. 신라 42대 홍덕왕(興德王) 8년(833년) 〈유문〉

혜안 惠岸 신라황복사석탑금동사리함명(新羅皇福寺石塔金銅舍利函銘) 경주. 신라 33대 성덕왕(聖德王) 5년(706년) 〈유문〉

혜은 慧隱 봉암사지증대사적조탑비(鳳巖寺智證大師寂照塔碑) 문경. 신라 54대 경명왕(景明王) 8년(924년) 〈총람〉

혜인 慧忍 사문도인(沙門道人) 진흥대왕순수비(眞興大王巡狩碑) 신라 24대 진흥왕 때. 황초령, 비봉(碑峰) 〈총람〉

혜정 惠正 신라보림사북탑기(新羅寶林寺北塔記) 장흥. 신라 48대 경문왕(景文王) 10년(870년) 〈유문〉

혜중 惠重 신라선방사탑지석(新羅禪房寺塔誌石) 49대 헌강왕(憲康王) 5년(879년) 〈유문〉

혜훈 惠訓 천전리서석(川前里書石) 울주(蔚州). 서기 5~6세기로 보임 〈유문〉

혜흥 惠興 사주(寺主), 전국통승(前國統僧). 신라황룡사구층목탑찰주본기(新羅皇龍寺九層木塔刹柱本記) 경주 신라 말 〈유문〉

홍길 弘吉 해인사호국삼보전망치소옥자(海印寺護國三寶戰亡緇素玉字) 합천. 연대 모름. 〈유문〉

홍단 洪端 대내마(大奈麻). 성덕대왕신종명(聖德大王神鐘銘) 경주. 36대 혜공왕(惠恭王) 7년(771년) 〈총람〉

홍척 洪陟 창조(刱祖). 실상사편운부도(實相寺片雲浮圖) 남원. 정개(正開) 10년? 〈유문〉

환영 奐榮 승(僧). 쌍계사진감선사대공탑비(雙谿寺眞鑒禪師大空塔碑) 하동. 신라 50대 정강왕(定康王) 2년(887년) 〈총람〉

회구 回久 해인사호국삼보전망치소옥자(海印寺護國三寶戰亡緇素玉字) 합천. 연대모름. 〈유문〉

효공대왕 孝恭大王 봉림사진경대사보월능공탑비(鳳林寺眞鏡大師寶月凌空塔碑) 창원. 신라 54대 경명왕(景明王) 8년(924년) 〈총람〉

효조대왕 孝照大王 =효소왕. 신라황복사석탑금동사리함명(新羅皇福寺石塔金銅舍利函銘) 경주. 신라 33대 성덕왕(聖德王) 5년(706년) 〈유문〉

효청 孝淸 신라황룡사구층목탑찰주본기(新羅皇龍寺九層木塔刹柱本記) 경주 신라 말 〈유문〉

훈 訓 승. 오대산길상탑사 곡치군(五臺山吉祥塔詞 哭緇軍) 합천. 연대모름. 〈유문〉

훈○ 訓○ 별대덕(別大德). 해인사묘길상탑기. 운양대길상탑기(海印寺妙吉祥塔記. 雲陽臺吉祥塔記) 합천. 신라 51대 진성왕(眞聖王) 8년(895년) 〈유문〉

훈필 訓弼 남천군통승(南川郡統僧). 봉암사지증대사적조탑비(鳳巖寺智證大師寂照塔碑) 문경. 신라 54대 경명왕(景明王) 8년(924년) 〈총람〉

훈필 勛筆 유나승(維那僧). 신라황룡사구층목탑찰주본기(新羅皇龍寺九層木塔刹柱本記) 경주 신라 말〈유문〉

훤길 萱吉 해인사호국삼보전망치소옥자(海印寺護國三寶戰亡緇素玉字) 합천. 연대 모름. 〈유문〉

훤영 萱榮 신라규흥사종(新羅竅興寺鐘) 일본. 신라 52대 효공왕(孝恭王) 8년(903년). 〈유문〉

휴도리 休道里 대사댁부인(大舍宅夫人). 상원사종기(上院寺鐘記) 강원도 진부. 신라 33대 성덕왕(聖德王) 24년(725년) 〈총람〉

흔방 昕芳 승. 신라황룡사구층목탑찰주본기(新羅皇龍寺九層木塔刹柱本記) 경주 신라 말 〈유문〉

흔해 昕海 해인사호국삼보전망치소옥자(海印寺護國三寶戰亡緇素玉字) 합천. 연대모름. 〈유문〉

흥덕대왕 興德大王 42대왕. 봉암사지증대사적조탑비(鳳巖寺智證大師寂照塔碑) 문경. 신라 54대 경명왕(景明王) 8년(924년) 〈총람〉

흥무대왕 興武大王 봉림사진경대사보월능공탑비(鳳林寺眞鏡大師寶月凌空塔碑) 창원. 신라 54대 경명왕(景明王) 8년(924년) 〈총람〉

희필 熙弼 가은현 장군(加恩縣 將軍). 봉암사지증대사적조탑비(鳳巖寺智證大師寂照塔碑) 문경. 신라 54대 경명왕(景明王) 8년(924년) 〈총람〉

희행 希幸 해인사호국삼보전망치소옥자(海印寺護國三寶戰亡緇素玉字) 합천. 연대 모름. 〈유문〉

국외자료

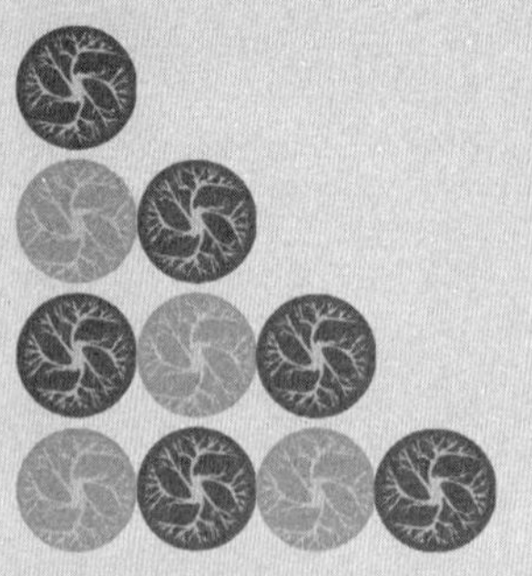

1. 중국사료

간위거 簡位居	[부여] 부여왕 위구태(尉仇台)가 죽고 간위거가 즉위했다. 〈25사 삼국지 30 위서 동이전〉
강 康	[고구려] 20대 장수왕(長壽王)의 시호(諡號). 〈25사 삼국지 위서 열전 고구려〉
강법성 江法盛	[고구려] 22대 안장왕(安臧王) 때 사인(使人) 〈25사 위서 열전 백제〉
개금 蓋金	[고구려] 연개소문(淵蓋蘇文)의 호(號). 〈25사 당서 열전 동이〉
개소문 蓋蘇文	[고구려] 고구려 서부(西部) 대인(大人). 〈25사 구당서 열전 동이, 당서 열전 동이〉
건길지 鞬吉支	[백제] 인명은 아니나 백제 사람이 왕을 일컫는 말. 〈25사 주서 열전 이역상, 북사 열전 백제〉
건운 乾運	[신라] 36대 혜공왕(惠恭王)의 휘(諱). 35대 경덕왕(景德王)의 아들이다. 〈25사 구당서 열전 동이, 당서 열전 동이〉
겸모잠 鉗牟岑	[고구려] 대장(大長)이 민중을 이끌고 반(反)하니 보장왕(寶藏

王)의 외손 안순(安舜)을 왕으로 세웠다. 〈25사 당서 열전 동이〉

경 敬 [백제] 31대 의자왕(義慈王)의 아들 융(隆)의 손자. 〈25사 구당서 열전 동이, 당서 열전 동이〉

경 慶 [백제] 21대 개로왕(蓋鹵王)의 휘(諱). 20대 비유왕(毗有王)의 아들. 〈25사 송서 열전 이만〉

경신 敬信 [신라] 38대 원성왕(元聖王)의 휘(諱). 37대 선덕왕(宣德王)의 종제(從弟). 〈25사 구당서 열전 동이, 당서 열전 동이〉

고건무 高建武 [고구려] 27대 영류왕(榮留王)의 휘(諱). 26대 영양왕(嬰陽王) 고원(高元)의 이모제(異母弟)이다. 〈25사 구당서 열전 동이, 당서 열전 동이〉

고구 高仇 [고구려] 20대 장수왕(長壽王) 때 장수(將帥). 〈25사 송서 열전 이만, 남사 열전 이맥하〉

고달 高達 [백제] 24대 동성왕(東城王) 때의 신(臣). 〈25사 남제서 열전 동남이〉

고련 高璉 [고구려] 20대 장수왕(長壽王)의 휘(諱). 〈25사 송서 열전 이만, 남사 열전 이맥하〉

고연수 高延壽 [고구려] 북부(北部) 욕살(褥薩). 보장왕(寶藏王) 4년(645년). 〈25사 구당서 열전 동이, 당서 열전 동이〉

고운 高雲 [고구려] 21대 문자명왕(文咨明王)의 휘(諱). 건무(建武) 3년(491년) 장수왕(長壽王)의 뒤를 이었다. 〈25사 남제서 열전 동남이〉

고원 高元 [고구려] 26대 영양왕(嬰陽王)의 휘(諱). 〈구당서 열전 동이〉

고익 高翼 [고구려] 20대 장수왕(長壽王)이 진(晋)에게 보낸 사신. 〈25사 송서 열전 이만, 남사 열전 이맥하〉

고임무 高任武 [고구려] 28대 보장왕(寶藏王)의 아들. 막리지(莫離支). 〈25사 당서 열전 동이〉

고창 高昌 [고구려] 당 태종(太宗) 때 고창이 멸(滅)함을 들었다. 아마 장(藏) 곧 보장왕(寶藏王)의 잘못일 것이다. 〈25사 당서 열전 동이〉

고혜정 高惠貞 [고구려] 남부(南部) 욕살(褥薩). 보장왕(寶藏王) 4년(645년). 〈25사 구당서 열전 동이〉

고혜진 高惠眞 [고구려] 고혜정? 〈25사 구당서 열전 동이, 당서 열전 동이〉

구태 仇台 [대방, 백제] 동명(東明) 후에 구태가 인(仁)과 신(信)에 돈독하더니 대방 옛땅에 나라를 세웠다. 〈25사 주서 열전 이역상, 수서 열전 동이〉 백제 시조 〈북사 열전 백제〉

국씨 國氏 [백제] 백제 팔족(八族)의 하나. 〈25사 수서 열전 동이〉

국지모 國智牟 [백제] 30대 무왕(武王)의 사신(使臣). 〈25사 수서 열전 동이〉

궁 宮 [고구려] 6대 태조왕(太祖王). 태어나자마자 눈을 뜨고 보았다. 〈25사 후한서 동이열전, 삼국지 동이전, 위서 열전 고구려, 북사 열전 고려〉

김경휘 金景徽 [신라] 42대 흥덕왕(興德王)의 휘(諱)이다. 〈25사 구당서 열전 동이, 당서 열전 동이〉

김량상 金良相 [신라] 36대 혜공왕(惠恭王)이 무후(無後)하므로 왕이 되었다. 37대 선덕왕(宣德王)이다. 〈25사 구당서 열전 동이, 당서 열전 동이〉

김력기 金力奇 [신라] 40대 애장왕(哀莊王) 때 사신(使臣). 〈25사 구당서 열전 동이, 당서 열전 동이〉

김륙진 金陸珍 [신라] 40대 애장왕(哀莊王) 때 사신(使臣). 〈25사 구당서 열전 동이, 당서 열전 동이〉

김법민 金法敏 [신라] 30대 문무왕(文武王)의 휘(諱). 〈25사 구당서 열전 동이, 당서 열전 동이〉

김사란 金思蘭 [신라] 33대 성덕왕(聖德王)의 족인(族人). 〈25사 구당서 열전 동이〉

김사신 金士信 [신라] 41대 헌덕왕(憲德王) 때 당에 가 있던 질자(質子). 〈25사 구당서 열전 동이〉

김숭빈 金崇斌 [신라] 41대 헌덕왕(憲德王) 때 재상(宰相). 〈25사 구당서 열전 동이〉

김언승 金彦昇 [신라] 41대 헌덕왕(憲德王). 40대 애장왕(哀莊王) 때 재상(宰相). 〈25사 구당서 열전 동이〉

김은거 金隱居 [신라] 36대 혜공왕(惠恭王) 때 대신(大臣). 〈25사 구당서 열전 동이, 당서 열전 동이〉

김의종 金義琮 [신라] 42대 흥덕왕(興德王)의 아들이다. 〈25사 구당서 열전 동이, 당서 열전 동이〉

김인문 金仁問 [신라] 30대 문무왕(文武王)을 문책하기 위하여 대신 왕을 시켰다. 문무왕의 아우. 〈25사 당서 열전 동이〉

김주필 金柱弼 [신라] 41대 헌덕왕(憲德王)의 사신(使臣). 〈25사 구당서 열전 동이〉

김중공 金仲恭 [신라] 40대 애장왕(哀莊王) 때 재상(宰相). 〈25사 당서 열전 동이〉

김진평 金眞平 [신라] 26대 진평왕(眞平王). 〈25사 구당서 열전 동이, 당서 열전 동이〉

김창남 金昌南 [신라] 41대 헌덕왕(憲德王) 때 사신(使臣). 〈25사 구당서 열전 동이〉

김춘추 金春秋 [신라] 28대 진덕왕(眞德王)의 종제(從弟)로 국상(國相)을 했고 후에 29대 무열왕(武烈王)이 되었다. 〈25사 구당서 열전 동이, 당서 열전 동이〉

김표석 金標石 [신라] 36대 혜공왕(惠恭王)의 사신(使臣)이다. 〈25사 구당서 열전 동이〉

김헌장 金憲章 [신라] 41대 헌덕왕(憲德王)의 아들로 당에 사신으로 갔다.

〈25사 구당서 열전 동이〉

김헌충 金獻忠 [신라] 40대 애장왕(哀莊王) 7년(806년)에 당에서 숙위왕자(宿衛王子)로 있다가 풀려났다. 〈25사 구당서 열전 동이〉

김흔 金昕 [신라] 41대 헌덕왕(憲德王)의 아들. 〈25사 구당서 열전 동이, 당서 열전 동이〉

남건 男建 [고구려] 연개소문(淵蓋蘇文)의 아들이며 남생(男生)의 아우. 〈25사 구당서 열전 동이, 당서 열전 동이〉

남려 南閭 [예] 예군(濊君, 서기전 128년). 〈25사 후한서 동이열전〉

남복 男福 [고구려] 28대 보장왕(寶藏王)의 아들이다. 〈25사 당서 열전 동이〉

남산 男産 [고구려] 연개소문(淵蓋蘇文)의 아들이며 남생(男生)의 아우. 〈25사 구당서 열전 동이, 당서 열전 동이〉

남생 男生 [고구려] 연개소문(淵蓋蘇文)의 큰아들. 〈25사 구당서 열전 동이, 당서 열전 동이〉

노인 路人 한 무제(漢 武帝, 서기기원전) 때 조선의 상(相). 〈25사 한서 조선전〉

대승 戴升 [고구려] 구려잠지락대가(句麗蠶支落大加). 〈25사 후한서 동이열전〉

대양 大陽 [고구려] 27대 영류왕(榮留王)의 아들(실은 아우)이며 보장왕(寶藏王)의 아버지. 〈25사 구당서 열전 동이〉

덕무 德武 [고구려] 28대 보장왕(寶藏王)의 아들 덕무를 안동도독(安東都督)을 삼았다. 신라 31대 신문왕(神文王) 6년(686년). 〈25사 구당서 열전 동이, 당서 열전 동이〉

도 騊 [고구려] 고구려후(高句麗侯). 왕망(王莽) 때. 〈25사 삼국지 위서 동이전〉

도침 道琛 [백제] 승(僧). 백제를 부흥하려고 복신(福信)과 함께 쥬류성(周留城)에서 저항하였다. 〈25사 구당서 열전 동이, 당서 열전 동이〉

동등 董騰 [고구려] 20대 장수왕(長壽王) 때 장사(長史). 〈25사 송서 열전 이만, 남사 열전 이맥하〉

동명 東明 [고구려] 주몽(朱蒙)의 탄생 설화. 〈25사 후한서 동이열전〉 고려왕의 시비(侍婢)가 낳은 아이로 백제의 시조(始祖)가 되었다. 〈25사 수서 열전 동이〉

마루 馬婁 [고구려] 20대 장수왕(長壽王) 때 장사(長史). 〈25사 송서 열전 이만, 남사 열전 이맥하〉

마여 麻余 [부여] 간위거왕(簡位居王)의 서자(庶子). 〈25사 삼국지 위서 동이전〉

막래 莫來 [고구려] 주몽의 증손(曾孫). 여율(如栗 또는 如津)의 아들로 군사를 일으켜 부여를 합병하였다. 〈25사 위서 열전 고구려, 수서 열전 동이, 북사 열전 고려, 주서 열전 이역상〉

명 明 [백제] 25대 무녕왕(武寧王)의 아들. 26대 성왕(聖王)의 휘(諱). 〈25사 남사 열전 이맥하〉

모대 牟大 [백제] 24대 동성왕(東城王)의 휘(諱). 모도(牟都)의 아들. 〈25사 남제서 열전 동남이〉

모도 牟都 [백제] 24대 동성왕(東城王)의 아버지. 21대 개로왕(蓋鹵王) 경(慶)의 아들. 〈25사 남제서 열전 동남이〉

모유 牟遺 [백제] 장수. 24대 동성왕 때. 〈25사 남제서 열전 동남이〉

모태 募泰 [신라] 23대 법흥왕(法興王)의 휘(諱). 성(姓)은 모(募)이고 이름은 태(泰). 〈25사 남사 열전 이맥하〉

목금 沐衿 [백제] 21대 개로왕(蓋鹵王) 때 장군. 〈25사 송서 열전 이만〉

목씨 木氏 [백제] 백제 팔족(八族)의 하나. 〈25사 수서〉

목우나 木于那 [백제] 24대 동성왕(東城王) 때 장수. 〈25사 남제서 열전 동남이〉

문사 文思 [백제] 31대 의자왕(義慈王)의 손자. 〈25사 당서 열전 동이〉

문왕 文王 [신라] 29대 무열왕(武烈王)의 아들 30대 문무왕(文武王) 법민(法敏). 〈25사 구당서 열전 동이, 당서 열전 동이〉

미귀 麋貴 [백제] 21대 비유왕(毗有王) 때 장군. 〈25사 송서 열전 이만〉

박씨 朴氏 ① [신라] 42대 흥덕왕(興德王) 경휘(景徽)의 비(妃). 〈25사 구당서 열전 동이〉

② [신라] 42대 흥덕왕(興德王) 경휘(景徽)의 어머니. 〈25사 구당서 열전 동이〉

박위거 駮位居 [고구려] 고추가(古鄒加). 고구려에 남은 발기(拔奇)의 아들. 〈25사 삼국지 위서 동이전〉

발기 拔奇 [고구려] 8대 신대왕(新大王)의 맏아들. 〈25사 삼국지 위서 동이전〉

백고 伯固 [고구려] 8대 신대왕(新大王)의 휘(諱). 6대 태조왕(太祖王) 궁(宮)의 아들. 〈25사 삼국지 위서 동이전, 북사 열전 고려〉

백씨 苩氏 [백제] 백제 팔족(八族)의 하나. 〈25사 수서〉

보원 寶元 [고구려] 28대 보장왕(寶藏王)의 손자. 〈25사 당서 열전 동이〉 685년 고구려 보장왕의 손 보원을 조선군왕(朝鮮郡王)을 삼았다. 〈25사 구당서 열전 동이〉

복신 福信 [백제] 장군. 백제를 부흥하려고 도침(道琛)과 함께 쥬류성(周留城)에서 저항하였다. 〈25사 구당서 열전 동이, 당서 열전 동이〉

부여륭 夫餘隆 [백제] 31대 의자왕(義慈王)의 태자. 〈25사 구당서 열전 동이, 당서 열전 동이〉

부여승충 夫餘勝忠 [백제] 위왕자(僞王子). 백제 망한 후. 〈25사 구당서 열전 동이, 당서 열전 동이〉

부여장 夫餘璋 [백제] 30대 무왕(武王). 〈25사 당서 열전 동이〉

부여풍 夫餘豊 [백제] 31대 의자왕(義慈王)의 왕자로 일본에 있다가 복신(福信) 등이 불러 드려 왕으로 세웠다. 〈25사 구당서 열전 동이, 당서 열전 동이〉

부태 夫台 [부여] 부여왕. 영강(永康) 원년(167년) 부태가 현토(玄菟)에 쳐들어갔다. 〈25사 후한서 동이열전〉

불사후 弗斯侯 [백제] 21대 개로왕(蓋鹵王) 때 사서관장군(私署冠將軍), 부마도위(駙馬都尉). 〈25사 위서 열전 백제〉

사리걸걸중상 舍利乞乞仲像 [발해] 시조 대조영(大祚榮)의 아버지. 〈25사 당서 열전 북적〉

사법명 沙法名 [백제] 24대 동성왕(東城王) 때 장수. 〈25사 남제서 열전 동남이〉

사씨 沙氏 [백제] 백제 팔족(八族)의 하나. 〈25사 수서〉

상곡 上谷 [고구려] 고구려의 구(寇). 〈25사 후한서 동이열전〉

선덕 善德 [신라] 26대 진평왕(眞平王)의 딸. 27대왕. 〈25사 구당서 열전

동이, 당서 열전 동이〉

성 成 [고구려] 24대 양원왕(陽原王)의 휘(諱). 23대 안원왕(安原王) 연(延)의 아들이며 20대 장수왕(長壽王) 연(璉)의 5세손이다. 〈25사 위서 열전 고구려, 남사 열전 이맥하〉

성기 成己 [위만] 위만(衛滿)의 손(孫)으로 우거(右渠)의 대신이다. 〈25사 한서 조선전〉

소금첨명 蘇金添明 [신라] 40대 애장왕(哀莊王)의 아우. 〈25사 당서 열전 동이〉

소도성 蕭道成 [고구려] 20대 장수왕(長壽王)이 중국에 보냈다. 임금을 손수 죽이고 몰래 강좌(江左)라 칭했다. 〈25사 위서 열전 고구려〉

소마시 蘇馬諟 [고구려] 건무(建武) 20년(44년, 후한 광무제 20년, 고구려 민중왕 원년) 한인(韓人) 염사인(廉斯人) 소마시를 낙랑(樂浪)에 가서 공헌(貢獻)하게 했다. 광무제(光武帝)가 소마시를 한사읍군(漢斯邑君)을 삼았다. 〈25사 후한서 동이열전〉

소릉 昭陵 [신라] 당왕(唐王)이 도헌(道獻)에게 명하여 소릉을 잡아 들이게 했다. 〈25사 당서 열전 동이〉

소열제 昭列帝 [고구려] 10대 산상왕(山上王)의 현손(玄孫)의 아들이다(산상왕 위궁(位宮)의 현손의 아들이면 15대 미천왕(美川王)으로 추정된다). 모용씨(慕容氏)에게 패한 후 환도(丸都)에 들어와 궁실을 불지르고 크게 약탈한 후 돌아갔다. 〈25사 수서 열전 동이〉

손벌음 孫伐音 [고구려] 백애성(白崖城)의 성주(城主). 당 태종(太宗)의 공격을 받고 투항하였다. 〈25사 구당서 열전 동이, 당서 열전 동이〉

손수 孫漱 [고구려] 20대 장수왕(長壽王) 때의 장수. 〈25사 남사 열전 이맥하〉 영가(元嘉)15년(438년, 송 문제 15년, 장수왕 26년) 연(璉=장수왕)이 홍남(弘南)을 보내는 것을 원치 않아 장수 손수를 보내어 고구(高仇) 등을 습살(襲殺)하였다. 〈25사 송서 열전 이만〉

쇠 釗 [고구려] 16대 고국원왕(故國原王)의 휘(諱). 을불리(乙弗利=15

대 미천왕)의 아들. 〈25사 위서 열전 고구려, 북사 열전 고려, 백제〉

수 須 [백제] 14대 근구수왕(近仇首王)으로 추정. 〈25사 위서 열전 백제, 북사 열전 백제〉

수성 遂成 [고구려] 7대 차대왕(次大王)의 휘(諱). 고구려왕 궁(宮)의 사자(嗣子)라 하였으나 두 사람은 형제간이다. 〈25사 후한서 동이열전〉

숙씨 叔氏 [신라] 39대 소성왕(昭聖王) 준옹(俊邕)의 비(妃). 〈25사 구당서 열전 동이, 당서 열전 동이〉

승경 承慶 [신라] 34대 효성왕(孝成王)의 휘(諱). 33대 성덕왕(聖德王) 흥광(興光)의 아들. 〈25사 구당서 열전 동이, 당서 열전 동이〉

승우 升于 [고구려] 21대 문자명왕(文咨明王)의 종숙(從叔). 〈25사 위서 열전 고구려〉

시려해 始閭解 [고구려] 시조 주몽(朱蒙)의 아들. 여달(閭達)의 자(字). 〈25사 위서 열전 고구려, 북사 열전 고려〉

신복 信福 [백제] 30대 무왕(武王)의 조카. 〈25사 구당서 열전 동이〉

신성 信誠 [고구려] 남건(男建)의 예하 병총관(兵總管) 승(僧). 〈25사 구당서 열전 동이, 당서 열전 동이〉

신씨 申氏 [신라] 39대 소성왕(昭聖王) 준옹(俊邕)의 어머니. 태후(太后)로 삼았다. 〈25사 구당서 열전 동이, 당서 열전 동이〉

안 安 [고구려] 21대 문자명왕(文咨明王) 운(雲)의 세자. 22대 안장왕(安臧王). 〈25사 위서 열전 고구려, 남사 열전 이맥하〉

안순 安舜 [고구려] 28대 보장왕(寶藏王)의 외손(外孫)으로 겸모잠(鉗牟岑)이 반중(反衆)을 이끌고 왕으로 세웠다. 〈25사 당서 열전 동이〉

양무 楊茂 [백제] 24대 동성왕(東城王)의 신(臣). 〈25사 남제서 열전 동남이〉

어양 漁陽 [고구려] 고구려의 구(寇). 〈25사 후한서 동이열전〉

언위 焉違 [고구려] 시조 주몽(朱蒙)이 언위 등 두 사람과 동남쪽으로 달아났다. 〈25사 북사 열전 고려〉

여경 餘慶 [백제] 21대 개로왕(蓋鹵王)의 휘(諱). 〈25사 위서 열전 백제, 송서 열전 이만〉

여고 餘固 [백제] 장군. 24대 동성왕(東城王) 때 광무장군(廣武將軍). 〈25사 남제서 열전 동남이〉 여고(餘古)와 같은 사람인 듯.

여고 餘古 [백제] 장군. 24대 동성왕(東城王) 때 팔중후(八中侯). 〈25사 남제서 열전 동남이〉

여곤 餘昆 [백제] 21대 개로왕(蓋鹵王)이 중국에 사제(賜除)를 신청하기 위해 보낸 사람. 〈25사 송서 열전 이만〉

여구 餘句 [백제] 13대 근초고왕 〈25사 진서〉

여기 餘紀 [백제] 21대 개로왕(蓋鹵王)이 중국에 사제(賜除)를 신청하기 위해 보낸 사람. 〈25사 송서 열전 이만〉

여노 餘奴 [고구려] 20대 장수왕(長壽王) 때 중국에 보내짐. 〈25사 위서

열전 고구려〉

여달 閭達 [고구려] 시조 주몽(朱蒙)의 아들. 〈25사 위서 열전 고구려, 수서 열전 동이, 북사 열전 고려〉

여도 餘都 [백제] 21대 개로왕(蓋鹵王) 때 장군. 〈25사 송서 열전 이만〉

여력 餘歷 [백제] 24대 동성왕(東城王) 때 장군(將軍). 〈25사 남제서 열전 동남이〉

여례 餘禮 [백제] 21대 개로왕(蓋鹵王) 때 장사(長史). 〈25사 위서 열전 백제〉

여루 餘婁 [백제] 21대 개로왕(蓋鹵王) 때 장군. 〈25사 송서 열전 이만〉

여류 餘流 [백제] 21대 개로왕(蓋鹵王) 때 장군. 〈25사 송서 열전 이만〉

여륭 餘隆 [백제] 25대 무녕왕(武寧王)의 휘이다. 〈25자 양서〉

여비 餘毗 [백제] 20대 비유왕(毗有王). 〈25사 송서 열전 이만, 남사 열전 이맥하〉

여선 餘宣 [백제] 29대 법왕(法王). 27대 위덕왕(威德王)의 아들이라 하였으나 실은 28대 혜왕(惠王)의 아들이다. 〈25사 수서〉

여영 餘映 [백제] 백제왕이라 하였는데 영(映)은 전(腆)의 잘못인 듯 곧 18대 전지왕(腆支王)이다. 〈25사 송서 열전 이만, 남사 열전 이맥하〉

여예 餘乂 [백제] 21대 개로왕(蓋鹵王) 때 장군. 〈25사 송서 열전 이만〉

여율 如栗 [고구려] 주몽(朱蒙)의 손자. 여달(閭達)의 아들. 뒤에 3대 대무신왕(大武神王)이되었다. 여율은 대무신왕의 아우이다. 〈25사 위서 열전 고구려, 북사 열전 고려〉

여작 餘爵 [백제] 21대 개로왕(蓋鹵王) 때 장군. 〈25사 송서 열전 이만〉

여장 餘璋 [백제] 30대 무왕(武王). 〈25사 수서〉

여해 閭諧 [고구려] 2대 유리왕(琉璃王)의 초명이다. 〈25사 위서 열전 고구려〉 후명은 여달(閭達)이다.

여훈 餘暈 [백제] 21대 개로왕(蓋鹵王) 때 장군. 〈25사 송서 열전 이만〉

여휘 餘暉 [백제] 16대 진사왕(辰斯王)의 휘(諱)라 하였다. 〈25사 진서 효무제기〉

연 璉 [고구려] 20대 장수왕(長壽王)의 휘(諱). 16대 고국원왕(故國原王)의 증손(曾孫). 〈25사 위서 열전 고구려〉

연 延 [고구려] 23대 안원왕(安原王). 22대 안장왕(安臧王)의 아들이라 했으나 실은 21대 문자명왕(文咨明王)의 아들이며 안장왕의 아우이다. 〈25사 남사 열전 이맥하〉

연노 涓奴 [고구려] 8대 신대왕(新大王)의 아들 발기(拔奇)의 신하. 〈25사 삼국지 위서 동이전〉

연문진 燕文進 [백제] 30대 무왕(武王)의 사신(使臣). 〈25사 수서〉

연씨 燕氏 [백제] 백제 팔족(八族)의 하나. 〈25사 수서〉

연인 然人 [고구려] 8대 신대왕(新大王) 백고(伯固)의 신하로 주부(主簿). 〈25사 삼국지 위서 동이전〉

영 映 [백제] →여영(餘映) 〈25사 송서 열전 이만〉

예실불 芮悉弗 [고구려] 21대 문자명왕(文咨明王) 때 사신(使臣). 〈25사 위서 열전 고구려, 북사 열전 고려〉

오위 烏違 [고구려] 시조 주몽(朱蒙)이 데려간 사람. 오이(烏伊)의 오기(誤記)인 듯. 〈25사 위서 열전 고구려〉

오인 烏引 [고구려] 시조 주몽(朱蒙)이 데려간 사람. 오이(烏伊)의 오기(誤記)인 듯. 〈25사 위서 열전 고구려〉

왕겹 王唊 [고조선] 조선의 상(相). 기원전 109년. 〈25사 한서 조선전〉

왕무 王茂 [백제] 24대 동성왕(東城王) 때 장수. 〈25사 남제서 열전 동남이〉

왕변나 王辯那 [백제] 27대 위덕왕(威德王)의 사신(使臣). 장사(長史). 〈25사 수서〉

왕효린 王孝鄰 [백제] 30대 무왕(武王) 장(璋)의 사신. 〈25사 수서〉

우거 優居 [고구려] 8대 신대왕(新大王)의 신하. 대가(大加). 〈25사 삼국지 위서 동이전〉

우거 右渠 [고조선] 위만(衛滿)의 손자. 〈25사 한서 조선전〉

우북평 右北平 [고구려] 고구려의 구(寇). 〈후한서 동이열전〉

우서 于西 [백제] 21대 개로왕(蓋鹵王) 때 장군. 〈25사 송서 열전 이만〉

운 雲 [고구려] 20대 장수왕(長壽王)의 손자. 21대 문자명왕(文咨明王)의 휘(諱). 〈25사 위서 열전 고구려, 남사 열전 이맥하〉

원 元 [고구려] 26대 영양왕(嬰陽王). 탕(湯)의 아들이라 했는데 아버지 25대 평원왕(平原王)의 휘(諱)는 양성(陽成) 또는 탕성(湯成)이다. 〈25사 수서 열전 동이〉

위 位 [고구려] 10대 산상왕(山上王). 할아버지(재사(再思))와 닮았으므로 위궁이라 하였다. 〈25사 삼국지 위서 동이전, 북사 열전 고려〉

위구태 尉仇台 [부여] 고구려 대조왕(大祖王) 68년(120년) 부여왕이 태자 위구태를 중국에 사자로 보냈다. 〈25사 후한서 동이열전, 삼국지 위서 동이전〉

위궁 位宮 [고구려] 10대 산상왕(山上王)의 휘(諱). 9대 고국천왕(故國川王) 이이모(伊夷謨)의 아들 이라 했으나 아우이며, 6대 대조왕(大祖王) 궁(宮)의 증손(曾孫)이라 하였으나 대조왕은 백부(伯父)이다. 〈25사 위서 열전 고구려, 수서 열전 동이, 북사 고려〉

융 隆 — [백제] 31대 의자왕(義慈王)의 셋째 아들. 〈25사 주서 열전 이역상〉

을불리 乙弗利 — [고구려] 15대 미천왕(美川王)의 휘(諱). 10대 산상왕(山上王)의 현손(玄孫). 〈25사 위서 열전 고구려, 북사 열전〉

을제 乙祭 — [신라] 27대 선덕왕(善德王) 때 종실대신(宗室大臣). 국정(國政)을 총괄하였다. 〈25사 구당서 열전 동이, 당서 열전 동이〉

의라 依羅 — [부여] 부여후왕(夫餘後王). 〈25사 진서(晋書) 열전 동이〉

의려 依慮 — [부여] 부여왕 마여(麻余)의 아들. 〈25사 삼국지 위서 동이전〉 285년(진(晋) 무제 6년) 자살하였다. 〈25사 진서 열전 동이〉

의자 義慈 — [백제] 31대 의자왕(義慈王). 30대 무왕(武王)의 아들. 〈25사 구당서 열전 동이, 당서 열전 동이〉

이이모 伊夷模 — [고구려] 9대 고국천왕(故國川王)의 휘(諱). 8대 신대왕(新大王) 백고(伯固)의 아들. 〈25사 삼국지 위서 동이전, 북사 열전 고려〉

이홍 理洪 — [신라] 32대 효소왕(孝昭王)의 휘(諱). 31대 신문왕(神文王) 정명(政明)의 아들이다. 〈25사 구당서 열전 동이, 당서 열전 동이〉

장 長 — [고조선] 위만(衛滿)의 손자 우거(右渠)의 아들. 〈25사 한서 조선전〉

장 藏 — [고구려] 28대 보장왕(寶藏王)의 휘(諱). 27대 영류왕(榮留王) 건무(建武)의 아우의 아들. 〈25사 구당서 열전 동이〉

장무 張茂 [백제] 21대 개로왕(蓋鹵王) 때 사마(司馬) 〈25사 삼국지 위서 열전 백제〉

장보고 張保皐 [신라] 싸움을 잘했다. 〈25사 당서 열전 동이〉

장색 張塞 [백제] 24대 동성왕(東城王) 때 장수(將帥). 〈25사 남제서 열전 동남이〉

장위 張威 [백제] 18대 영(映 : 腆支王으로 추정)이 장사(長史) 장위를 보내 예궐(詣闕) 공헌(貢獻)케 했다. 〈25사 송서 열전 이만, 남사 열전 이맥하〉

저근 姐瑾 [백제] 24대 동성왕(東城王) 때 장군. 〈25사 남제서 열전 동남이〉

정년 鄭年 [신라] 장보고(張保皐)와 더불어 싸움을 잘하였다. 〈25사 당서 열전 동이〉

정명 政明 [신라] 31대 신문왕(神文王)의 휘(諱). 30대 문무왕 법민(法敏)의 아들이다. 〈25사 구당서 열전 동이, 당서 열전 동이〉

정씨 貞氏
① [백제] 백제 팔족(八族)의 하나. 〈25사 수서〉
② [신라] 41대 헌덕왕(憲德王) 언승(彦昇)의 비(妃). 그러나 헌덕왕비는 김예영(金禮英)의 딸 귀승부인(貴勝夫人)이다. 〈25사 구당서 열전 동이, 당서 열전 동이〉

정토 淨土 [고구려] 연개소문(淵蓋蘇文)의 아우. 〈25사 당서 열전 동이〉

주몽 朱蒙 [고구려] 시조. 활 잘 쏘는 사람이다. 〈25사 위서 열전, 수서 열전 동이, 북사〉

준 準 [고조선] 기자조선(箕子朝鮮) 이후 위만(衛滿)이 나라를 세울 때 마지막 임금. 스스로 한왕(韓王)이라 하였다. 〈25사 삼국지 위서 동이전, 후한서 동이 열전〉

준옹 俊邕 [신라] 38대 원성왕(元聖王) 경신(敬信)의 적손(嫡孫)으로 39대 소성왕(昭聖王)의 휘(諱)이다. 〈25사 구당서 열전 동이, 당서 열전

	동이〉
중흥 重興	[신라] 39대 소성왕(昭聖王) 준옹(俊邕)의 아들. 40대 애장왕(哀莊王)의 휘(諱)인 듯한데 중희(重熙)의 잘못 적음인 것 같다. 〈25사 구당서 열전 동이, 당서 열전 동이〉
진덕 眞德	[신라] 28대왕. 27대 선덕왕(善德王)의 사촌동생이다. 〈25사 구당서 열전 동이, 당서 열전 동이〉
진명 陳明	[백제] 24대 동성왕(東城王) 모대(牟大) 때 장수. 〈25사 남제서 열전 동남이〉
진평 眞平	[신라] 26대왕. 〈25사 수서〉

참 參	[고조선] 조선의 상(相). 〈25사 한서 조선전〉
창 昌	[백제] 27대 위덕왕(威德王)의 휘(諱). 건덕(建德) 원년(577년 백제 위덕왕 24년) 제(齊)가 멸하자 창이 처음으로 사신을 보냈다. 개황초(開皇初 : 수의 건국) 왕이 사신을 보내 방물(方物)을 바쳤다. 31대 의자왕(義慈王)의 아들 융(隆)의 아들. 대방군공(帶方郡公) 백제왕이라는 기사는 시대가 맞지 않는다. 〈25사 주서 열전 이역상, 수서 열전 동이〉
찬수류 贊首流	[백제] 24대 동성왕(東城王) 때 장수. 〈25사 남제서 열전 동남이〉
천 泉	[고구려] 연개소문(淵蓋蘇文)의 성(姓). 〈25사 구당서 열전 동이〉
최 最	[위만] 위만의 상(相). 노인(路人)의 아들. 〈25사 한서 조선전〉

추 騶 [고구려] 고구려의 후(侯). 왕망(王莽)이 죽였다. 〈25사 후한서 동이 열전〉

충지 忠志 [백제] 백제가 망한 후 왕자 행세를 함. 〈25사 구당서 열전 동이, 당서 열전 동이〉

탕 湯 [고구려] 24대 양원왕(陽原王) 성(成)의 아들. 20대 장수왕(長壽王) 거련(巨璉)의 육세손(六世孫). 요동왕(遼東王). 25대 평원왕(平原王). 〈25사 주서 열전 이역상, 수서 열전 동이〉

태 泰 [백제] 31대 의자왕(義慈王)의 둘째 아들. 〈25사 당서 열전 동이〉

태원 太原 [고구려] 고구려의 구(寇). 〈25사 후한서 동이 열전〉

풍야부서하 馮野夫西河 [백제] 20대 비유왕(毗有王)이 보낸 사자(使者). 〈25사 남사 열전 이맥하〉

하지 菏知 [가야] 가라국왕(伽羅國王). 〈25사 남제서 열전 동남이〉

한도 韓陶 [고조선] 원봉(元封) 2년(109년) 조선의 상(相). 〈25사 한서 조선전〉

해례곤 解禮昆 [백제] 24대 동성왕(東城王) 때 장수. 〈25사 남제서 열전 동남이〉

해씨 解氏 [백제] 백제 팔족(八族)의 하나. 〈25사 수서〉

헌성 獻誠 [고구려] 연개소문(淵蓋蘇文)의 손자. 남생(男生)의 아들. 〈25사 구당서 열전 동이, 당서 열전 동이〉

헌영 憲英 [신라] 34대 효성왕(孝成王)의 아우. 35대 경덕왕(景德王). 〈25사 구당서 열전 동이, 당서 열전 동이〉

환권 桓權 [고구려] 27대 영류왕(榮留王) 건무(建武)의 태자. 〈25사 구당서 열전 동이, 당서 열전 동이〉

회매 會邁 [백제] 24대 동성왕(東城王) 모대(牟大)의 신(臣). 〈25사 남제서 열전 동남이〉

효연 孝演 [백제] 31대 의자왕(義慈王)의 소왕(小王). 〈25사 구당서 열전 동이, 당서 열전 동이〉 태자 효(孝)일 것이다.

흥광 興光 [신라] 33대 성덕왕(聖德王)의 휘(諱). 32대 효소왕(孝昭王)의 아우. 〈25사 구당서 열전 동이, 당서 열전 동이〉

2. 일본사료

가노지 哥奴知 백제의 신. 은솔(恩率). 민달(敏達) 12년(584년, 백제 위덕왕 30년) 덕이(德爾)와 더불어 일라(日羅)를 보내고 일본에 갔다 함 〈書紀〉

가라 加羅 탐라인(耽羅人). 좌평(佐平). 지통(持統) 2년(688년) 탐라왕이 보내 일본에 방물을 바쳤음 〈書紀〉

가라직기갑배 加羅直岐甲背 백제의 신. 응가기미(鷹哥岐弥)라고도 함. 흠명(欽明) 5년(544년, 백제 성왕 22년) 백제 성왕이 임나하내직(任那河內直)에게 말한 바에 따르면 하내직의 선조로서 항상 간위(奸僞)의 마음을 품고 위가가군(爲哥可君 : 일본계 백제인인 듯)을 끌어들여 포학을 자행했다 함 〈書紀〉

가량정산 加良井山 신라의 신. 내말(奈末). 천무(天武) 7년(679년, 신라 문무왕 19년) 김홍세(金紅世)와 같이 신라 사신 김소물(金消勿) 등의 송사가 되어 일본으로 가던 중 해상에서 폭풍을 만나 정산, 홍세 등만 일본에 도착했다 함 〈書紀〉

가루 可婁 고구려 상부인(上部人). 대상(大相). 천지(天智) 10년(671년, 고

구려 망 후) 사신으로 갔다가 귀국함 〈書紀〉

가마다 迦摩多 — 신라의 간첩자(間諜者). 추고(推古) 9년(601년, 신라 진평왕 23년) 대마도에서 잡혀 상야(上野)에 유배되었다 함 〈書紀〉

가수군 賈受君 — 백제국인. 신전련(神前連)의 조(祖)라 함 〈姓氏錄 左京諸蕃〉

가수리군 加須利君 — 백제왕. <백제신찬(百濟新撰)>에는 개로왕(蓋鹵王)이라고 함. 웅략(雄略) 5년(461년, 백제 개로왕 7년)에 앞서 일본에 보낸 지진원(池津媛)이 불에 타 죽은 것을 알고 채녀(采女)를 중단하고 아우 군군(軍君-琨支王)을 일본에 보냈다 함 〈書紀〉

가의장 賈義將 — 백제국인. 가씨(賈氏)의 조(祖)라 함 〈姓氏錄 右京諸蕃〉

각복모 角福牟 — 백제국인. 음양가(陰陽家). 천지(天智) 10년(671년) 소산하(小山下)를 받음 〈書紀〉

각절왕 角折王 — 신라국왕. 근의수(近義首)의 조(祖)라 함 〈姓氏錄 未定和泉〉

각종 覺從 — 백제의 사미(沙彌). 제명(齊明) 6년(660년, 백제 의자왕 20년) 백제는 달솔(達率) 모(某)와 사미 각종을 보내 지난달 신라가 당병을 이끌고 백제를 멸망시킨 상황을 알렸음 〈書紀〉

감량동인 甘良東人 — 백제의 귀화인. 보자(寶字) 5년(761년)에 성(姓) 청소련(淸篠連)을 받음 〈續紀〉

감지대사 堪遲大舍 — 신라인. 대사(大舍). 추고(推古) 31년(623년, 신라 진평왕 45년) 임나조사(任那調使)로 일본에 감 〈書紀〉

개로왕 蓋鹵王 — →가수리군(加須利君) 〈書紀〉

개문 蓋文 — 백제의 신. 덕솔(德率). 숭준(崇峻) 원년(587년, 백제 위덕왕(威德王) 34년) 수신(首信) 등과 같이 일본에 사신으로 감 〈書紀〉

견조위지 堅祖爲智 — 백제국인. 견조씨(堅祖氏)의 조(祖)라 함 〈姓氏錄 右京未定雜姓〉

견조주이 堅祖州耳 — 백제국인. 열이(列耳)라고도 함. 분곡(粉谷 : 杉谷이라고도 함)씨의 조(祖)라 함 〈姓氏錄 右京諸蕃 下〉

경수덕나리 敬須德那利 백제국인. 지통(持統) 2년(688년) 갑비국(甲斐國)에 옮겨졌음 〈書紀〉

고경 高徑 백제 공족(公族). 고전(高悛)이라고도 함. 혹은 공손 태현고(太玄高)라고도 함. 광릉고목(廣陵高穆)의 조(祖) 〈姓氏錄 河內諸蕃〉

고구련비량마려 高丘連比良麻呂 백제 귀화인. 사문(沙門) 영(詠)의 손자. 고구련(高丘連)을 받음 〈續紀〉

고규선 高珪宣 백제국인. 보귀(寶龜) 7년(776년) 발해국 사신으로 일본에 감 〈續紀〉

고금장 高金藏 고구려국인. 우경인(右京人). 대보(大寶) 원년(701년) 출가해서 신성(信成)이라 하였으나 본성으로 돌아왔다고 함 〈續紀〉 성씨록 좌경제번(姓氏錄 左京諸蕃)에 고려 귀화족 고씨(高氏)는 동국인(同國人) 종오위하(從五位下) 고금장(古金藏). 법명(法名) 신성(信成)의 후예라 하였음.

고나 考那 신라국인. 대내말(大奈末). 천무(天武) 9년(681년, 신라 신문왕 1년) 고려 사신과 더불어 일본에 감 〈書紀〉

고난연자 高難延子 백제 속고왕(速古王 : 근초고왕(近肖古王)인 듯)의 12대 손. 은솔(恩率). 대구조(大丘造)의 조(祖)라 함 〈姓氏錄 左京諸蕃〉

고남신 高南申 발해국인. 보자(寶字) 3년(772년) 일본 사신을 따라 일본에 입국함(그때 발해사보국대장군겸장군현도주자사 겸압아관개국공(渤海使輔國大將軍兼將 軍玄菟州刺史 兼押衙官開國公)이라 함. 고려사로도 기록됨). 일본 왕이 상표(上表)와 공물(貢物)을 바친데 대해 국왕 대흠무(大欽茂)가 답례로 고남신을 보냈다 함 〈續紀〉

고도 苦都 신라국 좌지촌(佐知村)의 사마노(飼馬奴). 곡지(谷智)라고도 함. 흠명(欽明) 15년(554년, 신라 진흥왕 15년) 신라병이 백제를 칠 때 천노(賤奴)인 고도로 하여금 백제 성왕을 잡아 죽이게 했다 함 〈書紀〉

고로부좌 古魯父佐 백제국인. 덕솔(德率). 고증문좌(古曾文佐)라고도 씀. 풍촌조(豊村造)의 조(祖)라고 함 〈姓氏錄 河內未定雜姓〉

고록사 高祿思 발해사(渤海使) 대판관(大判官). 보귀(寶龜) 8년(777년) 대사 사도몽(史都蒙) 등과 일본에 감 〈續紀〉

고명인 高名人 백제국인. 내좌평(內佐平). 황극(皇極) 원년(642년, 백제 의자왕 2년) 국내 대란으로 제왕자(弟王子) 아교기(兒翹岐), 모, 매(母, 妹) 등 4명 등 30여 인이 섬왕에게 살해되었다 함 〈太子 傳曆 下〉

고문신 高文信 고구려국 전부(前部)의 사람. 보자(寶字) 5년(761년) 성(姓) 복당련(福當連)을 받음 〈續紀〉

고복 高僕 백제국 공족대부(公族大夫) 고구숙니(高丘宿禰)의 조(祖)라 함 〈姓氏錄 下 內諸蕃〉

고복유 高福裕 고구려국인. 신성련(新城連)의 조(祖)라 함 〈姓氏錄 左京諸蕃〉

고분옥 高分屋 백제 성왕(聖王)의 신. 시덕(施德). 고분(高分)이라고도 함. 흠명(欽明) 4년(543년, 백제 성왕 21년) 임나(任那) 재흥을 위해 왕명으로 일본에 감 〈書紀〉

고숙원 高淑源 발해국인. 보귀(寶龜) 7년(776년) 발해 판관(判官)으로서 대사 사도몽(史都蒙)과 더불어 일본에 가던 중 익사함 〈續紀〉

고설창 高說昌 발해 통사. 보귀(寶龜) 10년(780년) 고양죽(高洋粥)과 같이 일본에 건너감 〈續紀〉

고양죽 高洋粥 발해국인. 양필(洋弼) 또는 혼죽(渾粥)이라고도 함. 보귀(寶龜) 10년(780년) 일본에 사신으로 감 〈續紀〉

고오야 高昊野 고구려국 후부(後部)의 귀화인. 보자(寶字) 5년(761년) 신라, 고구려, 백제인에 대한 사성(賜姓)때 대정련(大井連)을 받음 〈續紀〉

고우양 高牛養 백제국인. 보자(寶字) 5년(761년) 정야조(淨野造)의 성을 받음. 또 청야련(淸野連)의 성을 받음 〈續紀〉

고울림 高鬱琳 발해국인. 보귀(寶龜) 7년(776년) 일본에 소판관(少判官)으로 대사 사도몽(史都蒙)과 같이 일본에 감 〈續紀〉

고이해 高爾解 백제국인. 현종(顯宗) 8년(487년, 백제 동성왕 9년) 일본의 기대반숙니(紀大磐宿禰)가 삼한(三韓)의 왕이 되려고 백제를 침공했는데 백제왕은 영군(領軍) 고이해(古爾解)와 내두(內頭) 막고해(莫古解)로 하여금 이를 치게 함 〈書紀〉

고인의 高仁義 발해국인. 신귀(神龜) 4년(727년) 최초의 발해 국사로서 하이(蝦夷)에게 살해됨. 영원장군(寧遠將軍) 〈續紀〉

고장자 高莊子 고구려국인. 장자(庄子)라고도 씀. 화동(和銅) 원년(708년) 어립련(御笠連)의 조(祖)라 함 〈姓氏錄 左京諸蕃〉 정육상(正六上)에서 종오하(從五下)로 서품됨 〈續紀〉

고전해 古殿奚 가라국인. 상수위(上首位). 흠명(欽明) 2년(541년) 임나의 여러 한기(旱岐)와 더불어 백제에 가 성왕(聖王)과 임나의 부흥을 꾀했다 함 〈書紀〉

고제덕 高齊德 발해국사. 신귀(神龜) 4년(727년) 고인의(高仁義)와 함께 일본에 도착했다. 당시 발해군왕사수령(渤海郡王使首領). 가는 도중 하이(蝦夷)의 습격을 받아 일행이 많이 죽었으나 고제덕은 살아남아 정육삼(正六三)의 서품을 받고 동 5년에 귀국함 〈續紀〉

고조근 高助斤 고구려국인. 고씨(高氏)의 조(祖)라 함 〈姓氏錄 左京諸蕃〉

고천금 高千金 고구려국 후부(後部) 사람. 후부고(後部高)의 조(祖)라 함 〈姓氏錄 左京 未定雜姓〉

고흥복 高興福 발해국인. 보자(寶字) 4년(760년) 발해부사로 대사 고남신(高南申)과 같이 일본에 감 〈續紀〉

곡나진수 谷那晋首 백제국인. 달솔(達率). 천지(天智) 2년(662년) 백제 멸망 후 여자신(余自信), 목소관자(木素貫子), 억례복류(憶禮福留) 등과 백성을 이끌고 일본에 건너가 대산하(大山下)를 받음 〈書紀〉

곤지왕 琨支王 → 군군(軍君)

과야신라 科野新羅 백제신. 상부내솔(上部奈率). 흠명(欽明) 14년(553년, 백제 성왕 31년) 문휴대산(汶休帶山)과 함께 일본에 건너가 고구려와 신라가 합동해서 백제를 칠 날이 가까웠으므로 원군을 청함 〈書紀〉

과야우마려 科野友麻呂 백제 귀화인. 보자(寶字) 5년(761년) 성 청전조(姓 青田造)를 받음 〈書紀〉

과야차주 科野次酒 백제 상부인(上部人). 흠명(欽明) 14년(553년, 백제 성왕 31년) 백제의 사절로 일본에 건너가 군병을 청함. 덕솔(德率). 같은 해 다시 일본으로 건너가 표(表)를 바침. 당시에는 내솔(奈率) 〈書紀〉

관륵 觀勒 백제승. 추고(推古) 10년(602년, 백제 무왕 3년) 일본에 건너가 역서(曆書), 천문지리서(天文地理書), 둔갑방술서(遁甲方術書)를 전했다. 〈書紀〉 후에 승정(僧正)이 되었다 함 〈元亨釋書〉

광개토왕 廣開土王 → 호태왕(好太王)

광릉고목 廣陵高穆 백제 공족대부 고경(公族大夫 高徑)의 후예. 고구숙니(高丘宿禰), 대석(大石), 대산기촌(大山忌寸)의 조(祖)라 함 〈姓氏錄 河內諸蕃, 左京諸蕃, 右京諸蕃 下〉

교기 翹岐 백제 의자왕(義慈王)의 아들. 황극(皇極) 원년(642년, 백제 의자왕 2년)에 백제왕의 모후(母后)가 돌아가자 교기가 40여 명을 이끌고 일본에 건너감 〈書紀〉

구귀 久貴 백제 신. 장덕(將德). 흠명(欽明) 10년(549년, 백제 성왕 27년) 일본에서 돌아옴 〈書紀〉

구례지 久禮志 고구려국인. 응신(應神) 37년(398년 경, 고구려 광개토대왕 무렵) 아지사주(阿知使主)들이 오(吳)로 가는 도중 고려에서 구례파(久禮波) 등과 길을 인도했다 함 〈書紀〉

구례질급벌간 신라국인. 흠명(欽明) 22년(561년, 신라 진흥왕(眞興王) 22년)

久禮叱及伐干 사신으로 일본에 갔는데 예우가 낮아져서 돌아왔다 함 〈書紀〉

구례파 久禮波 고구려국인. 응신(應神) 37년(398년 경, 고구려 광개토대왕 무렵) 구례지와 더불어 아지사주를 오(吳)로 인도했다 함 〈書紀〉

구류천마내의리좌 久留川麻乃意利佐 고구려국인. 久를 之로 쓴 책도 있음. 팔판조(八坂造)의 조(祖)라 함 〈姓氏錄 山城諸蕃〉

구마기 久麻伎 탐라국(耽羅國)의 왕자. 구마예(久麻藝)라고도 씀. 천지(天智) 8년(669년), 천무(天武) 2년(674년)에 탐라사로 일본에 다녀감 〈書紀〉

구미도언 久米都彦 백제국인. 좌량량련(佐良良連)의 조(祖)라 함 〈姓氏錄 河內諸蕃〉

구사기(나)왕 久斯祁(那)王 고구려국인. 황문련(黃文連)의 조(祖)라 함 〈姓氏錄 山城 諸蕃〉

구이군 久爾君 백제인. 선자수(船子首)의 조(祖)라 함 〈姓氏錄 河內未定〉

구이능고사주 久爾能古使主 백제국인. 상왈좌(上曰佐)의 조(祖)라 함 〈姓氏錄 河內 諸蕃〉

구이신 久爾辛 백제왕. 신라 18대 전지왕(腆支王)의 아들로 19대왕. 응신(應神) 25년(420년, 신라 구이신왕(420년대)) 백제 직지왕(直支王=전지왕(腆支王))이 죽고 구이신이 왕위에 올랐으나 연소하여 목만치(木滿致)가 섭정함 〈書紀〉

구저 久氐 백제국인. 신공(神功) 44년(실제로는 364년, 백제 근초고왕 대) 백제에서 미주류(弥州流), 막고(莫古), 구저 등이 탁순왕(卓淳王)을 만나 일본의 존재 여부를 묻고 감. 47년, 49~52년에도 일본에 다녀감 〈書紀〉

구지두신 久知豆神 백제국인. 지두신(知豆神)이라고도 함, 원부수(苑部首), 원인수(園人首)의 조(祖)라 함 〈姓氏錄 右京諸蕃, 大和諸蕃〉

구지포례 久遲布禮 신라국인. 구례이사지우내사마리(久禮爾師知于奈師磨里)라고도 함. 계체(繼體) 23년(529년, 신라 법흥왕 16년) 백제와 신라를 화해시키기 위하여 두 나라 왕을 불렀는데 신라왕은 구지포례를 보냈다 함 〈書紀〉

구취유리 久取柔利 안라국인(安羅國人). 차한기(次旱岐). 흠명(欽明) 2년(541년, 신라 진흥왕 2년) 백제와 더불어 임나(任那) 부흥을 꾀함 〈書紀〉

국골부 國骨富 백제국인. 국중련공마려(國中連公麻呂)의 조부. 천지(天智) 2년(662년)에 일본에 귀화. 당시 덕솔(德率) 〈續紀〉

국군마려 國君麻呂 본 백제인. 공마려(公麻呂)라고도 함. 조부 국골부(國骨富)가 천지(天智) 2년(662년, 백제 부여 풍왕(豊王) 1년) 일본에 귀화하였고 그는 절과 불상주조를 맡았음 〈續紀〉

국변성 國辨成 백제인. 제명(齊明) 6년(660년, 백제 의자왕 20년) 포로로 잡혔다가 방면됨 〈書紀〉

국수다 國雖多 백제 성왕(聖王)의 신. 덕솔(德率). 흠명(欽明) 4년(543년, 백제 성왕(聖王) 21년) 임나(任那) 재흥을 재촉하는 바람에 그 일에 참여함 〈書紀〉

군군 軍君 백제 20대 비유왕(毗有王)의 아들(실제로는 비유왕의 손자). 곤지왕(琨支王) 또는 곤기왕(琨伎王)이라고 함 〈姓氏錄〉 웅략(雄略) 5년(461년, 백제 개로왕 7년) 일본에 인질로 보내졌다. 〈書紀〉 비조호조(飛鳥戶造), 백제숙니(百濟宿禰)의 조(祖) 〈三代實錄〉

군선 軍善 백제국인. 은솔(恩率). 황극(皇極) 원년(642년, 백제 의자왕 2년) 대좌평(大佐平) 지적(智積)과 함께 일본을 방문. 이듬해에는 달솔(達率) 자사(自斯)의 부사로 일본에 다녀감 〈書紀〉

귀간보 貴干寶 신라인. 천무(天武) 2년(674년, 신라 문무왕 14년) 하등사(賀騰使) 김승원(金承元), 조선왕상사(弔先王喪使) 김살라(金薩羅), 김살유(金薩儒) 등과 송사(送使)가 되어 축자(筑紫)에 갔다. 〈書紀〉

귀수 貴須 백제 초고왕(肖古王)의 왕자. 신공(神功) 49년 일본이 신라를 침공했는데 초고왕이 그 아들 귀수와 더불어 군을 이끌고 와서 일본과 동맹을 약속했다. 신공 56년(256년, 실제로는 375년, 백제 근구수왕 1년) 귀수는 왕(근구수왕)이 되었다. 〈書紀〉

귀수왕 貴須王 백제 14대 왕. 귀수왕(貴首王)이라고도 한다. 귀수(貴須) 참조. <서기(書紀)>를 비롯 <속기(續紀)>, <삼대실록(三代實錄)> 등에 기사가 났는데 일본과는 각별한 관계를 가졌던 듯 학자도 보내 주었으며, 일본 여러 성(姓)의 조(祖)라고 기록되어 있다.

귀신 貴信 귀신(貴臣)이라고도 한다. 웅략(雄略) 11년(467년, 백제 개로왕 13년) 백제에서 도망하여 스스로 귀신(貴臣)이라 하고 오국인(吳國人)이라 함 〈書紀〉

귀실복신 鬼室福信 백제의 서부(西部). 은솔(恩率). 제명(齊明) 6년(660년, 백제 의자왕 20년) 나당 연합군이 백제를 멸망시킬 때 발분(發憤)하여 백제의 잔병을 수습하여 신라병을 무찔렀다. 당병은 감히 들어오지 못하고 복신은 여자진(余自進)과 함께 백제의 왕성을 지켰다. 국인이 좌평(佐平)이라 일컬었다. 백제의 왕자를 세워 백제의 부흥을 꾀했으나 적의 계략에 따른 참소로 왕이 참사시켰다. 그가 죽자 신라군이 다시 왕성을 점령하였다. 〈書紀〉

귀실안귀 鬼室安貴 백제국 목도왕(目圖王)의 아들. 강련(岡連)의 조(祖). 이 성은 보자(寶字) 3년(760년) 백제공의 칭호를 받음 〈姓氏錄 右京諸蕃 下〉

귀실집사 鬼室集斯 복신(福信)의 아들. 천지(天智) 4년(665년, 백제망후) 좌평(佐平) 복신의 공으로 달솔(達率)에서 소금하(小錦下)를 받음. 동 8년(669년) 집사 등 백제 남녀 700여 명을 근강국 포생군(近江國蒲生郡)에 천거시킴. 좌평(佐平)이 됨 〈書紀〉

귀지 貴智 백제의 신. 좌평(佐平). 제명(齊明) 6년(660년, 백제 의자왕 20년) 나당 연합군에 의해 백제가 망하게 되는데, 귀실복신(貴室福信) 등이 신라를 이기고 있을 때 복신의 명에 의하여 당(唐)포로 백여인을 일본에 끌고 갔으며, 원병 요청과 백제 왕자 여

풍장(余豊璋)을 왕으로 맞이할 것을 청했다. 〈書紀〉

귀진모 貴眞毛 신라인. 천무(天武) 2년(674년) 김승원, 김살유 등과 더불어 송사(送使)로 일본에 감 〈書紀〉

규해 糺解 백제 왕자. 제명(齊明) 7년(661년, 백제 풍왕 1년) 일본에 있다가 귀실복신(鬼室福信)이 규해(糺解)를 귀국시키라는 표를 올렸다. 천지(天智) 2년(663년, 풍왕 3년) 복신을 헐뜯는 왕자를 보았다고 함 〈書紀〉

※ 여풍장(余豊璋)과 같은 이름인지 모르겠음.

근귀수왕 近貴首王 백제국왕. 광진련(廣津連)의 조(祖)라 함 〈姓氏錄 右京諸蕃〉 삼국사기에는 근구수왕이라 나온다.

근초고왕 近肖古王 백제국왕. 금부련(錦部連), 삼선숙니(三善宿禰), 석야련(石野連)의 조(祖)라 함 〈姓氏錄 左京諸蕃 下〉 백제 13대 왕.

금부정안나금 錦部定安那錦 백제에서 보낸 수말재기(手末才伎 : 손재주 있는 사람) 〈書紀〉

기련 己連 백제의 신. 중부내솔(中部奈率). 기릉(其㥄)으로도 씀. 흠명(欽明) 3년(542년, 백제 성왕 20년)부터 7년까지 일본에 왕래하면서 임나(任那) 재건에 관여함 〈書紀〉

기마차 己麻次 백제의 악인(樂人). 계덕(季德). 흠명(欽明) 15년(554년) 일본에 보내짐 〈書紀〉

기본한기 己本旱岐 가라국(伽羅國) 왕. 신공(神功) 62년 조 백제기(百濟記)에 따르면 신라를 치러 간 사지비궤(沙至比跪)가 오히려 가라국을 치므로 국왕 기본한기(己本旱岐)가 백제로 도망했다 함 〈書紀〉

기신미마사 紀臣彌麻沙 일계(日系) 백제인. 흠명(欽明) 2년(541년, 백제 성왕 19년) 기신이 한국여자를 취해서 난 아들인데 백제에 머물러 내솔(奈率)이 됨. 백제 성왕이 안라로 보내 임나 부흥을 꾀했다 함 〈書紀〉

기알기몽 己闕棄蒙 발해국인(渤海國人). 천평(天平) 12년(740년) 일왕이 종오 하(從五 下)를 줌 〈續紀〉

기전지 旣殿至 가라국(伽羅國)왕의 누이. 신공(神功) 62년(380년대) 일본이 사지비궤(沙至比跪)를 시켜 신라를 치게 했는데 가라를 쳤으므로 가라왕의 누이가 사지비궤의 잘못을 알려 일본이 가라에 군사를 보내 안정시켰음 〈書紀〉

기주기루 己州己婁 백제국인. 안한(安閑) 5년(534년) 사신으로 일본에 감. 당시 상부도덕(上部都德). 흠명(欽明) 4년(543년) 다시 진모귀문(眞牟貴文)과 같이 사신으로 감. 당시는 전부호덕(前部護德) 〈書紀〉

기지부 己知部 백제인. 흠명(欽明) 원년(540년, 백제 성왕 18년)에 귀화. 산촌기지부(山村己知部)의 조(祖)라 함 〈書紀〉

기진몽 己珍蒙 발해국인. 천평(天平) 11년(739년) 당에서 돌아가는 일본 사신과 함께 일본에 감 〈續紀〉

길의 吉宜 백제국인. 의술가. 고마려(古麻呂)의 부. 처음에는 중이었으나 (惠俊) 문무(文武) 4년(700년) 환속하고 성을 길(吉), 명을 의(宜)라고 받음. 화동(和銅) 7년(714년)부터 의사업을 하였다. 〈續紀〉 서주(書主)의 본성은 길전련(吉田連)으로 백제에서 왔으며 조부는 정오상도서두 겸 내약정상모개길전련의(正五上圖書頭 兼 內藥正相摸介吉田連宜) <文德實錄>라 되어 있는데 시의(侍醫)이었으며 유도(儒道)에도 뛰어났다 함.

길전련고마려 吉田連古麻呂 의사. 길의(吉宜)의 아들. 서주(書主)의 아버지. 시의로서 보귀(寶龜) 7년(776년)부터 일했음 〈文德實錄〉

김가모례 金加毛禮 신라국인. 매원조(梅原造)의 조(祖). 진광사(進廣肆)의 위(位)를 받음. 김가지모례(金加志毛禮)라고도 씀 〈姓氏錄 右京諸蕃〉

김강남 金江南 신라의 신. 사찬(沙湌). 지통(持統) 7년(694년) 김양원(金陽元)과 더불어 국상(國喪)을 알리는 사신으로 일본에 감 〈書紀〉

김건안 金乾安 신라의 대사(大使). 일길찬(一吉湌). 양로(養老) 5년(721년, 신라 성덕왕 20년) 축자(筑紫)에 도착했으나 일왕(日王)이 죽어 입경하지 못함 〈續紀〉

김건훈 金健勳 신라의 신. 대아찬(大阿湌). 천무(天武) 14년(686년) 지상(智祥)과 더불어 일본에 사신으로 감. 2~3년 머물다 귀국함 〈書紀〉

김고훈 金高訓 신라의 사신. 대내말(大奈末). 지통(持統) 4년(690년, 신라 신문왕 10년) 당(唐) 학문승 지종(智宗) 등의 송사로 일본에 갔다 옴 〈書紀〉

김금고 金今古 신라의 사신. 살찬(薩湌). 경운(慶雲) 2년(705년) 김유길(金儒吉)과 더불어 일본에 다녀옴 〈續紀〉

김기산 金祇山 신라의 신. 아찬(阿湌). 천무(天武) 2년(674년, 신라 문무왕 14년) 김승원(金承元)과 함께 하등극사(賀騰極使)로 일본에 건너감 〈書紀〉

김다수 金多遂 신라의 신. 사탁부(沙啄部) 사찬(沙湌). 대화(大化) 5년(649년, 진덕여왕 3년) 인질로 일본에 잡혀 갔음 〈書紀〉

김도나 金道那 신라의 신. 급찬(級湌). 지통(持統) 3년(689년, 신라 신문왕 9년) 천무왕(天武王)에 대한 조상사(弔喪使)로 일본에 건너감. 그 때 학문승 명총(明聰) 등과 아미타불(阿彌陀佛), 관세음불(觀世音佛), 대세지장보살(大勢地藏菩薩) 등 불상(佛像)을 보냈다. 〈書紀〉

김동엄 金東嚴 신라의 왕족. 사탁 급찬(沙啄 級湌). 천지(天智) 7년(668년, 신라 문무왕 8년) 사신으로 일본에 건너감 〈書紀〉

김락수 金洛水 신라의 신. 제감대사(弟監大舍) 천무(天武) 4년(676년, 신라 문무왕 16년) 왕자 충원(忠元)을 따라 일본에 감 〈書紀〉

김란손 金蘭蓀 신라 사신. 살찬(薩湌). 난손(蘭孫)이라고도 함. 보귀(寶龜) 10년(779년, 신라 혜공왕 16년) 일본에 사신으로 감 〈續紀〉

김량림 金良琳 신라의 왕자. 지통(持統) 9년(695년, 신라 효소왕 4년) 살찬(薩

湌) 박강국(朴强國) 등을 데리고 일본에 건너감 〈書紀〉

김리익 金利益 신라의 신. 한내말(韓奈末). 천무(天武) 2년(674년, 신라 문무왕 14년) 고구려 사신을 데리고 일본에 건너감 〈書紀〉

김만물 金萬物 신라의 신. 사찬(沙湌). 천지(天智) 10년(671년, 신라 문무왕 11년) 사신으로 일본에 건너감 〈書紀〉

김물유 金物儒 신라의 신. 대내말(大奈末). 천무(天武) 13년(685년, 신라 신문왕 5년) 일본의 당유학생 토사숙니노(土師宿禰努) 등의 송사로 일본에 건너감 〈書紀〉

김미하 金美賀 신라의 신. 대내말(大奈末). 천무(天武) 4년(676년, 신라 문무왕 16년) 급찬(級湌) 박근수(朴勤脩)와 더불어 사신으로 일본에 건너감 〈書紀〉

김복호 金福護 신라의 사. 살찬(薩湌). 대보(大寶) 3년(703년, 신라 성덕왕 2년) 신라 효소왕(孝昭王)의 상을 전하기 위해 일본에 건너감 〈續紀〉

김비소 金比蘇 차소(此蘇)라고도 함. 신라의 신. 대감 급찬(大監 級湌). 천무(天武) 4년(676년, 신라 문무왕 16년) 왕자 충원(忠元)을 따라 사신으로 건너감 〈書紀〉

김살모 金薩摹 신라의 신. 급찬(級湌). 지통(持統) 원년(687년, 신라 신문왕 7년) 왕자 김상림(金霜林)을 따라 청정사(請政使)의 일원으로 일본에 건너감 〈書紀〉

김살유 金薩儒 신라의 신. 일길찬(一吉湌). 천무(天武) 2년(674년, 신라 문무왕 14년) 한내말(韓奈末) 김지산(金池山) 등과 더불어 선왕 천지(天智)의 조상사(弔喪使)로 갔음 〈書紀〉

김삼현 金三玄 신라의 국사(國使). 예부경(禮部卿) 사찬(沙湌). 보귀(寶龜) 5년(774년, 신라 혜공왕 10년) 삼현 등 235명이 일본에 가서 서로 빙문(聘問)할 것을 청했다 함 〈續紀〉

김상림 金霜林 신라의 왕자. 지통(持統) 원년(687년, 신라 신문왕 7년) 김살모(金薩摹), 김인술(金仁述), 대사(大舍) 소양신(蘇陽信)을 거느리고 일본에 건너감 〈書紀〉

김상순 金想純 신라의 사신. 급찬(級湌). 천평(天平) 10년(738년, 신라 효성왕 2년) 147명을 이끌고 일본에 건너감 〈續紀〉

김상정 金相貞 신라의 사신. 급벌찬(級伐湌). 천평(天平) 6년(734년, 신라 성덕왕 33년) 일본에 갔는데 일본이 신라에 조회하여 그냥 돌려보냄 〈續紀〉

김서정 金序貞 신라의 사신. 살찬(薩湌). 천평(天平) 15년(744년, 신라 경덕왕 2년)에 사신으로 일본에 건너감 〈續紀〉

김석기 金釋起 신라의 사신. 대내말(大奈末). 천무(天武) 11년(683년, 신라 신문왕 3년) 고려 사신의 송사(送使)로 일본에 건너감 〈書紀〉

김세세 金世世 신라의 신. 대내말(大奈末). 천무(天武) 7년(679년, 신라 문무왕 19년) 내말(奈末) 가량정산(加良井山)에 의해 급찬 김소물(級湌 金消勿)과 같이 일본에 보내졌는데 폭풍을 만나 행방불명이 되었다 함. 김홍세(金紅世)와 같은 인물인지 모르겠음 〈書紀〉

김소모 金所毛 신라 대사. 살찬(薩湌). 문무(文武) 4년(700년, 신라 효소왕 9년)에 일본에 건너가 모왕(母王)의 상(喪)을 알렸고 대보(大寶) 원년(701년)에 일본에서 죽음 〈續紀〉

김소물 金消勿 신라의 신. 급찬(級湌). 천무(天武) 7년(679년, 신라 문무왕 19년) 내말(奈末) 가량정산(加良井山)에 의해 대내말(大奈末) 김세세(金世世)와 함께 일본에 보내졌는데 폭풍을 만나 행방불명이 되었다 함 〈書紀〉

김소충 金蘇忠 신라국 대통사(大通事). 한내말(韓奈末). 보귀(寶龜) 11년(780년, 신라 선덕왕 1년) 신라사 김난손(金蘭蓀)과 같이 일본에 건너감 〈續紀〉

김수 金受 백제의 신. 달솔(達率). 천지(天智) 2년(663년, 백제 풍왕 3년) 사신으로 일본에 건너감 〈書紀〉

김순경 金順慶 신라의 소사(小使). 급찬(級湌). 문무(文武) 4년(700년, 신라 효소왕 9년) 대사 김소모(金所毛)와 같이 일본에 건너감 〈續紀〉

김순정 金順貞 신라국인. 이찬(伊湌). 신귀(神龜) 2년(725년, 신라 성덕왕 24년) 신라사 김주훈(金奏勳)이 그의 죽음을 알리자 일왕이 부의를 보냈다 함 〈續紀〉

김승원 金承元 신라의 신. 한아찬(韓阿湌). 천무(天武) 2년(674년, 신라 문무왕 14년) 아찬(阿湌) 김기산(金祇山), 대사(大舍) 상설(霜雪)과 함께 하등극사(賀騰極使)로 일본에 다녀감 〈書紀〉

김신복 金信福 신라 사신. 화동(和銅) 2년(709년, 신라 성덕왕 8년) 일본에 건너 감 〈續紀〉

김심살 金深薩 신라의 신. 급찬(級湌). 지통(持統) 6년(692년, 신라 효소왕 1년) 급찬(級湌) 박억덕(朴億德)과 더불어 사신으로 일본에 건너감 〈書紀〉

김씨존 金氏尊 신라국인. 진성사(眞城史)의 조(祖)라 함 〈姓氏錄 山城諸蕃〉

김암 金巖 신라사의 부사. 급찬(級湌). 보귀(寶龜) 11년(780년, 신라 선덕왕 1년) 대사 긴란손(金蘭孫)과 더불어 일본에 감 〈續紀〉

> ※ 〈삼국사기(三國史記) 43 열전〉에 따르면 신라의 명장군 김유신(金庾信)의 현손으로 방술(方術)에 능하고 이찬(伊湌)이 된 후 당에 건너가 음양가법(陰陽家法)을 배웠는데 일본에서 잡아두고자 했으나 그냥 보내주었다 함.

김압매 金押賣 신라의 신. 천무(天武) 원년(674년, 신라 문무왕 14년)에 일본에 갔었음 〈書紀〉

김약필 金若弼 신라의 신. 사찬(沙湌). 천무(天武) 9년(681년, 신라 신문왕 원년) 말 배울 사람들을 데리고 김원승(金原升)과 같이 사신으로

일본에 감 〈書紀〉

김양원 金陽元 신라의 신. 한내마(韓奈麻). 지통(持統) 7년(693년, 신라 효소왕 2년) 국왕(신문왕)의 상(喪)을 알리기 위하여 사찬 김강남(金江南)과 일본에 건너 갔음 〈書紀〉

김양원 金楊原 신라의 신. 대내말(大奈末). 천무(天武) 5년(677년, 신라 문무왕 17년) 고구려 사신 아간덕부(阿干德富)를 보내기 위해 일본에 갔음 〈書紀〉

김원길 金元吉 국간련(國看連)의 성을 받음. 신귀(神龜) 원년(724년) 〈續紀〉

김원승 金原升 신라의 신. 대내말(大奈末). 천무(天武) 9년(681년, 신라 신문왕 1년) 사신으로 김약필(金若弼)과 더불어 일본에 감 〈書紀〉

김원정 金元静 신라의 사신. 중아찬(重阿湌). 화동(和銅) 7년(714년, 신라 성덕왕 13년) 20여 인과 더불어 국사로서 일본에 건너감 〈續紀〉

김유길 金儒吉 신라 사신. 일길찬(一吉湌). 경운(慶雲) 2년(705년, 신라 성덕왕 4년) 김금고(金今古) 등과 일본에 건너감 〈續紀〉

김은거 金隱居 신라 왕자. 당(唐) 나라에 있던 왕자는 일본 견당사(遣唐使)의 부탁을 받고 편지를 전하러 경운(景雲) 2년(768년, 신라 혜공왕 4년) 신라국사 김초정(金初正)에 부탁해 보냈다 함 〈續紀〉

※ 〈삼국사기 혜공왕조〉 참조

김인술 金仁述 신라의 신. 급찬(級湌). 지통(持統) 원년(687년, 신라 신문왕 7년) 왕자 김상림(金霜林)을 따라 일본에 사신으로 감 〈書紀〉

김일선 金日宣 신라 공조대사(貢調大使). 승보(勝寶) 4년(752년, 신라 경덕왕 11년) 신라 왕자 김태렴(金泰廉) 등 700여 명과 더불어 일본에 감 〈續紀〉

김일세 金壹世 신라의 신. 대내말(大奈末). 천무(天武) 10년(682년, 신라 신문왕 2년) 김충평(金忠平)과 더불어 사신으로 일본에 감 〈書紀〉

김임상 金任想 신라의 부사. 내말(奈末). 문무(文武) 원년(697년, 신라 효소왕 6년) 대사 김필덕(金弼德)과 일본에 건너감 〈續紀〉

김장손 金長孫 신라의 사신. 한내말(韓奈末). 천평(天平) 4년(731년, 신라 성덕왕 31년) 40명과 더불어 일본에 사신으로 감 〈續紀〉

김장언 金長言 신라의 사신. 급찬(級湌). 양로(養老) 3년(719년, 신라 성덕왕 18년) 40인과 더불어 일본에 사신으로 감 〈續紀〉

김장지 金長志 신라의 신. 대내말(大奈末). 천무(天武) 12년(684년, 신라 신문왕 4년) 사찬(沙湌) 김주산(金主山)과 더불어 일본에 사신으로 감 〈書紀〉

김재백 金才伯 신라의 사신. 대내말(大奈末). 보자(寶字) 8년(764년, 신라 경덕왕 23년) 재백(才伯) 등 91명이 박다진(博多津)에 도착하였는데 일본에 온 이유를 물은즉 입당(入唐) 일본승 계륭(戒融)의 도착 여부와 학문을 확인하러 왔다고 함 〈續紀〉

김정권 金貞卷 신라의 사신. 급찬(級湌). 보자(寶字) 4년(760년, 신라 경덕왕 19년) 일본에 사신으로 감 〈續紀〉

김정락 金貞樂 신라의 국사. 내말(奈末). 보귀(寶龜) 11년(780년, 신라 선덕왕 1년) 정대사(正大使) 김란손(金蘭孫) 등과 같이 일본에 사신으로 감 〈續紀〉

김정숙 金貞宿 신라의 사신. 한내말(韓奈末). 양로(養老) 7년(723년, 신라 성덕왕 22년) 15인과 더불어 사신으로 일본에 다녀옴 〈續紀〉

김정흥 金庭興 신라 황자. 우노련(宇努連)의 조(祖)라 함 〈姓氏錄 河內未定雜姓〉

김조근 金造近 신라의 사신. 살찬(薩湌). 주훈(奏勳)으로도 썼다. 신귀(神龜) 3년(726년, 신라 성덕왕 25년)에 일본에 갔다 옴 〈續紀〉

김주산 金主山 신라의 신. 사찬(沙湌). 천무(天武) 12년(684년, 신라 신문왕 4년) 김장지(金長志)와 더불어 일본에 사신으로 감 〈書紀〉

김주한 金周漢 신라의 신. 한내마(韓奈麻). 지통(持統) 9년(695년, 신라 효소왕 4년) 왕자 김양림(金良琳)을 따라 일본에 다녀옴 〈書紀〉

김주훈 金奏勳 → 김조근(金造近)

김지산 金池山 신라의 신. 한내말(韓奈末). 천무(天武) 2년(674년, 신라 문무왕 14년) 일길찬(一吉飡) 김살유(金薩儒)와 더불어 조문사(弔問使)로 일본에 건너감 〈書紀〉

김지상 金智祥 신라의 신. 파진찬(波珍飡). 천무(天武) 14년(686년, 신라 신문왕 6년) 대아찬(大阿飡) 김건훈(金健勳)과 더불어 일본에 사신으로 감 〈書紀〉

김천충 金天冲 신라의 신. 대감내말(大監奈末). 천무(天武) 4년(676년, 신라 문무왕 16년) 신라사 왕자 충원(忠元)을 따라 일본에 다녀옴 〈書紀〉

김청평 金清平 신라의 신. 사찬(沙飡). 천무(天武) 5년(677년, 신라 문무왕 17년) 청정사(請政使)로 일본에 감 〈書紀〉

김체신 金體信 신라의 사신. 급찬(級飡). 210명과 더불어 일본에 사신으로 감 〈續紀〉

김초정 金初正 신라의 사신. 급찬(級飡). 경운(景雲) 3년(769년, 신라 혜공왕 5년) 초정(初正) 등 187명과 호송자 39명이 대마도에 도착했다 함 〈續紀〉

김춘추 金春秋 신라 태종 무렬왕(太宗 武烈王). 대화(大化) 3년(647년, 신라 진덕여왕 1년) 일본의 질(質)이 되었으나 당나라의 힘을 빌어 백제를 멸망시키고 왕이 되었다 함 〈書紀〉

김충선 金忠仙 신라의 신. 한내말(韓奈末). 지통(持統) 9년(695년, 신라 효소왕 4년) 왕자 김양림(金良琳)을 따라 일본에 감 〈書紀〉

김충평 金忠平 신라의 신. 사탁부(沙喙部) 일길찬(一吉飡). 천무(天武) 10년(682년, 신라 신문왕 2년) 내말(奈末) 김일세(金壹世)와 더불어 일본

에 사신으로 감 〈書紀〉

김태렴 金泰廉 신라의 왕자. 한아찬(韓阿湌). 승보(勝寶) 4년(752년, 신라 경덕왕 11년) 700여 명을 이끌고 일본에 사절로 감 〈續紀〉

김택량 金宅良 국간련(國看連)의 성(姓)을 받음. 신귀(神龜) 원년(724년) 〈續紀〉

김풍나 金風那 신라의 신. 내말(奈末). 천무(天武) 4년(676년, 신라 문무왕 16년) 왕자 충원(忠元)의 송사(送使)로 일본에 건너감 〈書紀〉

김필 金弼 신라사 부사. 살찬(薩湌). 양로(養老) 5년(721년, 신라 성덕왕 20년) 대사 김건안(金乾安)과 일본에 건너감 〈續紀〉

김필덕 金弼德 신라의 사신. 일길찬(一吉湌). 문무(文武) 원년(697년, 신라 효소왕 6년) 일본을 다녀감 〈續紀〉

김필언 金弼言 신라 송왕자사(送王子使). 승보(勝寶) 4년(752년, 신라 경덕왕 11년) 신라 왕자 김태렴을 따라 감 〈續紀〉

김한기무 金漢紀武 신라의 신. 파진찬(波珍湌). 윤공왕(允恭王, 412~453) 때 공조대사(貢調大使)로 일본에 가 일왕(日王)의 병을 고쳐 줌 〈古事記〉

김항나 金項那 신라의 신. 아찬(阿湌). 천무(天武) 8년(680년, 신라 문무왕 20년) 사신으로 살류생(薩藥生)과 더불어 일본에 다녀감 〈書紀〉

김호유 金好儒 신라의 신. 급찬(級湌). 천무(天武) 5년(677년, 신라 문무왕 17년) 제감대사(弟監大舍) 김흠길(金欽吉)과 더불어 일본에 사신으로 감 〈書紀〉

김홍세 金紅世 신라의 신. 내말(奈末). 천무(天武) 7년(679년, 신라 문무왕 19년) 가량정산(加良井山)과 더불어 신라의 정사 김소물(金消勿) 등의 송사(送使)로 일본에 감 〈書紀〉

김효복 金孝福 신라의 신. 내말(奈末). 천무(天武) 4년(676년, 신라 문무왕 16년) 김풍나(金風那)와 더불어 정사(正使)인 왕자 원충(元忠)의 송사(送使)로 일본에 감 〈書紀〉

김효원 金孝元 신라의 사신. 급찬(級湌). 대보(大寶) 3년(703년, 신라 성덕왕 2년) 효소왕(孝昭王)의 상을 알리러 김복호(金福護)와 더불어 일본에 감 〈續紀〉

김흠길 金欽吉 신라의 신. 제감대사(弟監大舍). 천무(天武) 5년(677년, 신라 문무왕 17년) 김호유(金好儒)와 더불어 일본에 사신으로 감 〈書紀〉

김흠영 金欽英 신라의 사신. 사찬(沙湌). 천평(天平) 14년(742년, 신라 경덕왕 1년) 187명을 이끌고 일본에 감 〈續紀〉

난금신 難金信 백제 공후사(箜篌師). 보귀(寶龜) 8년(777년) 정육상(正六上)에서 외종오하(外從五下)를 받음 〈續紀〉

남전 南典 → 백제왕 남전

납비단지 納比旦止 백제국인. 은솔(恩率). 청도련(淸道連)의 조(祖)라 함 〈姓氏錄 右京諸蕃〉

낭자왕 郎子王 신라국인. 대하량(大賀良), 하량성(賀良姓)의 조(祖)라 함 〈姓氏錄 未定雜姓河內〉

노류지 奴流枳 고구려의 공장(工匠). 인현(仁賢) 6년(493년, 고구려 문자왕(文咨王) 2년) 난파길사(難波吉士) 일응(日鷹)이 고려에서 돌아갈 때 수류지(須流枳)들과 함께 바쳐졌다. 그 후 대왜국 산변군 액전읍(大倭國 山邊郡 額田邑)의 숙피고려(熟皮高麗)가 되었다 함 〈書紀〉

노리능미 奴理能美 산성국통목(山城國筒木)의 한인(韓人). 노리사주(努利使主), 노리사주(怒理使主), 내리사주(乃理使主)라고도 함 〈姓氏錄〉 응신조(應神朝 4세기경)에 일본에 귀화하고 그 자손들이 잠직(蠶織)에 종사하여 비단을 바쳤으므로 조수성(調首姓)을 받음. 조련(調連)의 조(祖)라 함 〈姓氏錄 左京諸蕃〉

노왕 魯王 백제국왕. 안칙련(安勅連)의 조(祖)라 함 〈姓氏錄 右京諸蕃下〉

노저대사 奴氐大舍 신라인. 흠명(欽明) 22년(561년, 신라 진흥왕(眞興王) 22년) 신라사로서 일본에 건너갔는데 백제보다 낮추어 대하는 바람에 귀국해 아라파사산(阿羅波斯山)에 성을 쌓고 일본에 대비하였다 함 〈書紀〉

능루 能婁 고구려 전부(前部) 사람. 천지(天智) 5년(666년 고구려 보장왕(寶藏王) 25년) 사신으로 일본에 감 〈書紀〉

능유왕 能劉王 고구려국인. 도기사(島岐史)의 조(祖)라 함 〈姓氏錄 右京諸蕃〉 능기왕(能祁王)이라고도 함.

능위 能韋 고구려국 전부(前部) 사람. 복당련(福當連)의 조(祖)라 함 〈姓氏錄 左京諸蕃〉

능치원 能致元 고구려국인. 출수련(出水連)의 조(祖)라 함 〈姓氏錄 左京諸蕃下〉

니군 禰軍 백제국인. 좌솔(佐率). 천지(天智) 3년(663년, 백제 망후) 당사(唐使) 곽무종(郭務悰)과 더불어 일본에 갔으나 천자(天子)의 사신이 아니라고 입국을 거절당하였다. 〈善隣國 寶記〉

니리원 尼理願 신라에서 귀화한 여자. 만엽가(萬葉歌)인 판상랑녀(坂上郎女)의 장가(長歌) 병반가사서(幷反歌詞書) 〈萬葉 三 460~461〉

다고자사주 多高子使主	고구려국인. 고전수(高田首)의 조(祖)라 함 〈姓氏錄 右京諸蕃〉
다라상 多羅常	백제 선승(禪僧). 지통(持統)대(687~697년) 명승으로 알려짐 〈靈異記 상26〉
다무 多武	고구려국인. 대형(大兄). 천무(天武) 4년(676년, 고구려 망후) 사신으로 일본에 감 〈書紀〉
다야가 多夜加	백제국인. 한인(漢人)의 조(祖)라 함 〈姓氏錄 右京諸蕃〉
다저사주 多氐使主	신라국인. 소교조(小橋造)의 조(祖)라 함 〈姓氏錄 未定河內〉
다지다기경 多地多祁卿	백제국인. 팔우부(八俁部)의 조(祖)라 함 〈姓氏錄 未定河內〉
다지마비다가 多遲摩比多訶	천일모(天日矛)의 후예 〈古事記〉
단마청언 但馬淸彦	신라의 왕자. 천일창(天日槍)의 증손. 다지마청일자(多遲摩淸日子)라고도 함 〈古事記〉, 〈書紀〉
단양이 段楊爾	백제의 오경박사(五經博士). 계체(繼體) 7년(513년, 백제 무녕왕 13년) 백제에서 일본에 보내졌는데 동 10년(516년) 고안무(高安茂)와 교체됨 〈書紀〉
달능신 達能信	발해국인. 보자(寶字) 6년(762년) 대사 왕신복(王新福)과 더불어 일본에 건너감 〈續紀〉
달사 達沙	고구려 국사. 제명(齊明) 2년(656년, 고구려 보장왕 15년) 대사로서 일본에 감 〈書紀〉

달사인덕 達沙仁德 고구려의 귀화인. 하내국지기군(河內國志紀郡) 사람. 보자(寶字) 5년(761년) 우감(牛甘)과 함께 조일련(朝日連)의 성을 받음. 도야련(嶋野連)으로 바꿈 〈續紀〉

담증 曇徵 고구려승. 추고(推古) 18년(610년, 고구려 영양왕 21년) 고구려왕이 일본에 보냄. 오경(五經)을 알고 채색(彩色)과 지묵(紙墨)을 만들었음 〈書紀〉

담혜 曇惠 백제승. 흠명(欽明) 15년(554년, 백제 위덕왕 1년) 앞서 왔던 도침(道琛) 등과 교체됨 〈書紀〉

답본춘초 答本春初 백제 귀화인. 탑본춘초(塔本春初)라고도 함. 천지(天智) 4년(664년) 장문국(長門國)에 보내져 성을 쌓음. 달솔(達率). 병법을 배운 사람으로 대산하(大山下)가 주어짐 〈書紀〉 백제 멸망 후에 망명한 사람.

답타사지 答他斯知 백제국인. 간솔(杆率). 중야조(中野造)의 조(祖)라 함 〈姓氏錄 右京諸蕃〉

답타이내마려 答他伊奈麻呂 백제인. 보자(寶字) 5년(774년) 일본에서 귀화인의 성을 바꿀 때 이내마려(伊奈麻呂) 등을 중야조(中野造)로 바꿨다. 〈續紀〉

대고묘가 大古昴加 고구려국인. 천무(天武) 11년(683년, 고구려 망후) 고구려왕이 사신으로 보냄(?) 〈書紀〉

대구 臺久 백제국인. 북야본일구(北野本壹久)라고도 함. 천지(天智) 10년(671년, 백제 망후) 백제의 사신으로 일본에 감(?) 〈書紀〉

대령 大鈴 고구려국인. 고안하촌주(高安下村主)의 조(祖)라고 함 〈姓氏錄 右京諸蕃〉 대사명(大師命) 한국인(韓國人). 천사명(天師命)이라고도 함 〈姓氏錄〉 장창조(長倉造)의 조(祖)라 함.

대원박사 大原博士 백제 왕씨(百濟 王氏). 지통(持統) 8년(694년)의 법륭사(法隆寺) 관음보살 조상기(觀音菩薩 造像記)에 족대원박사 백제재왕 차상왕성(族大原博士 百濟在王 此上王姓)이라 있으며, 승 덕총, 영

변, 변총(僧 德聰, 令弁, 弁聰) 등의 동족이라 함 〈寧樂 하 965〉

대형억덕 大兄憶德 고구려국인. 후부약사주(後部藥使主)의 조(祖)라 함 〈姓氏錄 左京諸蕃〉

대흥왕 大興王 고구려국왕. 추고(推古) 13년(605년, 고구려 영양왕 16년) 동수장육상(銅繡丈六像)을 만들었을 때 황금 300량을 보냈다 함 〈書紀〉

덕래 德來 고구려인. 백제에 귀화. 약사(藥師)의 조(祖). 웅략(雄略) 대(456~479년) 왕이 백제의 재인(才人)을 구했을 때 일본으로 건너갔고 그 5세손 혜일(惠日)이 당에 가서 의술을 배워 약사(藥師)라고 일컬었다고 함 〈續紀〉

덕부 德富 고구려국 전부(前部) 사람. 대형(大兄). 천무(天武) 5년(677년, 고구려 망 후) 고구려 부사로 일본에 감 〈書紀〉

덕사 德師 신라인. 무장국 기옥군인(武藏國 埼玉郡人). 천평(天平) 5년(733년) 김성(金姓)을 받음 〈續紀〉

덕이 德爾 백제의 신. 은솔(恩率). 흠명(欽明) 12년(551년, 백제 성왕 29년) 백제신 일라(日羅)를 따라 갔다가 일라가 백제의 모략을 전하므로 일라를 죽이면 귀국해서 큰 벼슬을 받을 것이란 감언에 일라를 죽이고 잡히어 죽음 〈書紀〉

덕정상 德頂上 백제의 귀하인. 천지(天智) 10년(671년) 약(藥)을 알고 있었음. 소산상(小山上)을 받음. 달솔(達率) 〈書紀〉

덕좌왕 德佐王 백제국 도모왕(都慕王)의 손. 백제기(百濟伎)의 조(祖)라 함 〈姓氏錄 右京諸蕃〉

덕주 德周 발해국사(渤海國使). 신귀(神龜) 4년(727년) 최초의 발해국사 〈續紀〉

덕집득 德執得 백제인. 달솔(達率). 천지(天智) 2년(663년, 부여 풍왕 3년) 백제 풍장(豊璋)이 귀실복신(鬼室福信)을 의심해 그 처리를 제신에게

물었는데 집득이 처형을 고집해 복신은 죽게 되고 백제는 망하였음 〈書紀〉

도구군 都玖君 백제국인. 간솔(杆率). 고씨(古氏), 가라씨(加羅氏)의 조(祖)라 함 〈姓氏錄 右京未定〉

도군 嶋君 →무녕왕(武寧王) 〈書紀〉

도등 道登 승려. 고구려학생. 원흥사 사문(元興寺 沙門). 대화(大化) 원년(645년) 십사(十師)로 임명됨 〈書紀〉

도라 都羅 탐라도왕(耽羅嶋王)의 왕자. 천무(天武) 2년(674년) 같은 왕자 구마운(久麻芸), 우마(宇麻) 등과 같이 일본에 사신으로 감. 동 6년 일본에 다시 감 〈書紀〉

도리갑비마려 刀利甲斐麻呂 백제국인. 보자(寶字) 5년(774년) 구상련(丘上連)의 성(姓)을 받음 〈續紀〉

도심 道深 백제승. 흠명(欽明) 15년(554년, 백제 위덕왕 1년)에 백제는 승 담혜(曇惠) 등 9인을 보내 도심과 교체했다 함 〈書紀〉

도엄 道嚴 백제승. 숭준(崇峻) 원년(587년, 백제 위덕왕 34년) 백제 사신으로 수신(首信)과 같이 가면서 다른 승, 노반박사(鑪盤博士), 와박사(瓦博士), 사공(寺工)들을 데려감 〈書紀, 元興寺緣起, 寧上 385〉 백치(白雉) 4년(653년, 백제 의자왕 13년) 견당 학문승으로 입당함 〈書紀〉

도장 道藏 백제승. 천무(天武) 12년(684년, 백제 망 후) 기우(祈雨)를 해서 가뭄을 해소했으며, 지통(持統) 2년(688년)에도 기우를 해 비가 옴 〈書紀〉 양로(養老) 5년(721년) 80세가 넘어 법문(法門)의 수령(袖領), 석도(釋道)의 동량(棟樑)으로 추앙을 받음 〈續紀〉

도현 道顯 고구려 사문(沙門). 천지(天智) 원년(661년, 고구려 보장왕 21년) 고구려의 패망을 예견했다 함. 제명(齊明) 조에 <일본세기(日本世記)>를 지었다 함 〈書紀〉

도흔 道欣 백제승. 추고(推古) 17년(609년, 백제 무왕 2년) 승들 80여 명이 일본에 갔다가 돌아오는데 도흔 등은 일본에 머물기를 원해 원흥사에 살게 함 〈書紀〉

독유 督儒 신라의 신. 천지(天智) 8년(669년, 신라 문무왕 9년) 신라의 사신으로 일본에 감. 사찬(沙湌) 〈書紀〉

동성도천 東城道天 백제 성왕의 신. 덕솔(德率). 흠명(欽明) 4년(543년, 백제 성왕 21년) 일본이 임나 재건을 백제에게 요청했을 때 사택기루(沙宅己婁), 목리마나(木唎麻那) 등과 더불어 그 일에 참여했다 함 〈書紀〉

동성자막고 東城子莫古 백제국인. 덕솔(德率). 흠명(欽明) 15년(554년, 백제 위덕왕 1년) 앞에 와 있던 동성자언(東城子言)과 교체함 〈書紀〉

동성자언 東城子言 백제국인. 하부인(下部人). 내솔(奈率). 흠명(欽明) 8년(547년, 백제 성왕 25년) 일본에 주재하던 문휴마나(汶休麻那)와 교체함. 동 15년 막고와 교체한 후 귀국함 〈書紀〉

두귀촌주 頭貴村主 백제국인. 현귀촌주(顯貴村主)라고도 함. 판전촌주(坂田村主)의 조(祖)라 함 〈姓氏錄 右京諸蕃〉

두무리야폐 頭霧唎耶陛 고구려국인. 흠명(欽明) 26년(566년, 고구려 평원왕 7년) 일본에 망명해서 산배국(山背國)에 안치됨. 무원(畝原). 내라(奈羅), 산촌(山村)의 고려인의 선조라 함 〈書紀〉

둔 遁 고구려신. 달상(達相). 천지(天智) 5년(666년, 고구려 보장왕 25년) 대사을상(乙相), 엄추(奄鄒)와 같이 부사로 일본에 감 〈書紀〉

득문 得文 백제의 신. 내솔(奈率). 흠명(欽明) 5년조(544년, 백제 성왕 22년) 백제본기(百濟本紀)에 가마(哥麻)와 함께 일본에서 돌아옴 〈書紀〉

마나갑배 麻那甲背 백제국인. 목리마나(木唎麻那), 마나군. 성방갑배매노(城方甲背昧奴)와 같은 인물.

마나군 麻那君 백제의 신. 무렬(武烈) 6년(504년, 백제 무녕왕 4년) 백제가 보낸 사신 〈書紀〉

마내문노 麻奈文奴 백제의 와박사(瓦博士). 숭준(崇峻) 원년(587년, 백제 위덕왕 34년) 사신 수신(首信)에 이끌려 일본에 감 〈書紀〉 원흥사 노반명(元興寺露盤銘)에는 마나문노(麻那文奴)라 함.

마로 麻鹵 백제의 신. 계체(繼體) 23년(529년, 백제 성왕 7년) 윤귀(尹貴), 마나갑배(麻那甲背) 등과 안라(安羅)에 보내져 임나 재흥에 참여했다. 〈書紀〉

마리미화 麻利彌和 백제 노리사주(努理使主)의 후예. 하야(賀夜)의 아들. 잠직업을 해 조수(調首)의 성을 받음 〈姓氏錄 左京諸蕃〉

마무 馬武 백제 성왕의 신. 시덕(施德). 또는 내솔(奈率). 흠명(欽明) 5년(544년, 백제 성왕 22년) 임나에 사신으로 감. 동 11년 일본에 귀화시키겠다고 하였음 〈書紀〉

마정안 馬丁安 백제의 오경박사(五經博士). 고덕(固德). 흠명(欽明) 15년(554년, 백제 위덕왕 1년) 새로 간 왕유귀(王柳貴)와 교체 귀국함 〈書紀〉

마차문 馬次文 백제의 신. 고덕(固德). 마진문(馬進文)이라고도 함. 흠명(欽明) 10년(549년, 백제 성왕 27년) 일본 근무를 마치고 귀국할 것을 청함 〈書紀〉

막고 莫古 백제인. 갑자년(甲子年=신공(神功) 44년. 244~364년, 백제 근초고왕 19년) 백제인 구저(久氐), 미주류(彌州流)와 더불어 탁순

국(卓淳國)에 감. 동 47년 다시 일본 사신으로, 49년 신라군과 싸웠음 〈書紀〉

막고해 莫古解 백제의 신. 내두(內頭). 현종(顯宗) 3년(487년, 백제 동성왕 9년) 일본 기생반숙니(紀生磐宿禰)가 임나를 의지해 삼한(三韓)의 왕이 되려고 백제를 쳤는데 백제왕은 영군(領軍) 고이해(古爾解)와 막고해를 보내 대산성(帶山城, 기생반(紀生磐)이 구축함)을 쳤다 함 〈書紀〉

말금한기 末錦旱岐 탁순국(卓淳國＝임나의 일부 또는 별칭이라 함)의 왕. 백제와 일본의 통교(通交)의 다리 구실을 함 〈書紀〉

말다왕 末多王 백제 곤지왕(昆支王)의 2자(東城王, 牟大, 摩牟인 듯). 웅략(雄略) 23년(479년, 백제 동성왕 1년) 백제의 문근왕(文斤王＝三斤王)이 돌아가자 일왕이 말다왕을 보내 왕이 되게 하였다 함 〈書紀〉

말도사부 末都師父 백제인. 말도사문(末都師文)이라고도 함. 천지(天智) 7년(668년, 백제망후) 백제의 사신으로 갔다가 돌아 옴 〈書紀〉

면득경 面得敬 백제 귀화인. 경사(經師). 면덕경(面德鏡)이라고도 함. 천평(天平) 5년(733년)부터 17년까지 사경사(寫經司)에 근무한 기록이 있음 〈大日本 古文書〉 보자(寶字) 5년(761년) 춘야련(春野連)의 성(姓)을 받음 〈續紀〉

명왕 明王 백제국인. 시왕공(市往公)의 조(祖) 〈姓氏錄 右京諸蕃〉 ＝성명왕(聖明王).

명진 名進 백제국인. 달솔(達率). 고규련(高槻連)의 조(祖)라 함 〈姓氏錄 左京諸蕃 下〉

모갑성가수류기 毛甲姓加須流氣 백제국인. 소고사주(小高使主)의 조(祖)라 함 〈姓氏錄 左京諸蕃下〉

모리가좌왕 牟利加佐王 백제국왕. 백제씨(百濟氏)의 조(祖) 〈姓氏錄 未定雜姓右京〉

모마리질지 毛麻利叱智 신라국인. 신공 섭정(神功 攝政) 5년(205년=325년) 신라 사신으로 일본에 갔는데 그 당시 질(質)로 잡혀 있던 신라의 왕자 미질허지벌한(微叱許智伐旱=미사흔)을 빼내는데 성공한 후 잡혀서 불에 태워 죽임을 당하였다. 〈書紀〉

※ 실제로는 400년대 눌지왕(訥祗王) 때 있었던 일로서 박제상(朴堤上=毛末)에 해당한다.

모시몽 慕施蒙 발해(渤海) 사신. 보국대장군(輔國大將軍). 승보(勝寶) 4년(752년) 일본에 갔다가 동 5년 귀국함 〈續紀〉

모자모례 牟自毛禮 신라국인. 지통(持統) 7년(693년, 신라 효소왕 2년) 일본에 갔다가 신라사 억덕(憶德)을 따라 귀국함 〈書紀〉

모창록 慕昌祿 발해(渤海) 부사(副使). 보귀(寶龜) 4년(773년) 일본에서 죽음 〈續紀〉

모치 毛治 고려 시의(侍醫). 백치(白雉) 원년(650년, 고구려 보장왕 9년) 어떤 의식에 좌우 대신(左右大臣)에 이끌려 백제군 풍장(百濟君 豊璋)과 열석(列席)하였음 〈書紀〉

목귀 木貴 백제국인. 목귀공(木貴公)이라고도 함. 임련(林連)의 조(祖) 〈姓氏錄 左京諸蕃 下〉 임련 동조, 임 대석임 양씨(林連 同祖, 林 大石林 兩氏)의 조(祖) 〈姓氏錄 右京諸蕃 下〉

목길지 木吉志 백제국인. 비조부(飛鳥部)의 조(祖) 〈姓氏錄 左京諸蕃 下〉

목라근자 木羅斤資 백제국인. 신공 섭정(神功 攝政) 49년(249년=369년, 백제 근초고왕 때) 일본이 신라를 칠 때 원군으로 참가, 백제왕과 만나고 귀국. 응신(應神) 25년(294년) 조(條) 백제기(百濟記)에는 목라근자가 신라에 갔을 때 그곳 여자를 취하여 낳은 것이 목만치(木滿致)라 함 〈書紀〉

목만치 木滿致 백제국인. 목라근자(木羅斤資)의 아들. 목리만치(木咧滿致)라고도 함. 응신(應神) 25년(294년, 백제 책계왕(責稽王) 9년. 사실은 420년대 또는 470년대의 일) 백제 직지왕(直支王)이 죽고 구이신왕(久爾辛王)이 즉위하였을 때 왕이 어리므로 목만치(木滿致)가 국정을 맡아 폭정을 했으므로 일왕이 소환하였다 함. 주의 백제기(百濟記)는 목라근자가 신라를 칠 때 신라의 여자에게서 난 아들이라 함 〈書紀〉

목소귀자 木素貴子 백제국인. 달솔(達率). 천지(天智) 2년(662년) 백제가 망하자 여자신(余自信) 등과 일본에 귀화. 병법에 통하였다 함 〈書紀〉

목소정무 木素丁武 백제에서 귀화한 사람. 지통(持統) 5년(691년) 은(銀) 20량을 받음 〈書紀〉

목윤귀 木尹貴 백제국인. 하좌평(下佐平). 계체(繼體) 23년(529년, 백제 성왕 7년) 백제왕의 명으로 마나갑배(麻那甲背), 마로(麻鹵) 등과 함께 안라에 가서 임나의 재흥에 참여했으며 흠명(欽明) 4년(543년)에도 다시 그 일에 참여함 〈書紀〉

목협금돈 木劦今敦 백제국 중부인(中部人). 덕솔(德率). 흠명(欽明) 13년(552년, 백제 성왕 30년) 고구려와 신라가 연합해 백제를 치려 하자 가라(加羅), 안라(安羅) 등 3국은 금돈 등을 일본에 보내 청군했다 함 〈書紀〉

목협마나 木劦麻那 백제국인. 마나갑배, 성방갑배매노, 마나군(麻那甲背, 城方甲背昧奴, 麻那君)이라고도 함. 계체(繼體) 23년(529년, 백제 성왕 7년) 백제 성왕이 장군군윤귀와 마로(將軍君尹貴와 麻鹵) 등과 함께 마나를 안라(安羅)에 보내 임나 재흥에 힘쓰게 함 〈書紀〉

목협매순 木劦昧淳 백제국 중부인(中部人). 흠명(欽明) 2년(541년, 백제 성왕 19년) 백제가 안라(安羅)와 신라가 통모하므로 매순 등을 안라에 보내 임나 재건에 힘쓸 것을 부탁함. 당시 내솔(奈率). 흠명(欽明) 4년(543년, 백제 성왕 21년) 성왕이 임나 재건의 방도를 군신에게 물었는데 매순도 참여함. 당시 덕솔(德率) 〈書紀〉

목협불마갑배 木劦不麻甲背 백제국 전부인(前部人). 계체(繼體) 10년(516년, 백제 무녕왕 16년) 백제는 불마갑배를 보내 물부련(物部連)을 기문(己汶)에서 맞아 백제로 데려감. 전 해 이들이 반파인(伴跛人)의 습격을 받아 도망갔는데 이를 구한 것이라 봄 〈書紀〉

목협문차 木劦文次 백제 중부인(中部人). 시덕(施德). 흠명(欽明) 15년(554년, 백제 위덕왕 1년) 백제가 일본에 원군을 재촉하기 위하여 보낸 사신 〈書紀〉

묘가 昴加 고구려국인. 대형(大兄). 천무(天武) 11년(683년, 신라 신문왕 3년) 신라사 김석기(金釋起)와 같이 일본에 감 〈書紀〉

묘광 妙光 백제의 여자. 흠명(欽明) 23년(562년, 백제 위덕왕 9년) 대반협수언(大伴狹手彦)이 고려를 치고 포로로 잡아 갔는데 숭준(崇峻) 3년(589년) 출가했다 함. 대반박부인, 백제원(大伴狛夫人, 百濟媛)이라고도 함 〈書紀〉

묘문 卯問 고구려 남부인(南部人). 천무(天武) 9년(681년, 고구려 망후) 고려 대사로서 신라사를 따라 일본에 감 〈書紀〉

무녕왕 武寧王 백제 25대왕. 동성왕(東城王)의 아들. 성왕(聖王)의 아버지. 재위 501~523년. 도군(嶋君), 도왕(嶋王), 사마왕(斯麻王)이라 함 〈書紀 雄略, 武烈條〉 백제 개로왕(蓋鹵王)이 아우 군군(軍君=곤지왕)을 일본에 보냈었는데 거기서 아들을 낳아 도군(嶋君)이라고 했다 함. 계체(繼體) 17년(523년) 사망기사가 있음 〈書紀 武烈, 繼體條〉 <삼국사기>에 따르면 곤지(昆支)는 개로왕의 아들이며, 동성왕의 아버지다.

무덕 武德 백제 궁인(宮人). 덕솔(德率). 흠명(欽明) 2년(630년, 백제 무왕 31년) 백제 소사(小使)로 일본에 감 〈書紀〉

무예왕 武藝王 발해국왕(渤海國王). 대무예(大武藝)라고도 함. 신귀(神龜) 4년(727년) 일본에 사신을 보냄 〈續紀〉

무자 武子 백제인. 달솔(達率). 황극(皇極) 2년(643년, 백제 의자왕 3년) 일본에 질로 있었다. 그의 아들 자사(自斯)가 일본에 와서 조(調)를 검교(檢校) 당했다는 기사가 있음 〈書紀〉

문가고자 文賈古子 백제의 사공(寺工). 숭준(崇峻) 원년(587년, 백제 위덕왕 34년) 백제 사신을 따라 일본에 보내졌다. 〈書紀〉 원흥사(元興寺) 조영(造營)에 참여한 공인(工人) 〈元興寺露盤銘〉

문근왕 文斤王 → 문주왕(汶洲王) 〈書紀〉

문득지 汶得至 신라국인. 계체(繼體) 7년(513년, 신라 지증왕 14년) 백제의 저미문귀(姐弥文貴) 장군과 같이 일본 조정에 나아갔음 〈書紀〉

문사간노 汶斯干奴 백제국인. 하부인(下部人). 간솔(杆率). 흠명(欽明) 15년(554년, 백제 위덕왕 1년) 백제 사신으로 일본에 가서 원군에 대해 감사를 표하고 증원군을 요청함 〈書紀〉

문연왕 汶淵王 백제국 도모왕(都慕王)의 24세 손(孫). 백제공(百濟公)의 조(祖)라 함 〈姓氏錄 左京諸蕃 下〉

문주왕 汶洲王 백제 개로왕(蓋鹵王)의 아들(文周王). 웅략(雄略) 20년(476년, 백제 문주왕 2년) 백제가 고구려에 밀려 웅주(熊洲)에 자리 잡았음 〈書紀〉

문휴대산 汶休帶山 백제국인. 하부인(下部人). 고덕(固德). 흠명(欽明) 14년(553년, 백제 성왕 31년) 일본에 가 고구려와 신라의 침공이 가까웠으므로 원군을 빨리 보내달라고 청함 〈書紀〉

문휴마나 汶休麻那 백제국인. 덕솔(德率). 흠명(欽明) 8년(547년, 백제 성왕 25년) 백제는 하부동성자언(下部東城子言)을 대신해서 마나(麻那)를 보냄 〈書紀〉

문휴해 汶休奚 백제 속고왕(근초고왕)의 손(孫). 파문씨(巴汶氏)의 조(祖) 〈姓氏錄 右京諸蕃 下〉

물부기비 物部奇非 백제 성왕의 신. 내솔(奈率). 일계(日系) 백제인. 흠명(欽明) 5년

(544년, 백제 성왕 22년) 허세가마(許勢哥麻)들과 일본에 가서 임나부의 제장이 신라와 통해 임나 재흥이 어려움을 알림 〈書紀〉

물부련용기다 物部連用奇多
백제 성왕의 신. 내솔(奈率). 흠명(欽明) 5년(544년, 백제 성왕 22년) 기신미마사(紀臣彌麻沙) 등과 일본에 갔고, 동 6년에도 기련(己連) 등과 일본에 갔음 〈書紀〉

물부마가모 物部麻駕牟
시덕(施德). 흠명(欽明) 4년(543년) 진모귀문(眞牟貴文) 등과 같이 일본에 감. 일계(日系) 백제인. 〈書紀〉

물부막가무련 物部莫哥武連
일계(日系) 백제인. 흠명(欽明) 15년(554년) 백제 성왕의 명을 받아 신라의 함산성(函山城)을 함락시킴 〈書紀〉

※ 물부마가모(物部麻駕牟)와 같은 사람일 것이다.

물부조 物部烏
백제국 상부인(上部人). 내솔(奈率). 흠명(欽明) 15년(554년, 백제 위덕왕 1년) 장군 삼귀(三貴)와 같이 일본에 가서 원병을 청하고 승(僧), 역박사(易博士) 역박사(曆博士), 의박사(醫博士) 등을 교체시킴 〈書紀〉

미내증부의미 彌奈曾富意彌
백제 국군(國君)의 아들. 우노수(宇奴首)의 조(祖) 〈姓氏錄 大和諸蕃〉 우노조(宇努造)의 조(祖) 〈姓氏錄 河內諸蕃〉

미등리 彌騰利
백제국인. 은솔(恩率). 계체(繼體) 23년(529년, 백제 성왕 7년) 일본왕이 임나 재흥에 신라와 백제를 화해시키려고 두 나라 왕을 불렀는데 미등리가 백제왕을 대신해 참여함 〈書紀〉

미마지 味摩之
백제인. 추고(推古) 20년(612년, 백제 무왕 13년) 일본에 귀화. 기악무(伎樂舞)를 터득함 〈書紀〉

미무 彌武
신라인. 급찬(及湌). 제명(齊明) 원년(655년, 신라 무열왕 2년) 신라로부터 질(質)로 바쳐졌으나 곧 죽음 〈書紀〉

미사 味沙
진손왕(辰孫王)의 후예. 백제 귀수왕(貴須王=근구수왕)이 그의 손자 진손왕을 일본에 보냈고 그 후손의 하나가 미사라 함. 갈

정련(葛井連)의 조(祖)라 함 〈續紀〉

미산군 味散君 백제국 도모왕(都慕王)의 10세손 귀수왕(貴首王)의 후예. 갈정숙니(葛井宿禰)의 조(祖) 〈姓氏錄 右京諸蕃〉 미사(味沙)와 같은 사람.

미주류 彌州流 백제국인. 갑자년 막고(莫古) 등과 탁순국(卓淳國)에 감 〈書紀〉

미지기지 彌至己知 신라국인. 내말(奈末). 흠명(欽明) 21년(560년, 신라 진흥왕 21년) 일본에 사신으로 다녀옴 〈書紀〉

미질기지파진간기 微叱己知波珍干岐 신라의 왕자. 파진간기(波珍干岐). 미질허지(微叱許智)라고도 함. 중애(仲哀) 9년(200~320년) 신라왕 파사매금(波沙寐錦)이 미질기지(微叱己知)를 질(質)로 보냄(이것은 <삼국사기>의 사실과 다르다. 내물왕(奈勿王)의 아들 미사흔(未斯欣)일 것이다). 신라왕이 한례사벌(汗禮斯伐=박제상) 등을 보내 구출해 고국으로 돌아가게 하고 자신은 화형을 당함 〈書紀〉

미질자실소 未叱子失消 신라국인. 흠명(欽明) 32년(571년, 신라 진흥왕 32년) 신라의 조사(弔使)로서 일본에 감 〈書紀〉

미질허지벌한 微叱許智伐旱 신라의 왕자(=未斯欣). 신공(神功) 5년(205~400년대, 실제는 눌지왕(訥祇王, 417~457) 때의 일) 〈書紀〉 미질기지파진간기(微叱己知波珍干岐)와 같은 인물.

미화 彌和 백제국 노리사주(努理使主)의 손자이고 아구태(阿久太)의 아들. 잠직(蠶織)으로 조수(調首)의 성(姓)을 받고 조련(調連)의 조(祖)가 됨 〈姓氏錄 左京諸蕃〉

박 狛 백제국인. 만련(縵連)의 조(祖)라고 함 〈姓氏錄 大和諸蕃〉

박강국 朴强國 신라국인. 보명(補命) 살찬(薩湌). 지통(持統) 9년(695년, 신라 효소왕 4년) 신라 왕자 김양림(金良琳)과 함께 일본에 사신으로 감 〈書紀〉

박근수 朴勤脩 신라국인. 급찬(級湌). 천무(天武) 4년(676년, 신라 문무왕 16년) 사신으로 일본에 감 〈書紀〉

박무마 朴武麻 신라국인. 제감(弟監), 대마(大麻). 천무(天武) 4년(676년, 신라 문무왕 16년) 신라 왕자 충원(忠元) 등과 사신으로 일본에 감 〈書紀〉

박억덕 朴億德 신라국인. 급찬(級湌). 지통(持統) 6년(692년, 신라 효소왕 1년) 사신으로 일본에 감 〈書紀〉

박자파 朴刺破 신라국인. 아찬(阿湌). 천무(天武) 6년(678년, 신라 문무왕 18년) 종자(從子)와 승(僧) 3인과 일본에 표착하였다가 신라사 김청평(金淸平)이 귀국할 때 송환됨 〈書紀〉

배내공광산 背奈公廣山 고구려 조신(朝臣). 천평(天平) 19년(747년) 복신(福信)과 배내왕(背奈王)의 성(姓)을 받음 〈續紀〉 그 이후 일본에서 사경(寫經) 등 많은 활약을 한 듯하다. 〈大日本古文書〉

배내공복덕 背奈公福德 고구려국인. 복신(福信)의 조(祖). 연력(延曆) 8년(789년) 당장(唐將) 이적(李勣) 밑에서 평양성을 함락시키고 일본에 귀화했다 함 〈續紀〉 배내공복신(背奈公福信) 무장국(武藏國) 고구려군 사람. 복덕(福德)의 손자. 배내왕(背奈王), 고려조신(高麗朝臣), 고창조신(高倉朝臣) 등으로 성이 바뀜. 730년대 이후 일본에서

활약한 기록이 많음 〈續紀 등〉

백가 白加 백제의 화공(畵工). 숭준(崇峻) 원년(587년, 백제 위덕왕 34년) 백제사 수신(首信)에 의해 사공(寺工), 노반박사(鑪盤博士), 와박사(瓦博士)와 함께 일본에 보내짐 〈書紀〉

백구지 百久至 가라국 왕자. 신공(神功) 62년(262~382년, 백제 근구수왕 8년) 조(條)의 백제기(百濟記)에 일본의 사지비궤(沙至比跪)가 신라를 치러 갔는데 오히려 가라국(伽羅國)을 치므로 가라국왕 기본한기(己本旱岐)와 그 아들 백구지 등이 백제로 도망감 〈書紀〉

백매순 白昧淳 백제의 노반박사(鑪盤博士). 장덕(將德). 숭준(崇峻) 원년(587년, 백제 위덕왕 34년) 백제사 수신(首信)을 따라가 일본에 바쳐짐 〈書紀〉

백오 百午 백천(百千)이라고도 함. 또 백수(百手)라고도 씀. 백제국인. 신태수(信太首)의 조(祖)라 함 〈姓氏錄 和泉諸蕃〉

백제왕 百濟王 민달왕(敏達王)의 손자. 백제친왕(百濟親王)이라고도 함 〈姓氏錄 島根眞人, 淸原眞人 條〉

백제왕 百濟王 백제 31대 의자왕의 아들인 선광(禪光=善光)이 백제 망후 일본에 머물러 있었는데 일본에서 백제왕(百濟王)의 칭호를 받았고 그 후손들이 대대로 백제왕의 칭호를 쓰게 되었으니 그 아들 창성(昌成)-낭우(郞虞)-경복(敬福) 등 계보가 밝혀진 것과 계보를 밝힐 수 없는 백제왕이 꽤 많다. 이하 몇몇의 이름을 적는다. 영손, 원보, 청도자, 원충, 원덕, 현경, 효충, 삼충, 자경, 준철, 여천 신상 인정, 청인…(英孫, 遠寶, 淸刀自, 元忠, 元德, 玄鏡, 孝忠, 三忠, 慈敬, 俊哲, 女天 信上 仁貞, 淸仁)

백제왕 경복 百濟王 敬福 백제 의자왕(義慈王)의 후손. 서명(舒明) 대(629~641년) 의자왕의 아들 풍장왕(豊璋王), 선광왕(禪廣王)을 입시(入侍)시켰는데 백제가 망하고 선광왕은 일본에 남아 지통(持統) 대에 백제왕의 칭호를 받음. 선광의 아들은 창성(昌成), 창성의 아들은 낭우(郎虞), 그 셋째 아들이 경복이다(성무(聖武) 대 724~749) 〈續紀〉

백충 百衝 신라국인. 인덕(仁德) 63년(375년, 신라 내물왕 20년) 일본이 신라를 칠 때 신라군 우선봉(右先鋒)에 백충이라는 경첩(輕捷) 맹간(猛幹)이 있음을 알고 왼쪽을 쳤다 함 〈書紀〉

법명 法明 백제 선니(禪尼). 제명(齊明) 2년(656년) 중신겸족(中臣鎌足)이 병들었을 때 유마힐경(維摩詰經)을 외어 병을 고쳤다 함. 유마회(維摩會)의 시작이다. 〈扶桑 略記〉

법사군 法師君 백제인. 무열(武烈) 7년(505년, 백제 무녕왕 5년) 백제왕이 왕족 사아군(斯我君)을 보내 일본에 머물게 했는데 그 아들이 법사군이다. 왜군(倭君)의 조(祖)라 함 〈書紀〉

법장 法藏 백제 승. 천무(天武) 14년(686년, 백제망후) 백출(白朮)을 다려 바쳤다 함. 음양박사(陰陽博士)라 함 〈書紀〉

법정 法定 고구려승. 추고(推古) 18년(610년, 고구려 영양왕 21년) 고구려왕이 담징(曇徵)과 함께 일본에 보냄 〈書紀〉

보륜왕 寶輪王 고구려국왕. 원사공(鋺師公)의 조(祖)라고 함 〈姓氏錄. 未定大和〉

보제 菩提 백제의 신. 중부(中部) 호덕(護德). 흠명(欽明) 6년(545년, 백제 성왕 23년) 백제에서 보제를 임나에 보내 일본부의 신에게 선물을 보냈다 함 〈書紀〉

복가 福嘉 고구려의 사문(沙門). 지통(持統) 7년(693년) 환속함 〈書紀〉

복귀왕 福貴王 고구려국 일사(溢士). 대박련(大狛連)의 조(祖)라 함 〈姓氏錄 河內諸蕃〉

복량 福亮 고구려 승. 대화(大化) 원년(645년) 십사(十師)로 임명됨. 사문박대법사(沙門狛大法師)라 함 〈書紀〉

복부미신 福富味身 백제 신. 나솔(那率). 숭준(崇峻) 원년(587년, 백제 위덕왕 34년) 수신(首信) 등과 사신으로 일본에 감 〈書紀〉

부가롱 富加弄 고구려 전부(前部) 사람. 천무(天武) 원년(673년) 사신으로 일본에 감 〈書紀〉

부라모지 富羅母智 신라의 신. 신공 섭정(神功 攝政) 5년(206~326년) 신라왕이 우례사벌(汙禮斯伐), 모마리질지(毛摩利叱智) 등을 일본에 보냈는데 실은 질(質)로 가 있는 미질허지벌한(微叱許智伐旱)을 데려올 목적이 있어 그것을 수행하고 일본에 의해 세 사람은 분살(焚殺)을 당했다 함 〈書紀〉

부련왕 夫連王 고구려국왕. 그 후예가 박조(狛造)라 함 〈姓氏錄 山城諸蕃〉

부우 富于 고구려의 신. 대형(大兄). 천무(天武) 4년(676년, 고구려 망후) 대형 다무(多武)와 같이 일본에 감 〈書紀〉

부자 夫子 백제국인. 승화(承和) 2년(835년) 우경인(右京人) 곤해궁계(昆解宮繼)등 이 백제국인 부자의 후예라 함 〈續後紀〉

부지내마례 夫智奈麻禮 신라인. 계체(繼體) 23년(529년, 신라 법흥왕 16년) 일본왕의 요청으로 부지내마례와 해내마례(奚奈麻禮)를 안라에 보내 남가라(南加羅) 건립에 참여토록 함 〈書紀〉

북조지 北助知 신라국인. 급찬(級湌). 지통(持統) 4년(690년, 신라 신문왕 10년) 일본에 귀화함 〈書紀〉

북질지 北叱智 신라국인. 사훼부(沙喙部). 내말(奈末). 추고(推古) 19년(611년, 신라 진평왕 33년) 임나 사인(使人)과 함께 일본에 감 〈書紀〉

불마갑배 不麻甲背 →목협불마갑배(木劦不麻甲背)

비리막고 鼻利莫古 백제인. 전부인(前部人). 내솔(奈率). 흠명(欽明) 2년(541년, 백제 성왕 19년) 안라에 가서 임나 재흥을 꾀했음 〈書紀〉

비유왕 比有王 백제왕(20대 비유왕(毗有王) 427~455) 〈姓氏錄〉 백제국 도모

왕(都慕王)의 후예로 불파련(不破連)의 조(祖)라 함 〈姓氏錄 右京諸蕃 下〉 비조호조(飛鳥戶造)의 조(祖)라 함 〈姓氏錄 右京諸蕃下, 河內諸蕃〉

비유왕 毘有王 → 비유왕(比有王) 〈姓氏錄〉

빙방례 憑方禮 백제국인. 보자(寶字) 2년(758년) 발해대사 양승경(楊承慶)과 일본에 건너감 〈續紀〉

사공 思恭 신라의 대부(大夫). 승보(勝寶) 4년(752년, 신라 경덕왕 11년) 신라의 효성왕(孝成王)과 대부 사공이 언행이 태만하여 문죄하려 했다. 〈續紀〉

사나노아비다 斯那奴阿比多 일계(日系) 백제인. 계체(繼體) 10년(516년, 백제 무녕왕 16년) 백제에서 작막고(灼莫古) 장군과 함께 고려사(高麗使) 안정(安定)을 따라 일본에 건너감 〈書紀〉

사나노차주 斯那奴次酒 백제 성왕의 신. 시덕(施德). 흠명(欽明) 5년(544년, 백제 성왕 22년) 고분옥(高分屋)과 임나에 파견됨. 6년에도 기준(其悛=기련(己連))과 함께 파견됨 〈書紀〉

사도몽 史都蒙 발해국인. 헌가대부사빈소령개국남(獻可大夫司賓少令開國男). 보귀(寶龜) 7년(776년, 발해 문왕 40년) 일본에 사신으로 갔다가 악풍을 만나 많은 인명의 소실을 보았고 이듬해에도 다시 사신으로 감 〈續紀〉

사도선 史道仙 발해국인. 사통선(史通仙), 사준선(史遵仙)이라고도 적었다. 보귀(寶龜) 8년(777년, 발해 문왕 41년) 발해사 대록사(大錄事)로 일본에 감. 7년 사도몽과도 일본에 갔었음 〈續紀〉

사량진웅 沙良眞熊 신라 귀화인. 무장국(武藏國) 신라군인(新羅郡人). 보귀(寶龜) 11년(780년) 광강조(廣岡造)의 성(姓)을 받음 〈續紀〉 금(琴)을 잘 탔다 함.

사마왕 斯麻王 → 무녕왕(武寧王) 〈書紀〉

사반왕 沙半王 백제국인. 반비씨(半毘氏)의 조(祖)라고 함 〈姓氏錄 右京諸蕃〉 <삼국사기>에는 백제 7대왕(재위 1년(234년))

사비복부 四比福夫 백제국인. 달솔(達率). 천지(天智) 4년(665년) 축자(筑紫)에서 성을 쌓음 〈書紀〉

※ 백제 망한 후의 망명인인 듯.

사사노궤 沙沙奴跪 백제의 장군? 신공(神功) 49년(249~369년, 백제 근초고왕 24년) 일본이 신라를 침공할 때 원병대장으로 일본을 도와 참여한 사람 〈書紀〉 사수루(師需婁) 고구려 하부 대상(下部 大相). 천무(天武) 8년(680년) 신라 송사(送使)에 의해 상부 대상 환부(桓父)와 같이 사신으로 일본에 감 〈書紀〉

사수미 思須美 백제 귀화인. 인덕왕(仁德王 313~398년) 때 귀화. 전변사(田邊史), 상모야공(上毛野公), 지원조신(池原朝臣), 주길조신(住吉朝臣)의 조(祖) 〈弘仁私記序〉

사아군 斯我君 백제의 왕족. 무렬(武烈) 7년(505년, 백제 무녕왕 13년) 백제왕이 보내 일본에 건너가 벼슬함. 아들은 법사군(法師君)이라 함. 왜군(倭君)의 조(祖)가 됨 〈書紀〉 백제 무녕왕의 손자, 성왕의 아들로 고야조신(高野朝臣), 신립(新笠) 곧 화조신(和朝臣)의 조(祖)라 함 〈姓氏錄 考證〉

사택기루 沙宅己婁 백제 성왕의 신. 상좌평(上佐平). 흠명(欽明) 4년(543년, 백제 성왕 21년) 성왕이 임나 재흥을 꾀할 때 같이 참여함 〈書紀〉

사택소명 沙宅紹明 백제 귀화인. 천지(天智) 10년(671년) 대금하(大錦下)를 받음. 원래 좌평(佐平). 재주가 많은 사람으로 알려짐 〈書紀〉 가전상(家傳上) 백제인. 사타소명(沙吒昭明) 〈寧下 880〉

사택손등 沙宅孫登 백제인. 천지(天智) 10년(671년) 당(唐) 사신을 따라 일본에 입국함 〈書紀〉

사택천복 沙宅千福 백제신. 대좌평(大佐平). 제명(齊明) 6년(660년, 백제 의자왕 20년) 당 소정방(蘇定方)에 잡혀 당에 끌려갔으나 중국왕의 사면을 받아 풀려남 〈書紀〉

사항 舍航 발해국 별장. 신귀(神龜) 4년(727년) 최초의 발해국사로서 수령(首領) 고제덕(高齊德)과 함께 일본에 감 〈續紀〉

살류생 薩虆生 신라신. 사찬(沙湌). 천무(天武) 8년(680년, 신라 문무왕 20년) 아찬(阿湌) 김항나(金項那)와 함께 사신으로 일본에 감 〈書紀〉

살중업 薩仲業 신라의 국사. 대판관(大判官). 한내마(韓奈麻). 보귀(寶龜) 10년(779년, 신라 혜공왕 15년) 산라사로 일본에 감 〈續紀〉

> ※ 〈삼국사기〉에는 설총(薛聰)의 아들로 나온다.

삼귀 三貴 백제신. 하부 간솔 장군(下部 杆率 將軍). 흠명(欽明) 15년(554년, 백제 위덕왕 1년) 상부 내솔 물부조(上部 奈率 物部烏)와 함께 일본에 보내져 역박사(易博士) 이하를 바쳤다. 〈書紀〉

삼근 三斤 백제의 악인(樂人). 시덕(施德). 흠명(欽明) 15년(554년, 백제 위덕왕 1년) 역박사(易博士), 역박사(曆博士), 의박사(醫博士) 등과 함께 일본에 보내짐 〈書紀〉

상부군족 上部君足 고구려국 상부인(上部人). 보자(寶字) 5년(761년) 웅판련(雄坂連)의 성(姓)을 받음 〈續紀〉

상설 霜雪 신라국인. 대사(大舍). 천무(天武) 2년(674년, 신라 문무왕 14년) 한아찬(韓阿湌) 김승원(金承元) 등과 하등극사(賀騰極使)로 일본

에 감 〈書紀〉

상휘 常輝 백제승. 상요(常耀)라고도 함. 천무(天武) 14년(686년) 백세가 되어 봉호(封戶)를 받음 〈書紀〉

새상충승 塞上忠勝 백제왕 풍장(豊璋, 의자왕의 아들)의 아우. 숙부(叔父) 또는 새성(塞城)이라고도 함. 형과 함께 일본에 있다가 제명(齊明) 6년(660년) 백제가 망하면서 풍장이 국왕으로 추대되었는데 충승을 보(補)로 삼았음 〈書紀〉

생하내 生河內 백제국인. 보자(寶字) 5년(761년) 성(姓)을 받을 때 두 사람과 같이 청단련(淸湍連)을 받았다. 〈續紀〉

서소 西素 백제국인. 수인(手人), 오복(吳服=織物). 고사기(古事記) 응신(應神) 권(卷)에 백제왕 조고왕(照古王, 한국사에는 13대 근초고왕이다)에 의해서 일본에 보내졌다 함 〈古事記〉

서요덕 胥要德 발해국인. 천평(天平) 11년(739년, 발해 문왕 3년) 발해국대사로서 일본에 사신으로 가다 풍랑을 만나 죽음 〈續紀〉

석마제미 昔麻帝彌 백제의 와박사(瓦博士). 숭준(崇峻) 원년(588년, 백제 위덕왕 35년) 백제 사신 수신(首信)등에 의해 일본에 보내짐 〈書紀〉

석수 碩守 고구려 전부인(前部人). 대형(大兄). 천무(天武) 2년(674년, 고구려 패망 후) 신라 송사(送使)를 따라 일본에 감 〈書紀〉

석양절 昔楊節 신라 부사. 양로(養老) 7년(723년, 신라 성덕왕 22년) 일본에 다녀옴 〈續紀〉

선광왕 善光王 백제 의자왕의 아들. 여선광(余禪廣), 선광왕(禪廣王)이라고도 함 〈書紀, 續紀〉 백제가 망할 때도 귀화하지 않고 일본에 남아 있었다 함. 백제 왕씨(百濟王氏)의 조(祖) 〈續紀〉

선광왕 禪廣王 → 선광왕(善光王)

성명왕 聖明王 → 성왕(聖王)

성방갑배매노 城方甲背昧奴 백제 성왕의 신. 갑초(甲肖)라고도 한다. 계체(繼體) 10년(517년, 백제 무녕왕 17년) 백제가 일본에 보냄. 임나국 재건에 참여함 〈書紀〉

성왕 聖王 백제 26대 국왕. 무녕왕(武寧王)의 아들. 명(明) 또는 명왕(明王), 성왕(聖王)등으로 부름(재위 523~554년). 흠명조(欽明朝) 임나 관계 기사에 많이 나옴 〈書紀〉 <書紀>에는 성명왕(聖明王)으로 나옴.

소미지야마미내군 素彌志夜麻美奈君 백제국인. 의라련(依羅連), 산하련(山河連)의 조(祖)라 함 〈姓氏錄 河內諸蕃〉

소아도목숙니 蘇我稻目宿禰 고구려인의 아들(?) 용명(用明), 숭준(崇峻), 추고(推古) 왕의 외조부(外祖父) 〈古事記〉 항기(巷奇), 종아(宗我) 〈法王帝說〉 항선(巷宣), 항가(巷哥) 〈元興寺露盤記〉 이름은 이내미(伊奈米), 이나미(伊那米)라고도 함. 흠명(欽明, 540~571)때부터 일본 왕실에서 실세이었으며 불교 진흥에도 힘썼다 함 〈各種文獻〉

소양신 蘇陽信 신라인. 대사(大舍). 지통(持統) 원년(687년, 신라 신문왕 8년) 신라 왕자 김상림(金霜林)과 같이 일본에 감 〈書紀〉

소자 素子 백제의 신. 은솔(恩率). 서명(舒明) 2년(630년, 백제 무왕 31년) 대사로서 고려사(高麗使)와 함께 일본에 감 〈書紀〉

속고왕 速古王 백제 국왕(13대 근초고왕 재위 316~375년). 백제와 가라 왕들과 친교가 있었음 〈書紀〉

솔단 率丹 백제국인. 솔모(率母)라고도 함. 천무(天武) 6년(678년) 대산하(大山下)를 받음 〈書紀〉

쇠고군 蓑古君 고구려국인. 남마왕(男馬王)의 예손(裔孫). 일치조(日置造)의 조(祖)라 함 〈姓氏錄 左京諸蕃〉

수류지 須流枳 공장(工匠). 인현(仁賢) 6년(493년, 고구려 문자왕(文咨王) 2년) 일본인이 데려감. 대왜국(大倭國) 산변군(山邊郡) 액전읍(額田邑)

의 숙피고려(熟皮高麗)의 조(祖)라 함 〈書紀〉

수모기왕 須牟祁王 고구려국왕. 박염부(狛染部)의 조(祖)라 함 〈姓氏錄 未定河內〉 성씨록 고증(考證)에는 문무신왕(文武神王)일 것이라 함.

수신 首信 백제국인. 은솔(恩率). 숭준(崇峻) 원년(588년, 백제 위덕왕 35년) 일본에 불사리(佛舍利)와 승, 사공(寺工), 노반박사(鑪盤博士), 와박사(瓦博士), 화공(畵工) 등을 데려갔다. 〈書紀〉

수지매 首智買 임나의 사자. 신라인일 것이다. 훼부 대사(喙部大舍). 추고(推古) 18년(619년, 신라 진평왕 32년) 신라의 사신과 같이 일본에 감 〈書紀〉

수포려비만마려 須布呂比滿麻呂 신라인. 보자(寶字) 5년(761년) 성(姓) 수고조(狩高造)를 받음 〈續紀〉

순무미자 淳武微子 백제국인. 임신(壬申)의 공신. 지통(持統) 5년(691년) 임신(壬申)의 공으로 직대삼(直大參)을 서(叙)받음 〈書紀〉

순무지등 淳武止等 백제국인. 불파승(不破勝)의 조(祖)라 함 〈姓氏錄 右京諸蕃〉

순타 淳陀 백제 무녕왕(武寧王)의 태자. 계체(繼體) 7년(513년, 백제 무녕왕 13년) 8월에 죽음 〈書紀〉 황태후(皇太后)는 화씨(和氏)로 그 선조는 백제 무녕왕의 왕자 순타 태자이다. 〈續紀〉

승경 承慶 신라 국왕(34대 효성왕(孝成王)). 승보(勝寶) 4년(752년, 신라 경덕왕 11년) 신라 왕자 김태렴(金泰廉)에 대한 기사에 나옴 〈續紀〉

승륭 僧隆 고구려의 승. 추고(推古) 10년(602년, 고구려 영양왕 13년) 일본에 건너감 〈書紀〉

시여 始如 탐라(耽羅)의 왕자. 고여(姑如)라고도 나옴. 천지(天智) 5년(666년) 일본에 공헌하고 천무(天武) 4년(676년) 난파(難波)에 이름 〈書紀〉

신량목사성전마려 新良木舍姓前麻呂 신라인. 중위 소초하(中衛 少初下). 보자(寶字) 7년 (763년) 청주조(淸住造)의 성을 받음 〈續紀〉

신량목사성현마려 新良木舍姓縣麻呂 신라인. 보자(寶字) 5년(761년, 신라 경덕왕 20년) 청주조(淸住造)의 성을 받음 〈續紀〉

신신군 辛臣君 백제인. 쟁신군(爭臣君)이라고도 함. 광전련(廣田連)의 조(祖) 〈姓氏錄 左京右京諸蕃〉

신제도원 新齊都媛 백제 직지왕(直支王)의 매(妹). 응신(應神) 39년(239년=359년, 백제 13대 근초고왕 14년. 연대에 차이가 있음. 직지왕은 18대 전지왕(腆支王, 405~430) 직지왕에 의해 일본에 보내졌다. 〈書紀〉

신한도부고귀 新漢陶部高貴 백제의 재기(才伎). 웅략(雄略) 7년(463년, 백제 개로왕(蓋鹵王) 9년) 길비상도제군(吉備上道弟君) 등에 이끌려 일본에 보내졌다. 〈書紀〉

신한제문 新漢齊文 백제 귀화인. 추고(推古) 20년(612년, 백제 무왕 13년) 백제 귀화인 미마지(味麻之)에게서 기악무(伎樂舞)를 전수받았고 군전수(群田首)의 조(祖)가 됨 〈書紀〉

실소 失消 신라인. 내솔(奈率). 민달(敏達) 9년(580년, 백제 위덕왕 27년) 안도내말(安刀柰末)과 더불어 일본에 사신으로 감 〈書紀〉

심상 審祥 신라 학생. 대안사(大安寺)의 승(僧). 심상(審詳)이라고도 함. 당(唐)에서 화엄(華嚴)을 배우고 천평(天平) 8년(736년, 성덕왕 35년)부터 일본에서 화엄경을 강(講)했다. 많은 저서를 남겼다 함 〈三國佛法傳〉

아구태 阿久太 응신왕(應神王) 대(270~309년, 실제로는 390년대) 백제에서 건너갔다고 전하는 노리사주(努理使主)의 손자로서 조련(調連)의 조(祖)라고 함 〈姓氏錄 左京諸蕃〉

아둔득문 阿屯得文 백제의 신. 내솔(奈率). 흠명(欽明) 5년(544년, 백제 성왕 22년) 허세가마(許勢哥麻) 들과 더불어 사신으로 일본에 감. 임나부의 제장이 신라와 내통하고 있어 임나의 재흥이 어렵다고 통보함 〈書紀〉

아루사 阿漏史 백제인. 오복조(吳服造)의 조(祖)라고 함. 아만사(阿滿史)라고도 씀 〈姓氏錄 河內諸蕃〉

아리사등 阿利斯等 가라국왕. 기능말간기(己能末干岐)라고도 함. 계체(繼體) 23년(529년, 신라 법흥왕 때) 일본이 자기나라 땅 다사진(多沙津)을 백제에 넘긴 것에 앙심을 품고 신라 왕녀를 취(娶)하였으나 신라의 행위에 불만을 품고 일본으로 건너가 대반대련금촌(大伴大連金村)에게 가라국을 도와 줄 것을 요청함 〈書紀〉

아마의미 阿麻意彌 백제인. 취석조(取石造)의 조(祖)라고 함 〈姓氏錄 右京神別〉

아수지 阿首至 가라국 왕자. 신공(神功) 섭정 62년조 백제기(百濟記)에 따르면 이해에 신라가 조공을 하지 않고, 이를 치러 간 사지비궤(沙至比跪)는 신라에게서 미녀를 받아 오히려 가라를 치므로 국왕 기본한기(己本旱岐)와 그 아들 백구지(百久至), 아수지(阿首至), 국사리(國沙利) 등이 백성을 이끌고 백제로 도망갔다고 함 〈書紀〉

아좌 阿佐 백제 왕자. 추고(推古) 5년(597년, 백제 위덕왕 44년)에 일본에 감 〈書紀〉

아직기 阿直岐 백제의 학자. 백제의 사신으로 응신(應神) 15년(284년)에 일본에 건너간 사람. 아직기사(阿直岐史)의 시조이다. 왕인(王仁)을 추천한 사람. 아지길사(阿知吉師)로도 쓰임. 경전(經典)을 잘 읽어 태자(太子) 토도치낭자(菟道稚郎子)의 스승이 되었다. 〈書紀〉

※ 〈古事記〉에서는 아지길사(阿知吉師)로 적고 아직사(阿直史)의 조(祖)라 하였다. 왕인과 동일인일 가능성도 있다고 함.

아파기 阿波岐 탐라도(耽羅嶋)의 왕자. 제명(齊明) 7년(661년, 신라 문무왕 1년) 탐라에 표류하였던 견당사(遣唐使) 진수길상(津守吉祥) 등에 초빙되어 일본을 방문함 〈書紀〉

아현이나사 阿賢移那斯 백제의 신. 연나사(延那斯)라고도 함. 흠명(欽明) 11년(550년, 백제 성왕 28년) 일본이 임나를 재흥하려고 하는데 마도(麻都)와 함께 반대해 온 반백제파에 속한다. 〈書紀〉

아화왕 阿花王 백제 17대왕. 재위 392~405년. 신공(神功) 65년(265년, 백제 고이왕 32년) 침류왕(枕流王)이 죽고 왕자 아화는 어려 숙부인 진사왕(辰斯王)이 왕위를 찬탈함. 일본이 문책하니 국인이 왕을 죽이고 왕자 아화를 왕으로 세웠다. 그런데 아화도 일본에 예를 다하지 못하다가 동 8년 셋째 왕자 직지(直支)를 보내 수교하였다. 동 16년에 죽었다. 〈書紀〉

※ 〈三國史記〉에 따르면 265년은 384년의 일이며 아화왕(阿華王)은 392년에 즉위하였다.

안 安 고구려왕. 계체(繼體) 25년(531년, 고구려 안원왕(安原王) 1년) 조(條) 백제본기(百濟本紀)에 신해년(辛亥年, 531년)에 죽임을 당했다 함 〈書紀〉

※ 〈三國史記〉의 高句麗王興安薨號安藏王 기사와 관련이 있다.

안경왕 安卿王 고구려인. 다른 책에는 안유왕(安劉王), 안열왕(安列王)으로도 적음. 하내민수(河內民首)의 조(祖)라고 함 〈姓氏錄 左京諸蕃〉

안귀보 安貴寶 고구려국사. 안귀종(安貴琮)이라 적은 책도 있음. 寶字 3년(759년) 기사에 나옴 〈續紀〉

안도 安刀 신라의 신. 내말(奈末). 민달(敏達) 9년(580년, 신라 진평왕 2년)에 일본 사신으로 갔는데 일본이 받아들이지 않았다 함. 582년에도 갔는데 같았음 〈書紀〉

안정 安定 고구려국사. 계체(繼體) 10년(516년, 고구려 문자왕 25년) 일본에 건너가서 수교를 맺음 〈書紀〉

약광 若光 고구려인. 천지(天智) 5년(664년, 고구려 보장왕 25년) 고려관계 기사에 이위 현무(二位 玄武) 약광(若光)이라 있음 〈書紀〉

약덕 若德 고구려국인. 서명(舒明) 2년(630년, 고구려 영류왕 13년) 대사 연자발(宴子拔)과 함께 사신으로 일본에 감. 소사(小使) 〈書紀〉

약엽례 掠葉禮 백제 사인(使人). 흠명(欽明) 7년(546년, 백제 성왕 24년) 사신으로 일본에 갔다. 중부 내솔(中部奈率). 동 8년 다시 일본에 가서 구원병에 대하여 사의를 표함 〈書紀〉

양귀문 陽貴文 백제 와박사(瓦博士). 숭준(崇峻) 원년(587년, 백제 위덕왕 34년) 백제사 수신(首信)을 따라 일본에 감 〈書紀〉 瓦師 陽貴文 〈元興寺露盤銘〉

양마려 陽麻呂 백제국인. 보자(寶字) 5년(761년) 성(姓) 고대조(高代造)를 받음 〈續紀〉

양승경 楊承慶 발해국인. 보자(寶字) 2년(758년) 발해대사로서 일본에 감. 동 3년에 귀국함 〈續紀〉

양우왕 良虞王 낭우(郎虞)라고도 하며, 선광(善光)의 손자이다. 백제왕 양우라고도 함. 천평(天平) 9년, 지통(持統) 5년(691년) 조에 나옴 〈書紀〉

양태사 楊泰師 발해국인. 보자(寶字) 2년(758년) 발해부사로서 일본에 감. 동 3년에 귀국 〈續紀〉

양회진 楊懷珍　발해국인. 보자(寶字) 6년(762년) 발해대사 왕신복(王新福)과 함께 일본에 감. 동 7년에 귀국 〈續紀〉

억례복류 憶禮福留　백제국인. 억뢰(憶賴)라고도 함. 천지(天智) 2년(663년) 백제가 망하자 국민과 더불어 일본에 망명하였는데 일본에서 축성(築城)을 시켰다. 달솔(達率) 〈書紀〉 백제 근속왕(近速王?)의 손주로 석야련(石野連)의 조(祖)이다. 〈姓氏錄 左京諸蕃〉

억뢰자로 憶賴子老　백제국인. 보자(寶字) 5년(761년) 성(姓) 석야련(石野連)을 받음 〈續紀〉

억사부사주 億斯富使主　신라국인. 일근조(日根造)의 조(祖)라 함 〈姓氏錄 和泉諸蕃〉

억인 億仁　백제국인. 시의(侍醫). 주조(朱鳥) 원년(686년) 병으로 죽었으므로 근대일위(勤大壹位)를 받음 〈書紀〉

엄추 奄鄒　고구려인. 천지(天智) 5년(666년, 고구려 보장왕 25년) 대사로 일본에 조품(調品)을 전달했다. 관은 을상(乙相)이라 함 〈書紀〉

여노 余怒　백제의 신. 은솔(恩率). 여노(余奴)라고도 씀. 민달(敏達) 12년(583년, 백제 위덕왕 31년) 덕이(德爾) 등과 일라(日羅)를 데리고 일본에 감 〈書紀〉

여민선녀 余民善女　백제 귀화인. 보자(寶字) 5년(761년) 성(姓) 백제공(百濟公)을 받음 〈續紀〉

여선광 余禪廣　→ 선광왕(善光王) 〈書紀〉

여선광 餘善光　→ 선광왕(善光王) 〈書紀〉

여원보 余遠寶　→ 백제왕 〈書紀〉

여의수 余宜受　백제국인. 서부인(西部人). 달솔(達率). 제명(齊明) 원년(655년, 백제 의자왕 15년) 대사로서 일본에 갔음 〈書紀〉

여자진 余自進　백제국인. 여자신(余自信)이라고도 함. 제명(齊明) 6년(660년,

백제 의자왕 20년) 나당연합군에 의해 백제가 망하나 여자진은 구마노리성(久麻怒利城)에서 산졸(散卒)을 모아 신라와 싸워 이겼다. 달솔(達率). 천지(天智) 2년(662년) 백제가 완전히 망한 후 일본에 망명함. 좌평(佐平) 〈書紀〉

여자진 餘自進 → 여자진(余自進)

여창 餘昌 백제 성왕의 아들. 곧 위덕왕(威德王). 흠명(欽明) 18년(557년, 백제 위덕왕 4년) 즉위하였다(실제는 위덕왕은 554년에 즉위함). 〈書紀〉

여창 余昌 → 여창(餘昌)

여충승 余忠勝 → 새상충승(塞上忠勝) 풍장(豊璋)의 아우 또는 숙부.

여풍 餘豊 → 여풍장(餘豊璋)

여풍장 餘豊璋 백제 의자왕의 아들. 여풍, 풍장, 규해, 백제군(餘豊, 豊璋, 糺解, 百濟君)이라고도 함. 서명(舒明) 3년(631년, 백제무왕 32년) 의자왕의 명으로 일본에 질(質)로 감(의자왕 때는 641년부터). 제명 6년(660년) 백제가 망하게 되자 풍장을 국왕으로 하고자 백제로 보내졌는데 왕이 된 후 복신(福信) 등과 천도에 관해 의론했고 풍장은 복신을 의심하여 죽였다. 신라의 공격으로 풍장은 고구려로 도망감 〈書紀〉

여해 如海 고구려의 승. 당에 유학함. 일본 승을 모함하여 환속(還俗)되어 고구려로 송환됨 〈寧 896, 897〉

역사리 閾沙利 가라국인(加羅國人). 국사리(國沙利)라고도 함. 신공섭정(神功攝政) 62조(262년=382년)에 신라를 치러 간 사지비궤(沙至比跪)가 오히려 가라국을 치는 바람에 가라국왕 기본한기(己本旱岐)와 역사리가 백성을 이끌고 백제국으로 달아났다 함 〈書紀 引用 百濟記〉

역어묘안나 백제에서 보낸 수말수기(手末手伎=손재주있는 사람). 웅략(雄

譯語卯安那 略) 7년(463년, 백제 개로왕 9년) 일왕은 이들을 왜국(倭國)에 안치시켰는데 병사자가 많아 옮겼다 함 〈書紀〉

연노리척간 燕怒利尺干 신라국인. 연노(燕努)라고도 함. 복환씨(伏丸氏)의 조(祖)라 함 〈姓氏錄 河內諸蕃〉

연복 緣福 백제의 신. 좌평(佐平). 대화(大化) 원년(645년, 백제 의자왕 5년) 백제 대사로 일본에 건너갔는데 일본왕이 불만을 얘기하며 돌려보냈다 함 〈書紀〉

연비선나 燕比善那 백제 성왕의 신. 내솔(奈率). 흠명(欽明) 4년(543년, 백제 성왕 21년) 대화조정(大和朝廷)의 명에 따라 임나 재흥을 계획함 〈書紀〉

연이양마려 延爾陽麻呂 백제의 귀화인. 보자(寶字) 5년(761년) 고대조(高代造)의 성을 받음 〈續紀〉

연이이지마려 延爾伊志麻呂 백제 귀화인. 보자(寶字) 5년(761년) 삼복지조(三福地造)의 성(姓)을 받음 〈續紀〉

연이풍성 延爾豊成 백제 귀화인. 보자(寶字) 5년(761년) 장소련(長沼連)의 성(姓)을 받음 〈續紀〉

연흥왕 延興王 고구려 호태왕(好太王)의 7세손. 고려조신(高麗朝臣)의 조(祖)라 함 〈姓氏錄 左京諸蕃〉

염옥 鹽屋 백제국 도모왕(都慕王)의 후예. 갈정숙니, 궁원숙니, 진숙니, 중과숙니(葛井宿禰, 宮原宿禰, 津宿禰, 中科宿禰)의 조(祖)라고 함 〈姓氏錄 右京諸蕃〉

영 詠 백제의 사문(沙門). 천지(天智) 2년(663년, 백제 망후) 일본에 귀화하여 하내국(河內國)에 살면서 대학(大學)에서 공부하고 문필(文筆)로서 조정에 사환(仕宦)하였다는 기록 있음 〈續紀〉

영개 令開 백제승. 숭준(崇峻) 원년(587년, 백제 위덕왕 34년) 백제사 수

신(首信)을 따라가 일본에 머묾 〈書紀〉

※ 영근, 영계(令斤, 令契)와 같은 인물?

영근 令斤 백제승. 영흔(令欣)이라고도 함. 숭준(崇峻) 원년(587년, 백제 위덕왕 34년) 백제에서 보내져 불사리(佛舍利)를 전함 〈書紀〉

영위 令威 백제의 승. 숭준(崇峻) 원년(587년, 백제 위덕왕 34년) 백제사 수신(首信)을 따라가 일본에 머묾 〈書紀〉 영위법사(令威法師) 〈元興寺緣起〉

예새돈 禮塞敦 백제의 신. 상부인(上部人). 간솔(杆率). 흠명(欽明) 14년(553년, 백제 성왕 31년) 과야차주(科野次酒)와 더불어 일본에 건너가 청병했다. 〈書紀〉

예진자 羿眞子 백제국인. 천지(天智) 10년(671년) 사신으로 일본에 건너감 〈書紀〉

오기주 吳伎州 백제국인. 오기측(吳伎側)이라고도 함. 덕솔(德率). 오씨(吳氏)의 조(祖)라고 함 〈姓氏錄 右京未定雜姓〉

오례사벌 汙禮斯伐 신라국인. 신공(神功) 5년(205년, 신라 내해왕 10년) 일본에 인질로 가 있던 왕자 미질허지벌한(微叱許智伐旱=미사흔)을 돌려 보내려고 신라 왕의 명을 받아 일본에 건너가 일본왕을 속이고 스스로는 잡혀 죽임을 당함 〈書紀〉 박제상(朴堤上)일 것이다.

왕도량 王導良 백제국 역박사(易博士). 흠명(欽明) 15년(554년, 백제 위덕왕 1년) 일본왕의 요청으로 일본에 보내졌다. 직위는 시덕(施德) 〈書紀〉

왕미야대리 王彌夜大理 고구려국 상부(上部) 사람. 보자(寶字) 5년(761년) 다른 9 사람과 함께 성(姓) 풍원조(豊原造)를 받음 〈續紀〉

왕보손 王保孫 백제국 역박사(曆博士). 흠명(欽明) 15년(554년, 백제 위덕왕 1

년) 일본왕의 요청으로 일본에 보내졌다. 고덕(固德) 〈書紀〉

왕보수 王寶受 백제국에서 귀화. 보자(寶字) 5년(761년) 삼성 양진조(三姓 楊津造)를 받음 〈續紀〉

왕손허리 王孫許里 백제국인. 정관(貞觀) 7년(865년) 좌경인조주령사정육위 상도조사영주(左京人造酒令史正六位 上道祖史永主) 등의 조(祖)인 것 같다. 〈三代實錄〉

왕신복 王新福 발해국대사. 보자(寶字) 6년(762년, 발해 문왕 26년)에 일본에 도착하여 벼슬하고 동 7년에 귀국했다 함 〈續紀〉

왕안성 王安成 고구려국 후부(後部)의 사람. 보자(寶字) 5년(761년) 성(姓) 고리련(高里連)을 받음 〈續紀〉

왕유능타 王有悛陀 백제국 의박사(醫博士). 내솔(奈率). 흠명(欽明) 15년(554년, 백제 위덕왕 1년) 백제에서 일본에 보내졌다. 〈書紀〉

왕이 王爾 백제 왕자. 고지재지(高志才智 河內國大鳥郡人)의 조상으로 알려져 있음 〈寧樂遺文〉

왕인 王仁 백제국인. 서수(書首)의 조(祖). 응신(應神) 16년(285~405년 백제 전지왕 원년) 일본에 가 태자의 스승이 됨 〈書紀〉 화이길사(和爾吉師)라고도 씀. 논어(論語) 10권, 천자문 1권을 가져감 〈古事記〉

왕중문 王仲文 고구려국인. 음양가(陰陽家). 왕중문(王中文)으로도 씀. 대보(大寶) 원년(701년) 출가(出家)했다가 환속하였다 함. 벼슬을 함 〈續紀〉

왕충마려 王虫麻呂 고구려국 상부인(上部人). 보자(寶字) 5년(761년) 성(姓) 풍원련(豊原連)을 받음 〈續紀〉

용선 用善 백제국인. 천지(天智) 10년(671년, 백제 망후) 태구(台久)와 함께 사신으로 감 〈書紀〉

우류조부리지간 宇流助富利知干 신라왕. 신공(神功)을 맞아 무릎을 꿇고 항복했다 함 〈住吉神代記〉

※ 다른 곳에는 찾아 볼 수 없음.

우지 宇志 백제국 도모왕(都慕王)의 후예. 염군(塩君)의 손자. 중과조신(中科朝臣)의 조(祖)라 함 〈姓氏錄 右京諸蕃〉

운총 雲聰 고구려 승(僧). 추고(推古) 10년(602년, 고구려 영양왕 13년) 일본에 귀화함 〈書紀〉

웅소리기왕 雄蘇利紀王 백제국왕. 화련(和連)의 조(祖)라 함 〈姓氏錄 大和諸蕃〉

원세 圓勢 백제의 승(僧). 일본에 가서 대왜국 갈상군 고궁사(大倭國葛上郡高宮寺)에 살았음 〈靈異記 上 4〉

위가가군 爲哥可君 일계(日系) 백제인. 위가기미비기(爲哥岐彌非岐)라고도 적음. 흠명(欽明) 5년(544년, 백제 성왕 22년)에 따르면 임나일본부의 하내직(河內直)의 선조들(那干陀甲背 등)의 유혹에 빠져 백제 성왕의 마음에 반해 포학을 부리다가 방축되었다 함 〈書紀〉

위군왕 爲君王 백제국인. 장전사주(長田使主)의 조(祖)라 함 〈姓氏錄 河內未定〉

유등 柔等 백제의 신. 달솔(達率). 서명(舒明) 7년(636년, 백제 무왕 36년) 일본에 사신으로 감 〈書紀〉

유탑 猶榻 신공(神功) 때 신라에 간 대시전숙니(大矢田宿禰)가 국왕 유탑의 딸을 취해 아들을 낳았다 함 〈姓氏錄 右京皇別 下〉

은고 恩古 백제 의자왕의 왕비. 제명(齊明) 6년(660년) 조(條)에 백제가 망할 때 왕과 함께 당나라로 잡혀 갔다 함 〈書紀〉

의각 義覺 원래 백제의 승(僧). 제명(齊明) 대(655~661년, 백제 망후) 일본에 건너가 난파(難波)의 백제사(百濟寺)에 머물렀는데 키가 7척이고 불교에 해박하였다. 반야심경(般若心經)을 염하고 나서

투시력(透視力)이 생겼다고 함 〈靈異記 상14〉

의보니왕 意保尼王 백제국인. 사전사(沙田史)의 조(祖)이다. 〈姓氏錄 左京諸蕃〉 대근사주(大根使主 : 백제국인 의보(意寶) 하라지왕(荷羅支王)의 후예일 것이다)와 같은 사람인지 모르겠다.

의보하라지왕 意寶荷羅支王 백제국인. 촌주(村主)와 위옥촌주(葦屋村主)의 조(祖)라 함 〈姓氏錄 攝津 和泉諸蕃〉

의사 意斯 백제국인. 귀부 달솔(鬼部達率). 대화(大化) 원년(645년, 백제 의자왕 5년) 백제사(百濟使)에 명하여 의사의 처자를 보내게 하였음 〈書紀〉

의자왕 義慈王 백제 31대 왕. 제명(齊明) 6년(660년) 백제가 나당연합군에 의해 패망하고 당에 잡혀감 〈書紀〉 백제왕 경복(敬福)이 의자왕의 후예이다. 백제가 망할 때 그의 신하 귀실복신(鬼室福信)이 나라 회복에 힘쓰고 풍장(豊璋)을 세워 대를 이으려 했다. 〈續紀〉 백제왕씨(百濟王氏)의 조(祖) 〈姓氏錄 右京諸蕃〉

이가지귀왕 利加志貴王 백제국인. 사인씨(舍人氏)의 조(祖) 〈姓氏錄 未定雜姓 河內國〉

이거류군 伊居留君 백제국인. 신목수(新木首)의 조(祖) 〈姓氏錄 未定雜姓 河內國〉

이능본 李能本 발해국사. 보자(寶字) 3년(759년) 발해사 판관(判官)으로 일본에 감. 동 6년에 다시 가서 7년에 귀국함 〈續紀〉

이라마주 伊羅麻酒 가라국 왕족. 신공섭정(神功攝政) 62년(262년, 신라 미추왕 1년) 조(條) 백제기(百濟記)에 임오년 신라가 야마도에 복종하지 않는다고 사지비궤(沙至比跪)를 보내 토벌하려고 하였으나 신라에서 미녀를 보내는 바람에 오히려 가라국을 쳤다. 그래서 가라왕 기본한기(加羅王 己本旱岐)와 그 아들 백구지, 아수지, 국사리, 이라마주, 이문지(百久至, 阿首至, 國沙利, 伊羅麻酒, 爾汶至) 등과 그의 백성을 끌고 백제로 도망함 〈書紀〉

이리가수미 伊梨柯須彌 고구려 대신(연개소문(淵蓋蘇文)). 황극(皇極) 원년(642년, 고구려 보장왕 1년) 고구려 사신이 이리가수미(伊梨柯須彌)가 왕(영류왕(榮留王))을 죽이고 왕제 대양(大陽)의 아들 보장왕(寶藏王)을 세웠다는 사실을 알림. 천지(天智) 3년(663년) 고구려 대신 개금(蓋金=연개소문(淵蓋蘇文))이 죽었다고 기록 〈書紀〉 입하(入霞, 일본어로는 '이리가스미'로 읽음) 〈太子傳曆〉

이리수사주 伊利須使主 고구려국인. 이리수의미, 이지수, 이리화수사주(伊利須意彌, 伊知須, 伊理和須使主)라고도 함 〈姓氏錄 左京, 右京, 大和, 攝津 各 諸蕃〉

이리지 伊利之 고구려국인. 제명(齊明) 2년(656년, 고구려 보장왕 15년) 고려국 부사(副使)로 일본에 감 〈書紀〉

이미매 伊彌買 신라의 관인(官人). 추고(推古) 29년(621년, 신라 진평왕 43년) 신라 사신으로 가 표서(表書)를 바침 〈書紀〉

이부리지가 已富利知伽 가라인(加羅人). 계체(繼體) 23년(529년, 신라 법흥왕 16년) 조(條)에 나옴 〈書紀〉

이원 理願 신라국 여승(女僧). 일본에 귀화. 천평(天平) 7년(735년) 죽은 후 대반판상랑녀(大伴坂上郎女)가 혼자 장사를 지내주고 노래한 수를 지었다 함 〈萬葉 3 460, 461〉

이지마려 伊志麻呂 백제에서 귀화한 사람. 보자(寶字) 5년(761년) 성(姓) 복지조(福地造)를 받음 〈續紀〉

이질부예지간기 伊叱夫禮智干岐 신라의 상신(上臣). 이질부예지내말(伊叱夫禮知奈末)이라고도 나옴. 계체(繼體) 23년(529년, 신라 법흥왕 16년) 근강모야(近江毛野)가 신라, 백제, 임나 삼국을 화해시키고자 삼국왕을 초치했을 때 병사 2,000명을 이끌고 갔다고 함. 3개월 후 네 개의 촌을 약탈하고 돌아감 〈書紀〉

이하도군 伊賀都君 신라 아라라국주(阿羅羅國主)의 아우. 죽원련(竹原連)의 조(祖)라

함 〈姓氏錄 河內未定〉

인번 仁番 백제인. 별명(別名) 수수허리(須須許理)라고 함. 수증기리(須曾己利)라는 기록도 있음. 응신(應神) 때 진조(秦造)의 조(祖). 술을 잘 빚었음 〈古事記〉 성씨록(姓氏錄)에는 인덕(仁德)대에 한국에서 와서 술을 잘 빚어 주효랑(酒肴郎)이라는 성(姓)을 받은 증증보리(曾曾保利)와 같은 인물로 봄 〈姓氏錄 右京皇別〉

일도왕 日圖王 백제국인. 그의 아들 안귀(安貴)는 시주공동조강련(市往公同祖岡連)의 조(祖)라 함 〈姓氏錄 右京諸蕃 下〉

일라 日羅 백제의 신. 달솔(達率). 화위북국조형부인부아리사등(火葦北國造刑部靭部 阿利斯登)의 아들. 임나를 재흥하고자 일본 민달왕(敏達王)이 일라의 현명함을 듣고 일본에 데려가고 싶어 몰래 사람을 보내 일라를 만났는데 일라는 그들을 따라 일본에 건너가(은솔 덕이(德爾), 여노(余怒), 가노지(哥奴知) 등이 함께 감) 일왕에게 아부하고 일본의 부국 강병책을 말하였다. 그리고 백제를 공략하는 방법도 알려주었다. 그러자 덕이(德爾) 등이 일라를 죽였다 함 〈書紀〉

일려비마려 壹呂比麻呂 신라국인. 풍원련(豊原連)의 조(祖) 〈姓氏錄 右京諸蕃〉

자사 自斯 백제의 사신. 달솔(達率). 황극(皇極) 2년(643년, 백제 의자왕 3년) 군선(軍善)과 함께 일본에 사신으로 감 〈書紀〉

자오족 子午足 상야국(上野國)의 신라인. 신호(神護) 2년(766년) 길정련(吉井連)의 성(姓)을 받음 〈續紀〉

작간나 灼干那 백제국인. 하부인(下部人). 시덕(施德). 흠명(欽明) 11년(550년, 백제 성왕 28년) 성왕(聖王)의 사신으로 일본에 건너감 〈書紀〉

작막고 灼莫古 백제 무장(武將). 계체(繼體) 10년(516년, 백제 무녕왕 16년) 일본의 사나노아비다(斯那奴阿比多)와 함께 고려사 안정(安定) 등을 따라 일본에 건너감 〈書紀〉

장복 長福 백제국인. 달솔(達率). 황극(皇極) 원년(642년, 백제 의자왕 2년) 인질로 일본에 가 있는데 소덕(小德)을 받음 〈書紀〉

장선수 張仙壽 발해국인. 헌가대부(獻可大夫), 사빈소령(司賓小令). 보귀(寶龜) 10년(780년) 일본 사신을 따라 일본에 감 〈續紀〉

장왕주 長王周 고려국인. 후부왕(後部王)의 조(祖)라 함 〈姓氏錄 右京諸蕃〉

저미문귀 姐彌文貴 백제 장군(將軍). 계체(繼體) 7년(513년, 백제 무녕왕 13년) 주리즉이(洲利卽爾) 장군과 함께 일본에 가 오경박사(五經博士) 단양이(段楊爾)를 바치고 기문(己汶)의 땅을 청했다. 동 9년 귀국 〈書紀〉

적덕손 嫡德孫 백제 하부인(下部人). 수덕(修德). 안한(安閑) 원년(534년, 백제 성왕 12년) 일본에 사신으로 감 〈書紀〉

적막이해 適莫爾解 백제국인. 현종(顯宗) 3년(487년, 백제 동성왕 9년) 임나 문제로 고려의 땅 이림(爾林)에서 죽임을 당하였다. 〈書紀〉

전길 詮吉 신라의 사문(沙門). 지통(持統) 4년(690년, 신라 신문왕 10년) 일본에 귀화함 〈書紀〉

전부백공 前部白公 고구려국 전부인(前部人). 보자(寶字) 5년(761년) 어판련(御坂連)의 성(姓)을 받음 〈續紀〉

전부선리 前部選理 고구려의 귀화인. 보자(寶字) 5년(761년) 시정조(柿井造)의 성

(姓)을 받음 〈續紀〉

전부안인 前部安人 고구려국 전부인(前部人). 보자(寶字) 5년(761년) 어판조(御坂造)의 성(姓)을 받음 〈續紀〉

전지왕 腆支王 → 직지왕(直支王) 〈書紀〉

정성문이 庭姓蚊爾 백제국인. 대석의립씨(大石椅立氏)의 조(祖)라 함 〈姓氏錄 右京諸蕃〉

정안나금 定安那錦 백제에서 보낸 수인(手人 : 조각(彫刻) 등 손재주 있는 사람). 금부(錦部)의 조(祖) 〈書紀〉

정유타 丁有陀 백제의 채약사(採藥師). 고덕(固德). 흠명(欽明) 15년(554년, 백제 위덕왕 1년) 백제에서 일본에 보냄 〈書紀〉

정진 正珍 백제의 신. 달솔(達率). 제명(齊明) 6년(660년, 백제 의자왕 20년) 좌평(佐平) 귀지(貴智)와 함께 일본에 가 의자왕의 아들 풍장(豊璋)을 왕으로 만드는 것을 의론함 〈書紀〉

제마려 弟麻呂 한노(韓奴). 웅략(雄略) 9년(465년, 신라 자비왕 8년) 길비상도채녀대해(吉備上道釆女大海)가 대반가옥련(大伴家屋連)에게 사례로 준 종 중의 하나〈書紀〉

조고왕 照古王 → 초고왕(肖古王)

조수마리미화 調首麻利彌和 백제국인. 노리사주(努理使主)의 손자 아구태(阿久太)의 아들. 아버지와 미화(彌和), 하야(賀夜) 등 형제와 더불어 잠업(蠶業)을 해서 비단을 짜 바침 〈姓氏錄 左京諸蕃〉

조수미화 調首彌和 백제국인 → 조수아구태(調首阿久太)

조수아구태 調首阿久太 백제국인. 노리사주(努理使主)의 손자. 응신왕(應神王) 때 노리사주(努理使主)가 귀화하여 현종(顯宗) 때 아구태와 그 아들들이 잠직(蠶織)으로 비단을 만들어 바쳤으므로 조수(調首)의 성(姓)을 받음 〈姓氏錄 左京諸蕃〉

조수하야 調首賀夜 백제국인. 노리사주(努理使主)의 손자 아구태(阿久太)의 아들. 잠직(蠶織)으로 비단을 만들어 바쳤으므로 조수(調首)의 성(姓)을 받음 〈姓氏錄 左京諸蕃〉

조신인 調信仁 백제 동부인(東部人). 은솔(恩率). 제명(齊明) 원년(655년, 백제 의자왕 15년) 사신으로 일본에 감 〈書紀〉

조아기마려 調阿氣麻呂 백제인. 보자(寶字) 5년(761년) 풍전조(豊田造)의 성(姓)을 받음 〈續紀〉

조유괘루모절 助有卦婁毛切 고구려국인. 하부인(下部人). 천무(天武) 11년(683년, 고구려 망후) 신라 송사(送使)와 함께 일본에 감 〈書紀〉

좌로마도 佐魯麻都 백제의 신. 흠명(欽明) 2년(541년, 백제 성왕 19년) 한국계 일본인으로 임나 재흥에 참여함 〈書紀〉

좌로우양 佐魯牛養 백제 귀화인. 보자(寶字) 5년(761년) 소천조(小川造)의 성(姓)을 받음 〈續紀〉

좌리지 佐利遲 신라왕. 계체(繼體) 23년(529년, 신라 법흥왕 16년) 임나 문제로 일본 근강모야(近江毛野)의 소집을 당했는데 신하를 대신 보냈다고 함 〈書紀〉 <삼국사기>에 신라 법흥왕의 휘가 원종(原宗)인데 이것과 관계가 있을 것이다.

좌포리지사주 佐布利智使主 백제국인. 파다조(波多造)의 조(祖) 〈姓氏錄 大和諸蕃〉

주군 酒君 백제왕의 왕족. 인덕(仁德) 41년(353년, 백제 근초고왕 8년) 기각숙니(紀角宿禰)가 백제의 국도(國都)를 나누어 향토의 소출을 기록할 때 주군이 무례했으므로 일본에 압송했다 함 〈書紀〉

주리즉이 洲利卽爾 백제 장군(將軍). 주리즉차(州利卽次)라고도 씀. 계체(繼體) 7년(513년, 백제 무녕왕 13년) 일본에 건너가 오경박사(五經博士) 단양이(段楊爾)를 거네줌. 동 10년 오경박사 교대자인 고안무(高安茂)를 데려감 〈書紀〉

주왕 酒王 백제국인. 형부(刑部). 백제공의 조(祖) 〈姓氏錄 右京諸蕃, 和泉諸蕃〉

죽지마려 竹志麻呂 백제국인. 섭진직 백제군 남부향호주(攝津職 百濟郡 南部鄕戶主). 보자(寶字) 2년(758년) 화공사우(畵工司佑)로서 화부와 함께 화공사에서 동대사(東大寺)로 감 〈古文書 4 549〉 보자(寶字) 5년(761년) 제번인(諸蕃人)에 성(姓)을 주었을 때 백제인이라고 함. 판원련(坂原連)의 성(姓)을 받음 〈續紀〉

죽세사 竹世士 신라 사훼부인(沙喙部人). 내말(奈末). 추고(推古) 18년(610년, 신라 진평왕 32년) 신라 사인(使人)으로 일본에 감. 동 24년에 다시 일본에 가 불상(佛像)을 전함 〈書紀〉

준덕 俊德 고구려국인. 서부대형(西部大兄). 천무(天武) 9년(675년, 고구려 망후) 대사 묘문(卯問)과 함께 신라의 송사(送使)를 따라 일본에 감 〈書紀〉

중진파호 中津波乎 백제국인. 위내부수(爲奈部首)의 조(祖)라 함 〈姓氏錄 攝津諸蕃〉

증리지부주인 曾里支富主人 신라국인. 증생지부주인(曾生支富主人)이라고도 함. 배작조(坏作造)의 조(祖)라 함 〈姓氏錄 未定雜姓〉

지기마려 芝耆麻呂 백제 귀화인. 추고(推古) 20년(612년, 백제 무왕 13년) 일본에 귀화했는데 얼굴의 반점 때문에 버려질뻔 했는데 산악(山岳)의 형태를 구축할 수 있다고 하여 노자공(路子工)이라고도 불렀다. 〈書紀〉

지길 知吉 신라의 왕자(王子). 천일창(天日槍)의 아우. 수인(垂仁) 3년(27년, 신라 혁거세왕 31년) 천일창의 이야기로 일본에 훌륭한 임금이 있다기에 신라는 아우 지길에게 맡기고 왔다고 함 〈書紀〉

지만 知萬 신라의 신. 사찬(沙湌). 백치(白雉) 2년(651년, 신라 진덕왕 5년) 사절로 일본에 감 〈書紀〉

지모말혜원 백제인. 달솔(達率). 성소련(城篠連)의 조(祖)라 함 〈姓氏錄 右京

支母末惠遠 諸蕃 下〉

지발 志發 고구려국인. 전부인(前部人). 복당조(福當造)의 조(祖)라 함 〈姓氏錄 左京諸蕃〉

지봉 智鳳 신라의 승(僧). 일왕의 명령으로 당에 가서 법상종(法相宗)을 배우고 와서 경운(慶雲) 3년(706년) 유마강사(維摩講師)가 됨 〈三國佛法傳通緣起中〉

지세이 智洗爾 신라국인. 내말(奈末). 지선지(智洗遲)라고도 함. 추고(推古) 31년(623년, 신라 진평왕 45년) 신라의 대사로 불탑(佛塔), 사리(舍利), 금탑(金塔)을 가져감. 이때 입당승(入唐僧) 혜제(惠濟) 등이 따라 갔다 함 〈書紀〉

지적 智積 백제 사신. 대좌평(大佐平). 황극(皇極) 원년(642년, 백제 의자왕 2년) 군선(軍善) 등과 일본에 가서 백제 왕자 요기(翹岐)를 만나고 돌아옴 〈書紀〉 갑인년(甲寅年, 654년) 내기성사택지적(奈祇城沙宅智積)이 보탑을 세웠다는 비문이 있음 〈夫餘博物館 沙宅智積碑〉

지종 知宗 백제국 진사왕(辰斯王)의 아들. 강원련(岡原連)의 조(祖)라 함 〈姓氏錄 河內諸蕃〉

지질정내말 枳叱政奈末 신라인. 민달(敏達) 8년(579년, 신라 위덕왕 26년) 일본에 건너가 조(調)와 불상(佛像)을 전했다 함 〈書紀〉

직지왕 直支王 백제국 아화왕(阿花王, 阿華王=아신왕(阿莘王))의 왕자. 후에 18대 전지왕(腆支王)이 됨 〈姓氏錄〉 응신(應神) 8년(277 → 397년, 백제 아신왕 6년) 백제기(百濟記)에 아화왕이 왕자 직지(直支)를 일본에 보내 우호를 나타내고 동 16년(404년) 아신왕이 돌아가자 직지왕이 백제로 돌아가 전지왕(腆支王)이 됨. 동 25년(419년) 돌아감 〈書紀〉 백제국 인림련(人林連)의 조(祖)라 함 〈姓氏錄 河內諸蕃〉

진노 進奴 백제의 악인(樂人). 계덕(季德). 흠명(欽明) 15년(554년, 백제 위덕왕 1년) 일본의 상번(上番)의 교체원으로 파견됨 〈書紀〉

진류아사주 津留牙使主 백제국인. 말사주(末使主). 목왈좌(木日佐)의 조(祖)라 함 〈姓氏錄 山城諸蕃〉

진모 眞毛 신라국인. 천무(天武) 2년(674년, 신라 문무왕 14년) 신라의 하등극 조선황사(賀騰極 弔先皇使)로 일본에 건너감 〈書紀〉

진모귀문 眞牟貴文 백제 전부인(前部人). 내솔(奈率). 흠명(欽明) 4년(543년, 백제 성왕 21년) 성왕이 보내 기주기루(己州己婁)와 함께 일본에 사신으로 감 〈書紀〉

진모선문 眞慕宣文 백제 전부인(前部人). 내솔(奈率). 흠명(欽明) 2년(541년, 백제 성왕 19년) 안라에 보내짐. 흠명 8년 왕이 보내 일본에 건너감 〈書紀〉

진모진 眞毛津 백제의 봉의공녀(縫衣工女). 응신(應神) 14년(283년→403년, 백제 아신왕 12년) 일본에 바쳐짐. 내목의봉(來目衣縫)의 조(祖)라 함 〈書紀〉

진사왕 辰斯王 백제 16대 왕. 신공(神功) 65년(265년→385년) 백제의 침류왕(枕流王)이 죽고 아들 아신왕(阿莘王)이 어려 아우인 진사왕(辰斯王)이 계승함 〈書紀〉 강원련(岡原連)의 조(祖) 〈姓氏錄 河內諸蕃〉

진손왕 辰孫王 백제 귀수왕(貴須王=근초고왕(近肖古王))의 손자. 지종왕(智宗王). 790년 백제왕 인정(百濟王 仁貞, 일본 거주자) 등은 자기들이 백제 귀수왕의 후예이며 일본에 책과 유풍(儒風)을 열며 일본 왕자의 스승이 되었다 함 〈續紀〉

진왕 津王 백제국왕. 광번공(廣幡公)의 조(祖)라 함 〈姓氏錄 未定山城〉

진타 進陀 백제의 악인. 대덕(對德). 흠명(欽明) 15년(554년, 백제 위덕왕 1년) 삼근(三斤), 진노(進奴) 등과 함께 상번(上番)의 교체원으로 파견됨 〈書紀〉

차간덕 次干德 백제의 신. 덕솔(德率). 민달(敏達) 13년(583년, 백제 위덕왕 30년) 백제 가라 등이 일본에 보내 고려와 신라가 연합해서 백제와 임나를 멸망시키려 하므로 원병을 보내 달라고 청했다. 〈書紀〉

천일창 天日槍 신라의 왕자. 천일모(天日모), 천지일모(天之日矛)라고도 함. 수인(垂仁) 3년(27년) 신라의 왕자인 천일창(天日槍)이 7가지 물건을 가지고 일본에 건너갔다. 〈書紀〉 삼택련(三宅連)의 조(祖) 〈姓氏錄 攝津諸蕃〉 계정조(糸井造)의 조(祖) 〈姓氏錄 大和諸蕃〉 각종 풍토기(風土記)에 따르면 한국(韓國), 고려(高麗), 신라국주(新羅國主)의 아들 등 출신에 대하여 기록하고 있다.

청언 淸彦 신라의 왕자. 천일창(天日槍)의 증손(曾孫). 수인(垂仁) 88년(59년, 신라 탈해왕 3년) 천일창이 가져온 보물을 일왕에게 바침. 옛날 신라 왕자 천일창이 배를 타고 단마(但馬)에 머물고 그 나라 전진이(前津耳)의 딸 마타능조(麻拖能鳥)를 취(娶)해 난 단마제조(但馬諸助)가 청언(淸彦)의 조부라 함 〈書紀〉

초고왕 肖古王 백제 13대왕 근초고왕(近肖古王) 〈書紀〉 조고왕(照古王) 〈古事記 應神條〉

충원 忠元 신라의 왕자. 천무(天武) 4년(676년, 신라 문무왕 16년) 일본에 사신으로 감 〈書紀〉

친지주지 親智周智 신라 습부인(習部人). 대사(大舍). 추고(推古) 19년(611년, 신라 진평왕 33년) 신라 사인(使人)과 함께 임나사로 일본에 감 〈書紀〉

침류왕 枕流王 백제국 15대 왕(재위 384~385년). 신공(神功) 52년(252년 →

372년) 구저(久氐) 등이 칠지도(七支刀)를 전해온 기사에 나옴. 귀수왕(貴須王=근구수왕(近仇首王))이 죽고 그 왕자인 침류왕이 즉위함〈書紀〉

탁고지 卓杲之 백제국인. 보자(寶字) 5년(761년) 어지조(御池造)의 성(姓)을 받음〈續紀〉

탁소 卓素 백제의 수인(手人 : 조각 등 손재주 있는 사람). 한단(韓鍛), 오복(吳服)의 서소(西素)와 함께 일본에 보내짐〈古事記〉

태량미태 太良未太 백제의 사공(寺工). 숭준(崇峻) 원년(587년, 백제 위덕왕 34년) 사신 수신(首信)에 이끌려 일본에 감. 법흥사(法興寺) 조영(造營)에 참여한 듯〈書紀, 元興寺露盤銘〉

태아랑왕 太阿郎王 백제국인. 대아량왕(大阿良王)이라고도 함. 인덕왕(仁德王)의 근시(近侍)〈續紀〉

파사매금 波沙寐錦 신라의 왕(신라 5대 婆娑尼師今. 재위 80~112년). 중애(仲哀) 9년(200년, 신라 내해왕(奈解王) 5년) 일본의 신라 침공때 미질

	기지파진간기(微叱己知波珍干岐)를 질(質)로 보냄 〈書紀〉
편례길지 片禮吉志	백제국인. 모고수(牟古首)의 조(祖)라 함. 한범길지(汗氾吉志)라고도 함 〈姓氏錄 攝津諸蕃〉
포수마내고의미 布須麻乃古意彌	백제인. 희수마내고의미(希須麻乃古意彌)라고도 함. 삼야조(三野造)의 조(祖)라고 함 〈姓氏錄 攝津諸蕃〉
풍장 豊璋	→ 여풍장(餘豊璋)
피구근 皮久斤	백제의 신. 중부 내솔(中部奈率). 흠명(欽明) 11년(550년, 백제 성왕 26년) 작간나(灼干那) 등과 백제 사신으로 일본에 감 〈書紀〉
피진내 被珍奈	신라의 신. 내솔(奈率). 천무(天武) 5년(677년, 신라 문무왕 17년) 신라사 김청평(金淸平), 김호유(金好儒) 등과 일본에 사신으로 감 〈書紀〉

하내부아사비다 河內部阿斯比多	백제의 신. 중부 덕솔(中部德率). 흠명(欽明) 13년(552년, 백제 성왕 30년) 백제, 가라 등이 일본에 보내 고려와 신라가 연합해서 백제와 임나를 멸망시키려 하므로 원병(援兵)을 청함 〈書紀〉
하라조오지 賀羅造吾志	가라 귀화인의 자손. 보자(寶字) 2년(758년)에 오지가 주(奏)하여 이들의 6세조 호류화사지(乎留和斯智)가 하라국(賀羅國)에서 건너올 당시 성이 없었는데 이제 하라조(賀羅造)라는 성(姓)을 받음 〈續紀〉
하라조자인	가라 귀화인의 자손. 보자(寶字) 2년(758년) 오지(吾志)와 더불

賀羅造子人　어 주(奏)하여 하라조(賀羅造)의 성(姓)을 받음 〈續紀〉

하랑고수 河浪古首　왕인(王仁)의 손자. 아랑고수(阿浪古首)라고도 씀. 무생숙니(武生宿禰), 앵야수(櫻野首)의 조(祖) 〈姓氏錄 左京諸蕃〉

하우 河于　고구려 후부인(後部人). 주부(主簿). 아우(阿于)라고도 함. 천무(天武) 5년(677년, 고려망후) 고구려에서 대사로서 부사 덕부(德富)와 함께 예물을 바침 〈書紀〉

하취문 賀取文　고구려의 사신. 을상(乙相). 제명(齊明) 6년(660년, 고구려 보장왕 19년) 정월 사자로서 100여 인과 함께 일본 축자(筑紫)에 도착 난파관(難波館)을 거쳐 동 7월에 귀국했다 함 〈書紀〉

한고안무 漢高安茂　백제의 오경박사(五經博士). 계체(繼體) 10년(516년, 백제 무녕왕 16년)에 먼저 와 있던 박사 단양이(段楊爾)와 교대하기 위하여 일본에 감 〈書紀〉

한내말허만 韓奈末許滿　신라국인. 지통(持統) 4년(690년, 신라 신문왕 10년) 1명과 함께 일본에 귀화하여 무장국(武藏國)에 살게 되었다. 〈書紀〉

한원지 韓遠智　백제 귀화인. 보자(寶字) 5년(761년) 중산련(中山連)의 성(姓)을 받음 〈續紀〉

해내마례 奚奈麻禮　신라국인. 해(奚)는 성(姓). 내마례는 관명(官名)일 것임. 계체(繼體) 23년(529년) 부지내마례(夫智奈麻禮)와 함께 안라(安羅)에 사신으로 갔었음 〈書紀〉

행심 行心　신라의 사문(沙門). 주조(朱鳥) 원년(686년, 신라 신문왕 6년) 대진황자(大津皇子)의 모반에 관련하여 잡혔으나 뛰어난 재질이 아까워 비선국(飛驒國)의 가람(伽藍)으로 옮겨졌다. 〈書紀〉

허려사주 許呂使主　고구려국인. 이리수사주(伊利須使主)의 형. 일치창인(日置倉人)의 조(祖)라 함 〈姓氏錄 大和諸蕃〉

허리공 許里公　백제국 왕손. 도조사(道祖史)의 조(祖)라 함 〈姓氏錄 右京諸蕃 下〉

허리도 許利都 고구려국인. 신인(神人)의 조(祖)라 함 〈姓氏錄 和泉未定雜姓〉

허세가마 許勢哥麻 백제 26대 성왕(聖王)의 신. 내솔(奈率). 흠명(欽明) 5년(544년, 백제 성왕 22년) 아둔득문(阿屯得文)과 함께 일본에 가서 임나 장수가 신라에 내통하여 곤란하다고 알림 〈書紀〉

헌영 軒英 신라국왕(35대 경덕왕(景德王)의 이름이 헌영(憲英)). 승보(勝寶) 4년(752년, 신라 경덕왕 11년) 친히 일본을 방문하려다 왕자 태렴(泰廉) 등을 보냈다 함 〈續紀〉

현귀촌주 顯貴村主 백제국인. 두귀(頭貴)로도 나옴. 판전촌주(坂田村主)의 조(祖)라 함 〈姓氏錄 右京諸蕃〉

형원상 荊員常 백제국인. 달솔(達率). 향산련(香山連)의 조(祖) 〈姓氏錄 左京諸蕃下〉

혜 惠 백제 성왕의 아들. 위덕왕의 아우. 흠명(欽明) 16년(554년) 위덕왕이 아우 혜(惠)를 일본에 보내 성왕이 신라 때문에 죽은 것을 통보함 〈書紀〉 백제국 도모왕(都慕王 30세손). 백제 조신(朝臣)의 조(祖) 〈姓氏錄 左京諸蕃〉 백제 28대 혜왕(惠王, 598~599년)

혜관 惠灌 고구려 승(僧). 혜관(惠觀)이라고도 함. 추고(推古) 33년(625년, 고구려 영류왕 8년) 고구려왕이 보내 일본에 건너가 승정(僧正)이 되었음. 삼론종(三論宗)을 강(講)함 〈書紀〉

혜미 惠彌 백제승. 추고(推古) 17년(609년, 백제 무왕 10년) 백제국사로 오(吳)나라에 갔다가 돌아오는 중 폭풍을 만나 일본에 표착하였는데 일본에서 본국에 송환하려고 하자 남기를 원해 원흥사(元興寺)에 있었다 함. 혜미(慧弥)라고도 씀 〈書紀〉

혜숙 惠宿 백제승. 숭준(崇峻) 원년(588년, 백제 위덕왕 35년) 백제에서 보낸 육승(六僧)의 하나 〈書紀〉 원흥사연기(元興寺緣起)에는 혜숙의 이름이 없고 대신 혜훈(惠勳)의 이름이 보인다.

혜식 惠寔 백제승. 숭준(崇峻) 원년(588년, 백제 위덕왕 35년) 백제에서 보낸 육승(六僧)의 하나. 혜총(惠摠), 영근(令斤)과 함께 백제국사로 일본에 건너가 불사리(佛舍利)를 전함 〈書紀〉

혜일 惠日 백제에서 귀화한 덕래(德來)의 5세손. 보자(寶字) 2년(758년) 기록에 따르면 추고(推古) 시절 당(唐)에서 의술을 배워 약사(藥師)가 되었다 함 〈續紀〉

혜자 慧慈 고구려 승. 추고(推古) 3년(595년, 고구려 영양왕 6년) 일본에 건너가 성덕태자(聖德太子)의 스승이 되었고 같은 시기에 건너간 백제승 혜총(慧聰)과 같이 불법(佛法)을 널리 알렸다. 동 4년에는 법흥사(法興寺)에 살다가 동 23년에 귀국하였다. 〈書紀〉

혜중 惠衆 백제 승. 숭준(崇峻) 원년(588년, 백제 위덕왕 35년) 백제에서 보낸 육승(六僧)의 하나 〈書紀〉

※ 원흥사연기(元興寺緣起)에는 육승 가운데 혜중은 없고 혜총(惠悤)이 보인다.

혜총 慧聰 백제 승. 추고(推古) 3년(595년, 백제 위덕왕 42년) 일본에 건너가 고구려 승 혜자(慧慈)와 같이 불법(佛法)을 폈으며 법흥사(法興寺)에 머물렀다. 〈書紀〉

혜총 惠摠 백제 승. 숭준(崇峻) 원년(588년, 백제 위덕왕 35년) 영근(令斤), 혜식(惠寔)과 같이 백제국사가 되어 일본에 건너가 불사리(佛舍利)를 전했다. 〈書紀〉

※ 원흥사연기(元興寺緣起)의 혜총(惠悤)과 같은 사람일 것이다.

혜총 惠總 고구려 승. 혜총(惠悤)으로도 썼다. 법흥(法興) 6년(596년, 고구려 영양왕 7년) 갈성신(葛城臣)과 함께 성덕태자(聖德太子)를 따라 이여온천(伊予溫泉)에 갔었는데 이여온탕비(伊予溫湯碑)에 그 이름이 남았다. 〈伊予風土記〉

※ 혜총(惠聰)과 같은 인물일 것이다.

혜총 惠悤

① 백제 승. 숭준(崇峻) 무신(戊申, 588년, 백제 위덕왕 35년) 백제에서 보낸 육승(六僧) 중의 하나. 영조율사(令照律師)의 제자 〈元興寺緣起〉

> ※ 〈서기(書紀)〉에는 그 이름이 없고 혜중(惠衆)의 이름이 보인다.

② = 혜총(惠總)

혜편 惠便

고구려 승. 민달(敏達) 13년(584년, 고구려 평원왕 26년) 백제에서 불상(佛像)을 가져 왔으므로 수행자를 찾았는데 파마(播磨)의 환속승(還俗僧)으로 고려의 혜편이라는 사람을 찾아 사(使)로 삼았다 함. 혜편(慧便)이라는 기록도 있음 〈書紀〉

혜훈 惠勳

백제 승. 숭준(崇峻) 원년(588년, 백제 위덕왕 35년) 백제에서 보낸 육승(六僧)의 하나로 영위법사(令威法師)의 제자 〈元興寺緣起〉

> ※ 〈서기〉에는 혜훈의 이름은 없고 혜숙(惠宿)의 이름이 있음.

호복 好福

신라국인. 내말(奈末). 천무(天武) 5년(677년, 신라 문무왕 17년) 신라사 김청평(金清平), 김호유(金好儒) 등의 부사(副使)로 일본에 감 〈書紀〉

호왕 虎王

백제국왕(?). 고시촌주(古市村主)의 조(祖)라 함 〈姓氏錄 河內諸蕃〉

호정도 戶淨道

백제국인. 청도(淸道)라고도 함. 보자(寶字) 5년(761년) 송정련(松井連)의 성(姓)을 받음 〈續紀〉

호태왕 好太王

고구려국왕. 난파련(難波連)의 조(祖)라 함 〈姓氏錄 右京諸蕃〉 27세 손 연흥주(延興主)는 고려조신(高麗朝臣)의 조(祖)라 함 〈姓氏錄 右京諸蕃〉 고구려 광개토대왕(廣開土大王)이다.

홍제 弘濟

백제국인. 백제가 어지러울 때 백제에 왔던 일본 장수가 무사 귀환하면 절을 짓겠다고 서원하여 홍제를 초빙 삼곡사(三谷寺)

를 지음. 그 밖의 선행으로 사람들의 신교(信敎)를 얻었다고 함 〈靈異記 상7〉

화덕 和德 백제국인. 대현사(大縣史)의 조(祖)라고 함 〈姓氏錄 右京諸蕃 下〉

화부인사라아 畵部因斯羅我 백제가 보낸 수말재기(手末才伎). 웅략(雄略) 7년(463년, 백제 개로왕 9년) 오려광진읍(吾礪廣津邑)에 안치되어 있었는데 병사자가 많아 각지로 옮겼다는 기사 〈書紀〉

화흥 和興 고구려국인. 도사씨(島史氏)의 조(祖) 〈姓氏錄 右京諸蕃 下〉

회 淮 백제국 조선왕. 마전련(麻田連)의 조(祖) 〈姓氏錄 右京諸蕃 下〉

후부을모 後部乙牟 고려국인. 후부고(後部高)의 조(祖)라 함 〈姓氏錄 右京未定雜姓〉

후부치능원 後部致能元 고구려국인. 출수련(出水連)의 조(祖)라 함 〈姓氏錄 左京諸蕃 下〉

흉광사주조호 胸廣使主朝戶 백제국인. 조호씨(朝戶氏)의 조(祖) 〈姓氏錄 未定雜姓 左京〉

흘건지 訖乾智 임나다라인(任那多羅人) 이수위(二首位). 흠명(欽明) 5년(544년, 백제 성왕 22년) 임나 재흥에 참여 〈書紀〉

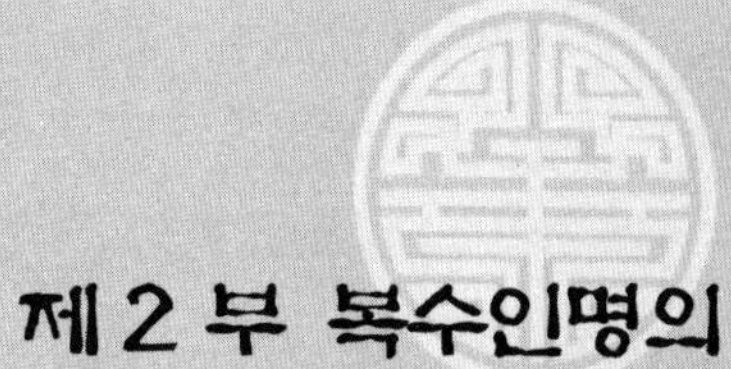

제 2 부 복수인명의 표기법과 해독 시도

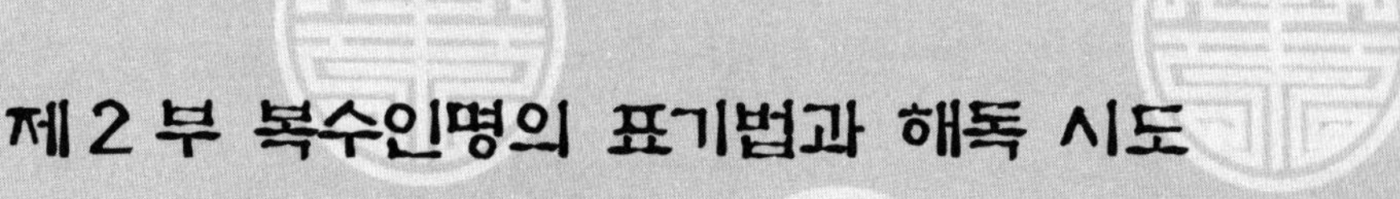

제 2 부 ▌ 복수인명의 표기법과 해독 시도

고대의 인명은 고대로 올라 갈수록 고유어(固有語)이다. 사람 이름, 땅 이름, 관직 이름들이 다 그렇다. 다만 우리말을 적을 글자가 없었으므로 이미 들여와 쓰고 있는 한자(漢字)의 음이나 뜻의 소리를 빌어 적었다. 예를 들면 '거칠부(居柒夫)'와 '황종(荒宗)'은 같은 사람인데 앞의 것은 음을 빌려 적은 것(音讀)이고 뒤의 것은 뜻의 소리를 빌려 적은 것(釋讀)인데 /*거칠ᄆᆞᄅᆞ/로 해독할 수 있다. 이렇게 같은 사람의 이름을 두서너 자로 바꾸어 적은 것이 있어 읽어내는데 큰 단서를 준다. 또 책에 따라 적은 글자가 다르기도 하다. 이것을 편의상 복수인명(複數人名)이라 한다. 이제부터 이런 복수인명이 어떻게 가능한지 또 어떻게 읽을 수 있는지를 간략히 살펴보겠다.

1. 한자의 소리(音)를 빌려 적은 것

고대국어의 한자음이 어떠하였는지는 확실하지 않지만 그 당시 중국음인 중고음(中古音, 곧 수당(隋唐)) 시대의 한자음을 밝힌 절운(切韻)과 그의 계통을 이은 광운(廣韻)에 대한 연구가 진척하여 여러 학자에 의해 재구되었는데, 그 중에서도 스웨덴 학자 Bernhard Karlgren(1889~1978)이 수당대의 중고음(中古音)을 재구하였고 주진(周秦)대의 상고음(上古音)까지 재구하였다. 그 후 중국의 주법고(周法高) 등 몇 학자에 의해 재구가 시도되었고 그 중에도 1965년 동동화(董同龢)의 한어음운학(漢語音韻學)이 나오면서 상당한 원음에의 근접을 이루었다.

따라서 삼국시대에 적힌 고대 한국의 인명을 해독하려면 부득이 이 중고음을 참고할 수밖에 없는 것이다. 이것이 국어에 어떻게 반영되었는가는 고대국어의 음운체계를 어렴풋하게나마 짐작케 한다.

이제 인명에 대한 검토를 위해 중고음의 재구음을 이용하게 되므로, 먼저 동동화의 재구음을 제시하겠다.

동동화 〈광운 三十六 자모 재구음〉

全濁	全淸	不淸不濁	全濁	次淸	全淸	
		疑 ŋ	群 g'	溪 k'	見 k	牙 音
		泥 n	定 d'	透 t'	端 t	舌頭音
		孃 ɳ	澄 ʤ'	徹 ʈ'	知 ʈ	舌上音
		明 m	並 b'	滂 p'	幫 p	脣重音
		微 (ɱ)	奉 (v)	敷 f'	非 (f)	脣輕音
邪 z	心 s		從 dz'	淸 ʦ'	精 ʦ	齒頭音
禪 ʑ	審 ɕ		牀 dʑ'	穿 ʨ'	照 ʨ	整齒音
		喩 ɣ(j)(于) o(以)	匣 ɣ(ɦ)	曉 x(h)	影 ʔ	喉 音
		來 l				半舌音
		日 ɳ				半齒音

※ 순경음의 분리는 中古音 이후의 일이다.

고대 국어의 음운(音韻)을 추정하면 자음이 /ㄱ, ㅇ, ㄷ, ㄴ, ㄹ, ㅂ, ㅁ, ㅅ, ㅈ, ㅎ, ㆆ/ 등 11개, 모음은 /ㅏ, ㅓ, ㅗ, ㅜ, ㅡ, ㅣ, ·/ 등 7개이다. 이러한 추정을

위해서는 많은 자료와 연구 특히 중세국어의 한자음과의 대비 등 연구가 필요한데 그 과정은 생략하고 결과만 보인다.

이제 복수인명에서 소리가 같거나 비슷해서 통용된 예를 제시한다. 인명의 주인공에 대하여는 본문에서 찾으면 된다.

1) 자음

소리가 같거나 비슷하여 통용된 예들인데 약간의 예외가 있다.

어금니소리(牙音)와 목소리(喉音)

- 고(固) : 구(句) (伯固 : 伯句)
- 개(个) : 고(高) (个雲 : 高雲)
- 계(堦) : 해(偕) (堦白 : 偕白)
- 고(姑) : 고(古) (姑比 : 古比)
- 개(蓋) : 개(个) : 개(介) (阿玆蓋 : 阿慈个 : 阿慈介)
- 의(儀) : 의(義) (慈儀 : 慈義)
- 을(乙) : 우(憂) : 우(優) (乙弗 : 憂弗 : 優弗)
- 휴(休) : 휘(暉) (伐休 : 發暉)
- 흔(欣) : 해(海) : 희(喜) : 희(希) (未斯欣 : 未欣 : 美海 : 未吐喜 : 未叱希)
- 흔(欣) : 허(許) (登欣 : 登許)
- 호(好) : 해(海) (卜好 : 寶海)
- 화(花) : 화(化) (善花 : 善化)
- 우(祐) : 우(佑) (祐徵 : 佑徵)
- 운(雲) : 운(運) (欽雲 : 欽運)
- 영(永) : 영(穎) (文永 : 文穎)
- 근(斤) : 걸(乞) (三斤 : 三乞)
- 관(官) : 관(寬) (義官 : 義寬)
- 흘(訖) : 걸(乞) (訖解 : 乞解)
- 거(居) : 거(巨) (居仁 : 巨仁)
- 귀(貴) : 구(仇) (貴須 : 仇須)

- 구(俱) : 구(仇) (俱道 : 仇道 : 仇刀, 俱禮馬 : 仇禮馬)
- 욱(郁) : 욱(勗) (郁面 : 勗面)
- 이(伊) : 이(異) (伊處 : 異次頓)
- 화(花) : 화(和) (昌花夫人 : 章和夫人)
- 현(玄) : 연(衍) (舒玄 : 逍衍)
- 현(玄) : 영(永) (慶玄 : 慶永)
- 현(玄) : 운(云) (舒玄 : 庶云)
- 골(骨) : 홀(忽) (骨正 : 忽爭)
- 희(姬) : 희(熙) (文姬 : 文熙)
- 공(恭) : 홍(洪) (理恭 : 理洪)
- 흠(欽) : 흠(歆) (欽運 : 歆運)
- 응(凝) : 응(膺) (凝廉 : 膺廉)
- 아(我) : 아(阿) (我道 : 阿道)
- 의(義) : 의(懿) (義恭 : 懿恭, 義明 : 懿明, 義成 : 懿成)
- 아(娥) : 알(閼) (娥伊英 : 閼英)
- 의(誼) : 우(祐) (誼靖 : 祐靖)
- 예(乂) : 예(銳) (乂謙 : 銳謙)
- 영(迎) : 연(延) (寶迎 : 寶延)
- 위(魏) : 유(維) (魏正 : 維誠)
- 우(憂) : 류(留) (愛憂 : 愛留)
- 우(友) : 로(盧) (若友 : 藥盧)
- 헌(憲) : 헌(獻) (憲康王 : 獻康王)

◧ 혓소리(舌音)

- 득(得) : 등(等) (奴盻夫得 : 奴盻夫等)
- 덕(德) : 도(刀) (武德 : 茂刀)
- 첨(沾) : 점(詀) (沾解尼師今 : 詀解尼叱今)
- 도(道) : 두(頭) (我道 : 阿道 : 阿頭)
- 대(大) : 도(度) (智大路 : 智道路)
- 내(奈) : 나(那) (奈勿王 : 那密王)
- 눌(訥) : 내(內) (訥祗王 : 內只王)
- 돈(頓) : 도(覩) : 도(道) : 독(獨) : 촉(髑) (異次頓 : 處道 등)

- 제(帝) : 대(大) (牟大 : 麻帝 : 餘大)
- 동(東) : 동(銅) (東輪 : 銅輪)
- 제(帝) : 제(悌) (雲帝夫人 : 雲悌夫人)
- 도(道) : 도(刀) (俱道 : 仇刀, 思道夫人 : 色刀 : 思刀夫人, 知道 : 知刀)
- 도(都) : 도(道) (阿都 : 阿道)
- 탈(脫) : 토(吐) (脫解尼師今 : 吐解)
- 정(定) : 정(貞) (定宗太后 : 貞從太后)
- 충(忠) : 중(仲) (忠常 : 仲常)
- 득(得) : 력(力) (茂得 : 武力)
- 정(訂) : 증(證) (智訂麻立干 : 智證王)
- 전(腆) : 진(眞) (腆支王 : 眞支王)
- 연(年) : 련(連) (鄭年 : 鄭連)
- 내(奈) : 리(利) (奈音 : 利音)

◧ 입술소리(脣音)

- 복(福) : 보(保) (弓福 : 張保皐)
- 복(福) : 파(巴) (弓福 : 弓巴)
- 보(保) : 파(巴) (保刀夫人 : 巴刀夫人)
- 보(寶) : 파(巴) (貴寶夫人 : 貴巴夫人)
- 복(卜) : 보(寶) (卜好 : 寶海)
- 비(備) : 비(毘) (備虛師 : 毘虛師)
- 물(勿) : 밀(密) (奈勿王 : 那密王)
- 마(摩) : 미(味) (祇摩尼師今 : 祇味)
- 만(曼) : 만(萬) (德曼 : 德萬)
- 마(麻) : 마(馬) (麻品 : 馬品)
- 마(摩) : 마(麻) (摩牟 : 麻帝)
- 마(摩) : 마(磨) (祇摩尼師今 : 祇磨尼叱今)
- 비(沸) : 반(泮) : 반(伴) (沙沸王 : 沙泮王 : 沙伴王)
- 발(發) : 벌(伐) (發暉 : 伐休尼師今)
- 비(羆) : 파(罷) (羆郎 : 罷郎)
- 보(甫) : 부(部) (郁甫 : 郁部)
- 분(芬) : 반(飯) (國芬 : 國飯)

◧ 잇소리(齒音)

- 초(肖) : 소(素) (肖古王 : 素古王)
- 사(思) : 식(息) (思刀夫人 : 息道夫人)
- 승(勝) : 순(舜) (安勝 : 安舜)
- 서(舒) : 서(庶) (舒玄 : 庶云)
- 승(昇) : 승(升) (彦昇 : 彦升)
- 소(炤) : 조(照) (日炤 : 日照)
- 지(祗) : 지(只) (訥祗 : 內只)
- 창(昌) : 창(菖) (昌 : 菖)
- 삼(三) : 산(山) (餘三 : 餘山)
- 사(思) : 색(色) (思道夫人 : 色刀夫人)
- 수(須) : 수(首) (貴須王 : 仇首王)
- 삼(彡) : 심(深) (彡麥夫 : 深麥夫)
- 소(逍) : 서(舒) (逍衍 : 舒玄)
- 숙(叔) : 숙(夙) (叔明 : 夙明)
- 신(信) : 신(愼) (敬信 : 敬愼)
- 성(聖) : 성(成) (昭聖王 : 昭成王)
- 승(升) : 종(宗) (秀升 : 秀宗)
- 순(舜) : 순(順) (孫舜 : 孫順)
- 순(純) : 준(俊) (李純 : 李俊)
- 성(成) : 정(淨) (成忠 : 淨忠)
- 성(誠) : 정(正) (維誠 : 魏正)
- 순(純) : 춘(春) (陳純 : 陳春, 欽純 : 欽春)
- 조(祖) : 추(鄒) : 조(照) : 소(炤) : 소(召) (味祖 : 味鄒 : 味照 : 味炤 : 味召(古))
- 장(將) : 장(莊) (大將 : 大莊)
- 차(次) : 처(處) (異次頓 : 處道)
- 추(楸) : 춘(春) (楸南 : 春南)
- 쟁(爭) : 정(正) (忽爭 : 骨正)
- 주(周) : 주(洲) (文周 : 汶洲)
- 추(鄒) : 주(朱) (鄒蒙 : 朱蒙)
- 장(章) : 창(昌) (章和夫人 : 昌花夫人)

- 주(朱) : 추(雛) (朱蒙 : 雛牟)
- 제(諸) : 조(助) (諸賁王 : 助賁王)
- 소(炤) : 초(怊) (日炤 : 日怊)
- 창(昌) : 장(狀) (官昌 : 官狀)

◧ 반잇소리(半齒音)

- 유(儒) : 노(弩) (儒理尼師今 : 弩禮)
- 유(孺) : 류(類) (孺留 : 類利)
- 일(日) : 질(質) (春日 : 春質)

이상 성모(聲母)가 같은 글자끼리의 대응이 93개(55.4%), 다른 성모와의 대응이 75개(44.6%)이다. 이 경우 같은 음안의 다른 성모끼리의 대응이 52개로 반 이상이다. 특히 아음(牙音)과 후음(喉音)의 대응이 65개중 12개가 되고 치음(齒音)의 경우는 24개가 마찰음(摩擦音), 파찰음(破擦音)의 구별 없이 섞여 쓰였음을 알 수 있다. 이것은 같은 조음위치(調音位置), 조음방법(調音方法)에 속하면서 구개화(口蓋化) : 비구개화(非口蓋化), 무성(無聲) : 유성(有聲), 무기(無氣) : 유기(有氣)의 대립이 없어 중국의 자음체계보다 훨씬 단순하였음을 보인 것이다.

설음과 치음 반치음이 다른 음과 대응된 예는 7개이다.

2) 모음

중국 음운학(音韻學)에서의 운(韻)은 개모(介母)와 핵모(核母)와 운미(韻尾)로 구성되어 있는데 여기서 운미를 뺀 부분이 모음에 해당된다. 중국의 운모는 절운(切韻)이 193개였는데 광운(廣韻)이 206운으로 되었다가 후기에 106운으로 축소되는데 이들을 비슷한 것끼리 묶어 16섭(攝)으로 나누고 그것들은 또 평(平), 상(上), 거(去), 입(入) 사성(四聲)으로 나뉜다.

董同龢 民國54년 漢語音韻學 1965년

蟹									遇			止				江	通			攝
	咍 -Ai	灰 (-uAi)		皆 -ɐi (-uɐi)	佳 -æi (-uæi)			齊 -iɛi (-iuɛi)	模 (-uo)	虞 (-juo)	魚 -jo	微 -jəi (-juəi)	之 -i	脂 -jei (-juei)	支 -je (-jue)	江 -ɔŋ	鍾 (-juoŋ)	冬 -ʊoŋ	東 -uŋ (-juŋ)	平
	海 〃	賄 〃		駭	蟹			薺 〃	姥 〃	麌 〃	語 〃	尾 〃	止 〃	旨 〃	紙 〃	講 〃	腫 〃		董 〃	上
廢 -jɐi (-juɐi)	代 〃	隊 〃	夬 -ai (-uai)	怪 〃	卦 〃	泰 -ɑi (-uɑi)	祭 -jæi (-juæi)	霽 〃	暮 〃	遇 〃	御 〃	未 〃	志 〃	至 〃	寘 〃	絳 〃	用 〃	宋 〃	送 〃	去
																覺 -ɔk	燭 (-juok)	沃 -ʊok	屋 -uk (-juk)	入

果		效				山						臻								
戈 -uɑ -jɑ (-juɑ)	歌 -ɑ	豪 -ɑu	肴 -au	宵 -jæu	蕭 -iæu	仙 -jæn (-juæn)	先 -iɛn (-juɛn)	山 -æn (-uæn)	刪 -an (-uan)	桓 (-uɑn)	寒 -ɑn	痕 -ən	魂 (-uən)	元 -jɐn (-jɐyen)	欣 -jən	文 -juən	臻 -(j)en	諄 (-juen)	眞 -jen	平
果 〃	哿 〃	皓 〃	巧 〃	小 〃	篠 〃	獮 〃	銑 〃	產 〃	潸 〃	緩 〃	旱 〃	很 〃	混 〃	阮 〃	隱 〃	吻 〃		準 〃	軫 〃	上
過 〃	箇 〃	號 〃	效 〃	笑 〃	嘯 〃	線 〃	霰 〃	襇 〃	諫 〃	換 〃	翰 〃	恨 〃	慁 〃	願 〃	焮 〃	問 〃		稕 〃	震 〃	去
						薛 -jæt (-juæt)	屑 -iɛt (-juæt)	鎋 -æt (-uæt)	黠 -at (uat)	末 (-uɑt)	曷 -ɑt	紇 -ət	沒 (-uət)	月 -jɐt (-juɐt)	迄 -jət	物 (-juət)	櫛 -(j)et	術 (-juĕt)	質 -jet	入

咸								深	流			曾		梗				宕		假	
凡 (-juɐm)	銜 -am	咸 -ɐm	嚴 -jɐm	添 -iɛm	鹽 -jæm	談 -ɑm	覃 -ʌm	侵 -jem	幽 -jəu	侯 -u	尤 -ju	登 -əŋ	蒸 -jəŋ	青 -jeŋ (-juɛŋ)	清 -jɛŋ (-juɛŋ)	耕 -æŋ (-uæŋ)	庚 -ɐŋ (-uɐŋ)	唐 -ɑŋ	陽 -jɑŋ (-juɑŋ)	麻 -a	平
范 〃	檻 〃	豏 〃	儼 〃	忝 〃	琰 〃	敢 〃	感 〃	寑 〃	黝 〃	厚 〃	有 〃	等 〃	拯 -jəŋ	迥 〃	靜 〃	耿 〃	梗 〃	蕩 〃	養 〃	馬 〃	上
梵 〃	鑑 〃	陷 〃	釅 〃	㮇 〃	豔 〃	闞 〃	勘 〃	沁 〃	幼 〃	候 〃	宥 〃	嶝 〃	證 〃	徑 〃	勁 〃	諍 〃	映 〃	宕 〃	漾 〃	禡 〃	去
乏 (-juɐp)	狎 -ap	洽 -ɐp	業 -jɐp	怗 -iɛp	葉 -jæp	盍 -ɑp	合 -ʌp	緝 -jep				德 -ək (-uək)	職 -jək	錫 -iek (-iuek)	昔 -jɛk (-juɛk)	麥 -æk (-uæk)	陌 -ɐk	鐸 -ɑk (-uɑk)	藥 -jɑk (-juɑk)		入

이제 인명표기자들의 모음을 살피겠다.

✔ 같은 섭의 운모끼리의 대응

통섭(通攝)

- 같은 운목(韻目)끼리
  동(東) : 동(銅) (東輪 : 銅輪), 중(仲) : 충(忠) (仲常 : 忠常) 등 3건
- 다른 운목(韻目)끼리
  공(恭) : 홍(洪) (鍾 : 東, 理恭 : 理洪) 등 2건

지섭(止攝)

- 같은 운목끼리
  지(支) : 치(寘) (慈儀 : 慈義) 등 3건
- 다른 운목끼리
  지(只) : 지(祗) (紙 : 脂, 內只 : 訥祗) 등 10건

우섭(遇攝)

- 같은 운목끼리
  어(魚) : 어(御) (諸貴 : 助賁) 등 5건
- 다른 운목끼리
  우(遇) : 모(暮) (句 : 固, 伯句 : 伯固) 등 4건

해섭(蟹攝)

- 같은 운목끼리
  제(霽) : 제(薺) (帝 : 悌, 雲帝夫人 : 雲梯夫人) 등 2건
- 다른 운모끼리
  태(泰) : 제(霽) (大 : 帝, 牟大 : 麻帝) 등 4건

진섭(臻攝)

- 같은 운목끼리

몰(沒) (骨 : 忽, 骨正 : 忽爭) 등 14건

• 다른 운목끼리

문(文) : 원(願) (芬 : 飯, 國芬 : 國飯) 등 2건

산섭(山攝)

• 같은 운목끼리

선(仙) : 선(獮) (連 : 璉, 巨連 : 巨璉) 등 4건

• 다른 운목끼리

선(先) : 선(獮) (玄 : 衍, 舒玄 : 逍衍) 등 2건

효섭(效攝)

• 같은 운목끼리

皓 : 豪 (道 : 刀, 俱道 : 仇刀) 등 5건

과섭(果攝)

• 같은 운모끼리

가(歌) : 가(哿) (阿 : 我, 阿道 : 我道) 등 4건

가섭(假攝)

• 같은 운모끼리

마(麻) : 마(馬) (麻 : 馬, 麻品 : 馬品) 등2건

탕섭(宕攝)

• 같은 운모끼리

양(陽) : 양(漾) (昌 : 狀, 官昌 : 官狀) 등 7건

• 다른 운모끼리

양(陽) : 당(唐) (良 : 狼, 良品 : 狼品) 1건

경섭(梗攝)

• 같은 운모끼리

청(淸) : 경(勁) (成 : 淨, 成忠 : 淨忠) 등 4건

- 다른 운모끼리

경(勁) : 경(耕) (正 : 爭, 骨正 : 忽爭) 등 3건

증섭(曾攝)

- 같은 운모끼리

승(昇) : 승(升) (彦昇 : 彦升) 1건

- 다른 운모끼리

직(職) : 덕(德) (力 : 得, 武力 : 茂得) 1건

유섭(流攝)

- 같은 운모끼리

유(留) : 우(憂) (愛留 : 愛憂) 등 4건

심섭(深攝)

- 같은 운모끼리

침(侵) : 즙(緝) (臨 : 立, 基臨王 : 基立王) 등 2건

함섭(咸攝)

- 같은 운모끼리

점(詁) : 첨(沾) (詁解尼叱今 : 沾解尼師今) 1건

✔ 다른 섭에 속하는 운모끼리의 대응

• 通攝 : 效攝	복(卜) : 보(寶) (卜好 : 寶海)
• 通攝 : 假攝	복(福) : 파(巴) (弓福 : 弓巴)
• 通攝 : 曾攝	종(宗) : 승(升) (秀宗 : 秀升)
• 止攝 : 遇攝	류(類) : 유(孺) (琉璃明王 : 類利 : 孺留)
• 止攝 : 蟹攝	희(喜) : 해(海) (未吐喜 : 美海)
	리(理) : 례(禮) (儒理 : 儒禮)

- 止攝：蟹攝：臻攝　희(喜)：희(希)：해(海)：흔(欣)
  (未吐喜：未叱希：美海：未欣)
- 止攝：臻攝：山攝　이(伊)：비(沸)：반(泮＝伴) (沙伊：沙沸：沙泮(伴)王)
- 止攝：曾攝　사(思)：식(息) (思道夫人：息道夫人)
  의(疑)：응(膺) (疑廉：膺廉)
- 止攝：流攝　귀(貴)：구(仇) (貴須王：仇首王)
  휘(暉)：휴(休) (發暉：伐休)
  의(誼)：우(祐) (誼靖：祐靖)
  루(累)：류(瑠) (累利：瑠璃)
  리(利)：류(留) (類利：孺留)
  리(離)：루(婁) (寧稟離：夫婁王)
- 遇攝：臻攝　허(許)：흔(欣) (登許：登欣)
- 遇攝：山攝　토(吐)：탈(脫) (吐解尼師今：脫解尼師今)
- 遇攝：效攝　서(舒)：소(逍) (舒玄：逍衍)
  소(素)：초(肖) (素古王：肖古王)
  도(道)：도(都) (阿道：阿都)
- 遇攝：效攝：流攝　조(祖)：고(古), 소(炤)：소(召)：추(鄒)
  (未祖：未古：未炤：未召：未鄒尼師今)
- 遇攝：果攝　도(度)：대(大) (智度路：智大路)
- 遇攝：曾攝　로(露)：릉(陵) (首露王：首陵王)
- 遇攝：流攝　수(首)：수(須) (仇首王：貴須王)
  로(盧)：우(友) (藥盧：若友)
  구(俱)：구(仇) (俱道：仇道, 俱禮馬：仇禮馬)
  주(朱)：추(鄒) (朱蒙：鄒蒙)
  무(武)：무(茂) (武德：茂刀, 武力：茂得)
- 蟹攝：臻攝　내(內)：눌(訥) (內只：訥祗)
- 蟹攝：效攝　해(海)：호(好) (寶海：卜好)
- 蟹攝：果攝　개(蓋)：개(个) (阿慈介：阿慈个)
- 臻攝：山攝　진(眞)：전(腆) (眞王：腆支王)
  현(玄)：운(云) (舒玄：庶云)
- 深攝：曾攝　순(舜)：승(勝) (安舜：安勝)
- 臻攝：流攝　을(乙)：우(憂) (乙弗：憂弗)
- 山攝：果攝　알(閼)：아, 아(娥, 我) (閼英：娥伊英)

• 山攝 : 梗攝	현(玄) : 영(永) (慶玄 : 慶永)
	연(延) : 영(迎) (寶延 : 寶迎, 延帝夫人 : 迎帝夫人)
• 山攝 : 咸攝	산(山) : 삼(三) (餘山 : 餘三)
• 效攝 : 果攝	고(高) : 개(个) (高雲 : 个雲)
• 效攝 : 假攝	보(寶) : 파(巴) (貴寶夫人 : 貴巴夫人)
	보(保) : 파(巴) (保刀夫人 : 巴刀夫人)
• 效攝 : 曾攝	도(刀) : 덕(德) (茂刀 : 武德)
• 效攝 : 流攝	조(照) : 추(鄒) (未照 : 未鄒尼師今)
	도(道) : 두(頭) (阿道基羅 : 阿頭基羅)
• 果攝 : 假攝	마(摩) : 마(麻) (摩牟 : 麻帝)
	화(和) : 화(花) (章和夫人 : 昌花夫人, 貞和夫人 : 貞花夫人)
• 假攝 : 流攝	마(麻) : 모(牟) (麻帝 : 牟大)
• 梗攝 : 曾攝	정(訂) : 증(證) (智訂麻立干 : 智證王)
• 深攝 : 咸攝	심(深) : 삼(彡) (深麥夫 : 彡麥夫)

이상 상당히 복잡한 대응관계를 보이고 있는데 /애. 에, 외, 위, 의, 이/ 들은 '-i' 운미(韻尾)와 결합된 2중 3중모음이고 /ㅑ, ㅕ, ㅛ, ㅠ/는 반모음(半母音) 'j-'와 결합된 이중모음이고, /와, 워/는 반모음 u-와 결합된 이중모음이므로 이러한 개모음(介母音)이나 운미를 제외하면 결국 모음 음소(音素)는 /ㅏ, ㅓ, ㅗ, ㅜ, ㅡ, ㅣ, ㆍ/ 7개인데 이것이 바로 중세국어의 단모음체계인 것이다. 고대국어의 모음체계도 이에서 크게 다르지 않았을 것으로 본다.*

3) 개모음(介母音)

현대국어의 반모음(半母音)에 해당하는 것으로 'j-'(拗音節)와 'u-'(合口音) 둘인데 'j-'는 대부분 중모음을 형성하는 반모음으로 반영되었으나 'u-'는 후속음과 연결된 경우 대개는 원순성(圓脣性)의 단모음이 되거나 이중모음이 되었다. 골(骨)[kuət], 눌(訥)[nuət] 등이 /골ㆆ/, 눌ㆆ/이 되었거나 내(內)[nuAi], 위(魏)[0juəi], 관(官)[kuan] 등이 /뉭, 윙, 관/ 등으로 나타난다.

* 자세한 것은 장세경(1990) 74쪽을 참조.

4) 운미(韻尾)

중국의 운미는 음운(陰韻)과 양운(陽韻)으로 나뉘어 있다.

- 음운 : –∅, –i, –u
- 양운 : –m(–p), –n(–t), –ng(–k)

국어의 경우 음운에서 '–∅'은 문제가 되지 않고 '–u'는 원칙적으로 앞의 모음과 결합하여 단모음이 되었으며 '–i'는 원칙적으로 중모음적 말음으로 반영되었다. 양운은 '–n, –m, –ng'은 규칙적인 대응이 이루어졌고 '–k, –p'는 규칙적으로, '–t'는 '–l'로 대응이 이루어졌다. 곧 음절말자음(音節末子音=받침)은 /–n, –m, –ng, –k, –l, –p/ 6개일 것이다. 13세기 이전의 음절말 자음의 내파화(內破化)가 일어나지 않았다고 본다면 이 6개 외에 /ㄷ, ㅅ, ㅈ, ㅎ/ 등을 합해 11개의 음절말자음이 있었다고 추정할 수 있다.

✔ 같은 운미끼리의 대응

- –n　連 : 璉, 愼 : 信, 飯 : 芬, 曼 : 萬, 閔 : 敏 등
- –l　訖 : 乞, 骨 : 忽, 勿 : 密, 伐 : 發, 質 : 日
- –m　彡 : 深, 詁 : 沾, 欽 : 歆
- –ng　正 : 爭, 昌 : 狀, 莊 : 將, 東 : 銅, 訂 : 證, 仲 : 忠 등
- –k　力 : 得, 息 : 色, 叔 : 夙, 藥 : 若, 郁 : 勗

✔ 다른 운미끼리의 대응

- –k : –0　福 : 巴 (弓福 : 弓巴),
卜 : 寶 (卜好 : 寶海)
色 : 息 : 思 (色刀夫人 : 息道夫人 : 思道夫人) 등
- –n : –0　欣 : 希 : 喜 : 海 (未斯欣 : 未叱希 : 未吐喜 : 美海)
春 : 楸 (春南 : 楸南)

頓 : 道 (異次頓 : 處道) 등

• -l : -0 脫 : 吐 (脫解 : 吐解)
訥 : 內 (訥祇 : 內只)
乙 : 憂 (乙弗 : 憂弗)
閼 : 娥 (閼英 : 娥英)
哲 : 度 : 大 (智哲老 : 智度路 : 智大路)

• –ng : -0 陵 : 露 (首陵 : 首露)
膺 : 疑 (膺廉 : 疑廉)
蒙 : 牟 (朱蒙 : 雛牟)

• –k : –ng 得 : 等 (奴肹夫得 : 奴肹夫等)

• –n : -l 斤 : 乞 (三斤王 : 三乞王)

• –m : –p 臨 : 立 (基臨尼師今 : 基立)

• –n : –m 山 : 三 (餘山 : 餘三)

• –n : –ng 舜 : 勝 (安舜 : 安勝)
玄 : 永 (慶玄 : 慶永)
延 : 迎 (寶延 : 寶迎)

이상을 분석하면 '-0'과의 대응례가 꽤 많은데 이것은 한자 빌려 우리말적기(한자차용표기)라는 불편한 표기방식으로는 미세한 차이까지 완벽하게 표기하기 어려우므로 자음과 모음만 같거나 비슷하면 음절말 자음을 무시하였을 가능성이 있다고 본다. 자음끼리의 대응은 서로 상통되는 음끼리의 대응이며 특히 비음끼리의 대응은 음절말 위치에서 잘 식별이 안 되었다고 본다.

2. 소리를 빌려 적은 것(音讀表記)과 뜻소리를 빌려 적은 것(釋讀表記)과의 대응

대응관계가 뚜렷하고 그 글자의 뜻이 지명표기(地名表記)나 중세국어의 자료로 미루어 해독할 수 있는 것들만을 대상으로 삼았다.

개소문(蓋蘇文) : **개금**(蓋金)**〈사기〉 고구려 말기의 막리지**(莫離支)

고구려 말의 막리지 연개소문(淵蓋蘇文)을 달리 부른 이름인데 천개소문(泉蓋蘇文)이라고도 한다. 중국 사료로 미루어 같은 이름이다. 지명표기에서 泉은 얼(於乙)로 대응된다. 또 천과 연(淵)은 뜻이 통하는 글자이다. 게다가 일본 사료에는 이리가수미(伊梨柯須彌)라 나오므로 '*얼'이 재구된다. '소문'과 '금'도 金의 뜻이 '쇠'이므로 '금'과 '소'도 통용이 가능하다. 文은 끝소리 '-m'의 표기로 본다. 그래서 /*얼가쇰/으로 해독해 본다.

거칠부(居柒夫) : **황종**(荒宗)**〈사기〉 신라 24대 진흥왕**(眞興王) **때 국사**(國史) **편찬자**

居柒은 荒과 대응된다. 중세국어에 荒을 '거츨황<천자, 유합>이라 하였으므로 이 재구가 가능한데 앞에서 말한대로 고대국어에 기음이 없었다면 /*거즐-/로 재구한다.

다음 부(夫)와 종(宗)은 간단하지 않다. '부'는 신라나 고구려 인명에 많이 사용되었다. 특히 신라 24대 진흥왕(眞興王), 26대 진평왕(眞平王) 때 사람들이 대부분이고 그 후 사람의 이름에는 부(夫)자가 쓰이지 않았다. 한편 종(宗)자는 신라 6대 지마왕(祗摩王) 때부터 56대 경순왕(敬順王) 때까지 많이 사용되었다. '부'와 '종'은 왕, 왕족, 고관 남자 등 존귀한 남자에게 붙인 접사임이 틀림없다. 부와 종은 같은 형태소를 달리 적은 것으로 한 쪽은 음독, 다른 한 쪽은 석독표기로 보여진다.

거칠부 : 황종, 이사부(異斯夫) : 태종(苔宗), 심맥부(深麥夫) : 삼맥종(彡麥宗)

그러면 '부와 종'을 어떻게 해독할 수 있는가가 문제인데 '부'는 '보'로 읽을 수 있다. "보"는 중세 이래로 남자에게 쓴 예가 많다. 뿐만 아니라 "울보, 떡보, 심보"처럼 사람을 가리키는 데도 쓰였다. '종'은 "마루, 우두머리"의 뜻인데 사용예가 오랜 동안에 걸쳐 있으므로 /*ᄆᆞᄅᆞ/ 쯤으로 해독코자 한다. 곧 /*거칠ᄆᆞᄅᆞ/로 해독해 본다.

노종(奴宗)〈사기〉 : 세종(世宗)〈유사〉 가락국왕(駕洛國王) 김구해(金仇亥)의 장남

奴는 지명(地名)에서 內, 砮, 壤, 惱, 耐, 那 등과 통용되므로 /ᄂᆞ~노~누/를 적은 것으로 생각된다.

한편 세(世)는 중세국어에서 '누리'이어서 쉽게 고대어로도 그러리라 짐작되는데 "赫居世 : 弗矩內"의 世와 內의 대응이 있어 해독에 확신이 선다. "*누리~뉘"로 해독한다. 중세국어에서도 "누리"와 "뉘"가 공존한다. /*뉘ᄆᆞᄅᆞ/로 해독할 수 있다.

득오(得烏) : 곡오(谷烏) : 실오(失烏)〈유사〉 신라 32대 효소왕(孝昭王) 때의 화랑도

사료에는 '득오(得烏), 곡오(谷烏), 득오실(得烏失), 득오곡(得烏谷)' 등으로 나와 대응관계가 확실하지 않은데 이중 '득. 곡(得谷)'은 '실'로 해독되며 실(失)은 음이 '실'이므로 서로 통용될 수 있음을 알겠다. 또 오(烏)는 남녀 이름자 밑에 붙인 접미어일 것이다. 따라서 /*실오/로 재구한다.

박제상(朴堤上) : 모말(毛末)〈사기〉 신라 19대 눌지마립간(訥祗麻立干) 때 충신

'제(堤)'는 지명에서 토(吐)로 대응되며 '모(毛)'는 중세어로 '터럭'이다. 따라서 이 대응은 '토~터'를 적은 것이라 볼 수 있고 상(上)은 '위 또는 마ᄅᆞ'인데 둘 다 '맨 위'의 뜻으로 종(宗)과 의미상 상통한다 하겠다. 그런데 중세국어의 '텋'는 기, 경, 장(基 境 場)의 뜻이고, 제(堤)는 '얿'이어서 잘 대응이 안되나 지명에서 토(吐)와 대응되므로 '더~터'로 읽을 수 있다. 그러니까 제, 상, 모(堤 上 毛)는 뜻소리로 적은 것이고 말(末)은 글자소리를 빌려 적은 것이다. /*텃ᄆᆞᄅᆞ/로 해독할 수 있다. 다만 이런 해독에 장애가 되는 것이 있다. 첫째 일본 기록에 모마리질지(毛麻利叱智)라 나오는데 이것은 우리 기록 毛末을 그대로 베낀 것이라 본다. 둘째는 堤上이 이름이 아니고 관직명이라는 주장도 있는데 <사기>에 나오는 다음 예들을 보면 이름임이 틀림없다.

堤上奈麻 <史記 新羅本紀>

父勿品波珍湌 堤上任爲歃良州干…臣等聞 歃良州干堤上 剛勇而有謀 <史記 列傳>

<사기>에는 박씨(朴氏)라 하고 <유사>에는 김씨(金氏)라 하였는데 어느 것이 맞는지는 판단하기 어렵다.

조지마립간(照知麻立干)**〈사기〉 : 비처마립간**(毗處麻立干)**〈사기 유사〉 : 소지왕**(炤知王)**〈유사〉 신라 21대왕**

조(照)는 '비치-~비취-'와 대응되며 소(炤)는 '밝다, 비치다'의 뜻이며 지(知)와 처(處)는 소리를 적은 것이니 照知와 炤知는 석독과 음독표기, 毗處는 음독표기이다. 다만 知와 處의 대응이 문제인데 장세경(1990)을 참고하기 바란다. /*비지/로 해독한다.

사동(蛇童) **: 사복**(蛇卜) **: 사파**(蛇巴) **: 사복**(蛇伏) **: 사복**(蛇福)**〈유사〉 신라 원효**(元曉) **때 사람**

> 京師萬善北里 有寡女 不夫而孕 旣産年至十二歲 不語亦不起 因號蛇童 下或作蛇卜 又巴 又伏等 皆言童也 <遺事 4 義解 5 蛇福>

위에서 동(童)은 석독표기(釋讀表記)이고 卜巴伏福 들은 음독표기(音讀表記)임이 틀림없다. 동(童)은 /아히/이므로 신라 때 '아이'는 /보~복/이었을 것이다. 따라서 /*사보~ㅂ얌보/로 해독할 수 있다. /보/는 '보~복'의 음을 가진 글자를 사람 이름에 붙인 예가 고대에 많았으므로 그에 해당할 것이다.

사륜왕(舍輪王) **: 금륜왕**(金輪王)**〈사기 유사〉 신라 25대 진지왕**(眞智王)**의 휘자**(諱字)

'사(舍)'는 그 음이 /샤/이며 '금(金)'은 그 뜻이 /쇠(素, 蘇, 休, 釗로 적힘)/이므로 서로 통용될 가능성이 있다. '륜(輪)'은 중세국어에서 /바회, 술위ㅃㅣ/이었으므로 /*술위바회 또는 술위ㅃㅣ/로 재구해 본다. 다만 같은 시기에 륜(輪)자의 용례가 달리 없어 그 재구에 자신은 없다.

삼모부인(三毛夫人) **: 사량부인**(沙梁夫人)**〈유사〉 신라 35대 경덕왕**(景德王)**의 선비**(先妃)

'삼(三)'과 '사(沙)'의 경우 三은 석독표기, '沙'는 음독표기로 본다. '毛'와 '梁'은 둘 다 석독표기로 본다. 三은 그 뜻이 /석~세 상/이고 沙는 그 음이 [사]로서 /*사~사이/를 적은 것이며 毛는 /털, 터럭, 토/, 梁은 중세국어의 예로 미루어 '돌ㅎ'로 재구할 수 있으므로 /*사돌ㅎ 또는 사이돌ㅎ/로 해독한다.

서당(誓幢) : 신당(新幢)〈유사〉 신라 때 원효(元曉)의 어릴 때 이름

'誓'는 중세국어음으로 [셔~셰]이고 '新'은 그 뜻이 /새/이다. '幢'은 주(註)에 모(毛)라고도 한다는 것으로 미루어 '터럭~털~돌'일 가능성이 크므로 /*새돌/로 해독할 수 있다.

염촉(厭髑) : 이차(異次) : 이처(伊處)〈사기 유사〉 신라 법흥왕(法興王) 때 불교 순교자(佛敎 殉敎者)

厭은 이본(異本)에 따라 염(猒)으로 적기도 하는데 두 글자는 같은 글자로 통용될 수 있다. 이차(異次)와 이처(伊處)의 대응은 음독표기(音讀表記)일 것이며 厭은 석독표기(釋讀表記)로 볼 수 있다. 중세국어에 厭은 '슳-~슬미-'와 '아쳗-' 두 가지가 대응되는데 그 외에 중세국어에는 '잋-'이 있다. 이것은 '곤(困), 예(勩), 악(惡)'의 뜻풀이로 쓰였다. 여러 자전(字典)의 해석을 보면 "꺼리다, 싫어하다, 물리다"라는 상통점이 있다. 厭은 '아쳗'으로 읽을 수 있겠는데 '이차-'나 '이처-'의 예로 봐서 /*이치-~이쳐-/로 재구한다. 髑은 <유사>의 주에 '髑, 頓, 道, 覩, 獨'은 조사(助辭)인데 쓰는 사람의 편의에 따른 것이며 염촉(厭髑)이나 염도(厭覩)는 웃자는 번역하고 아랫자는 그대로 썼다고 하였으니 "厭 : 異次 : 伊處"와 "髑 : 頓 : 道 : 覩 : 獨"의 대응관계를 설정할 수 있다. 결국 /*이치도~이쳐도/로 해독할 수 있다.

유례(儒禮)〈사기 유사〉 : 세리지(世里智)〈유사〉 신라 14대왕

儒는 '누', 禮는 '례'이었겠는데 禮와 里가 통용된 예가 있어(儒理尼師今 : 弩禮) /*누리지/로 해독한다. 지(智)는 신라 인명에 붙는 접미사(接尾辭)인 듯하다.

이사부(異斯夫) : **태종**(苔宗)〈사기〉 **신라 22대 지증왕**(智證王) **때 장군**

異斯는 음독표기이며 苔는 중세국어에서 '잇'이다. /*잇므ᄅ/로 해독할 수 있다.

일산(一山) : **성산**(成山)〈유사〉 **신라 30대 문무왕**(文武王) **때 관리**

一은 음이 [일]이며 成은 중세국어에서 /일-/이다. 山은 음독으로 볼 수 있으나 석독한 것으로 보아 /*일모리~일뫼/로 해독한다.

죽지(竹旨) : **죽만**(竹曼)〈유사〉 **신라 32대 효소왕**(孝昭王) **때 화랑**

旨는 '뜯 또는 ᄆᄅ~맛'의 석독표기이고 曼은 음독표기로 보아서 /*대마 또는 대ᄆᄅ/로 해독할 수 있다.

혁거세(赫居世) : **불구내**(弗矩內)〈유사〉 **신라의 시조**

赫은 석독표기(釋讀表記)로 "볽-~븕-"이며 居는 'ᄀ~그'를 적은 것이다. 世는 "누리", 內는 음독표기로 'ᄂᆡ'를 적은 것이므로 /*블ᄀᆡ뉘/로 해독한다.

3. 그밖의 것

1) 석독표기(釋讀表記)끼리의 대응

국강상왕(國罡上王) : **고국원왕**(故國原王)〈사기 유사〉 **고구려 16대 왕**

이런 대응은 양원왕(陽原王) : 양강상왕(陽崗上王)(24대), 평원왕(平原王) : 평강상호왕(平崗上好王)(25대)에도 보이는데 原은 "광평(廣平) 또는 고평(高平) 또는 근원(根源) 두던" 등의 뜻을 나타내며, 강(岡 또는 속자로 崗)은 "묏부리, 산등성이"의 뜻이므로 음이나 뜻이 통할 것 같지 않으나 原이나 崗은 지고평(地高平), 산척(山脊), 산령(山嶺)의 뜻이므로 대륙의 평고원(平高原)을 연상케 한다. 고구려 시대의 웅혼한 기상을 나타낸 것이라 생각된다. 어떻게 읽을지는 알 수 없다.

고국천왕(故國川王) : 국양왕(國壤王)〈사기 유사〉 고구려 9대 왕

이런 대응은 동천왕(東川王) : 동양왕(東襄王)(11대), 중천왕(中川王) : 중양왕(中壤王)(12대), 서천왕(西川王) : 서양왕(西壤王)(13대), 미천왕(美川王) : 호양왕(好壤王)(15대) 등 여럿이 있는데 川 : 壤(襄)의 대응이다. 고구려 지명에 壤 : 內 : 奴 : 惱의 대응이 있는데 川은 [나~닋~나리]를 적은 것이다.

명치호왕(明治好王)〈사기〉 : 명리호왕(明理好王)〈유사〉 고구려 21대 문자명왕(文咨明王)의 다른 이름

治와 理의 대응인데 중국사전에 이 글자들의 뜻풀이에 서로 理와 治를 썼고 우리나라(<訓蒙字會, 千字文, 類合>)의 것으로 보아 '다ᄉᆞ리다'라는 공통점이 있으므로 통용됨에는 무리가 없으나 이름 전체를 어떻게 읽어야 할지는 모르겠다.

미천왕(美川王) : 호양왕(好壤(攘)王)〈사기 유사〉 고구려 15대 왕

여기서는 美와 好의 대응이라 보는데 美는 중세국어에서 /됴ᄒᆞ다/라고도 풀이하고 있으며(類合), 好는 한결같이 /됴ᄒᆞ다/로 풀이되어 있어 통용할 수 있음을 알겠다. /*됴ᄒᆞᆫ나/로 해독할 수 있겠다.

보천(寶川) : 보질도(寶叱徒)〈유사〉 신라 31대 신문왕(神文王)의 아들인 듯

川이 /*나리~내/임이 신라나 고구려의 자료에서 확인된다. 徒는 그 용례가 많지 않은데,

牢山郡本百濟徒山縣 <사기 지리지>

에서 뇌(牢)와 徒가 대응하는 예가 보이며, 이두자료(吏讀資料)의 徒는 다 '내~닋'로 읽히고 있어 川과 徒는 통용할 수 있음을 알겠다. /*보닋/로 해독할 수 있다.

2) 어느 한 쪽이 잘못 적었다고 보아지는 것

옛 기록을 참고하고, 다시 그것을 베끼는 과정에서 잘못 적었거나 글자가 훼손

되어 잘 안보이거나 잘못 새겼거나 해서 오자(誤字)가 된 것이 있을 수 있다. <삼국유사> 중 특히 왕력(王曆)은 탈자(脫字), 결자(缺字)까지 있어 다른 데를 참고하여 보완해야만 할 경우가 많다. 이제 참고할 만한 것이 있어 오자라고 판단되는 것을 살펴본다.

간성(懇誠) : 양성(梁誠)〈유사〉 신라 33대 성덕왕(聖德王) 때 김지성(金志誠)의 아우

경주감산사미륵보살조상기(慶州甘山寺彌勒菩薩造像記)에는 김지성의 아우로 양성(良誠)이 나오고 같은 기사 끝에는 양성(梁誠)이 나오는데 良과 梁은 중세국어에도 같은 음이므로 둘은 같은 이름의 다른 표기로 보아지며 간성(懇誠)은 혹 梁誠의 잘못 적음이 아닐까 한다.

경휘(景徽) : 경휘(景暉)〈사기 유사〉 신라 42대 흥덕왕(興德王)의 휘자(諱字)

<사기>에 興德王立諱秀宗後改爲景徽라 하였고 <유사>에 興德王金氏名景暉라 하였는데 徽와 暉는 충분히 통용될 수 있음은 물론이다. 그런데 <사기> 53대 신덕왕(神德王) 조에 神德王立姓朴氏諱景暉라 있고 <유사>에는 神德王朴氏名景徽本名秀宗라 하였으니 양쪽의 기사가 바뀐 것이다. 일단 <사기>의 기록을 믿는다.

구충(仇衝) : 구형(仇衡)〈유사〉 : 구해(仇亥) : 구차휴(仇次休)〈사기〉 가락국(駕洛國) 10대 마지막 왕

여기서 衝이 맞는다면 구해의 亥도 充의 오자일 것이며 次休와도 대응관계가 성립될 수 있다.

국반(國飯)〈사기〉 : 국기안(國其安)〈유사〉 신라 28대 진덕왕(眞德王)의 아버지

<사기>에 진평왕(眞平王)이 아우 백반(伯飯)과 국반을 갈문왕(葛文王)으로 봉했다는 기사가 있으므로 飯이 맞으며 其安은 飯자를 잘못 나눈 것이 아닌가 한다.

모대(牟大) : 마모(摩牟)〈사기 유사〉 백제 24대 동성왕(東城王)의 휘자(諱字)

<유사>에는 마제(摩帝) 또는 여대(餘大)라 적었고 <輿地勝覽>에 말통대왕(末通

大王), <일본서기>에는 말다왕(末多王), <삼국사기>에는 모도(牟都)라 적었는데 어느 정도 근사한 표기로 볼 만하나 摩牟만은 알 수 없는데 아마 摩帝의 잘못인 것 같다. 또 여대(餘大)는 백제의 왕성(王姓)이 여씨(餘氏)이므로 대(大)자만을 붙여 적은 것 같다.

모례(毛禮) : **모록**(毛祿)〈**유사**〉 **신라 19대 눌지왕**(訥祗王) **때 일선군**(一善郡) **사람**

<유사 흥법 아도기라(興法 阿道基羅)>조에 모례라 적고 주에 모록이라고도 한다 하고 뒷부분에서는 모록의 祿은 禮 자와 형체가 비슷해서 잘못 적힌 것이라 하였다.

무왕(武王)〈**사기**〉 : **무강**(武康)〈**유사**〉 **백제 30대왕**

<사기 백제기>에는 무왕의 휘(諱)는 장(璋)이라 하였는데 <유사 왕력>에는 "혹 무강이라고도 하며 헌병(獻丙)이라고도 한다. 그리고 소명(小名)은 일기사덕(一耆篩德)이다"라고 하였으나 동 <紀異 武王 조>에는 옛책에 무강이라 하였으나 잘못된 것이다. 백제에는 무강이 없다고 하였다. '무강'을 '무녕'의 동음이사(同義異寫)로 본 이도 있다(이병도, 1982).

문의왕후(文懿王后)〈**사기**〉 : **문자왕후**(文資王后)〈**유사**〉 **신라 48대 경문왕**(景文王)**의 비**(妃)

<사기>에는 文資라는 이름은 없으며 문의왕후의 소생인 헌강왕, 정강왕, 진성왕(憲康王, 定康王, 眞聖王)이 대를 이었다고 적고 있다. 그런데 <유사>에는 경문왕의 비를 문자왕후라 적고 그 아들 헌강왕의 모후(母后)임도 밝혔다. 그러나 52대 효공왕(孝恭王) 조에서는 아버지 헌강왕, 어머니 문자왕후라 적어 헌강왕의 어머니와 비의 이름을 같게 적었다. 이것은 <유사>에서 '문의'의 懿자를 모양이 비슷한 資로 잘못 적고 또 혼동을 일으킨 것이다.

문주왕(文周王) : **문명**(文明)〈**유사**〉 **백제 22대왕**

소위 민추본(民推本) <삼국유사> 왕력(王曆)에 위와 같이 적고 있는데 明은 州의 오기(誤記)임이 분명하고 주(周)와 주(州)의 대응은 <사기>의 문주 혹작 문주(文周或作汶洲)에서 보는 바와 같다.

박제상(朴堤上)**〈사기〉 : 김제상**(金堤上)**〈유사〉 신라 9대 눌지왕**(訥祇王) **때 삽량주간**(歃良州干). **후에 대아찬**(大阿湌) **추증**(追贈)

<사기>에는 박씨로, <유사>에는 김씨로 나오는데 <사기>의 혁거세(赫居世) 후손(後孫)이라는 기사를 믿어 박씨가 맞는 것으로 본다.

사성부인(史省夫人)**〈사기〉 : 사초부인**(史肖夫人)**〈유사〉 신라 5대 파사니사금**(婆娑尼師今)**의 비**(妃)

어느 쪽이 옳은지는 알 수가 없는데 省자와 肖자는 혼동할 가능성이 있다.

사유(斯由) : **유**(劉)**〈사기〉 고구려 16대 고국원왕**(故國原王)**의 휘자**(諱字)

둘 다 <사기>의 기록인데 <유사>와 중국 진서, 위서 북사(晉書, 魏書 北史) 등에는 쇠(釗)로 적혀 있어 釗가 옳은 것 같다. 또 '사유'와 '쇠'는 통용 가능성이 있다.

삼근왕(三斤王) : **임걸**(壬乞)**〈사기〉 백제 23대왕**

<사기> 안의 이표기(異表記)인데 <유사>에는 삼걸왕(三乞王), <日本書紀>에는 문근왕(文斤王)이라 적고 있어 혼란을 주고 있으나 斤과 乞은 같은 성(聲)과 같은 운(韻)이므로 통용될 수 있고(제2부 1.－1)－(1), 2)－(1) 참조) 三은 두 책에 공통적인 것으로 보아 壬은 三의 오기(誤記)로 본다. <일본서기>의 文은 혹 그의 부왕(父王) 문주왕(文周王)과의 혼동이 아닌가 한다.

세한(勢漢)**〈사기〉 : 열한**(熱漢)**〈유사〉 신라 김알지**(金閼智)**의 아들**

<사기>에 세한, <유사>에 열한으로 나오는데 문무왕비(文武王碑)에 성한(星漢)으로 되어 있어 세한이 옳을 것이다.

▮ 솔우공(率友公) : 졸지(卒支)〈유사〉 김유신(金庾信)의 할아버지?

김유신의 가계는

<사기>에

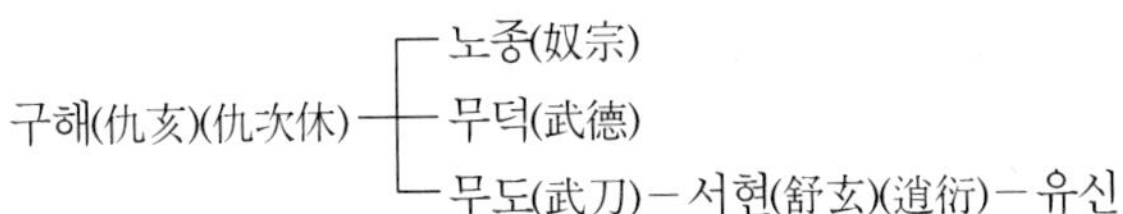

<유사>에

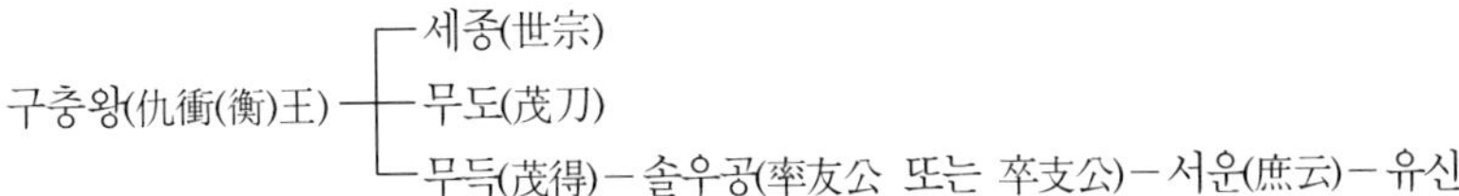

처럼 차이가 있는데 솔우공이 <사기>에 빠져 있어 의심스럽다. '솔우'와 '졸지' 중 어느 것이 옳은지는 알 수 없으나 자형의 비슷함에서 온 착오일 것이다.

▮ 실처랑(實處郞) : 돌처랑(突處郞)〈유사〉 신라 26대 진평왕(眞平王) 때 화랑

이것도 實과 突의 글자 모양이 비슷한데서 온 착오일 것이다.

▮ 아리나(阿離那) : 야리야(耶離耶) 〈유사〉 신라 때의 중

那와 耶의 글자 모양이 비슷한데서 온 착오일 것이다.

▮ 아신왕(阿莘王) : 아방왕(阿芳王)〈사기〉 백제 17대왕

<유사>에도 같이 나오는데 莘과 芳은 음이나 뜻이 통하지 않으므로 이해가 안 되나 <일본서기>의 아화왕(阿花王)으로 미루어 莘은 華의 오기로 보며 華와 花는 통용되는 글자이고 芳과도 뜻이 통할 수 있다.

아효부인(阿孝夫人)〈사기〉 : **아로부인, 아니부인**(阿老夫人, 阿尼夫人)〈유사〉 **신라 4대 탈해니사금**(脫解尼師今)**의 비**

孝와 老의 자형 때문에 혼동된 것 같으며 老와 尼도 그런 것 같다.

윤용부인(允容夫人)〈사기〉 : **무용왕후**(无容王后)〈유사〉 **신라 44대 민애왕**(閔哀王)**의 비**

이것은 允과 无의 글자모양이 비슷하여 혼동한 것 같은데 어느 쪽이 옳은지는 모르겠다.

이련(伊連)〈사기〉 : **이속**(伊速)〈유사〉 **고구려 18대 고국양왕**(故國壤王)**의 휘**(諱)

連자와 速자는 서로 비슷하다. 두 책 다 딴 이름으로 어지지(於只支)를 적고 있는데 어지지를 해독할 수 있으면 어느 쪽이 옳은지 밝힐 수 있으나 현 단계로서는 밝힐 수가 없다.

이해니질금(理解尼叱今) : **점해왕**(詀解王)〈유사〉 **신라 12대왕**

이 대응은 이해하기 힘든데 <사기>에는 첨해니사금(沾解尼師今)으로만 되어 있어 詀과 沾의 대응은 알 수 있는데 理와 詀의 대응은 알 수 없다.

자성왕후(資成王后) : **의성**(懿成) : **효자**(孝資)〈유사〉 **신라 53대 신덕왕**(神德王)**의 비**

<사기>에는 의성왕후(義成王后)로 적고 있으므로 의성왕후(懿成王后)가 옳은 것 같다. 資와 懿의 혼동은 위에서도 본 바가 있다.

전지왕(腆支王) : **직지왕**(直支王)〈사기〉 : **진지왕**(眞支王)〈유사〉 **백제 18대왕**

<유사>에 전지왕(腆支王)을 진지왕(眞支王)이라고도 쓴다고 한 것을 참고하거나 腆과 直이 성모(聲母)나 운모(韻母)가 다 다른 점으로 보나 '전지'와 '직지'는 전혀 다른 이름인지도 모른다. 直과 眞은 글자 모양이 혼동되기 쉽다. 腆과 眞과의 통용 가능성이 있다고 하겠다. 한편 直支가 옳으며 <일본서기>에 나오는 아직기(阿直岐)와 같은 사람이라는 설도 있다(이병도, 1982).

정종대후(貞從大后) : 정계대후(貞繼大后)〈유사〉 신라 45대 신무왕(神武王)의 비

<사기>에서 46대 문성왕(文聖王)의 어머니를 정계부인(貞繼夫人) 또는 정종태후(定宗太后)로 적고 있는데 貞從과 定宗은 그 음이 비슷해서 통해 쓸 수 있는 것이며, 따라서 貞從은 태후로 봉(封)한 이름이고 貞繼는 원래 이름이었다고 볼 수 있으며 從과 繼의 약자가 비슷한데서 오는 오기인 듯하다.

조생부인(鳥生夫人)〈사기〉 : 오생부인(烏生夫人)〈유사〉 신라 22대 지증왕(智證王)의 어머니

鳥와 烏는 글자 모양이 아주 비슷해서 혼동하기 쉬운데 어느 쪽이 옳은지는 알 수 없다.

조이(鳥伊)〈사기〉 : 오이(烏伊)〈유사〉 고구려 시조 주몽(朱蒙)을 따라 졸본(卒本)으로 간 사람

위와 같은 것인데 <위서>에도 오인, 오위(烏引, 烏違) 등의 이름이 적힌 것으로 보아 이것은 烏가 옳은 것 같다.

주류왕(朱留王)〈사기〉 : 미류왕(味留王)〈유사〉 고구려 3대 대무신왕(大武神王)의 휘(諱)

<사기>에는 大武神王立 或云 大解朱留王 諱無恤이라 하고 <유사>에는 大虎神王 名無恤 一作 味留라 적고 있다. 無恤은 같은데 朱留와 味留에는 차이가 있다. 글자 모양으로 비슷하기는 한데 통용된 이유를 모르겠다. 다만 <사기>에 小獸林王 一云 小解朱留王이 있어 朱留가 옳은 것 같다.

주몽(朱蒙) : 상해(象解)〈사기〉 고구려 시조

朱蒙 一云 鄒牟 一云 象解라 적고 있는데 朱蒙은 흔히 鄒牟<사기, 호태왕비, 모두루묘지>, 鄒蒙<유사>, 中牟<안승책문>, 仲牟<일본서기>, 都蒙<일본사료> 등 이표기(異表記)가 많은데 象解는 衆牟를 잘못 적은 것이 아닌가 한다.

진교부인(眞矯夫人)〈사기〉 : 정교부인(貞矯夫人)〈유사〉 신라 45대 신무왕(神武王)의 어

머니

眞과 貞의 다름인데 <유사> 쪽이 워낙 인쇄가 흐리고 탈자(脫字)가 있어 확실하지 않다.

진자(眞慈) 정자(貞慈)라고도 함〈유사〉 신라 25대 진지왕(眞智王) 때의 중

달리 비교할 것이 없어 어느 것이 옳은지는 모르겠으나 두 글자의 모습이 비슷하여 혼동된 것이 아닐까? 위의 것도 같은 예이다.

책계왕(責稽王) 또는 청계왕(靑稽王)〈사기〉 : 책계왕(責稽王)〈유사〉 백제 9대왕

<유사>에서 靑이 잘못된 것이라 지적했으므로 靑稽王도 잘못 적은 것이다.

태(泰)〈사기〉 : 진(秦)〈유사〉 신라 23대 법흥왕(法興王)의 이름

법흥왕의 휘(諱)는 둘 다 원종(原宗)이라 적고 <책부원귀>를 인용한 姓募名泰에서 차이가 났다. 이것은 같은 책을 인용한 것이어서 분명히 어느 한 쪽이 잘못 적은 것인데 어느 쪽이 옳은지는 알 수 없다.

헌창(憲昌) 또는 헌정(憲貞)〈사기〉 신라 40대 애장왕(哀莊王) 때 이찬(伊飡)

김헌창(金憲昌)은 애장왕 8년(807년)에 시중(侍中)이 되었는데 41대 헌덕왕(憲德王) 5년에 무진주도독(武珍州都督) 동 6년에 시중, 8년에 청주도독(菁州都督), 13년에 웅천주도독(熊川州都督), 14년(822년)에 모반(謀叛)을 하고 자살하였다. 그런데 헌덕왕 11년(819년)에 이찬 헌정(憲貞)이 병이 나서 행보(行步)치 못하므로 금식자단장(金飾紫檀杖)을 사(賜)하였다는 기록이 있다. 그렇다면 김주원(金周元)의 아들인 헌창과 헌정은 다른 사람인지도 모르겠다. 昌을 貞이라고도 한다 함은 혹 두 사람을 혼동한 데서 온 것일 것이요 같은 사람이라면 昌과 貞은 자형이 비슷한데서 오는 혼동일 것이다.

효명(孝明) : 효조(孝照)〈유사〉 신라 32대 효소왕(孝昭王)

효명(孝明)에 대한 <유사> 찬자(撰者)의 주(註)를 보면 "신라에 정신대왕(淨神大

王)과 보천(寶川), 효명 삼부자가 있었다는 명문은 없고 절 창건 연대로 보아 33대 성덕왕(聖德王) 4년에 해당한다. 성덕왕의 이름은 흥광(興光)이요 신문왕(神文王)의 둘째 아들이다. 성덕왕의 형 효소(孝昭)는 이름이 이공(理恭)이니 역시 신문왕의 아들이다. 그러니까 효명과 孝照는 효소(孝昭)의 잘못이라" 하였다. 그러니까 효명, 효조는 효소를 잘못 적은 것이다. 글자 모양이 비슷한 데서 오는 오기(誤記)인 듯하다. 그러나 明, 照, 昭는 다 '밝-'을 뜻하는 글자이므로 석독표기(釋讀表記)로 해독할 수도 있겠다.

3) 전혀 다른 이름이라고 보아지는 것

<사기>와 <유사>에 실린 복수인명(複數人名)에는 같은 사람의 이름으로 되어 있으나 그 둘 사이에 대응관계를 찾을 수 없어 전혀 다른 이름이라고 보아지는 것들이 많다. 그 가운데는 같은 이름의 이표기도 있겠으나 밝혀내기 힘들므로 일단 다른 이름으로 분류하였다.

▌**거질미왕 일작 금물**(居叱彌王 一作 今勿)〈**유사**〉 **가락국**(駕洛國) **4대왕**

▌**건무 일운 건성**(建武 一云 建成)〈**사기, 유사**〉 **고구려 27대 영류왕**(榮留王)**의 휘**(諱)

▌**겸지왕 일운 김겸왕**(鉗知王 一云 金鉗王)〈**유사**〉 **가락국 9대왕**

▌**경수왕후 일작 경목**(景垂王后 一作 景穆)〈**유사**〉 **신라 35대 경덕왕**(景德王) **후비**(後妃) **만월부인**(滿月夫人)**의 시호**(諡號)

垂와 穆은 전혀 통할 수 없는 글자이다.

▌**계**(季) **또는 헌왕**(獻王)〈**유사**〉 **백제 28대 혜왕**(惠王)**의 이름**

어떤 연관도 찾을 수 없다.

▌**계오부인**(繼烏夫人)〈**사기**〉 : **지오부인**(知烏夫人)〈**유사**〉 **신라 38대 원성왕**(元聖王)**의 어머니**

繼와 知의 대응인데 석독표기(釋讀表記) 같기도 하나 현재로서는 전혀 해독이 안

된다.

광화부인(光和夫人) : **광의부인**(光義夫人)〈사기〉 신라 48대 경문왕(景文王)의 어머니
경문왕 6년(866년) 광화부인을 광의왕태후(光懿王太后)로 하였다는 기사로 보아 光義는 光懿의 이표기로 볼 수 있으나 光和와는 대응이 되지 않는다. 아마 추봉(追封) 전의 이름인지 모르겠다.

남간부인(南澗夫人) 또는 **법승낭**(法乘娘)〈유사〉 신라 27대 선덕왕(善德王) 때 명랑법사(明朗法師)의 어머니
전혀 다른 이름이다. 법승낭은 법명(法名)인가?

남무(男武) 또는 **이이모**(伊夷謨)〈사기〉 **남호**(男虎) 또는 **이모**(夷謨)〈유사〉 고구려 9대 고국천왕(故國川王)의 휘(諱)
남호(男虎)는 男武인데 고려 혜종(惠宗)의 휘가 武이므로 虎자를 쓴 것이다. 文武王, 神武王도 같다. 그런데 <사기>의 산상왕(山上王) 조를 보거나 <위지>의 기록을 보아도 이이모(伊夷謨)는 산상왕의 이름이지 고국천왕의 이름은 아닌 것 같다.

대무신왕(大武神王) 또는 **대해주류왕**(大解朱留王)〈사기〉 고구려 3대왕. 〈호태왕비〉에는 **대주류왕**(大朱留王)
이병도(1982 : 229 주1)는 武는 '곰', 解(解慕의 줄임)는 '갬, 朱留'는 '수리' 곧 신성함을 나타낸 말이라고 풀이하였는데 현 단계에서는 무엇이라 말할 수가 없다. 다만 <호태왕비>에 대주류, 17대 소수림왕(小獸林王)의 다른 이름이 小解朱留, <유사>에 대무신왕의 휘 무휼(無恤)을 미류(味留, 味는 朱의 오기인 듯)라고도 한다 하였는데 이런 것을 미루어 武神과 朱留 無恤은 같은 이름의 다른 표기인지도 모르겠다.

대문(大文) 또는 **실복**(悉伏)〈사기〉 신라 31대 신문왕(神文王) 때 장군
이 이름은 전혀 다른 사람의 것일 수도 있고 한 사람의 다른 이름일 수도 있다.

한 사람일 경우는 이름자 바로 밑에 或云 또는 一云 등으로 밝히는 것이 예사인데 그 기사 끝에 협주(夾註) 형식으로 적어 놓았다. 같은 사람일 경우 대응관계가 되지 않으므로 다른 사람의 이름으로 본다.

대조대왕(大祖大王) 또는 국조왕(國祖王)〈사기, 유사〉 고구려 6대왕

고구려 왕의 이름은 장지(葬地)의 이름을 따서 붙인 것이 많다. 5대 모본왕(慕本王)을 비롯하여 故國川, 山上, 中川, 西川, 烽上, 美川, 故國原, 小獸林, 故國壤王 들이 그러하다. 그러니까 大祖王이나 國祖王도 그러한 관계인 듯하나 확인할 길이 없다.

만호부인(萬呼夫人) 또는 만내부인(萬內夫人)〈사기〉 만호부인(萬呼夫人) 또는 만녕부인(萬寧夫人)〈유사〉 신라 26대 진평왕(眞平王)의 어머니

얼핏 보아 음운적(音韻的) 대응처럼 보이나 內 : 寧 : 呼의 대응관계가 파악되지 않으므로 일단 다른 이름으로 본다.

무휼(無恤) 또는 미류(味留)〈유사〉 고구려 3대 대무신왕(大武神王)의 이름. 앞의 대무신왕 참조

대응관계를 이해하기 힘들다.

문명부인(文明夫人) : 훈제부인(訓帝夫人)〈사기, 유사〉 신라 29대 태종무열왕(太宗武烈王)의 비(妃)

<사기>에는 '문명부인'만 나오고, <유사>에는 '문명황후(文明皇后)'와 '훈제부인'이 다 나온다. 이 사람의 이름은 '문희(文熙)' 아명은 '아지(阿之)'인데 '훈제'는 왕후로 책봉되기 이전에 부르던 이름인지 모르겠다.

문자명왕(文咨明王) 또는 명치호왕(明治好王)〈사기〉 이름은 명리호 또는 개운 또는 고운(名明理好又个雲又高雲)〈유사〉 고구려 21대왕

<사기>에는 휘(諱)를 나운(羅雲)이라 하였다. <유사>에는 문자명왕을 왕칭으로

하고 나머지는 이름이라 하였는데 <사기>에는 '문자명'과 '명치호왕'을 동등한 왕칭으로 적고 있다. 治와 理는 다 '다스리다'의 뜻을 가진 글자이므로 통용된 것이고, 羅雲 : 个雲 : 高雲의 대응에서는 羅의 약자는 亽인데 个와 혼동하기 쉬우므로 个雲이라 적을 수 있고 个의 음이 高와 비슷하므로 '고운'의 표기도 가능하리라 본다. <유사>대로라면 문자명과 명치호는 다른 이름일 것인데 '명치호왕'이나 '명리호왕'은 정사를 밝게 한 좋은 임금이란 뜻이어서 고유명사가 아닐 수 있다. 호왕(好王)이란 명칭은 好壤王(美川王), 好太王(廣開土大王), 陽崗上好王(陽原王), 平崗上好王(平原王) 등 여럿이 있다. 文咨明의 明은 이 명치호(明治好)를 줄여 쓴 것이고 휘(諱)는 나운(羅雲) 또는 개운(个雲)일 것이다.

보반부인 또는 내례길포(保反夫人 一云 內禮吉怖)**〈사기〉 신라 17대 내물마립간**(奈勿麻立干)**의 비**

<유사>에는 內禮希로 나오는데 어느 쪽에 착오가 있는지는 모르겠고 保反과는 대응하지 않는다.

봉상왕 또는 치갈 휘 상부 또는 삽시루(烽上王 一云 雉葛 諱 相夫 或云 歃矢婁)**〈사기, 유사〉 고구려 14대왕**

왕칭이나 이름 모두 대응이 되지 않는다.

부호부인(鳧好夫人) : **부이**(鳧伊)**〈유사〉 신라 51대 진성왕**(眞聖王) **때 유모**(乳母)

기사 속 시(詩)에 부이(鳧伊)라 적고 '부호'를 가리키는 것이라 하였다. 이 두 이름 사이의 대응관계는 확실하지 않다.

생호부인(生乎夫人) **또는 술례부인**(述禮夫人)**〈유사〉 신라 13대 미추니사금**(未鄒尼師今)**의 어머니**

生을 '살-'로 읽으면 乎와 합쳐 述禮와 대응이 될 수 있겠으나 일단은 다른 이름으로 본다.

서천 또는 지지나(西川 一云 祇之那)〈사기〉 신라 27대 선덕왕(善德王) 때 사지(舍知). 도독 품석의 보좌(都督 品釋의 補佐)

이 두 이름은 각각 다른 사람의 이름이다. 벼슬도 서천은 아찬(阿湌), 지지나는 사찬(沙湌)이라고 하였다.

석등보(昔登保)〈사기〉 : 석등야(昔登也)〈유사〉 신라 18대 실성왕(實聖王)의 외조(外祖)

이는 음운적으로나 자형상의 유사성이 없어 다른 이름으로 본다.

선(宣) 또는 효순(孝順)〈사기, 유사〉 백제 28대 법왕(法王)의 휘(諱)

<사기>와 <유사>에 같이 나오는데 순서가 다른 것으로 보아 서로 잘 통하는 이름의 표기일텐데 같은 이름의 이표기는 아니다.

성정(成貞) 또는 엄정(嚴貞)〈사기〉 : 선비배소왕후시엄정 원대아간지녀야(先妃陪昭王后謚嚴貞元大阿干之女也)〈유사〉 신라 33대 성덕왕(聖德王)의 비(妃)

成과 嚴 사이에는 별다른 대응관계를 찾을 수 없다. <유사>에 따르면 '엄정'은 시호(謚號)인 것 같다.

소수림왕(小獸林王) 또는 소해주류왕(小解朱留王) 고구려 17대왕

이병도(1982)는 소수림왕(小獸林王)을 한역(漢譯)하면 소무신왕(小武神王)이라 할 수 있다고 하였다. 大武神王의 다른 이름이 大解朱留王이고 小獸林王이 小解朱留王이면 무슨 공통성이 있을 것이다. <사기>에 대무신왕의 능지(陵地)를 대수촌원(大獸村原)이라 적고 있는데 村을 林의 오각(誤刻)으로 본다면 大獸林原이고 소수림왕의 능지가 소수림원임을 참작한다면 獸林과 解朱留는 어떤 대응관계를 가진다고 볼 수 있으나 현재로서는 그런 관계를 세우기가 어렵다.

습보갈문왕(習寶葛文王)〈사기, 유사〉 : 기보갈문왕(期寶葛文王)〈유사〉 신라 22대 지증왕(智證王)의 아버지

<사기>와 <유사>의 이름이 다른데 이들 사이에 대응이 되지 않으며 <유사>

의 習寶는 다른 사람일 것이다. 왜냐하면 <사기>에서 지증왕(智證王)이 내물마립간(奈勿麻立干)의 증손 습보갈문왕의 아들이라 하였고 <유사>의 기사 姓 朴氏…其父未詳祖阿珎宗卽習寶葛文王之子也의 습보는 이차돈(異次頓)의 아버지로 박씨라 하였는데 내물왕은 김씨이다.

사마(斯摩) 또는 륭(隆)〈사기〉 백제 24대 무녕왕(武寧王)의 휘(諱)

斯摩는 무녕왕릉(武寧王陵)의 지석(誌石)에서 확인하였다. 隆은 확실하지 않다. 중국의 <梁書>나 <南史>에 餘隆에 나올 뿐이므로 중국과의 외교문서에 사용하기 위한 왕명일지도 모르겠다는 설이 있다(이병도, 1982 : 403). 한편 隆은 백제 30대 의자왕(義慈王)의 왕자의 이름이다. 그렇다면 6대 조손(祖孫)의 이름이 같다고 볼 수 없으므로 무슨 착오임이 분명하다.

신검(神劍) 또는 견성(甄成)〈유사〉 견훤(甄萱)의 큰아들

두 이름 사이에 대응은 없다.

실성마립간(實聖麻立干) 또는 실주왕(實主王) 또는 보금왕(寶金王)〈유사〉 신라 18대 왕

이들 이름들도 대응관계를 찾을 수 없다.

심나(沈那) 또는 황천(煌川)〈사기〉 신라 때 장군 소나(素那)의 아버지

那와 川은 음독(音讀)과 석독(釋讀)의 대응으로 볼 수 있으나 沈과 煌의 대응이 분명치 않아 다른 이름으로 보았다.

아니부인(阿尼夫人) 또는 월명(月明) 비야(非也)〈유사〉 신라 28대 진덕왕(眞德王)의 어머니

지은이가 아니라 하였으므로 거론할 필요가 없다. 참고로 '아니부인'은 신라 4대 석탈해왕(昔脫解王)의 비(妃)이고 '월명부인'은 신라 28대 진덕왕(眞德王)의 어머니이다.

연우(延優) **또는 위궁**(位宮)〈사기〉 **고구려 10대 산상왕**(山上王)**의 휘**(諱)

<사기>에 <위서>를 인용하여 "6대 대조대왕(大祖大王) 궁(宮)이 낳자마자 눈을 떠서 능히 볼 수가 있었다. 그런데 그 증손(曾孫)인 산상왕(山上王)도 또한 낳자마자 눈을 떠서 사람을 봄이 그 증조와 같았다. 고구려에서는 서로 비슷한 것을 위(位)라 하므로 '위궁'이라 하였다."고 기술하였으나 594쪽에서 언급한 바와 같이 '산상왕'의 이름은 이이모(伊夷謨)이고 동천왕(東川王)의 이름은 '위궁'이다.

영양왕(嬰陽王) **또는 평양**(平陽)〈사기〉 **또는 평탕**(平湯)〈유사〉 **고구려 26대왕**

이 왕의 윗대 왕명들을 보면 安臧王, 安原王, 陽原王, 平原王 등 安, 原, 陽, 平 자들이 쓰이었으므로 '평양왕'이란 호칭도 가능하겠으나 전혀 다른 이름인지 착오인지 분간하기 어렵다. <유사>의 湯은 陽의 착오임이 분명하다.

예영(禮英) : **효진**(孝眞)〈사기〉 : **충공**(忠恭)〈유사〉 **신라 41대 헌덕왕비**(憲德王妃)**의 아버지**

이 세 이름 사이에는 아무런 대응관계를 찾을 수 없다. '충공'은 다른 사람 같다.

용수(龍樹) **또는 용춘**(龍春)〈사기, 유사〉 **신라 26대 진평왕**(眞平王) **때 이찬**(伊湌). **김춘추**(金春秋=太宗武烈王)**의 아버지**

두 책에서 순서가 다른데 이것으로 보아 아주 다른 이름이 아닌 것 같다. 그러나 樹와 春은 대응되지 않는다.

운제부인(雲帝夫人) **또는 아루부인**(阿婁夫人)〈사기〉 **신라 2대왕 남해차차웅**(南解次次雄)**의 비**(妃)

<유사>에는 일명(一名)이 없고 4대 탈해니사금(脫解尼師今)의 비를 아로부인(阿老夫人=남해왕의 딸)으로 적고 있는 것으로 보아 혹시 무슨 착오에서 온 것이 아닌가 한다.

륭(隆) **또는 효**(孝)**라 하는데 잘못이다.**〈유사〉 **백제 31대 의자왕**(義慈王)**의 태자**

이것은 착각에서 온 것으로 태자는 '효'이고 '룽'은 셋째 아들이다. <유사> 지은이가 틀렸다고 했다.

위문(魏文)〈사기〉 : **훈입**(訓入)〈유사〉 **신라 38대 원성왕**(元聖王)**의 할아버지**
추봉명(追封名) 홍평대왕(興平大王)이 같으므로 한 사람의 이름은 틀림 없는데 대응관계는 모르겠다.

의명황태후(義明皇太后)〈사기〉 : **문자왕후**(文資王后)〈유사〉 **신라 52대 효공왕**(孝恭王)**의 어머니**
같은 사람임이 분명하니 다른 이름이다. 다만 한쪽은 김씨(金氏)인데 어머니를 높여 의명황태후로 하였다 하고 한쪽은 어머니 문자왕후라 하였으니 '의명황태후'는 높여 부른 이름이다.

의성왕후(義成王后)〈사기〉 : **자성왕후**(資成王后) **또는 의성**(懿成) **또는 효자**(孝資)〈유사〉 **신라 53대 신덕왕**(神德王)**의 비**
'의성왕후'는 추존명(追尊名)인데 의성(義成)과 의성(懿成)과 자성(資成)의 대응은 587쪽, 590쪽에서 본 바 있고 효자(孝資)와는 대응이 안된다. 따라서 다른 이름으로 본다.

이련(伊連) **또는 어지지**(於只支)〈사기〉, **이속**(伊速) : **어지지**〈유사〉 **고구려 18대 고국양왕**(故國壤王)**의 휘**(諱)
'이련'과 '어지지'는 그 대응을 찾지 못하였는데 고구려 인명에 於자를 자주 쓴 듯 6대 대조대왕(大祖大王)의 소명(小名)이 어수(於漱), 8대 신대왕(新大王) 때 좌보(左輔)가 어지류(菸支留), 9대 고국천왕(故國川王) 때 중외대부(中外大夫) 패자(沛者)가 어비류(於畀留), 11대 동천왕(東川王) 때 우태(于台) 명림오수(明臨於漱) 등의 예가 있다. 伊速은 잘못 적은 것으로 보인다.

이리부인, 기리부인(伊利夫人 企利夫人)〈사기〉 : **예생부인**(禮生夫人)〈유사〉 **신라 18대**

실성왕(實聖王)**의 어머니**
伊와 企는 음운론적 대응이라 볼수도 있겠으나 조금 무리이고 禮生과는 전혀 다른 이름이다.

▌익성대왕(翌成大王)**〈사기〉 : 흥성대왕**(興聖大王)**〈유사〉 신라 43대 희강왕**(僖康王)**의 아버지 헌정**(憲貞) **각간**(角干)**의 추봉명**(追封名)
분명히 같은 사람인데 추봉명이 다르다. 무슨 혼동에서 온 것인지 아주 다른 이름인지 판단하기 어렵다.

▌일지갈문왕(日知葛文王), **허루왕**(許婁王)**〈사기〉 : 사요왕**(辭要王)**〈유사〉 신라 3대 유리왕비**(儒理王妃)**의 아버지**
'일지'와 '허루'는 다른 이름이라 하였으므로 문제가 아니고 '사요'와도 다른 사람인지 다른 이름인지도 판단하기 어렵다.

▌잉피공(仍皮公) **또는 적대공**(赤大公)**〈유사〉 신라 원효**(元曉)**의 할아버지**
두 이름 사이에 아무런 대응관계를 찾을 수 없다.

▌자의왕후(慈儀王后)**〈사기, 유사〉 : 자눌왕후**(慈訥王后)**〈유사〉 신라 30대 문무왕**(文武王)**의 비**(妃)
공통적으로 慈儀(義)로 적고 있으나 <유사>에 慈訥이 나온다. 착오가 아니라면 다른 이름일 것이다.

▌정계부인(貞繼夫人) **또는 정종태후**(定宗太后)**〈사기〉 신라 46대 문성왕**(文聖王)**의 어머니**
'태후'는 왕모(王母)나 전왕비에 대란 호칭이고 '부인'은 왕후가 되기 전의 이름밑에 붙여 썼다. 그러므로 이 이름은 근본적으로 다른 이름이라고 볼 만하다. 그러나 <유사>에서는 정종태후(貞從太后)라 하였으므로 定宗과는 아주 유사한 표기이며 591쪽에서 본 바와 같이 貞繼와 貞從의 자형상 유사한 데서 오는 오기라면 이들은 음운론적(音韻論的) 대응이 되는 것이라 볼 수도 있다.

제륭(悌隆) 또는 제옹(悌顒)〈사기〉 신라 43대 희강왕(僖康王)의 휘(諱)

隆과 顒은 대응이 되지 않는다.

조명부인(照明夫人)〈사기〉 : 흔명부인(昕明夫人)〈유사〉 신라 47대 헌안왕(憲安王)의 어머니

照와 昕은 의미상 통할 수 있으나 잘 대응되지 않으므로 다른 이름으로 본다.

좌지왕(坐知王) 또는 김토왕(金吐王)〈유사〉 가락국(駕洛國) 6대왕

金은 성씨로 보아야겠는데 坐知와 吐 내지는 叱 사이에는 아무런 대응관계도 찾을 수 없다.

준정(俊貞)〈사기〉 : 교정낭(姣貞娘)〈유사〉 신라 24대 진흥왕(眞興王) 때 원화(源花)로 뽑힌 여자

이것은 俊과 姣의 유사성이 적어 어떤 착오거나 다른 이름이라 본다.

중희(重熙) 또는 청명(淸明)〈유사〉 신라 25대 애장왕(哀莊王)의 휘(諱)

원 이름이 '청명'인데 다시 '중희'라 고쳤다고 했는데<사기> 아마 다른 이름일 것이다.

지소부인(只召夫人) 또는 식도부인(息道夫人)〈유사〉 신라 24대 진흥왕(眞興王)의 어머니

<사기>에는 이름이 나오지 않으나 성은 김씨(金氏), 법흥왕(法興王)의 딸이라 적고 있다. 그런데 <유사>에 박씨(朴氏)라 하였으니 어느 한 쪽이 틀린 것이다. 只召와 息道 사이에는 대응관계를 찾을 수 없다.

질지왕(銍知王) 또는 김질(金銍)〈유사〉 가락국(駕洛國) 8대왕

金은 성씨이고 '질지'와 '질'은 음절의 차이가 있지만 두 이름 사이에는 관련이 있는 듯하다.

창(菖) 또는 명(明)〈유사〉 백제 27대 위덕왕(威德王)의 휘(諱)

'창'과 '명' 사이에는 대응관계를 찾을 수 없다.

취희왕(吹希王) 또는 질가(叱嘉) 또는 김희(金喜)〈유사〉 가락국(駕洛國) 7대왕

'王曆'에는 성씨를 붙였고 '紀異'에는 吹를 叱로 잘못 썼고 希와 대응되는 喜도 嘉로 잘못 쓴 것이다.

포도부인(包道夫人)〈사기〉: 미도부인(美道夫人), 또는 심내부인(深乃夫人) 또는 파리부인(巴利夫人)〈유사〉 신라 43대 희강왕(僖康王)의 어머니

<유사>에 3가지 이름이 나오는데 비슷한 것이 없으며 <사기>와도 대응이 안 된다.

헌정(憲貞) 또는 초노(草奴)〈사기〉 신라 43대 희강왕(僖康王)의 아버지

38대 원성왕(元聖王)에게는 인겸, 의영, 예영(仁謙, 義英, 禮英) 등 세 아들이 있었고 '예영'에게는 헌정, 균정(憲貞, 均貞) 두 아들이 있었다. 위에서 보면 형제간에 같은 글자를 이름으로 가진 예들을 본다. 그러므로 '헌정'이 일반으로 쓰인 이름인 것 같고 '초노'는 혹 아명(兒名)인지 모르겠다.

4) 두 이름의 음절수가 다른 것

개로왕(蓋鹵王) 또는 근개로왕(近蓋鹵王)〈사기〉 백제 21대 왕

이는 4대 개루왕(蓋婁王)과 구별하기 위함인 듯한데 鹵와 婁는 음이 아주 비슷하다. 따라서 구별하기 위하여 뒤 왕에게 近자를 붙인 것 같다. 5대 초고왕(肖古王)과 13대 근초고왕(近肖古王), 6대 구수왕(仇首王)과 14대 근구수왕(近仇首王)도 같은 경우로 본다.

근구수왕(近仇首王) 또는 휘수(諱須)〈사기〉 백제 14대왕

위에서 말한 바인데 諱須가 문제이다. 백제의 왕 이름 중 다른 이름이 있는 경우 그 표시방법이 一云이 2개, 或云이 9개, 或作이 1개인데 이것들은 대부분 같은 이름의 이표기(異表記)이거나 또는 오기(誤記)인 것이며 특히 휘(諱)를 적은 것은 21대 개로왕, 24대 동성왕(東城王)부터 30대 무왕(武王)까지이다. 그러므로 14대 近仇首王에 一云諱須는 조금 이상하다. 외형상으로는 仇首의 한 음절을 적은 것 같지만 자세히 보면 앞 6대 仇首王이 貴須라 되어 있는데 仇首와 貴須는 같은 이름의 표기임을 제2부－1.－1), 2)에서 보았다. 그러므로 여기서의 諱須는 6대 仇首王과 착각하여 貴須로 쓴다는 것이 잘못 되었거나 諱자가 다른 글자의 오기(誤記)이거나 한 것으로 본다.

만(曼)〈사기〉 : 만헌(曼憲)〈유사〉 신라 51대 진성왕(眞聖王)의 휘(諱)

<사기>와 <유사> 사이에 음절의 차이가 있으나 어느 것이 옳은지는 모르겠다.

수성(遂成)〈사기〉 : 수(遂)〈유사〉 고구려 7대 차대왕(次大王)의 휘(諱)

두 책 사이에 음절의 차이가 있는데 어느 쪽이 옳은지 모르겠다.

원(元) : 대원(大元)〈사기, 유사〉 고구려 26대 영양왕(嬰陽王)의 휘(諱)

元이 원이름인 것 같고 大는 후에 붙인 것 같다.

장(藏) 또는 보장(寶藏)〈사기〉 고구려 28대왕

나라를 잃은 까닭에 시호(諡號)는 없다고 하였다. 소제목에는 보장왕(寶藏王)이라 하였다. 寶가 무엇을 의미하는지는 알 길이 없다. <사기>에 항왕(降王)의 손자인 보원(寶元)을 조선군왕(朝鮮郡王)으로 삼았다는 기사가 있는데 그 다음 해 기록에는 항왕의 아들 덕무(德武)에 대한 이야기가 나오므로 무슨 관련이 있다고 보기는 어렵다. <유사>에는 보장왕으로만 되어 있는 것으로 보아 藏은 중국식으로 낮잡아서 부른 것이라 본다.

5) 고려왕(高麗王)의 휘자(諱字)를 피한 표기명

고려 2대 혜종(惠宗)의 휘자가 武이므로 왕명의 武를 자형이 비슷한 虎자로 바꿔 쓴 것이다. <유사>에만 나타난다.

▌男武 : 男虎 高句麗 9대 故國川王의 이름

大武神王 : 大虎神王 고구려 3대왕

武寧王 : 虎寧王 백제 24대왕

文武王 : 文虎王 신라 30대왕

神武王 : 神虎王 신라 45대왕

이상 武자를 虎자로 바꾸어 쓴 예를 들었는데 심지어 주 무왕(周 武王)도 虎王으로 적은 예도 있다. <유사 1 기이 고조선> 그러나 武자를 쓴 예도 있다.

6) 같은 사람이라 했는데 실제로는 다른 사람인 것

▌충효(忠孝) 또는 중공(重恭)〈유사〉

신라 43대 희강왕(僖康王)의 비 문목왕후(文穆王后)의 아버지인데 <사기>에는 충공(忠恭)이라 했으니 이름에서 한 자씩 떼어 두 이름을 만든 것인지 '충공'과 '중공'을 한 이름으로 보아 '충효'가 다른 이름인지는 판단이 안 선다.

▌파호갈문왕 또는 질희각간 또는 미흔각간(巴胡葛文王 : 叱希角干 : 未欣角干) 신라 20대 자비마립간(慈悲麻立干) 비(妃)의 아버지

未欣은 <사기>의 未斯欣 과 같은 인물이며 叱希와 未欣은 <유사>에 복수인명으로 나왔음을 보았다. 그러나 巴胡란 이름은 미사흔과 관련되지 않는다. 혹 후궁이나 다른 비빈(妃嬪)의 아버지 이름인지도 모르겠다.

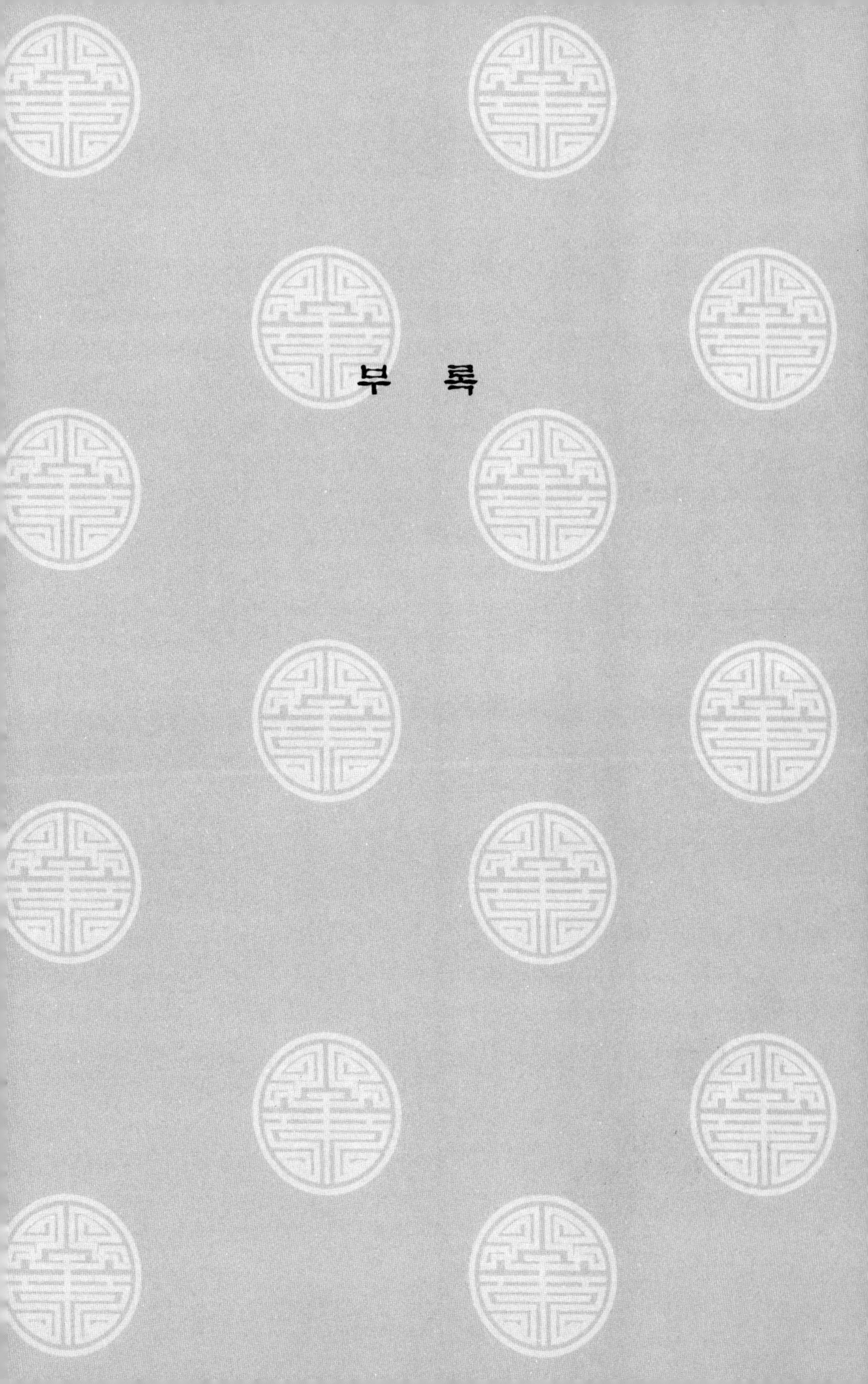

부 록

삼국의 왕실 세계도(王室 世系圖)

고구려

기원전 37년~기원후 668년
28대 705년

高 氏

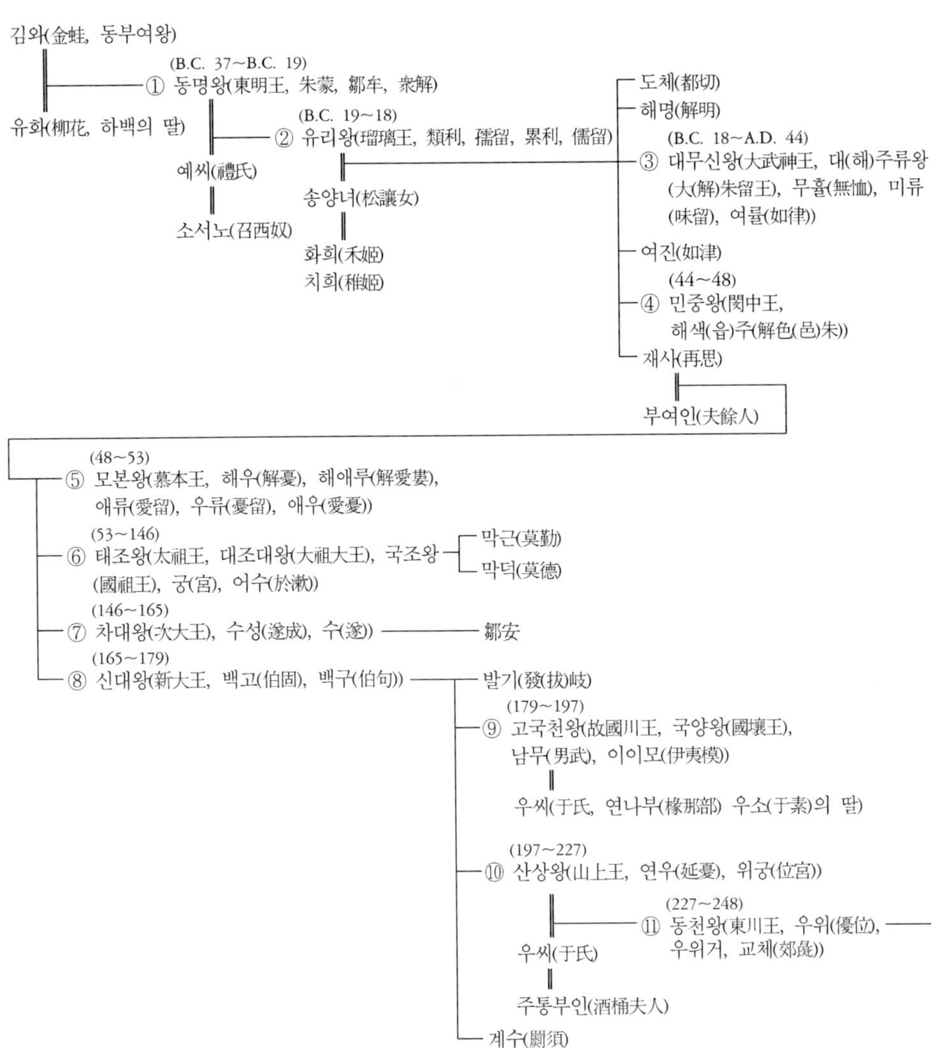

김와(金蛙, 동부여왕)
유화(柳花, 하백의 딸)
(B.C. 37~B.C. 19)
① 동명왕(東明王, 朱蒙, 鄒牟, 衆解)
예씨(禮氏)
소서노(召西奴)
(B.C. 19~18)
② 유리왕(瑠璃王, 類利, 孺留, 累利, 儒留)
송양녀(松讓女)
화희(禾姬)
치희(稚姬)
도체(都切)
해명(解明)
(B.C. 18~A.D. 44)
③ 대무신왕(大武神王, 대(해)주류왕(大(解)朱留王), 무휼(無恤), 미류(味留), 여률(如律))
여진(如津)
(44~48)
④ 민중왕(閔中王, 해색(읍)주(解色(邑)朱))
재사(再思)
부여인(夫餘人)
(48~53)
⑤ 모본왕(慕本王, 해우(解憂), 해애루(解愛婁), 애류(愛留), 우류(憂留), 애우(愛憂))
(53~146)
⑥ 태조왕(太祖王, 대조대왕(大祖大王), 국조왕(國祖王), 궁(宮), 어수(於漱))
막근(莫勤)
막덕(莫德)
(146~165)
⑦ 차대왕(次大王), 수성(遂成), 수(遂))
鄒安
(165~179)
⑧ 신대왕(新大王, 백고(伯固), 백구(伯句))
발기(發(拔)岐)
(179~197)
⑨ 고국천왕(故國川王, 국양왕(國壤王), 남무(男武), 이이모(伊夷模))
우씨(于氏, 연나부(椽那部) 우소(于素)의 딸)
(197~227)
⑩ 산상왕(山上王, 연우(延憂), 위궁(位宮))
우씨(于氏)
주통부인(酒桶夫人)
(227~248)
⑪ 동천왕(東川王, 우위(優位), 우위거, 교체(郊彘))
계수(罽須)

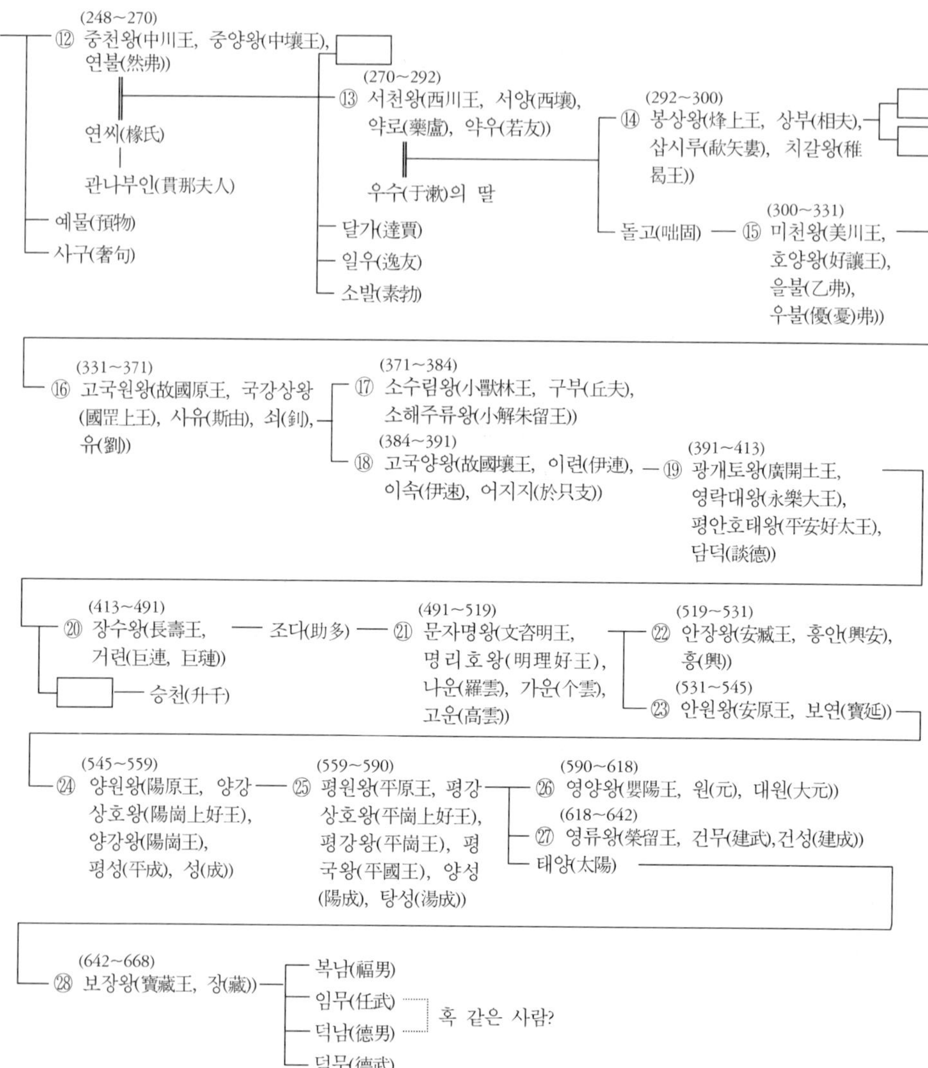
(248~270)
⑫ 중천왕(中川王, 중양왕(中壤王), 연불(然弗))
연씨(椽氏)
관나부인(貫那夫人)
예물(預物)
사구(奢句)
(270~292)
⑬ 서천왕(西川王, 서양(西壤), 약로(藥盧), 약우(若友))
우수(于漱)의 딸
달가(達賈)
일우(逸友)
소발(素勃)
(292~300)
⑭ 봉상왕(烽上王, 상부(相夫), 삽시루(歃矢婁), 치갈왕(稚葛王))
돌고(咄固)
(300~331)
⑮ 미천왕(美川王, 호양왕(好讓王), 을불(乙弗), 우불(優(憂)弗))
(331~371)
⑯ 고국원왕(故國原王, 국강상왕(國罡上王), 사유(斯由), 쇠(釗), 유(劉))
(371~384)
⑰ 소수림왕(小獸林王, 구부(丘夫), 소해주류왕(小解朱留王))
(384~391)
⑱ 고국양왕(故國壤王, 이련(伊連), 이속(伊速), 어지지(於只支))
(391~413)
⑲ 광개토왕(廣開土王, 영락대왕(永樂大王), 평안호태왕(平安好太王), 담덕(談德))
(413~491)
⑳ 장수왕(長壽王, 거련(巨連, 巨璉))
승천(升千)
조다(助多)
(491~519)
㉑ 문자명왕(文咨明王, 명리호왕(明理好王), 나운(羅雲), 가운(个雲), 고운(高雲))
(519~531)
㉒ 안장왕(安臧王, 흥안(興安), 흥(興))
(531~545)
㉓ 안원왕(安原王, 보연(寶延))
(545~559)
㉔ 양원왕(陽原王, 양강상호왕(陽崗上好王), 양강왕(陽崗王), 평성(平成), 성(成))
(559~590)
㉕ 평원왕(平原王, 평강상호왕(平崗上好王), 평강왕(平崗王), 평국왕(平國王), 양성(陽成), 탕성(湯成))
(590~618)
㉖ 영양왕(嬰陽王, 원(元), 대원(大元))
(618~642)
㉗ 영류왕(榮留王, 건무(建武), 건성(建成))
태양(太陽)
(642~668)
㉘ 보장왕(寶藏王, 장(藏))
복남(福男)
임무(任武)
덕남(德男)
덕무(德武)
혹 같은 사람?

백 제

기원전 18년~기원후 660년
31대 678년

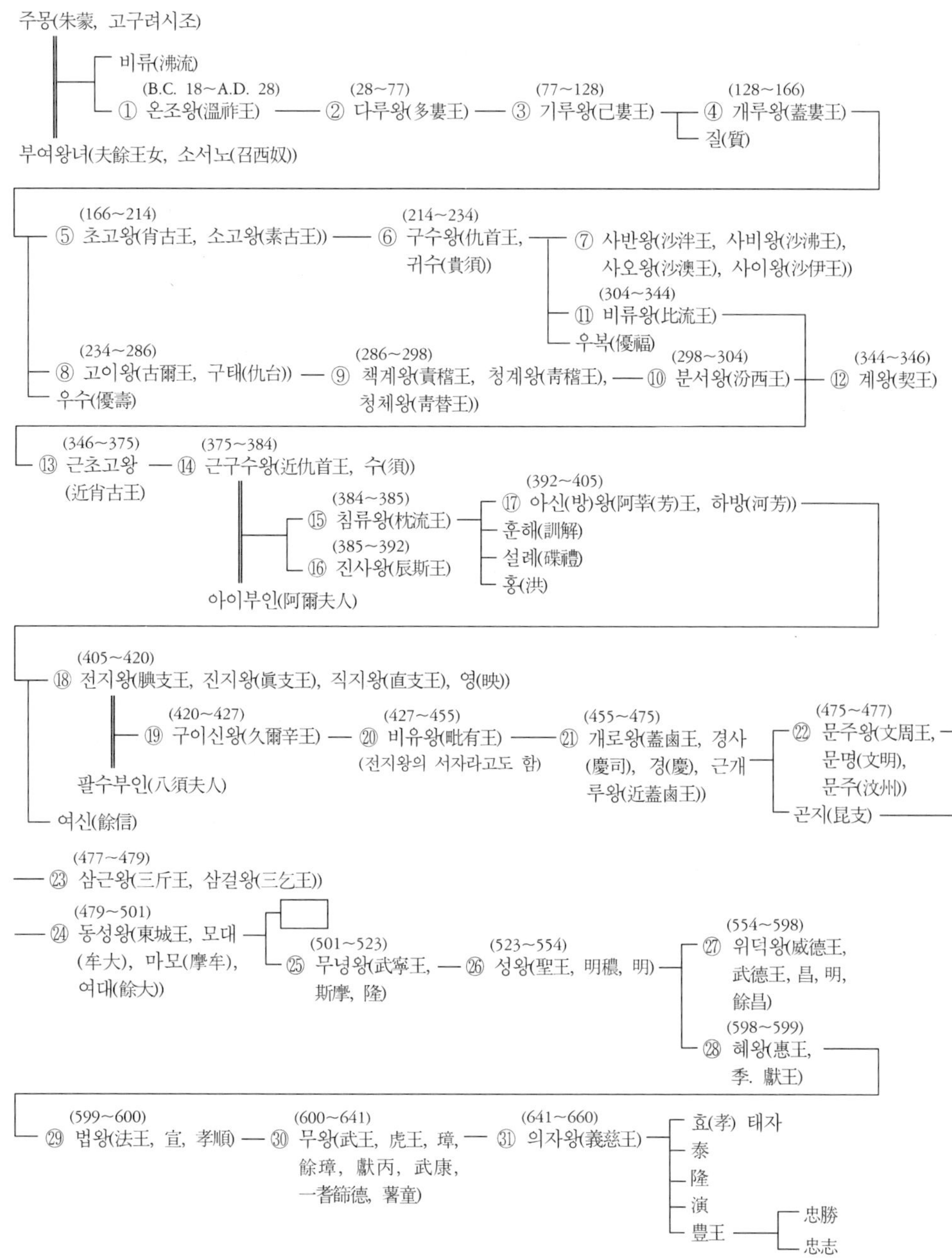

扶餘氏
주몽(朱蒙, 고구려시조)
비류(沸流)
(B.C. 18~A.D. 28)
① 온조왕(溫祚王)
(28~77)
② 다루왕(多婁王)
(77~128)
③ 기루왕(己婁王)
(128~166)
④ 개루왕(蓋婁王)
질(質)
부여왕녀(夫餘王女, 소서노(召西奴))
(166~214)
⑤ 초고왕(肖古王, 소고왕(素古王))
(214~234)
⑥ 구수왕(仇首王, 귀수(貴須))
⑦ 사반왕(沙泮王, 사비왕(沙沸王), 사오왕(沙澳王), 사이왕(沙伊王))
(304~344)
⑪ 비류왕(比流王)
우복(優福)
(234~286)
⑧ 고이왕(古爾王, 구태(仇台))
(286~298)
⑨ 책계왕(責稽王, 청계왕(靑稽王), 청체왕(靑替王))
(298~304)
⑩ 분서왕(汾西王)
(344~346)
⑫ 계왕(契王)
우수(優壽)
(346~375)
⑬ 근초고왕 (近肖古王)
(375~384)
⑭ 근구수왕(近仇首王, 수(須))
(384~385)
⑮ 침류왕(枕流王)
(385~392)
⑯ 진사왕(辰斯王)
아이부인(阿爾夫人)
(392~405)
⑰ 아신(방)왕(阿莘(芳)王, 하방(河芳))
훈해(訓解)
설례(碟禮)
홍(洪)
(405~420)
⑱ 전지왕(腆支王, 진지왕(眞支王), 직지왕(直支王), 영(映))
(420~427)
⑲ 구이신왕(久爾辛王)
팔수부인(八須夫人)
(427~455)
⑳ 비유왕(毗有王)
(전지왕의 서자라고도 함)
(455~475)
㉑ 개로왕(蓋鹵王, 경사(慶司), 경(慶), 근개루왕(近蓋鹵王))
(475~477)
㉒ 문주왕(文周王, 문명(文明), 문주(汶州))
곤지(昆支)
여신(餘信)
(477~479)
㉓ 삼근왕(三斤王, 삼걸왕(三乞王))
(479~501)
㉔ 동성왕(東城王, 모대(牟大), 마모(摩牟), 여대(餘大))
(501~523)
㉕ 무녕왕(武寧王, 斯摩, 隆)
(523~554)
㉖ 성왕(聖王, 明禯, 明)
(554~598)
㉗ 위덕왕(威德王, 武德王, 昌, 明, 餘昌)
(598~599)
㉘ 혜왕(惠王, 季. 獻王)
(599~600)
㉙ 법왕(法王, 宣, 孝順)
(600~641)
㉚ 무왕(武王, 虎王, 璋, 餘璋, 獻丙, 武康, 一耆篩德, 薯童)
(641~660)
㉛ 의자왕(義慈王)
효(孝) 태자
泰
隆
演
豊王
忠勝
忠志

신 라

기원전 57년~기원후 935년
朴氏 10王, 昔氏 8王, 金氏 38王, 56대 992년

朴氏

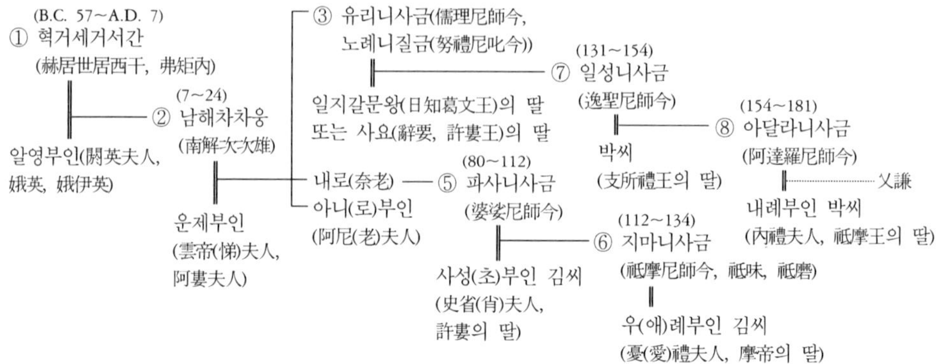

(B.C. 57~A.D. 7)
① 혁거세거서간
(赫居世居西干, 弗矩內)
알영부인(閼英夫人,
娥英, 娥伊英)
(7~24)
② 남해차차웅
(南解次次雄)
운제부인
(雲帝(悌)夫人,
阿婁夫人)
③ 유리니사금(儒理尼師今,
노례니질금(努禮尼叱今))
일지갈문왕(日知葛文王)의 딸
또는 사요(辭要, 許婁王)의 딸
(131~154)
⑦ 일성니사금
(逸聖尼師今)
박씨
(支所禮王의 딸)
(154~181)
⑧ 아달라니사금
(阿達羅尼師今)
乂謙
내례부인 박씨
(內禮夫人, 祇摩王의 딸)
내로(奈老)
(80~112)
⑤ 파사니사금
(婆娑尼師今)
아니(로)부인
(阿尼(老)夫人)
사성(초)부인 김씨
(史省(肖)夫人,
許婁의 딸)
(112~134)
⑥ 지마니사금
(祇摩尼師今, 祇味, 祇磨)
우(애)례부인 김씨
(憂(愛)禮夫人, 摩帝의 딸)

昔氏

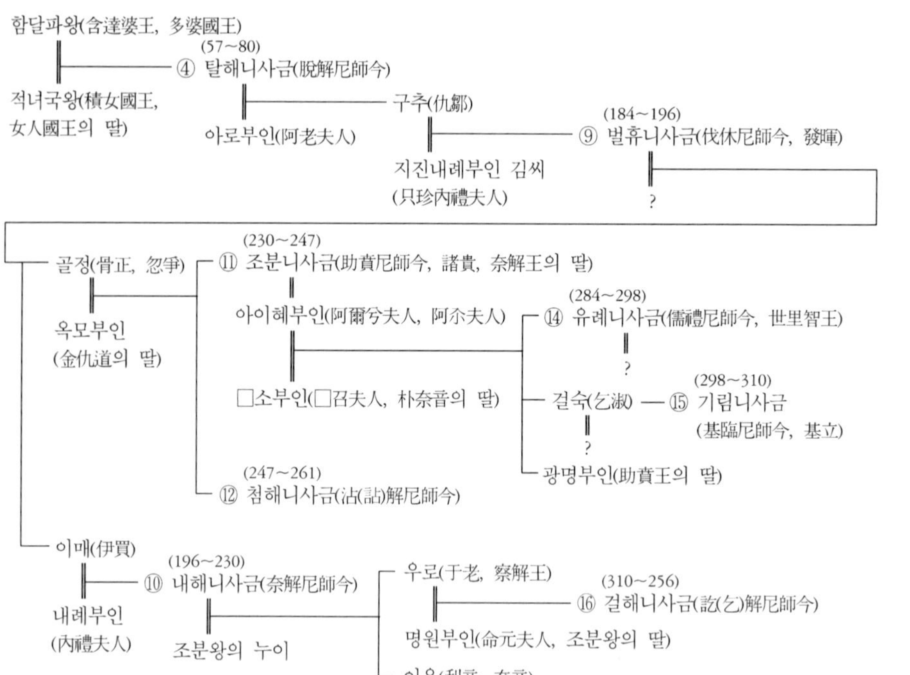

함달파왕(含達婆王, 多婆國王)
적녀국왕(積女國王,
女人國王의 딸)
(57~80)
④ 탈해니사금(脫解尼師今)
아로부인(阿老夫人)
구추(仇鄒)
지진내례부인 김씨
(只珍內禮夫人)
(184~196)
⑨ 벌휴니사금(伐休尼師今, 發暉)
?
골정(骨正, 忽爭)
옥모부인
(金仇道의 딸)
(230~247)
⑪ 조분니사금(助賁尼師今, 諸貴, 奈解王의 딸)
아이혜부인(阿爾兮夫人, 阿尒夫人)
□소부인(□召夫人, 朴奈音의 딸)
(284~298)
⑭ 유례니사금(儒禮尼師今, 世里智王)
?
걸숙(乞淑)
?
(298~310)
⑮ 기림니사금
(基臨尼師今, 基立)
광명부인(助賁王의 딸)
(247~261)
⑫ 첨해니사금(沾(詀)解尼師今)
이매(伊買)
내례부인
(內禮夫人)
(196~230)
⑩ 내해니사금(奈解尼師今)
조분왕의 누이
우로(于老, 察解王)
명원부인(命元夫人, 조분왕의 딸)
(310~256)
⑯ 걸해니사금(訖(乞)解尼師今)
이음(利音, 奈音)

金 氏

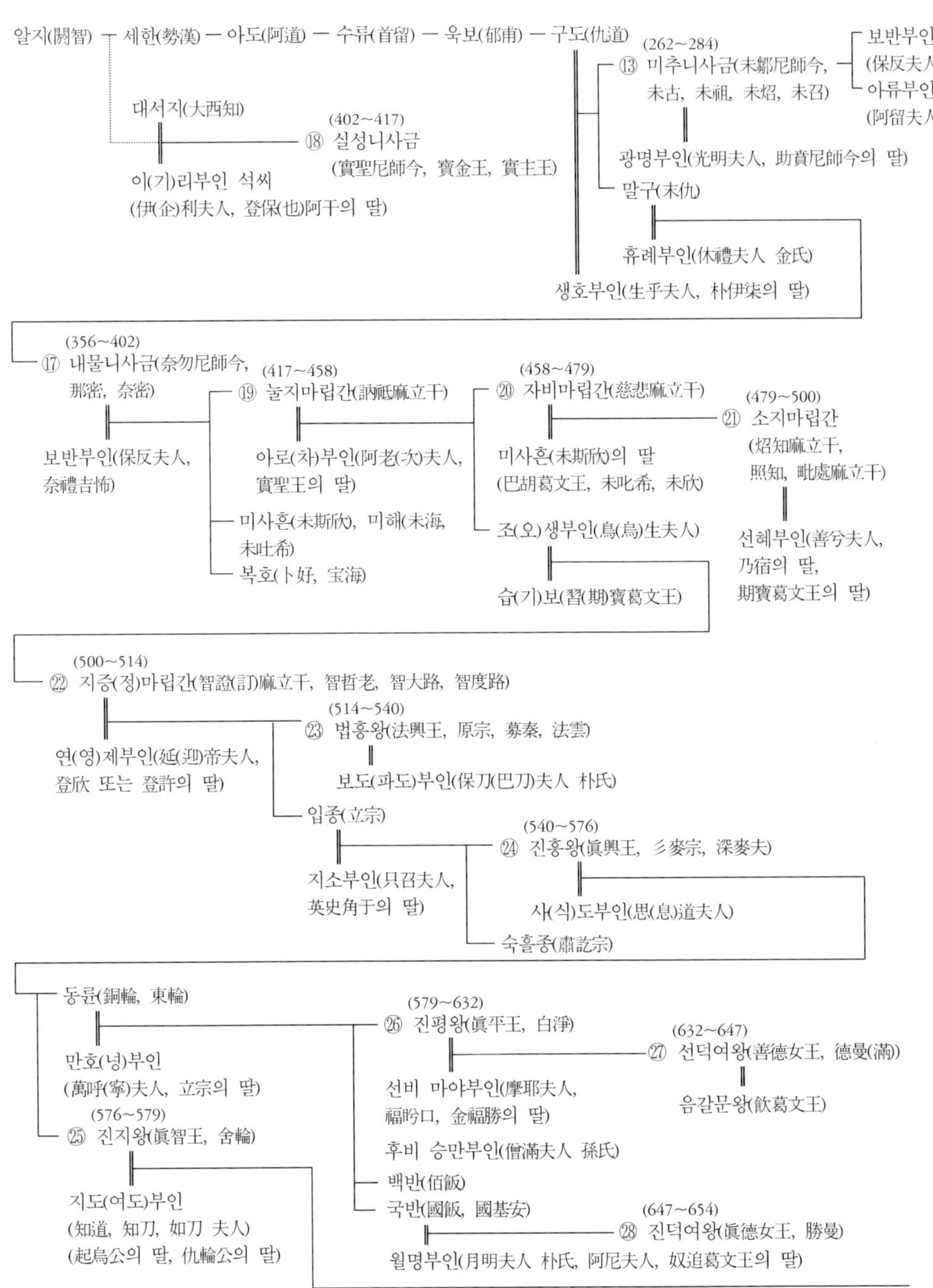

알지(閼智)
세한(勢漢)
아도(阿道)
수류(首留)
욱보(郁甫)
구도(仇道)
(262~284)
⑬ 미추니사금(未鄒尼師今, 未古, 未祖, 未炤, 未召)
보반부인(保反夫人)
아류부인(阿留夫人)
광명부인(光明夫人, 助賁尼師今의 딸)
말구(末仇)
휴례부인(休禮夫人 金氏)
생호부인(生乎夫人, 朴伊柒의 딸)
대서지(大西知)
이(기)리부인 석씨
(伊(企)利夫人, 登保(也)阿干의 딸)
(402~417)
⑱ 실성니사금
(實聖尼師今, 寶金王, 實主王)
(356~402)
⑰ 내물니사금(奈勿尼師今, 那密, 奈密)
보반부인(保反夫人, 奈禮吉怖)
(417~458)
⑲ 눌지마립간(訥祗麻立干)
아로(차)부인(阿老(次)夫人, 實聖王의 딸)
미사흔(未斯欣), 미해(未海, 未吐希)
복호(卜好, 宝海)
(458~479)
⑳ 자비마립간(慈悲麻立干)
미사흔(未斯欣)의 딸
(巴胡葛文王, 未叱希, 未欣)
조(오)생부인(鳥(烏)生夫人)
습(기)보(習(期)寶葛文王)
(479~500)
㉑ 소지마립간
(炤知麻立干, 照知, 毗處麻立干)
선혜부인(善兮夫人, 乃宿의 딸, 期寶葛文王의 딸)
(500~514)
㉒ 지증(정)마립간(智證(訂)麻立干, 智哲老, 智大路, 智度路)
연(영)제부인(延(迎)帝夫人, 登欣 또는 登許의 딸)
(514~540)
㉓ 법흥왕(法興王, 原宗, 募秦, 法雲)
보도(파도)부인(保刀(巴刀)夫人 朴氏)
입종(立宗)
지소부인(只召夫人, 英史角干의 딸)
(540~576)
㉔ 진흥왕(眞興王, 彡麥宗, 深麥夫)
사(식)도부인(思(息)道夫人)
숙흘종(肅訖宗)
동륜(銅輪, 東輪)
만호(녕)부인
(萬呼(寧)夫人, 立宗의 딸)
(576~579)
㉕ 진지왕(眞智王, 舍輪)
지도(여도)부인
(知道, 知刀, 如刀 夫人)
(起烏公의 딸, 仇輪公의 딸)
(579~632)
㉖ 진평왕(眞平王, 白淨)
선비 마야부인(摩耶夫人, 福肹口, 金福勝의 딸)
후비 승만부인(僧滿夫人 孫氏)
백반(伯飯)
국반(國飯, 國基安)
(632~647)
㉗ 선덕여왕(善德女王, 德曼(滿))
음갈문왕(飮葛文王)
(647~654)
㉘ 진덕여왕(眞德女王, 勝曼)
월명부인(月明夫人 朴氏, 阿尼夫人, 奴追葛文王의 딸)

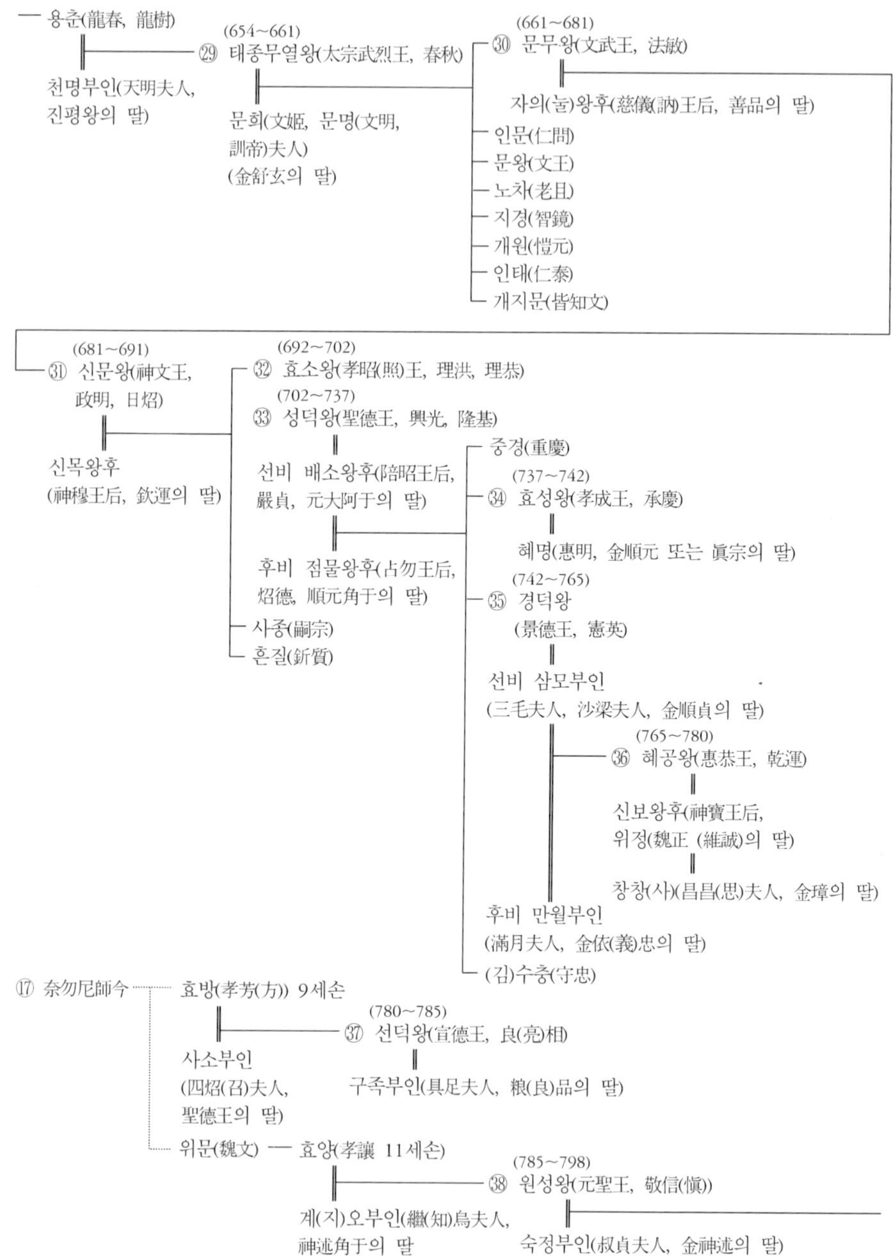

용춘(龍春, 龍樹)
천명부인(天明夫人,
진평왕의 딸)
(654~661)
㉙ 태종무열왕(太宗武烈王, 春秋)
문희(文姬, 문명(文明,
訓帝)夫人)
(金舒玄의 딸)
(661~681)
㉚ 문무왕(文武王, 法敏)
자의(눌)왕후(慈儀(訥)王后, 善品의 딸)
인문(仁問)
문왕(文王)
노차(老且)
지경(智鏡)
개원(愷元)
인태(仁泰)
개지문(皆知文)
(681~691)
㉛ 신문왕(神文王,
政明, 日炤)
신목왕후
(神穆王后, 欽運의 딸)
(692~702)
㉜ 효소왕(孝昭(照)王, 理洪, 理恭)
(702~737)
㉝ 성덕왕(聖德王, 興光, 隆基)
선비 배소왕후(陪昭王后,
嚴貞, 元大阿于의 딸)
후비 점물왕후(占勿王后,
炤德, 順元角于의 딸)
사종(嗣宗)
흔질(欣質)
중경(重慶)
(737~742)
㉞ 효성왕(孝成王, 承慶)
혜명(惠明, 金順元 또는 眞宗의 딸)
(742~765)
㉟ 경덕왕
(景德王, 憲英)
선비 삼모부인
(三毛夫人, 沙梁夫人, 金順貞의 딸)
(765~780)
㊱ 혜공왕(惠恭王, 乾運)
신보왕후(神寶王后,
위정(魏正 (維誠)의 딸)
창창(사)(昌昌(思)夫人, 金璋의 딸)
후비 만월부인
(滿月夫人, 金依(義)忠의 딸)
(김)수충(守忠)
⑰ 奈勿尼師今
효방(孝芳(方)) 9세손
사소부인
(四炤(召)夫人,
聖德王의 딸)
(780~785)
㊲ 선덕왕(宣德王, 良(亮)相)
구족부인(具足夫人, 粮(良)品의 딸)
위문(魏文) — 효양(孝讓 11세손)
계(지)오부인(繼(知)烏夫人,
神述角于의 딸
(785~798)
㊳ 원성왕(元聖王, 敬信(愼))
숙정부인(叔貞夫人, 金神述의 딸)

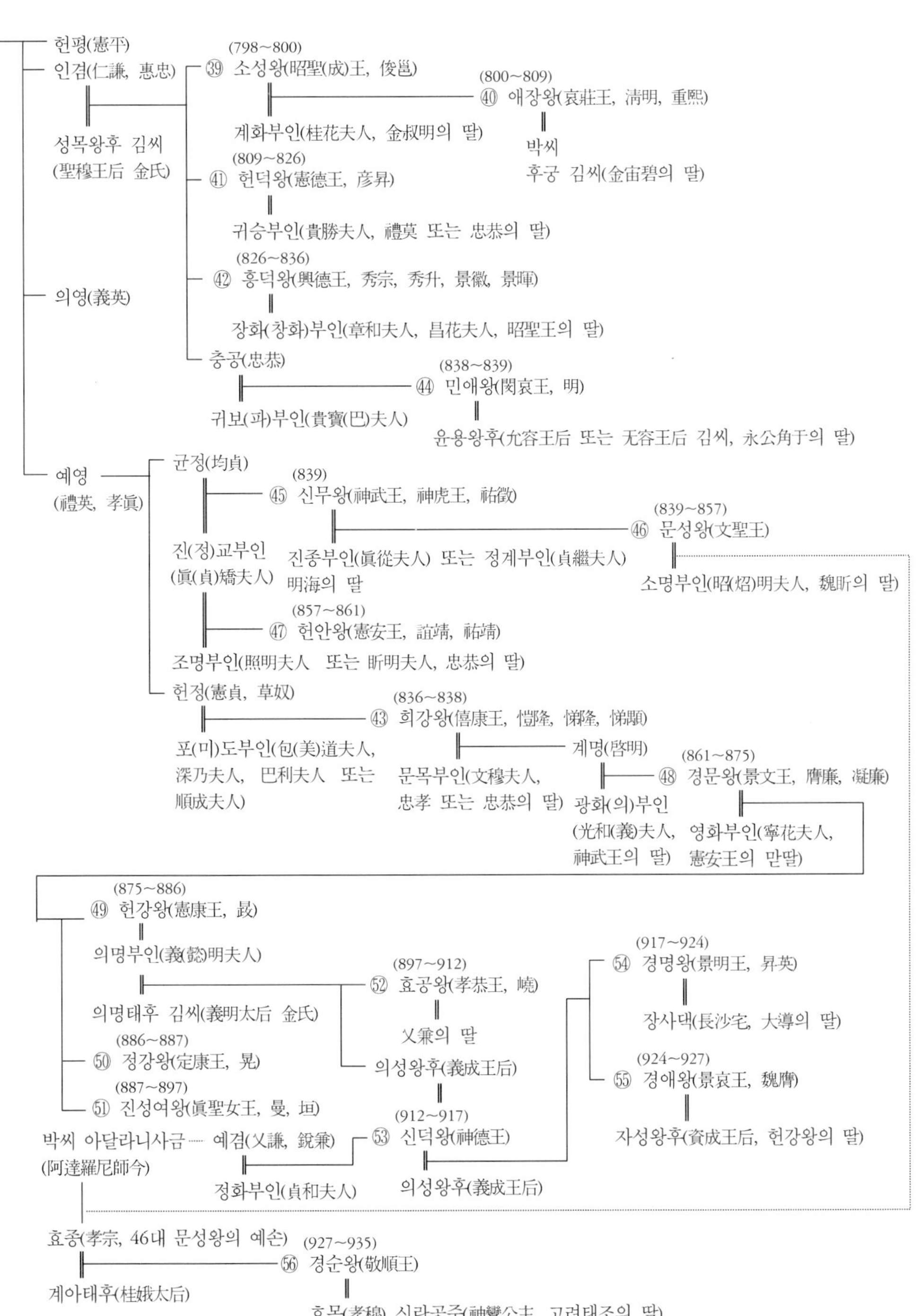
헌평(憲平)
인겸(仁謙, 惠忠)
성목왕후 김씨
(聖穆王后 金氏)
(798~800)
㊴ 소성왕(昭聖(成)王, 俊邕)
계화부인(桂花夫人, 金叔明의 딸)
(800~809)
㊵ 애장왕(哀莊王, 淸明, 重熙)
박씨
후궁 김씨(金宙碧의 딸)
(809~826)
㊶ 헌덕왕(憲德王, 彦昇)
귀승부인(貴勝夫人, 禮英 또는 忠恭의 딸)
(826~836)
㊷ 흥덕왕(興德王, 秀宗, 秀升, 景徽, 景暉)
의영(義英)
장화(창화)부인(章和夫人, 昌花夫人, 昭聖王의 딸)
충공(忠恭)
(838~839)
㊹ 민애왕(閔哀王, 明)
귀보(파)부인(貴寶(巴)夫人)
윤용왕후(允容王后 또는 无容王后 김씨, 永公角于의 딸)
예영
(禮英, 孝眞)
균정(均貞)
(839)
㊺ 신무왕(神武王, 神虎王, 祐徵)
(839~857)
㊻ 문성왕(文聖王)
진(정)교부인
(眞(貞)矯夫人)
진종부인(眞從夫人) 또는 정계부인(貞繼夫人)
明海의 딸
소명부인(昭(炤)明夫人, 魏昕의 딸)
(857~861)
㊼ 헌안왕(憲安王, 誼靖, 祐靖)
조명부인(照明夫人 또는 昕明夫人, 忠恭의 딸)
헌정(憲貞, 草奴)
(836~838)
㊸ 희강왕(僖康王, 愷隆, 悌隆, 悌顒)
포(미)도부인(包(美)道夫人,
深乃夫人, 巴利夫人 또는
順成夫人)
계명(啓明)
문목부인(文穆夫人,
忠孝 또는 忠恭의 딸)
(861~875)
㊽ 경문왕(景文王, 膺廉, 凝廉)
광화(의)부인
(光和(義)夫人,
神武王의 딸)
영화부인(寧花夫人,
憲安王의 맏딸)
(875~886)
㊾ 헌강왕(憲康王, 晸)
의명부인(義(懿)明夫人)
의명태후 김씨(義明太后 金氏)
(897~912)
㊿ 효공왕(孝恭王, 嶢)
乂兼의 딸
의성왕후(義成王后)
(886~887)
50 정강왕(定康王, 晃)
(887~897)
51 진성여왕(眞聖女王, 曼, 垣)
(917~924)
54 경명왕(景明王, 昇英)
장사댁(長沙宅, 大尊의 딸)
(924~927)
55 경애왕(景哀王, 魏膺)
자성왕후(資成王后, 헌강왕의 딸)
박씨 아달라니사금 ····· 예겸(乂謙, 銳兼)
(阿達羅尼師今)
정화부인(貞和夫人)
(912~917)
53 신덕왕(神德王)
의성왕후(義成王后)
효종(孝宗, 46대 문성왕의 예손)
(927~935)
56 경순왕(敬順王)
계아태후(桂娥太后)
효목(孝穆) 신란공주(神鸞公主, 고려태조의 딸)

가 락

42~532년
10대 491년

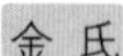

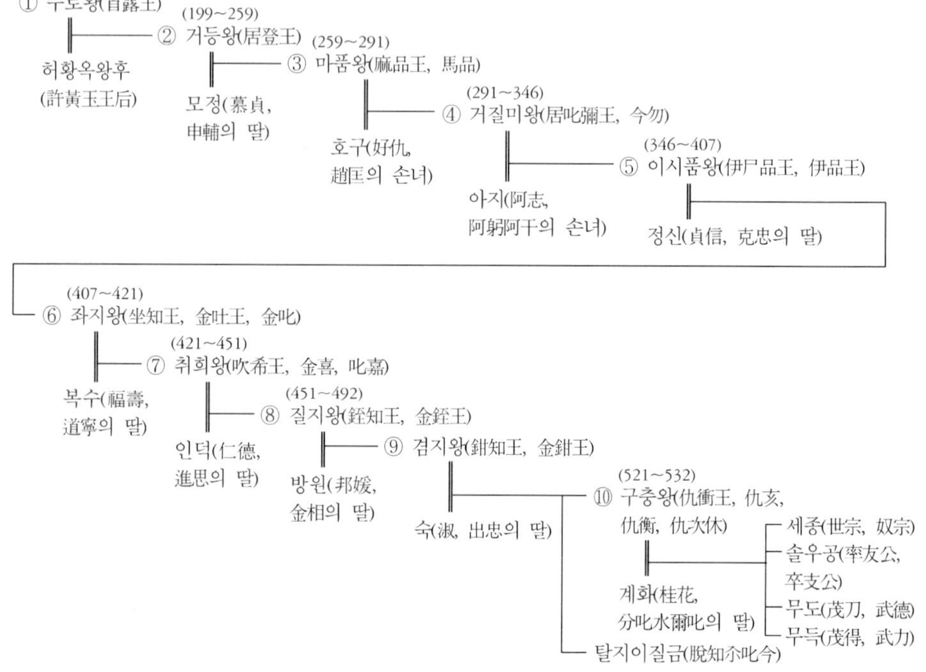

42~562년
16대 521년

① 이진아시(伊珍阿豉, 內珍朱智) ⑨ 이뇌(異腦) ⑯ 도설지(道設智)

발 해
699~926년
14대 228년

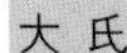
大 氏

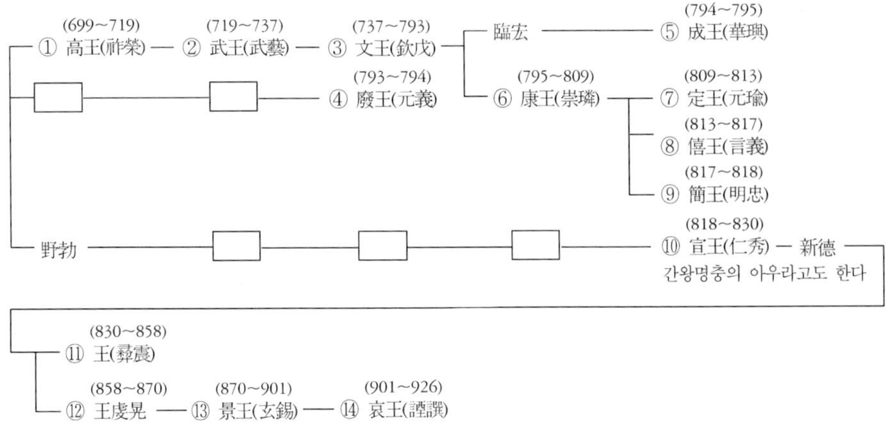
(699~719)
① 高王(祚榮)
(719~737)
② 武王(武藝)
(737~793)
③ 文王(欽茂)
臨宏
(794~795)
⑤ 成王(華璵)
(793~794)
④ 廢王(元義)
(795~809)
⑥ 康王(崇璘)
(809~813)
⑦ 定王(元瑜)
(813~817)
⑧ 僖王(言義)
(817~818)
⑨ 簡王(明忠)
野勃
(818~830)
⑩ 宣王(仁秀)
新德
간왕명충의 아우라고도 한다
(830~858)
⑪ 王(彝震)
(858~870)
⑫ 王虔晃
(870~901)
⑬ 景王(玄錫)
(901~926)
⑭ 哀王(諲譔)

삼국의 관직(官職)과 위계표(位階表)

신 라

신라의 관직은 복잡하고 자주 바뀌었으므로 여기서는 17관 위계(位階)를 간단히 소개하고 몇 개 부서의 예를 들어둔다.

太 太大角干 또는 上大等
大 大角干
① 伊伐湌=角干
② 伊尺湌=伊湌
③ 迊湌=蘇判
④ 波珍湌=海干
⑤ 大阿湌
⑥ 阿湌=重阿湌
⑦ 一吉湌
⑧ 沙湌
⑨ 級伐湌=級湌
⑩ 大奈麻=重奈麻
⑪ 奈麻=奈末
⑫ 大舍(韓舍)
⑬ 舍知(小舍)
⑭ 吉士(吉次)
⑮ 大烏(大烏知)
⑯ 小烏(烏知)
⑰ 造位(先沮知)

〈文官 職官票〉

職官知表題 官 職 名	官 階	備考(置廢)
上大等(上巨)		531년 설치
執事省 中侍 典大等 大舍 舍知 史	 2~5 6~11 11~13 12~13 14~17	本名은 稟主(祖主) 651년에 執事部로 개칭, 829년 執事省으로 고침
兵部 令 大監 弟監 努舍知 史 努幢	 太~5 6~? 11~13 12~13 12~17 12~17	
調部 令 卿 大舍 舍知 史	 太~? 6~? 11~13 12~13 12~17	584년에 설치 경덕왕 때 大府로 개칭 혜공왕 때 환원
京城周作典 令 卿 大舍 舍知 史	 大~58 6~11 10~13 12~13 12~17	경덕왕 때 修城府로 개칭 혜공왕 때 환원

外官職官票		
都督 仕臣(仕大等) 州助(州輔) 軍大守 長史(司馬) 仕大舍(少尹) 外司正 少守(制守) 縣令	2~9 4~9 6(重)~11 6(重)~13 10~13 10~13 10~? 8~17	785년 설치 564년 설치 673년 설치
浿江鎭典 頭上大監 大谷城頭上 大監 頭上弟監 弟監 步監 少監	 6(4重)~9 6(重)~13 10~13 11~? 8~17 12~17	 782년 설치

고구려 · 백제

官等		1品	2品	3品	4品	5品	6品	7品	8品	9品	10品	11品	12品	13品	14品	15品	16品
高句麗	三國志 魏 書	相加	對盧	沛者	古雛加	主簿	優台	丞	使者	皁衣	先人						
	周 書	太對盧	太大兄	大兄	小兄	意侯奢	烏拙	太大使者	大使者	小使者	褥奢	翳屬	先人	褥薩			
百濟	周 書	佐平	達率	恩率	德率	扞率	奈率	將德	施德	固德	季德	對德	文督	武監	佐軍	振武	克虞

삼국의 행정구역

신 라

경주의 행정구역은 건국 이전에 있던 육촌(六村)을 건국 후 행정구역으로 바꾼 것이다.

1. 알천양산촌(閼川楊山村) → 양부 또는 급량부(梁部 또는 及梁部)
2. 돌산고허촌(突山高墟村) → 사량부(沙梁部)
3. 취산진지촌(觜山珍支村) → 본피부(本彼部)
4. 무산대수촌(茂山大樹村) → 점량부 또는 모량부(漸梁部 牟梁部)
5. 금산가리촌(金山加利村) → 한기부(漢祇部)
6. 명활산고야촌(明活山高耶村) → 습비부(習比部)

고구려

압록강(鴨綠江) 지류 동가강(佟佳江) 유역에 살던 부족들이 결합하여 고구려를 형성하였다.

- 소노부(消奴部) → 서부(西部) 또는 우부(右部)
- 절노부(絶奴部) → 북부(北部) 또는 후부(後部)
- 순노부(順奴部) → 동부(東部) 또는 좌부(左部)
- 관노부(灌奴部) → 남부(南部) 또는 전부(前部)
- 계루부(桂婁部) → 내부(內部) 또는 황부(黃部)

를 중심으로 건국 후 5부의 행정구역으로 바꾸었다.

백 제

수도의 행정조직으로 5부를 나누었다.

- 상부(上部) → 동부(東部)
- 전부(前部) → 남부(南部)
- 중부(中部)
- 하부(下部) → 서부(西部)
- 후부(後部) → 북부(北部)

백제 16품 중 가장 높은 1품관인 좌평(佐平)은 6인데
내신(內臣), 내두(內頭), 내법(內法), 위사(衛士), 조정(朝廷), 병관(兵官)이다.

참고문헌

자료

김부식(金富軾) 등, <삼국사기(三國史記)> 고려 인조시.
영인본 : 1931년 조선인쇄주식회사 고전간행회.

일연(一然), <삼국유사(三國遺事)> 고려 충렬왕시. 1512년 간본이 전함.
영인본 : 1973년 민족문화추진회의 교감본.

조선총독부(1913~1919년), <조선금석총람(朝鮮金石總覽)> 상 · 하.
영인본 : 1967년 경인문화사.

황수영(1985년), <한국금석유문(韓國金石遺文)> 일지사 4판.

정인지 등(1454년), <고려사(高麗史)>, <북역고려사>(1963년 사회과학원 고전연구실), (1992년) 신서원 편집부

신교본(新校本), <이십오사(二十五史)> 1975년 정문서국 인행.

번역, 주해, 기타 저서

이병도(1982년), <삼국사기> 역주본, 을유문화사.

이병도(1987년), <삼국유사> 역주본 수정판, 서울 : 명문당.

죽내이삼(竹內理三) 등(1979년 11쇄), 일본고대인명사전(日本古代人名辭典) 동경 길천홍문관(吉川弘文館)

판본태랑(坂本太郎) 등(1976년 16쇄), <일본서기(日本書紀)> 상 · 하 일본고전문학대계, 암파서점.

청목화부(青木和夫) 등 교주(1982년 2판), <고사기(古事記)>, 암파서점(岩波書店).

고목시지조(高木市之助) 등 교주(1981년 22판), <만엽집(萬葉集)>, 암파서점(岩波書店).

좌백유청(佐伯有淸) 편(1981년 6판), <신찬성씨록(新撰姓氏錄)>, 본문편 길천홍문관.

이홍직(李弘稙)(1980년 개정증보판), <국사대사전(國史大辭典)>, 상 · 하, 세진출판사.

양주동(梁柱東)(1942년), 조선고가연구(朝鮮古歌硏究), 서울 · 박문서관

장세경(1990), <고대차자복수인명표기연구(古代借字複數人名表記硏究)>, 국학자료원.

찾아보기

ㄱ

ㄷ

ㅁ

ㅂ

ㅅ

ㅇ

ㅈ

ㅊ

ㅎ

저자 **장세경**

연세대학교 문과대학 국어국문학과 졸업
동국대학교 대학원 문학박사
한양대학교 인문과학대학 국어국문학과 교수 역임
현재 한양대학교 명예교수

저서 『이두사전』(공저)
『고대차자 복수 인명 표기 연구』
『이두자료 읽기 사전』 외 역주본
이밖에 〈삼국사기〉와 〈삼국유사〉의 동일인명의 이표기에 대한 연구,
한양대 인문연구 11집(1986) 등 고대 인명에 관한 논문 7편

한양대학교 한국학연구소 인문학총서 1

한국 고대 인명사전

초판 인쇄 2007년 11월 12일
초판 발행 2007년 11월 22일

지은이 장세경
펴낸이 이대현
편　집 이소희
펴낸곳 도서출판 역락
서울 서초구 반포4동 577-25 문창빌딩 2층
전화 3409-2058, 3409-2060 | FAX 3409-2059
이메일 youkrack@hanmail.net
등록 1999년 4월 19일 제303-2002-000014호
ISBN 978-89-5556-571-3 91710

정 가 35,000원

* 잘못된 책은 교환해 드립니다.